ドイツの憲法判例IV

ドイツの憲法判例 IV

ドイツ憲法判例研究会 編
編集代表
鈴木秀美・畑尻 剛・宮地 基

信 山 社

───── ［執筆者紹介］ ⓒ 2018（掲載順）─────

［＊印は編集代表］

*畑尻　　剛	HATAJIRI Tsuyoshi　中央大学教授	手続概観,47
柴田　憲司	SHIBATA Kenji　中央大学准教授	1
川又　伸彦	KAWAMATA Nobuhiko　埼玉大学教授	2,用語
西土彰一郎	NISHIDO Shoichiro　成城大学教授	3
*宮地　　基	MIYAJI Motoi　明治学院大学教授	4,17,18,40
小山　　剛	KOYAMA Go　慶應義塾大学教授	5
實原　隆志	JITSUHARA Takashi　福岡大学教授	6,7,42
入井　凡乃	IRII Namino　駒澤大学元非常勤講師	8
石村　　修	ISHIMURA Osamu　専修大学名誉教授	9,38
玉蟲　由樹	TAMAMUSHI Yuuki　日本大学教授	10,36,55
武市　周作	TAKECHI Shusaku　東洋大学准教授	11,84
門田　　孝	MONDEN Takashi　広島大学教授	12,61
春名　麻季	HARUNA Maki　四天王寺大学准教授	13,24
平松　　毅	HIRAMATSU Tsuyoshi　関西学院大学元教授	14
根森　　健	NEMORI Ken　神奈川大学特任教授	15,27
嶋崎健太郎	SHIMAZAKI Kentarou　青山学院大学教授	16
太田　航平	OTA Kohei　青森中央学院大学専任講師	19
甲斐　素直	KAI Sunao　日本大学非常勤講師	20
高田　倫子	TAKATA Michiko　大阪市立大学准教授	21,用語
松本　和彦	MATSUMOTO Kazuhiko　大阪大学教授	22
井上　典之	INOUE Noriyuki　神戸大学教授	23,45
松原　光宏	MATSUBARA Mitsuhiro　中央大学教授	25,69
難波　岳穂	NANBA Takeho　日本大学助教	26
斎藤　一久	SAITO Kazuhisa　東京学芸大学准教授	28
土屋　　武	TSUCHIYA Takeshi　新潟大学准教授	29,78,用語
*鈴木　秀美	SUZUKI Hidemi　慶應義塾大学教授	30,31,32
杉原　周治	SUGIHARA Shuji　愛知県立大学准教授	33
上村　　都	UEMURA Miyako　新潟大学教授	34
千國　亮介	CHIKUNI Ryosuke　岩手県立大学講師	35,用語
大森　貴弘	OHMORI Takahiro　常葉大学准教授	37
丸山　敦裕	MARUYAMA Atsuhiro　関西学院大学教授	39
カール＝フリードリッヒ・レンツ	LENZ, Karl-Friedrich　青山学院大学教授	41,64
神橋　一彦	KAMBASHI Kazuhiko　立教大学教授	43
赤坂　正浩	AKASAKA Masahiro　法政大学教授	44
高橋　雅人	TAKAHASHI Masato　拓殖大学准教授	46,68,用語
浮田　　徹	UKITA Toru　摂南大学准教授	48,72
兼平麻渚生	KANEHIRA Manami　首都大学東京助教	49,63,用語
石塚壮太郎	ISHIZUKA Sotaro　北九州市立大学専任講師	50
藤井　康博	FUJII Yasuhiro　大東文化大学教授	51
赤坂　幸一	AKASAKA Koichi　九州大学准教授	52
工藤　達朗	KUDO Tatsuro　中央大学教授	53
大西　楠・テア	OHNISHI Nami Thea　専修大学准教授	54
松原　有里	MATSUBARA Yuri　明治大学教授	56
押久保倫夫	OSHIKUBO Michio　東海大学教授	57
三宅　雄彦	MIYAKE Yuhiko　駒澤大学教授	58,67
彼谷　　環	KAYA Tamaki　富山国際大学教授	59
巾西優美子	NAKANISHI Yumiko　一橋大学教授	60,62
村西　良太	MURANISHI Ryota　大阪大学准教授	65
上代　庸平	JODAI Yohei　武蔵野大学准教授	66,83,用語
前硲　大志	MAESAKO Hiroshi　京都教育大学非常勤講師	70
森　　保憲	MORI Yasunori　桐蔭横浜大学准教授	71
大岩慎太郎	OIWA Shintarou　福島工業高等専門学校准教授	73
毛利　　透	MORI Toru　京都大学教授	74
永田　秀樹	NAGATA Hideki　関西学院大学教授	75
棟居　快行	MUNESUE Toshiyuki　専修大学教授	76
林　　知更	HAYASHI Tomonobu　東京大学教授	77
柴田　堯史	SHIBATA Takafumi　徳島大学講師	79
水島　朝穂	MIZUSHIMA Asaho　早稲田大学教授	80
小野寺邦広	ONODERA Kunihiro　埼玉大学元非常勤講師	81
岡田　俊幸	OKADA Toshiyuki　日本大学教授	82
宮村　教平	MIYAMURA Kyohei　大阪大学招へい研究員	附録⑧
服部　高宏	HATTORI Takahiro　京都大学教授	附録⑨

Wichtige Entscheidungen des Bundesverfassungsgerichts Ⅳ
Forschungsgesellschaft für deutsches Verfassungsrecht（FdV）, Japan
(Hrsg.) Suzuki Hidemi, Hatajiri Tsuyoshi, Miyaji Motoi
Shinzansha：TOKYO, 2018ⓒ
ISBN 978-4-7972-3350-6 C 3332
NDC 323. 802
Print：Asia Printing Co. Ltd
Printed in Japan

〔鈴木秀美〕

はしがき

　本書『ドイツの憲法判例Ⅳ』(„Wichtige Entschei-
dungen des Bundesverfassungsgerichts Ⅳ")は、ド
イツ連邦憲法裁判所の判例のうち、主として2006
年から2012年までの間に下された重要判例84件に
ついて解説している（ただし、2005年の1件、2013
年の3件を含む）。

　『ドイツの憲法判例』シリーズの皮切りとして、
『ドイツの憲法判例』がドイツ憲法判例研究会（For-
schungsgesellschaft für deutsches Verfassungsrecht）
によって刊行されたのは、1996年のことである。
その後、2003年に同書の第2版が22件を追加して
刊行された。同書（シリーズ第1巻）は、1951年か
ら1993年までの重要判例94件について解説してい
る。これと並行して、1998年に『ドイツの最新憲
法判例』が刊行され、2006年に7件を追加した第2
版が、書名を『ドイツの憲法判例Ⅱ』に改めて刊行
された。同書（シリーズ第2巻）は、1985年から
1995年までの連邦憲法裁判所の重要判例74件と、
オーストリアの憲法判例1件を解説している。これ
に続いて、2008年に『ドイツの憲法判例Ⅲ』が刊
行された。同書（シリーズ第3巻）は、1996年から
2005年の連邦憲法裁判所の重要判例85件と、オー
ストリアの憲法判例1件を解説している。

　本書の刊行により、『ドイツの憲法判例』シリー
ズは、全4巻で、1951年から2013年までの337件
の連邦憲法裁判所判例の解説を収録したことになる。

　なお、本書の「附録」には、シリーズ第3巻に掲
載した7項目を、⑥「現代ドイツ公法学者系譜図」
を除き、情報を更新して掲載している。ただし、附
録①「基本用語集」では、「統治機構」と「欧州連
合」の用語を増やした。また、⑧「連邦首相の選任
手続」と⑨「立法過程の概観」の2項目を「附録」
に新たに加えている。

　連邦憲法裁判所は、戦後、ドイツ連邦共和国基本
法が1949年に制定されてから、2年遅れて1951年
に創設された。同裁判所は、それ以来、他の憲法機
関や裁判所との軋轢を克服し、いまや国民の高い信
頼を背景に、ドイツの憲法機関として確固たる地位
と権威を確立している。もちろん、この間に連邦憲
法裁判所は、1950年代の再軍備をめぐる論争、
1970年代の政治状況を背景とする連邦憲法裁判所
の役割をめぐる論争、そして、1990年代半ばの十
字架事件や「兵士は殺人者だ」事件を契機とする判
決に対する各方面からの厳しい批判を受けるという
危機の時代も経験したが、不断の努力によって、そ
うした危機を乗り越えてきた。

　同じことは、本書が対象とする2006年から2012
年の期間にもあてはまる。この時期には、20世紀
末に始まったドイツ法秩序のヨーロッパ化・国際化
が進展し、連邦憲法裁判所の役割の相対化という問
題が顕著になった。連邦憲法裁判所アンドレアス・
フォスクーレ長官は、2013年1月25日に行った講
演において、同裁判所が応じなければならない、ア
クチュアルな5つの挑戦として、①欧州人権裁判所
との関係、②欧州司法裁判所との関係、③ユーロ危
機に起因する財政政策における政治との関係、④法
律の合憲性審査のための立法事実の把握方法、⑤部
会による過重負担の克服を挙げた（*Andreas
Voßkuhle*, NJW 2013, 1329 ff.）。このうち①から③の
挑戦に、連邦憲法裁判所がどのように応じたかを概
観することで、この時期の同裁判所の姿が明らかに
なる。

　欧州人権裁判所との関係では、2004年、父親の
婚外子に対する面接交渉権について、さらに、モナ
コのカロリーヌ王女の人格権と表現の自由の調整に
ついて、欧州人権裁判所がドイツの条約違反を認め

たことで連邦憲法裁判所との間で緊張関係が生まれた。基本権保護の水準の高さを自負してきたドイツにとって、両事件での敗訴は衝撃だった。2008年12月17日、欧州人権裁判所が保安拘禁についてドイツ敗訴の判決を下したことで、両者の緊張関係はさらに高まった。しかし、その後、連邦憲法裁判所と欧州人権裁判所は、互いに歩み寄りの姿勢をみせることでこうした緊張関係を解消するに至った。具体的には、2011年の判決（BVerfGE 128, 326〔本書*18*判例〕）により、連邦憲法裁判所は保安拘禁についての判例を変更した。また、欧州人権裁判所大法廷は、2012年、カロリーヌ王女の人格権と表現の自由の調整が改めて争われた事件においてドイツ勝訴の判決を下した。カロリーヌ王女は、2008年に連邦憲法裁判所で敗訴した事件（BVerfGE 120, 180〔本書*30*事件〕）についても欧州人権裁判所に提訴したが、2013年の判決で敗訴となった。

　これに比べて、連邦憲法裁判所とEU法の解釈について最終的判断権をもつ欧州司法裁判所の関係はより複雑である。フォスクーレは、前述した講演の中で、連邦憲法裁判所と欧州司法裁判所は、欧州統合のための責任を分かち合っており、一方が他方に優位するというような関係ではない、と述べている。それによると、連邦憲法裁判所は、EUのレベルにおける基本権保護についての「補欠選手」のような役割を担っている。また、リスボン条約判決（BVerfGE 123, 267〔本書*61*判例〕）は、連邦憲法裁判所が、憲法アイデンティティがEU機関の行動によって侵害されているか否かを審査する「アイデンティティコントロール」の権限をもっていることを明らかにした。また、同判決によって、同裁判所が、EUの機関の法行為がその権限の範囲内にあるか否かを審査する「権限踰越コントロール」という権限をもっていることも確認された。ただし、同時に、この権限は例外事例においてのみ考慮されるものであり、EU法親和的に行使されなければならないとされた。連邦憲法裁判所は、その後、権限踰越コントロールを実際に行使したHoneywell事件において、この権限のEU法親和的行使の条件を示した（BVerfGE 126, 286〔本書*62*判例〕）。連邦憲法裁判所と欧州司法裁判所は、これまで互いに「牽制球」を投げ合うという関係にあり、それはその後も続いている（中西優美子・自治研究93巻1号117頁の指摘）。

　ところで、連邦憲法裁判所は、2012年9月12日、欧州安定メカニズム（ESM）のための条約批准の差止めについて判決を下した。この判決は、本書において解説されている重要判例の中でも、最も世間の注目を集めた。

　2008年9月に起きたリーマン・ショックに端を発し、欧州、とりわけギリシャの債務危機が深刻化した。いわゆるユーロ危機である。この問題を解決するために締結されたのがESMを設立するための条約である。当初、ESMは2012年7月に発足の予定であったが、連邦憲法裁判所に条約批准の差止めを求める憲法異議が提起されたことにより、ドイツの批准は同年9月12日の判決を待たねばならない事態となった。申立人らは、ESMが民主主義を空洞化し、基本法が保障する選挙権を侵害すると主張した。この時期、ユーロ救済のための交渉において、連邦憲法裁判所の判決に拘束されるというメルケル首相の説明に苛立って、IMF専務理事ラガルドが、「もしもう一度『連邦憲法裁判所』という言葉を耳にしたら、私はこの部屋から出ていきます。」と発言したことに注目が集まった（Frankfurter Allgemeine Zeitung v. 29. 3. 2012）。他国の政治家には、連邦憲法裁判所がこのような財政政策についても判断権をもつというドイツの事情が理解できなかったといわれている。

　連邦憲法裁判所の判決がユーロ危機、ひいては国際経済の行方を左右するだけに、この判決当日、法廷の記者席には欧州どころか世界各国のメディアが集まった。連邦憲法裁判所は、条約批准を認める判決を下したが、ドイツに割り当てられる分担金の限度額を超える追加的な出資については連邦議会の同意を要すること（議会留保）、そして、連邦議会の意思決定にとって必要な情報が提供されることとい

う2つの条件を付した（BVerfGE 132, 195〔本書**64**事件〕）。連邦政府がこの条件を覚書のかたちで承認し、民主主義の空洞化というドイツ国内の懸念が解消されたことにより、ドイツの批准を経てこの条約は発効した。

　2006年から2012年の期間における憲法判例にみられる特徴的な傾向をさらに挙げるとすれば、国際的テロリズムに対抗するための立法がもたらす基本権制限が、幾度となく争われたことである。具体的には、2006年の航空安全法判決（BVerfGE 115, 118〔本書**16**判例〕）とラスター捜査決定（BVerfGE 115, 320〔本書**4**判例〕）、2008年のオンライン捜索判決（BVerfGE 120, 274〔本書**9**判例〕）とドイツ版「Nシステム」判決（BVerfGE 120, 378〔本書**7**判例〕）、2010年の通信履歴保存義務についての判決（BVerfGE 125, 260〔本書**41**判例〕）、2013年のテロ対策データファイル法判決（BVerfGE 133, 277〔本書**8**判例〕）などである。連邦憲法裁判所は、これらの判例において、社会の安全を確保するための対策の必要性を認めながら、立法者が選択した具体的措置の一部を違憲とすることにより、基本権の番人としての役割を果たした。

　もうひとつ、この時期に憲法判例が社会のあり方に大きな影響を与えた分野として、同性カップルのための「生活パートナーシップ」制度がある。2001年に成立した生活パートナーシップ法は、官公庁に登録した同性カップルに生活パートナーシップとして婚姻に準じる保護を認めた。連邦憲法裁判所は、生活パートナーシップは婚姻ではないという立場を維持しつつも、平等原則に基づいて、生活パートナーシップが婚姻と実質的に同等に扱われる道を開いた（宮地基・明治学院大学法律科学研究所年報30号12頁）。本書では、遺族扶助の給付における配偶者と同性の生活パートナーの異なる取り扱いを違憲とした2009年の判決（BVerfGE 124, 199〔本書**23**判例〕）に加えて、2013年の2つの判決（BVerfGE 133, 59〔本書**24**判例〕；133, 377〔本書**25**判例〕）が解説されている。なお、こうした憲法判例の展開は社会のさらなる変化を促し、2017年、同性婚を認める法律の制定に導くことになった。

　この時期、連邦憲法裁判所がESMのための条約批准にブレーキをかけ、条約の合憲性審査に踏み込んだことや、生活パートナーシップに関連していくつかの違憲判決を下したことは、政治からの批判を受けた（三宅雄彦・法律時報86巻8号25頁）。また、4人の気鋭の国法学者の連邦憲法裁判所を批判する共著（*Jestaedt/Lepsius/Möllers/Schönberger*, Das entgrenzte Gericht, 2011）が話題となり、多くの読者を獲得した（邦訳として、鈴木秀美・高田篤・棟居快行・松本和彦監訳『越境する司法』〔風行社、2014年〕）。しかしながら、この時期の連邦憲法裁判所に対する批判は、政治や学問の世界にとどまるもので、国民の信頼は揺らいでいなかったという（前掲書における高田篤「解説」367頁）。そのような状況は、2018年の今日まで継続しているといってよいであろう。ドイツ法秩序のヨーロッパ化・国際化の進展により連邦憲法裁判所の役割がドイツ国内では相対化しつつあるとしても、連邦憲法裁判所は、ドイツおよび欧州における自由で民主的な秩序の維持や基本権の実効的な保障にとって引き続き重要な役割を果たしている。本書の刊行が、日本における憲法の実務や理論の発展に何らかの手がかりを与えることができれば、望外の幸せである。

　ちなみに、本書を刊行するドイツ憲法判例研究会は、1992年4月に栗城壽夫代表と戸波江二代表の下に発足し、判例研究と並行して会員による共同研究やドイツとの学術交流にも取り組んできた。2013年4月に筆者が代表となってからも、原則毎月1回の研究会を重ねて、2017年には発足25周年を迎え、本年9月で250回の定例研究会を数えるに至った。また、2017年12月には、本研究会の会員が中心となって、戸波江二名誉代表の古稀記念論文集『憲法学の創造的展開（上）・（下）』（信山社）を刊行した。日独交流については、ドイツ側代表のマティアス・イェシュテット教授（フライブルク大学）のご協力

viii　はしがき　　　　　　　　　　　　　　　　　　　　　　　　　　　〔鈴木秀美〕

の下、2015 年には慶應義塾大学で「日独憲法対話2015」を開催し、2017 年にはフライブルク大学、フライブルク近郊のホテルの会議室、連邦憲法裁判所を会場として「日独憲法対話 2017」を開催した。「日独憲法対話 2015」の成果は、日本とドイツで単行本として出版された（鈴木秀美ほか編『憲法の発展 I──憲法の解釈・変遷・改正』〔信山社、2017 年〕；Jestaedt u. a.（Hrsg.), Verfassungsentwicklung I: Auslegung, Wandlung und Änderung der Verfassung, 2017)。

「日独憲法対話 2017」では、その一環として、9月 20 日、フォスクーレ長官のご厚意により、連邦憲法裁判所の法廷を会場として「憲法裁判所の対話」という特別討論会が開催された。この討論会は、連邦憲法裁判所の行事と位置づけられ、公式のプレスリリースも出された。司会者は、オリヴィエ・ジャンジャン教授（パリ第 2 大学）、登壇者は、フライブルク大学教授でもあるフォスクーレ長官のほか、ガブリエレ・ブリッツ教授（ギーセン大学、連邦憲法裁判所裁判官）、トーマス・フォン・ダンヴィッツ教授（ケルン大学、欧州司法裁判所裁判官）、アンゲリカ・ヌスベルガー教授（ケルン大学、欧州人権裁判所裁判官）、ゲオルグ・リーンバッハー教授（ウィーン経済大学、オーストリア憲法裁判所裁判官）というまさに豪華な顔ぶれであった。

討論会では、トルコ、ハンガリー、ポーランドにおいてポピュリズムが蔓延し、反民主的な風潮が強まり、憲法裁判所が攻撃にさらされていることが話題となった。フォスクーレ長官やブリッツ裁判官の発言から、確固たる地位を確立していると思われるドイツ連邦憲法裁判所でさえ、危機感を抱いていることがわかり、日本側参加者にとっては少なからず驚きであった。なお、連邦憲法裁判所では、2011年から 3 年間、建物の大規模な改修工事が行われた（その間、同裁判所は別の場所への引越しを余儀なくされた）。新装なった同裁判所には、訪問者のための展示室が設けられた。この討論会の折には、長官自ら日独憲法対話の参加者総勢約 30 名をロビーで

出迎えてくださり、展示室、図書館、法廷だけでなく、合議のための会議室やご自身の執務室まで案内してくださった。参加者一同、連邦憲法裁判所をとても身近に感じることができた 1 日だった。

日独憲法対話は、日独それぞれ約 15 名、総勢約30 名のメンバーによりサークルを構成し、2 年ごとに対話することになっている。連邦憲法裁判所裁判官のブリッツ教授、ヨハネス・マージング教授（フライブルク大学）、ペーター・ミヒァエル・フーバー教授（ミュンヘン大学）もこのサークルのメンバーである。日独憲法対話による、ドイツの研究者とのフラットでオープンな交流が今後も継続していくことを祈念している。

本書の刊行については、いろいろな方にお世話になった。編集代表の畑尻剛、宮地基、編集委員の高橋雅人、土屋武、基本用語集等責任者の川又伸彦、事項索引・条文索引責任者の斎藤一久の各氏からは、惜しみないお力添えをいただいた。『ドイツの憲法判例Ⅲ』の編集代表のお 1 人である嶋崎健太郎氏からは、同書編集の経験に基づく貴重なご助言とご協力をいただいた。判例解説の査読にあたっては、編集委員会のメンバーではない会員の皆さんにも分野に応じて査読をしていただいた。あわせて心より感謝申し上げたい。なお、本書に収録されている判例解説の約 3 分の 1 は、既に雑誌『自治研究』に掲載された「ドイツ憲法判例研究」から転載したものである。転載をご快諾くださった株式会社第一法規および『自治研究』編集部に厚くお礼を申し上げる。

最後に、昨今の厳しい出版事情の中、本書の刊行を引き受けてくださった信山社の袖山貴氏に心よりお礼を申し上げたい。袖山氏は、広い心で温かく本研究会の活動をずっと支えてくださっている。また、稲葉文子氏、今井守氏には、格別のお骨折りをいただいた。厚く感謝の意を表したい。

2018 年 9 月

編集代表　鈴木　秀美

目　次

はしがき〔鈴木秀美〕（ⅴ）

凡例・略語（xviii）

制度とその運用─手続の概観 ……………………………………………〔畑尻　剛〕（3）

Ⅰ　基本権〔**Art. 1 GG - Art. 19 GG**〕

■人間の尊厳（**GG** 1 条 1 項）

1　終身自由刑の仮釈放と人間の尊厳・人身の自由
　　　（BVerfGE 117, 71）〔2006〕 ……………………………………〔柴田　憲司〕（*17*）

■人格の自由な発展（**GG** 2 条 1 項）

2　裁判官の法形成の限界と法解釈方法
　　　──三分割法事件──
　　　（BVerfGE 128, 193）〔2011〕 …………………………………〔川又　伸彦〕（*21*）

3　接続データ Verbindungsdaten の保護
　　　（BVerfGE 115, 166）〔2006〕 …………………………………〔西土彰一郎〕（*25*）

4　ラスター捜査事件
　　　（BVerfGE 115, 320）〔2006〕 …………………………………〔宮地　基〕（*29*）

5　レーゲンスブルク監視カメラ決定
　　　（BVerfGK 10, 330）〔2007〕 ……………………………………〔小山　剛〕（*34*）

6　開設されている口座に関する基本データの憲法上の保護
　　　（BVerfGE 118, 168）〔2007〕 …………………………………〔實原　隆志〕（*38*）

7　ドイツ版「Ｎシステム」の合憲性
　　　（BVerfGE 120, 378）〔2008〕 …………………………………〔實原　隆志〕（*42*）

8　情報機関・警察の情報共有と情報自己決定権
　　　──テロ対策データファイル法判決──
　　　（BVerfGE 133, 277）〔2013〕 …………………………………〔入井　凡乃〕（*46*）

9　コンピュータ基本権
　　　──オンライン監視事件──
　　　（BVerfGE 120, 274）〔2008〕 …………………………………〔石村　修〕（*50*）

x　目　次

10 子の出自を知る父親の権利

（BVerfGE 117, 202）〔2007〕……………………………………〔玉蟲　由樹〕*(55)*

11 血縁の兄弟姉妹間の近親相姦罪の合憲性

── 近親相姦罪決定 ──

（BVerfGE 120, 224）〔2008〕……………………………………〔武市　周作〕*(59)*

12 トランスセクシャルである在留外国人の名の変更・性別変更と平等原則

（BVerfGE 116, 243）〔2006〕……………………………………〔門田　　孝〕*(64)*

13 性転換法による婚姻解消要件と一般的人格権・婚姻の保護

── 第5次性転換決定 ──

（BVerfGE 121, 175）〔2008〕……………………………………〔春名　麻季〕*(69)*

14 性同一性障害者に戸籍法上の登録要件として外科手術を求める規定の違憲性

（BVerfGE 128, 109）〔2011〕……………………………………〔平松　　毅〕*(73)*

15 婚姻の際の多重氏阻止規定の合憲性

── 多重氏判決 ──

（BVerfGE 123, 90）〔2009〕……………………………………〔根森　　健〕*(77)*

■**生命および身体を害されない権利（GG2条2項）**

16 航空安全法判決

（BVerfGE 115, 118）〔2006〕………………………………〔嶋崎健太郎〕*(81)*

17 保安処分執行中の強制治療

（BVerfGE 128, 282）〔2011〕……………………………………〔宮地　　基〕*(85)*

18 保安拘禁に関する規定の遡及適用

（BVerfGE 128, 326）〔2011〕……………………………………〔宮地　　基〕*(90)*

■**法律の前の平等（GG3条1項）**

19 委託発注法と司法付与請求権

（BVerfGE 116, 135）〔2006〕……………………………………〔太田　航平〕*(95)*

20 相続・贈与税法と平等原則

── 統一価格Ⅲ決定 ──

（BVerfGE 117, 1 ）〔2006〕……………………………………〔甲斐　素直〕*(99)*

21 営業税と一般的平等原則

── 営業税法2条1項2文および所得税法15条3項1号の合憲性 ──

（BVerfGE 120, 1 ）〔2008〕……………………………………〔高田　倫子〕*(103)*

22 首尾一貫性の要請と平等原則

── 通勤費税額概算控除判決 ──

（BVerfGE 122, 210）〔2008〕……………………………………〔松本　和彦〕*(107)*

目　次　*xi*

23　遺族扶助における生活パートナーの排除と一般的平等原則
　　　　（BVerfGE 124, 199）〔2009〕 ……………………〔井上　典之〕*(111)*

24　生活パートナーシップ関係の下での継養子の可否
　　　　（BVerfGE 133, 59）〔2013〕 ………………………〔春名　麻季〕*(115)*

25　配偶者分割課税と登録生活パートナーに対する差別
　　　　（BVerfGE 133, 377）〔2013〕 ……………………〔松原　光宏〕*(119)*

26　育児手当における外国人除外条項の合憲性
　　　　——バイエルン州育児手当事件——
　　　　（BVerfGE 130, 240）〔2012〕 ………………………〔難波　岳穂〕*(123)*

27　親手当法の外国人受給除外規定の違憲性
　　　　——「外国人に対する親手当」決定——
　　　　（BVerfGE 132, 72）〔2012〕 …………………………〔根森　健〕*(127)*

■意見表明の自由、プレス・放送の自由（GG 5 条 1 項・2 項）

28　憲法擁護庁報告とプレスの自由
　　　　——ユンゲ・フライハイト決定——
　　　　（BVerfGE 113, 63）〔2005〕 …………………………〔斎藤　一久〕*(131)*

29　一般的法律の留保とその例外
　　　　——ヴンジーデル決定——
　　　　（BVerfGE 124, 300）〔2009〕 …………………………〔土屋　武〕*(135)*

30　有名人の私生活と写真報道の自由
　　　　——カロリーヌ第 3 事件——
　　　　（BVerfGE 120, 180）〔2008〕 …………………………〔鈴木　秀美〕*(139)*

31　公務員による秘密漏洩と取材源秘匿権
　　　　——キケロ判決——
　　　　（BVerfGE 117, 244）〔2007〕 …………………………〔鈴木　秀美〕*(143)*

32　法廷でのテレビカメラ取材制限と放送の自由
　　　　（BVerfGE 119, 309）〔2007〕 …………………………〔鈴木　秀美〕*(147)*

33　放送受信料確定手続と放送の自由
　　　　——第 2 次放送受信料判決——
　　　　（BVerfGE 119, 181）〔2007〕 …………………………〔杉原　周治〕*(151)*

■芸術・学問の自由（GG 5 条 3 項）

34　芸術の自由と人格権
　　　　——エスラ決定——
　　　　（BVerfGE 119, 1 ）〔2007〕 ……………………………〔上村　都〕*(156)*

35 信仰からの離脱を理由とする神学部の大学教員の配置換えの合憲性
　　　——リューデマン決定——
　　　（BVerfGE 122, 89）〔2008〕 ……………………………………〔千國　亮介〕*(160)*

36 遺伝子工学法の合憲性
　　　（BVerfGE 128, 1）〔2010〕 ……………………………………〔玉蟲　由樹〕*(164)*

■集会の自由（GG 8 条）

37 集会の自由とラントによる集会規制立法
　　　——2008 年バイエルン集会法の一部を停止する仮命令——
　　　（BVerfGE 122, 342）〔2009〕 ………………………………〔大森　貴弘〕*(168)*

38 フランクフルト飛行場における集会・デモ規制
　　　——フラポート判決——
　　　（BVerfGE 128, 226）〔2011〕 …………………………………〔石村　修〕*(172)*

■通信の秘密（GG10条）

39 少年行刑の特殊性に即した法律の根拠の必要性
　　　（BVerfGE 116, 69）〔2006〕 ……………………………………〔丸山　敦裕〕*(176)*

40 プロバイダのメールサーバ上にある電子メールの差押と通信の秘密
　　　（BVerfGE 124, 43）〔2009〕 ……………………………………〔宮地　基〕*(180)*

41 通信履歴保存義務と通信の秘密
　　　（BVerfGE 125, 260）〔2010〕 ……………〔カール＝フリードリッヒ・レンツ〕*(185)*

42 通信サービスの利用者データの保存義務と「アクセス・コード」の提供義務の合憲性
　　　（BVerfGE 130, 151）〔2012〕 …………………………………〔實原　隆志〕*(189)*

■職業の自由（GG12条 1 項）

43 弁護士の成功報酬の禁止
　　　（BVerfGE 117, 163）〔2006〕 …………………………………〔神橋　一彦〕*(193)*

44 装蹄法による職業規制の合憲性
　　　（BVerfGE 119, 59）〔2007〕 ……………………………………〔赤坂　正浩〕*(198)*

45 受動喫煙からの保護と飲食店での喫煙規制
　　　——禁煙法判決——
　　　（BVerfGE 121, 317）〔2008〕 …………………………………〔井上　典之〕*(203)*

46 公証人の職業の自由と国家の監督責任
　　　（BVerfGE 131, 130）〔2012〕 …………………………………〔高橋　雅人〕*(207)*

目　次　*xiii*

■所有権の保障（GG14条 1 項）

47　所得税・営業税と「五公五民原則」
（BVerfGE 115, 97）〔2006〕……………………………………〔畑 尻　　剛〕(*211*)

48　年金制度に編入されたドイツ系帰還民の年金額削減と年金期待権
（BVerfGE 116, 96）〔2006〕……………………………………〔浮 田　　徹〕(*215*)

■法人の基本権享有主体性（GG19条 3 項）

49　EU 域内の法人の基本法上の基本権享有主体性
　　　──ル・コルビュジェ決定──
（BVerfGE 129, 78）〔2011〕……………………………………〔兼平麻渚生〕(*219*)

■実効的権利保護（GG19条 4 項）

50　法規命令に対する実効的権利保護の保障と憲法異議の補充性
　　　── 栽培植物調整支払金事件 ──
（BVerfGE 115, 81）〔2006〕……………………………………〔石塚壮太郎〕(*224*)

II　統治の原理と機関〔Art. 20 GG - Art. 115 GG〕

■自然的生活基盤の保護義務（GG20a 条）

51　国家目標規定と動物保護委員会（審議会）意見聴取手続
　　　── 産卵鶏飼育の命令違憲決定 ──
（BVerfGE 127, 293）〔2010〕……………………………………〔藤 井　康博〕(*229*)

■民主制原理・社会国家原理・法治国家原理（GG20条）

52　法案審議合同協議会の権限の範囲
（BVerfGE 120, 56）〔2008〕……………………………………〔赤 坂　幸一〕(*233*)

53　人間の尊厳と最低限度の生活の保障
　　　──ハルツ IV（Hartz IV）判決──
（BVerfGE 125, 175）〔2010〕……………………………………〔工 藤　達朗〕(*238*)

54　庇護申請者の生活保護に関する違憲判決
（BVerfGE 132, 134）〔2012〕……………………………………〔大 西　楠・テア〕(*242*)

55　責問制限禁止原則の放棄と裁判官による法発見の限界
（BVerfGE 122, 248）〔2009〕……………………………………〔玉 蟲　由樹〕(*246*)

xiv 目 次

56 租税法規の遡及効と信頼保護原則
　　(BVerfGE 127, 1)〔2010〕………………………………………〔松原　有里〕(*250*)

57 違法収集個人情報の刑事裁判における証拠利用
　　(BVerfGE 130, 1)〔2011〕………………………………………〔押久保倫夫〕(*254*)

58 官吏恩給法の法律解釈の遡及的変更
　　(BVerfGE 131, 20)〔2012〕………………………………………〔三宅　雄彦〕(*259*)

■政党の憲法的地位（**GG21条**）

59 欧州議会選挙法の阻止条項に関する選挙審査抗告
　　── 5 ％阻止条項事件──
　　(BVerfGE 129, 300)〔2011〕………………………………………〔彼谷　　環〕(*265*)

■欧州連合（**GG23条**）

60 Solange Ⅱ決定と指令の国内実施法律
　　──排出量取引事件──
　　(BVerfGE 118, 79)〔2007〕………………………………………〔中西優美子〕(*271*)

61 欧州統合とドイツ基本法
　　──リスボン条約判決──
　　(BVerfGE 123, 267)〔2009〕………………………………………〔門田　　孝〕(*276*)

62 ドイツ連邦憲法裁判所による EU 機関の行為に対する権限踰越コントロール
　　──Honeywell 事件──
　　(BVerfGE 126, 286)〔2010〕………………………………………〔中西優美子〕(*281*)

63 EU法の国内実施法律に関する連邦憲法裁判所への移送と欧州司法裁判所への付託
　　(BVerfGE 129, 186)〔2011〕………………………………………〔兼平麻渚生〕(*286*)

64 欧州安定制度に関する仮処分判決
　　(BVerfGE 132, 195)〔2012〕………………………〔カール=フリードリッヒ・レンツ〕(*291*)

■集団安全保障（**GG24条**）

65 トルコ上空 AWACS 偵察飛行への派兵と議会留保
　　(BVerfGE 121, 135)〔2008〕………………………………………〔村西　良太〕(*295*)

■州およびゲマインデの憲法的秩序（**GG28条 1 項**）

66 ゲマインデの営業税賦課率決定と自治体財政権
　　(BVerfGE 125, 141)〔2010〕………………………………………〔上代　庸平〕(*299*)

■公務就任権・職業官吏制原則（GG33条）

67 待機期間延長による官吏恩給の減額

(BVerfGE 117, 372)〔2007〕 ……………………………〔三宅　雄彦〕*(303)*

68 司法精神科病院の民営化の許容性

(BVerfGE 130, 76)〔2012〕 ……………………………〔高橋　雅人〕*(308)*

69 ヘッセン州教授給与違憲判決事件

(BVerfGE 130, 263)〔2012〕 …………………………〔松原　光宏〕*(312)*

■連邦議会の選挙・選挙権・議員の地位（GG38条1項）

70 ドイツ連邦議会議員法2005年改正の合憲性
　　　── 議員職の中心化規律と副業・副収入の透明性規律 ──

(BVerfGE 118, 277)〔2007〕 …………………………〔前硲　大志〕*(316)*

71 連邦議会解散後における選挙審査抗告の可否

(BVerfGE 122, 304)〔2009〕 …………………………〔森　保憲〕*(321)*

72 連邦議会選挙におけるコンピューター制御の投票機導入の違憲性

(BVerfGE 123, 39)〔2009〕 ……………………………〔浮田　徹〕*(325)*

73 追加選挙と本選挙の暫定的な選挙結果公表による情報格差の合憲性

(BVerfGE 124, 1)〔2009〕 ……………………………〔大岩慎太郎〕*(329)*

74 諜報部局による連邦議会議員の情報収集についての議員の質問権

(BVerfGE 124, 161)〔2009〕 …………………………〔毛利　透〕*(333)*

75 人口比例に基づく議席配分規定の合憲性
　　　── 選挙区割りにおける未成年者（ドイツ人非有権者）の算入 ──

(BVerfGE 130, 212)〔2012〕 …………………………〔永田　秀樹〕*(337)*

76 議員の委員会審議参与権

(BVerfGE 130, 318)〔2012〕 …………………………〔棟居　快行〕*(342)*

77 在外ドイツ人の選挙権制限の違憲性

(BVerfGE 132, 39)〔2012〕 ……………………………〔林　知更〕*(347)*

78 議席配分規定における「負の投票価値」の効果と超過議席
　　　── 連邦選挙法6条1項一部違憲無効判決 ──

(BVerfGE 131, 316)〔2012〕 …………………………〔土屋　武〕*(351)*

xvi　目　次

■調査委員会（GG44条）

79　連邦議会調査委員会による情報提出要請の連邦政府による拒否の合憲性
　　──連邦情報局（BND）調査委員会事件──
　　（BVerfGE 124, 78）〔2009〕………………………………………〔柴田　尭史〕*(356)*

■条約に対する立法府の同意権（GG59条2項）

80　トーネード偵察機アフガニスタン派遣と連邦議会
　　（BVerfGE 118, 244）〔2007〕……………………………………〔水島　朝穂〕*(361)*

■連邦の立法権限（GG73条）

81　テロ攻撃撃退のための軍隊出動についての合同部決定
　　──「航空安全法」合同部決定──
　　（BVerfGE 132, 1）〔2012〕………………………………………〔小野寺邦広〕*(366)*

■連邦憲法裁判所の構成及び組織（GG94条）

82　連邦憲法裁判所裁判官の間接選出の合憲性
　　（BVerfGE 131, 230）〔2012〕……………………………………〔岡田　俊幸〕*(370)*

■財政調整（GG107条）

83　ラント間財政調整における連邦財政原理
　　（BVerfGE 116, 327）〔2006〕……………………………………〔上代　庸平〕*(374)*

Ⅲ　経過規定および終末規定〔Art. 116 GG - Art. 146 GG〕

■宗教条項（GG140条）

84　日曜・祝日の保護
　　──ベルリン・アドヴェント日曜日判決──
　　（BVerfGE 125, 39）〔2009〕………………………………………〔武市　周作〕*(379)*

〔附録〕（巻末）
① 基本用語集
　　…〔川又伸彦・高橋雅人・上代庸平・土屋武・千國亮介・高田倫子・兼平麻渚生〕*(386)*
② 連邦憲法裁判所関係文献 …………………………………………〔畑尻剛・土屋武〕*(408)*

③ 連邦憲法裁判所裁判官一覧表および変遷表 ……………………〔川又伸彦〕(421)

④ 連邦憲法裁判所の事案受理件数一覧表（1951 年〜 2017 年）

　　　　　　　　　　　　　　　　……………………………〔川又伸彦〕(430)

⑤ 連邦憲法裁判所の事案処理件数一覧表（1951 年〜 2017 年）

　　　　　　　　　　　　　　　　……………………………〔川又伸彦〕(432)

⑥ 現代ドイツ公法学者系譜図（Ⅰ〜Ⅳ）………………〔資料提供 Nomos Verlag〕(436)

⑦ ドイツの裁判権と出訴経路の概観図 ……………………………〔編集委員会〕(444)

⑧ 連邦首相の選任手続 ………………………………………………〔宮村教平〕(445)

⑨ 立法過程の概観 ……………………………………………………〔服部高宏〕(446)

〔索引〕(巻末)

判 例 索 引 ………………………………〔土屋武・高橋雅人・鈴木秀美〕(449)

基本法条文索引 ……………………〔斎藤一久・松本奈津希・村山美樹・山本和弘〕(473)

邦語事項索引 ………………………〔斎藤一久・松本奈津希・村山美樹・山本和弘〕(476)

独語事項索引 ………………………〔斎藤一久・松本奈津希・村山美樹・山本和弘〕(486)

　　初 出 一 覧 (巻末)

〔凡例・略語〕

I 凡 例

① 各判例解説のスタイルは、【事実】【判旨】【解説】の各項目についてまとめた。

② 項目の記述に際して振る小分け番号・記号は、原則として 1→(1)→(i)→(a)→(ア)の順に用いる。これは、連邦憲法裁判所判例集（いわゆる BVerfGE）が採用するものとは異なっていることを付記しておく。

③ 「申立て」「取扱い」「手続」等の頻出する法律用語の送り仮名の付け方については、法令用語研究会編『有斐閣法律用語辞典（第 4 版）』（有斐閣、2012 年）に従って統一を図った。

④ ドイツ語の法律用語の訳出に当たっては、山田晟『ドイツ法律用語辞典（改訂増補版）』（大学書林、1993 年）や村上淳一＝守矢健一＝ハンス・ペーター・マルチュケ『ドイツ法入門（改訂第 9 版）』（有斐閣、2018 年）を参照しながら、頻出する下記のようなものについては、できるだけ統一を図った。

・Verfassungsbeschwerde＝憲法異議（表記の例外として、憲法訴願）

・Vorlage＝移送（表記の例外として、呈示）

・Landgericht（Oberlandesgericht）＝（上級）地方裁判所（表記の例外として、（高等）裁判所や（上級）ラント裁判所）

・Senat＝（連邦憲法裁判所について）法廷

・Kammer＝（連邦憲法裁判所について）部会または部

・Land＝州（表記の例外として、ラント）

⑤ 地名・人名については、なるべく原語発音に近い表記を採用した。

⑥ 邦語文献の表記は、法律編集者懇談会「法律文献等の出典の表示方法」に原則としてならった。

⑦ ドイツ語の法律関連用語についての略語表記法については、おおむね Hildebert Kirchner, Abkürzungsverzeichnis der Rechtssprache, 8. Aufl., Walter de Gruyter & Co., Berlin, 2015 などに従う。略語表記に違いのある語彙もあるが、ドイツの教科書、コンメンタールなどには略語表が付されているので参照していただきたい。なお、法律用語や一般用語の主だったものについては、ベルンド・ゲッツェ『独和法律用語辞典（第 2 版）』（成文堂、2010 年）、同『和独法律用語辞典（第 2 版）』（成文堂、2012 年）にも収録されているので参照されたい（ただし、法律雑誌の略語は含まれていない）。一般用語の略記については、各種ドイツ語辞書などを参照されたい。

⑧ ドイツ憲法判例研究会編によるこれまでの判例集（信山社）に収録されている判例については、たとえば、本書については、「本書 *1* 判例」、また『ドイツの憲法判例（第 2 版）』（信山社、2003 年）については「ド憲判 I *1* 判例」、『ドイツの憲法判例 II（第 2 版）』（信山社、2006 年）については「ド憲判 II *1* 判例」、『ドイツの憲法判例 III』（信山社、2008 年）については「ド憲判 III *1* 判例」のように引用した。

II 略 語

本書に出てくる主だった略語は、以下のとおりである。

(1) 法律用語・一般用語の略語

・a. a. O.（aaO.）＝ am angegebenen Ort：前掲

・Abs.＝Absatz：項

・AfD＝Alternative für Deutschland：ドイツのための選択肢

・AktG＝Aktiengesetz：株式会社法

・Anm.＝Anmerkung：注（註）

〔凡例・略語〕　*xix*

- Art. ＝ Artikel：条
- Aufl. ＝ Auflage：版
- BAG（BArbG）＝ Bundesarbeitsgericht：連邦労働裁判所
- Bd. ＝ Band：巻　→複数：Bde. ＝ Bände
- BGB ＝ Bürgerliches Gesetzbuch：民法典
- BGBl ＝ Bundesgesetzblatt：連邦官報
- BGH ＝ Bundesgerichtshof：連邦通常裁判所
- BGHZ ＝ Entscheidungen des Bundesgerichtshofs in Zivilsachen：連邦通常裁判所民事判例集
- BGHSt ＝ Entscheidungen des Bundesgerichtshofs in Strafsachen：連邦通常裁判所刑事判例集
- BRD ＝ Bundesrepublik Deutschland：ドイツ連邦共和国（いわゆるドイツ、ドイツ再統一前はいわゆる「西ドイツ」）
- BVerfG ＝ Bundesverfassungsgericht：連邦憲法裁判所
- BVerfGE ＝ Entscheidungen des Bundesverfassungsgerichts：連邦憲法裁判所判例集
- BVerfGG ＝ Gesetz über das Bundesverfassungsgericht：連邦憲法裁判所法
- BVerwGE ＝ Entscheidungen des Bundesverwaltungsgerichts：連邦行政裁判所判例集
- BvF ＝ 抽象的規範統制事件
- BvR ＝ 憲法異議事件
- BvL ＝ 具体的規範統制事件
- CDU/CSU ＝ Christlich-Demokratische Union/Christlich-Soziale Union：キリスト教民主同盟／キリスト教社会同盟
- DDR ＝ Deutsche Demokratische Republik：ドイツ民主共和国（ドイツ再統一前のいわゆる「東ドイツ」）
- ders.（dies.）＝ derselbe（dieselben）：同人
- ebd. ＝ ebenda：同じ箇所
- f./ff. ＝ folgende Seite/folgende Seiten：次頁／次頁以下
- FDP ＝ Freie Demokratische Partei：自由民主党

- Fn. ＝ Fußnote：脚注
- GG ＝ Grundgesetz：基本法
- GVBl ＝ Gesetz- und Verordnungsblatt：法令集
- Hrsg.（Hg. /Herg.）＝ Herausgeber：編集者
  → hrsg. ＝ herausgegeben：編集
- KPD ＝ Kommunistische Partei Deutschlands：ドイツ共産党（1959 年禁止）
  → DKP ＝ Deutsche Kommunistische Partei：ドイツ共産党（1968 年新設）
- m. w. N. ＝ mit weiteren Nachweisen：その他の文献をも参照
- NATO ＝ Nordatlantikpakt-Organisation：北大西洋条約機構
- Nr. ＝ Nummer：号（番号）
- Rn. ＝ Randnummer：欄外（通し）番号（Rz. ＝ Randzahl）
- RGBl ＝ Reichsgesetzblatt：ライヒ官報
- S. ＝ Satz：文
- S. ＝ Seite：頁
- SGB ＝ Sozialgesetzbuch：社会法典
- SPD ＝ Sozialdemokratische Partei Deutschlands：ドイツ社会民主党
- StGB ＝ Strafgesetzbuch：刑法典
- VG ＝ Verwaltungsgericht：行政裁判所
- VGH ＝ Verwaltungsgerichtshof：上級行政裁判所
- Vgl. ＝ Vergleiche：参照
- WRV ＝ Weimarer Reichsverfassung：ヴァイマル憲法
- z. B. ＝ zum Beispiel：たとえば

(2) 法律雑誌の略語

- AfP ＝ Archiv für Presserecht
- AöR ＝ Archiv des öffentlichen Rechts
- ARSP ＝ Archiv für Rechts- und Sozialphilosophie
- DÖV ＝ Die Öffentliche Verwaltung
- DStZ ＝ Deutsche Steuer-Zeitung
- DVBl ＝ Deutsches Verwaltungsblatt
- EuGRZ ＝ Europäische Grundrechte-Zeit-

〔凡例・略語〕

schrift

- FamRZ＝Zeitschrift für das gesamte Familienrecht
- JA＝Juristische Arbeitsblätter
- JöR＝Jahrbuch für öffentliches Recht
- JR＝Juristische Rundschau
- Jura＝Juristische Ausbildung
- JuS＝Juristische Schulung
- JZ＝Juristische Zeitung
- K&R＝Kommunikation & Recht
- NJW＝Neue Juristische Wochenschrift
- NVwZ ＝ Neue Zeitschrift für Verwaltungsrecht
- RdJB＝Recht der Jugend und des Bildungswesens
- recht＝Zeitschrift für juristische Ausbildung und Praxis

- RuP＝Recht und Politik
- StAZ＝Zeitschrift für Standesamtswesen
- VerhDJT＝Verhandlungen des Deutschen Juristentages
- VfSlg＝Sammlung der Erkenntnisse und Beschlüsse des Verfassungsgerichtshofes
- VVDStRL ＝ Veröffentlichungen der Vereinigung der Deutschen Staatsrechtslehrer
- ZBR＝Zeitschrift für Beamtenrecht
- ZD＝Zeitschrift für Datenschutz
- ZfW＝Zeitschrift für Wasserrecht
- ZG＝Zeitschrift für Gesetzgebung
- ZParl ＝Zeitschrift für Parlamentsfragen
- ZRP＝Zeitschrift für Rechtspolitik
- ZUM＝Zeitschrift für Urheber- und Medienrecht

ドイツの憲法判例Ⅳ

制度とその運用──手続の概観

畑尻　剛

は じ め に

　ドイツの連邦憲法裁判所は、その権限の多様さ豊富さにおいて、世界の憲法裁判所制度の「手本」となっており、そのフォーラムには様々なアクターが集い、ドイツの国民から「最も愛されている国家機関」である。

　基本法、連邦憲法裁判所法（以下「法」）及び連邦憲法裁判所規則（以下「規則」）という、憲法、法律、規則の三段階において定められている連邦憲法裁判所の権限は、憲法異議を中心に、抽象的規範統制、具体的規範統制、機関争訟、連邦国家的争訟のほか、憲法保障手続（大統領訴追・裁判官弾劾・基本権喪失手続・政党禁止手続）および選挙訴訟など非常に広範かつ多様なものである。オーストリアに源を発し、ドイツでその典型を確立した憲法裁判所制度は、その後、ラテンアメリカ諸国、南アフリカ共和国、インド、韓国、ギリシャ、スペイン、イタリア、ポルトガル、そして東欧・中欧諸国など様々な国々において採用・受容されている。これら受容国において憲法裁判所制度は様々な変容を受けているが、権限の多様性とその運用において連邦憲法裁判所はその「手本」（ヘーベルレ141頁以下参照）としての性格を維持し続けている。

　また、連邦憲法裁判所には、手続の直接の当事者として、市民はもとより、連邦議会、連邦参議院、その議員、政党、連邦政府、州議会、州政府、そして連邦憲法裁判所以外の裁判所の裁判官などさまざまなアクターが登場する（林173頁以下参照）[1]。そして事件ごとに配役に変化がある。たとえば、最近のNPD訴訟では、違憲政党の解散命令を請求したの

は、連邦参議院であり、共同提訴を呼びかけられた連邦政府と連邦議会は最終的に提訴者に加わらなかった。その要因の一つとしては、さまざまな会派の意見調整が必要な連邦議会、同じく調整が必要な連立政権と違い、NPDの活動によって直接被害を受けている特に旧東ドイツの諸州が、各州の代表者が集う連邦参議院においてイニシアチブをとったことが挙げられている。そして、いわゆる訴訟当事者のほか、国家機関、公的機関、専門機関（専門家集団）などが意見表明を行い、全体として「フォーラムとしての憲法裁判」が形成されている。

　さらに、連邦憲法裁判所の特徴の一つに挙げられるのが、国民の信頼の高さである。連邦憲法裁判所に対して批判的な検討を加えている憲法学者も、「裁判所がドイツ市民の間で享受し、その歴史上ほぼ一貫して享受してきた、極めて高い評価は争いの余地なく明白である。連邦憲法裁判所はもっとも愛されている（beliebtest）国家機関なのである。」といい、連邦憲法裁判所が極めて人気の高い（überaus populär）裁判所・国家機関であるとしている（メラース、259頁、畑尻［規範力］746頁以下、［制度］406頁以下参照）。

　本稿では、以上のような連邦憲法裁判所を、本書掲載の連邦憲法裁判所判例集115巻から133巻の諸判決を中心に、「制度とその運用」という観点から検討する。

I　訴訟類型別の収支決算

1　総　説

　以下、手続・権限別に憲法裁判所の活動を具体的に検討するが、重要な事件では、複数の手続が憲法

裁判所に提起されることが多いことも指摘しておかなければならない。たとえば、連邦選挙法の合憲性が争われた **78** では、機関争訟、抽象的規範統制そして憲法異議という 3 つの手続が提訴された。また、ESM（欧州安定機構）によるユーロ救済という、ドイツの国際的な立場からいえば極めて政治的で影響の大きな問題に対しては、憲法異議と機関争訟という 2 つの手続が提訴された（**64** 参照）[2]。そして、リスボン条約判決では、機関争訟と憲法異議が提起された（**61**）。さらに、航空安全法については、第 1 法廷に憲法異議（**16**）が、第 2 法廷には抽象的規範統制が提起され、両法廷の判決内容の相違が合同部の招集に至った（**81**）。

2 憲法異議

(1) 何人も、公権力によって自己の基本権等が侵害されたものは、憲法異議を申し立てその救済を求めることができる（基本法 93 条 1 項 4a 号、法 13 条 8a 号・90 条以下）（工藤 282 頁以下・武市 293 頁以下）。

憲法異議は、たんに受理・処理件数の多さだけではなく、国民にとっての意義においても、連邦憲法裁判所制度の中核にあるといってよい（ヘーベルレ 169 頁以下、ヴァール 231 頁参照）。憲法異議は、連邦憲法裁判所の諸手続の中でも最も評価が高く、非常に深く市民の意識に根ざし、一連の連邦憲法裁判所の権限の中の「至宝」とされ、これによって「最上の市民（の）裁判所（Bürgergericht per excellence）」として、国民に広く受容されている（ヘーベルレ 165、290 頁）。

憲法異議の目的が個人の権利救済（主観的基本権保護）にあることは明白であるが、たんにそれにとどまらず、憲法の維持発展という客観的に機能を有するものであることは学説・判例において一般的に承認されている。このような「憲法異議の二重機能」を前提とするとしても、主観・客観という二つの機能のうちいずれに重点を置くかによって、制度運用に大きな違いが生じる（畑尻［制度］392 頁以下参照）。

2017 年末までの受理件数 224,221 件（約 96.61 ％）、処理件数 220,816 件（約 96.6 ％）で、いずれも、全手続の中で圧倒的多数を占める[3]。したがって多くの重要判例がこの手続において下されている。ちなみに、［判例Ⅰ］には 55 件[4]（全 94 件）、［判例Ⅱ］には 51 件（全 74 件）、［判例Ⅲ］には 61 件（全 85 件）の事件が掲載されている。

本書では、**1 ～ 11、14 ～ 19、23 ～ 25、28 ～ 35、37 ～ 47、49、50、55、57、61、62、64、68、78、84** と、49 件紹介されている。

また、このような受理件数・処理件数の多さが、連邦憲法裁判所の加重負担の最大の原因とされ、この問題に対処するためにさまざまな制度改革か進められた（小野寺 311 頁以下参照）。その対応策の一つが部会制度である（部会における処理状況については、Ⅲ 1 (2)参照）。

(2) このような憲法異議のうちの圧倒的多数（2015 年から 2018 年の 3 年間で約 93 ％）が「判決に対する憲法異議」である（「判決憲法異議裁判所」（イェシュテット 93 頁））。［判例Ⅰ］に掲載されている憲法異議 55 件中 33 件、［判例Ⅱ］では 51 件中 42 件、［判例Ⅲ］では 61 件中 42 件が判決に対する憲法異議である。本書では 49 件中、**1 ～ 5、10、14、15、17、19、23、25、29 ～ 31、34、35、38 ～ 40、43、46、47、49、50、55、57、62** の 28 件が判決に対する憲法異議である。

判決に対する憲法異議（川又［判決］342 頁以下参照）では、憲法裁判所は専門裁判所（一般の裁判所）の判決を、その事実認定及び個別事件の評価、判決内容、裁判所の手続並びに判決の基礎となる法律の解釈に関して審査することになるが、いかなる範囲でこのような諸点について審査されうるかについては常に争われてきた。そして、本来専門裁判所の権限である法律解釈・事実認定に立ち入って連邦憲法裁判所が判断している（「超上告審（第 4 審）としての連邦憲法裁判所」）という批判が多い（渡辺 16 頁以下参照）。本書掲載の **2、34、55** に対しても、このような批判がある（川又［憲法訴訟］290 頁以下参照）。

なお、判決に対する憲法異議に関しては、別の視点からの以下の指摘が興味深い。すなわち、判決に

対する憲法異議の「低い勝訴率は、専門裁判所による基本権保護の実行が、全体として見ると信頼に足ること、要するに専門裁判所が、当初はなじみのなかった憲法の番人としての役割を受け入れたこと、また今後もそれをまじめに受け止めていくことに関して、十分な確信を与える印であると認め、そのように解釈してもよいであろう」（イエシュテット96頁）。

（3）同じ「憲法異議」という名称ではあるが個人の憲法異議とは性格が異なる手続として「自治体の憲法異議」がある。この手続によれば、ゲマインデおよびゲマインデ連合は、連邦または州の法律が基本法28条によってゲマインデに保障されている自治権を侵害するとの主張をもって憲法異議を申し立てることができる（基本法93条1項4b号、法91条）（斎藤362頁以下参照）。

［判例Ⅰ］には2件（全94件）、［判例Ⅱ］には3件（全74件）、［判例Ⅲ］には1件（全85件）の事件が掲載されている。本書では、**66**がこれである。

3　抽象的規範統制

連邦政府または連邦議会議員の4分の1は、連邦法もしくは州法が基本法に形式的・実質的に適合するか否か、または州法がその他の連邦法に適合するか否かについて意見の不一致や疑義のある場合、憲法裁判所に提訴することができる（基本法93条1項2号、法13条6号・76条以下）（森399頁以下参照）[5]。

抽象的規範統制の目的は、申立権者やその他の者の主観的権利・利益の保護ではなく、他の規範に対する憲法の優位の確保や州立法による連邦法の侵害の回避という、いわゆる「憲法の保護」である。この意味において、抽象的規範統制は、連邦憲法裁判所の「憲法の番人」としての性格を最も顕著に特徴づける手続である。その対象は、一般的な規範の上位の規範との一致・不一致であり、申立権者の利害関係や申立てそのものが対象となるのではない。申立権者の申立ては手続開始の契機に過ぎず、この手続は対審構造をもたない客観的手続である。具体的事件を前提としないこの手続は、付随的違憲審査制との対比において憲法裁判所に典型的なものとみる

ことができる。

この手続では憲法上重要な判決が少なからず下されていると同時に、政治的意思形成・決定手続に深く関与するがゆえに、過重負担解消策の一つとしてその制度自体の是非も主張されている。

2017年末までの受理件数は、180件（処理件数は175件）で、［判例Ⅰ］には12件（全94件）、［判例Ⅱ］には、5件（全74件）、そして［判例Ⅲ］には10件（全85件）の事件が掲載されている。この27件をみると、その提訴者は、州政府（単独・複数）が一番多く15件、州政府と連邦議会議員が5件、連邦議会議員2件、連邦政府2件、市政府1件、州政府と市1件、政党・会派1件である。州政府と連邦議会議員の場合には、その背景には法案・政策を推進する与党（連邦政府と連邦議会多数派）とこれに反対する野党（連邦議会少数派・州政府）があることは容易に推測される。

本書で紹介されている5件の提訴者をみると、**36**ザクセン＝アンハルト州政府、**51**ラインラント＝プファルツ州政府、**60**ザクセン＝アンハルト州政府、**78**連邦議会のSPD、Bündnis 90/Die Grünenの議員、**83**ベルリン州政府である。

4　具体的規範統制

（1）一般の裁判所（専門裁判所）が具体的な訴訟事件を解決するために必要な（「判決にとって必要な」）連邦法律・州法律が基本法に適合しないまたは州法律・その他の州法が連邦法律に適合しないという確信に至った場合、裁判所は手続を中止し、憲法裁判所に当該問題を移送しなければならない（法100条1項、法13条11号・80条以下）（畑尻［規範統制］372頁以下参照）。

具体的規範統制の目的は、いわゆる一般の裁判官の審査権を行使して個々の裁判所が、連邦立法者・州立法者が議決した法律を、それらが基本法・連邦法と州法の連邦国家的段階秩序を侵害したという理由から、具体的訴訟に適用しないことによって、連邦・州立法者の意思を無視することを阻止すること（連邦・州の議会立法者の保護）と、憲法裁判所が憲法

問題を一般的に拘束力をもって判断することによって、各裁判所の異なった憲法判断によって生じる法的混乱を避けること（法的混乱・法的不安定の回避）である。

2017年末までの受理件数は3,656件（処理件数は3,580件）で、いずれも憲法異議に次いで多い。本書では、17件紹介されている。ちなみに、［判例Ⅰ］には19件（全94件）、［判例Ⅱ］には12件（全74件）、［判例Ⅲ］には11件（全85件）の事件が掲載されている。

(2) 具体的規範統制における移送裁判所としての専門裁判所には、裁判官の審査権を行使して、憲法裁判所に憲法問題を提起するという重要な役割が付与されている。この場合、専門裁判所は憲法裁判所の手続の一部を構成し憲法判例の形成に重要な役割を果たしていることが注目される。そして、このような役割において、裁判所の審級に相違はない。審級制度から言って一番下位にある区裁判所からの移送によって、重要な憲法問題が判断されていることが象徴的である（ヘーベルレ53、180頁参照）。たとえば、［判例Ⅰ］では、13ケルン区裁判所、ベンスベルク区裁判所、35テュービンゲン区裁判所、91ルードヴィヒスハーフェン区裁判所、ノイマーゲン区裁判所、ハンブルク区裁判所、［判例Ⅱ］では、3ハンブルク区裁判所、8フレンスブルク区裁判所、ハンブルク区裁判所、ベルリン・シェーネベルグ区裁判所、12テュービンゲン区裁判所、13パーダーボルン区裁判所、ハノーファー区裁判所からの移送を受けた連邦憲法裁判所が重要な憲法判断を下している。

また、本書で紹介されている17件の移送裁判所は、12バイエルン上級地方裁判所、フランクフルト上級地方裁判所、13シェーネベルク区裁判所、20連邦財政裁判所、21ニーダー＝ザクセン財政裁判所、22ザールラント財政裁判所、連邦財政裁判所、24ハンブルク上級地方裁判所、26ミュンヘン社会裁判所、27連邦社会裁判所、48連邦社会裁判所、52連邦財政裁判所、53ヘッセン州裁判所・連邦社会裁判所、54ノルトライン＝ヴェストファーレン社会裁判所、56ケルン財政裁判所、連邦財政裁判所、58連邦行政裁判所、63ザクセン＝アンハルト財政裁判所、67グライスフェルト行政裁判所、69ギーセン行政裁判所など実に多彩である。

5 その他の手続

(1) 連邦機関争訟

連邦最高機関（連邦大統領、連邦首相、連邦政府、連邦議会、連邦参議院）、そして基本法・連邦最高機関の規則によって固有の権利を与えられた他の関係機関（個々の議員、連邦議会の政党・会派）について、その権利義務の範囲に関して紛争が生じた場合、連邦憲法裁判所はこれに関する基本法の解釈を決定する（基本法93条1項1号、法13条5号、63条以下）（飯田［連邦機関］413頁以下参照）。

連邦機関争訟の目的は、連邦レベルでの権力分立的な権限構造を保持し、それによって客観的な憲法秩序を確保することにある。国家機関相互の権限をめぐる政治的闘争も、相互の「権利・義務」の形をとることによって法的紛争となる。すなわち、機関争訟によって、個々の機関に自己の権限を防禦する法的な力が付与されるとともに、権限構造の総体が保持され、政治過程が保護されて、憲法機関相互の関係は真に法的なものとなる。この手続によって「連邦憲法裁判所は強化された形で、政治的プロセスに—調和的に—関与するのである。これまでの実践では、機関争訟はその有効性を実証してきた」（ヘーベルレ197頁）。

2017年末までの受理件数 226件（処理件数218件）で、［判例Ⅰ］には 9件（全94件）が紹介されているが、その提訴権者は、6件（64、65、67、79、82、85）が政党・会派で、4件（81、82、83、88）が連邦議会議員である。また［判例Ⅱ］には 3件（全74件）紹介されているが、3件（54、57、63）が政党・会派で、1件（57）が連邦議会議員である。そして［判例Ⅲ］には 1件（全85件）が紹介されており（74）、その提訴権者は連邦議会議員である（なお、72では州の機関争訟が紹介されている）。

本書では、9件紹介されているが、提訴権者と相手方は以下の通りである。**61** 連邦議会議員・連邦議会の政党・会派（Die Linke）対連邦議会・連邦政府、**64** 連邦議会の政党・会派（Die Linke）対連邦議会・連邦政府、**65** 連邦議会の政党・会派（FDP）対連邦政府、**70** 連邦議会議員対連邦議会、**74** 連邦議会の政党・会派（Bündnis 90/Die Grünen）対連邦政府、**76** 連邦議会議員対連邦議会、**78** 連邦議会の政党・会派（SPD, B90/ Die Grünen）対連邦議会、**79** 連邦議会の政党・会派（FDP, Die Linke, Bündnis 90/Die Grünen）他対連邦政府、**80** 政党・会派（PDS/Die Linke）対連邦政府である。

機関争訟は、以上の例でも明らかなように、個々の議員と政党・会派が提訴権者となることによって「多元主義の保障」、「少数者保護」という機能が働くことになる（ヘーベルレ180頁参照）。

(2) 連邦国家的争訟

ドイツは連邦国家であり（基本法20条1項）、国家の権能の行使とその任務の遂行が、連邦と州に分かって行われている。連邦と州の間で、あるいは各州相互間で権限の帰属や権限行使の適法性をめぐって意見の相違が生じたとき、その解決は連邦憲法裁判所に委ねられる（基本法93条1項3号、4号、法13条7号、8号、68条以下）（飯田［連邦国家］427頁以下）。この手続は、ドイツにおける憲法裁判の歴史的淵源の一つであり、連邦制、憲法裁判にとっての礎石である（ヘーベルレ181頁参照）。

2017年までの受理件数は120件（処理件数120件）である。［判例Ⅰ］の **76**［南西ドイツ諸州の再編成に関する2法の合憲性］では、バーデン州政府が連邦法律の違憲無効を主張し、［判例Ⅱ］の **56**［テレビ指令判決］では、バイエルン州政府が連邦政府の行為の違憲性を争った。また、［判例Ⅲ］の **83**［携帯電話用周波数免許の落札収入の配分］では、バーデン＝ヴュルテンベルク州政府、ヘッセン州政府、バイエルン州政府が連邦＝州間の財政調整に関する問題について連邦を訴えている。なお、本書ではこの手続の事件は紹介されていない。

(3) 憲法保障手続

1）大統領訴追（基本法61条、法13条4号、49条以下）（山本489頁以下参照）と連邦裁判官の訴追（基本法98条2項、法13条9号、58条以下）（山本494頁以下参照）は、いずれも現在まで1件も受理されていない。

2）基本法の「戦う民主主義」の具体的な制度としての「基本権の喪失」は、表現の自由、所有権など基本法が保障する基本権を自由で民主的な基本秩序に敵対するために濫用する者はこれらの基本権を喪失するとするものであり、憲法裁判所が、基本権喪失手続（基本法18条、法13条1号、36条以下）を行う（山本474頁以下参照）。2017年までの受理件数　4件（処理件数4件）で、いずれも申立ては認められていない。

また、同じく「戦う民主主義」の具体的な制度として「違憲政党の禁止」（基本法21条2項、法13条2号、43条以下）がある。これによれば、自由で民主的な基本秩序を侵害しもしくは除去し、またはドイツ連邦共和国の存立を危うくする違憲政党の禁止制度において、憲法裁判所が政党禁止手続を行う（山本481頁以下）。

この政党の違憲確認手続では、2017年末までに9件が受理され処理されている。1950年代に二つの政党が解散を命じられた。社会主義ライヒ党（SRP）（BVerfGE 2, 1）とドイツ共産党（KPD）（BVerfGE 5, 85）［判例Ⅰ **68**］である。

最近では、2002年に極右政党であるドイツ国家民主党（NPD）に対して禁止の動きはあったが、政府側の証人として出廷した人物が政府のスパイだったことが明らかになり、連邦憲法裁判所での審議が中断した。2012年12月、連邦参議院が二度目となるNPD禁止申請を決議した。その後の紆余曲折を経て、2016年3月に審理に入り、2017年1月17日、NPDは排外主義を掲げるが弱小政党で民主主義の秩序に真の脅威を与えてはいないとして訴えが退けられた（BVerfGE 144, 20, 土屋参照）。

(4) 選挙審査抗告手続

基本法41条は1項において、議会にその構成員

の資格を自ら審査する伝統的な権限を認め、「選挙審査は、連邦議会の責務である」としたうえで、2項において「連邦議会の決定に対しては、連邦憲法裁判所に抗告を提起することが許される」として、選挙審査が政治的な決定ではなく、一種の法適用であるとの見解にそって、連邦憲法裁判所を選挙審査手続における終審として組み込んだ（基本法41条2項、法13条3号、48条以下）。この手続の目的は、主観的権利の保護ではなく、連邦議会の正当な構成を保障するための客観的な選挙法の保護にある（山本498頁以下参照）。

2017年までの受理件数は327件（処理件数321件）で、［判例Ⅰ］には、*80*［連邦議会選挙の選挙区区割と平等選挙の原則］、［判例Ⅱ］には、*64*［ハンブルクCDUの連邦議会選挙の候補者選出に関する選挙審査異議］、そして［判例Ⅲ］には、*70*［基本議席条項の合憲性］とそれぞれ1件の事件が掲載されている。

本書では、*59*、*71*、*72*、*73*、*75*、*77*そして*82*の7件が紹介されている。この件数が選挙訴訟の重要性を示しているが、同時にその内容は個々の選挙における選挙法の実施・適用の瑕疵というよりも、選挙制度そのものが問われていることがわかる。すなわち、選挙審査抗告手続においては、選挙執行の違憲・違法性だけではなく、その前提となる法令それ自体の違憲性・違法性が争われている。

また、*72*では、確認された選挙の瑕疵は、当該選挙区における選挙の無効・再選挙の実施を要請しない。その瑕疵の影響は、議会の存立維持の利益を上回らないとされた。また*59*では、欧州議会選挙法2条7項は選挙の平等と政党の機会均等の諸原則に反するが、選挙の瑕疵はドイツにおける欧州議会選挙の無効と再選挙を招来しないとした。さらに、*77*では、連邦選挙法の当該規定は違憲・無効であるが、この違憲性は連邦議会の構成に実質的な影響を与えないゆえに、2009年の連邦議会選挙自体は無効とはならないとされた[6]。

6 各手続と憲法判断

各訴訟手続類型は、その趣旨・目的に応じて、申立権者、訴訟手続そして判決の様式などに違いがある。問題はこのような訴訟類型の違いが、憲法判断自体（審査範囲・審査基準・審査密度）にどのような影響を与えるか、すなわち、憲法判断の際に、問題となる憲法規範、権利の性格などその対象の他、器である訴訟類型はどの程度考慮されているかである。

たしかに、一方では、個々の訴訟類型にとらわれずに、広範かつ積極的に憲法判断を行うべきであるという主張がある。そして、ドイツの連邦憲法裁判所は、憲法異議を典型として、個々の手続類型の趣旨・目的にとらわれずに憲法判断を下しているようにみえる[7]。他方では、連邦憲法裁判所のこのような姿勢に、特にその判決の民主的正統性の問題から批判的な見解も主張されている。連邦憲法裁判所では具体的事件との関連性は付随的審査制に比して弱いと思われるが、その判決の正統性を、具体的な事件との関連性に求める見解もある。レプシウスによれば、連邦裁判所は、憲法異議において規範統制上の基準を持ちだしたり、逆に規範統制において憲法異議上の基準を使ったりして、判決が下された訴訟上のコンテクストにまったく頓着せずに自己の判例を引用し、各訴訟手続類型の差異を平準化し、これによって審査範囲・密度と各訴訟手続類型との関係を相対化し「基準定立権力」を自由に行使して本来の地位・権限を拡大している。このような認識からすれば、訴訟手続類型の趣旨、目的の違いは明確にされるべきであり、そのうえで訴訟手続類型別に審査範囲と審査密度が検討されなければならないことになる（レプシウス187頁以下、215頁以下参照）[8]。

Ⅱ 判決・命令

1 判 決

連邦憲法裁判所は、違憲無効判決以外にも、事例に応じて「一部違憲（無効）判決」、「違憲確認判決」、「憲法適合的解釈」（たとえば、*8*、*50*、*76*参照）、「警告判決」など、さまざまな「現実を考慮に入れ結果に配慮した」判決形式・判断様式を用いている（ヘー

ベルレ 218 頁以下、319 頁参照）。

　これらの判決形式・判断様式の中心は「違憲確認判決」である。「違憲確認判決（不一致宣言）」とは、連邦憲法裁判所が当該法令を違憲（憲法の規定と一致しない）としながらも無効としない判決形式である。この判決形式は、1970 年の連邦憲法裁判所第 4 次改正によって立法的に追認されたが、それ以前から多くの事例において用いられてきた（有澤 235 頁以下参照）。現在では「違憲無効判決」と並ぶ、いやむしろそれ以上に用いられている判決形式である。たとえば、2017 年度の規範統制と憲法異議で処理した規範のうち、無効 6 件に対して不一致（違憲確認）は、部分的な不一致を含めて 9 件である。

　違憲確認判決は、従来の判決例からみると、①平等原則違反が問題となる事例、②「立法者の形成自由」を認める余地のある事例、③なお一層の違憲状態や耐え難い法的空白を回避する必要がある事例、④立法の不作為が問題となる事例、そして⑤手続的（形式的）瑕疵が問題となる事例などにおいて下されている（畑尻［違憲確認］72 頁以下、［制度］399 頁以下参照）。

　たとえば、本書掲載の判決中、**4**（憲法異議）では③、**8**（法律に対する憲法異議）では③、**12**（具体的規範統制）では①と②、**13**（具体的規範統制）では②、**14**（判決に対する憲法異議）では③、**18**（法律に対する憲法異議）では③、**26**（具体的規範統制）では①と②、**42**（法律に対する憲法異議）では③、**48**（具体的規範統制）では④、**51**（抽象的規範統制）では③、**52**（具体的規範統制）では⑤、**53**（具体的規範統制）では②と③、**54**（具体的規範統制）では③、**65**（機関争訟）では⑤、**69**（具体的規範統制）では③、また、**84**（法律に対する憲法異議）では②が根拠とされている。なお、本書掲載の各判決でも明らかなように、この判決形式と手続類型との関連性はない。

2　仮命令

（1）「連邦憲法裁判所は、争訟事件において、重大な不利益を防止するため、急迫する暴力を阻止するため、又は他の重大な理由により、公共の福祉の

ため緊急の必要がある場合には、仮命令により事態を暫定的に規律することができる」（法 32 条 1 項）。この「仮命令（Einstweilige Verordnung）」によって連邦憲法裁判所は、本案判決が出されるまで、問題となる行政行為、刑事手続を、また法律、命令、規則などの法規範の執行を暫定的に停止し、将来の本案判断を有効なものとすることができる（畑尻［仮命令］215 頁以下）。

　2017 年までの受理件数は 3,096 件（処理件数 3,089件）で、本書では、集会の自由を規制するバイエルン集会法の一部規定の効力を停止させる仮命令（**37**）と、ESM 条約に関する仮命令（**64**）が直接、検討の対象とされている。また、そのほか、装蹄法の施行を停止する仮命令（**44** 参照）、地裁の裁判長に対して、開廷前、休憩中、閉廷後に被告人も撮影可能な時間帯を報道機関のために確保することを命じる仮命令（**32** 参照）、特別小委員会が議決権を行使することを禁止する仮命令（**76** 参照）が下されている。

　ちなみに、仮命令が直接・間接に関連するものとしては、［判例Ⅰ］には 6 件が掲載されている。すなわち、連邦国防軍核武装等についての住民アンケートに関するハンブルク法等の執行停止を求める仮命令（**59** 参照）、連邦に対してテレビ放送を行わないことを求める仮命令（**77** 参照）、連邦政府・州政府に対して誘拐犯の要求するテロリストの解放を承諾することを求める仮命令（**2**）、1983 年国勢調査法の執行停止を求める仮命令（**7** 参照）、そして、ドイツ連邦政府による連邦軍の NATO の域外派遣の決定の執行停止を求める仮命令（**89**）が請求されている。また、［判例Ⅱ］には 4 件が掲載されている。すなわち、ハンブルク市の「改正選挙法に基づく区議会への外国人選挙権の導入に関する法律」の執行停止を求める仮命令（**51** 参照）、連邦議会における統一条約の同意法律の審議と採決の中止を求める仮命令（**55**）、そして、刑法 218 条（堕胎罪）改正法の発効の停止を求める仮命令（**68**）が求められた。さらに、［判例Ⅲ］には 4 件で仮命令が用いられている。すなわち、判決（決定）の執行停止を求める仮

命令（**36** 参照）、口頭弁論をテレビカメラで撮影することを認める仮命令（**30** 参照）、正書法の新規則の諸決定の執行の中断を求める仮命令（**5**）、そして、NPD によるシナゴーグ建設反対集会の実施を求める仮命令（**41**）の発給が求められた。

また、ESM 条約に関する事例（**64**）にみられるように、最近の一連のユーロ救済に関する訴訟においても、本訴とともに、仮命令が求められている。

3　執行命令

法 35 条によれば、「連邦憲法裁判所は、その判決において、その執行者を指定し、場合によっては執行の種類および方法を規定することができる」。この「執行命令（Vollstreckungsanordnung）」制度によって、連邦憲法裁判所は本判決を履行するために必要なあらゆる命令を発し、判決内容を最も適切、迅速、合目的、簡便かつ実効的な方法で達成する権限をもつ。また、これによって、新たに合憲的法律がつくられるまで、立法者に代わり、自ら、暫定的な規律をなすこともある（中野 206 頁以下参照）。執行命令制度によって、連邦憲法裁判所は「執行の支配者」となった（ヘーベルレ 219 頁以下参照）。そしてこのことは、執行命令制度が、「単に裁判の執行という技術的意味に止まらず、憲法構造における連邦憲法裁判所の位置づけに関わる重要な問題であるということ」を意味する。すなわち、この制度は、「違憲＝無効としただけでは解決できない困難な事案において、立法者と協働して憲法適合的な法状況を創造しっていく１つの試みとして」（櫻井 233 頁）考えることができる。

本書の **18**、**45**、**54** では、前述の「違憲確認判決」に関連して執行命令が用いられている。**45** では、州等の非喫煙者保護法が小さな居酒屋に対して例外を認めず、全面禁煙でしか営業を続けられないようにしていることによって基本法 12 条 1 項（営業の自由）に一致しないとしたが、各州法を無効とはしなかった。ここでは、このような違憲確認判決に新規律義務（違憲な状態を除去する立法義務）が付され、さらに立法者による新規律までの「経過措置」を定めている（Vgl. BVerfGE 121, 317 [373 ff.]）。ま

た、**54** では、憲法裁判所は、庇護申請者給付法の当該規定を違憲無効とはせず、経過措置を自ら定めた。すなわち、庇護申請者給付法 3 条 2 項 2 文（基本給付）、同項 3 文および同条 1 項 4 文（日用品費）は「最低限度の生活」に不足するため基本法に適合しない「違憲状態」にあるが、しかし違憲無効の宣言によっては、基本法の要請する「最低限度の生活」を保障する法律上の根拠が失われてしまう。そこで、憲法裁判所は新法制定までの経過措置として、社会保障法典上の給付額を算定する基準需要調査法に従って庇護申請者給付法上の給付額を決定することを命じ、それと同時に立法者にはこの経過措置とは独立に新法制定を義務付けた（Vgl. BVerfGE 132, 134 [174ff.]）。さらに、**18** によれば、違憲とされた諸規定は、立法者が新たな規制を行うまで、遅くとも 2013 年 5 月 31 日まで、引き続き効力を有する。ただし、それまでの間、これらの規定は主文に明示した基準に従って適用しなければならないとした（Vgl. BVerfGE 128, 326 [404 ff.]）。

Ⅲ　法廷と裁判官

1　法　廷

(1) 法廷・合同部

1）憲法裁判所は各 8 名の裁判官によって構成されている 2 つの「法廷（Senat）」から成っている。通常は二つの法廷がそれぞれ別個に活動する（小野寺［組織］111 頁以下参照）。本書には、第 1 法廷 45 件、第 2 法廷 38 件の判例が掲載されている。

2）ある争点について第 1 法廷と第 2 法廷の見解が対立した場合には、判例の統一性をはかるために全裁判官（16 人）によって構成される「合同部（Plenum）」が開かれる（小野寺［組織］117 頁以下参照）。本書 **81** では、従来の基本法の解釈を変更する重要な判断が示された。実例としてはこれを含め、［判例Ⅲ］**79** と **81** など、5 例にとどまる。逆に、**1** では、第 2 法廷が決定によって合同部の開催の必要性を示唆したのに対して、第 1 法廷は合同部開催の要件が満たされていないとした。

〔畑尻　剛〕

(2) 部　会

　各法廷には、3人の裁判官からなる3つの「部会(Kammer)」が設置されている（したがって、各部の裁判官のうち1人は2つの部会に所属する）。1956年の法改正によって憲法裁判所の過重負担を解消するために憲法異議の受理を審査する「3人委員会」が設けられたが、1985年の法改正により部会へと改組され、憲法異議の不受理だけではなく一定の場合（部の先例の執行）に認容裁判を行う権限も付与された（小野寺［受理手続］125頁以下参照）。

　最近5年間（2013年から2017年末まで）の統計によれば、憲法異議のうち、部会で処理されたのは99％をこえる。2013年に部会で処理された憲法異議は6,217件（不受理6,142件・認容75件）、2014年6,265件（不受理6,155件・認容110件）、2015年5,867件（不受理5,769件・認容98件）、2016年5,887件（不受理5,778件・認容109件）、2017年5,359件（不受理5,268件・認容91件）である。これに対して法廷で処理されたのは、2013年21件（却下5件・認容16件）、2014年27件（却下16件・認容11件）、2015年17件（不受理1件・却下3件・認容13件）、2016年19件（不受理1件・却下10件・認容8件）、2017年17件（却下8件・認容9件）である。

　更に、1993年法改正では、一定の場合に具体的規範統制における不適法な移送を却下する権限が与えられた（畑尻［規範統制］395頁以下参照）。2017年末まで256件の例がある（同じく1993年以降、法廷で処理されたのは173件である）。このように部会は法廷のたんなる前提手続以上の重要な役割を果たすこととなった（法廷と部会における事案処理の実際については、リュッベ＝ヴォルフ351頁以下参照）。

　しかし、現職のマージンク裁判官による次のような指摘もある。部会の決定の多くは担当裁判官が作成した原案（書類）を他の裁判官に回して検討するが、他の2人の裁判官のチェックが弱い場合もある。これに対して、法廷の場合には担当裁判官が原案を作るものの合議によって最終的な結論を導く。この点で、部会決定を連邦憲法裁判所の判断であるとす

るには、注意が必要である[9]。

2　裁判官

　(1)　裁判所を構成する12名の裁判官は、半数ずつ連邦議会と連邦参議院で選出され、前者によって議会制民主主義的正統性が、後者によって連邦制民主主義的正統性が与えられる。その選出方法については、従来、連邦議会と連邦参議院とで異なっていた。連邦参議院は、直接選出方式を採用し、基本法51条2項の定める法定議員数の3分の2の特別多数によって選出する。これに対して連邦議会は、従来、間接選出方法を採用し、比例代表選挙によって選出された12名の議員によって構成される裁判官の選出委員会が設置されていた。そこでは少なくとも8人の委員の賛成（3分の2の特別多数）によって候補者が決定された（法旧6条）（川又［裁判官］106頁以下参照）。

　*82*では、連邦議会における間接選出方法の合憲性が確認された。しかし2015年6月24日に法6条を改正する第9次連邦憲法裁判所法改正法が公布され（BGBl. I S. 973）、連邦議会における裁判官の選出手続は、直接選出の方式に改められた（実際の選出状況については、三宅25頁以下参照）。

　(2)　憲法裁判所の特徴の一つは、国法学者の裁判官が多いことである。2018年3月1日現在の16名の連邦憲法裁判所裁判官（附録③「連邦憲法裁判所裁判官一覧表および変遷表」参照）のうち、第1法廷では、その長で副長官のF. Kirchhof（テュービンゲン大学）、J. Masing（フライブルク大学）、A. L. Paulus（ゲッティンゲン大学）、G. Britz（ギーセン大学）、そして、S. Baer（フンボルト大学）、第2法廷では、その長で長官のA. Voßkuhle（フライブルク大学）、P. M. Huber（ミュンヘン大学）、D. König（ブッツェリウス大学）そしてC. Langenfeld（ゲッティンゲン大学）である。

　このような「国法学者裁判官」の多さは、連邦憲法裁判所裁判官が唯一兼職を認められている職業が大学教授であることとともに、ドイツの伝統に由来するとの指摘が多い。たとえば、ドイツは長く統一国家でなかったので、学者が政策決定を行う上で、

重要な役割を果たし、その伝統が現在まで影響を与えている。これに対して、フランスは統一国家であったので学者が政治過程に重要な役割を果たす余地がなかったという見解である（林179頁以下、柴田230頁以下参照）。

「国法学者裁判官」の多さは、ドイツにおける「学説と実務の距離の近さ」の要因ともなる（林173頁以下）。すなわち、「裁判官が国法学者のなかから採用されている。これによって憲法現実はいわば憲法の規範力のための戦士を体内に取り込み、その結果、すでにK.ヘッセが認識したように人的なレヴェルで規範と現実の相互関連性を確証するのである」。「連邦憲法裁判所における国法学の決定的な影響力もまた世界的に比類ないことといえる。」（ヴュルテンベルガー126頁以下）。

連邦憲法裁判所と国法学の交流の具体的な表れの一つが、判例文中における、学術論文の引用である。判例の中で、学術論文が引かれる例は決して珍しいことではない。ここでは、そのほんの一端として、ヘーベルレの学説が引用されている例を紹介することにとどめる。*84*では、Der Sonntag als Verfassungsprinzip, 2. Aufl. 2006, S. 63 f., 70 が（BVerfGE 125, 39 [81]）、*18*では、Europäische Verfassungslehre, 7. Aufl. 2011, S. 259 が引かれている（BVerfGE 128, 326 [396 f.]）。また、*62*では、Landau の少数意見が Europäische Verfassungslehre, 6. Aufl. 2009, S. 307 を（BVerfGE 126, 286 [319]）、*77*では、Lübbe-Wolff の少数意見が Zeit und Verfassung, in: ZfP 21 (1974), S. 111, 126 を引いている（BVerfGE 132, 39 [70]）。

Ⅳ　ヨーロッパの中の連邦憲法裁判所

ヨーロッパ統合の動きを国内憲法との関係でどのように位置づけるかは、従来から連邦憲法裁判所の主要な課題の一つであった（奥山55頁以下、福王69頁以下参照）が、最近ではその重要性が増大している。本書には、リスボン条約（*61*）、EU 域内の法人の基本法上の基本権享有主体性（*49*）、EU 法の国内実施

法律に関する欧州司法裁判所への付託（*63*）、欧州議会選挙における5％条項等（*59*）、ESM（欧州安定機構）条約（*64*）に関する各判決が掲載されている。また、そのほか、「救済の傘」訴訟（BVerfGE 129, 124）、ESM 条約訴訟本案判決（BVerfGE 135, 317）、OMT 訴訟（BVerfGE 142, 123 [片桐147頁以下]）がある。

このように連邦憲法裁判所が EU 問題、特にユーロ救済という極めて高度な政治・外交問題を判断することについて、国民の多数はこれを支持している。たとえば、ある意識調査（2012年）によれば、ヨーロッパの統合の過程において基本法が空洞化されるというドイツ国民の懸念は2009年の41％から50％へと確実に増えている。また、「あなたは、ドイツが高債務国に対する救済措置に参加することによって経済的に負担を引き受けそれゆえに経済的に困難な状況に陥ることになるかもしれないことを懸念しますか。」という問いに対して、63％が、「そう思う」と答えている。と同時に、この調査では、EU への権限移譲とユーロ救済の措置についてそれぞれ「判断すべきである（移譲71％・措置62％）」が「判断すべきでない（27％・37％）」を大きく上回っていること、また憲法裁判所がユーロの金融政策の判断に「十分な時間をかけるべき（59％）」が「迅速に判決を下すべき（26％）」の二倍を超えていることが示され、統合の一つ一つのプロセスが基本法に適合するか否かを連邦憲法裁判所が審査することが求められている。すなわち、「多数の者にとって連邦憲法裁判所は国益と基本法において確定されたドイツの政治的・社会的秩序の防波堤（„das Bollwerk"）と考えられている」のである（畑尻 [規範力] 742頁以下、748頁以下参照）。

結びにかえて

以上のように、連邦憲法裁判所は、積極的かつ柔軟な制度運用によって、国民の信頼に応え、国民もまたこのような連邦憲法裁判の姿勢を支持している。たとえば、高度に政治的なヨーロッパ問題についても連邦憲法裁判所は積極的に判断し、このような姿

勢に対して国民も、連邦憲法裁判所を「防波堤」として信頼している。確かに最終的には、EU の判断を否定することはないものの——「吠えるけれども咬まない番犬」——、一定の法的な歯止めをかけている。このように政治過程が憲法を基準に判断され、これを国民が支持する背景には、ドイツ固有の政治風土を指摘することができる。と同時に、連邦憲法裁判所の制度とその運用から立憲主義国家における違憲審査のありかたについての一定の普遍的なメッセージを引き出すこともまた、可能である。たしかに、最近は、連邦憲法裁判所とドイツ憲法学の幸せな共生に対して疑問を提示する見解も見られる（栗島 37 頁以下参照）。しかし、ドイツの連邦憲法裁判所制度とその運用がもつ比較憲法研究の対象としての有用性は決して減じていないように思われる。

(1) 連邦大統領は、憲法保障に関して、連邦憲法裁判所とは別の有力なアクターとして登場する。これが、大統領の認証制度である。基本法 82 条 1 項 1 文によれば、「この基本法の規定に従って成立した法律は、副署ののち、連邦大統領によって認証され、連邦法律公報に公布される。」この認証の際に、連邦大統領は法律の憲法適合性について審査権をもつか否かが問題となる（加藤 73 頁以下参照）。手続的違憲（形式的違憲）法律——必要な多数が得られなかったときあるいは連邦参議院の同意を欠くような場合——については大統領が認証を拒否しなければならないとする点で学説は一致する。争いがあるのは法律が内容的に基本法に違反すると考えられる場合にも、連邦大統領は、認証を拒否しなければならないのか否かである。内容的違憲法律については、①無制限に審査権がある、②明確な憲法違反については審査権がある、③審査権がない、という形で説が分かれる。第 2 説が通説である（畑尻［議事手続］495 頁以下参照）。

　［判例Ⅲ］73 では、移住法に関して参議院の同意があったか否かが問題となった。これについて連邦参議院での採決後、大統領がこの法律案に署名するかどうかが注目されたが、2002 年 6 月 20 日、ラウ大統領は、法律案に署名した。同時に、次のような趣旨の声明をだした。すなわち、大統領には、法案に明らかな違憲性があるときに認証を行わない権限と義務がある。この法案自体に違憲性はないが、連邦参議院での採決が違憲ではないかと疑う根拠がある。しかし、これを判断するのは大統領ではなく、連邦憲法裁判所である。

本書 16 では、憲法裁判所に訴訟が提起される前の段階で、大統領の認証が問題となった。2005 年 1 月 11 日、H. ケーラー連邦大統領は航空安全法の認証に際し、合憲性に重大な疑義があるとして、連邦議会議長、連邦参議院議長、連邦首相に対して、連邦憲法裁判所の審査を求めるように勧告した（松浦 341 頁以下、361 頁参照）。

(2) 以下、ボールドの数字は、本書の判例項番号を示す。なお、ドイツ憲法判例研究会編（編集代表：栗城壽夫＝戸波江二＝根森健）『ドイツの憲法判例Ⅰ（第 2 版）』（信山社、2004 年）、ドイツ憲法判例研究会編（編集代表：栗城壽夫＝戸波江二＝石村修）『ドイツの憲法判例Ⅱ（第 2 版）』（信山社、2006 年）、ドイツ憲法判例研究会編（編集代表：栗城壽夫＝戸波江二＝嶋崎健太郎）『ドイツの憲法判例Ⅲ』（信山社、2008 年）については、それぞれ［判例Ⅰ］、［判例Ⅱ］、［判例Ⅲ］としたうえで、判例項番号を付記した。

(3) 統計資料は、以下も含め Bundesverfassungsgericht - Jahresstatistik 2017（連邦憲法裁判所 HP）に拠った。

(4) 前述のように、一つの事件が複数の手続において対象となっていることがまれではない。したがって、以下の事件数はあくまで概数である。

(5) 行政庁は適用法令に関する憲法適合性審査権をもたないが、抽象的規範統制によって同様の機能を果たすことができる。すなわち、官庁が適法法令を違憲だと判断した場合には、その行政庁の監督行政庁に判断を仰ぐ、当該監督庁が合憲だと考えれば、法律を適用しなければならない。監督庁が違憲だと考えれば、その上級庁に判断を仰ぎ最終的には抽象的規範統制の提訴権者である内閣を構成する各大臣まで到達する（Sachs, S. 200）。

(6) 連邦憲法裁判所における選挙審査抗告手続では、一連の判例によって以下のような点が確認されている。たとえ選挙の瑕疵が存在するとしても、それによって直ちに選挙が無効になるということにはならない。選挙人の意思に何らの影響を及ぼしえない選挙の瑕疵は、選挙を無効とすることはない。また、たとえ重大な選挙の瑕疵が存在するとしても、選挙の無効を特定の範囲についてのみ宣言することができる。さらに、選挙の瑕疵の程度に応じて、選挙の無効を連邦全体の選挙、一つの州の選挙、選挙区域の選挙、選挙区の選挙に段階づけることや、瑕疵の生じた時期に対応して、無効を選挙手続全体、選挙結果の確定、特定の議席の獲得に段階づけることも可能である。連邦憲法裁判所が付随的に審査した選挙規範を明確に無効と宣言することができるかという点については争いがある。選挙審査抗告手続が規範統制手続ではないこと、選挙法律を無効と宣言することによって選出された議会が正当性を失うことから、選挙審査抗告手続においては、選挙法律の合憲性は付随的にのみ審査され、無効とは宣言さ

れてはならないとされる（山本501頁以下参照）。

(7) 畑尻［制度］392頁以下参照。同じことは、憲法異議に次いで受理・処理件数の多い具体的規範統制手続についても妥当する。世話法上の強制処遇が問題となった、2016年7月26日の決定（BVerfGE 142, 313［玉蟲151頁］）では、原手続の当事者の死亡にかかわらず、「本件ではBGHによって移送された憲法問題の解明についての重要な客観的必要性が存在している。」として、その適法性が認められた。

具体的規範統制手続の場合、移送裁判所に係争している原手続の判断にとって法律が必要であること（「判決にとっての必要性」）が、前提となり、原手続の当事者の死亡のような、原手続の終結をもたらす事象が生じた場合、通常、移送手続は終結する。「なぜなら、具体的規範統制は、特定の裁判手続における憲法適合的判断に資するものであり、その限りで裁判手続の存在と目的に依存している」（BVerfGE 142, 313［334］）からである。しかし、具体的規範統制によって法律の憲法適合性の判断権限を連邦憲法裁判所に集中させた目的は、憲法問題の一般に拘束力のある解明を通じて、憲法判断の統一化・安定化を図ることある。従来、「連邦憲法裁判所がその審査を、移送された規範と密接な関連をもつが、原手続にとって判決に必要とはいえない規範にも拡大したことは、憲法問題の解明のために規範統制が有する意義の結果である」（ebd.）。このような客観的な、法の解明および安定を志向する規範統制の機能によれば、十分に重要といえる、根本的な解明の必要性がなおも残る場合には、原手続が終結しても、例外的に移送問題について判断することを正当化する。憲法異議手続では、いくつかの判決において、憲法異議申立人の死亡のケースにおいても、終結をもたらす出来事にもかかわらず権利保護の必要性がなおも存続しうるとされている。「同様のことが具体的規範統制にはなおのこと妥当するのであり、しかも移送が機能的に特別なかたちで法の解明を義務づけられた最上級裁判所によって行われるならなおさらである。具体的規範統制は、原手続への局限された拘束にもかかわらず、その憲法上の規範審査への方向づけによって、最初から主観的権利保護に仕える憲法異議よりもより強く客観的な法の解明という役割をもつ」（BVerfGE 142, 313［335 f.］）。

(8) なお、連邦憲法裁判所法78条第2文によれば、「当該法律の他の規定が、同一の理由により基本法又はその他の連邦法に一致しない場合、連邦憲法裁判所は、等しく無効と宣言することができる」。18では、憲法異議の対象たる諸規定が保安拘禁と刑罰とが厳密に区別されていないために違憲であるとされた。保安拘禁に関するすべての規制について同じことが言えるので、判決の効力はこれらの規定にも拡張され、これらの規定もすべて違憲とされた。具体的規範統制手続におい

て問題となった、26においても同様の措置が取られた。

(9) ドイツ憲法判例研究会共催の「日独憲法対話2017・憲法の発展II憲法裁判所による憲法の発展」（2017年9月21日フライブルク）におけるJ. Masing 裁判官の発言。この点からいっても、本書も基本的な編集方針として、掲載判例を法廷のものに限定した。唯一の例外として5がある。これは部会の決定ではあるが、重要な判断であり理論的にも注目すべきものであるからである。

［参照文献］

有澤知子「判決の手法」畑尻剛＝工藤達朗編『ドイツの憲法裁判（第2版）──連邦憲法裁判所の組織・手続・権限』（中央大学出版部、2013年）235頁以下

飯田稔「連邦機関争訟」畑尻＝工藤編・同上413頁；「連邦国家的争訟」畑尻＝工藤編・同上427頁以下

奥山亜喜子「ヨーロッパ司法裁判所」畑尻＝工藤編・同上55頁以下

小野寺邦広「連邦憲法裁判所の組織」畑尻＝工藤編・同上111頁；「憲法異議の受理手続」畑尻＝工藤編・同上311頁以下

片桐直人「OMT合憲判決」自治研93巻6号（2017年）147頁以下

加藤一彦「ドイツ連邦大統領の法律審査権──連邦法律認証権の意味とその限界問題」現代法学14号（2007年）73頁以下

川又伸彦「憲法異議と憲法の規範力──判決に対する憲法異議についての最近のドイツ連邦憲法裁判所の判例を中心に」ドイツ憲法判例研究会編著（編集代表：戸波江二・畑尻剛）『講座 憲法の規範力〈第2巻〉 憲法の規範力と憲法裁判』（信山社、2013年）285頁以下；「連邦憲法裁判所の裁判官」畑尻＝工藤編・同上102頁；「判決に対する憲法異議」畑尻＝工藤編・同上342頁

工藤達朗「憲法異議・総説」畑尻＝工藤編・同上282頁以下

栗島智明「ドイツ憲法学の新潮流──《理論》としての憲法学の復権？」法学政治学論究117号（2018年）33頁以下

斎藤孝「自治体の憲法異議」畑尻＝工藤編・同上362頁以下

櫻井智章「代替立法者としての憲法裁判所」川﨑政司＝大沢秀介編『現代統治機構の動態と展開──法形成をめぐる政治と法』（尚学社、2016年）209頁以下

柴田憲司「ドイツ連邦憲法裁判所の少数意見制」大林啓吾＝見平典編『最高裁の少数意見』（成文堂、2016年）225頁以下

武市周作「憲法異議・違法性」畑尻＝工藤編・同上293頁以下

玉蟲由樹「世話法上の強制処遇と国家の基本権保護義

務」自治研究 93 巻 10 号（2017 年）151 頁以下

土屋武「NPD 違憲確認訴訟」自治研究掲載予定

中野雅紀「執行命令」畑尻＝工藤編・同上 206 頁以下

畑尻剛「議事手続に対する司法審査——ドイツ連邦憲法裁判所『移住法』判決を契機として」法学新報 112 巻 11・12 号（2006 年）495 頁以下；「違憲判断の具体的処理方法——違憲確認判決を中心に」中央ロー・ジャーナル 7 巻 1 号（2010 年）71 頁以下；「仮命令」畑尻＝工藤編・同上 215 頁以上；「具体的規範統制」畑尻＝工藤編・同上 372 頁以下；「憲法の規範力と憲法裁判——ドイツの連邦憲法裁判所に対する世論調査を素材として」法学新報 123 巻 5・6 号（2016 年）731 頁以下；「憲法裁判における『制度』とその『運用』——比較憲法の対象としてのドイツ連邦憲法裁判所が教えるもの」工藤達朗＝西原博史＝鈴木秀美＝小山剛＝毛利透＝三宅雄彦＝斎藤一久編『憲法学の創造的展開 下巻 戸波江二先生古稀記念』（信山社、2017 年）391 頁以下

林知更「ドイツから見たフランス憲法——一つの試論」辻村みよ子編集代表、山元一＝只野雅人＝新井誠編集『講座 政治・社会の変動と憲法——フランス憲法からの展望〈第Ⅰ巻〉：政治変動と立憲主義の展開』（信山社、2017 年）157 頁以下

福王守「ヨーロッパ人権裁判所」畑尻＝工藤編・同上 69 頁以下

松浦一夫『立憲主義と安全保障法制——同盟戦略に対応するドイツ連邦憲法裁判所の判例法形成』（三和書房、2016 年）

三宅雄彦「連邦憲法裁判所をめぐる法と人事——ドイツの場合」法律時報 86 巻 8 号（2014 年）25 頁以下

森保憲「抽象的規範統制」畑尻＝工藤編・同上 399 頁

以下

山本悦夫「その他の基本法上の手続」畑尻＝工藤編・同上 473 頁以下

渡辺康行「概観：ドイツ連邦憲法裁判所とドイツの憲法政治」ドイツ憲法判例研究会編（編集代表：栗城壽夫＝戸波江二＝根森健）『ドイツの憲法判例（第 2 版）』（信山社、2003 年）3 頁以下

マティアス・イエシュテット「連邦憲法裁判所という現象」マティアス・イエシュテット／オリヴァー・レプシウス／クリストフ・メラース／クリストフ・シェーンベルガー、鈴木秀美・高田篤・棟居快行・松本和彦監訳『越境する司法——ドイツ連邦憲法裁判所の光と影』（風行社、2014 年）65 頁以下

ライナー・ヴァール、石塚壮太郎訳「憲法の規範力と実効性」ドイツ憲法判例研究会編（編集代表：古野豊秋・三宅雄彦）『講座 憲法の規範力〈第 1 巻〉規範力の観念と条件』（信山社、2013 年）223 頁以下

トーマス・ヴュルテンベルガー、畑尻剛編訳『トーマス・ヴュルテンベルガー論文集：国家と憲法の正統化について』（中央大学出版部、2016 年）

ペーター・ヘーベルレ、畑尻剛＝土屋武編訳『多元主義における憲法裁判——P. ヘーベルレの憲法裁判論』（中央大学出版部、2014 年）

クリストフ・メラース「連邦憲法裁判所の合法性・正統性・正統化」イエシュテット他同上 247 頁以下

ゲルトルーデ・リュッベ＝ヴォルフ、松本尚子訳「ドイツ連邦憲法裁判所はどのようにして機能しているのか」上智法学論集 60 巻 3・4 号（2017 年）347 頁以下

オリヴァー・レプシウス「基準定立権力」イエシュテット他・同上 133 頁以下

M. Sachs, Verfassungsprozessrecht, 4 Aufl. 2016

1 終身自由刑の仮釈放と人間の尊厳・人身の自由

柴田憲司

2006年11月8日連邦憲法裁判所第2法廷決定
連邦憲法裁判所判例集117巻71頁以下
BVerfGE 117, 71, Beschluss v. 8. 11. 2006

【事 実】

憲法異議申立人 X1 は 34 歳の時（1971 年）に謀殺 (Mord 刑法 211 条) の廉で終身自由刑 (lebenslange Freiheitsstrafe) に処せられ、異議申立人 X2 は 28 歳の時 (1972 年) に同じく謀殺で終身自由刑に処せられた。両名とも約 30 年間服役しており、それぞれ所轄の地方裁判所の行刑部 (Strafvollstreckungskammer 執行裁判所 (Vollstreckungsgerichte)) に、残刑の猶予（仮釈放）を申請した。終身自由刑に処せられた場合、次の要件を満たせば仮釈放が認められる（同 57 条 a1 項）。すなわち、① 15 年の服役を終えたこと（同条項 1 号）、②責任の特別な重大性 (besondere Schwere der Schuld) がさらなる執行を要請しないこと（同項 2 号）、③公衆の安全の利益を考慮した上で猶予の判断に責任を持ちうること（同項 3 号。1998 年改正の同 57 条 1 項 1 文 2 号を準用）、④当該受刑者の同意があること（同 57 条 a1 項 3 号。同 57 条 1 項 1 文 3 号を準用）、である。両名の申請を受けた各執行裁判所はいずれも、①・②の要件は満たしているとしつつ、鑑定意見を入れた上で、両名につき再犯のリスクが残存しており③の要件を満たしてないと判断し、仮釈放の申請を拒否した。即時抗告を受けた上級地方裁判所もその判断を支持した。そこで X1・X2 は、終身自由刑自体が人間の尊厳（基本法 1 条 1 項）、人身の自由（同 2 条 2 項）等を侵害し違憲であり、その合憲性を前提とする上記刑法 57 条 a、および同条に基づき仮釈放を拒否した上記裁判所の諸決定が自身の基本権を侵害する旨などを主張し、憲法異議に及んだ。

【判 旨】

憲法異議は適法である。終身自由刑の際の残刑の猶予を定める諸規定は基本法と整合性をもつ。判決に対する異議申立人の憲法異議は理由がない。

1　(1)　人間の尊厳は「最上位の価値」をもち、その「尊重と保護は基本法の構成的な原理に属し」、何人も「国家の単なる客体」に処せられてはならない。他方で「個々人は社会共同体の内部で発展する人格」であり、「個々人は、社会的利益の保護のためにその基本権の制限を甘受しなければならず、その限りで基本法は、人格の社会共同体関連性・共同体拘束性という意味において、個人と社会共同体との緊張関係を決している。」

「この基本法 1 条 1 項の内容に鑑みれば、終身自由刑の執行は、公衆の保護という目的の追求という観点からも基本法と整合性をもつ。長期にわたる自由剥奪を通じ、共同体にとって危険な犯罪者から防衛することは、国家共同体に禁じられるものではない。」「責任の特別な重大性」が要請する期間の後も執行が継続することは「責任なければ刑罰なし」の原則（同 1 条 1 項・同 2 条 1 項・法治国原理）に反しない。「宣告刑の範囲に対応したこの終身自由刑の執行も、とりわけ受刑者の危険が存続しているために必要な場合には、比例的かつ責任に対応した刑罰という原則と矛盾しない。」(vgl. BVerfGE 45, 187〈242, 253−259〉.)

もとより、長期にわたる拘禁によって生じる被拘禁者の健康・精神・身体へのダメージは無視しえず、十分な「処遇行刑 (Behandlungsvollzug)」が行われて

いる限りで、終身自由刑はその合憲性を維持しうる。「人間の尊厳の保護は、受刑者の釈放の準備のための配慮をすべく共同体を義務づけている（vgl. BVerfGE35, 202〈235f.〉; 45, 187〈238f.〉)」。この点、現行の行刑法は、被拘禁者の「社会復帰（再社会化・社会への再統合)」・「処遇行刑」という基本目的（行刑法2条1項、3条）を定め、これは終身自由刑の受刑者にも同様に妥当する。文字通り刑の執行が終身に及ぶことは例外である。またこの基本思想のもと、執行の緩和（同10条、11条、13条）、社会治療施設への移送（同9条）、治療を求める権利（同58条）、病院への移送（同65条2項）等が定められている。

(2) (a)「基本法1条1項および法治国原理の観点のもと、終身自由刑に処せられた受刑者には再び自由を獲得するチャンスが原則として残っていることが、人間の尊厳に値する刑の執行の要件をなす（BVerfGE 45, 187〈245〉; 64, 261〈272〉)。」さらに仮釈放の拒否は「基本法2条2項で保障されている人身の自由にも関わる」。この基本権は「高次のランク」に位置するため「特別に重要な理由によってのみ、かつ厳格な形式面の諸要請の下においてのみ制限されうる（同2条2項、同104条1項; vgl BVerfGE 86, 288〈326〉)」。それゆえ比例原則の厳格な適用が要請される。

(b)「自由剥奪の期間が長くなればなるほど、その比例原則〔の充足〕のための要件はより厳格になる（精神病院への収容につき BVerfGE 70, 297; 保安処分につき BVerfGE 109, 133〈159〉)。」一方で、受刑者の自由の重要性、特に長期間継続した自由剥奪に鑑み、受刑者の危険の予測（Prognose）の判断に際しては、「再犯の単なる理論上の可能性」では足りず、重大犯罪を再度犯す可能性についての具体的な事実による証明が必要である。他方で、謀殺のような、終身自由刑に処せられた重大犯罪者の仮釈放に際しては、対立利益たる公衆の生命・安全の利益にも特別に重要な価値が認められうる。そのため「裁判官による十分な事案解明という憲法上の要請を履行した後、〔受刑者に〕有利な危険予測が得られなかった場合

に、終身自由刑をさらに執行すること」は許容される。1998年の法改正（性犯罪等の危険な犯罪行為の撲滅に関する法律）により、刑法57条1項1文2号に「公衆の安全」という表現が挿入されたのは、上記の先例・学説における解釈原理を確認したものである。

(c)「長期にわたる自由剥奪の際には、比例原則から手続的な要請も生じる。」

(ア)「受刑者の危険が将来の知覚し得ない経過に左右される以上、終身自由刑の確実な釈放時期があらかじめ明確に定められ得ない」ことは、憲法上問題にされるべき点ではない。もっとも、「受刑者の危険、およびさらなる自由剥奪の比例性が、可能な限り最大限の事案解明の原則に従い定期的に審査されること」が、終身自由刑の合憲性の要件をなす。「猶予の資格が繰り返し審査されることで、関係者に手続的な法的安定性が保障され、一定の間隔において釈放のチャンスが現実化しうることの展望が保障される。」現行法の規律では、この審査は職権では行われないが、当事者・検察官の申請によって行われることとなっており、憲法上の手続的要請は満たしている。当事者が申請し得ない状況にある場合には執行官庁（刑事訴訟法451条）たる検察官が職権で審査・申請することが、比例原則によって要請される。(イ)「比例原則は、真実発見の手続、とりわけ刑の猶予の決定の基礎に置かれる予測についての専門的な鑑定意見を入れることをも要請」し、これは「法治国的手続における放棄さるべからざる要件」である（BVerfGE 86, 288〈317〉; 109, 133〈162〉)。自由剥奪の期間が長い場合には「十分に実質的かつ時宜に即した」専門家の鑑定意見が要請される。現行法上の規律はこの要請を満たしており、行刑部は、刑務所の判断のみならず、受刑者の人格像や社会的予後について専門の鑑定人の意見を聞かなければならない（参照、刑事訴訟法454条2項1文、同条項2文）。(ウ)猶予の要件は、釈放の準備のための十分な余地を与えるべく、できるだけ早く「適切な時期に審査されなければならない」。(エ)自由剥奪の期間が長期にわたった場合、受刑者の自由の再獲得の要請が高まる

〔柴田憲司〕

ため、受刑者の自由と危険との衡量についての事後審査を憲法裁判所で可能にすべく、猶予を拒否した執行裁判所は、その受刑者の危険の評価判断の理由づけを詳細に作成すべきこととなる。㈱釈放手続の際、受刑者に国選弁護人を付すべきこと、㈹執行における特権（privilegierter Vollzug）を保障すべきことも、比例原則が要請する。

2　X1・X2 の仮釈放の申請を拒否した裁判所の諸決定は、上述の諸要請、すなわち自由再獲得のチャンスの付与や処遇行刑を要請する人間の尊厳を侵害するものではなく、また十分な鑑定意見を入れ綿密な衡量を行っていること等に鑑みれば、比例原則にも適合し、手続的な諸要請も満たしている。

【解　説】

1　制度・先例

　死刑が憲法の明文で禁止されているドイツにあって（基本法102条）、最も重い刑罰に位置する終身自由刑についても、その長期にわたる自由剥奪がもたらしうる受刑者への負担（人格破壊作用の有無等）に鑑み、人間の尊厳等を侵害し違憲なのではないかが長らく議論されてきた[1]。

　(1)　その合憲性自体は、1977 年の判決（BVerfGE 45, 187〔ド憲判 I *1* 判例〕）が確認している。その際、同判決は、2006 年の本決定でも引用・確認されている通り、社会復帰の利益が憲法上の要請であり（レーバッハ事件：BVerfGE 35, 202〔ド憲判 I *29* 判例〕）、処遇行刑こそが行刑の目的であり、自由の再獲得のチャンスの付与が人間の尊厳の要請であり、これは終身自由刑の場合にも同様に妥当するとした。その上で 1977 年判決は、仮釈放について恩赦で対応していた当時の制度を不十分と判断し、司法的な手続保障を受けうる仮釈放の制度を法定することが、法治国原理および実体的正義の要請だとした。

　(2)　これを受けて 1981 年、【事実】に挙げた刑法 57 条ａが制定され、同条が定める上記①～④の要件が存する場合には終身自由刑についても仮釈放を

行うことが義務的となり[2]、ここに至ってドイツの終身刑は「文字通りの終身刑」ではなくなった[3]。仮釈放の判断を行うのは行政機関ではなく、地方裁判所の行刑部（執行裁判所）である。

　(3)　もとより、終身自由刑自体が合憲である以上、①15 年の最低服務期間が経過すれば自動的に釈放されること（Entlassungsautomatik）までもが要請されるわけではなく、②特別に責任が重大な場合には猶予が認められず、執行が文字通り終身に及びうる可能性を、2006 年の本決定も引用する 1986 年決定（BVerfGE 72, 105）は確認している。この要件②の趣旨につき、1986 年決定は、特に謀殺の場合、法定刑は終身自由刑のみであり、個別具体的な犯状における責任の差異が宣告刑に反映させられないため、仮釈放の時期の判断においてこれを反映させようとしたものだと確認している。

　(4)　そして、このいわば犯行時の②責任重大性を、犯罪の事実認定等に関わっていない執行裁判所が判断することの妥当性について、本決定も引用する 1992 年の決定（BVerfGE 86, 288）は、実際に事実認定に関わり判決を下した裁判所による責任重大性の判断に執行裁判所が拘束される限りで、法治国原理の要請に合致する旨の合憲限定解釈を示した。

2　本決定の意義

　さらに、②この責任重大性がもはや執行を要請しない段階に至っても、③なお公衆への危険を理由に執行が継続させられることもありうる。この要件③を定める条項、および本件 X1・X2 へのその条項の適用が(1)人間の尊厳および(2)人身の自由の侵害になるかが、2006 年の本決定で主として判断された[4]。

　(1)　人間の尊厳については、要件③が明文で導入される以前、上記 1977 年判決がすでに人間の尊厳の「共同体拘束性」を指摘し、「危険」な犯罪者から共同体の安全を守ることは許容される旨を判示していた。2006 年の本決定もこの趣旨を引き、要件③を定める刑法 57 条ａが人間の尊厳に反しないことを改めて確認した。また、終身刑を宣告された以

上は終身刑に値する責任がある（終身は終身[5]）という前提に立てば、③要件と「責任なければ刑罰なし」の原則との抵触も生じないこととなろう（判旨1(i)）。

　もとより終身自由刑の場合、個別の事案の責任の重さの相違を量刑レベルで反映できないことそれ自体が責任原則（罪刑均衡・比例原則）に反するという前提も、一つの立場としてありうる。この点に鑑みてか、上述の1986年決定や1992年決定によれば、刑法57条aの「責任」は、個別の犯状における責任を執行レベルに反映させる趣旨だとされている。だがこのような解釈に対しては、量刑と執行との関係を曖昧にするという批判（上記1992年決定でのマーレンホルツ裁判官の反対意見：BVerfGE 86, 288〈340 ff.〉）も今日なお有力であり、終身自由刑自体の合憲性の議論がアクチュアリティーを失わない所以である。

　(2)　人身の自由について本決定は、自由剥奪が長期に及んだ場合、比例原則の厳格な適用が要請されるとし（判旨1(ii)(a)(b)）、さらに上記1992年決定等の諸先例を整理しつつ、この比例原則から導かれる6つの手続的要請を確認した（判旨1(ii)(c)）。結論としては法令審査・適用審査のいずれのレベルでも基本的に合憲とされているが、再犯の危険予測のような、裁判所による実体的判断が容易ではない専門技術的な事項については、専門家の鑑定意見を入れたか否か等の手続的な問題に審査の対象をシフトするという方向性は、リスク予測や専門技術的判断が要請されるその他の分野にも広く見られる傾向といえる[6]。

　仔細に見た場合、本決定の手続的諸要請にかかる立論には幾つかの疑問も提起されうる。たとえば危険予測の不確実性（比例原則違反）等の故に少年の無期刑が廃止されたこと（1991年）と本決定の説示（判旨1(ii)(c)(ア)）との整合性、手続的諸要請を基本権の客観法的内容から導く通例の立論[7]と比例原則から導く本決定の立論との関係、基本法1条1項・同2条2項・法治国原理の相互関係にかかる本決定の立論の未整理、などである[8]。

　他方で、1990年代末以来の「保安拘禁のルネッサンス[9]」、性犯罪者の処遇に関するシュレーダー首相の「閉じ込めておけ、それも永久にだ（Wegschließen -und zwar für immer）」との2001年のコメント[10]などが耳目を引いていた中、受刑者の社会復帰という憲法上の要請に基づく行刑目的とのバランスや、自由再獲得のための手続的諸要請の重要性を強調した先例の趣旨を、2006年の時点で本決定が改めて確認した意義は注目されてよいであろう。

(1)　以下の詳細については、日独の文献引用も含め包括的・網羅的な概観として、井田良＝太田達也編『いま死刑制度を考える』（慶應義塾大学出版会、2014年）205頁〔小池信太郎〕。

(2)　これらの要件が存する場合、受刑者は釈放を求める権利を有するとされる。von H.-Heinegg, JA 2007, S. 745 (S. 746). 次注の文献が引用するものも参照。

(3)　④受刑者の同意が必要とされるのは、国家が市民に終身自由刑を科し社会から隔絶しておきながら、社会復帰をいわば「強制」するのは矛盾だという点などに鑑みてのことである。グンナー・ドゥットゥゲ（佐川友佳子訳）「終身刑と責任重大性条項〔刑法典57条a〕」龍谷法学42巻1号（2009年）175頁（179頁）。

(4)　本件ではこれらのほかに、明確性（法治国原理と結びついた基本法104条1項）、平等原則（同3条1項）、二重処罰の禁止（同103条3項）等も争点となったが、いずれについても本決定は簡単に退けている。BVerfGE 117, 71 (110 ff.). なお本決定では、X2の仮釈放の判断に際し執行裁判所の手続に遅延があったことの確認をX2が申請し、これについて上級地方裁判所が実体審理を行わなかったことが、X2の適切な法的保護を要求する権利（同2条1項と結びついた法治国原理）を侵害する旨の判断も示されている（121 ff.）。

(5)　Vgl. Meurer, JR 1992, S. 441.

(6)　たとえば環境法・技術法での手続論へのシフトにつき、ライナー・ヴァール（小山剛監訳）『憲法の優位』（慶應義塾大学出版会、2012年）71頁以下、生活扶助の合憲性審査方法につき、ハルツIV判決（BVerfGE 125, 175〔本書53判例〕）。Vgl. auch Dessecker, Gefährlichkeit und Verhältnismäßigkeit, 2004.

(7)　Vgl. etwa Sachs., in: Sachs GG, 7. Aufl. (2014), Vor Art. 1 Rn. 34 ff.

(8)　以上も含め、詳細については、Kinzig, JR 2007, S. 160 (165 ff.); Sachs, JuS 2007, S. 950 等の評釈類を参照。

(9)　無期限の保安拘禁の合憲性につき、本決定も引用するBVerfGE 109, 133〔ド憲判Ⅲ 3判例〕。

(10)　Interview, Bild am Sonntag vom 8. 7. 2001.

2 裁判官の法形成の限界と法解釈方法
―三分割法事件―

2011 年 1 月 25 日連邦憲法裁判所第 1 法廷決定
川又伸彦　　連邦憲法裁判所判例集 128 巻 193 頁以下
BVerfGE 128, 193, Beschluss v. 25. 1. 2011

【事　実】

　民法中の離婚後の扶養に関する規定は、いわゆる第二家族（再婚で形成される家族）の経済的安定などを目的に 2007 年に改正され、2008 年 1 月 1 日から施行された。この改正により、離婚した夫婦の経済的自己責任が強化され、原則として自ら生活費を手当することになった（1569 条）。また、新たに導入された 1578b 条によって、離婚後の扶養を求める生活費請求権が個別の事情に応じて減額されたりすることが可能となった。さらに、1609 条に、生活費負担義務者が全ての生活費請求権者への負担を負えない場合の、請求権者間の優先順位が定められた。これにより、前婚の配偶者と後婚の配偶者は同順位とされた。これに対して、離婚後に保障されるべき生活費の算定についての規定は変更されず、婚姻中の生活関係によって決めるものとされている（1578 条 1 項 1 文）。

　連邦通常裁判所は、この法改正を受けて 1578 条 1 項 1 文の解釈を変更し、それまで考慮されていなかった後婚の配偶者に対する生活費負担義務を、前婚の配偶者の生活費需用の算定と結びつけた。すなわち、前婚の配偶者の生活費需要は、原則として、その者の収入、生活費負担義務者の収入、および生活費負担義務者の新たな配偶者の収入を合算し、これを三分割（三人で均等に割る）することによって上限を決めるとした[(1)]。

　憲法異議申立人（Bf）は、2002 年に原手続の原告（Kl）との離婚の際に、Kl から月額 618 ユーロの生活費を受け取ることで和解した。その後、Kl は、再婚した。2008 年の民法改正を受けて、Kl は、Bfへ支払う生活費の減額を求めて訴えを提起した。第 1 審の区裁判所は、上述の三分割法（Dreiteilungsmethode）に従って算定して減額を認めた。この判決をザールラント上級地方裁判所も維持したため、上級地方裁判所の判決に対して、Bf は憲法異議を申し立て、連邦通常裁判所の判例変更の合憲性を争った。

【判　旨】

　憲法異議を認め、ザールラント上級地方裁判所判決を破棄し事件を差し戻す。

　1　法規範のみならず、裁判所による規範の適用と解釈も、一般的行為自由の限界を画す。裁判所による自由制限的な法律の適用は、主張可能な解釈の限界と裁判官の法形成の許容範囲でなされる限りにおいて、法治国家原理と結びついた基本法 2 条 1 項に合致する。

　「通常法の解釈、そこで用いるべき方法の選択、そして個別事案への適用はそれについて管轄を有する一般の裁判所の任務であり、その正しさについて連邦憲法裁判所によって審査されることはない。一般の裁判所が、そこで憲法を侵害したときにのみ、連邦憲法裁判所は憲法異議をつうじて介入する。」

　2　基本法 20 条 2 項の権力分立の原理は、法と法律の拘束を免れることを禁じる（BVerfGE 96, 375; 109, 190; 113, 88）。裁判官の法形成は、裁判官が自らの実体的正義観念を立法者のそれと置き換えるにいたってはならない。

　この原理は、裁判官の法形成を禁じるものではな

い。しかし、法形成に際して、裁判官は承認された法律の解釈方法に従わなければならない（BVerfGE 84, 212; 96, 375）。「連邦憲法裁判所の統制は、一般の裁判所による法形成的解釈が立法者の基本決定と目的を尊重しているか、そして法律解釈の承認された方法に従っているかに限定される（BVerfGE 96, 375; 113, 88）。」

3　立法者は、1977年の家族法改正で、民法制定当初から妥当している、請求権者の生活費需要、負担義務者の支払い能力と生活費請求権のランクとの区別を、民法1569条以下により詳細に定めた。立法者は、請求権者の生活費の必要性については1569条（旧規定）、請求権者の生活費需要については1578条1項1文、負担義務者の支払い能力については1581条、そして支払い能力が十分でないときに生活費請求権者が複数いる場合の生活費保障のランク付けを1582条および1609条に定めた。

立法者は、2007年の法改正においても、このような構造を維持した。生活費の必要性の要件などはこの構造の枠内で変更したが、生活費の程度の探究や生活費負担義務者の支払い能力の前提は維持した。そして、立法者は1578条1項1文には、なんら改正を行わなかったのであるから、生活費需要は、これまで同様、婚姻中の生活関係によって査定されるべきである。確かに個別の事情によって生活費の減額などを認める規定は導入されたが、立法理由から明らかなように、立法者は、一方で、自らのコンセプトを変化した社会現実に適合させようとしたが、他方で、婚姻中に共同で形成した生活水準を婚姻後も維持することに対する配偶者の信頼を適切に保護しようともしているのである。

ところが、1578条についての連邦通常裁判所の新たな判例は、三分割法によって、このような立法者のコンセプトを逸脱した。すなわち、立法者によって1977年に定められ2007年改正においても維持された民法1569条以下のシステムから離れ、1578条1項1文にある立法者の基本決定を自らの

正義観念によって置き換えたのである。離婚した配偶者の生活費需要を算定する判例の新たなコンセプトは、「承認された解釈方法のいずれによっても正当化されない。」

なお、本決定の評決は5対3であるが、少数意見は、裁判官名も意見の内容も公式判例集に公表されていない。

【解　説】

1(1)　本手続は、判決に対する憲法異議であるが、異議申立ての直接の対象となった判決自体の違憲性ではなく、判決が根拠とした三分割法、つまり判例法の違憲性が争われている。この点で、構造は、間接的な規範に対する憲法異議[2]と同じであり、規範統制の機能を果たすことになる。また、本決定は、三分割法自体の違憲性ではなく、三分割法を民法から導いた連邦通常裁判所の解釈方法の違憲性を問題としている。つまり、解釈方法の選択を憲法問題としたうえで、裁判官の法形成について解釈方法論という視点から憲法上の限界を画す判断を行ったものである。

(2)　ドイツにおいては、近年、法解釈方法論についての論争がある[3]。従来は、判例通説により、様々な解釈方法に優先順位はなく、裁判官は自由に選択できるとされていた。これに対し、リュータースが異を唱え、規律当初の立法者の意図が解釈において最も重要であるとされた。また、憲法のテキストでも、たとえばマウラーは、裁判官の法形成は立法当初のコンセプトと目的設定に従って展開されなければならないとしている[4]。そしてこの論争の中で、連邦憲法裁判所第2法廷の責問制限事件（本書55判例〔玉蟲〕）におけるフォスクーレらの少数意見が出され、法解釈方法論についての方向転換の可能性が示唆された。本決定は、第1法廷が、この問題について判断を示したものである。

2　裁判官による法形成の限界という争点では、一般の裁判所による通常法律の解釈を連邦憲法裁判所

が審査する。しかし、通常法律の解釈は、基本的に一般の裁判所の権限であって連邦憲法裁判所の権限ではないというのが、確立した判例である。本決定は、それまでの連邦憲法裁判所判例を踏まえて、「連邦憲法裁判所の統制は、一般の裁判所による法形成的解釈が立法者の基本決定と目的を尊重しているか、そして法律解釈の承認された方法に従っているかに限定される」と審査範囲を設定した。

3(1) 本決定の審査範囲の一般論についてみる限り、従来の判例を踏襲しており、とくに目新しい傾向があるとはいえない。しかし、それを当てはめての裁判官の法形成の統制の実態についてみると、一般の裁判所による解釈方法の選択に踏み込んでおり、厳格な審査を行ったということができる[5]。

(2) 解釈方法論論争の当事者であるリュータースは、この決定は「憲法的にも方法的にも原則的判決」であり、裁判所の法律拘束を裁判官の法形成の確固たる限界と特徴づけるものと評している[6]。彼によれば、この決定は、第2法廷の決定である責問制限事件のフォスクーレらの少数意見と同じような論旨で、基本法20条2項の権力分立から、裁判官は立法者の基本決定を尊重すべきであり、立法者の意思を可能な限り確実に妥当させなければならないと述べて、従来の裁判所の名目だけの客観的解釈からの明らかな方向転換をしたとされる。彼によれば、この決定は一般論においては解釈の方法の選択は一般の裁判所の任務としていながら、実質的には立法者意思を解明しそれに従うことが憲法上求められているとする。その意味で、これまで方法の選択を、選択された方法が承認された方法にとどまっている限り、それ以上問題にしない——その意味で緩やかな統制密度——という態度から、解釈方法に優先順位を認め、それに照らして審査するという厳格な態度に変更したことになる[7]。

そして、リュータースは、先の責問制限事件少数意見の評価と合わせて、連邦憲法裁判所は、長い間、一般の裁判所は解釈方法の選択について自由である

という立場をとっていたが、最近の各法廷のこれら二つの判決でそれを変更したと指摘する。

(3) たしかに、リュータースのいうように、従来の連邦憲法裁判所は「承認された方法に従っているか」を審査の範囲にあげていたが、どのような方法によるべきなのかは述べていなかった。たとえば、本決定が一般論で先例として引用している「損害としての子」事件決定は、「法律解釈の際に用いるべき方法の選択は一般の裁判所の問題」であり、連邦憲法裁判所が審査するのは、「承認された方法に従っているか (den anerkannten Methoden der Gesetzesauslegung gefolgt ist)」のみであるとしていた[8]。いうまでもなく原語の Methoden は複数形であり、それに定冠詞が付いているので網羅的な意味になる[9]から、ここは「承認されたあらゆる方法のうちのいずれかに従っているか」ということになる。つまり承認された方法であればいずれでもよく、そこに優先順位はない。

しかし、本決定は、リュータースの指摘するように、立法者の規律意思に重きをおいて問題となった法律を解釈し、そこから明らかとなる立法者の規律コンセプトと裁判官の法形成におけるコンセプトとを比較し、立法者のコンセプトから外れない限りで裁判官の法形成を認めるという審査を行った。この審査の実態は、法律解釈の方法選択に優先順位を認めるものであり、確かにその点で、新しい傾向ということができるであろう。

もっとも、一般論としてそのような方法の優先順位を認めているわけではない。具体的判断の論旨からそのように読めるということである。引用した判旨の最後に挙げておいた「承認された解釈方法のいずれによっても承認されない」という部分からみて、一般的に新しい方向を示したとすることには疑問がある。さらに、その判示部分で決定は、シュレスヴィヒ・ホルシュタイン州共同決定法に対する抽象的規範統制事件決定[00]を引用しているのであるが、そこでは次のように述べられている。「法律的規律が違憲となるのは、連邦憲法裁判所の確立した判例

によれば、承認された解釈原則によって許容される、憲法と合致する解釈がおよそ不可能なときである。当該規定の文言、制定史、全体的な連関そして意義と目的が複数の解釈を可能にし、そのうちの一つが憲法に適った結論に至るときは、基本法に適った解釈が求められる。」ここでは、むしろさまざまな解釈方法がありうることが前提となっている。しかも、特定の解釈に優先順位を付けるものではない。このようなことから考えると、あるいはリュータースの「方向転換」という指摘が萌芽としては当たっているのかもしれないが、判例の傾向が変わったとまでいうことには疑問がある[11]。第1法廷は、2015年に、裁判官が、子の母が法律上の父だった者に対して遺伝上の父の可能性のある者を回答する義務を民法の一般条項から導いたことが争われた事件で、裁判官の法形成の限界の問題について判断を示した[12]。そこでは、責問制限事件のフォスクーレらの少数意見などを参照して、裁判官の法形成を厳格に審査した。もっとも、そこで争われたのは、法解釈方法の選択の問題ではなく、基本権制限的な法形成をどう審査するかということであったため、本判決は参照されていない。もっとも、立法者がどの程度解決の糸口を法に示しているかを問題にしている点で、本判決との共通点が見られないわけではない。いずれにしても、裁判官の法形成に対する連邦憲法裁判所の統制については、今後の推移が注目されよう。

(1) BGHZ 177, 356 (370 ff.).
(2) これについては、たとえば Schlaich/Korioth, Das Bundesverfassungsgericht, 9. Aufl. 2012, Rn. 326 f. を参照。
(3) 本決定をこの論争に位置づけて論じるものとして、服部寛「ドイツの連邦憲法裁判所における近年の変化に関する議論についての覚書——法律学方法論の転換の一断面」松山大学創立90周年記念論文集（2013年）331頁。従来の議論・判例については、渡辺康行「概観：ドイツ連邦憲法裁判所とドイツの憲法政治」ドイツ憲法判例研究会編『ドイツの憲法判例（第2版）』（信山社、2004年）3頁以下、同「裁判官による法形成とその限界——ソラヤ決定」同書384頁以下を参照。
(4) Maurer, Staatsrecht I, 6. Aufl. 2010, S. 18. また、憲法解釈の方法として憲法制定者の意思を尊重すべきとするものとして、たとえば Hillgruber, Verfassungs-interpretation, in: Depenheuer/Grabenwalter, Verfassungstheorie, 2010 がある。
(5) これについては、川又伸彦「憲法の規範力と憲法異議」ドイツ憲法判例研究会編（編集代表戸波江二＝畑尻剛）『憲法の規範力と憲法裁判〔講座憲法の規範力第2巻〕』（信山社、2013年）285頁以下を参照。
(6) Rüthers, NJW 2011, S. 1856 (1857). なお、本件の評釈として、ほかにたとえば、Goetz/Brudermueller, NJW 2011, S. 801; Boettcher, NJW 2011, S. 822 がある。
(7) 同様の指摘は責問制限事件についてのメラースの評価にもみられる。これについては、川又・前掲注(5)を参照。
(8) BVerfGE 96, 375 (394 f.).
(9) たとえば、橋本文夫『詳解ドイツ大文法』（三修社、1982年）9頁を参照。
(10) BVerfGE 93, 37. 被引用箇所は、81頁である。この決定は第1法廷ではなく、第2法廷のものである。なお、本決定が、裁判官の法形成の事案について、抽象的規範統制事件決定を引用していることは、本文中にも述べたように、裁判官の法形成が規範統制と同じ審査に服することを示していよう。
(11) 同様に、本決定がとった裁判官の法形成の厳格な統制を将来も維持するか疑問とするものとして、たとえば Riebe, NJW 2011, S. 819 (820) を参照。また、服部・前掲注(3)も、慎重である。
(12) BVerfGE, 138, 377. この決定については、實原隆志「女性の内密領域の保護と裁判所による法の継続形成の限界」自治研究92巻6号（2016年）142頁以下参照。

3 接続データ Verbindungsdaten の保護

西土彰一郎

2006 年 3 月 2 日連邦憲法裁判所第 2 法廷判決
連邦憲法裁判所判例集 115 巻 166 頁以下
BVerfGE 115, 166, Urteil v. 2. 3. 2006

【事　実】

　ハイデルベルク市のアメリカ合衆国関連施設、あるいは同市中心部の襲撃を計画しているとの疑いで仮拘束された被疑者に対して、同市区裁判所の捜査裁判官は尋問のうえ勾留状を発布した。この尋問が行われた日の午後、さまざまなメディアがこの捜査手続について報じたため、検察庁は、職務上の秘密の漏洩の容疑で捜査を開始した。

　捜査裁判官と「シュピーゲル」誌の K 記者が個人的に周知の間柄であることを知った検察庁は、捜査裁判官を被疑者として捜査の対象とし、区裁判所に対して捜査裁判官の自宅および職務室に対する捜索令状の発布を請求した。区裁判所はこの請求を退けたものの、検察庁の異議に基づき、地方裁判所は、2003 年 1 月 28 日に、捜査裁判官の自宅と職務室の捜索および彼女のコンピュータ、捜査関係書類の写し、彼女の携帯電話の接続の明細の押収を命じる決定を下し、捜査裁判官の自宅と職務室の捜索が実施された。

　捜査裁判官は、捜索後に、捜索令状発布に対して異議を申立てたものの、地方裁判所はこれを退けた。これに対して連邦憲法裁判所第 2 法廷第 3 部会は 2004 年 2 月 5 日に法的審問を請求する権利（基本法 103 条 1 項）の侵害を理由として、以上の決定を破棄し、事件を地方裁判所に差し戻した（BVerfGK 2, 290）。しかし、地方裁判所は 2004 年 10 月 12 日の決定により、捜索の違法性の確認を改めて拒否した。そこで、地方裁判所 2003 年 1 月 28 日決定および同 2004 年 10 月 12 日決定に対して、捜査裁判官は憲法異議を申し立てた。

【判　旨】

　憲法異議の対象である 2003 年 1 月 28 日および 2004 年 10 月 12 日の地方裁判所の決定は、基本法 13 条 1 項と同 2 条 1 項により保障された憲法異議申立人の基本権を侵害する。

1　通信の秘密
(1)　趣　旨
　基本法 10 条は私的な遠隔コミュニケーションを保護している。信書・郵便・通信の秘密は、個人的なコミュニケーションが、関係者の間の空間的距離のために、他者による媒介に依存しており、それゆえに、とりわけ国家機関を含む第三者のアクセスを可能にするため、その機密性を保障している。信書・郵便・通信の秘密は、私的空間の保護の本質的な構成要素である。それは、意図しない情報収集から保護し、遠距離上の私的な生活の営みを保障する。
(2)　保護領域
　通信の秘密の保護領域は、電気通信の内容をも、通信履歴の詳しい状況をも含む。

　通信の秘密は、第一次的には、やり取りされた情報の機密性、それゆえにコミュニケーションの内容を、第三者による無権限での認識から保護する。デジタル化の結果として、特に電気通信の利用はすべて、個人関連の足跡を残し、それは、保存、利用されうる。このデータへのアクセスも、基本法 10 条の保護領域に切り込む。

　このコミュニケーションの状況として挙げられるのが、通信当事者、利用端末機、通信時間・頻度である。こうした接続データは、個別事例において、コミュニケーション行為態度と動作に対する相当な

逆推論を可能にする。

しかし、伝送プロセスの終了後にコミュニケーション当事者の支配領域の中で保存されたコミュニケーション接続データは、基本法10条1項によってではなく、情報自己決定権（基本法1条1項と結び付いた同2条1項）等により保護される。通信の秘密の保護は、情報が受け手に届き、伝送プロセスが終了した瞬間に、尽きてしまう。遠隔コミュニケーションに特有の危険は、望んでいないデータ・アクセスに対抗する保護措置を自ら講ずることのできる受け手の支配領域には存在しないからである。

基本法2条1項との線引きにおいて基本法10条の保護領域を規定するうえで重要なのは、たとえば自ら電話機に登録した電話番号録や、コンピュータのハードディスクに整理された情報のような、彼らの私的領域において保存されているそれ以外のデータと比肩されうるか、である。この場合、当事者のコントロール・作用可能性から逃れている伝送プロセスに固有に危険は、存在していない。

2 情報自己決定権

(1) 趣 旨

人格の自由な発展は、現代のデータ処理の条件下では、個人データの無制限な収集、保存、利用、そして提供から個人を保護することを前提にしている。この保護は、基本法1条1項と結び付いた同2条1項により与えられている。この基本権は、個人データの引渡と利用について、原則として自ら決定する権限を保障している。その際、この基本権は、萎縮効果からの保護にも仕える。個人にとり、誰が、何を、いつ、いかなる機会に自分について知るようになったのか、認識されえないとき、萎縮効果が発生し、他の基本権の行使を損なうことになる。自己決定により計画、決断するという個人の自由は、萎縮効果により著しく抑制されてしまう。

他者が自分の秘密を認識していることを畏れて基本権行使を控えてしまうという効果は、当該個人の利益のために回避されなければならない。のみならず、公益も萎縮効果により損なわれてしまう。なぜなら、自己決定は、市民の行為能力・協働能力の上に成り立つ自由で民主的な共同体にとり、本質的な

機能条件だからである。

(2) 通信の秘密と情報自己決定権の関係

通信の秘密と情報自己決定権は、電気通信の接続データの保護に関係する範囲内で、補完関係にある。基本法10条は、その適用領域において、通信に関する限り、情報自己決定権という一般的保障を排除する特別保障を定めている。通信の秘密の侵害が個人関連データの獲得に関係する限り、連邦憲法裁判所が国勢調査判決の中で基本法1条1項と結び付いた同2条1項から展開させた基準が、原則として、基本法10条1項における特別保障にも転用されうる。

基本法10条が妥当しないならば、当事者の支配領域において保存されている個人関連接続データは、情報自己決定権により保障される。それにより、電気通信状況の持つ特別な保護に値する価値が考慮に入れられ、遠隔コミュニケーションの機密性が、伝送プロセスの終了後でも確保される。

(3) 侵害の正当化——刑事訴訟法94条以下、102条以下の合憲性

情報自己決定権は、個人関連情報についてのあらゆる形態の収集から保護する。本事案のように、目的的に、そして明確に、電気通信の接続データが保存されているデータ記憶媒体の差押を意図している捜索許可決定は、情報自己決定権を侵害している。

情報自己決定権の制限は、規範明確性という法治主義の要請に応えている法律に基づくことを必要とする。捜索の枠組みで特定化される証拠物の押収および差押についての実体的要件を定めている刑事訴訟法94条以下、とりわけ捜査措置の実施のための要件を詳細に定めている刑事訴訟法102条以下は、この基準に対応している。

また、比例原則の下でも、刑事訴訟法94条以下、102条以下の諸要件を超え出る特別な侵害制限は要求されない。基本法によれば、犯罪行為の防止と解明はきわめて重要な意義を有しており、刑事訴訟法94条以下、102条以下に基づき、関係者の支配領域において保存されている接続データにアクセスする可能性は、以上の目的を達成するうえで、適合的、必要的であるばかりでなく、相当でもある。接続データの有する特別な保護に値する価値、およびそ

〔西土彰一郎〕

れと関連づけられた基本法10条との補完関係は、電子的・デジタルコミュニケーション手段の利用の増大による刑事訴追の困難化、刑事訴追機関によるデータへのアクセスが秘密裡にではなく公然と行われているため侵害の程度が弱いこと等に照らせば、重大な犯罪行為の訴追の場合にのみ情報自己決定権の侵害を許すほどの保護水準を、要求しない。

3　地方裁判所決定の合憲性

　情報自己決定権等に対する重大な侵害は、具体的事件において、比例原則による正当化を必要とする。捜索は、特に、犯罪行為の重大さ、および犯罪容疑の強さと適切な比例関係に立たなければならない。

　この点、憲法異議申立人に対する具体的な犯罪容疑がなかったこと、証拠物件発見のための捜索の適合性についても最初から疑わしかったこと、他方で、私的領域への侵害は、憲法異議申立人の職務上の地位を顧慮すれば重大なものであることから、本件地方裁判所の決定は、憲法異議申立人の情報自己決定権等を不当に侵害する。

【解　説】

　本解説では、本判決の意義について、接続データに対する基本権保障のあり方の観点から検討する。とりわけ、通信の秘密と情報自己決定権を中心に見ておく。

1　基本法10条の射程

⑴　保護の趣旨と対象

　本判決は、基本法10条の保護の趣旨を私的な生活の営みの保障に求めている。信書・郵便・通信は、他者による媒介に依存し、第三者のアクセスを可能とするために、基本法10条は特にその機密性を保障している。したがって、基本法10条の保護領域は、通信内容はもちろん、本件で問題になっている接続データのような通信履歴の詳しい状況（以下、通信データと記す）をも含む。なぜなら、通信データ、とりわけ接続データは、コミュニケーション行為態度に対する相当な逆推論を可能にするからである。

⑵　基本権保護の時間的限界

　以上のように、一般に接続データは基本法10条

の保護を受けるものの、コミュニケーションプロセスの終了後、コミュニケーション参加者の支配領域の中で保存されている場合には、基本法10条の保護の対象外となる。こうした限定的な解釈は、多くの学説により採用されてきた⑴。しかし、2005年2月4日連邦憲法裁判所第2法廷第3部会決定⑵は、基本法10条の時間上の保護の射程を拡大したため、解釈の混乱が生じてしまった。こうした混乱状況を受けて出された本判決は、基本法10条の保護の射程について限定的な解釈を確認することにより、解釈の混乱を解消した。この点に本判決の意義がある。

　基本法10条の保護に時間的限界がある理由として本判決は、次の二つを挙げている。第1に、基本法10条は、コミュニケーションメディアの技術的特性に固有の危険――第三者による容易なアクセス可能性――に対処することを規範目的としており、この危険は情報伝送が終了したときには存在しない。第2に、通信内容と通信データがいったんコミュニケーション参加者の支配領域の中で保存されると、それらはもはや利用者が自ら作成したデータから区別されえなくなる。

　ただし、ウェブメールのように、通信内容と通信データが「ネットワークの中の」コミュニケーション媒介者の許で保存されているのであれば、通信の当事者は引き続きコミュニケーションに固有のアクセス・リスクにさらされている。この場合には、基本法10条の保護が及ぶ⑶。インターネット・コミュニケーションに関しては、「支配」の意味をめぐる詳細な検討が必要となろう⑷。

2　情報自己決定権

　もっとも、本判決が強調するように、基本法10条による保護を受けないとしても、当事者の支配領域において保存されている個人関連接続データは、情報自己決定権により保護されうる。それにより、電気通信状況の持つ特別な保護に値する価値が考慮に入れられ、遠隔コミュニケーションの機密性が伝送プロセスの終了後でも確保されることになる⑸。

⑴　情報自己決定権の規範目的と接続データの保護

　情報自己決定権による接続データの保護の理由を

考えるにあたり、情報自己決定権の定義と規範目的を確認しておく必要がある。本判決も引用する国勢調査判決は、情報自己決定権を、個人に対して自分の個人データの引渡と利用について原則として自分で決める権限の保障として定義した[6]。その規範目的は、国勢調査判決を参考にした最近の学説の整理に従うと、次のようになる。第1に、個人は、他者が自分についてどのような認識を有しているのか、ある程度評価できる場合のみ、成功の見込みをもって他者に対して自己を表出（描出）できるという自己表出の権利の保障のため、第2に、私的生活の営みの基本権保護を、その危険化の段階にまで前倒しすることにより、実効的に保護するため、第3に、生き生きとした個人の行為を間接的に保護するため（萎縮効果論）、である[7]。

本判決によれば、蓄積される接続データの量と意味内容は、コミュニケーション当事者の明確な像を成立せしめるため、本件接続データは、情報自己決定権による保護を必要とする個人関連データである。

(2) 基本権侵害の正当化

捜査機関に対し関係者の支配領域において保存されている接続データにアクセスすることを可能にしている刑事訴訟法94条以下、102条以下の合憲性について、本判決は、規範明確性の要請と比例原則に従って判断している。

前者に関し、当該規定は、立法者は収集されたデータの利用目的を、分野ごとに、正確に、関係者に認識されうるように定めなければならないという、特に情報自己決定権に対して妥当する基準を満たしている。後者に関し、実効的な刑事訴追は、情報自己決定権の制約に対する正当な目的であり、当該規定に基づき、関係者の支配領域において保存されている接続データにアクセスする可能性は、以上の目的を達成するうえで、適合、必要であるばかりでなく、相当でもあると結論づけている。相当性（狭義の比例原則）の判断に関して、電気通信媒介者の許で保存されている接続データの獲得に向けられた個別措置の比例審査の枠組みで、特に重大な犯罪にかかわる捜査に限定することが必要であると判断した判例があるものの[8]、それに従わなかった理由は関係者の許で保存されている接続データへのアクセスによる侵害の程度にある[9]。

もっとも本判決は、本件地方裁判所の決定それ自体については、憲法異議申立人の情報自己決定権を不当に侵害するものと判断している。捜索は、特に、犯罪行為の重大さ、および犯罪容疑の強さと適切な比例関係に立たなければならない。本件は、具体的な犯罪容疑がなく、「必要性」を満たしていないと判断された。

(1) Vgl. nur Hermes, in: Dreier, Grundgesetz, 2. Aufl. [2004], Art. 10 Rn. 42（なお2013年の第3版では、Rn. 38.）; Gusy, in: v. Mangoldt/Klein/Starck, 7. Aufl. [2018], Art. 10 Rn. 44.

(2) 2 BvR 308/04.

(3) BVerfGE 124, 43 (54)〔本書 *40* 判例〕. Matthias Bäcker, Die Vertraulichkeit der Internetkommunikation, in: H. Rensen/S. Brink（Hrsg.）, Linien der Rechtsprechung des Bundesverfassungsgerichts, 2009, S. 116 f.

(4) インターネット上のコミュニケーションにおける基本法10条の適用は、それ以外にも動的IPアドレス、パスワード等の取得などをめぐり問題となる。Vgl. BVerfGE 130, 151〔本書 *42* 判例〕.

(5) 逆に言うと、情報自己決定権の侵害に対する憲法上の正当化要求は、基本法10条の通信の秘密の解釈に際しても考慮されなければならない。なお、情報自己決定権と通信の秘密の保障の程度の違いにつき、後者の侵害に対する引用命令（基本法19条1項2文）が挙げられる。Hermes（Anm. 1）, 3. Aufl., Art. 10 Rn. 16, 46, 68.

(6) BVerfGE 65, 1 (43)〔ド憲判 I *7* 判例〕.

(7) Matthias Bäcker, Das IT-Grundrecht: Funktion, Schutzgehalt, Auswirkungen auf staatliche Ermittlungen, in: R. Uerpmann-Wittzack（Hrsg.）, Das neue Computergrundrecht, 2009, S. 3 f.; Gabriele Britz, Informationelle Selbstbestimmung zwischen rechtswissenschaftlicher Grundrechtskritik und Beharren des Bundesverfassungsgerichts, in: W. Hoffmann-Riem（Hrsg.）, Offene Rechtswissenschaft, 2010, S. 569 ff. 近年では、内的自己描出権の具体化として情報自己決定権を捉え直す見解も提示されているが、この考えは既に棟居快行により「自己イメージのコントロール権」として主張されている。Vgl. Gabriele Britz, Freie Entfaltung durch Selbstdarstellung, 2007, S. 52 ff. 棟居快行『人権論の新構成』（信山社、1992年）173頁以下。

(8) BVerfGE 107, 299 (321).

(9) Michael Sachs, JuS 2006, 554.

4 ラスター捜査事件[1]

宮地　基

2006 年 4 月 4 日連邦憲法裁判所第 1 法廷決定
連邦憲法裁判所判例集 115 巻 320 頁以下
BVerfGE 115, 320, Beschluss v. 4. 4. 2006

【事　実】

2001 年のアメリカ同時多発テロの犯人の一部はかつてドイツに滞在していた。彼らは滞在中平穏に生活しながら大学に在籍して科学知識や航空機の操縦技術を身につけ、命令を受けるや突然それを利用して重大な攻撃に出たのである。今もドイツには多数の潜在的テロリストがいて、将来の攻撃に備えている可能性もある。ドイツ政府は、潜在的テロリストを発見すべく、テロ事件の犯人に共通する特徴を手がかりに全国でラスター捜査[2]を行なった。

これは、様々な機関に保存された個人データを集め、電子的に照合して対象者を抽出する捜査手法である。連邦刑事局が中心となって抽出基準を作成し、これに基づいて各州の刑事局が、大学の学生名簿、住民登録簿、外国人登録簿を集め、条件を満たす人物のデータを抽出した。抽出基準は、18 から 40 歳の男性で、大学在籍経験のあるイスラム教徒、そしてイスラム教国の国籍者・出身者であった。抽出された総計 31,988 件のデータが連邦刑事局に送付され、連邦刑事局では、これらのデータを航空機操縦免許所持者、放射性物質取扱資格者などの名簿と照合し、その結果を州刑事局に返送し、州の警察が抽出された人物の身辺捜査を行った。

実際の捜査は州の警察法に基づいて行われる。ノルトライン・ヴェストファレン州（以下 NW 州という）では、1990 年の州警察法（以下本法という）31 条 1 項が、「警察は、連邦もしくは州の存立もしくは安全、または人の身体、生命もしくは自由に対する現在の危険を避けるために必要な限りにおいて、他の手持ちデータとの自動的な照合を行う目的で、公務所または公の領域外の機関に対して特定の人物群の個人データをファイルから抽出して送付することを求めることができる」と定め、具体的な捜査命令は、原則として警察官庁の長の申立により裁判官が発することとされていた。

2001 年 10 月 2 日、同州の区裁判所がラスター捜査の命令を発した。捜査対象となったイスラム教徒学生が、この命令が違法であると主張して地方裁判所に抗告を申立てたが、地方裁判所は、当時ドイツ国内でテロ攻撃が行われる「現在の危険」が存在したと判断して抗告を棄却した。これに対する再抗告も上級地方裁判所によって退けられたため、申立人はこれらの裁判が自己の基本権を侵害すると主張し、連邦憲法裁判所に憲法異議を申立てた。

【判　旨】

本件憲法異議には理由がある。異議の対象たる諸裁判は、基本法 1 条 1 項と結びついた 2 条 1 項に基づく申立人の情報自己決定権を侵害する。

1　本件ラスター捜査の根拠となった本法 31 条 1 項は形式的にも実質的にも合憲である。

(1)　この条文は、情報自己決定権の保護領域に介入する権限を与えている。この権利は、自己に関する個人の特定されたまたは特定可能なデータを、無制限に収集、蓄積、利用および伝達されないという保護を与える。

(2)　本法 31 条 1 項による情報自己決定権への介入の授権は、憲法上の要請を満たす。

（i）情報自己決定権は無制限に保障されるわけではなく、個人は、優越する利益によって正当化される権利の制限を受忍せねばならない。しかし制限は合憲的法律の根拠を必要とし、その法律は、比例性の原則と明確性の要請に合致していなければならない。

（ii）本法31条1項の規制は、比例性の原則を満たす。この原則は、国家の基本権への介入が、正当な目的を、適合的、必要、かつ相当な方法で追求していることを要求する。

（a）連邦もしくは州の存立もしくは安全、または人の身体、生命もしくは自由に対する危険を防ぐことは正当な目的である。ラスター捜査は、この目的のために適合的な手段であり、立法目的を追求するために必要でもある。より穏やかな方法によって、この目的を同様に効果的に達成することはできない。

（b）本件法律の授権は、狭義の比例性の限界を越えていない。この原則は、全体的衡量から見て、介入の強度がそれを正当化する理由の重要性に比して均衡を失しないことを要求する。ラスター捜査の場合、法益に対する具体的危険が介入の条件となっていれば、この要件が満たされる。本法31条1項の規制はこれを満たしている。

（ア）本法31条は価値の高い憲法上の法益を保護する。連邦および州の存立および安全、ならびに人の身体、生命および自由という利益は、憲法上高度の重要性を持つ。

（イ）他方で本法31条は、これらの法益を守るために、情報自己決定権に対して相当に重大な介入を行う権限を与えている。①対象となる情報自体は、人格との関連が比較的少ないが、他の情報との照合・結合により人格に関するのぞき見が可能になる。②データ送付を命ずる相手に限定がなく、把握されるデータが多様かつ広範囲に及ぶ。③目指す人物と同じ特徴を持つ人々がそれだけで捜査対象にされ、それが周囲に知られれば危険視されるなど重大な不利益を受けるおそれがある。④多くの場合、データの収集と照合は当事者に通知せず秘密裏に行われる。

⑤捜査は最後まで匿名で行われるわけではなく、照合後に残ったデータについては個人が識別される。⑥極めて多数の人々に対して、具体的容疑もなく、本人に責任もないのに基本権への介入が行われる。以上の諸点から見て、介入の程度は相当に重大である。

（ウ）したがってラスター捜査に伴う介入が直ちに比例性に反するとは言えないが、この介入は、法益への危険が十分具体的になってから行うべきことを立法者が定めている場合に限り、相当であるといえる。具体的な危険の発生前にラスター捜査を可能にすることは許されない。そのような捜査は、人格に密接に関連した情報を把握しうる基本権介入を、全く嫌疑のない者に対し、極めて広範囲に行うことになるからである。

（iii）本法31条は、現在の危険の存在を要件とする。危険が現在のものであるとは、損害をもたらす出来事の影響がすでに始まっているか、確実に近い蓋然性をもって極めて近い将来に迫っている場合をいう。この要件は憲法上の要請を満たす。しかし現在の危険の存在は必ずしも憲法上要求されない。ラスター捜査に要する時間を考えると、危険が現在のものになってからでは捜査が効果を発揮するには遅すぎる。本法31条1項の保護法益の高い価値を考えると、そこまで厳格な制限は要求されない。ラスター捜査の要件としては、法益への具体的な危険を要求すれば足りる。

2 異議の対象たる諸裁判は、憲法上の諸要請を満たさない。これらの裁判は、本法31条1項のいう現在の危険の概念を、憲法上の諸原則に反して拡張している。

ラスター捜査によって全く嫌疑のない人物の情報自己決定権に介入することが許されるのは、具体的な危険が存在する場合に限られる。しかし地方裁判所は「特に重大な損害が発生する可能性が排除できない」ことで十分であると判断し、また上級地方裁判所は「損害発生のわずかな可能性」だけで足りる

とした。その根拠として援用された事実はあまりにも漠然としており、具体的な危険の存在を肯定できない。蓋然性の歯止めをテロ攻撃の単なる可能性にまで下げたことで、両裁判所は、具体的な危険の存在という条件を放棄しており、これは憲法上許されない。

【解 説】

1　ドイツでは、ラスター捜査は二通りの目的で行われ、それぞれ法的根拠が異なる。第一に、ラスター捜査は通常の犯罪捜査の過程で特定の事件の犯人を捜し出すために行われる[3]。これについては、刑事訴訟法 98a 条に規定があり、そこに列挙された重大な犯罪または組織犯罪が行われたと考える根拠がある場合には、ラスター捜査が認められる。

　第二に、近い将来に重大な犯罪が発生するおそれがある場合に、これを引き起こす可能性の高い人物を特定して犯罪を未然に防止する目的で行われる（予防的ラスター捜査）[4]。本件の捜査はこれに当たる。これについては各州の警察法に定めがあり、発動の要件・手続は州によって異なるが、本件 NW 州法は、対象法益が重大なものに限られている点、法益に対する「現在の」危険の存在が要求されている点で、比較的厳格な要件を課している。しかしラスター捜査はデータの収集・照合に時間がかかる上、照合後に残るかなり多くの候補者について通常の方法の捜査を行うため、危険が「現在の」ものになってからでは間に合わないおそれがある。そこでいくつかの州では発動要件を緩和する傾向が生じた。その一つは、「現在の」という要件をはずし、重大な法益侵害の単なる危険が存在すれば発動を認めるものである。NW 州でも、2003 年に警察法を改正して「現在の」という文言を削除した[5]。もう一つは、危険概念そのものを放棄し、重大な犯罪を予防するために必要と認められる限り、広くラスター捜査の発動を認めるものである[6]。さらに条文上は厳格な要件を維持しても、「現在の危険」概念を柔軟に解釈して、早い段階での発動を可能にする傾向も生じた。

本件の下級審決定も、予想される損害の重大性を理由に、犯罪発生の具体的兆候がない段階ですでに「現在の危険」の存在を肯定した。

2　本決定は、このような傾向に歯止めをかけた。直接の審査対象は改正前の旧警察法であり、結論的に合憲の判断を下したが、他方で「具体的な危険」の存在が憲法上の要請であるとして、単なる「危険」の存在でラスター捜査の発動を認める改正後の法律に対し事実上の違憲判断を示している。さらに、裁判所が危険要件の柔軟な解釈によって発動を認めることも許さない態度を明らかにした。

本決定は、情報自己決定権の保障を強化したという点では、おおむね好意的に受け止められている[7]。特に、データ自体の秘匿性が比較的低くても、それらの大量収集と相互照合によって情報自己決定権への「重大な」介入になると認定された意義は大きい。ただしこの点にはハース裁判官が反対意見を付し、ラスター捜査の基本権介入は軽微なものに過ぎないと反論している。同裁判官は、収集されたデータの大部分が最初の自動的照合の段階で消去されること、対象となるデータの秘匿性が低いこと、宗教的帰属も普通は日常生活で明らかにされており、宗教による差別が禁じられている以上、センシティブな情報ではないことなどを理由に、介入は「重大」ではないという。基本権が個人の主観的な利益である以上、介入の重大性も主観的なものでしかない。自己に関する秘匿性の低い情報が取得されることを重大な介入と感じるか否かは、結局のところ個人の感受性の問題であって、そもそも客観的基準による評価は困難である[8]。しかし、基本権への介入の程度が客観的に判定困難であれば、基本権への介入の重大性と法律の保護法益の重要性とを比較衡量して合憲性を判断しようとする基準そのものが有効性を失う。比較衡量は、あくまでも質的に同等で、客観的に測定可能な利益の間でのみ可能な手法であるといえよう。

3　他方で、本決定はラスター捜査の発動に過度

に厳格な要件を課しており、テロ対策としての効果がなくなるとの批判もある[9]。確かにテロ対策としては、まだ具体的な行動に出ていない潜在的テロリストをこの方法で探し出すことは不可能になる。他方でテロリストが行動を起こし、危険が具体化した時点では、ラスター捜査はすでに無意味になっている。しかし連邦憲法裁判所の要求する「具体的な危険」の要件は、いわば安全と自由との調和点であり、安全に対する脅威が具体化していない段階では個人の自由に対する介入は許されず、個人の自由を侵害しない手段によって安全を維持する措置を講ずることだけが許される。仮に国内に潜在的なテロリストがいても、危険が具体的になっていない段階では、損害の発生までに時間的余裕があり、個人の自由を侵害しない任意の捜査活動によっても、危険の具体化を阻止できる可能性が高いのである。

　もっとも、ラスター捜査は必ずしも常に本件のように全国規模で行われるわけではない。危険が具体化すれば、危険の発生する地域が限定され、潜在的な犯人の特徴もより多く判明することが考えられ、限定的規模のラスター捜査が有効になる可能性もある。また介入が重大になる理由として連邦憲法裁判所が指摘した事情を考慮して、介入の重大性を下げることも可能である。たとえば収集するデータの範囲を限定する、無関係な者のデータを収集前に削除して把握される人数を限定する、あるいは偏見の原因となるセンシティブなデータを除外するなどの方法で、連邦憲法裁判所の基準に照らして合憲的な手続にすることも可能である。したがって、この決定によって予防的ラスター捜査がほとんど不可能になったと評するのは早計であろう[10]。

　4　本決定は、ラスター捜査発動の要件を緩和してきた各州警察法の動向に、大きな影響を与えた。本件の直接の審査対象は NW 州警察法の旧条文であり、しかも連邦憲法裁判所は法律自体を違憲とはせず、いわば合憲限定解釈を加え、そのような解釈をしなかった下級審決定を覆したに過ぎない。しか

し実質的には、発動要件を緩和した改正後の条文に対して事実上の違憲判断を下し、あるいは少なくとも同様の限定解釈を要求したものであり、同じことは、同様に要件を緩和した他州の警察法にも言える。実際に本決定後、いくつかの州ではこれに対応した警察法の改正が行われ、ラスター捜査発動の要件が明確化された[11]。

　さらに本決定後、連邦刑事局法の改正によって連邦規模でのラスター捜査に法的根拠が与えられた。連邦制度改革に伴う 2006 年の基本法改正[12]により、連邦刑事局による国際的テロリズムの危険予防のための連邦の立法権限が認められ[13]、これを受けて 2008 年 12 月の連邦刑事局法の改正により、テロ対策のために連邦刑事局が独自の捜査活動を行う権限が与えられた[14]。その一つがラスター捜査である。改正された連邦刑事局法 20j 条 1 項によれば、ラスター捜査は「国家の存立もしくは安全、人の身体、生命もしくは自由、または公共の利益のために維持することが必要な重要な価値を有する物に対する危険を防止するために必要な限りにおいて」発動が認められ、ここでいう危険が存在するためには、原則として一定の重大な「犯罪が犯されるとの想定を裏付ける具体的な準備行為が存在する」ことが必要とされている。改正法の提案理由[15]によれば、この条文は、連邦憲法裁判所の判決理由で示された憲法上の要請を配慮したものだという。連邦政府・議会も、本決定による厳格な要件の下でもラスター捜査にはいまだ十分に発動の余地があり、テロ対策に有効だと判断したことになる。

(1)　この判決の評釈として、Bausback, Fesseln für die wehrhafte Demokratie?, NJW 2006 S. 1922; Schewe, Das Ende der präventiven Rasterfahndung zur Terrorismusbekämpfung?, NVwZ 2007, S. 174; Volkmann, Die Verabschiedung der Rasterfahndung als Mittel der vorbeugenden Verbrechensbekämpfung, Jura 2007 S. 132; ders, Anmerkung, JZ 2006, S. 918; Robrecht, Die präventive Rasterfahndung im Lichte der aktuellen Verfassungsrechtsprechung - Straftatenvorsorge ade?, SächsVBl. 2007, S. 80. 日本

での解説として、徳本広孝「網目スクリーン捜査の法的統制」渥美東洋編『犯罪予防の法理』（成文堂、2008年）291頁。また、拙稿「安全と自由をめぐる一視角──ドイツにおけるラスター捜査をめぐって」名古屋大学法政論集230号（2009年）335頁以下も参照。

(2) ラスター捜査について一般的には、Zschoch, Die präventiv-polizeiliche Rasterfahndung, 2007; Klever, Die Rasterfahndung nach § 98a StPO, 2003. 参照。邦語文献として、植松健一「連邦刑事庁（BKA）・ラスター捜査・オンライン捜索（1）──憲法学的観点からみたドイツにおける「テロ対策」の現段階」島大法学52巻3/4号（2009年）8頁以下。

(3) Klever, Anm. 2. 参照。

(4) Zschoch, Anm. 2. 参照。

(5) §31 Abs. 1 S. 1 Polizeigesetz des Landes Nordrhein-Westfalen in der Fassung der Bekanntmachung vom 25. Juli 2003 (GV. NW S. 441)

(6) 例えば2002年のチューリンゲン州法の改正がこれにあたる。Thüringer Gesetz zur Änderung des Polizei- und Sicherheitsrechts vom 20. Juni 2002 (ThürGVBl. S. 247).

(7) Schewe, Anm. 1, S. 175.

(8) Volkmann, Anm. 1, Jura 2007 S.134f.

(9) Volkmann, Anm. 1, JZ 2006 S. 920; Zschoch, Anm. 2, S. 209; Bausback, Anm. 1, S. 1923.

(10) Schewe, Anm. 1, S. 176.

(11) a. a. O., Anm.1.

(12) Gesetz zur Änderung des Grundgesetzes (Artikel 22, 23, 33, 52, 72, 73, 74, 74a, 75, 84, 85, 87c, 91a, 91b, 93, 98, 104a, 104b, 105, 107, 109, 125a, 125b, 125c, 143c) vom 28. August 2006, BGBl. I S. 2034.

(13) Art. 73 Abs. 1 Nr. 9a GG.

(14) Gesetz zur Abwehr von Gefahren des internationalen Terrorismus durch das Bundeskriminalamt vom 25. Dezember 2008 (BGBl. I S. 3083). このときの連邦刑事局法改正について全般的には、Roggan, Das neue BKA-Gesetz - Zur weiteren Zentralisierung der deutschen Sicherheitsarchitektur, NJW 2009, S. 257、山口和人「ドイツの国際テロリズム対策法制の新たな展開──『オンライン捜索』を取り入れた連邦刑事庁法の改正」外国の立法247号（2011年）54頁参照。

(15) BT-Dr 16/9588, S. 25.

5 レーゲンスブルク監視カメラ決定

小山　剛

2007 年 2 月 23 日第 1 法廷第 1 部会決定
連邦憲法裁判所部会判例集 10 巻 330 頁以下
BVerfGK 10, 330, Beschluss v. 23. 2. 2007

【事　実】

2005 年、レーゲンスブルク市は、N 広場にある中世のシナゴーグの遺跡の上に、かつてのシナゴーグの輪郭を示すレリーフを設置した。この作品は、市民の待ち合わせ場所として考えられたものだが、ユダヤ人芸術家が制作したこのレリーフの区画で、極右によるいくつかの破損事件が発生した。このため市は、バイエルン州データ保護法を根拠法に、この場所を 4 台のビデオカメラで監視することにした。このビデオカメラ監視の計画に対して、異議申立人は予防的差止めを求める訴えを提起したが、レーゲンスブルク行政裁判所およびバイエルン行政裁判所はこれを棄却した。連邦憲法裁判所第 1 法廷第 1 部会は、画像データの録画を伴うビデオ監視に対する十分な法律上の根拠がなく、異議申立人の一般的人格権に違反する等の理由で、問題の諸判決を破棄した。

【判　旨】

1　計画されたビデオ監視は、情報自己決定権としての一般的人格権を侵害する。「この権利は、いつ、そしていかなる限度で個人の生活事態が明かされるのかについて、各人が原則として自ら決定する権能、したがって、個人データの放棄および利用について原則として自ら決定する権能を含んでいる。」

基本権に対する侵害は、公共空間での行態が取得されるだけだ、との理由でなくなるわけではない。情報自己決定権としての一般的人格権は、公共の場に赴いた個人の情報保護利益をも考慮している。

監視の表示によって当人が撮影されていることを知っているような場合であっても、侵害性を排除する同意があることを、包括的に前提とすることはできない。明確な抗議をしていないことを、常に同意の表明であると見ることはできない。

2　情報自己決定権は、重要な公共の利益のために制約されうる。しかし、制約は、規範明確性という法治国家的要請に適合し、かつ、比例的な法律上の根拠を必要とする。本件では、これが欠けている。

(1)　市民の自由の限界についての判断は、一方的に行政の裁量にゆだねられてはならない（vgl. BVerfGE 78, 214〈226〉）。法律には、執行権の活動余地を限定する機能が求められる。「規範特定性および規範明確性の原則は、法律を執行する行政に、自らの行動を制御し、限定する行為規準（Handlungsmaßstäbe）をあらかじめ与え、裁判所が法的統制を行いうることを保障しなければならない。さらに、規範特定性および明確性は、当該市民がありうる負担の措置に対応できるようにする（vgl. BVerfGE 110, 33〈52 ff.〉）。侵害のきっかけ、目的および限界が、授権の中で領域に固有に（bereichsspezifisch）、詳細かつ規範明確的に規定されていなければならない（vgl. BVerfGE 65, 1〈44 ff.〉；……）。」

「授権の特定性および明確性に対する具体的な要求は、侵害の性質および重大性に従って定まる。……措置がいかなる目標に奉仕するか、例えば危険防御か危険予防かは、当事者に対する侵害の重大性の判断にとって意味を持たない。」

3　本件では、ビデオ監視の授権の根拠としてバイエルン州データ保護法 16 条 1 項および 17 条 1 項が援用される限りにおいて、これらの要求が満たされていない。

(1)　「芸術作品の画像の録画を伴う計画されたビ

デオ監視は、一般的人格権に対する重大な侵害を生じさせる。」

「情報自己決定権に対する侵害の強度の判断にとって重要なのは、侵害の性質（Art）である。その限りで、果たして当該個人が措置のきっかけを与えたのかどうか、その措置がどのような状態にあるのかもまた重要である（vgl. BVerfGE 100, 313〈376〉；……）。広い拡散範囲を伴う嫌疑なき侵害は、具体的な逸脱行為と無関係な、自身の行為が侵害のきっかけを与えたのではない、多くの個人が措置の作用領域に取り込まれるものであり、原則として、高い強度の侵害である（vgl. BVerfGE 100, 313〈376, 392〉；……）.」

「計画されたビデオ監視は、強力な侵害である。これは、当該空間に立ち入るすべての者を害する。これは、負担的な高権的措置を準備し、空間を利用する者の行動を制御する（lenken）ことに仕える。この措置の重大性（Gewicht）は、録画によって、取得された画像が様々に利用され、加工され、他の情報と結合されうる場合、より高くなる。」待ち合わせ場所に立ち入った者のうち、利用規則等に違反するのは少数の者にとどまろう。そのため、ビデオ監視および取得された映像の録画は、圧倒的に、自らは監視のきっかけを作り出していない者を捕捉することになる。」

(2)　「このような基本権侵害の重大性に鑑みれば、計画されたビデオ監視は、バイエルン州データ保護法16条1項および17条1項に依拠することはできない。これらの授権の根拠は、公共の広場におけるビデオ監視に対する十分な規準を含んでいないためである。」

「バイエルン州データ保護法16条1項は、国の官署によるデータ収集に関する一般的な規律を定めるものである。この規定は、単にその都度の官庁の権限を引き合いに出し、データ収集に対して、必要性の要請によって限定を加えるのみである。データ収集に対する任務あるいは領域に固有の（spezifisch）前提要件が欠けている。バイエルン州データ保護法16条1項に含まれている必要性の要請は、詳しく記述された規範目標に方向づけられるのでなければ、官庁の実務を十分に導き、あるいは統制規準を提供することはできない。したがって、この規範は、ビ

デオ監視の適法性を判断するための十分な規準を提供するものではない。各人もまた、この根拠によっては、いかなる機会に、いかなる目的で、いかなる方法で自身に対する情報が収集されうるのかについて、予見することができない。」

バイエルン州データ保護法17条1項は、取得されたデータの保存、変更及び利用について規律するものであるが、同様に、データに結び付いた措置の理由および限界についての、十分な規準を含んでいない。確かに、必要性の要請と並んで、取得の目的がデータ利用の限界として挙げられている。しかし、バイエルン州データ保護法16条1項が取得の目的を詳しく局限していないのと同様に、同法17条1項も、単に権限規定を指示しているに過ぎない。

(3)　十分に特定的で規範明確的な授権の根拠に基づき行われる、公的施設の録画を伴うビデオ監視は、そのための十分なきっかけが存在し、監視および録画がとりわけ空間的・時間的な観点から、また、データの利用の可能性に関して過剰侵害禁止原則を遵守する場合には、実体的に憲法に適合しうるかもしれない。

【解　説】

1　部会決定であることからわかるように、本決定の法的構成は、1983年の国勢調査判決ほかの先例をなぞるものであり、特段の新規性はない[1]。しかし、本決定は、ドイツでも議論があり、わが国の実務にとって重要となるであろう監視カメラに関する、連邦憲法裁判所の初めての判断であり、注目される。わが国では、家宅捜査や通信傍受のような、明らかに憲法上の権利に対する重大な侵害を伴う捜査を別として、警察その他の公権力による単純な個人情報の取得・保有・利用は、基本権侵害とは見なされず、法律上の根拠が要求されてこなかった。これに対し、連邦憲法裁判所は、情報自己決定権という憲法上の人格権の一内容を承認し、その制約に際して規範明確性、規範特定性の要請を満たした法律上の根拠を要求している（国勢調査判決）。その結果、組織法上の根拠で満足する日本の（裁）判例[2]とは対照的に、連邦憲法裁判所は、単純な個人情報についても規律密度の高い法律上の根拠を要求している。

ドイツNシステム判決[3]と並び、本決定は、その典型であるということができる。

2 本件の監視カメラが法律上の根拠としたのは、バイエルン州データ保護法16条1項、17条1項である。同法は、日本における「行政機関の保有する個人情報の保護に関する法律」に相当するものであり、16条1項の「必要性」に相応するものが、日本法の3条1項の規定（「行政機関は、個人情報を保有するに当たっては、法令の定める所掌事務を遂行するため必要な場合に限り、かつ、その利用の目的をできる限り特定しなければならない。」）である。おそらく日本では、所掌を定めた組織法と行政機関個人情報保護法があれば、法令上の根拠として十分だとされたであろう。しかし、本決定は、同法は法律上の根拠となりえず、違憲であるとした。

その前提となっているのが、憲法上の権利に対する重大な制限の存在である。ビデオカメラによる録画を伴う監視は、憲法上の人格権に対する強度の侵害であると説示された。本決定が強調しているのは、データの集積・結合という個人情報の一般的な問題のほか、監視カメラが一般市民を広く対象とすることである。自らの行為が原因となった犯罪捜査のための情報収集とは異なり、だれでも普通に立ち入る公共広場に立ち入ったというだけでビデオカメラによる監視の対象となる。日本の実務感覚とは異なり、このことは、侵害の強度を強める要因となる。

3 ところで、以上とは別に問題となりうるのが、録画なしのカメラによる監視も侵害といえるのかという論点である。日本の実務においておそらく支配的であるのは、「テレビカメラで状況を撮影し、モニターするだけで、録画していない場合には……警察官が警らをして目でみているのと基本的には同じであ」る[4]、という理解であろう。この主張は、情報プライバシー権、自己情報コントロール権の権利性の否定と結びついたものであるが[5]、ドイツのように情報自己決定権を前提とした場合でも、問題となりうる。カメラおよびモニターによる監視は、単に警察官の目を技術的に強化したものにすぎず、量的差異はあるが質的差異はないとする学説がある一方[6]、特別な監視能力を備えた映像の中継は、量的

にも質的にも警察官による公共場所の短時間の監視とは異なるとする裁判例も存在した[7]。本決定は、本件監視が録画を伴うことを前提に立論しており、単なる監視である場合についても情報自己決定権に対する侵害となりうるのかについて、明言していない。評釈では、本決定の説示はどちらにも読めると指摘されている[8]。

いずれにせよ、例えば交通事故自動記録装置（常時撮影が行われ、スリップ音や衝突音を感知した場合にその前後数秒間を記録映像化する装置）のように、衝突音等を感知しない場合に数秒後には自動的に消去される映像については、制限（侵害）に当たらないと解すべきであろう[9]。録画を伴わないモニターによる監視については、カメラの性能にも依存しよう[10]。しかし、録画を伴う監視は、肖像権侵害が別途問題となりうることをさておいても、ドイツでは、人格権に対する侵害であることに争いはない。

4 本決定は、所掌任務とのみ結び付けたバイエルン州法は法律上の根拠たりえないとする一方、しかるべき法律上の根拠があり、比例原則を充足する場合にはビデオ監視も合憲でありうるとしたが、どのような法律上の根拠であればよいかについては具体的に語っていない。本件においてレーゲンスブルク市は、警察法・秩序法ではなく、州データ保護法を根拠に監視カメラを設置したが、これは、バイエルン州警察職務法（PAG）32条2項に基づく監視カメラ設置を、警察が拒否したためである。警察法・秩序法が市町村等の自治体に固有の権限を与えていない州では、自治体は州データ保護法に依拠せざるを得ない[11]。

州によって差異があるが、本稿では、ノルトライン・ヴェストファーレン州のデータ保護法と警察法の関連規定を見ることにしたい。同州のデータ保護法29b条（2000年）1項は、官庁等が行う録画なしの監視カメラにつき、「施設管理権（Hausrecht）の行使に奉仕」することに目的を限定するとともに、②当事者の保護に値する利益の優越がないことを求めている。また、2項は、1項に基づき取得したデータの保存を「追求された目的の達成のために不可欠であれば、具体的危険が存在する場合においてのみ、証拠目的で」[12]と限定し、さらに消去についても定め

ている。警察による監視カメラについては、同州警察法15a条（2018年に最終改正）が犯罪防止目的で犯罪が繰り返し行われ、今後も行われるであろう場所への設置に限定し（1項。さらに4項は、1年ごとの更新を求める）、データの保存期間を、原則として最大14日間に限定している（2項）。データ保護法、警察法ともに、監視の事実を認識できるようにすることを要求する。目的の限定と比例原則を顧慮したものだといえよう。

5　わが国の（裁）判例では、最高裁の一斉検問事件決定[13]が組織法を根拠とした検問を認め、後に、東京高裁判決がこれを援用して、Nシステムについて法律上の根拠は不要であるとした。監視カメラについて実務が法律上の根拠を要しないと解しているのも、一斉検問事件決定が存在するためであろう。しかし、一斉検問には、嫌疑なしに行われるという共通点もあるが、情報の保存・蓄積という問題はないため、事案が異なるというべきであろう。また、監視カメラのリーディングケースである釜ヶ崎監視カメラ事件大阪地裁判決は、監視のみで録画していないという前提のものであった[14]。さらに、京都府学連事件[15]における写真撮影は、具体的犯罪の嫌疑に関連しており、目的は明確である。

　最近、最高裁は、GPS捜査について、「公道上の所在を肉眼で把握したりカメラで撮影したりするような手法とは異なり、公権力による私的領域への侵入を伴う」として、事案の差別化をはかり、立法的措置を要求した[16]。今後、監視カメラの合憲性が問題となった場合に、同じように差別化が行われるかどうかは、わが国の個人情報保護の法整備を促進するうえで、重要な分岐点となる。

(1)　*Th. Fetzer/M.A. Zöller*, Verfassungswidrige Videoüberwachung, NVwZ 2007, 775（776）は、「驚きのない結論」と評している。なお、情報自己決定権に関する拙稿として、小山剛「なぜ『情報自己決定権』か」全国憲法研究会編『日本国憲法の継承と発展』（三省堂、2015年）320頁以下を参照。

(2)　Nシステム東京高裁判決（東京高判平成21・1・29判タ1295号193頁）

(3)　BVerfGE 120, 378〔本書**7**判例〕. 参照、實原隆志「ドイツ—Nシステム判決」大沢秀介＝小山剛編『自由と安全——各国の理論と実務』（尚学社、2009年）274頁以下。

(4)　田村正博『全訂 警察行政法解説（第2版）』（東京法令出版、2015年）305頁。

(5)　田村・前掲注(4)285頁脚注4。

(6)　*M. A. Zöller*, Möglichkeiten und Grenzen polizeilicher Videoüberwachung, NVwZ 2005, 1235（1235, 1238）.

(7)　VGH Mannheim, Urteil vom 21. 7. 2003, NVwZ 2004, 498, 500.

(8)　*Fetzer/Zöller*, NVwZ 2007, 775（776 f.）は、①保存されたビデオ映像の意図的な利用に焦点を当てるのであれば、録画を伴わない単なる監視カメラは情報自己決定権ではなく、人格の自由な発展の問題になるに過ぎないが、②行動の変更をもたらすような監視されているという感覚に侵害を見出すとすれば、録画の有無にかかわりなく、情報自己決定権の侵害であるとしたうえで、判例は両方の解釈を可能にしていると結論付けている。一方、*J. Saurer*, Die Landesdatenschutzgesetze als Rechtsgrundlage für die kommunale Videoüberwachung?, DÖV 2008, 17（20）は、本決定から、監視カメラの行動制御的性格への着目を読み取ることができるとする。

(9)　田村・前掲注(4)302頁。

(10)　カメラの性能いかんでは、警察官の目視と同質といえる限度を超えることになろう。また、その設置場所、使用の態様いかんでは、古典的プライバシー権の侵害を惹起しよう。

(11)　*Saurer*, DÖV 2008, 17（21）.

(12)　同法29b条2項の原文は、次のものである。Die Speicherung von nach Absatz 1 Satz 1 erhobenen Daten ist nur bei einer konkreten Gefahr zu Beweiszwecken zulässig, wenn dies zum Erreichen der verfolgten Zwecke unverzichtbar ist. Die Daten sind unverzüglich zu löschen, wenn sie hierzu nicht mehr erforderlich sind; dies ist in angemessenen Zeitabständen zu prüfen.

(13)　最決昭和55・9・22刑集34巻5号272頁。

(14)　大阪地判平成6・4・27判時1515号116頁。

(15)　最大判昭和44・12・24刑集23巻12号1625頁。

(16)　最大判平成29・3・15刑集71巻3号13頁。

6 開設されている口座に関する基本データの憲法上の保護

實原隆志

2007 年 6 月 13 日連邦憲法裁判所第 1 法廷決定
連邦憲法裁判所判例集 118 巻 168 頁以下
BVerfGE 118, 168, Beschluss v. 13. 6. 2007

【事　実】

　2003 年 4 月 1 日施行の金融制度法 24c 条 1 項は、金融機関に、口座基本データ（Kontostammdaten）を作成し、そのデータを、預金や口座が解約されてから 3 年間保存するよう義務づけていた。口座基本データは、口座・預金の番号とその開設・解約日、所有者、処分権者の氏名、自然人の場合であればその誕生日、そして、その他の権利者の名前と住所から構成され、預金額や具体的な口座の動きは含まない。さらに金融機関は、連邦金融サービス監督局（以下、連邦監督局）が、いつでもデータを引き出せるように、そして自動的に、しかも金融機関に気づかれずに取得できるように準備することを義務づけられていた。

　データを取得する目的として金融制度法 24c 条 2 項が挙げていたのは、不当な銀行経営、もしくは財政サービス、資金洗浄、金融機関に負担となるような詐欺的行為への迅速な対応である。また、同 3 項 1 文 2 号は、連邦監督局は国際刑事捜査共助の実行や、その他、犯行の訴追や処罰などについての権限がある当局、または裁判所にデータを提供するが、法律上の任務を果たすのに必要な限りにおいてとするとしていた。さらに 2005 年 4 月 1 日施行の租税法 93 条 7 項と同 8 項によって、データの取得目的が追加された。同条 7 項は税の確定・徴収という目的を挙げ、同 8 項はデータを取得する要件を、「租税法以外の法律が所得税法の概念と結びついている場合」とした。8 項に従えば、住宅手当を支払う基準となる「総所得」を計算する場合のように[1]、財政当局以外による照会も認められる。

　口座の内容の調査はそれ以前にも行われていたが、口座の存在自体の調査までは行えなかった。それによって税の徴収が不平等になっていると、連邦憲法裁判所が指摘していたことが[2]、上で述べたような権限が創設された背景の一つであった。その他の背景としては、脱税や資金洗浄などに関する EU 議定書が、EU 内の外国にある銀行口座を探すことを求めていたこと[3]、連邦政府が「租税恩赦」[4]を導入する方針であったこともある。しかし、口座の有無の調査は基本法に反するとして、憲法異議が申し立てられた。本決定によって、租税法 93 条 8 項は違憲とされたが、金融制度法 24c 条 3 項 1 文 2 号と 93 条 7 項は合憲とされた[5]。以下では租税法 93 条 7 項と同 8 項に関する判断について、情報自己決定権に関してのみ紹介する。

【判　旨】

1　情報自己決定権に対する侵害の有無

　批判されている諸規範で規定されているデータの取得は、情報自己決定権を侵害している。たしかに口座の内容や動きまでは見ることはできないが、それまでは知られていなかった口座や預金が存在していると分かれば、他の授権規範に基づいて、その内容についての情報を入手できる。このようにして得られる口座の内容についての情報は、該当者の人格保護にとって重要でありうる。ある特定の人の口座の内容についての情報が焦点を定めて突き合わせられれば、該当者の財産状況や社会的接触をうかがい知ることができる。また、口座基本データの調査は、

これにより入手した情報がなければ行えないような措置や、該当者の利益を相当程度害しうるような関連措置の準備ともなりうる。

2 規範の明確性・特定性

租税法93条8項においては、限定的に解釈したとしても、給付行政のほとんどすべての領域の規範を結びつけることができる。このことから、口座基本データの自動的な取得という道具が、予測がつかないほど多くの法律目的のために用いられる。これでは憲法上の特定性の要請を満たさない。また、行政によって基本的にいつでも変更できる適用通達では、法律の規定の特定性の欠如を除去することはできない。

これに対して、租税法93条7項は、規範の明確性と特定性の命令を満たしている。93条7項は、データ取得の条件を十分に明確に、特定された形で規定している。関連する金融制度法24c条1項からは、租税法93条7項によってどのような情報が収集されてよいかを導ける。93条7項は、情報を収集する権限のある当局を列挙している。租税の確定・徴収とすることで、規範の事物的な適用領域が特定されている。同時に、租税法分野において妥当している諸ルールを基準とする特定性の要請が関連付けられている。口座情報を取得する構成要件上の条件も、十分に明確に挙げている。必要性という概念を用いているからといって、特定性が欠けるわけではない。この概念は、租税調査の領域にとっては、租税法93条1項についての、つまり、租税法上の開示義務についての判例を通じて、はっきりとした輪郭を保ってきた。スクリーン捜査や「やみくもな」調査における提供の求めは、それによれば不適法である。

3 諸規定の比例性

租税法93条7項に含まれている侵害授権は、比例性の原則も満たしている。問題となっている諸規範の目的は正当であり、目的を達成するのに適して

いる。また、法律の目的を達成するために必要である。手動で個別的に引き出すということは、ドイツ国内には多くの金融機関が存在し、照会の数も場合によっては膨大になることからすれば、実践可能な代替的な手段ではない。

基本データを自動的に取得することへの授権は、狭義の比例性の命令も満たしている[6]。審査すべき諸規範は、重要な公共の利益に役立つものである。また、批判されている諸規範によって取得される情報の内容―単なる口座基本データ―からは、それを取得することで基本権侵害の強度が高まるとする根拠は導かれない。事実を解明するためにはさらなる調査措置が必要である。そのための授権根拠自体の憲法上の正当化にあたってはそのような措置によって基本権侵害が明らかに強くなるかが問題になるが、この授権は本件憲法異議の対象ではない。

批判されている諸規範における閾値の形成は、同様に比例性の原則を守っている。特に、手がかりもなく日常的に情報を取得することは認めていない。しかし情報を取得する手続が自動化されていることは、無数の、また、十分な容疑もなく行われる場合には違法な日常的な取得をする根拠となる可能性がある。これを避けるために、批判されている規範で保護されている保障を、濫用をのちに発見できるような形で解釈すべきである。こうすることに役立つのは、金融制度法24c条4項―租税法93b条4項と結びついた租税法93条の情報の取得権限について―によって、効果的なデータ保護コントロールを保障するために文書化することになっていることである。そのほかに、関連する諸規範、特に活動しているそれぞれの当局に妥当する手続法が、対応する情報を取得し、場合によっては対抗できるような途を口座情報の取得の該当者に対して開くように、解釈・適用されなければならない。当事者への情報の開示を目的とする規範はこのような意味で解釈すべきである。

4 租税法 93 条 8 項の効力

租税法 93 条 8 項の違憲性は、その無効を導くわけではない。租税法 93 条 8 項を無効とした場合には、新しい規定ができるまで、社会法にかなりの執行上の空白が生まれる可能性がある。移行期に規範をさらに妥当させ続けるかを決定する際には、規範が違憲であるのは特定性に欠けているからにすぎないことを考慮すべきである。

憲法に適合する新規定について、立法者は 2008 年 5 月 31 日まで猶予される。租税法 93 条 8 項は合憲的な新規定ができるまで、この規定による情報の取得請求は、通達 3.2 号で挙げられている社会サービスの受給資格を審査するという目的のためだけに認められる、という基準によって適用できるままとする。

【解 説】

1 学説との比較

金融制度法 24c 条は、法案が審議される過程で既に様々な批判にさらされていた[7]。また学説においては[8]、同条 3 項 1 文 2 号、租税法 93 条 7 項、同 8 項、いずれについても違憲であるとの批判がなされていた。主な批判として、データを取得できる当局や収集目的が十分に限定されていない、事前の権利保護や事後的な権利保護が不十分である、などがある[9]。本決定はそれらのうち租税法 93 条 8 項だけを違憲と判断しており、学説におけるほどには厳しい態度を示さない形になった。

2 情報自己決定権に対する侵害の重大性

学説に比べると厳しくない結論に至った要因の一つとして、情報自己決定権に対する侵害の重大性に関する判断がある[10]。本決定は国家機関による情報取得の是非を検討したものであるが、このような問題を扱った判例においては、情報が秘密裡に取得されることや、他のデータと結び付く可能性があることなどによって、侵害の重大性が高まるとされてきた。たしかに本件で問題となった措置によっても、

預金額や具体的な支払履歴のような具体的なデータまでは取得できなかったとはいえ、口座の存在が判明すれば他の権限を用いることで口座の具体的な内容が最終的には解明されるのであり、従来の判例に従えば重大な侵害であるようにも思われる。例えば、政党や私的団体の年会費等の支払い動向が判明すれば、個人の私生活の様子も推測できるのである。しかし本決定においては、他の権限を用いることで口座の内容が明らかになる危険性は、情報自己決定権に対する侵害を認める根拠とはされたが、侵害の重大性を高める根拠とはされなかった[11]。

3 租税法 93 条 8 項の扱い

租税法 93 条 8 項との関連では、連邦財務省が出していた適用通達に触れる必要がある。93 条 7 項と 8 項については、施行の中止を求める 2 つの申立てがあり、連邦憲法裁判所は、これらについて、施行日である 2005 年 4 月 1 日までには決定を行うと表明していた。そこで連邦財務省は、同年 3 月 10 日付で、租税法についての適用通達（AEAO）を公表し、法律の不明確な部分を補足した。特に 93 条 8 項については、情報を取得してよい場合について具体的な事項を列挙していた。その後、2005 年 3 月 22 日に連邦憲法裁判所は、施行の中止を求める申立てを退けた[12]。連邦憲法裁判所は、施行を中止したにもかかわらず本案決定において合憲とされた場合と、施行を認めたにもかかわらず本案決定では違憲とされた場合とを比較し、適用通達によって不明確な部分は補充されており、通達に従うことで実務上の問題は解決できると判断した。しかし、本決定は、適用通達によって内容が補充されていても、法律の不明確性は解決されないとした[13]。このように、適用通達は租税法 93 条 8 項を合憲とする効果はもたなかったが、租税法 93 条 8 項を無効とはしない根拠としては用いられたといえる。新たな規定が設けられるまでの間は適用通達に従うことで事務を処理できると判断したためであろう。

4 現在の規定

　本件で問題となった諸規定はその後改正されており、ここでは租税法93条の改正について述べる。まず同条7項は、データの取得を、源泉課税が導入されたにもかかわらず資産収入の査定が必要な場合に限定した。本決定の後に税の徴収方法が一部変更され、金融機関を通じた源泉課税が導入された。それによって行政当局が外部から口座の存在を確認する必要性が弱まったことを背景にした改正であった。次に、違憲とされた同条8項は、照会を請求する根拠となる社会法上の法律を列挙した。そこでは、連邦財務省による、先述の適用通達の内容が反映されている。また租税法93条には9項と10項が追加され、特に9項は、1文において事前の通知を、同2文では事後的な通知をそれぞれ求めている。

　さらに、現在は、ドイツ民事訴訟法（ZPO）802l条1項2号において、債務者が債務を履行しない場合等に、執行官（Gerichtsvollzieher）は連邦中央税務局に対して租税法93b条1項で挙げられているデータを金融機関から引き出すよう求めてよいと規定されている[14]。本件で問題となったデータがもつ性質は各分野によって様々であり、それぞれの特性に応じ、同時に統一性も損なわれない制度の確立が課題の一つとされている[15]。

(1)　法律の規定で明記されていたわけではない。

(2)　BVerfGE 84, 239（評釈として、ド憲判Ⅱ *9*判例［平松毅]）; BVerfGE 110, 94.

(3)　Kutzner, DStR 2006, S. 639 ff.

(4)　Randt/Schauf, DStR 2003, S. 1369 ff.; Klengel/Mückenberger, BB 2003, S. 2094 ff. が詳しい。

(5)　拙稿・自治研究89巻8号（2013年）136頁以下参照。

(6)　紙幅の関係から、本決定が挙げた重要な保護利益や、情報が秘密裡に取得されることを問題ないとした理由についての紹介は、本稿では省略した。

(7)　Zubrod, WM 2003, S. 1210.

(8)　本件憲法異議の申立人には法人である金融機関も含まれていたが、自然人に関する部分のみを紹介した。法人の情報自己決定権享有主体性についてて Tiedemann, DÖV 2009, S. 607.

(9)　Brender, ZRP 2009, S. 198 ff.; Cöster/Intemann, DStR 2005, S. 1249 ff.; Fehling, DStZ 2006, S. 101 ff.; Göres, NJW 2005, S. 253 ff.; Schmidt-Keßeler, DStR 2006, S. 632 ff.; Widmaier, WM 2006, S. 116 ff.; Zubrod, a.a.O., S. 1210 ff.

(10)　拙稿「ドイツ版Nシステムの合憲性」自治研究86巻12号（2010年）149頁以下、では、オンライン捜索判決で導出された「コンピュータ基本権」との関連性をめぐる学説も紹介したが、本稿では省略した。

(11)　Nシステムとの比較についても拙稿、前掲注(10)で行った。

(12)　BVerfGE 112, 284.

(13)　仮命令に関する判断と本決定の結論の関係についても、拙稿・前掲注(10)参照。

(14)　Brender, a.a.O.（Anm. 9）, S. 198 ff. が詳しい。

(15)　日本の制度との比較について、拙稿・前掲注(10)参照。

7 ドイツ版「Nシステム」の合憲性

實原隆志

2008 年 3 月 11 日連邦憲法裁判所 1 法廷判決
連邦憲法裁判所判例集 120 巻 378 頁以下
BVerfGE 120, 378, Urteil v. 11. 3. 2008

【事　実】

　ヘッセン州公安秩序法（以下、「ヘッセン州法」）と
シュレスヴィヒ・ホルシュタイン州一般行政法（以
下、「シュレスヴィヒ・ホルシュタイン州法」）は、公道を
走行する車両のナンバーを自動的に読み取る装置の
設置・利用について規定していた。自動車ナンバー
の自動読取りは、まずビデオカメラによって走行中
の車両を撮影し、それによって取得した画像から自
動車ナンバーの文字列と数字列を解析することで始
まる。その後、文字列と数字列の情報を警察の捜査
記録・メモと自動的に照合し、該当する車両のナン
バーが記録・メモ内にあった場合には適合通知
(Treffermeldung) が出される（いわゆる適合事件）。適
合通知にはナンバーデータの他、当該車両が通過し
た場所と時間も追加される。当該車両が盗難車両で
あった場合などには車両の停止などの措置が続く。
他方で、該当する車両のナンバーが捜査記録・メモ
内になかった場合（不適合事件）にはナンバーデータ
は即座に消去される。

　このような制度に対して両州内を運転することが
ある 3 名から 2 つの訴訟が提起され、それらが併合
されたのが本件である。本件憲法異議は具体的な措
置ではなく、法律自体に対して申し立てられた。連
邦憲法裁判所は憲法異議を適法であるとした上で、
以下のような判断を示した。

【判　旨】

　1 (1)　ある特定のナンバーをつけたある自動車
がある特定の時点で特定の場所にいたという情報は、
車両所有者に関わる情報である。その情報はさらに
自動車が停止させられ同乗者が検問に服すような場
合には記録された時点で自動車の運転者、ならびに
場合によっては同乗者との関連性ももつ。

　該当者にとっては、保存や利用のために行われる
ナンバー記録が、すでに情報自己決定権に対する侵
害である。というのも、それによってデータが個人
に関連して行政当局にとって利用可能なものとされ
うるからであり、そのデータはその他の措置を行う
際の根拠を確立しうる。侵害が拡張するのは自動車
の場所、方向についてのデータのような情報が保存
される場合である。侵害が深まるのはナンバー記録
が他の、たとえばある人の行動像のような情報を入
手するために利用される場合である。

　(2) ①　ナンバー記録が盗難された自動車を見つ
け出し、その運転者——犯人と思われる者——を取り
押さえる、その後の犯行を防ぐ、もしくは十分な自
動車保険保護がないまま自動車の運転が継続されな
いようにするなどの目的だけに役に立つのであれば、
具体的な該当者についての情報取得が示す人格との
関連性は比較的低い。同様に重要なのは記録が「公
用の道路と場所」、もしくは「公の交通領域」で行
われることである。適合事件の場合には確かに侵害
の性質を排除しないが侵害の重大性は縮減する。具
体的な加害容疑 (Störerverdacht) を根拠付けるよう
な特徴をもつ人的範囲が捜索される場合も同様であ
る。

　自動的なナンバー記録が他の目的、たとえば運転
者の行為を解明する目的での利用に役立つ場合には、
違う形で基本権に関わることになる。特定のナン

バーをつけた自動車が通過した場所・時間について
の情報と、運転者もしくは同乗者の属性（Identität）
についての情報とを結合することで、該当者の行動
態様についての情報を導く。同乗者のその他の行為
について間接的に解明する、もしくは更なる照合を
通じて他の個人データを確立するなどの場合には、
得られた情報と人格との関連性は高まりうる。イベ
ント場所と駐車車両との距離や、進行方向への自動
車の記録からは、運転者が特定のイベント、たとえ
ばサッカーの試合や集会に訪れたことが導きうる。
さらに、適合事件が登録され、データが他の目的の
ためにも利用されるかどうかは、カメラを見ても本
人には分からない。分からなければ権利保護を求め
る手がかりもない。個別の経路（Fahrte）について
個人情報の取得を授権できる、もしくは複数の経路
についての情報をひとつの行動プロフィールに統合
できるのであれば、措置は新たな侵害可能性を示す。
どのような目的である人が長い間それぞれの場所に
いたか、誰と会っていたか、そこで何を行っていた
のかなどといった他の情報と結合されるやいなや、
侵害の重大性は一つの人物像（Persönlichkeitsbild）を
確立することの重大性に匹敵しうる。

②　批判されている諸規定においては、ナンバー
記録を行う手がかりが挙げられておらず、最終的に
役に立つべき捜査目的も挙げられていない。法律の
中に利用目的について言明がなければ、授権は考え
られるすべての利用目的を含んでしまう。

ヘッセン州法とシュレスヴィヒ・ホルシュタイン
州法は捜査記録（Fahndungsbestand）を詳細に定義し
ておらず、他の法律の規定や判例、学説にも一般に
認められた定義があるわけでもない。同じことは捜
査メモについても妥当する。

法律による授権が不特定な範囲となっているため、
自動ナンバー記録を使用して警察の監視も行われう
る。侵害はそれによってより高い強度をもつ変化し
た性質をもつことになり、それに適合する侵害授権
が必要となる。警察が監視するためにナンバー記録
を利用できるのかについては、立法者の決定を通じ

た正当化が必要である。問題となっている授権にお
いてそのような決定が含まれているとは確認できな
い。

情報取得は「公的な交通領域における検問に際し
てのみ許される」、「網羅的な利用」は認められない
などの、シュレスヴィヒ・ホルシュタイン州法にあ
る追加的な基準によっても、手がかりと目的は特定
性の要請を満たすような方法では確認されない。

利用目的が同様に不特定であることで、ナンバー
記録が刑事訴訟の目的でも利用されてよいのかどう
かが、州法の規定からは読み取れなくなっている。

特定性の欠如についてのいくつかのものは解釈を
通じて克服できるとしても、合憲的解釈を通じてす
べてが治癒するわけではない。憲法に反するほど広
く理解された利用目的を合憲的に縮減できるとすれ
ば、少なくとも狭く理解された目的が適切な解釈で
あるということでなければならない。そうでないの
であれば、立法者によって広く把握された侵害規範
を合憲的な程度に切り詰めることは連邦憲法裁判所
の任務ではありえない。このことは立法者が規定を
意図的に不明確なものとした場合には、なおさら妥
当する。ヘッセン州の立法者は広い規範理解に固執
し、シュレスヴィヒ・ホルシュタイン州の立法者も、
立法手続において述べられた批判について網羅的な
利用の禁止を追加することでしか対応しなかった。

数列や文字列と並んで他の情報自体も取得されて
よいのか、どのような情報であればよいのかには触
れていないままである。これでは特定性の命令を満
たさない。ビデオ映像を通じてナンバー情報を取得
する際には、場合によっては同乗者についての記録
が必然的に伴う。警察は自動車がどこかの記録場所
で観察されたという情報では動き出せないため、盗
難された自動車を発見するなどの目的を達成するた
めには、記録した場所と並んで進行方向も確認する
ことが通常は不可避であろう。

③　批判されている諸規定は、その不特定な広さ
において憲法上の比例性の要請も満たしていない。

44 I 基本権：GG2条1項〔人格の自由な発展〕 〔實原隆志〕

2 基本法1条1項と結びついた2条1項の情報自己決定権に対する違反は、ヘッセン州法14条5項とシュレスヴィヒ・ホルシュタイン州法184条5項の無効を導く。自動車ナンバーの自動読取りについての規定は、憲法上要請された侵害条件を様々な次元で規定しうる。一つには、適法な照合データ記録への記入についての厳格な規定をすることで、第二に、ナンバーの読取自体についての厳格な規定をすることで、第三に、獲得された情報の二次的な利用に関わる規定を設けることでできる。

自動的なナンバー記録の条件の比例性を維持する規定は利用目的が広くても排除されず、侵害の条件の厳格な限定と組み合わせられるような場合、たとえば現在のブランデンブルク州警察法の規定が行っているような場合には排除されない。

【解 説】

自動車ナンバー自動読取システムは2003年に初めてバイエルン州で試用され、2004年にはラインラント・プファルツ州において初めて法律で規定された。本判決が下された時点で16州中8州において法的には可能な状態となっており、連邦レベルでも導入に向けた議論があった。本判決や公権力による情報収集活動について関連する論点が多くあるが、以下では紙幅の関係から、訴えの適法性と州の権限との関係についての言及は行わず、その他の点に関する第1法廷の先例との比較のみを行う。

1(1) 本判決では、問題となっている措置によって制約される利益が情報自己決定権に含まれることを前提とした上で、本件措置が侵害に該当するかが検討されている。この点について連邦憲法裁判所はデータがすぐに除去され、個人との関連性がないことが保証されるのであれば侵害ではないとしてきた[1]。しかし、これまでの判例においては基本権に対する侵害であると認められた措置も多くあり、本判決においても不適合事件を除いて個人関連性がありうるとして侵害となるとした。

基本権に対する侵害があると認められると続いてその種類（Art）・強さが検討される。公権力によって取得された情報は保存、さらには他のデータと照合・結合されることが多い。それらのデータが他の機関に転送・伝送されることもあり、これらの一連の措置が続くにしたがって侵害の強さも高まっていく。もちろん、取得されるデータが個人の人格と関わるものであったり措置が密かに行われたりする場合にも侵害はさらに強いものとなる。本件においては、駐車場所で取得されたデータとその近隣で行われている行事との関係からどのような行事に参加しているかが明らかになってしまうこと、他の情報と結合することで一つの行動プロフィールが作成できてしまうことなどから重大な侵害であるとされた。そして、本判決によれば、侵害が強いほど次に見る規範の特定性や手段の比例性それぞれに対する要請も強くなっていく。

(2) 基本権に対する侵害があったとされ、なおかつ法律自体の違憲性が問題となっている場合には、本人の同意がない限り法律上の根拠が必要となる。そしてその根拠となる法律は十分な特定性・明確性を有している必要がある。

本判決では根拠となる法律の特定性・明確性に多くの分量が割かれており、これは近年の判例の一つの特徴である。判決では、問題となっている諸規定に含まれている概念や取得可能な情報が不明確であり憲法上の要請を満たしていないとされた。また、両州が意図的に不明確な規定にとどめたことが批判され、解釈によっても憲法上の問題は解消できないとされた。

(3) 法律が特定性や明確性を欠く場合、手段の比例性も欠くとされることが多い。本判決においても根拠規範が特定性・明確性を欠いているため広範な措置が可能になっており比例性も満たしていないとされた。

手段の比例性について従来の判例は、容疑の対象となっている犯行とそれによってもたらされる不利益それぞれの重大性、そしてそのような不利益・危

険が発生するどの程度の可能性が存在するのかを検討してきた。これまでの判例のなかには、現在(gegenwärtig)の危険に対するものであることまでは求めなかったものも[2]、差し迫った(dringend)危険が必要であるとしたものもある[3]。本件においては比例性を満たす法律としてブランデンブルク州警察法が紹介されている。同法はナンバーの読み取りについて、人の生命に対する「現在の」危険の存在という比較的厳しい要件を規定している(36a条1項[4])。連邦憲法裁判所が用いている「Je-Desto」公式[5]を反対に解釈するならば、すでに生じている法益侵害がそれほど重大ではなく、かつ申立人の基本権侵害が重大であるほど、容疑の根拠となる事実は確実なものでなければならないということになる。本件において比較的厳しい要件を規定する法律が参照されているのは、ラスター捜査やオンライン捜索と比較した場合、本件では情報を収集する根拠となっている法益侵害はそれほど重大ではない一方で、申立人に対する基本権侵害は重大であると理解しているためと考えられる。

2 同様のシステムは日本においてもドイツに先駆けて用いられており、通称「Nシステム」と呼ばれている。日本にはNシステムを合憲と判断した東京地裁による判決がある[6]。東京地裁と連邦憲法裁判所との判断には共通点もあるが、結論だけでなく理由においても重要な違いがある。連邦憲法裁判所は国勢調査判決以来一貫して、どのような情報が知られているか分からない場合や監視されていると感じる場合などには個人の自己決定に基づいて計画・決断する自由が害される恐れがあるとしてきた[7]。他方で東京地裁は自動車を用いて移動すること自体がNシステムによって制約されるわけではないとして、このような恐れについて触れなかった。また連邦憲法裁判所が規範の特定性・明確性を審査する上で、授権規範となる法律が制定されていることは大前提であるはずである。それに対して東京地裁判決においては法律上の直接的な根拠は明示されていない。連邦憲法裁判所が授権規範に特定性・明確性を求めるのは、民主的な正当性を有する立法者が基本権侵害について基本的な決定を行うことで行政部門を統制しようとしているためである[8]。日本の裁判所が連邦憲法裁判所によるこのような要請についてどのように考えているのか、気になるところである。

(1) BVerfGE 100, 313 (366), 115, 320 (343).
(2) BVerfGE 115, 320 (363), 120, 274 (328).
(3) BVerfGE 122, 120 (142 f.)
(4) 「現在の危険」という手がかりが詳しく確定されていないことの問題点も指摘されているという留保は必要であろう。Roggan, NJ 2007, S. 202.
(5) BVerfGE 120, 378 (429).
(6) 東京地判平13・2・6判時1748号144頁以下。拙稿「ドイツ版Nシステムの合憲性」自治研究86巻12号(2010年)149頁以下にて、やや詳しく検討した。
(7) 「データから自由に運転する権利」と名づける者もある。Arzt, DÖV 2005, S. 57.
(8) BVerfGE 120, 378 (407 f.).

8 情報機関・警察の情報共有と情報自己決定権
——テロ対策データファイル法判決——

入井凡乃

2013 年 4 月 24 日連邦憲法裁判所第 1 法廷判決
連邦憲法裁判所判例集 133 巻 277 頁以下
BVerfGE 133, 277, Urteil v. 24. 4. 2013

【事　実】

　2006 年 12 月、ドイツ連邦議会は、連邦および州の警察および情報機関の共同データファイルを設置するための法律（「テロ対策データファイル法」以下、ATD 法という）を制定した。この法律は、テロ対策の一環として、連邦および各州の警察および秘密情報機関が、それぞれが保有する個人データを相互に検索、利用できる結合ファイル（「テロ対策データファイル」、以下 ATD という）を設置することを定める。

　テロ団体、テロ支援団体などに所属し、もしくはこれを支援する人物、違法な暴力を使用し、もしくはその使用を支援、準備もしくは支持する人物、違法な暴力を惹起する人物、又は、これらの人物に接触した人物について、参加官庁は、自らが保有している基本的データを ATD に保存することを義務づけられる。保存データは 2 種類に大別される。一つは基本データ、例えば、名前、性別、生年月日、住所、国籍、言語、身体的特徴、写真である。もう一つは拡張基本データ、例えば、電話、メールアドレス、学歴、職歴、家族状況、口座情報、民族、宗教、武器製造能力などの「対象者の生涯を描き出しうる」ような、極めて秘匿性の高いデータである。データへのアクセス方法は通常時か緊急時かによって異なる。通常時においては、基本データについてはオンラインで直接入手することができるが、拡張基本データについては、そのデータを保有する官庁名と整理番号だけを入手することができ、ATD 法以外の一般の情報提供手続に従って、保有する官庁に情報提供を依頼する。緊急時においては、基本データも拡張基本データも直接入手することができる。

　この法律に対し、自らが適用対象となることを恐れる市民が、情報自己決定権などを制限するとして連邦憲法裁判所に対して直接憲法異議を申し立てた。

【判　旨】

1　適法性・管轄

　憲法異議は適法である。異議申立人は、本法により、自身が、直接に、現在において影響を受けている。ATD 法は、EU 法の規律領域に事実上関連するにすぎず、欧州司法裁判所の先決裁定手続（EU 運営条約 267 条）に付託する必要はない。

2　保護領域・制限

　ATD 法は、情報自己決定権（基本法 1 条 1 項と結びついた 2 条 1 項）、信書及び通信の秘密（基本法 10 条 1 項）、及び住居の不可侵（基本法 13 条 1 項）の保護領域に介入する。介入は、様々な機関が持つデータを集約している点、参加機関が通常時に基本データを直接取得できる点、緊急時には拡張基本データをも直接取得できる点に存在する。

3　情報自己決定権

(1)　基本構造の合憲性

　ATD 法は、その基本構造において基本法 1 条 1 項と結びついた 2 条 1 項に基づく情報自己決定権と両立する。

(i)　目的の正当性・手段の適合性と必要性

　テロ関連人物に関するデータの迅速で簡単な調達を可能にするという ATD 法の目的は正当である。立法者は、治安当局間での個人に関するデータの包括的交換ないし情報分離の廃止ではなく、情報交換の限定的な緩和のみを意図している。また、異議の対象となっている諸規定は、この目的の達成のため

に適合的でありまた必要である。目的を達成するために同等に効果的でより負荷の少ないその他の手段は認められない。

(ii) 手段の狭義の比例性

ATD法は、基本構造において、狭義の比例性と両立する。

(a) 介入の重大性 (ア) 介入の重大性を高める要因として重要なのは、全く異なる任務を伴う多数の治安当局間の情報交換がデータファイルによって実施され、特に情報機関と警察間での情報交換を含むことである。

「それぞれの治安当局に与えられているデータ収集・処理権限は、それぞれの官庁に固有の任務の範囲に限定される。したがって、データは、憲法上、目的拘束を受け、容易にはその他の官庁に転送されえない（目的拘束の原則）。」緩やかな条件が適用される官庁が、厳格な条件が適用される官庁にデータを送付することによって、データの収集・蓄積・処理のための憲法上の条件が弱体化されてはならない。

「情報機関と警察は、明らかに互いに異なる任務を負っており、任務遂行の公開性に関して、並びに、データ収集に関連して、異なる要請に服している」。警察は、実行的な任務を有し、詳細な法的根拠に基づく。他方、情報機関は、政府への情報提供のための解明及び監視を任務とし、任務を定める法的根拠はわずかである。「このような法秩序の違いにかんがみ、データ交換を可能にする規律は、憲法上の厳格な要請に服し、情報自己決定権から情報の分離原則が導かれる（情報の分離原則）」。分離の緩和は、重要な公共の利益がある場合に例外的にのみ許容される。

(イ) これに対し、「介入の重大性を緩和する要因としては、データがすでに収集されているものに限られている点、情報開拓を主な目的とした結合データファイルとして作られている点、及び、目的がもっぱら国際的テロリズムの解明及び対処にあるという点が挙げられる」。

(ウ) 重大性を低める要素にもかかわらず、介入の重大性は相当なままである。ATD法は通常時においても基本データを開示情報として提供し、また、緊急時にはすべてのデータへの直接的なアクセスを可能にする。特に重大なのは、ATD法が緊急時には情報機関と警察との間の情報交換までも許容している点である。

(b) 対立する公益 これに対し、「国際的テロリズムの解明及び対処のために、異なる治安当局間の的確な情報交換及び至急事例における危険状況の精確な評価を可能にするという、公共の利益が存する」。

(c) 衡量 対立する諸利益にかんがみてATD法の基本構造を包括的に評価すれば、憲法上の疑義は存在しない。ただし、データの内容及び利用可能性に関して、特定性の要請を満たし、内容的に十分に限定され、また、コントロールの要請に配慮した規律があってはじめて狭義の比例性に合致しうる。

(2) 個々の規定に関する主な判断

「以上の基本原則に照らし、異議の対象となっている諸規定は、十分に特定かつ明確で、過剰侵害禁止に反しないデータファイルを形成するという要請を、いくつかの観点において満たしていない」。

(i) 参加官庁の範囲

明確性の要請の程度は、規律によって生じる基本権侵害の強度に依る。「その他刑事官庁」という規定は、あらゆる刑事執行官庁のデータファイルへの参加を可能にし、情報機関と警察の間の情報の分離原則の崩壊を助長する。ATDの介入の重大性に照らし参加官庁に関する規定の開放性は憲法上の要請を満たさない。

(ii) 対象人物の範囲

データファイルの対象人物に関して、「支援団体を支援する人物」という規定は、規範明白性及び過剰侵害禁止と両立しえない。「事実に基づく手がかり」がある場合にはファイルに含めることは許されるが、その旨を法律に明文で規定しなければならない。「違法な暴力を使用」等する人物及び「違法な暴力を惹起する人物」に関しては、ATDの目的に照らして「違法な暴力」という概念の憲法適合的解釈が可能である。「直接的に生命及び身体に向けられたもしくは公共を危険にさらす手段の投入によって特徴づけられた暴力のみを含むと理解されうる」。「暴力を支持する」人物という表現は、内心の態度に焦点をあてており、信教の自由及び意見表明の自

由の行使に対して委縮効果を及ぼすため、過剰侵害禁止と両立しえない。以上のような人物への「接触人物」については、その人物が重要情報を提供しうるという点でのみ関心があるはずであり、無制約に含めることは特定性の要請にも過剰侵害禁止にも両立しえない。

(iii) データの種類

「民族」、「宗教」、「武器の製造及び使用に関する能力」、「接触場所」といった抽象的開放的な規定に関して、この規定の使用に際して不可欠な具体化及び規格化が行政によって行われ、さらに、文書化され公開されなければならない。立法者はこのことを確実にするために補足的な規定を定めなければならない。

(iv) データの利用方法

通常時においては、拡張基本データは間接的にも開示されてはならない。拡張基本データの内容を容易に推論することができるようなデータ利用のあり方は、過剰侵害禁止に反する。

これに対し、緊急時における拡張基本データの利用は、憲法上許容される。緊急時での直接利用は、情報機関と警察の情報の分離原則を破っており、特別な介入の重大性を有するが、介入を正当化するほど十分に厳密に利用条件（「特定の事実」「現在の危険」「必要不可欠」「個々の転送要請では時宜を失する」）が明文化されている。

(v) 透明性原則・個人の権利保護・監督的コントロール

ATD の性質上、公開性や該当者への通知は要求されえず、透明性原則及び個人の権利保護は非常に限定的にしか保障されない。それゆえ監督的コントロールの保障は一層大きな意味を持つ。定期的なコントロールの必要性及び議会への報告義務に関して法律上の規律が欠けているため、立法者は補足的規定をしなければならない。また、諸監督官庁の協働のための新制度の必要性について、立法者は今後の展開を監視しなければならない。

4　遠距離通信の秘密及び住居の不可侵

ATD 法は、遠距離通信の秘密及び住居の不可侵への介入によって収集されたデータの含入を予定している限りで、基本法 10 条 1 項及び 13 条 1 項に違反している。基本データには、例えば、厳格な要件の下でのみ行うことができる盗聴措置によって判明した「特別な身体的特徴」「珍しい方言」といったデータも含まれる。そのため、データファイルを通じて、本来収集が正当化されえない段階で諸官庁が情報を使用できるようになり、目的拘束原則に反する。秘匿での運用が実務上なされようとも、明確性を満たす明文の規範が必要である。

5　判　決　形　式

ATD 法は、部分的に違憲であるが、新たな立法が行われるまで、ただし最長で 2014 年 12 月 31 日を期限として、判決理由に述べた条件に従って引き続き適用することができる。立法者は、それまでに新たな規律を行うことを義務づけられる。

【解　説】

1　本判決の特徴

ATD 法は、収集した情報の治安当局間での共有を可能にする法律である（「提供」の場面）。この ATD 法について、連邦憲法裁判所は、基本構造を合憲とし、規定の一部を違憲と判断した。その際、新技術による捜査手法が問題となったテロ対策関連の一連の判決[1]と同様に、基本的にはテロ対策の重要性を強調し、細部の「最悪な行き過ぎ[2]」を憲法適合的解釈などによって微修正したにすぎないとも指摘される[3]。そのような判断、特に、「違法な暴力」概念の憲法適合的解釈に対しては、刑法の概念とはかけ離れた限定解釈はできないとして 4 人の裁判官による反対意見が付されている[4]。審査を通じて情報機関と警察の「情報の分離原則」が登場するが、これについては後述する[5]。

形式面・実質面ともに判断において意識されるのは、個人データの共有や使用が対象者に認識不可能なところでなされるという ATD の特質である。異議申立人に対しては、①憲法異議の適法性における証明要求の低下、また、立法者に対しては、②規定の明確性及び特定性、③行政による具体化の文書化や公開、④監督的コントロール、といった要求の上昇といった帰結が導かれる。特に、①については、「接触人物」として ATD に含まれるおそれをもっ

て適法性が認定されている。

以上のような検討を通じ、違憲確認判決に伴う法改正義務と、合憲判決でもなお将来の展開を監視すべきことを命じる監視義務が指摘される[6]。

その他、連邦憲法裁判所と欧州司法裁判所の管轄問題についても重要な指摘がある[7]。

2 情報自己決定権からの情報の分離原則

(1) 情報の分離原則と目的拘束原則の重複

本判決において示された「情報の分離原則」であるが、国勢調査判決（BVerfGE 65, 1〔ド憲判 I **7**判例〕）で強く打ち出され戦略的監視判決（BVerfGE 100, 313〔ド憲判Ⅲ **42**判例〕）で精緻化された目的拘束原則との重複がみられる。「情報が異なる治安当局間で包括的に自由に交換されないことは、目的拘束の原則によって前提とされ意図されている」、「情報の分離原則に基づき情報機関と警察間のデータ交換は原則として禁止される。そのため、直接的なアクセスは情報機関に妥当する条件と同程度緩和された条件においてもアクセスを正当化するような重要な公共の利益に寄与しなければならない」（判旨三1（2）a（a））といった指摘は、情報の分離原則と目的拘束原則の混用とも思われる。もっとも、このような重複は二つの原則がともに情報の「共有」を禁止している以上当然のことである。

(2) 情報の分離原則の独自性

では、「情報の分離原則」とは何か。それはまず、基本構造の審査において確認できる。目的の正当性の認定では、分離の完全な廃止ではなく部分的解除に留まることが評価されている。情報の分離を破るために介入の重大性が上がる一方で、ATD の形成が「情報開拓」[8]に限定されているために介入の重大性が下がるのである。また、参加官庁の不特定が違憲とされたのも、官庁が増えれば増えるほど情報の分離が破られるからである。緊急時での拡張基本データへの直接アクセスにおいても、介入の重大性を高める要因として分離を破っていることが持ち出される。

以上から「情報の分離原則」には、「情報の分離を保障する形成を要請」ないし「情報を集約する形成を禁止」する点にその独自性を見いだせよう。情報自己決定権の一般的な部分原則として、情報分離原則は、情報の収集・管理・利用の扱いが異なる「異なる法秩序間」において情報を包括的に集約することを禁止し、目的拘束原則は、個々のデータの目的外利用を禁止するものと整理できるだろう。我が国においても情報集約の際には、効率や利便ではなく「重要な公共の利益」が必要である。

(1) Vgl. BVerfGE 120, 274〔本書 **9** 判例〕; 125, 260〔本書 **41** 判例〕; 130, 1〔本書 **57** 判例〕; 130, 151〔本書 **42** 判例〕.

(2) *Peter Kasiske*, BVerfG erklärt Antiterrordatei für teilweise verfassungswidrig, NJW-Spezial 2013, S. 312 (312).

(3) *Klaus Ferdinand Gärditz*, Anmerkung, JZ 2013, S. 633 (633).

(4) 4 対 4（可否同数）であったため連邦憲法裁判所法 15 条 4 項 3 文により合憲判決となった。反対意見は、特に、立法者が立法手続において自覚的に否定した解釈を裁判所が憲法適合的解釈として採用することはできないと指摘する。「違法な暴力」の解釈に関して詳しくは、*Prügel*, Entscheidungsanmerkung, ZIS 2013, S. 529 (532).

(5) なお、情報の分離原則は元来「情報機関と警察の分離原則」の一原則として理解されてきた点に留意が必要である。この点については、拙稿「ドイツ憲法判例研究（158）対テロデータファイル法による情報機関・警察の情報共有と情報自己決定権」自治研 90 巻 6 号（2014 年）119 頁参照。

(6) 詳しくは、拙稿「事後的是正義務と新規律義務」慶應義塾大学法学政治学論究 101 号（2014 年）103 頁（116 頁）、及び「立法者の予測と事後的是正義務」慶應義塾大学法学政治学論究 96 号（2013 年）343 頁以下参照。

(7) 詳しくは中西優美子「先決裁定付託受理の許容性判断と EU 基本権憲章（Ⅱ⑴）」自治研 90 巻 3 号（2014 年）86 頁（94 頁）参照。

(8) 通常時において、拡張基本データの直接取得を可能にせず、一般の情報提供手続の準備情報のみ取得可能なことをもって、連邦政府は「特殊な電話帳」と述べ、連邦憲法裁判所は「情報開拓に限定されている」と表現する。

9 コンピュータ基本権
──オンライン監視事件──

石村　修

2008 年 2 月 27 日連邦憲法裁判所第 1 法廷判決
連邦憲法裁判所判例集 120 巻 274 頁以下
BVerfGE 120, 274, Urteil v. 27. 2. 2008

【事　実】

1　安全と自由との綱引きが、アメリカでの 9・11 テロを受けて、欧州においても現実的になっていた。警察による「聴覚的な住宅監視」は法的に規制されながら実行可能であるが、これも限界が見えており、そこで、新たに考え出された手法が、直接、コンピュータに特殊なソフトウエアーを装着し、ハードディスクを監視する手法が考案された。2006 年の基本法の改正により、連邦に国際テロからの危険の予防対策が委ねられ（73 条 9a）、連邦の予算委員会は国内の安全を強化するプログラム（PSIS）を決定した。連邦ではまだ計画段階にあったが、ノルトライン・ヴェストファーレン州（以下、NRW とする）では憲法擁護法の改正（2006 年 12 月 29 日）を経て実行されるに至った。この手法は、監視者とコンピュータとが、直接のラインで繋がることができるので、「オンラインによる監視（捜索）」と呼ばれている[1]。文字や映像を、時間を考慮せずに瞬時に送ることのできる電子メールのグローバルな普及は、聴覚による監視以上にオンライン監視の重要性を生み出したことになる。

この監視システムが実際にどのように実行されるのかは、詳細には不明であり、様々な憶測がなされてきた。技術的には、なんらかのソフトウエアーが必要なことは解明されており、このソフトウエアーをインターネット経由で特定のコンピュータに送り込み、ハードディスクに蓄積されたデータを解読することになる。このソフトウエアーは通称、「警察トロイ（国家・連邦）の木馬」と呼ばれていた。ソフ

トウエアーの役割が、ギリシャ軍の木馬による攻略に似ていることからこの名称がつけられたが、政府が関わるソフトウエアーということで、造語された「Govware」という名でも知られている。この手法によって、該当者の IP アドレスを入手することで、オンラインの監視が実行できることになる。

2　事件が起きたのは、NRW 州おいてであり、同州憲法擁護法が認めていた秘密裏での「情報技術システム」（コンピュータ）への関与が、基本法 1 条 1 項と関連する 2 条 2 項、10 条 1 項、13 条 1 項、そして 19 条 4 項の各条文に違反するとして、2 つの憲法異議が提起された。連邦憲法裁判所は、2007 年 10 月 10 日に口頭弁論を開いて両者の言い分を確認した上で、翌年の 2 月に申立人らの訴えを一部認め、NRW 州憲法擁護法 5 条 2 項 11 号が、基本法 1 条 1 項と関連する 2 条 2 項、10 条 1 項、19 条 1 項 2 文に違反すると判断した。申立人は、直接にオンライン監視の被害を受けたのではなく、その被害を受ける可能性が高いと自覚している NRW 州に居住する以下の 5 名である。

憲法異議 1 の申立人 1a は、女性ジャーナリストで、憲法の敵と見なされている右翼のグループと関わっており、1b は、NRW 州の「リンケ」の積極的な党員で、政治活動やネットバンクにもインターネットを日々利用している。憲法異議 2 の申立人 2a と 2b は、法律事務所の共同経営者であり、とくに、2a は弁護士として亡命者のために活動しており、その中には NRW 州の監視下にあるクルド労働党のメンバーが含まれていた。2c はこの事務所におい

て非常勤で働いている。申立人らは、政治的主張は
まったくバラバラではあるが、日々利用するイン
ターネットが監視されることによる不利益が深刻で
ありうる人たちであり、その点での利益は一致して
いた。彼らが共通に訴えている内容は、NRW 州憲法
擁護法 5 条 2 項 11 号が、彼らの基本権を侵害する
というものであり、さらに、憲法異議 1 の申立人は、
憲法擁護法 5a 条 1 項が自己の情報自己決定権を侵
害するとし、憲法異議 2 の申立人らは、憲法擁護法
7 条 2 項が、自己の住居を侵害すると訴えていた。

「オンライン監視」を認める根拠となった、5 条 2
項 11 号の条文は以下のとおりである。

・5 条　権限

2 項　憲法擁護庁は、情報収集活動を行うための
　　　7 条の役割に応じて、情報収集活動として
　　　以下の措置を実行することができる。

　　11　インターネットへの秘密裏になされる観
　　　　察、及び、とくに、コミュニケーション
　　　　装置への隠密な関わり（Teilnahme）、ま
　　　　たは、こうした装置への捜索のようなイ
　　　　ンターネットへの偵察（Aufklärung）、並
　　　　びに技術的手段を用いた情報技術システ
　　　　ムへの秘密裏になされる侵入（Zugriff）。
　　　　信書、郵便そして電信電話の秘密への関
　　　　与（Eingriff）が、この措置によってなさ
　　　　れる場合、この措置は基本法 10 条が定
　　　　める法律の諸条件の下でのみ認められる。

【判　旨】

1　NRW 州憲法擁護法 5 条 3 項と 17 条に向け
られた憲法異議は却下され、5a 条 1 項（金融機関と
のインターネットによる取引への監視）に対しては憲法的
な考察は行わない。判決は、もっぱら擁護法 5 条 2
項 11 号に集約され、まず、同号 1 文の後半部分の
違憲性に言及し、次いで、同号 1 文の前半部分の違
憲性に言及する。

2　「情報技術システムに秘密裏に関与すること

を定めた、擁護法 5 条 2 項 11 号の第 1 文の後半部
分は、機密性を保障し、情報技術システムの不可侵
性を保障する権利という、特別な表現をもって表さ
れる一般的人格権に違反する」。これを新しい基本
権であるとするのは、それが基本法 10 条、13 条、
さらに、情報自己決定権のそれぞれに関連するが、
その内容から直接導かれるものではないからである。

コンピュータには、システムに組み込まれたデー
タ保存機能があり、そのメモリーに保存されたデー
タにまで、10 条の保障は及ぶものではない。イン
ターネット通信によって、本人が意図しないデータ
が無意識の内に自己のデータとして蓄積された場合、
その内容まで 10 条では保障しきれないからである。

基本法 13 条 1 項は住居の不可侵を規定するが、
この不可侵も、同条 2 項から 7 項までの理由があれ
ば、国家機関の侵入は認められている。しかし、基
本法 13 条 1 項は、システムへの侵入によって、「住
居にある情報技術システムのハードディスクないし
メモリーに蓄積されたデータの取得からの防御を保
護しているわけではない」。

さらに、一般的人格権から導かれる私的領域の保
障や情報自己決定権は、情報技術システムの利用者
の特別に十分な保護を意味することにはならない。
なぜならば、「情報技術システムの利用者が求める
保障内容は、その利用者の私的領域にあるデータだ
けに留まるものではないからである。」

そこで、基本法 1 条 1 項と関連する 2 条 1 項に基
づく新たな基本権が、私的な領域を国家による情報
技術システムへのアクセスから守るために求められ
る。それが「情報技術システムにおける不可侵性と
機密性を保障する基本権」である。この基本権を保
護することを明確に規定する規範があってはじめて、
憲法擁護機関は情報技術システムに関わりうること
になるので、その定め方を以下検証しなければなら
ない。

3　当該規定（擁護法 5 条 2 項）は、規範の明確性
の命題を充たしていない。なによりも、同条が基本

法10条と関係する法律への指示を十分に行使してはいないからである。さらに、当該規定は広義の意味での比例原則を充たしていない。比例原則が求めるのは、必要性の命題を充たすことであるが、「基本権への侵害が正当化された目的にあり、さらに、こうした目的に見合った手段としてなされ、適合的なものであることにある」。ところが、「改正法の内容は明確でもなく、テロ対策に組織的に対応することに限定化されたわけでもない」。当該規定がさらに狭義の比例原則に一致しないのは、高い程度に及ぶ基本権侵害を引き起こすからであり、それは、「複雑な情報技術システムを用いての国家による調査が、該当者の人格を抉り出す」ことになるからである。さらに、第三者への通信をも監視することによって、一般市民の自由にも影響がでてくる。

もしも情報技術システムへの秘密裏での関与が許されるとすれば、以下の条件があった場合ということになる。つまり、「ある事実が、とくに高い重要性を有する法に対して、個別に引き起こされる危険を示唆する場合であり、たとえその危険がすでに近い将来に訪れるという十分な蓋然性をもって確定できない場合であってもそうである。さらに、こうした関与の権限を認めることになる法律は、当該者に対して適切な手続規定をもって、その基本権保護を確保しなければならない。」ここに示されたとくに重要な法益とは、「まず、人の身体・生命・自由であり、さらに、国家の基礎や構造ないし人間の存在の基礎にかかわる、公共の財産」、である。また、具体的な危険を表す3つの指標とは、「個別性、危険が被害を引き起こす逼迫性、そして、起因者としての個人的関連性」にある。

立法者は、適切な措置によって、「私的な生活の中心に位置するデータに関わるような場合は、侵害が最小限に抑えられ、該当者の人格への関わりが最小限に抑えられるようにしなければならない」。以上の観点から判断すると、憲法擁護法5条2項11号に示された手段は、「情報技術システムが有する機密性と不可侵性の保障に示された一般的人格権への侵害を構成しており、この規定は無効となる。」

4　憲法擁護法5条2項11号1文の前半部分は、インターネットへの秘密裏での偵察を憲法擁護庁に授権している。これは、基本法10条1項に保障された電気通信の秘密を侵害する。通信の秘密を侵害するのは、「憲法擁護機関が、通信に参加している者の承諾をえないで、獲得したキーワードを用いて、通信内容を監視する場合であり」、パスワードを盗んでEメールに関わる場合も同様である。

11号1文の前半部分が基本権を侵害するのは、明確性の原則に反し、さらに、狭義の比例原則を充たすものではないからである。「重大な基本権侵害をなす場合は、憲法擁護機関の目的を考慮して、少なくとも侵害の質を客観化した閾値を示す規定をもつことが前提となる」。こうした規定を欠いて、広範な関与を認めており、当該規定の措置は比例の原則と一致するものではない。

さらに、憲法擁護法5条2項11号1文の前半部分は、基本法10条1項における関与という形で正当化されてはいないので、基本法19条1項2文に反して無効である。

【解　説】

1　グローバルな規模で出現したテロ対策への有効手段として、市民のコンピュータを国家機関が覗くという現象は、自由と安全の問題にさらに論争を残すことになった。自由権を考慮するならばこうした行為は違憲となるが、安全に関しては国家の一定の配慮を必要としており、このバランスのあり方が本件でも問われていたことになる[2]。国家の安全を担当する情報収集機関が、連邦と州に設置されている憲法擁護庁（局）であり、この特殊な情報機関は国家の擁護すべき憲法価値の保護に当たってきた[3]。連邦の憲法擁護庁は、基本法87条の文言からしても、対象は「暴力の行使、もしくは暴力の行使をめざす準備行為であり」、すでにこの時点で、海外からのテロ・スパイ行為を調査の対象にしていたこと

は明白であった。憲法擁護庁は自らの権限を情報の収集に限定して、通常の警察権限とは自覚的に区別することをもってその存在意義を示してきた。

　他方で、連邦を構成する州においても憲法擁護局が設置され、連邦と州との情報協力がなされてきた。かつての首都（ボン）と連邦憲法擁護庁（ケルン）を擁するNRW州では、憲法擁護法3条を直接適用する形で州憲法擁護局が設置されていたが、1994年に到って他州に遅れて、同州の「憲法擁護法」をもつに到った。2006年、連邦改革が進行する中で、同州の憲法擁護法が政府の意向を先取りする形で示されたことになるが、オンライン監視の技術に伴う困難さについては、専門家からすでに各種の警告が出されていた[4]。それ故に、この改正について、同州の内務大臣ヴォルフは声明を発し、同州議会においては強い反対意見もあったが、テロ対策のためには致し方ない対処方法であったと弁明していた。

　2　テロ対策について、当時の連邦内務大臣のショイブレは積極的な対応策を指示し、一連の改革として「旅券法の改正、ナンバープレートの解読（Nシステム）、軍隊の国内事例での投入、航空安全法の改正、そしてオンライン監視」等を具体的にあげていた。連邦制改革による連邦刑事庁（BKA）の任務の拡大にあって、内務大臣は刑事庁法20k条にオンライン監視の内容を書き込んでいた。しかし、連立を組む連邦法務大臣のツィプリース（社会民主党）と合意するに到らず、結局この改正は宙に浮いた状態にあった[5]。法務大臣は問題のオンライン監視については、当面は沈黙していたが、憲法裁判所の判決を予測する形で、判決直前に「デジタル化された生活空間を具体的に護るための基本権」を提唱し、判決後は、同手法の誤りを指摘し[6]、どうしても情報が必要な場合は、令状を発布してコンピュータを押収する手法があることをコメントしていた。

　政府と憲法裁は、本判決が出された数年間はテロ対策立法を巡って、一種の緊張関係にあり、政府の新たな対応に対して、憲法裁は一部違憲という判断で対応してきた[7]。これらの判決において政府の対応・強化策がことごとく憲法裁によって批判されたことになる[8]。しかし、政府の側からすれば、立法の過ちが憲法裁によって示され、正しい方向性が示されたことによって、次の対処がし易くなったという理解がなされている。

　3　国勢調査判決において「情報自己決定権」という新しい基本権が誕生してから約25年振りに、「コンピュータ基本権」なる新しい基本権が憲法裁において示された。そこで、この点に関する世論の反応は大きかったし[9]、この判決に対する評価はこの点で別れることになる。学者の反応も大きかったが、新たな基本権には概して冷静に見守っている感がある。それは、この基本権を提示しなければならない理由が不明確であること、さらに、一連の憲法裁の判決がこれまで処理してきた判断と異なって、今回に関しては、なぜ別の基本権ももって、別の基準で対処しなければならないのか、という点に疑問が集約できるであろう[10]。

　新たな基本権は、「コンピュータ基本権」という名称で判決において明言されているのではなく、「情報技術システムの機密性と不可侵性を保障する権利」として表されており、基本法1条1項と関連する2条1項に関わる基本権とされる。申立人らが主張していた基本法10条と13条とから本件を扱うことの困難さは理解できるとして、これまで憲法裁が使用してきた「情報自己決定権」と新たな基本権はどのように異なるのであろうか、まずこの点を確認しなければならないであろう。

　オンライン監視から保護されなければならない領域は、個人の人格に関わる中核領域に関わることであり、それは個人に関する各種のデータからなり、それは個人にとって全て不可侵なものとして本来的には保護されなければならないものである。その点で、各人は自己の防御権として、自己情報を護っていかなければならないのであり、そのためには「個別化され、匿名化されている個人に関連するデータ

の申告を強制するには、立法者が、領域を特定し、かつ、正確にその使用目的を規定すること、この目的のために申告項目が適切かつ必要であることが前提となる[11]。本判決が敢えてコンピュータ基本権なるものを援用したのは、データ保護を超えて、「情報技術システム」の保護が必要であることを強く認識し、システムは被害を第三者にまで及ぼすことがあるからと思われる。

しかし、こうした新たな基本権に対して、この領域をこれまで専門的に扱ってきた者にとっても、その意図が見えてこないと指摘され、この基本権には何ら新たなものはないと皮肉られる結果を生み出している[12]。技術的な発展に呼応するようにして新たな基本権が提唱されるのは、それが完全に入れ替えられる必要があった場合であり、オンライン監視は従来の国家機関が取ってきた手法の延長にいまだある、と見なされている。しかし、「コンピュータ基本権」という身に余る名称を付けられたことによって、インターネット関連業者は返って困惑度を深くすることになるのではないだろうか[13]。

立法者は憲法裁の判断に沿って直ちに法の改正を行っている。連邦では連邦刑事庁法の改正があり（2008年11月12日）、同法20k条で情報技術システムへの関与は、憲法裁が示した特定の条件を明記して例外的に行われることになった。他方でNW州憲法擁護法5条2項11号も、連邦法とほぼ同様な改正がなされている[14]。

(1) 原文は、Online-Durchsuchung、であり、当該憲法擁護局が警察権限を有していないことから、「監視（捜索）」の訳を充てておく。本判決への総合的な分析として、L. D. Birkenstock, Zur Online-Durchsuchung, Hamburg, 2013があり、多くの文献が参照できる。

(2) Di. Fabio, Sicherheit in Freiheit, NJW 2008, S. 421.

(3) この機関については、石村修『憲法の保障』（尚学

社、1987年）第7章を参照。

(4) 例えば、M. Kutscha, NJW 2007, S. 1169; M. Kemper, ZRP 2007, S. 105; G. Hornung, CR 2008, S. 299.

(5) 齊藤純子「監視国家化にブレーキをかける連邦憲法裁判決」外国の立法（月刊版）235-1号（2008年4月号）14頁。

(6) Zypries, Null Privatheit? FAZ v. 31. 1. 2008.

(7) 例えば、遠隔通信監視（BVerfGE 113, 348〔ド判憲 III 43判例〕）、航空安全法（BVerfGE 115, 118〔本書16判例〕）、ラスター捜査（BVerfGE 115, 320〔本書4判例〕）、がある。この判決の紹介は、白藤博行「『安全の中の自由』論についての覚書」専修大学法学研究所所報33号（2006年）16頁以下、小山剛「„im Rahmen des Rechtsstaates"——『法治国家の枠内において』」大沢秀介＝小山剛編『自由と安全』（尚学社、2009年）227頁以下。

(8) この憲法裁の判断を支持しながらその内容を分析した、S. Tannenberger, Die Sicherheitsverfassung, 2014, Tübingen, S. 143 f. が参考になる。

(9) 例えば、R. Müller, FAZ v. 28. 2. 2008, S. 1.

(10) M. Sachs/T. Krings, Das neue Grundrecht auf Gewährleistung der Vertraulichkeit und Integrität informationstechnischer System, JuS 2008, S. 48 f. この基本権についての論争について、西土彰一郎「デジタル基本権の位相」ドイツ憲法判例研究会編『憲法の規範力とメディア法』（信山社、2015年）226頁以下も参照。

(11) 平松毅「自己情報決定権と国勢調査」ドイツ憲法判例研究会編『ドイツの憲法判例（第2版）』（信山社、2003年）62頁〔ド憲判 I 7判例〕。

(12) U. Volkmann, Anmerkung zum Urteil des BVerfG vom 27. 2. 2008, DVBl 2008, S. 592.

(13) M. Kutscha, Mehr Schutz von Computerdaten durch ein neues Grundrecht? NJW 2008 S. 1042 f.; ders., Mehr Datenschutz, ZRP 2010, S. 112.

(14) NRW憲法擁護法5条2項11は、「通信の相手に内密で、あるいは通信に関わっている人物に内密で、入り口が確保されている通信内容に関わり、及び技術的に一般のユーザーに認められた方法でインターネットでの通信内容において関わることができるのは、7条に認められた限りである。オンライン監視は行うことができない」となり、7a条でさらに細かい条件が付されている。

10 子の出自を知る父親の権利

玉蟲由樹

2007 年 2 月 13 日連邦憲法裁判所第 1 法廷判決
連邦憲法裁判所判例集 117 巻 202 頁以下
BVerfGE 117, 202, Urteil v. 13. 2. 2007

【事　実】

　2008 年改正前のドイツ民法典は嫡出推定（1592 条）および嫡出否認（1600 条）について定めるが、嫡出否認手続は法律上の父親としての身分の喪失という法的帰結を伴っており（1599 条）、父親が法律上の父子関係を喪失することなく子と血縁関係にあるか否かだけを知るような手続は存在していなかった。

　本件での憲法異議申立人は、かつて事実婚状態にあった女性の子を認知したが、その後、嫡出否認の訴えを提起した者である。その際、異議申立人は、私的な研究所で行われた DNA 鑑定の結果を証拠として提出した。ただし、この鑑定は子や母の同意なしに秘密裡に行われたものであった。家庭裁判所（区裁判所）、上級地方裁判所、連邦通常裁判所はいずれも、秘密裡に行われた鑑定が子の情報自己決定権を侵害するなどの理由から、鑑定結果を証拠として採用せず、否認の訴えも棄却した。

　異議申立人は、判決が鑑定結果を証拠から排除したことや当時の法が父親が子の出自を知ることを嫡出否認手続以外の方法で可能としていないことは基本法 1 条 1 項と結びついた 2 条 1 項から生じる一般的人格権を侵害しているとして憲法異議を提起した。

【判　旨】

　1　基本法 1 条 1 項と結びついた 2 条 1 項から生じる一般的人格権は、自己の親権に服する子の出自を知る男性の権利を保障するだけでなく、この権利の実現を求める権利をも保障している。立法者は、法律上の父による子の出自の確定に関する法律上の規律を怠ることで、この基本権保護を侵害している。

　個人として社会的のみならず系譜学上も他者と関係をもつ可能性は、人格権の保護に含まれており、子が自己の出自を知る権利とともに、男性にも子が自分の子であるどうかを知る権利が根拠づけられる。この権利には、男性に子の出自を訴訟において明らかにし、確定させる可能性を与えられるようにする権利も含まれている。人格権は知りたいことを知る権利を付与するものではないが、入手可能な情報を不当に知らせないことからの保護を行う。子の遺伝情報は、男性が子の父親であるかどうかを知るための鍵である。

　子の父であることに疑念をもつ男性には、私的に子または母の同意の下で父子鑑定を行う可能性が存在している。しかし、この方法は他者の意思に左右され、子または母が同意を拒否した場合には法的に排除される。同意なしに秘密裡に行われる鑑定は、子の情報自己決定権、母親の親権を侵害する。親権には、子の利益の観点で、誰が子の遺伝データを収集し、利用するかを決定する権限が含まれる。

　しかし、法秩序は、父親確定の可能性を開く手続を用意しておかなければならない。かかる手続の欠如は、子や母親の基本権だけでは正当化されない。

　子の自己の出自を知らない権利は、男性が自己の親権に服する子に関する知見を得るための手続を差し控えることを正当化しない。場合によっては間違った推定を保護し、子を真実の出自の解明から守る権利は、たとえそれが人格権の保護領域に含まれるとしても、原則として出自を知る権利に対してより低い重要性しかもたない。後者の権利のみが男性

と子のアイデンティティ発見にとって長期的に見た貢献をなしうる。同様に、子の情報自己決定権も、法律上の父親にいつまでも子の出自について知らせないことを正当化しない。子の真実の出自を知る父親の利益は、彼に法律上の父親として課せられる子への義務によって強められる。

立法者は、親権者の法的推定を常に子が誰の血縁であるかという審査に依拠させることを義務づけられているわけではないが、民法で定められた嫡出推定規定は真実の父親に関する疑いを導きうる。立法者が血縁上の父親を明らかにせず、推定するという法的方法を決断したのであれば、同時に立法者は個々のケースでのこうした疑いが解明されうるような手続を規定しておく必要がある。

出自の解明および確定に関する手続を可能にすることで、立法者は子の情報自己決定権を制限することになるが、これは男性に与えられる保護のために義務づけられることである。子の出自を知る法律上の父親の権利には、基本権対立において子の情報自己決定権よりも重要性が与えられる。母親の基本権もこれと対抗しうるものではない。母親の基本権への介入は、子が（憲法上保護された知る権利を有する）法律上の父親との関係に由来するかどうかの確定という優越する目的のために行われるものである。

2 民法典 1600 条以下での嫡出否認手続は、子の出自を知ることのみを求める父親の権利を憲法適合的に考慮する手続ではない。この否認手続は子の法律上および生物学上の父親を一致させるためのものであり、この手続において子が法律上の父親の血縁でないことが明らかになった場合には、法律上の父親としての身分を終了させる。しかし、法律上の父親の望みが、法律上の父親としての身分を放棄することなしに、子が自分の血縁であるかを知ることだけに向けられていることがありうる。こうした基本法 1 条 1 項と結びついた 2 条 1 項で保護される欲求にとって、法律上の父親としての身分の終了を目的とする否認手続は過大であり、適切ではない。

父親としての身分が否認されうる法律上の条件も、子の出自を知るという利益の追求との関係において、比例的ではない。子の出自を知る父の権利は、子や母の重要な、保護に値する利益と対立するものではなく、それゆえ出自の解明や確定の手続を否認の訴えの基準とされるのと同じ説明責任や期間に拘束することは正当化されない。

3 異議を唱えられた判決において、裁判所は、父親としての身分の否認に関する法律上の規定を憲法適合的な方法で解釈しており、その際、異議申立人によって提示された、秘密裡に行われた父子鑑定の活用を正当にも拒否した。裁判所は、秘密裡に獲得された他者の個人データやそこから生じる知見の利用が当該個人の一般的人格権と一致するかどうかを審査しなければならない。機能的な司法と情報自己決定権との間での衡量に際しては、データや知見の利用は、それが人格権侵害にもかかわらず保護に値するような、単なる証明利益を超える観点をもつ場合にのみ、より高次の重要性をもつ。異議申立人による子の遺伝子サンプルの秘密裡での入手やこれによる個人データへの許されない介入は、子の情報自己決定権を著しく侵害し、ここから得られた知見を裁判所の手続において利用することは子の人格権への介入を意味する。これまで男性には子の出自を解明し確定することを可能にする手続が与えられていなかったという状況も、異議申立人の特別に保護に値する利益を承認させることにはつながらない。

4 立法者は、基本法 1 条 1 項と結びついた 2 条 1 項から生じる出自を知る権利を否認手続と強制的に結びつけることなしに実現する手続手法を可能としなければならない。いかなる方法でこれを履行するかについては、形成の自由が認められる。しかし、すでに述べた理由から、秘密裡に行われた遺伝子鑑定を嫡出否認手続に持ち込んだり、裁判所にこれを考慮することを可能にしたりすることを立法者が許容することは排除される。

保護義務の履行のための一つの可能性は、バイエ

〔玉蟲由樹〕

ルン州の法律案のように、私的な父子鑑定に対する子や母親の拒否を裁判所で審査可能とし、子の代理権限の剥奪によって鑑定書を作成する方途を裁判所に認める規定をおくことである。かかる方法での鑑定を利用することは憲法上非難されないだろう。

しかしながら、立法者には、嫡出否認手続においては、基本法6条1項で保護された法律上ないし社会的な家族秩序を維持するという子の利益が他面で考慮されるということに配慮することが求められる。このようにして、立法者は、より容易に獲得されるべき法律上の父親の、自分は生物学上の父親ではないという知見が否認手続において即座に法律上の父親としての身分の終了へと至らないよう保障しうる。

【解　説】

1　本件で問題となったのは、民法上の嫡出推定ないしは認知の制度により形成された親子関係と生物学上の血縁関係との不一致についての対応である。DNA鑑定技術の一般化により、私的な機関でもDNA分析を用いた親子鑑定ができるようになっており、これらを利用することで法的親子関係と血縁関係との不一致は比較的容易に証明可能となった。しかし、他方で、ドイツにおいては父親が子や母親の同意なしにDNA鑑定を行うケースが頻発し、社会問題化していた。本件憲法異議も、父親からの嫡出否認手続において、私的な機関において、子や母親の同意なしに行われた鑑定が証拠資料として提出されたことに端を発する。そのため、連邦憲法裁判所の審査は、秘密裡に行われた父子鑑定を嫡出否認手続において証拠とすることができるかどうかという訴訟法上の問題にかかわる。ただし判決は、それと並んで、父親の人格権が立法によって実効化されているかという立法論（保護義務論）上の問題にも言及している。連邦憲法裁判所は、前者について、憲法異議によって攻撃された諸判決が鑑定を証拠として利用しなかったことの憲法適合性を認めたが、後者については、立法の不備を指摘し、憲法違反の判断を下した。

2　DNAサンプルの分析が情報自己決定権への介入となることは、これまでの連邦憲法裁判所の判決でも繰り返し述べられてきた[1]。本件のような、第三者関係におけるDNA鑑定の場合であっても、このことは原則として妥当する。当事者の同意なしに行われたDNA鑑定が違法とされるのはこのためである[2]。連邦憲法裁判所も、秘密裡に行われたDNA鑑定の利用の可否については当事者の情報自己決定権との衡量が必要とし、鑑定を利用する司法上の利益が子の情報自己決定権への介入を正当化するような高次の利益を追求するときにのみ鑑定の利用が可能としている。

本判決で直接に問題とされているのは、秘密裡にDNA鑑定を行うことそのものの可否ではなく、その鑑定結果を裁判上の証拠とすることの可否である。このことは、本判決が衡量の対象としているのが父親の利益と子の情報自己決定権ではなく、「機能的な司法」と情報自己決定権であることからも明らかである。連邦憲法裁判所は、この両者の衡量にあたって、「単なる証明利益」は人格権に劣後すると見ているようである。学説のなかには、この判断に対して、両者はともに憲法上保護された利益であるとして、単純な順位づけを批判するものも見られる[3]。しかし、少なくとも秘密裡に行われるDNA鑑定が情報自己決定権への強度の介入であることからすれば、こうした鑑定結果を裁判所が証拠として認定することは、それ自体が国家による人格権侵害を構成しうると考えるべきであろう[4]。

3　本判決は、秘密裡に行われたDNA鑑定の裁判上の証拠採用については子の人格権を重視する一方で、嫡出否認制度との関係においては、父親の人格権保護に重きを置いた判断を示している。ここで父親の人格権の内容として示されているのが、子の出自を知る父親の権利である。連邦憲法裁判所は、1989年の判決において、子が自己の出自を知る（すなわち誰が父親であるかを知る）権利を基本法1条1項と結びついた2条1項から生じる一般的人格権の一

内容として認め[5]、2003年の判決においては、逆に、生物学上の父親が子の出自を知ることが人格権とかかわりをもつとした[6]。本判決では、これに加えて、法律上の父親が子の出自を知ることも人格権によって保護されるとしている。出自を知る権利が人格権によって保護される根拠については、血縁関係がアイデンティティの形成にかかわることが重視されており、この点では子の場合でも父親の場合でも変わるところはない。

本判決で特徴的なのは、一般的人格権は、自己の親権に服する子の出自を知る男性の権利を保障するだけでなく、この権利の実現を求める権利をも保障しているとした点である。それゆえ、立法者にはこの権利の実現のための立法義務が課せられるという。こうした立法委託は、①社会国家原理のような憲法原理、②制度保障、③基本権保護義務のいずれかから生じるとされるが、本判決では基本権保護義務が根拠とされたことになる[7]。

当時の民法典1600条以下での嫡出否認手続は、子の出自を知ることのみを求める父親の権利を考慮していなかったため、保護義務に反するとされた。連邦憲法裁判所は、子の出自を知ることのみを求める父親の権利の実現のためには、必然的に法律上の父親としての身分の終了を伴うような過大な規律でもなく、否認手続と同じ説明責任や期間に拘束する制限的な規律でもない、独立の手続が必要と考えているようである。本判決が、父親の人格権と子の情報自己決定権、母親の人格権ないし親権との衡量において、父親に有利な手続の構築を提言した背景には、秘密裡に行われるDNA鑑定の横行に歯止めをかける意図があったと思われる。しかし、本件の場合もそうであるが、子の出自の確認を求める父親が法律上の父親としての身分の否認をまったく求めないということが現実的かは疑わしい。提言された手続の法的根拠づけには疑問の余地もあろう。

4 本判決を受けて、連邦政府は2007年10月4日に「否認手続から独立した父性明確化のための法律案」を連邦議会に提出し、これが一部修正されて2008年2月20日に可決、同年3月26日に施行された[8]。成立した法は民法典のほか複数の法律を改正するが、本判決との関連で重要なのは、遺伝子検査請求権の創設と嫡出否認制度の改正である。

民法典に1598a条が新設され、子の生物学的な出自を解明するため、父親は母親と子に対して、母親は父親と子に対して、子は両親に対して、遺伝子的な出自検査に同意すること、および検査に必要な遺伝子試料の採取を許容することを求めることができるとされた（1項）。また請求権者からの申立てにより、家庭裁判所は一つの同意を代替し、試料採取の容認を命じなければならない（2項）。ただし、生物学上の出自の解明が未成年の子の福祉に重大な損害を生じる場合には、家庭裁判所は手続を中止する（3項）。また、遺伝子検査手続が行われると、嫡出否認の提訴期間が中断される（民法典1600b条5項）。

本改正により、法律上の父親としての身分の終了を伴わず、時効のない出自解明手続が定められたことで、本判決が求める立法義務は果たされた。しかし、この手続については、法律上の父親からの請求が認められる一方で、（潜在的な）生物学上の父親が請求権者から排除されていることが問題視されている[9]。

(1) 玉蟲由樹『人間の尊厳保障の法理』（尚学社、2013年）345頁以下。
(2) BGHZ 162, 1 (9).
(3) Stephan Balthasar, Anmerkung, JZ 2007, S. 636.
(4) 本判決での違法収集証拠排除などの論点について、實原隆志「子どもの出自を知る権利——ドイツ連邦憲法裁判所2007年2月13日第一法廷判決」法政研究（九州大学）74巻4号（2008年）969頁以下。
(5) BVerfGE 79, 256〔ド憲判II **3** 判例〕.
(6) BVerfGE 108, 82 (105).
(7) Vgl. Rolf Gröschner, Pater semper incertus? Vaterschaftstest im Verfassungsstreit, JURA 2008, S. 133.
(8) 本改正につき、山口和人「【ドイツ】父子関係確定の新たな手続——民法改正」外国の立法235-2号（2008年）10頁。
(9) Marina Wellenhofer, Das neue Gesetz zur Klärung der Vaterschaft unabhängig vom Anfechtungsverfahren, NJW 2008, S. 1188 f.

11 血縁の兄弟姉妹間の近親相姦罪の合憲性
―― 近親相姦罪決定 ――

武市周作

2008 年 2 月 26 日連邦憲法裁判所第 2 法廷決定
連邦憲法裁判所判例集 120 巻 224 頁以下
BVerfGE 120, 224, Beschluss v. 26. 2. 2008

【事　実】

ドイツ刑法 173 条は、次のように近親相姦について処罰する。

(1)　直系卑属と性交した者は、3 年以下の自由刑又は罰金刑に処する。

(2)　直系尊属と性交した者は、2 年以下の自由刑又は罰金刑に処され、これは親族関係が解消されたときにも適用される。血縁の兄弟姉妹が性交した場合にも同様に処罰される。

(3)　直系卑属と兄弟姉妹は、行為時に 18 歳に満たない場合には、この規定によっては罰せられない。

異議申立人は、アルコール依存症の父親によって度重なる暴力を受けていたため、幼少期から国立養護院 (Kinderheim) や複数の養育家族 (Pflegefamilie) で育てられ、最終的にある夫婦の養子となり、これまでと別の名前を得た。その後、実の家族とは一切連絡を取っていない。異議申立人の妹が生まれる直前に両親は離婚しており、後に生まれる弟と共に母親の下で育てられた。異議申立人は妹がいることを知らされていなかった。

異議申立人は、実の家族について少年保護所 (Jugendamt) を通じて調査し、実の母親と連絡を取って会い、このとき妹と初めて顔を合わせた。

その後、二人は親密な関係になり、母親が死亡した後、共に暮らすこととなり、妹は異議申立人との子を出産した。この件で、異議申立人は 16 件の血縁の近親相姦について、刑法 173 条 2 項 2 文違反で 1 年の自由刑判決を受ける (ただし、執行猶予)。妹は

さらに、2 人の子を出産したが、異議申立人は、刑法 173 条 2 項 2 文違反で 10 月の自由刑を科された (これとあわせて、妹に対する傷害罪で 11 月の包括自由刑を科されている)。この判決につき異議申立人は、ラント上級行政裁判所に対して刑法 173 条の違憲性を主張し、基本法 100 条 1 項による裁判官申立を提起したが、ラント上級行政裁判所は違憲性を否定し、控訴を理由のないものとして却下した。

これに対して異議申立人は、直接は区裁判所判決および上級行政裁判所決定に対して、間接的に刑法 173 条 2 項 2 文の違憲性を主張して憲法異議の申立てを行った。

【判　旨】

1　憲法異議は許容されるが、理由はない。兄弟姉妹間の近親相姦を処罰する刑法 173 条 2 項 2 文は基本法に適合する。

2　基本法は、人の内密領域および性的領域を、基本法 1 条 1 項と結びついた 2 条 1 項の憲法上の保護を受ける私的領域の一部としている。性的自己決定権として具体化された一般的人格権は、もちろん留保なく保障されるわけではない。個人は、私的な生活形成の不可侵領域が侵害されない限り、比例性の要請の厳格な確保の下で、重大な公共の利益や基本権上保護された第三者の利益のために、国家による措置を受忍しなければならない。

比例原則は、罰条が他者や公共の保護に資することを要請する。最後の手段として投入される刑罰は過剰侵害禁止の原則に服するが、処罰行為の画定は

60   I   **基本権**：GG 2 条 1 項〔人格の自由な発展〕   〔武市周作〕

原則として立法者に判断の余地があり、連邦憲法裁判所による審査は限定的な範囲に限られる。さらに、侵害の重大性と侵害を正当化する根拠である緊急性の間の衡量について、限界が画定されなければならない（狭義の比例原則）が、これについても原則として立法者の責務である。連邦憲法裁判所は、刑罰法規が実体的に憲法の規定と合致していること、および、不文の憲法原則や基本法の根本決定と合致することについて審査することができるにすぎない。

3　刑法 173 条 2 項 2 文は、血縁の兄弟姉妹の性的自己決定権を制限するが、私的生活形成の核心領域に対する侵害は存在しない。同条は、狭く画定された行為のみを対象としており、人間の尊厳と両立しえないような状況に置かれることはない。

4　処罰の目的について、立法者は、家族秩序の維持、そのような関係となったパートナーの保護、補足的に子の重大な遺伝的疾病の回避を達成しようとしている。兄弟姉妹間の近親相姦によってもたらされる家族内の役割の交錯は、基本法 6 条における家族像と合致せず、家族の重要な機能が阻害されることになる。近親相姦が消極的な効果をもたらすという経験的な研究が代表的であるというわけではないと評価されるとしても、立法者の判断の余地から外れているとはいえない。性的自己決定権の保護についても、罰条の目的として重要である。また、立法者が、補足的に、近親相姦によって生まれる子の遺伝的疾病の危険が排除できないということを理由にしていることも、不合理なものと評価することはできない。このような優生学的観点を補充的に援用することは、歴史的にみて、遺伝的疾病や障害を持った人の権利を剥奪したという理由では排除されない。罰条は、妥当な刑罰目的に加えて、文化史的に基礎づけられ社会的確信からも正当化される。

5　刑罰の必要性について、兄弟姉妹間の近親相姦と伝統的な家族像との両立が不可能であることに強い説得力があり、近親相姦によって生まれる子に

害を与えることを避けるために認められる。罰せられるべき行為を限定し、他の行為を処罰しないことは、立法者の広範な形成の余地の観点から憲法上許される。刑罰構成要件が血縁でない兄弟姉妹間の性交に関わらないのは、一方でごく限られた行為が伝統的家族像に反することによって、他方で婚姻に関する民法上の規定（民法 1307 条 1 文、1308 条）との関係で基礎づけられる。さらに、遺伝的疾病のおそれがないことも根拠となる。同性間の兄弟姉妹の性交等については刑罰による威嚇がないのに対して、妊娠可能性のない性交について構成要件を満たすのは、性的自己決定の保護と遺伝的疾病の配慮という目的の基本的な達成可能性を疑問視させるものではない。加えて、家族紐帯が存在しない場合にも罰することについては、法適用に際する個別事例に応じた正義の達成が可能である。

刑罰ではない後見的な措置については、一般予防的効果や規範的効果が存しないし、刑罰に基づく「被害者」として承認させることによる罪悪感の減少・自尊心の強化・道徳的満足を満たすことができない。

6　刑罰による威嚇は、個人の生活の限られた領域にしか向いていないし、2 年以下の自由刑または罰金刑というのは穏健であり、さらに、刑罰の下限を設定していないことから、比例的でないということはない。さらに、手続の中止や刑罰の免除などによる配慮がなされうる。よって、過剰侵害の禁止原則に違反することはない。

7　刑事裁判所による罰条の適用も基本法に違反しない。

多数意見に対して、ハッセマー裁判官による詳細な少数意見が付されているが、解説の中で触れていく。

【解　説】

1　本決定は、多数意見と少数意見の対比によっ

て問題点が浮き彫りとなる[1]。

これまで連邦憲法裁判所は、近親相姦の禁止も目指す婚姻禁止規定については無効とした例もあった[2]が、近親相姦禁止自体の合憲性が問題とされることは稀であった[3]。

マックス・プランク研究所フライブルク比較・国際刑事法研究室による調査[4]によると、近親相姦を罰する規定を置いている国は、調査対象となった20カ国中13カ国である。刑罰を科していない場合でも、近親婚を禁止したり、近親相姦によって生まれた子どもに対する法的認知を拒絶したりする方法で近親相姦を非難する国は少なくない[5]。

2　本件多数意見は、保護領域について、いわゆる領域理論に基づき、「性的領域」を「基本法1条1項と結びついた2条1項の憲法上の保護を受ける私的領域の一部」としている。そして「私的な生活形成の核心部分」のみ絶対的に保護され、それ以外は、「重大な公共の利益や基本権上保護された第三者の利益」を維持するために制限が認められる。このような性的自己決定権によって、個人は、「自らの性的関係を構築し、第三者から性的関係にどの程度、どのような目的で、影響を受けるかを決定しう[6]。異議申立人が主張する性的自己決定権と、本条の合憲性根拠としての性的自己決定権との間で衝突が生じる。すなわち、多数意見によれば、近親相姦の禁止は、「被害者」が「加害者」と性的関係を持たないという意味でいわば「消極的な性的自己決定権」が保障されなければならず、したがって、性的自己決定権の保護は近親相姦禁止の根拠・目的となる。これに対して、自由に性的関係を結ぶことができるという意味で、近親相姦に至った当事者は「積極的な性的自己決定権」を有しており、性的自己決定権の保護は近親相姦禁止の違憲性の根拠となる。ただし、多数意見は、明白な被害者がある場合は別としても、被害者のあるなしにかかわらず、多くの事例では年齢差などの力関係に差があり、「被害者」の消極的な性的自己決定権を保障するために、

近親相姦の禁止は必要であるとしている。

3　本件でとりわけ論争的になるのが、本条の立法目的である。

多数意見は、立法目的として次のものを挙げている。すなわち、(i) 基本法6条で保障された「家族の保護」、(ii) 性的自己決定権の保障、(iii) 遺伝的疾病の阻止、(iv) 生まれてくる子の社会的差別や近親相姦のタブー視である。

(i)　多数意見は、刑法学説も一般的に指摘するように、本条の保護法益の中心を「家族および婚姻の保護」とする[7]。子の健全な発達にとって家族の構成員の役割分担は重要であることを前提に、近親相姦が様々な消極的効果を持ち、近親相姦によって家族内での構成員の役割分担が交錯することから近親相姦が阻止されなければならないとする。

しかし、本件では、異議申立人は、そもそも血縁の親や妹と伝統的な家族——典型的には、親と子の包括的共同体[8]——を形成しえず、妹との近親相姦によって壊される家族自体が、およそ二人の関係においては想定しえない。他方で、本件では、異議申立人と妹の間にすでに子がおり、いわば新たな「家族」が形成されているともいえる。ただし、「親のいない兄弟姉妹」は、基本法6条1項にいう「家族」には含まれず[9]、異議申立人と妹の間の近親相姦行為を処罰する本条自体——本件への適用の問題は別にして——は、基本法の保護する家族を侵害していることにはならないと考えられる。

また、異議申立人は、「性的類似行為を含まない」、「行為主体に血縁でない兄弟姉妹を含んでいない」、「成人だけが処罰の対象となっている」という点から、自らの行為はいずれにしても本条の構成要件には該当するものの、保護目的との関係で当該構成要件は過度に狭く、目的を達成するための適当な手段たり得ていないと主張する。

多数意見は、本条は兄弟姉妹の性的関係のうち限定的に血縁関係の性交を禁止することを目指しており、これによって伝統的家族像を保護することはか

なうのであり、さらに、血縁でなければ遺伝的疾病のおそれが低いという実質的な根拠を示しつつ、他方で、広く立法者の形成の余地を認める。しかし、少数意見のいうように、実効性を弱めるほどに処罰対象を限定しすぎており、立法者の形成の余地を超えていると判断すべきといえる。

　(ⅱ)　性的自己決定権の保護を立法目的にする見解は、近親相姦によって"被害者"の性的自己決定権は著しく侵害されることを正当化根拠とする。本条は刑法12章の「身分関係、婚姻および家族に対する罪」に置かれ、「性的自己決定権に対する罪」を規定する13章は次の174条から始まっていることと平仄が合わない[10]。さらに、13章の各規定の精密さと、対照的に本条の規定の粗さも指摘できる。先の家族の保護も同じく、"被害者"の保護を考えるならば、強姦罪などを規定した規定の方が妥当な対応ができよう。

　この点、多数意見は、加害者と被害者が明確となる174条以下と、家族内の性交による性的自己決定権の侵害について定めた本条とは、家族内特有の状況、すなわち、家族ゆえの強い依存性や侵害に対する順応と侵害からの防禦の困難さから、例えば、刑法177条による処罰が不可能な事例が想定され、保護すべき利益が守られないことを指摘する。しかし、この点は、処罰の対象が「成人の兄弟姉妹」となっており、指摘されるような依存のない場面も含めていることと整合性が取れていないように思われる。本件の事例は、むしろ特殊な事例であって、性的自己決定権を保護するために必要な規定とは評価しがたい。

　(ⅲ)　遺伝的疾病の阻止について、多数意見は、「補足的に」と前置きはするものの、繰り返し指摘している。ナチス期における優生政策を振り返れば、とりわけこの議論は先鋭化するように思われるが、多数意見は手短に述べて正当性を認めている。

　遺伝的疾病の可能性については、医学的に争いのあるところだが、遺伝的疾病の可能性が高いからといってそれを根拠としうるかは別の問題である。い

ずれにしても、多数意見は、遺伝的疾病の可能性を指摘して、血縁の兄弟姉妹の近親相姦の禁止を支持しているが、むしろ、疾病の可能性が確からしくなればなるほど、倫理的な衝突は強く表面化するのではないか。少数意見も、遺伝的疾病を有する子を育てる家族の負担あるいは養育上の費用という負担を「対立利益」とすることの不当性を指摘して、疾病を持った子どもの生命権を否定することにつながるとして、この目的の適当性を否定する。

　(ⅳ)　立法目的の実質的な正当化が不可能であるとすると、この規定は道徳観念（Moralvorstellung）を意図しており、具体的な法益を保護しておらず、他方で、単なる近親相姦に対する社会的なタブー視あるいは禁止の社会的な合意は、直接の目的となりえないことを少数意見は指摘する。道徳観念の強化は、刑事司法の長きにわたる結果として期待するほかない[11]。

　上にみた根拠に難があるならば、この規定の立法目的を支えるものは道徳観念となろうが、多数意見の指摘する「誰も近親相姦禁止の伝統からの離脱を望んでいない」という社会的な意識や「立法者の信念」を条文の正当化根拠とするのは妥当とは思われない。

　4　刑罰の必要性について、多数意見は、刑罰が「最後の手段」であることを踏まえて過剰侵害禁止の原則に服するが、基本的には犯罪と刑罰を決定することは立法者の形成の余地にあることを強調する。これに対して、少数意見は、上記のどのような目的を認めても刑罰の投入は過剰あるいは不要であり、過剰侵害禁止の原則違反を指摘する。さらに、"被害者"と"加害者"を区別するような手段は、強姦の場合とは異なって、兄弟姉妹の近親相姦においては適切でなく、セラピーなどの後見的措置の有用性が指摘され[12]、二次被害を避けることも求められなければならない。

　5　以上、各論点について多数意見と少数意見の違いを軸として整理してきた。両者の決定的な違いは、立法者の形成余地の捉え方にある。後者によれ

ば、立法者は、刑罰制定の契機や目的について自由
ではなく、連邦憲法裁判所は、立法者の決定が基本
法の価値決定・不文の憲法原則に合致しているかを
審査する。このような厳格さを求めれば、本条の違
憲性は避けがたい。

　多数意見は、個別の特殊な状況に応じて、構成要
件の限定解釈、手続の停止・刑罰の免除・刑罰の量
定といった配慮で正義を達成しうるとするが、それ
に期待するのは、刑事法においてはあまりに立法者
の裁量を許しすぎることにはならないか。実体法を
明確に構成し、罰せられるべきでない行為を適用領
域から最初から排除することを求めるべきであろう。
個別的な事例に応じた対応の可能性を指摘しておき
ながら、本件有罪判決を支持する理由は明らかでは
ない。むしろ、本条の正当化根拠はなく、削除され
るべき条文とする刑法学説における指摘は重要であ
ろう[13]。

(1)　本件評釈である Friedhelm Hufen/Matthias Jahn,
JuS 6/2008, S. 550. を参照。その他の本件評釈として、
Jörg Ziethen, NStZ 2008, S. 617 f; Benno Zabel, Die
Grenzen des Tabuschutzes im Strafrecht, JR 2008, S.
453 ff; Hans Kudlich, Erlaubt ist nicht alles, was
gefällt ...—Das Inzestverbot vor dem Bundesver-
fassungsgericht, JA 2008, S. 549 ff. がある。わが国に
おける本件評釈として、萩原滋「近親相姦禁止規定
（ドイツ刑法173条2項2文）の合憲性」白山法学9
号（2013年）1-15頁、鈴木彰雄「兄弟姉妹間の近親
相姦を処罰する刑法173条2項2文が基本法に違反し
ないとされた事例：BVerfG 2008年2月26日決定」
名城大学大学院／名城ロースクール・レビュー12号
（2008年）215頁。

(2)　BVerfGE 36, 146. この事件で、連邦憲法裁判所は、
血族、姻族および同性の婚姻を禁止した規定が、伝統
的な婚姻や婚姻の社会的機能、遺伝的見地から根拠が
ないとして基本法6条1項との適合性を否定した。

(3)　Hufen/Jahn（Anm. 1）, S. 500.

(4)　Hans-Jörg Albrecht und Ulrich Sieber, Max-Planck-
Institut für ausländisches und internationales Straf-
recht, Stellungnahme zu dem Fragenkatalog des
Bundesverfassungsgerichts in dem Verfahren 2 BvR
392-07 zu §173 Abs. 2. S. 2 StGB - Beischlaf zwi-
schen Geschwistern -.

(5)　わが国は近親相姦に対する処罰規定はないが、近親

婚は民法734条以下において禁止されている。

(6)　例えば、BVerfGE 47, 46; 60, 123; 88, 87〔ド憲判Ⅱ
8判例——第2次性転換決定〕; 96, 56〔ド憲判Ⅲ8判
例——父子関係情報決定〕。

(7)　ただし、刑法学説においても、同条の保護法益につ
いては決定的な結論が出ているわけではないことが指
摘されている。これについては、Münchner Kommentar
zum Strafgesetzbuch, Bd. 2/2, Ritscher, §173, Rn. 2 ff;
SK-StGB/Horn/Wolters, §173, Rn. 2 ff.

(8)　たとえば、BVerfGE 10, 59〔ド憲判Ⅰ13判例——
最終決定権判決〕; 80, 81〔ド憲判Ⅱ33判例——第1次
成年養子縁組決定〕など。

(9)　Markus Kotzur, in: Stern/Becker（Hrsg.）,
Grundrechte-Kommentar, Art. 6 Rdn. 40 f.

(10)　Ritscher（Anm. 7）, Rn. 4 は、「性的自己決定権の保
護は、173条はもはや除外されている各論13章の諸
規範、とりわけ174・176条によって目指されており、
したがって、近親相姦の相手方に由来する身体的・精
神的な危険からの保護は、173条の中心的な規範目的
とはほとんどなりえていないのである」と指摘する。

(11)　本件についてタブーと憲法との関係から論じたもの
として、Stefan Haack, Verfassungshorizont und Tab-
uraum, AöR 136 (2011), S. 365-401. また、本件につい
て刑法の立法の限界の観点から論じたものとして、Shu-
Perng Hwang, Demokratische Willensbildung vor
grundrechtlicher Rahmenordnung, Der Staat 51-2
(2012), S. 233-250.

(12)　兄弟姉妹に限らず広く親族による近親相姦について、
それを「性的虐待」と把握したとしても、セラピーな
どの後見的措置の適切性を指摘するものとして、例え
ば、石川義之『親族による性的虐待』（ミネルヴァ書
房、2004年）29頁、90頁。

(13)　Fischer, StGB, 61. Aufl., §173 Rn. 2; Hufen/Jahn
（Anm. 1）, S. 552; Kudlich（Anm. 1）, S. 552. ドイツ倫
理評議会（Deutscher Ethikrat）は、2014年9月と
2015年1月に、成人同士（家族としての共同生活が長
期間存在しない等の場合には一方当事者が未成年者の
場合も含む）の合意に基づく性交については不処罰と
するべきであるという意見書を出している。Deutscher
Ethikrat, Inzestverbot, 2014; ders, Ethikrat empfiehlt
mehrheitlich eine Revision des §173 StGB zum
einvernehmlichen Geschwisterinzest, 2015. http://
www.ethikrat.org/themen/gesellschaft-und-recht/
inzestverbot（2018. 6. 4. 確認）.
　なお、本件異議申立人は、本判決が欧州人権条約8
条1項によって保障された家庭生活の権利が侵害され
ているとして、欧州人権裁判所に対して申し立てたが、
欧州人権裁判所は2012年4月12日に、本判決は欧州
人権条約に違反しないとして申立てを退けている
（EGMR, 12. 04. 2012-V-43547/08）。

12 トランスセクシャルである在留外国人の名の変更・性別変更と平等原則

門田　孝

2006 年 7 月 18 日連邦憲法裁判所第 1 法廷決定
連邦憲法裁判所判例集 116 巻 243 頁以下
BVerfGE 116, 243, Beschluss v. 18. 7. 2006

【事　実】

本件は、トランスセクシャル（Transsexualer）[1]であることを理由とした名の変更および性別変更の確認を請求する権利を、特定の外国人に認めていない法律の規定の合憲性が問題になった事例である。

1980 年に制定された「トランスセクシャル法」（Transsexuellengesetz）[2]は、その第 1 条で、トランスセクシャルであることを理由とした名（Vorname、ファーストネーム）の変更のための要件を定めるが、同条 1 項 1 号は、裁判所に名の変更を請求することのできる者を、「基本法の意味におけるドイツ人……または、本法の適用される領域内に、無国籍者または特別難民たる外国人として通常滞在する者であるか、庇護権者もしくは外国人難民として常居所を有する者」に限定しており、また、性適合手術後の性別変更の要件を定める同法 8 条も、同条 1 項 1 号で、性別変更の確認を求めることのできる請求権者について、1 条 1 項 1 号を引用するかたちで、名の変更の場合と同様の要件を課していた[3]。

こうしたトランスセクシャル法 1 条 1 項 1 号の規定が、基本法に違反する疑いがあるとして、2 件の手続における問題が連邦憲法裁判所に移送された（具体的規範統制）。いずれも性適合手術を受けた、ドイツに在留する外国人が、トランスセクシャル法 1 条による名の変更または同法 8 条による性別確認を裁判所により認められなかったため上級地方裁判所に再抗告したという事例であり、上級地方裁判所は、手続を停止し、トランスセクシャル法 1 条 1 項 1 号（およびこれと結びついた同法 8 条 1 項 1 号）における請求権者の限定が、基本法 3 条 1 項および 3 項に合致

するかという問題を、連邦憲法裁判所に移送した[4]。

【判　旨】

「トランスセクシャル法 1 条 1 項 1 号は、同規定が、ドイツに合法的にかつ一時的でなく在留する外国人たるトランスセクシャルに対して、名の変更を請求する権利、および同法 8 条 1 項 1 号に基づく性別確認を請求する権利を認めない点において、人格の保護に対する基本権（基本法 1 条 1 項と結びついた 2 条 1 項）と結びついた基本法 3 条 1 項の平等取扱いの要請に、当外国人の本国法が前述のトランスセクシャル法の規定と同様の規定を有しないという事情の下では、合致しない。」（主文 1）

1　「一般的平等原則（基本法 3 条 1 項）は、すべての人が法律の前に平等に取扱われるべき旨要請する。もっとも、これにより立法者は、すべての別扱いを、とりわけ国籍に基づくそれを禁じられるわけではない」が「立法者の法形成の余地には、人的または物的不平等取り扱いが、基本権として保護された自由の行使に不利に作用し得る度合いが強いほど、より限定的な境界が設定される……。ある集団の不平等取扱いが、人格的権利の干渉（Beeinträchtigung）に結びつくときは、そうした干渉には、干渉の重大さに見合うだけの正当化が必要である。」

2　本件不平等取扱いの合憲性
(1)　本件不平等取扱い

トランスセクシャル法 1 条 1 項 1 号が「ドイツ人およびドイツ属人法の適用される者（Personen mit deutschem Personalstatut）と、ドイツ人でない者との

間に区別を設けているため、2つの集団の間の不平等取扱いが存している。こうした不平等取扱いは、さらに、トランスセクシャル法1条1項1号の定めにより適用を除外される外国人が、その本国法で同様の法的変更が認められず、名の変更または性別変更を求めることをすべて拒絶される場合、特別の重みを有する。」

(2) 本件不平等取扱いによる人格的権利への干渉

トランスセクシャル法1条1項1号における請求権者の限定は、「国籍主義（Staatsangehörigkeitsprinzip）において求められる、正当な目的を追求するもの」であり、「目的を達成するうえで適切かつ必要なものでもある」が、ドイツに合法的にかつ一時的でなく在留する外国人たるトランスセクシャルに対するこうした不利な扱いは、「それが同人の、基本法1条1項と結びついた2条に基づき、基本法により保障された人格の保護に干渉するものであるために、重い負担となる。」

「基本法1条1項と結びついた2条1項は、一方では自らのアイデンティティーを見い出し自己のアイデンティティーを展開する手段として、他方では自らが経験しあるいは獲得した性的アイデンティティーの表現として、人の名を保護している。」トランスセクシャル法1条は、こうした保護の要請に資するものであるが、外国人のうち「名の変更を本国法が認めていない者にとっては、トランスセクシャル法1条1項1号における請求権の否定は、重大な影響を及ぼす。同人は、依然としてそれまでの、自己の性的アイデンティティーと相容れない名で呼ばれなければならず、そのため……公の場における性転換を断念することを余儀なくされる。それは、同人の個人的な性的アイデンティティーおよびその内密領域（Intimsphäre）への、重大な干渉となるものである。」

また、「基本法1条1項と結びついた2条1項に基づく人格の保護に対する基本権は、人の身分関係が、当人がその身体的および精神的構造により帰属する性別に割り当てられることを要請する」ところ、当該外国人は、トランスセクシャル法8条による性別変更の可能性が閉ざされることにより、「依然として、一方でその自覚する性別およびその外観と、他方であらゆる公文書および公的処遇において明らかな法律上の性別との間の葛藤のうちに生活しなければなら」ず、これは、「該当者について、基本法1条1項と結びついた2条1項による自由な人格の発展および内密領域の保護に対する権利に、深刻なかたちで干渉するもの」である。

(3) 本件不平等取扱いによる干渉の正当性

「他国の主権を承認すること、および他の法秩序の独立性を尊重することを理由に、自国の法で国籍主義に従うこと、および外国人に関する特定の法律関係について、ドイツ法ではなく、個々の外国人の本国法に依るよう統一的に定めることは、原則として正当化される……。」「しかしながら、国際法も憲法も、国際私法において国籍主義が適用されることを要請するものではなく、常居所または通常の在留場所に連結点を求めることをも容認している。」「このことはとりわけ、個々の外国法が、ドイツ憲法からみて、基本権的意義を有する権利（grundrechtsrelevante Rechte）を認めておらず、あるいは該当者の基本権を侵害するような規定を制定した場合にあてはまる。このような、ドイツに居住する外国人の基本権への介入は、『不統一な法律関係』（hinkende Rechtsverhältnisse）の回避という事由により正当化されはしない。」本件で問題となったような人格的権利への「重大で広範にわたる干渉は、国籍主義の貫徹という論拠によって正当化することはできない。」

3 トランスセクシャル法1条1項1号の効力と立法者の義務

「当裁判所は、トランスセクシャル法1条1項1号が違憲であることにより同規定を無効とするものではなく、同規定が、人格の保護に対する基本権（基本法1条1項と結びついた2条1項）と結びついた基本法3条1項と合致しない旨を宣言する。平等違反を解消するために、立法者には多くの取り得る可能な方法があるからである。」「立法者に留保された法的形成の必要性ゆえに、当裁判所は、憲法適合的な

新しい法規定が発効するまでの経過期間に、暫定的な規律を定めることはしない。その限りでは、トランスセクシャル法1条1項1号は、その時までなお適用可能である。立法者には、2007年6月30日までに、憲法に適合する新しい規定を定める義務が課される。」

【解　説】

1　連邦憲法裁判所は、1978年の決定で[5]、基本法1条1項（人間の尊厳）と結びついた2条1項（人格の自由な発展）が、トランスセクシャルであることにより性適合手術を受けた者の、出生登録簿上の性別を変更するよう要請するとの判断を示した。同決定で示された「憲法上の要請」に応えるべく制定されたのが、1980年のトランスセクシャル法であるが、同法は、制定後もさまざまなかたちでその合憲性が問題にされてきた。このうち、同法1条で定められた名の変更（いわゆる「小解決」（kleine Lösung））および8条の性別変更確認（いわゆる「大解決」（große Lösung））の請求権者の要件を定めた規定の合憲性は、主として一般的平等原則（基本法3条1項）の問題として論じられてきた。この点に関しては、請求権者を25歳以上の者に限定する規定がまず問題になり、1982年の決定では「大解決」について[6]、1993年の決定では「小解決」について[7]、それぞれ年齢要件を定めたトランスセクシャル法の規定が基本法3条1項違反と判断されている。これに対して本決定は、国籍主義を主たる理由に、特定の外国人に請求権を認めていないことが違憲とされたものであり、トランスセクシャル法が基本法3条1項の一般的平等原則に違反するとされた3例目の事例ということになる。

2　このように本決定でも、具体的規範統制手続において移送された憲法問題のうち、基本法3条3項違反については特に言及することなく、基本法3条1項の一般的平等原則違反の有無が検討されている。そこでは、やや明確さに欠けるものの、基本権への干渉（介入）の程度に見合うだけの正当化が存するかという枠組で検討がなされていることからも（判旨1参照）、平等審査に比例性要件を組み込む、「新定式」（neue Formel）と呼ばれる手法が用いられているとみることができる[8]。実際、本件の違憲判断を導くうえで決め手となったのは、当該外国人の重要な権利に対する深刻な制限であった。すなわち、本決定は、問題となった別扱い、つまりドイツに在留しつつもドイツ属人法の適用を受けないトランスセクシャルたる外国人のうち、本国法で名の変更や性別確認の請求権が認められていない者に対する区別について（判旨2(1)）、同人の人格的権利（基本法1条1項と結びついた2条1項）への重大な干渉（介入）が存することを認めたうえで（判旨2(2)）、そうした干渉（介入）が正当化されないと判断したのであった（判旨2(3)）。

もっとも、本決定の用いる分析枠組に対しては、問題点も指摘されている。すなわち、まず、本決定における、「基本法1条1項と結びついた2条1項で保障された権利と結びついた3条1項」違反の有無の検討にみられるような、複数の基本権の2段階にわたる結びつき——この点で、先行する1982年や1993年の性転換決定が、基本法1条1項と結びついた2条1項に言及しつつも、合憲性審査自体は専ら3条1項のみを問題にしたのと異なる——が、本決定の論理構造を不明確にしているのではないか。また、本件のような事例においては、平等原則違反の有無を審査するに際しての「新定式」の出発点とされる、別扱いの対象となった集団の間に別扱いを正当化するための差異が存するかについて、差異の「性質」（Art）および「程度」（Gewicht）に照らして検討されるべきであるにもかかわらず、本決定は、そうした検討を行なわないままに直ちに比例性審査に移っており、そのため平等審査の意義が生かされていないのではないか。したがって、本決定が、深刻な干渉を受けたとする、外国人の人格的権利（基本法1条1項と結びついた2条1項）の侵害を認定するのではなく、実質的にはほとんど議論されていない一般的平等原則（同3条1項）違反を語ることは、説得力を欠くのではないかという指摘である[9]。本決

定においては、平等審査の体裁をとってはいるものの、実質的に平等原則プロパーの議論がどこまで展開されているかは、確かに疑問の残るところであろう。

ただ、以上のような疑問点はあるものの、本件で問題となったトランスセクシャル法の規定により外国人トランスセクシャルの請求権が一切認められない場合、当該規定が違憲であるということ自体については、大方の異論のないところであるように思われる[10]。名の変更や性別変更確認の請求権をドイツのトランスセクシャル法で外国人に認めない理由として挙げられる、外国人の本国法の尊重や、国家間で名や性別の扱いが異なることから生じる混乱の回避といった事由は、本決定も指摘する通り、説得力を有するものとは言い難い（判旨2(3)）。この点については、国際私法上、個人の名や性を定める準拠法を指定するうえで、常に国籍主義が妥当するわけではなく、住所・常居所を連結点とすることも広く認められていること、現にドイツの立法者自身、例えば生活パートナーシップ（Lebenspartnerschaft）の成立、解消および効果等については、外国人であっても、本国法に対応規定がない場合にはドイツ法の適用を認めていること[11]に加え、比較法的見地からも、トランスセクシャルに対する理解が進む中で、外国人に対してもその性別変更を法的に承認していこうとする、ヨーロッパ諸国の動向や欧州人権裁判所の判決が存したことも想起されるべきであろう[12]。

3　連邦憲法裁判所は、問題となったトランスセクシャル法1条1項1号について、それを違憲としつつも無効とはせず、新しい規定が発行するまで適用可能であるとした（判旨3）。この点も、同法の請求権に関する年齢要件を違憲とした前述の1982年決定や1993年決定が、問題の規定を無効としたのと異なっている。基本法3条1項違反の場合、立法者が取り得る是正措置が複数あることから、法律を違憲としつつも無効とはしないという手法は広く採用されているが[13]、ただ、単なる違憲宣言の結果、問題の法規定がなお適用可能であるとする本決定の

ような手法は――その後一般化しつつあるとはいえ――独創的なものであったとの指摘もある[14]。

立法者の採り得る是正措置として、本決定では2つの可能性が示唆されていた。第一は、問題となったトランスセクシャル法の規定を抵触規範（Kollisions-norm）化する方法であり、これにより、外国人トランスセクシャルの本国法の規定に原則として依拠しつつも、必要に応じて、公序（ordre public）規定である民法典施行法（Einführungsgesetz zum Bürgerlichen Gesetzbuche, EGBGB）6条――同条は、外国法の規定が、ドイツ法の基本原則に明らかに合致しない場合、とりわけ基本権と合致しない場合は適用されてはならない旨定める――を用いて、憲法適合的な状態をもたらすことができるという。第二は、端的に、トランスセクシャル法上の請求権を外国人にも認める旨の規定を、同法中に設ける方法であり、その場合、ドイツへの合法的在留ということに加え、在留期間等につきどのような要件を課すかは、立法者の判断によることとなる。このうち実際に採られたのは、より直接的かつ明解な手法とされた[15]後者の選択肢であった。すなわち、2007年の法改正により[16]、トランスセクシャル法1条1項には、請求権者の範囲を定める規定が3号として新たに整備・追加され、同号d）において、「外国人であり、その本国法が本法に該当するような規定を有しない者であって、aa）無期限の在留権を有するもの、または、bb）期間延長可能な在留許可を有し、かつ継続して国内に合法的に在留するもの」についても、請求権が認められることとなった。

(1)　„Transsexualer"というドイツ語に対応する訳語を日本の法律用語に求めるとすれば、「性同一性障害者」ということになろう。もっとも、ここにいう„Transsexualer"は、英語でいうところの „transsexual"、つまり「性同一性障害者」の中でも、身体上の性別と、自分が自己について抱く性帰属意識の不一致を特に強く感じ、そうした不一致を解消するために性適合手術を強く望む者を指して用いられ、「性同一性障害者」とは必ずしも一致しないことに加え、最近では、「トランスセクシャル」という語が日本語として用いられる例も増えていることから、本稿でも、„Transsexualer"の訳としては、端的に「トランスセクシャル」という語

を充てることとする。

(2) 正式名称は、「特別な場合における名の変更と帰属する性別の確認に関する法律」（Gesetzes über die Änderung der Vornamen und die Feststellung der Geschlechtszugehörigkeit in besonderen Fällen）（BGBl I S. 1654）といい、1980 年 9 月 10 日に制定され、1981 年 1 月 1 日 よ り 施 行 さ れ た。な お、„Transsexuellengesetz"の訳として、従来「性転換法」という語が用いられてきたが、注1で述べたのと同じ理由から、以下では「トランスセクシャル法」という訳語を充てることとする。

(3) 問題となった、事件当時のトランスセクシャル法 1 条 1 項および 8 条 1 項の規定は、以下のとおりである：

「§1［名の変更の］要件

(1)トランスセクシャルたる特性（transsexuellen Prägung）のため、みずからの出生届記載の性別と異なる性に属すると感じる者であって、3 年以上そうした観念に適合するような生活を余儀なくされたものは、以下の各号に該当するときは、裁判所に請求することによりその名を変更することができる。

　1. その者が、基本法の意味におけるドイツ人であるとき、または、本法の適用される領域内に、無国籍者または特別難民たる外国人（heimatlose Ausländer）として通常在留するものであるか、庇護権者もしくは外国人難民として常居所を有するものであるとき

　2. その者の有する他の性別への帰属意識が、今後変わらない可能性が高いと認められるとき

§8［性別確認の］要件

(1)トランスセクシャルたる特性のため、みずからの出生届記載の性別と異なる性に属すると感じる者であって、3 年以上そうした観念に適合するような生活を余儀なくされたものは、以下の各号に該当するときは、その者が他の性に属するとみなされるべき旨を、請求により裁判所を通じて確認することができる。

　1. 本法 1 条 1 項 1 号ないし 3 号に定める要件を満たすとき

　2. 婚姻をしていないとき

　3. 子を残すことが永続的に不可能なとき

　4. 外的な性的特徴を変更する手術を受け、これにより他の性の徴表に明確に近似するに至ったとき」

(4) 本件で問題となった事案のうち、1 件目は、男性として出生したタイ国籍保持者で、1999 年に女性になる性適合手術を受け、2002 年以来ドイツ人男性と暮らし婚姻を望んでいるものが、トランスセクシャル法 8 条に基づき自分が女性とみなされるべき旨の確認を求めたというものであり（BayObLG, StAZ 2004, 67）、2 件目は、女性として出生したエチオピア国籍保持者で、1996 年のドイツ入国後、成年に達した時に性適

合手術を受けたものが、トランスセクシャル法 1 条に基づき名の変更を求めたというものであった（OLG Frankfurt, StAZ 2005, 73）。

(5) BVerfGE 49, 286.

(6) BVerfGE 60, 123（第 1 次トランスセクシャル法決定）.

(7) BVerfGE 88, 87（第 2 次トランスセクシャル法決定）. 同決定につき、参照、嶋崎健太郎「性同一性障害者の年齢による名の変更制限と平等条項」〔ド憲判 II 8 判例〕。

(8) ドイツの平等審査に関する「新定式」については、前述した 1993 年の第 2 次トランスセクシャル法決定が詳細に述べる。参照、嶋崎・前掲注(7) 70 頁以下。「新定式」について、なお参照、井上典之「平等保障の裁判的実現（1）〜（4・完）」神戸法学雑誌 45 巻 3 号 533 頁（1995 年）・46 巻 1 号 127 頁（1996 年）・4 号 693 頁（1997 年）・48 巻 2 号 301 頁（1998 年）。特に（3）694 頁以下。

(9) 以上につき参照、Sachs, „Antrag auf Namensänderung ausländischer Transsexueller", JuS 2007, 672（673 f.）.

(10) 例えば参照、Scherpe, „Ungleichbehandlung ausländischer Transsexueller bei Änderung des Vornamens und Feststellung der Geschlechtszugehörigkeit", Fam-RZ 2007, 271（272）; Röthel, „Inländerprivilegien und Grundrechtsschutz der Transsexualität", IPRax 2007, 204（206）.

(11) Art. 17b EGBGB.

(12) 本決定が、マックス・プランク研究所の所見として引くところによれば（Rn.19）、例えば、フィンランド、オランダ、デンマークおよびイギリスは、国内に定住し、あるいは一定期間在留する外国人に、性別変更を法的に承認する可能性を認めており、イタリア、フランスおよびオーストリアは、外国人の性別変更について、これに関する法規定を有していないものの、裁判所の判断で認めるに至ったという。また、欧州人権条約の保護は、締約国の領内に居住する全ての者に及ぶところ、欧州人権裁判所の判決によれば、私生活を尊重される権利を保障した欧州人権条約 8 条は、トランスセクシャルの性別変更を認めることを要請しており（B ./. Frankreich, Urteil vom 25. März 1992）、また、性別を変更した者に、同人の変更前の性別の者との婚姻を認めないことは、婚姻の権利を保障した同条約 12 条 に 違 反 す る と い う（Goodwin/Vereinigtes Königreich, Urteil vom 11. Juli 2002）。

(13) 嶋崎・前掲注(7) 71 頁参照。

(14) Sachs (N.9), 675.

(15) Scherpe (N.10), 272.

(16) Art. 3 a des Gesetzes zur Änderung des Passgesetzes und weiterer Vorschriften vom 20. Juli 2007 (BGBl. I S. 1566).

13 性転換法による婚姻解消要件と一般的人格権・婚姻の保護
―― 第 5 次性転換決定 ――

春名麻季

2008 年 5 月 27 日連邦憲法裁判所第 1 法廷決定
連邦憲法裁判所判例集 121 巻 175 頁以下
BVerfGE 121, 175, Beschluss v. 27. 5. 2008.

【事　実】

1　本件は、2005 年 8 月 8 日のシェーネベルク区裁判所の移送決定による具体的規範統制事案である。本件で提起されているのは、「特別の場合における名前の変更および性別の確認についての法律（いわゆる性転換法）」8 条 1 項 2 号（2009 年 7 月 17 日改正前のもの）が性転換手術によって変更された性別の裁判上の確認と身分法上の承認を非婚要件と結びつけていることが基本法と一致しているか否かという問題であった。

2　(1)　原審手続の申請人 X は、1929 年に生まれ、1952 年から婚姻し 3 人の子どもを持つ身分法上の男性であった。X は、自己の性別を女性と認識し、2001 年から性転換法 1 条に基づき裁判所の決定を得て女性の名前を用いている（いわゆる名前のみの変更で小解決といわれる）。その後、X は、2002 年に性転換手術を受け、2003 年 6 月 30 日の区裁判所の決定により、X の女性への身分法上の性別変更（いわゆる大解決）が非婚要件の点でのみ不可能であることを予め確認してもらった。

(2)　この裁判上の確認の後、X は離婚せず、性転換法 8 条 1 項に基づき、身分法上の女性への性別変更を求める申立てを区裁判所に行った。その理由として X は以下のように説明した。X が女性としての生活を始めた 2001 年以降も、X とその配偶者との間の精神的そして社会的関係は破綻していない。X の配偶者は、X の孤独を癒せる唯一の人物であり、X の苦難を長年にわたり X と共有しており、半世紀以上も一緒に生活し、お互いに年齢を重ねた大人であって、生活パートナーとして相互にかけがえの

ない存在である。にもかかわらず、自分たちに離婚を強要することは、その意思に反する期待し得ない過剰な負担になり、したがって、X の大解決のための離婚の強要は許されない。

3　性別変更の確認を求められた区裁判所は、性転換法 8 条 1 項 2 号が基本法 2 条 1 項と連携した 1 条 1 項、6 条 1 項に違反すると考えた。というのも、基本法 6 条 1 項との関係では、性同一性障害から性転換手術を受けた既婚者の大解決が認められるためにはその前に配偶者と離婚していなければならないが、ドイツ民法典（以下、BGB とする）による離婚は破綻主義を採用しており、性転換手術を受けて外形的に性別変更をしたというだけでは離婚できず、自己の性別のアイデンティティを承認してもらおうとすれば、破綻していない婚姻の解消を強制されることになるからである。

【判　旨】

1　基本法 1 条 1 項と連携した 2 条 1 項は、人間の性的自己決定、そして自己の性別のアイデンティティや性的指向性の発見と認識を包含する人格の最も内密の領域に保護を提供する。国家は、この領域に、特別の公的利益が存在する場合にだけ介入することができる。性別への帰属は、確かに法的にはまず出生時の外的な性別の徴表に向けられるが、それによってのみ規定され得るものではなく、本質的に個人の心理的構造や持続的な意識にも依存する。性同一性障害で自己の性別意識が外的な性別の徴表と矛盾し、肉体を精神と一致させるために性転換手術を受けるに至ったような性転換者の場合、人間の尊厳や人格の保護を求める権利は、その者の自己決定

権を考慮して新たな性別のアイデンティティを承認し、その身分を今や心理的・肉体的構造に従って帰属するようになった性別に分類するよう要請する。

2 性転換法8条1項2号は、性転換者の基本法1条1項と連携した2条1項から出てくる自己決定に基づく性別のアイテンティティを承認してもらう権利を実質的に制限している。

性転換法8条1項2号は、既婚の性転換者に、婚姻を維持して小解決による名前の変更だけで満足するのか、あるいは、大解決のためのすべての要件を充足して新たな性別への帰属を裁判上確認してもらうかの選択を迫る。しかし、婚姻解消を欲していない既婚の性転換者は後者を選択することができず、それは、既婚の性転換者の基本法1条1項と連携した2条1項によって保護される「自己の精神的・肉体的構造に基づき自己が帰属すると考える性別に自らの身分を適合させる権利」を規制する。このような基本法1条1項と連携した2条1項から導かれ、ひいては人間の尊厳にも基礎づけられる自己決定に基づく性別のアイデンティティを承認してもらう権利に対する制限は、人格の最も内密の領域に属する権利に対する制約として正当な目標に基づくものでなければならず、その内容形成も比例的でなければならない。

3 (1) 立法者は、性転換法8条の非婚要件によって、同性夫婦の出現を防止しようとしている。婚姻の内容形成に際して、立法者は、自由を特質とする基本権規範やその他の憲法規範と結びついて存在している基本法上の生活形式と、婚姻を国家秩序の特別の保護の下におく基本法6条1項を関連づけることから生じるその本質的な構造原理を考慮しなければならない。基本法6条1項により国家秩序の特別の保護の下におかれる婚姻は、継続的な生活共同体としての1人の男性と1人の女性の結合体であり、国家の協働の下で当事者の自由な決定に根拠づけられるものである。これを考慮すれば、非婚要件による同性婚の阻止という立法目的は、立法者にとっての正当な関心事として憲法上是認される。そして、同性のパートナーであっても婚姻できるとの

誤った印象を惹起するような婚姻の存在を阻止するための非婚要件は、比例原則から見て、適切で必要でもあるということができる。

(2) 確かに、異性間のパートナーによって形成される親密な生活共同体として、基本法6条1項の特別の保護を受ける婚姻制度を保持すべきとする立法者の関心事は、高度に重要なものである。立法者は、時代状況に鑑みて婚姻とは別に同性のペアにも法的に保障される登録された生活パートナーシップ制度を創設したが、それは、婚姻制度を依然として異性間の生活共同体として維持しようとした結果である。名前の変更による小解決や手術による性転換に非婚要件を課さず、結果として同性ペアによる婚姻という外観上の存在を立法者が容認しているとしても、婚姻制度を異性間のものとする立法目的の正当性に問題はない。

しかし、性転換法8条による既婚の性転換者に対する侵害は、比例原則のうち、狭義の比例性を満たしていない。自己決定に基づく継続的で親密な生活共同体の保護が持つ憲法上の重要性を考慮すれば、性転換法8条の非婚要件は、アインデンティティに基づく新たな性別の法的承認を求めつつも婚姻解消を欲していない既婚の性転換者に、自己の生活にとって憲法上重要として保護されるいずれかの利益の放棄という選択を迫ることになる。さらに、国家の干渉から私的な生活形成の領域を保護する基本法6条1項が、夫婦に生活共同体としての婚姻の成立と当該生活共同体のあり方についての自己決定を保障していることから、非婚要件は、既婚の性転換者だけでなく、すべての事情を受け入れて婚姻の継続を欲する配偶者にも相当の侵害をもたらす。というのも、配偶者が受け入れた相手方のアイデンティティに基づく性別変更を法的に承認してもらうためには、配偶者自身にとっても自己の意思に反して婚姻の解消を余儀なくされるからである。

(3) 確かに、婚姻の保護に関して立法者と既婚の性転換者・配偶者の間の対立する利益は、基本法6条1項という同じ基本権によって保障されている。しかし、その両者の衡量において決定的なのは、基本法6条1項と基本法1条1項と連携した2条1項

との協働であり、後者によって保護される性別のアイデンティティの承認を求める権利の重要性である。結局、非婚要件がもたらす特別の負担は、それが立法者の意思を実現するために、既婚の性転換者に一方の基本権の実現を他方の基本権の放棄に依存させ、さらに、基本法6条1項によって保護された配偶者の基本権上の地位をも巻き込み、夫婦を解決し得ない内面的対立状況に導くだけでなく、2人に期待不能な選択を強要するものになる。したがって、性転換法8条1項2号は、既婚の性転換者にその婚姻を終了させることなく新たな性別への帰属の法的承認を得る可能性を認めていない点で、基本法1条1項と連携した2条1項そして6条1項に違反する。

3 (1) 既婚の性転換者が、婚姻として保障された配偶者との生活共同体を終了することなく、どのようにすれば大解決が認められるかを決定するのは立法者である。立法者は、性別変更の承認の法的効果として、婚姻を生活パートナーシップに移行させることができる。また、立法者は、婚姻や生活パートナーシップとは別の、性転換による全く新たな生活共同体の制度を創設することもできる。さらに、一旦成立した婚姻には基本法6条1項により保護が与えられているため、既婚の性転換者に婚姻の維持を認め、性別変更の法的承認の可能性を開くように、性転換法8条1項2号を削除するという決定をすることもできる。

(2) 以上のように、違憲状態を除去するための方法は複数存在することから、性転換法8条1項2号の違憲性は、直ちに無効へと導くものではなく、新たな規制が施行されるまで当該規定は適用できないことを宣言する。立法者には、2009年8月1日までに新規制を定めるよう期限を設定する。

【解 説】

1 本決定[1]は、1980年9月10日に制定された性転換法に関する連邦憲法裁判所第1法廷による5度目の違憲判断である[2]。性転換法制定の契機は、1978年10月11日の連邦憲法裁判所第1法廷決定（いわゆる第1次性転換決定[3]）であり、そこでは、基本法1条1項と連携した2条1項により保障される一般的人格権から「自己の精神的・肉体的構造に基づき自己が帰属すると考える性別に自らの身分を適合させる権利」（これが性別のアイデンティティの承認を求める権利と定式化されることになる）が導き出された。ドイツの性転換法は、まさに連邦憲法裁判所第1法廷決定により生み出され、進化している[4]。

2 (1) 78年決定を契機に制定された性転換法は、まさに一般的人格権を具体化するものと考えられるが、あらゆる場合に性別のアイデンティティの承認を求める権利の実現を認めていたわけではない。そのために、性転換法で定められた小解決・大解決のための要件を巡って、様々な憲法問題が提起された。

(2) まず問題になったのは、小解決・大解決のいずれにも課せられていた年齢制限であった。1982年3月12日の第1法廷決定[5]、1993年1月26日の第1法廷決定[6]は、ともに大解決（82年決定）・小解決（93年決定）のための年齢制限を基本法3条1項の一般的平等原則に違反すると判断した。ただ、これらの事案は、性別変更のための要件による平等原則違反として展開された性転換者の個人レベルでの問題にすぎず、そこで問題になる性転換者が法律上の要件によって平等違反の侵害を被っているとの判断を導きやすいものであった[7]。

3 (1) ところが、2005年12月6日の第1法廷決定[8]は、小解決が認められた後に婚姻した場合（小解決は身分法上の性別変更を伴わないために法律上婚姻が可能であった）、小解決についての裁判所の決定を無効にするという性転換法7条1項3号の規制が同性愛の傾向を持つ性同一性障害者の名前の権利と内密領域の保護の権利（基本法1条1項と連携した2条1項）を侵害するとの判断を下した。ここで、婚姻が性転換法による性別のアイデンティティの承認を求める権利の実現に対する重大な障害となることが明らかになり、同時に、婚姻という生活共同体の形成が性別変更の障害となることから、性転換者個人のみに関わる問題でもなくなったのであった。

(2) 本決定は、これまでの一般的人格権との適合性の問題に関する先例を引用することでその内容が

確認され、それを大解決の非婚要件に改めて適用することで憲法上の疑義を提起する。しかし、本件決定の特徴は、基本法6条1項の婚姻保護の規範内容、すなわち、継続的な生活共同体の維持を望む性転換者と配偶者の婚姻の保護を重視する点にある。そこでは、同性婚の否定という目的の正当性は認めるものの、性別変更前の当事者の自己決定に基づく婚姻という生活共同体が基本法6条1項により保護されるが故に、性転換を認めた後の同性の継続的生活共同体の破壊に対する連邦憲法裁判所の懸念が存在する[9]。結局、基本法1条1項と連携した2条1項から導かれる「性別のアイデンティティの承認を求める権利」を重要な基本権として承認し、外観上は同性ペアの婚姻となる生活共同体の存在を事実上容認する一方で、婚姻をあくまで異性間の生活共同体にとどめておこうとする立法者の判断の不十分さが、大解決における非婚要件を狭義の比例原則違反へと導くのであった。

　（3）　この連邦憲法裁判所の判断の背景には、生活パートナーシップという制度の存在がある。ただ、性別変更を認めた場合の婚姻解消の強要から非婚要件を違憲と判断すれば、同性のペアによる生活共同体を婚姻との関係でどのように区別するのかという問題が残される。連邦議会は、本決定をうけて、2009年7月17日、性転換法8条1項2号の削除によって問題の解決を図った（すなわち非婚要件を削除することで婚姻中の性同一性障害者に大解決を認め、婚姻の解消を求めないとの方法）。その点を見れば、生活共同体の形成時点で異性間の合意があれば婚姻になり、一旦婚姻が成立すれば当該生活共同体の継続維持に異性同士であり続けることは必要とされておらず、結局、異性間の合意が婚姻成立要件ではあるが、法律上、異性間の生活共同体であることが婚姻継続・維持の要件となっていないといえる。

　（4）　本決定後、連邦憲法裁判所第1法廷は、2011年1月11日、性転換法に関して6度目の違憲判断を下した。そこでも、生活パートナーシップという制度との関係で、同性愛傾向を持つ性同一性障害者の大解決のための性転換手術受診の要件が問題とさ

れた。性転換手術の問題のため、基本法2条2項の身体の十全性の権利も取り上げられているが、この決定でも、性転換法の内容は、連邦憲法裁判所第1法廷によってその進化が求められている[10]。

（1）　本決定の解説は、自治研究90巻2号（2014年）126頁以下の内容を、修正したものである。
（2）　この指摘は、Stephan Stüber, Anmerkung, JZ 2009, S. 49 (49). なお、本決定までの第1法廷の4回の違憲決定とは別に、刑務所に収監されている生物学上は男性とされる受刑者の小解決後の敬称としてFrauを用いてもらうよう求める訴えに対する棄却の判決に対する憲法異議について、連邦憲法裁判所は、1996年8月15日に第2法廷第2部会で異議申立人の憲法異議を認容する決定を下している。NJW 1997, S. 1632.
（3）　BVerfGE 49, 286.
（4）　このドイツ連邦憲法裁判所の一連の流れからドイツの性転換法の内容を検討し、併せて日本の同様の問題の検討素材とするものとして、春名麻季「憲法問題としての性別変更の制限──ドイツの性的アイデンティティの権利と性転換事件を参考に」金城大学紀要第11号(2011年)137頁、141-150頁参照。
（5）　BVerfGE 60, 123. これについては、井上典之「平等保障の裁判的実現（三）──平等審査の方法とその権利保護」神戸法学雑誌46巻4号（1997年）693頁、696-698頁参照。
（6）　BVerfGE 88, 87. これについては、ド憲判 II *6* 判例〔嶋崎健太郎〕参照。
（7）　性転換法に関する4番目の違憲判断となった2006年7月18日の第1法廷決定（BVerfGE 116, 243〔本書 *12* 判例〕）も、合法的かつ一時的でなくドイツに在留する外国人の性同一性障害者に対して、小解決・大解決を認めない点を、一般的人格権と連携した平等取扱いの要請（基本法3条1項）に違反するとの判断を下している。
（8）　BVerfGE 115, 1. これについては、春名・前掲注(4)147-148頁参照。
（9）　この点の指摘は、Stüber, (Anm. 2), S. 50 ff.
（10）　BVerfGE 128, 109. この決定については、平松毅「性同一性障害者に戸籍法上の登録要件として外科手術を求める規定の違憲性」自治研究89巻9号（2013年）152頁〔本書 *14* 判例〕参照。連邦憲法裁判所第1法廷による性転換法進化の要請の詳細については、Saskia Wielpütz, Die neue große Lösung ist vor allem eins: klein ─ Die Reform des TSG durch das BVerfG, NVwZ 2011, S. 474 ff.

14 性同一性障害者に戸籍法上の登録要件として外科手術を求める規定の違憲性

2011 年 1 月 11 日連邦憲法裁判所第 1 法廷決定
平松　毅　　連邦憲法裁判所判例集 128 巻 109 頁以下
BVerfGE 128, 109, Beschluss v. 11. 1. 2011

【事　実】

異議申立人は、1948 年に男性として出生し、男性名 R.R を有している。しかし、本人は、女性だと意識している。彼女は、同性愛の性的指向を持ち、女性のパートナーと同棲している。彼女は、性転換法第 1 条により自己の名前を L.I. に変更し、貴族の称号も女性の形式に変更した（小転換）。しかし、性転換法 8 条に基づく戸籍の変更（大転換）は行われなかった。彼女は、ホルモン療法は行っていた。彼女の出生証明には、それに対応して、「男爵婦人 L.I. …、男性」と記されている[1]。

2005 年 12 月 8 日に、異議申立人は、パートナーと共にベルリンの戸籍課で生活パートナーの登録申請をしたが、拒否された。なぜなら、生活パートナーは、同性の 2 人だけがなしうるからだった。そこで異議申立人は、2006 年 2 月 8 日に、自己のパートナーを生活共同体として登録することを求める訴えを提起した。区裁判所は、この訴えを 2006 年 8 月 30 日に棄却した。裁判所は、性転換法 8 条 1 項に基づいて異議申立人が女性であると認定するには、性別適合手術を受けていなければ認定することはできないとした。

地方裁判所も、2007 年 1 月 25 日に訴えを退けた。その他の訴えも同様であった。上級地方裁判所は、2007 年 10 月 23 日に、下級審の法解釈を追認した。そこで、異議申立人は、2007 年 12 月 28 日に憲法異議を申し立て、基本法第 1 条 1 項と結びついた第 2 条 1 項によって保障された一般的人格権の侵害を訴えた。

【判　旨】

1　基本法 1 条 1 項と結びついた 2 条 1 項は、狭い人格領域と共に、性的内密領域をも保護している。それには、性に関する自己決定、自己の性的なアイデンティティ、自己の性的指向の発見及び認識が含まれる。人間がどの性に属するかは、単に出生の時点における外見上の性的標識だけによって決定されるべきではなく、本質的に本人の精神構造（心理的な構造）及び自己が意識している性別にもよることは、科学的に確立された認識である。性同一性障害者の性的な感覚が、性標識の外見によって定められた法的な性別と永続的に矛盾しているときには、人間の尊厳は、人格の保護を求める基本権と結びついて、当事者の自己決定権を顧慮し、自己の意識する性的アイデンティティを法的に承認することを要求する。これによって、当事者は、内密領域において意識されている性に基づく外見と法的な処理との間の矛盾に曝されることなく、意識された性に基づく生活を送ることが可能になる。

2　同性への性的指向を有する性同一性障害者が、そのパートナーを法的に保護するためには、結婚するか又は同性の人との生活パートナー関係に入らなければならないが、生活パートナーになるには、自己の性別を戸籍法上承認してもらうことが前提となる。しかし、そのためには性別を変更する不妊手術を受けなければならないが、それは上記の原則と一致しない。

(1)　基本法 2 条 1 項によって保護されている人格

の自由な発展には、自己が選んだ人と永続的なパートナー関係に入ることができる制度が、法的に確保される権利も含まれる。それは、一方では、基本法6条1項により、一組の男女が結婚することによっても可能である。他方、立法者は、同性のパートナーのために、生活パートナー共同体の登録制度を創設した。それぞれの制度の利用は、現在のドイツ法では、相互に法的に結合しようとする一対の結合者によって決められるが、その際に戸籍法上確認されたパートナーの性別が基準となる。

(2) 同性への性的指向を持つ小転換を行っただけの性同一性障害者は、自己のパートナー関係を法的に保障する可能性として婚姻しか利用できない。これによって自己の意識に反する性別役割が期待されていることが外見的にも認識できるようになる。同時に自らが性同一性障害であることも明らかとなる。これは、意識された性的アイデンティティの承認と内密領域の保護を求める基本法1条1項と結びついた2条1項の要請と一致しない。

3 人間の性標識を大部分切除又は改造し、それにより外見を可能な限り、意識された性に合致させる手術は、当事者に対する著しい健康リスクと副作用を伴う、基本法2条2項で保護された身体不可侵の権利に対する重大な侵害である。そのリスクは、健康状態及び年齢により、著しく高まる。専門分野においては、これまで性同一性障害者に対するより安全な治療が広く行われており、性転換手術は、必ずしも常に必要な処置ではないという認識に到達している。性同一性障害者の性意識の永続性と不可逆性は、むしろ当事者がどの程度意識された性を生きることに首尾一貫しているか、そしてそれを受け入れていると感じられるかにより計られるべきである。立法者は、性同一性障害が永続的に存在していることの証明にあたり、当事者の基本法1条1項と結びついた2条1項及び基本法2条2項により保護されるべき二つの基本権を十分に考慮していない過剰な要件を設定している。

加えて、立法者は、他の場合には、法的性別と外部的な性的標識との一致を確保するための手術を求めていない。性転換法6条1項と結びついた9条3項は、性同一性障害者が、性転換手術の後、性別を変更された戸籍を再び元に戻し、出生性に復帰する可能性を開いているが、その際には改めて性適合手術をすることを前提条件としていない。立法者は、あらゆる場合に、外部的な性標識を自己が属する性の外見に完全に適合させることを求めているわけではないことが伺われる。

4 人間の生殖能力は、基本法2条2項によって保護されている身体不可侵の権利の要素であるが、性同一性障害者が、永続的な不妊手術を拒否した場合、永続的に自己の法的性別との矛盾に苦しむことになる。当事者が不妊手術を行う決定をすれば、個人の身体的インテグリティ（身体的不可侵性）にかかわる本質的な基本権が制約され、不妊手術を行わない決定をすれば個人の精神的インテグリティ（精神的不可侵性）にかかわる本質的な基本権が制約されることになる。生殖不能を要件とすることを求めることには正当な利益があるが、ホルモン治療により一時的に不妊化できること、生殖補助医療の発展により男性から女性になった性同一性障害者でも性別適合手術前に採取した精子を用いて子を作ることができること、法律上、大転換後も性転換者の子は、一人の父と一人の母を持つことになり、二人の父乃至母をもつことにはならないことなどから、制約を正当化することはできない。

5 性転換法8条1項3号及び4号の違憲性により、それは無効とはならないが、この規範は、基本法1条1項と結びついた2条1項及び同2項によって保障された一般的人格権に適合しないこととなる。性同一性障害者が、意識された性に基づいてパートナー関係に入ることが出来ないという結果を引き起こすことによって受ける侵害の重大さに鑑み、性転換法8条1項3号及び4号は、新たな規制が行われ

るまでは、適用することができない。判決は、6対2の多数決によって行われた。

【解　説】

1　西欧の殆どすべての国において、性同一性障害者が自己意識された性に性転換する可能性が、法的に認められている。戸籍の変更には、性転換手術を求めるもの（フランス、トルコ）、それを求めないもの（ベルギー、フィンランド、オーストリア、スウェーデン、スペイン、イギリス）がある。多くの法制は、ホルモン療法などによって、意識された性に外見上適合することを求めている（ベルギー、オランダ、イタリア）。その結果、少数の国だけが、手術による性転換を戸籍の変更のための要件としているが、多くの国は、生殖不能を求めている（ベルギー、フィンランド、オランダ、スウェーデン、トルコ）。すべての国の法制は、意識された性を承認するかどうかの決定を、医学的又は身体的な鑑定によって行っている。

フィンランド、フランス、オーストリア、スイス及びイギリスには、同性のパートナーを法的に保護するために、婚姻と並ぶ家族法上の特別の制度がある。これらの国では、性による平等は、戸籍上の身分にまで及んでいる。

それに対して、ベルギー、オランダ、ノルウェー、スペイン及びスイスでは、結婚は、異なる性の間だけではなく、同性のパートナーとの間でも認められている。この結果これらの国では、意識された性が戸籍上承認されるかどうかは、性同一性障害者が法律上保護されたパートナー関係に入ることに対する障害となっていない[2]。

2　ドイツでは、1980年9月10日の「特別の場合における名前の変更及び性別の確定に関する法律（以下「性転換法」という。）」の2009年7月17日の改正法は、性同一性障害者が、意識された性別による生活を可能にするために2つの手続を規定していた。

その一が簡易な性転換（小転換）であり、事前に性転換手術を受けなくても、名前を変更することが認められる。そのための条件は、性転換法1条に規定されているが、次のとおりである。

㉕　性同一性障害により、出生の際に与えられた性ではなく、別の性に属していると感じ、少なくとも3年以上、その性別に基づく生活をしてきたこと、

㉖　自己が別の性に属するという感情を抑制できない高度の蓋然性が認められること、

その上で、将来使用したい名前を申請することにより、裁判所により名前が付与される。

性転換法1条に規定された要件を充たしているかどうかを確認するために、管轄区裁判所は、2人の専門家の鑑定を求めなければならない（2条1項）。その鑑定人は、性同一性障害という特別の問題について、専門教育及び職業経験に基づく十分な知識を有し、相互に独立して活動する者でなければならない（4条3項）。

その二が、大転換であり、性転換法8条は、意識された性別を戸籍法上承認してもらうための、手術による性転換のための要件について規定する。それは、次のとおりである。

㉕　上記の小転換のための要件を充たしていること（1号）

㉖　永続的に生殖不能であること（3号）

㉗　自己の性標識の外見を変更する手術を行い、明らかに別の性の外見を有すること（4号）

裁判所は、申請により申請者が将来使用する意思のある氏名を付与する。なお、その名前が、既に第1条（小転換）により変更されているときには、必要ではない。

性転換法9条に規定されている手続に従った申請が、裁判所による決定により認められると、申請者は、性転換法10条に基づく決定の効力により、別の性に属しているものとみなされ、性に基づく権利と義務は、原則として新たな性に基づいて定められる。ただし、性転換法11条により、性転換者の両親及び子供と性転換者との関係は影響を受けない（性転換前に保存した精子により出生した子との親子関係な

76 Ⅰ　基本権：GG 2 条 1 項〔人格の自由な発展〕　　　　　　　　　　　　　　　　　　　　　〔平松　毅〕

と）。性転換法 6 条と結びついた 9 条 3 項により、戸籍は、申請により、再度出生性に適合させることができる。

3　性同一性障害が連邦憲法裁判所で最初に取り上げられたのは 1978 年 10 月 11 日の決定であり、この事案で裁判所は、基本法 1 条 1 項と結合した 2 条 1 項は、性に関する自己決定権を保障しているとして、性同一性障害者の出生登録簿上の性の変更を拒否した連邦通常裁判所の判決を破棄した（BVerfGE 49, 286）。

これを受けて、1980 年に性転換法が制定された。同法律は、性別と名の変更手続として、いわゆる大転換と小転換を区別していた。戸籍法上の名前と性別は、性転換手術を行わないと（大転換）できない。結婚及び生活パートナーの形成は、戸籍法上の性別に基づいてのみ行うことができる。ただし、性と名前の変更には、満 25 歳以上という年齢制限が付されていた。この年齢制限がその後問題となる。

4　1993 年 1 月 26 日に、小転換による性別変更に対する年齢制限が争われた。区裁判所は、性転換法による年齢制限は、基本法 3 条 1 項に違反するとの判断に基づき、事件を連邦憲法裁判所に移送した。連邦憲法裁判所は、年少者に性転換を認めない年齢制限は、基本法 3 条 1 項に違反するとの決定をした（BVerfGE 88, 87）。

5　2001 年に生活パートナーシップ法が制定され、同性のパートナーについても、戸籍登録をすれば（そのためには性別変更手術を受けなければならなかった。）、共通の姓、扶養義務、同居生活、パートナーの実子に対する他方パートナーの小看護権、遺言、終了手続など、婚姻とほぼ同様の扱いが、定められた。

6　2005 年 12 月 6 日の決定では、性適合手術をすることなく女性名に変更した（小転換）男性が、女性と婚姻した。婚姻に際し、出生登録簿には男性名で登録されたので、その訂正を求めて提訴した。連邦憲法裁判所は、性同一性障害者が変更した性によりパートナー関係ができないことは、基本法 1 条 1 項と結びついた 2 条 1 項に違反すると判決した（BVerfGE 115, 1）。

7　2008 年 5 月 27 日の決定では、婚姻し、3 人の子がある男性が、性転換法により、性適合手術を受け、名前を変更したが、婚姻しているという理由で性別変更は認められなかったので、性別変更を求めて提訴した。連邦憲法裁判所は、性転換法 8 条 1 項 2 号「婚姻していないこと」という要件は、性的アイデンティティを保障している基本法 1 条 1 項と結びついた 2 条 1 項により保障される一般的人格権に違反し、違憲であると決定した（BVerfGE 121, 175）。

8　2011 年のこの判決では、一律に性転換手術を受けなければ、性別変更を戸籍法上登録できないと定めたことは、基本法 2 条 2 項の身体を害されない権利の侵害であるとされ、同時にそれは 1 条 1 項と結びついた 2 条 1 項に基づく一般的人格権の侵害でもあるとされたのであった。この結果、再度、性転換法の改正が必要になったが、連邦議会内部の保守層が、改正に反対しており、改正のための合意が困難な状況にある。

(1)　日本では、「性同一性障害者の性別の取扱いの特例に関する法律」により、一定の要件を充たす者に対して、家庭裁判所は、性別変更の審判をすることができ、それにより戸籍の変更も認められる。日本でもこの法律に関する多くの判例がある。詳しくは、谷口ほか編『性的マイノリティ判例解説』（信山社、2011 年）参照。
(2)　性同一性障害に関する判例については、嶋崎健太郎「性同一性障害者の年齢による名の変更制限と平等条項」〔ド憲判 Ⅱ *8* 判例〕、三宅雄彦「2008 年生活パートナーシップ法の合憲性」〔ド憲判 Ⅲ *32* 判例〕、渡辺泰彦「憲法と婚姻保護」同志社法学 332 号（2009 年）1 頁及び同「性別変更の要件の見直し」産大法学 45 巻 1 号（2012 年）31 頁を参照させていただいたことを記し、ここに謝意を表する。

15 婚姻の際の多重氏阻止規定の合憲性
―多重氏判決―

根森　健

2009 年 5 月 5 日連邦憲法裁判所第 1 法廷判決
連邦憲法裁判所判例集 123 巻 90 頁以下
BVerfGE 123, 90, Urteil v. 5. 5. 2009

【事実の概要】

1　ドイツ連邦共和国では、連邦憲法裁判所（以下、連憲裁と略記）の 1991 年違憲決定[1]を受けた 93 年末の民法改正で、それまでの「夫または妻の出生氏への共通婚氏（夫婦同氏）原則＋婚氏選択のない場合の夫の出生氏への共通婚氏登録処理」を変更して、婚姻の際に新たに婚氏を選択しない場合に婚姻当事者それぞれが従前使用の氏を継続することを認めるに至った（実質的選択的夫婦別氏制）。ただ、この法改正に当たって、従来、婚氏選択の際に、婚氏とはならなかった側の配偶者には、婚氏の前か後ろにそれまで名乗ってきた氏を「付随氏」としてハイフンで結合して使用することを認めてきた点に関して、以下のような 3 つ以上の氏（多重氏）[2]の結合を阻止する規定が新たに加えられた。

「民法 1355 条 4 項〔第 1 文：婚姻締結に際して、〕婚氏と定められなかった方の夫又は妻は、自分の出生氏又は婚氏の決定に関する宣言を行う時点まで使用してきた氏を、身分登録局（Standesamt）に対して宣言することによって、婚氏に前置又は付加することができる。〔第 2 文〕このことは、婚氏が〔結合された〕複数の氏からなる場合には、適用されない。〔第 3 文：婚氏とならない方の〕夫又は妻のそれまでの氏が多重氏からなる場合には、その氏のうちの 1 つのみを付け加えることが出来る。〈以下略〉」（以上は本件判決時の当該規定。2015 年 6 月末現在も同様）

2　本件憲法異議での二人の異議申立人は、再婚同士の夫婦である。夫の方は、複合氏（Kunz-Hallstein）を用い、ミュンヒェンで多年にわたり弁護士事務所を経営していた。妻の方は、Thalheim という氏を用いて、最初の婚姻の際に生まれた 2 人の娘を育てながら、ミュンヒェンで歯科医院を開業していた。二人は、1997 年 5 月に、すぐには婚氏を定めることなく結婚した。後になって、彼らは、夫の複合氏を婚氏とすることに決め、その際に妻の方は、自分の使用してきた氏を付随氏として前置すること（T...-K...-H...）を望んだ。というのも、そのような三重氏（Dreifachname）を使用して、一方では新しい夫との結びつきを、他方で最初の結婚で生まれた娘たちとの結びつきをきちんと示したかったからであるし、加えて、長期にわたって歯科医院を開業してきたので、今までの氏も放棄したくなかったのである。この点は、夫も同様であった。

3　異議申立人らは、2002 年 3 月にミュンヒェンの身分登録局から、婚氏とならなかった側の夫又は妻による三重氏の使用は認められない旨の回答を受けたため、上記三重氏使用の承認を前提とした自分らの婚氏決定を受理するよう身分登録局に指示を与えることを求めて、区裁判所に提訴したが同年 9 月に棄却された。それを不服としてさらに裁判で争ったが、03 年 1 月に地方裁判所で、そして同年 4 月にバイエルン州最高裁判所（＝高裁に相当）で棄却された。地裁及び高裁の見解は、立法者の形成の自由を広く容認する内容のものであった。そこで、異議申立人らは、基本法（以下、GG とも略記）1 条 1 項と結びついた 2 条 1 項（一般的人格権による氏名の保護）、

6条1項（婚姻の保護）、12条1項（職業活動の自由）並びに3条1項（一般的平等原則）及び同2項1文（男女同権原則）の保障する彼らの基本権が侵害されたとして、直接にはこれら三裁判所の決定に対して、間接的には本件阻止規定に対して憲法異議を提起した。

4 本憲法異議に対しては、各界から意見表明が行われた。ちなみに登録社団「ドイツ家事裁判所会議」やドイツ女性法律家連盟の意見表明は、異議申立人の主張を支持するものであった。2009年5月5日、本憲法異議は、連憲裁第1法廷によって、以下のような判旨によって、5対3で棄却された（異議申立人側のGG3条2項1文違反については言及が全くない点に留意）。反対意見を述べた裁判官名やその内容は公表されていない。

【判　旨】

1 憲法異議は棄却。非難されている各裁判所の判決に、憲法上異議を唱えることはできない。民法1355条4項2文は、基本法と合致しうる。GG1条1項と結びついた2条1項によって保障される、婚氏とはならなかった側の夫又は妻のそれまで使用してきた氏の保護への当該規定による介入は、正当で、均衡のとれたものである。その他の基本権〔GG6条1項、12条1項、3条1項〕に関しても、同様である。

2 基本法1条1項と結びついた2条1項（一般的人格権としての氏名の保護）の侵害の有無

(1) 判断の枠組の設定

家族氏に関する法を構築し、その内容を形成するのは、立法者の任務である。その際、立法者は、家族氏に個人がその個性を表現するという機能ばかりでなく、家系を辿ること、家族関係を表すこと、ある人間の家族上の身分を明示することといった機能も評価しなければならない。夫婦の氏に関する法の形成に当たって、立法者は、GG1条1項と結びついた2条1項の人格権に含まれる、夫と妻によって使用されてきた従前の氏の保護を尊重しなければならない。個人に固有の氏に関する権利への介入は、比例原則

の遵守の下でのみ許される。

(2) 新たな複合婚氏排除の合憲性

立法者が民法1355条によって、①婚姻夫婦による婚氏使用（夫婦同氏）を原則にとどめ、それを義務とまでしていないこと（同条1項）も、②二人による婚氏決定の際に夫の氏と妻の氏から合成された新たな複合氏の選択を排除したこと（同条2項）も、彼らの基本権を侵害しない。なぜなら、前者は、互いの結びつきと新たな夫婦共同体のアイデンティティを氏で表現したいという夫婦の要望に応えたものであり、後者については、立法者は、従前使用の氏を通して世間に受け止められてきた自分自身のアイデンティティを引き続き表現したいという願望には、通例、婚氏とならなかった方の配偶者に従前使用の氏を婚氏への付随氏として付け加える権利を認めること（同条4項1文）によって対応しているからである。

(3) 本件多重氏阻止規定の合憲性

(i) 民法1355条4項2文は、その氏が婚氏とはならなかった側の夫又は妻にとっては、従前使用の氏を捨てるか、それとも共通婚氏の使用を断念するかのいずれかの選択の前に立たされるが故に、GG1条1項と結びついた2条1項の一般的人格権（氏名の保護）への介入に等しい効果を有する。(ii)しかしながら、本件阻止規定の存在は、民法1617条1項共々、権利関係や営業取引において実用的で、しかも氏の持つ〔氏の保有者の〕自己同一性創出機能(Identitätsstiftende Funktion)を維持するために、後に続く世代の許で、法的にそれを阻まなければならなくなるような、氏の連鎖（連結）へと至らないように氏を設けるという、立法者の正当な関心事に適っている。(iii)本件阻止規定は、立法者によって意図された氏の連鎖（連結）の抑制を達成するのに適切(geeignet)にして必要(erforderlich)なものである。この規定があれば、民法1617条1項や1617a条1項に基づいて婚氏を決めない夫婦の間の子どもの出生氏が複合氏となるようなケースが増加するようになるとしても、将来子ども達の代で婚姻によって多重氏が使用されるのを阻止することが出来、氏の自

〔根森　健〕

己同一性創出機能を維持しうる。(iv)本件阻止規定による氏名権への介入は、結局のところ、均衡のとれた（verhältnismäßig）ものでもある。たしかに、連邦政府と各裁判所によって挙げられた実用性という理由だけでは、当該規制を正当化するには十分ではない。だが、本件規定による多重氏阻止というのは、氏の自己同一性創出機能を守るために多重氏を一般的に禁止するためだけでなく、次世代における婚姻の際に、その都度氏の短縮化をすることなく、氏の連鎖（連結）が恒常的にいっそう増加しないように阻止するためにも、立法者の重要な関心事である。こうした目的達成のために、立法者が、〔当該の夫又は妻に不利益を負わせる〕本件阻止規定を設けるか、それとも、複合婚氏＋付随氏の多重氏使用を認めた上で、そのような多重氏を〔後の婚姻などで生まれる〕子どもの出生氏としようとする際に、多くてもせいぜい複合氏へと氏の数を減らすようにする規定を設ける——この場合には、子どもが完全な形では親の氏を受け継げないという不利益が生じる——かは、立法者の形成の自由の内にある。更に、本件阻止規定による制限は、立法者が、その氏名権に関する構想の範囲内で、婚姻後に使用される氏の選択に際し、婚姻夫婦に自分らの必要に応じて、自己のアイデンティティも共同連帯性も表現することができる非常に様々な可能性——婚氏を定めるか否か、婚氏をどちらの氏にするか、婚氏が複合氏の方になった場合でも、もう一方の配偶者は、従前使用の氏を引き続き営業取引で自由に使用することは可能（商法21条）——を委ねているので、無理な要求を強いるものでもない。しかも、当該規定による制限は、あくまで、当該複合婚氏の場合には、官庁に対してだけは法的に認められた氏が示されなければならない、という人格権に対するわずかな侵害に過ぎない。

　＊【注記】GG6条1項、12条1項、3条1項に関する判旨は、紙幅の関係上省略。

【解　説】

1　問題の背景

　立法者は、1993年末の民法改正の際に、91年連憲裁決定が、婚氏未決定（別氏選択）の場合に生まれた子どもの出生氏に付き、暫定的解決策のうちの最も寛大なもの（schonendst）として、夫婦のそれぞれの氏からなる複合氏の選択——その配列は任意——を提示していた点については、受け容れなかった。この最も寛大な解決策は、論理的には、婚姻夫婦が新たに共通の婚氏を選択する場合の選択肢として容認することも考えられうるものだった。ところが、立法者は、あえて言えば、選択的夫婦別氏制を認めるのと引き替えに、①婚氏未選択（夫婦別氏）の場合の子どもの出生子としてのみならず（1616条、1617条、1617a条）、②新たに夫婦で選択する共通の婚氏についても、二人のそれまで使用してきた氏を結合した複合婚氏作成の可能性を排除した（1355条1項）。それと併せて、③本件で問題となったような、婚氏に旧氏を付随氏として付加して使用する場合に多重氏の出現を阻止する規制も導入した（1355条4項2文、3文）。立法者は、これらの措置によって、とりわけ将来的に子どもの代に顕在化する、多重氏による氏の連鎖（チェーン化）がもたらす、氏の持つ「同一性を創出する機能（同一性確認力）」の喪失の恐れの除去を図った。立法者は、子どもの保護と社会秩序維持の観点から、将来親となる蓋然性の高い婚姻する夫婦の段階で、予め食い止める「水際作戦」を採ったのである。それは、進む親たちによる婚氏・出生氏選択の自由化に一定の歯止めをかけたものといえよう。

2　判決についての若干の評価

(1)　GG1条1項と結びついた2条1項関連

　このような立法者による婚姻夫婦の氏の選択の規制には、そもそも、①多重氏は、氏の「自己同一性創出機能」の低下・喪失をもたらすものなのかという「子どもの世代での多重氏出現の阻止」という立法目的の正当性や重要性に関わる根本的疑問がある。

さらに、②立法目的達成のために採用した（a）「新たな複合婚氏・複合出生氏の排除」と、それと共に導入され、本件で問題となった（b）「共通婚氏選択に伴う付随氏使用における多重氏阻止」という手段が、本当に比例原則に適った手段であるのかも問題である[3]。これらの論点に付き、本判決は、【判旨2】で確認できるように立法者の形成の自由を尊重した上で、比較的簡単に本件規制の「立法目的の正当性」、目的達成手段の「適切性」、「必要性」、「狭義の比例性」を認定している。だが、連憲裁自身が、婚姻する夫婦の双方の氏を新たに結合させた共通複合婚氏・多重婚氏の排除の合憲性の根拠を、共通婚氏とならなかった側の配偶者も従前使用の氏を付随氏にできることに求めていたこと（【判旨2-(2)】）に鑑みると、連憲裁のように問題の阻止規定が「狭義の比例性」を充たしているといえるかは大いに疑問である。

(2) GG3条2項[男女同権]の欠落

連憲裁は、異議申立人らが列挙していた GG3条2項［男女同権］違反については、本件阻止規定はもはや男女同権上問題とならないと考えたのか、全く言及していない。だが、ドイツにおける婚姻に伴う夫婦同氏強制は、1976年までは、婚氏を夫側の氏とするもので、法制上も、日本法以上に女性（妻）側にこれまでの氏の変更（放棄）を強いるものであった。その中で、妻側への代償措置として、法改正で1958年からは、従前の氏を付随氏として婚氏に付加して使用できるようになったという経緯を考えると、本件で問題となった多重氏阻止規定の影響を被るのは、実際には、「婚氏＋付随氏」型の結合氏を使用してきた女性が夫と死別や離婚した後に再婚する場合などが多いであろう。そうだとすると、なお間接差別の問題が残っているように思われる。

3 日本法との関連

2015年12月16日、最高裁大法廷は、民法750条の夫婦同氏原則が選択的夫婦別氏を認めないのは、憲法13条、14条1項、24条に反しないとする判決を下した（但し、5名の裁判官は、憲法24条違反とする）。ここでは紙幅の関係で一言だけ言及しておきたい。

最高裁法廷意見は、憲法13条の人格権との関連で、①氏名は人格権の一内容を構成するが、婚姻及び家族に関する法制度の一部としての氏は法律を待って初めて具体化するものであり、現行の法制度の下における氏の性質等に鑑みると、婚姻の際に「氏の変更を強制されない自由」が憲法上の権利として保障される人格権の一内容であるとはいえない、とした。また、②婚姻前に築いた個人の信用、評価、名誉感情等を婚姻後も維持する利益等に関しては、憲法上の人格権の一内容とまでは言えないが、氏を含めた婚姻及び家族に関する法制度の在り方を検討するに当たって考慮すべき人格的利益であると一応言及しているが、アイデンティティ喪失感や従前使用の中で形成されてきた個人の識別特定機能の阻害についてはそうした人格的利益だとする言及はない。婚姻する夫や妻の従前使用氏の維持についての、このような最高裁の憲法上の人格権としての理解の低さや権利感覚の鈍さは、連憲裁が、本判決で「夫と妻によって使用されてきた従前の氏の保護は、GG1条1項と結びついた2条1項の人格権に含まれる」（【判旨2-(1)】）と明言しているのを指摘するだけでも明白であろう。最高裁始め日本の裁判所における、個人の尊厳に深く関わる氏の使用に関する憲法上の人格権理解の一層の進展が強く望まれる次第である。

(1) BVerfGE 84, 9（「婚氏」決定〔ド憲判 II *12* 判例［山下威士］）。この他、家族（婚姻、子ども）と氏（姓）に関する判例として、本「ドイツの憲法判例」シリーズには、BVerfGE 78, 38（「共通の家族氏」決定〔ド憲判 I *35* 判例［山下威士］）、BVerfGE 104, 373（「（子どもの出生氏としての）複合氏の排除」判決〔ド憲判 III *19* 判例［古野豊秋］）、BVerfGE 109, 38（「（従前の）婚氏」判決〔ド憲判 III *10* 判例［新村とわ］）が収録されている（本件との関係では、BVerfGE 104, 373が重要）。

(2) 複数の氏がハイフンで繋がれて1つの氏となっている結合氏のうち、よく見られる2つの氏の結合氏を Doppelnamen（複合氏）と言い表すのに対して、Mehrfachnamen（本稿では、多重氏と訳出）は3つ以上の氏からなる結合氏を言い表す時に用いられる。

(3) 本判決の直前の南ドイツ新聞や Focus の web 版所収記事等によれば、こうした点から、Hohmann-Dennhardt 裁判官や Bryde 裁判官は、当該阻止規定を疑問視していたようである。

16 航空安全法判決

嶋崎健太郎

2006 年 2 月 15 日連邦憲法裁判所第 1 法廷判決
連邦憲法裁判所判例集 115 巻 118 頁以下
BVerfGE 115, 118, Urteil v. 15. 2. 2006

【事　実】

2001 年 9 月 11 日のアメリカにおける同時多発テロ事件、および 2003 年 1 月 5 日、フランクフルト市内での小型機による類似未遂事件を契機に、連邦議会は、テロ対策立法の一環として、2004 年 9 月、航空安全法（Luftsicherheitsgesetz、以下「法」と略す。）の改正法律を可決した[1]。法 14 条 1 項は、特に重大な災厄事故を防ぐために、領空において、軍隊に対して、航空機の針路変更・着陸強要・武力による威嚇・警告射撃を許容し、2 項はそれらの措置に比例性を要求し、4 項は、武力行使の命令権を、「連邦国防大臣（代理が任命されている場合にはその任に当たる者）」に与える。そして、法案審議の段階から特に問題とされたのは、最終的措置として、乗客乗員の搭乗するハイジャック機の軍隊による撃墜を認める 3 項の規定である[2]。同項は「武力の直接的な行使は、航空機が人命に対する攻撃に用いられ、かつ、武力の直接的な行使がこの現在の危険を防ぐ唯一の手段であるとの状況判断がなされた場合にのみ認められる。」と定める。

本件憲法異議の申立人は、民間航空機を頻繁に使う者 6 名（元連邦内務大臣・元連邦議会副議長 B. ヒルシュなど野党 FDP の政治家、パイロット等）であり、同条項は、無辜の乗客乗員を故意に殺害することを政府に許容する点において、基本法 1 条 1 項（人間の尊厳）、2 条 2 項 1 文（生命権）の権利を侵害すること、連邦参議院の同意を欠く法は違憲であること等を主張した[3]。

【判　旨】

憲法異議は適法かつ理由がある。「法 14 条 3 項は、基本法 87a 条 2 項、同 35 条 2 項・3 項および同 1 条 1 項と結びついた同 2 条 2 項 1 文に違反し、かつ無効である」。

1　法 14 条 3 項の形式的違憲性──立法権限違反

「法 14 条 3 項は、形式的に見てすでに連邦の立法権限に違反している」。基本法 87a 条 2 項によれば、防衛出動以外の軍隊出動が許されるのは「基本法が明文で許容する場合だけである」。「重要なことは、軍隊の国内出動の可能性を厳格な条文忠実性の要請によって限定することである」。これは、基本法 35 条 2 項 2 文・3 項 1 文の解釈適用にも妥当する。

⑴　基本法 35 条 2 項 2 文違反

基本法 35 条 2 項 2 文は、「自然災害および特別に重大な災厄事故への対処の場合に、軍隊の特殊な軍事兵器を用いた戦闘出動（Kampfeinsatz）を許容していない」。基本法 35 条 2 項 2 文の州に対する「援助」は、自然災害および特別に重大な災厄事故への対処という州の任務を効果的に遂行しうる目的で提供される。軍隊による「援助」は、「州の警察力がその任務の遂行のために本来用いることができる手段と質的に異なるものではありえない」。すなわち、州への援助のため、「州法が州の警察力のために予定している武器使用は許されるが、法 14 条 3 項の措置のために必要な類の軍事的な戦闘手段、たとえば戦闘機の搭載兵器の使用は許されない」。

(2) 基本法35条3項1文違反

基本法35条3項により、州をまたぐ災害非常事態の場合の軍隊出動は、明文で連邦政府にのみ授権されている。連邦政府は合議体（Kollegialorgan）であり、軍隊出動には閣議決定が必要である。ところが、法13条3項は軍隊の投入のための事前の閣議決定を必要とせず、連邦内務大臣と協議の上での連邦国防大臣またはその代理人の決定で足りるとしている点で、基本法35条3項1文にも違反する。

2 法14条3項の実質的違憲性──基本権違反

(1) 無辜の乗客乗員の搭乗する航空機の撃墜

法14条3項は、犯罪と無関係な乗客乗員の乗る航空機を撃墜する限りで、人間の尊厳（基本法1条1項）と結びついた生命権（同2条2項）に違反する。

「基本法2条2項1文の生命権は2条2項3文によって法律の留保に服する。しかし制限法律の側も、生命権およびそれに密接に結合する1条1項の人間の尊厳を基準に判断されねばならない」。「人間の尊厳は、個々の人間の余命の予測とも無関係である」。「人間の尊厳は、個々の人間を第三者または国家自身による卑しめ、烙印押し、迫害、追放、その他類似の行為から保護するのみならず、人間を単なる国家の客体にすることを一般的に否定する」。

「乗っ取られた航空機の乗客乗員は、決して当該状態をコントロールすることはできないのであるから、国家による撃墜行為から逃れることはできない。乗客乗員は無防備かつ為すすべなく国家の手に委ねられる。その結果、乗客乗員は航空機もろとも意図的に撃墜され、ほぼ確実に殺されることになる。乗客乗員に対するかかる取扱いは、尊厳と不可譲の権利を持つ主体としての乗客乗員の立場を無視している。乗客乗員は、自らの死を地上の他の人間の救助のための手段として利用されうることにより、モノ扱いされると同時に権利を剥奪される（verdinglicht und zugleich entrechtlicht）。すなわち、乗客乗員の生命が国家の思うままに一方的に利用されることにより、被害者として保護されるべき乗客たちの、人間

であるがゆえに備わる価値が否認されることになる」。

「さらに、この事態は、武力行使の実行に関する決断が行われる時点において、現実の状況を常に完全には把握し評価することが可能であるとは期待できない状況のもとで進行する」。「危険防御の領域での予測の不確実性は完全には払拭不可能なことがしばしばあろうとも、法律による授権を基礎にして、かかる予測不確実性にあえて目をつむって、絶望的な状況にあるハイジャック機内の乗客乗員のような罪のない人間を故意に殺害する場合が生じることなど、基本法1条1項の人間の尊厳が効力を発揮している限り、全く想定できない（unvorstellbar）」。

「その際、それにもかかわらず実行された撃墜とそれに関する命令は刑法上どのように評価されるべきかという問題は、本判決では決定すべきことではない」。

撃墜の正当化論として、「乗客乗員は、撃墜とそれによる自らの死に推定的に同意していた」という見方は否定される。それは、「現実からかけ離れた幻想」にすぎない。また、「いずれにせよ死を免れ得ない」ような乗客の運命も軍隊投入を正当化しない。「人間の生命と尊厳は、個々の人間の肉体的存在の継続いかんとは無関係に、等しく憲法上の保護を受ける」からである。さらに、「乗客乗員は、地上の他の人間に対する凶器の一部」とみなす見解も、軍隊投入を正当化できない。それは、人間を「モノ扱いする露骨な表現」であり、「国家の客体とされてはならない存在としての人間の観念に反する」。最後に、軍隊投入は、地上の犠牲者の生命を保護すべき国家の保護義務によっても正当化されない。保護手段の選択は、常に憲法に適合した手段の範囲内で行われなければならない」からである。また、「法的に構成された〔国家〕共同体（Gemeinwesen）をその壊滅や破壊を狙った攻撃から防ぐために、……個人は、必要とあらば、国家全体の利益のために自己の生命を犠牲にする義務を負うとの観念によっても、別の結論には至らない」。法14条3項の

場合は共同体の消滅や国家の破壊からの防御とは無関係だからである。

(2) 無辜の乗客乗員の搭乗しない航空機の撃墜

一方、法14条3項による武力の直接行使は、地上の人命を奪う凶器として航空機を悪用する者のみが搭乗する航空機に向けられる限りで、基本法1条1項の人間の尊厳と結びついた2条2項1文の生命権に違反しない。かかる者は犯行の主体であり、国家の単なる客体ではない。それゆえ、かかる者は人間の尊厳への介入を受けていない。生命権への介入も比例原則に反しない。

【解　説】

1　本判決は、2011年の9.11同時多発テロ後の同種のテロ対策に伴う、憲法における自由と安全の関係、軍隊の国内出動の限界に関する重要判例である[4]。

2　本件は「直接」法律に対する憲法異議である。この申立ては、当該法律による異議申立人の基本権に対する現在かつ直接の侵害性を要件とする。本件では、申立人が撃墜対象となる民間航空機の頻繁な搭乗者であることを理由に、申立ては適法とされた。

3　つぎに、本件の実体問題は二つある。第一に、テロ対処のための軍隊の国内出動の憲法上の立法権限（統治機構上の問題）、第二に、無辜の乗客乗員が搭乗する航空機撃墜の基本権適合性（基本権上の問題）である。本判決はどちらの問題についても法を違憲とした。

4　統治機構上の問題につき、本判決はやや難解だが、連邦軍の国内出動のための立法権限の根拠を基本法35条2項（自然災害または特に重大な災厄事故の場合の軍による援助）および3項（州にまたがる自然災害または災厄事故の場合の軍の援助）とした。航空機テロも、重大な鉄道事故や原発事故同様に、35条2・3項の「重大な災厄事故」に該当する。しかし、軍隊の国内出動の根拠は厳格に解釈され、州警察への

「援助」手段は、警察同等の装備に限られる（装備の質的限定）。戦闘機の搭載兵器など特殊軍事的武器の使用は、違憲である（立法権限を逸脱する）。また、基本法35条3項1文の軍隊出動の命令主体は「連邦政府」でるあから、閣議決定を必要とする。ところが、法13条3項は連邦国防大臣単独の軍隊出動決定を可能としている点でも基本法35条3項に違反するとする。

5　中心的な論点である基本権上の問題につき、本判決は、（テロリストのみならず）犯罪と無関係の乗客乗員が搭乗する航空機とテロリストのみが搭乗する（または無人の）航空機とを区別し、法が前者の撃墜を許容する限りで違憲とし、後者は合憲とした。

基準とされた基本権は、基本法1条1項（人間の尊厳）と結びついた2条2項1文（生命権）である。基本法上、生命権は法律の留保を伴う（同条同項3文）。一方、人間の尊厳は法律の留保を伴わず、連邦憲法裁判所の判例上も絶対的に保障されるとされてきた。本判決では、無事の乗客乗員については、人間の尊厳と生命権の関係につき、人間の生命は「最高の憲法価値である人間の尊厳の死活に関わる（vital）基盤」であると、両者を一体的に捉えたうえ（いわゆる「連結説[5]」）、生命権への介入は人間の尊厳に反してはならないとして、人間の尊厳を生命権制約法律に対する「制限の制限」として機能させる。したがって、本判決の基本権論上の重点は、人間の尊厳にある[6]。

6　人間の尊厳の保護内容については、本判決は、「人間を国家の単なる客体にすること」の禁止を内容とする従来からの「客体定式」を踏襲し、無辜の乗客乗員の搭乗する航空機を撃墜することは、生命を地上の生命の保護の単なる手段として意図的に利用することになり、人間の尊厳に反するとする。さらに、また、機内の状況把握の不確実性も撃墜の正当化を否定する根拠とされる。判決は、撃墜地点にいる地上の人に対する国家の保護義務による航空機撃墜の正当化の可能性も否定する。たしかに国家に

は、保護義務の履行手段の選択につき形成領域が与えられている。しかし、選択された手段は常に憲法適合的でなければならず、乗員乗客の人間の尊厳の主体としての地位を無視し、意図的に生命を奪うことはできないからである。

7 一方、テロリストのみが搭乗する航空機の撃墜については、テロリスト自身が客体ではなく事象の主体であり、人間の尊厳には反しないとともに、生命権への介入も、比例性の審査により、目的適合性、必要性、狭義の比例性の順次の検討を経て合憲としている。

8 本判決後、基本権侵害の問題については人間の尊厳が基本法改正の限界であることから、たとえ基本法を改正しても法14条3項と同趣旨の立法は不可能となった。一方、統治機構上の問題については、連邦憲法裁判所内で本法に関する別の事件を扱う第2法廷が第1法廷の本判決の一部に疑義を唱え、2012年7月3日の合同部決定で本判決の一部が変更された（BVerfGE 132, 1〔本書 *83* 判例[7]〕）。

9 本判決は、重要な問題を未解決にしている。まず、本判決は、仮に撃墜を遂行した公務員の刑事責任[8]につき回答しなかった。この点、本判決は撃墜を憲法上違法だが刑法上正当化・免責可能とする途を示唆したとの見方[9]がありうるが、法秩序の統一性からは疑問があろう[10]。また、本判決は、国家緊急時において「国家共同体の破壊を防ぐために国家全体の利益ため自己の生命を犠牲にする義務」による航空機撃墜の正当化についても、本件は国家の緊急時とは無関係として回答していない。

10 本判決は、テロからの安全のための緊急の措置であっても人間の尊厳による絶対的限界を引き、地上の一般市民の生命に対する国家の保護義務の履行のためであっても民間航空機の撃墜の正当化も否定した点で、テロ対策の限界につきわが国にとって示唆的である。2008年洞爺湖サミット開催に際し、政府は、民間航空機撃墜の可能性を検討したが、本判決を参考に断念した形跡がある[11]。

(1) 立法の経緯につき、渡邉斉志「ドイツにおけるテロ対策への軍の関与――航空安全法の制定」外国の立法223号（2005年）38頁参照。

(2) 可決後も、H. ケーラー連邦大統領が、認証署名に際し法の違憲性の疑念につき、連邦憲法裁判所での判断を推奨するという異例の事態があった。

(3) 連邦参議院の同意の欠如については、本判決は申立ての適法性を認めず、後の手続（BVerfGE 126, 77）で判断された。

(4) 本判決につき、邦語文献として、憲法における自由と安全の観点から、山内敏弘「ドイツのテロ対策立法の動向と問題点」龍谷法学40巻4号（2008年）335頁、森英樹「『戦う安全国家』と個人の尊厳」ジュリスト1356号（2008年）57頁がある。防衛法の観点から、松浦一夫「航空機テロ攻撃への武力対処と『人間の尊厳』」防衛法研究30号（2006年）119頁。さらに、小山剛「法治国家における自由と安全」『法治国家の展開と現代的構成』（法律文化社、2007年）31頁、アルブレヒト・ヴェーバー（杉原周治訳）「連邦憲法裁判所――その基礎と最近の発展」比較法学（早稲田大学）41巻3号（2008年）68頁、嶋崎健太郎「人間の尊厳なき生命権の限界」青山法学論集56巻4号（2015年）21頁、等も参照。航空安全法に関するドイツにおける概括的研究書として、Manuel Landiges, Die Bekämpfung nicht-staatlicher Angreifer im Luftraum (2007); Dieter Wiefelspütz, Die Abwehr terroristischer Anschläge und das Grundgesetz (2007).

(5) 嶋崎健太郎「生命の権利と人間の尊厳」樋口陽一ほか編『日独憲法学の創造力 上巻 栗城壽夫先生古稀記念』（信山社、2003年）311頁以下。

(6) 本判決につき、とくに人間の尊厳の観点から、玉蟲由樹『人間の尊厳保障の法理』（尚学社、2013年）110頁以下、115頁以下、参照。

(7) 法の憲法上の立法根拠は、基本法35条2項ではなく、73条1・6号（現行73条1項1・6号）とされ、本判決で違憲とされた特殊軍事的武器を伴う軍隊の国内出動は、「災害と同程度の通常でない例外状況」では基本法35条2・3項に違反しないとされた。

(8) 本判決につき刑事法の観点から、森永真綱「テロ目的でハイジャックされた航空機を撃墜することの刑法上の正当化（1）～（3完）」姫路法学41＝42号（2004年）195頁、43号（2005年）149頁、45号（2006年）157頁等、がある。

(9) Vgl. K. Baumann, Jura 2006, S. 453 f.

(10) Vgl. G. Spendel, RuP 2006, S. 361.

(11) 朝日新聞2008年2月19日朝刊。

17 保安処分執行中の強制治療

宮地　基

2011 年 3 月 23 日連邦憲法裁判所第 2 法廷決定
連邦憲法裁判所判例集 128 巻 282 頁以下
BVerfGE 128, 282, Beschluss v. 23. 3. 2011[1]

【事　実】

憲法異議申立人は、精神疾患による責任無能力の状態で妻と娘に暴行したとして裁判で保安改善処分の言渡しを受け、1999 年 12 月以来精神科病院に収容されている。申立人は、収容後 2 ヶ月間非定型神経弛緩薬による治療を受けたが、副作用を理由にそれ以降の投薬治療を拒否した。2005 年に収容継続の可否を審査した外部鑑定人は、申立人は妄想性精神病に罹患しており、病状改善の唯一の手段は、神経弛緩薬の投与であると判断した。

ラインラント・プファルツ州の処分執行法（以下本法という）6 条 1 項は被収容患者の強制的な治療について、「執行目的を達成するための治療および検査は、被収容患者の同意なしにこれを行うことができる」と定めており、これに基づき病院は、申立人に、本人の意思に反してでも注射による投薬を行う旨を文書で通告した。申立人は地方裁判所に対して投薬治療を行わせないことを求める申立を行ったが、地方裁判所は、6 ヶ月間の強制的投薬を認めるという条件をつけてこの申立を棄却し、これに対する申立人の抗告も上級地方裁判所によって退けられたため、申立人はこれらの裁判が、基本法 2 条 2 項が保障している身体の無傷性の権利を侵害すると主張して、連邦憲法裁判所に対して憲法異議を申し立てた。

【判　旨】

本件憲法異議には理由がある。強制治療を合法と認めた裁判所の諸決定は、基本法 2 条 2 項 1 文から導かれる申立人の基本権を侵害する。強制治療の根拠となった法律の条文は、憲法上の諸要請に適合せず、無効である。

被収容者に対する強制治療は、基本法 2 条 2 項 1 文の基本権への重大な介入である（後述 1）。執行目的を達成するために強制治療が正当と認められることもあり得るが、比例性の原則から、これが許容されるためには厳格な諸要請を満たさねばならない（後述 2）。本法 6 条 1 項は、これらの要請を満たしていない（後述 3）。

1　本人の自然的意思に反する被収容者の医学的治療（以下、強制治療という）は、身体的無傷性に対する基本権（基本法 2 条 2 項 1 文）に介入する。この基本権は、基本権主体の身体の完全性およびこれに関連する自己決定権をも保護している。

強制治療が疾病治療のために行われるからといって、介入たる性格は否定されない。損傷を与える目的があることは、身体的無傷性を求める基本権への介入となるための要件ではない。被収容者が疾病のため理解能力がないとしても、強制治療が保護領域への介入にあたることにかわりはない。

神経弛緩薬による強制治療は、特に重大な基本権介入である。身体的無傷性の権利を含む基本法 2 条 2 項の権利は、基本権の中でも特に重要性が高い。また収容された状態における介入は、本人にとって特に強い恐怖を伴う。さらに向精神薬は、心の中の状態を変化させようとするものであり、人格の中核に強度の関わりを持つ。

2　被収容者の強制治療に内在する介入の重大さ

にもかかわらず、立法者がそのような介入を許すことは、必ずしも原理的に妨げられているわけではない。このことは、執行目的を達するため、すなわち被収容者を釈放可能にするための治療についてもあてはまる。

(1) ただし、釈放後に被収容者が犯す可能性のある犯罪から第三者を保護する必要性は、正当化利益として考慮されない。そのような保護は、被収容者を治療せずに収容し続けることによっても達成できるから、治療強制を正当化するものではない。しかし、被収容者自身の自由の利益は、被収容者が疾病による弁識無能力のためにこの利益を主張できない状態にある限りは、介入を正当化するために適合的であり得る。

(2) 本人を釈放可能にするための強制治療が憲法上許されるためには、本人が疾病のために行動を制御しうる弁識能力を欠いていることが絶対の前提条件となる。医学的に必要であり通常の感覚からは副作用や危険性を甘受しうる治療を本人が認めないからといって、それだけで本人に自由な自己決定能力がなく介入が正当化されるという結論を導くことは許されない。

(3) その他にも、比例性の原則から様々な要請が導かれる。介入の特別な重大性から見て、執行目的達成のための医学的な強制治療は、厳格な諸要件の下でのみ許容される。

(ⅰ) 実体的観点においては、比例性の原則から、まず強制治療措置を発動することが許されるのは、治療目的から見て成功が期待できる場合に限られる。

(ⅱ) さらに強制的諸措置は、より緩やかな手段では成功が期待できない場合の最後の手段としてのみその発動が許される。執行目的達成のための治療の場合には、第1に、介入の程度がより少ない治療では成功の見込がない場合でなければならない。第2に、本人の法律上の同意能力の有無にかかわらず、強制治療の前に本人の賛同を得るための真摯な試みが行われねばならない。

(ⅲ) その他に、強制治療が正当化されるために

は、それに伴う本人の負担が、期待しうる効能との均衡を失したものでないことが要件となる。

(ⅳ) 基本権からは、手続に関する諸要請も導かれる。閉鎖施設に収容されている者に対しては、手続的保護を与える必要性が特に高い。

(a) 本人の賛同なしに治療を行おうとする場合には、本人が適時に法的保護を求める可能性を開くために予告をすることが必要である。

(b) 比例性を維持するためには、医師が投薬による強制治療を命じかつこれを監視することが不可欠である。

(c) 裁判所による権利保護を可能にするため、被収容者の意思に反する治療措置を、その強制的性格、執行方法、決定した理由および効果観察を含めて、記録に残すことが必要となる。

(d) 閉鎖施設における強制治療の場合には、事前に収容施設から独立した審査を行うことが要件となる。世話人の同意を要件とすることは憲法上必ずしも要求されるわけではなく、その他の中立的機関を関与させる方法もあり得る。収容施設から独立した審査を確保する方法を具体的に形成するのは、立法者の任務である。

(4) 被収容者の強制治療は、介入を認めるための実体的および手続的要件を定めた法律の根拠に基づいてのみ許され、それらの要件は、十分に明白かつ確定的に定められねばならない。憲法が要求する明白性および確定性の程度は、その規定が認めている基本権介入が強ければ強いほど、一層厳格なものになる。

3 これらの基準に照らせば、本法6条1項は、強制治療を行うための十分な法律上の根拠とはならない。この規定は、特に重大な基本権介入を行うための法律上の根拠の明白性および確定性に対して求められる諸要請を満たしていない。

(1) この規定は、執行目的達成のための強制治療を行うために重要な実体的および手続的要件の定めを欠いている。

（i）とりわけ、執行目的達成のための強制治療の場合に不可欠な、疾病による弁識能力の欠如という要件（前述2、(2)参照）が定められていない。さらに、本人の了解を求める努力について、本法は十分な弁識能力がある場合に限って同意を得る努力をするよう定めているが、比例原則によればこのような努力はより広い範囲で必要である。

（ii）基本権を保護するために必要なその他の手続的要件についても、法律の定めがない。本法は、医師の命令と指示の下でのみ強制治療を行うことが許されることは定めているが、事前告知の定めは不十分である。本法は、治療が肉体的強制によって行われる場合について事前予告を定めているが、肉体的強制を用いなくとも、本人の意思に反しているだけですでに基本権への重大な介入に当たる。さらに、記録を残すべき規定もなく、独立した機関による事前審査も定められていない。

（2）これらの法律の瑕疵を、憲法適合的解釈の方法で埋めることはできない。これらの欠陥を取り除くことができるのは、立法者だけである。

【解　説】

1　心神喪失または心神耗弱の状態で犯罪構成要件に該当する行為を行った者に対して、ドイツ刑法64条は、保安改善処分の一環として裁判所が精神科病院への収容を命ずることを定めている。処分の具体的な執行手続は各州の法律で定められるが、近年まで本法と同様に、比較的簡単な要件と手続で本人の意思に反する治療を認めてきた。犯罪に対する応報、贖罪を目的とする刑罰とは異なり、保安改善処分は、行為者を改善して将来の違法行為を防止し、社会の安全を維持することを目的とする。したがって、被収容者に対しては医学的な観点から治療が行われ、本人をできる限り治癒させ、または症状を改善して、社会に対する危険を除去することが目指される[2]。しかし、医学的観点から必要な治療を本人が拒否している場合に、収容処分の目的達成のために強制的に治療を行うことは、本人の基本権の侵害

となるおそれもある。本決定は、保安改善処分に付されている場合だけでなく、精神病患者に対する強制的治療が許されるための憲法上の要件を包括的に明示した点で、実務上も重要な意義を有する。

2　連邦憲法裁判所はまず、本人の自然的意思（代理人を通じて表明されうる法的意思ではなく、本人が直接表示する意思）に反する強制的な治療はすべて、身体的無傷性に対する基本権（基本法2条2項1文）への介入にあたるという。基本法2条2項1文は、「何人も生命および身体的無傷性に対する権利を有する」と定める。この基本権は、歴史的に見ればナチ時代の人体実験、強制断種などの残虐行為への反省から基本法に取り入れられたものであり、伝統的には身体的健康への傷害、不妊化、肉体的苦痛、身体的外観の変形などから個人を保護するものとされ、今日ではさらに放射線、汚染などによる健康障害に対する保護も認められている[3]。したがって、国家による強制的な医学的な措置を受けない権利は、この基本権の古典的な意味内容の一つであると言える。もっとも、疾病治療のための投薬が直ちに「身体的無傷性」への介入と言えるか否かには疑問の余地もある。しかし連邦憲法裁判所は、たとえ客観的に見て本人の回復に資する治療であっても、それを受けるか否かを決定することは本人の自由であるとして、治療のための強制投薬も基本権への介入となると認めた。

もっとも身体的無傷性を求める基本権も無制約ではなく、憲法上正当な理由に基づく制限が許される。ただし連邦憲法裁判所によれば、釈放した場合に被収容者が犯す恐れのある犯罪から第三者を保護するという利益は、制約を正当化する理由とならないという。そのような利益は、被収容者を治療せずに収容し続けることによっても保護できるからというのである。そうすると、介入を正当化する憲法上の利益として考えられるのは、健康を回復して社会復帰するという被収容者自身の利益しかあり得ない。ただし、その利益を求めるか否かを決定することは被

収容者の自由なのであるから、強制的な治療が認められるのは、被収容者が疾病のためにそのような決定を行う能力を失っている場合に限られることになる。

さらに連邦憲法裁判所は、精神医学的治療が本人の人格的中核に触れる可能性もある重大な介入であることを理由に、強制治療を認めるために厳格な要件を満たすことを求めた。すなわち実体的には、その治療によって疾病の回復が期待できること（したがって、単に症状の発現を抑えて施設による監護を容易にする目的の強制投薬は認められない）、他の手段では成功が見込めない最後の手段であること、そして本人に不相当な負担を伴わないことが要求され、さらに手続的には、事前の予告、医師による命令と監視、治療措置の詳細な記録保存、独立した第三者による事前審査が要求される。そして本法はこれらの憲法上の要請を満たしていないので、違憲無効であるという判断を下したのである。

3　本件決定は、精神病患者に対する強制的な治療を「身体」的無傷性に対する重大な介入と位置づけ、それが許容されるための実体的、手続的要件を詳細に説示した点では、概ね好意的に評価されている[4]。しかし本件決定が法改正のための猶予期間さえ認めず、法律を直ちに違憲無効としたことは、他の諸州、他の法分野にも実務上幅広い影響を及ぼした。まず、本件で直接審査の対象となったのは、ラインラント・プファルツ州の保安処分執行法だけであるが、保安処分執行中に同様に緩やかな基準によって強制治療を認めていた他の州法にも違憲の疑いが生じた。実際に本件決定以後、連邦憲法裁判所は、バーデン・ヴュルテンベルク州[5]、およびザクセン州[6]の法律に対しても、同様の理由によって違憲無効の判決を下している。さらに、精神病患者に対する強制治療は、他の法律の根拠に基づいて行われることもある。一つは、各州の法律[7]に基づいて自傷他害のおそれのある精神病患者を強制的に入院させる場合である。もう一つは、民法に基づいて本

人に世話人が付されている場合に、世話人が本人の意思に反して入院させる場合[8]である。強制治療が本人の基本権に対する重大な介入であるならば、これらの場合にも本件と同様の厳格な要件が求められるはずである。実際、世話人による強制治療の申立を扱った連邦通常裁判所は、本件決定後の2012年6月2日に下された2つの裁判[9]において、世話人の申立による強制治療に関する民法の規定は連邦憲法裁判所が説示した憲法上の諸要請を満たしていないとして、世話人の申立を退ける決定を下した。しかし、治療を伴わない強制入院措置自体は認められており、本人の治療のために存在するはずの強制入院制度が「単なる監禁」[10]と化しているとの指摘もなされた。

このため立法者は早急な対応を余儀なくされ、連邦議会は2013年に民法と家事非訟事件手続法を改正し、世話人の申立に基づく被世話人の強制治療に関する規定を整備した[11]。これらの規定には、連邦憲法裁判所が判示した実体法上、手続法上の要件がほぼ盛り込まれている。これにより、民法の規定によって世話人を付せば、本人の意思に反する治療が再び可能になった[12]。

4　日本では、触法精神病患者の処遇[13]は、心神喪失者等医療観察法によって定められている。しかしこの法律では、裁判所による入院治療の「決定を受けた者は、厚生労働大臣が定める指定入院医療機関において、入院による医療を受けなければならない」[14]と定めるだけで、個別の治療措置について患者が拒否した場合に、強制的に治療を行うことの可否、またその手続については何ら規定がない。この法律が制定される以前の精神保健法に基づく強制入院については、「強制入院の対象となった患者には、ある程度の強制的な治療が許されるということは、わが国の精神医療の現場では、暗黙の了解事項であるといってよい」[15]との指摘がある。しかしながら、精神医療の分野においてもインフォームドコンセント[16]が重視される今日において、個別の治療措置に

ついても患者の意に反して行うための要件と手続を
法律上整備することが求められている。

(1) 本決定の評釈として、Bublitz, Habeas Mentem? Psychiatrische Zwangseingriffe im Maßregelvollzug und die Freiheit gefährlicher Gedanken, ZIS 2011, S. 714; Kammeier, Anmerkung zu BVerfG, Beschl. v. 23. 03. 2011 - 2 BvR 882/09; Meyer-Mews, Zu den Voraussetzungen verfassungsmäßiger medizinischer Zwangsbehandlung im Maßregelvollzug, NJ 2011, S. 389; Olzen/Metzmacher, Zulässigkeit der Zwangsbehandlung untergebrachter Personen, BtPrax 2011, S. 233. そのほか、拙稿「ドイツにおける精神病患者の強制治療と基本権保障」井上典之＝門田孝編『憲法理論とその展開──浦部法穂先生古稀記念』（信山社、2017 年）所収も参照。

(2) § 136 StVollzG.

(3) Di Fabio, in: Maunz/Dürig, Grundgesetz-Kommentar, Art. 2 Abs. 2 Satz 1, Rn. 55.

(4) Bublitz, Anm. 1; Kammeier, Anm. 1.

(5) BVerfGE 129, 269.

(6) BVerfGE 133, 112.

(7) 州によって法律の名称は異なるが、例えばザクセン州では、Gesetz über die Hilfen und die Unterbringung bei psychischen Krankheiten（精神疾患の際の支援と収容に関する法律）。

(8) § 1906 BGB

(9) BGH, Beschluss vom 20. Juni 2012 - XII ZB 99/12 -,

BGHZ 193, 337; BGH, Beschluss vom 20. Juni 2012 - XII ZB 130/12 -, juris.

(10) AG Nürtingen v. 05. 10. 2012 - 11 XIV 65/12, FamRZ 2013, S. 242.

(11) Gesetz zur Regelung der betreuungsrechtlichen Einwilligung in eine ärztliche Zwangsmaßnahme vom 18. Februar 2013, BGBl. I S. 266. この改正の経過および内容について、詳しくは Grotkopp, Medizinische Zwangsbehandlung untergebrachter Personen - in Grenzen - wieder möglich, BtPrax 2013, 83 参照。

(12) このほか、各州の保安改善処分執行および精神病患者の治療に関する法律も順次改正されている。Henking/Mittag, Die Zwangsbehandlung in der öffentlich-rechtlichen Unterbringung - Stand der Neuregelungen, BtPrax 2014, S. 115 参照。

(13) 町野朔編『精神医療と心神喪失者等医療観察法（ジュリスト増刊）』（有斐閣、2004 年）、西山詮『精神障害者の強制治療（法と精神医学の対話 2）』（金剛出版、1994 年）。

(14) 心神喪失者等医療観察法 43 条 1 項。

(15) 斎藤正彦「精神保健法における強制入院制度の諸問題」町野編・前掲注(13) 37 頁（45 頁）。

(16) 広田伊蘇夫「国連原則と精神保健法」町野編・前掲注(13) 111 頁、加藤伸勝「精神科薬物療法におけるインフォームド・コンセント」町野編・前掲注(13) 130 頁、辻悟「精神医療とインフォームド・コンセント」町野編・前掲注(13) 151 頁。

18 保安拘禁に関する規定の遡及適用

宮地　基

2011 年 5 月 4 日連邦憲法裁判所第 2 法廷判決
連邦憲法裁判所判例集 128 巻 326 頁以下
BVerfGE 128, 326, Urteil v. 4. 5. 2011

【事　実】

　1998 年以降、ドイツでは重大な性犯罪・暴力犯罪を繰り返す者に対処するため保安拘禁の適用対象が拡大された。その一つが事後的保安拘禁の導入である。これは、判決で保安拘禁が付されなかった場合でも、後にその者が重大な犯罪を犯す蓋然性が高いことを示す事実が判明した場合には、裁判所が後に保安拘禁への収容を命ずるものである。もう一つ、従来はじめての保安拘禁の執行期間は 10 年を限度としていた規定が廃止され、裁判所の審査により引き続き再犯の危険が認められれば、10 年を超えて執行を続けられることになった。これらの改正は、すでに刑罰または保安拘禁の執行中の者にも遡及して適用すべきものとされた。

　しかし、これは被告人に不利益な刑法の遡及適用ではないかとの疑義が生ずる。実際、改正法律の発効前に初めての保安拘禁を命じられ、新規制を根拠に 10 年経過後も処分終了を認められなかった被収容者が、連邦憲法裁判所に憲法異議を申立て、人身の自由を保障した基本法 2 条 2 項および 104 条 1 項、並びに遡及処罰禁止を定めた基本法 103 条 2 項に対する違反を訴えた。これに対し連邦憲法裁判所は、2004 年 2 月 5 日の判決[1]により、最長期限廃止を遡及適用した 1998 年の改正法律を合憲と認め、憲法異議を棄却した。その理由は、刑罰と保安拘禁とは、目的も憲法上の正当化事由も異なり、遡及適用禁止は刑罰に関するもので、保安拘禁には適用されないというものであった。

　これに対し申立人は、欧州人権条約に基づいて欧州人権裁判所に提訴し、同裁判所は、2009 年 12 月 17 日の判決[2]により、ドイツ政府の行為が同条約に違反することを確認し、申立人への賠償支払いを命じた。欧州人権裁判所は、収容施設の多くが刑務所内にあること、保安拘禁執行規定の多くは刑罰執行の規定を準用していること、執行停止の要件を満たすことが困難であることなどを挙げ、保安拘禁が実質的に刑罰と異ならないとして、10 年の最長期限の事後的な延長は、刑罰法規の遡及適用を禁じた欧州人権条約 7 条 1 項に違反すると判断したのである。

　これを受けて同様の境遇にある複数の保安拘禁被収容者が連邦憲法裁判所に憲法異議を申立て、連邦憲法裁判所は、2004 年の判決を変更し、いずれの改正も基本法に違反するとの判決を下した。

【判　旨】

　1　本件憲法異議は、主たる部分につき適法である。

　本件諸規定の合憲性が以前の判決で確認されていることは、憲法異議の適法性を妨げない。連邦憲法裁判所の合憲宣言の既判力は、新たな申立てに対し原則として訴訟障害となるが、後になって法的に重要な事実上および法律上の事情の変化があった場合には、既判力は消滅する。欧州人権裁判所の裁判は、確認的な判断であって、法律上の状態を直接変更するものではなく、まして憲法レベルの法的状態を変更するものではないが、基本法の解釈にとって法的に重要な意義を持つ。したがって欧州人権裁判所の裁判は、法的に重要な事情の変化に相当する。

2 本件憲法異議には理由がある。

(1)(i) 欧州人権条約は、国内的には基本法よりも下位にある。しかし基本法の諸規定は、国際法協調的に解釈せねばならない。人権条約と欧州人権裁判所の判例は、憲法レベルにおいて、基本権および法治国家的諸原則の内容と範囲を定める上で解釈補助としての役割を果たす。

(ii) 異議の対象たる諸規定は、基本法2条2項2文、104条1項1文に違反する。

(a) 保安拘禁に伴う自由基本権への重大な介入は、厳格な比例性審査の基準に照らし、かつ根拠となる裁判および執行の形態に対する厳格な諸要求を遵守した上でなければ正当化できない。その際、欧州人権条約7条1項の評価も考慮に入れなければならない。

人身の自由は基本権の中でも高度な序列を占める。保安拘禁のようなこの自由権への予防的介入が許されるのは、比例性原則を厳格に遵守した上、高い価値を有する法益保護のため必要不可欠な場合に限られる。さらに、欧州人権条約7条1項を正しく評価すれば、予防的な自由剥奪を「刑」とは質的に区別した形態で行わねばならないという憲法の要求（いわゆる距離命令）は、一層明確になる。

憲法上の距離命令は、すべての国家権力を拘束するが、第一義的には立法者に向けられており、立法者には、この命令に即した保安拘禁制度を法律で定める任務がある。その法律の内容は、重要な問題を行政・司法に委ねず、主要な領域で行政・司法の行動を実効的に限定する程度に詳細であることが必要である。

立法者が距離命令を具体化するにあたり、以下のような憲法上の要請が満たされねばならない。

（ア）保安拘禁は、他のより控え目な措置では社会公共の安全に十分配慮できない場合の最後の手段としてのみ、命ずることが許される（最終手段原理）。

（イ）保安拘禁の執行前に、被収容者の医学的検査を行い、早期に釈放できるよう集中的な治療計画を個別に策定し、個別的・集中的な監護を行わねばならない（個別化・集中化の要請）

（ウ）被収容者自身が治療に協力するよう積極的動機付けを行わねばならない（動機付けの要請）

（エ）収容施設は、刑罰施設と建物または区画を分離し、安全を損なわない限り一般の生活状況と同等にせねばならない（分離の要請）。

（オ）できる限り早期に釈放または処遇緩和を行うため、試験的な一時外出許可、執行の一時停止、社会復帰のための援助が保障されねばならない（最小化の要請）。

（カ）被収容者には、必要な措置の実施を求める法的請求権が保障され、これを実際に行使可能にするため補佐人などの補助が提供されねばならない（権利保護・支援の要請）。

（キ）年に1回は保安拘禁継続の可否を裁判所が厳格に審査し、執行官庁が定期的に裁判所に執行状況を報告し、必要ならば裁判所が職権で継続可否の審査を行うことが必要である（監督の要請）。

(b) 保安拘禁に関する現在の諸規制は、これらの要請を満たしていない。

連邦法も、各州の法律も、保安拘禁の執行につき刑罰に関する規定を大幅に準用し、執行機関に広い裁量の余地を残しており、自由を指向し治療を目的とした保安拘禁の執行を行うよう執行施設を義務づけているとは言えない。保安拘禁の実際の執行も、距離命令から導かれる諸要請に十分配慮していない。

(iii) さらにこれらの法律の規定は、基本法20条3項と結びついた2条2項2文にも違反する。

本件諸規定には、該当者らの、10年後の保安拘禁終了への信頼（最長期限廃止の場合）、あるいは保安拘禁を命じられないことへの信頼（事後的保安拘禁の場合）に対する介入が伴っており、このような介入は、これに自由権（基本法2条2項2文）への介入が伴うことに鑑みれば、厳格な比例性の基準に照らし、極めて高度の憲法価値を保護するために限り、憲法上許容される。

さらに信頼保護利益の重要性は、欧州人権条約の価値判断により強化される。欧州人権裁判所は、保

安拘禁が実質的に欧州人権条約7条にいう刑罰に当たるから最長期限の事後的延長は同条に違反すると判断した。この解釈は、距離命令を明確に遵守すべきことを示唆するが、必ずしも基本法103条の解釈を欧州人権条約7条に一致させることを義務づけるものではない。しかし自由剥奪の遡及的な命令または延長が適法といえるのは、刑罰との必要な距離が保たれており、被収容者に極めて重大な暴力犯罪または性犯罪の高度な危険が考えられ、かつ欧州人権条約の要件が満たされている場合に限られる。保安拘禁と刑罰とが明確に区別されていない場合、当事者らの信頼保護は、刑罰の遡及禁止に近い絶対的な保護となる。したがって現状で遡及的に保安拘禁を行えるのは、欧州人権条約5条1項2文eにいう「精神の異常」がある場合だけである。

(2) 憲法異議の対象たる諸規定が距離命令に違反しているために基本法104条1項1文と結びついた2条2項2文に違反している点に関する限り、保安拘禁に関するすべての規制について同じことが言える。したがって判決の効力はこれらの規定にも拡張され、これらの規定もすべて違憲である。

(3) 違憲とされた諸規定は、立法者が新たな規制を行うまで、遅くとも2013年5月31日まで、引き続き効力を有する。ただし、それまでの間、これらの規定は主文に明示した基準に従って適用しなければならない。

【解　説】

1　保安拘禁は、保安処分の一種であり、性犯罪や暴力犯罪を理由として過去に有罪判決を受けている者が再度犯罪を犯し、犯罪への性癖を有するために社会に危険を及ぼす恐れが高いと判断される場合に、刑罰と併せて命じられる[3]。通常は、一般的な刑罰執行施設内の一般受刑者とは区分された区域に拘禁されるが、自由刑に比較して寛大な処遇が行われる。保安拘禁は、犯罪に対する処罰ではなく、被拘禁者が社会に対して及ぼす危険を防止するための措置であるから、処分の言渡しの時点では原則とし

て期限は付されない。少なくとも2年ごとに裁判所が行う審査によって、被拘禁者に再犯のおそれがなくなったと判断されれば、処分は終了する。

保安拘禁制度は、ナチス時代の1933年の法律[4]に起源を有するもので、公共の安全の維持を理由に刑の執行が終わった者を無期限に拘禁し続けるのであるから、第2次世界大戦後は比較的慎重な運用が行われてきたが、1998年[5]以降、重大な性犯罪および暴力犯罪を繰り返す犯罪者への対処を理由に適用の強化が図られた。本件で問題となった初回の法案拘禁の最長期限の廃止、および、事後的保安拘禁の命令もその一つである。

もう一つこれに次いで導入された制度に、留保付き保安拘禁命令がある。これは2002年の法律[6]で導入されたもので、判決言渡しの時点では被告人の危険性が明白でない場合に、保安拘禁の可能性を留保しておき、釈放の前にその者の行為と刑罰執行中の改善の程度を総合評価して、重大な犯罪を犯す恐れがある場合には、保安拘禁を命ずることができるものである。これについて連邦憲法裁判所は、2012年6月20日の決定[7]において、本判決と同様に刑罰と保安拘禁が厳密に区別されていないという点を除いては、基本法にも欧州人権条約にも違反しないと判断している。

2　本判決はまず、欧州人権裁判所の判決を受けて以前の判決を変更した点で注目に値する[8]。条約の国内的効力に関して、ドイツの判例通説はいわゆる二元説の立場をとっており[9]、この考え方によれば、条約は、国家の立法機関によって国内的効力を付与されない限り、国内では効力を持たない。立法機関の同意は、通常の法律の制定と同じ手続および形式で行われ[10]、これによって「条約同意法律」が成立する。通常の法律と同じ手続で国内的効力を付与された条約は、通常の法律と同等の法的効力を有するから、当然連邦の憲法たる基本法に劣位することになる。しかし本判決は、欧州人権裁判所の判決が、先行判例の既判力を遮断する事情の変更に該当

するともに、判決における人権条約の解釈が、憲法の解釈に当たっても「補助」として援用されるべきことを明らかにした。

もっとも連邦憲法裁判所は、保安拘禁が実態として刑罰と異ならないから遡及禁止原則が適用されるという、欧州人権裁判所の判断それ自体を受け入れたわけではない。むしろ、保安拘禁が刑罰と厳密に区別されねばならない（距離命令）という、それ自体としては2004年判決でも指摘されていた憲法上の要請が、欧州人権裁判所の判決によって強化されるのだといい、保安拘禁に求められる実体的および手続的要件を詳細に指摘して、立法者に対応を促した。したがって違憲の根拠となった基本法の条文も、刑罰の遡及禁止を定めた103条2項ではなく、人身の自由を定めた2条2項および104条1項であり、これと関連して一般的な法治国家原理を定めた20条3項から導かれる信頼保護の原理が、欧州人権条約および欧州人権裁判所によるその解釈によって強化されるとの論理構成をとっている。

3 欧州人権裁判所の判決と、それを受けた連邦憲法裁判所の判例変更は、実務上大きな影響を及ぼした。まず、遡及適用の対象となった多数の被収容者の処遇が問題となる。欧州人権裁判所の判決を受けて、連邦議会は、保安拘禁の適用範囲を限定する法律改正を行った[11]。そのうち「治療収用法」[12]では、遡及適用が禁止された結果釈放されることになった被拘禁者のうち、精神に障害があり、他人の生命身体等を傷つける蓋然性が高い場合には、治療のための閉鎖施設に収容することが定められた。これは欧州人権裁判所の判決に抵触せずに、すでに保安拘禁の執行を受けている被拘禁者を引き続き拘禁し続けるには、欧州人権条約5条1項2文eにいう「精神の異常」を根拠にする以外にないという考えから制定された法律である[13]。本判決でも連邦憲法裁判所は、この法律を前提として、遡及適用の対象となる被拘禁者について遅滞なく治療収容の可否を審査し、要件を満たさない者は釈放すべきことを主文におい

て命じている。この法律に対しては、実質的に保安拘禁を遡及的に継続するものであって「精神の異常」の概念を拡張しすぎていないか、あるいは精神障害者の処遇を定めることは州の権限であって、連邦には立法権がないはずだといった批判もあったが、連邦憲法裁判所は、2013年7月11日の決定[14]により、一方で治療収用法が基本法にいう「刑法」に該当するとして連邦の立法権を認め、他方では治療収用法に基づく処遇が刑罰とは厳密に区別されているとして、この法律自体は合憲と認めた。ただし、治療収容が保安拘禁に匹敵する人身の自由への重大な介入であることから、比例原則からの帰結として、治療収容が認められるのは当人が極めて重大な暴力犯罪または性犯罪を犯す高度の危険が存在する場合に限られるという、合憲限定解釈を加えた。

さらに、保安拘禁と刑罰とが厳密に区別されていない（距離命令違反）という点については、問題は遡及適用の事例にとどまらない。保安拘禁の執行に関する全ての規定および実務が同じ違憲の瑕疵を帯びることになる。連邦憲法裁判所法78条2文は、同じ法律の中で直接異議の対象となっていない条文についても、同じ理由で違憲となる場合には、連邦憲法裁判所がこれを無効と宣言することを認めている。これに基づいて連邦憲法裁判所は、本件判決において保安拘禁に関する全ての規制が違憲であると宣言した。しかしこれらの条文を直ちに無効とすると、保安拘禁の執行を受けている全ての者を直ちに釈放しなければならなくなる。そこで連邦憲法裁判所は、これらの規定を無効とすることは避け、2年の期限を付して立法者に対して保安拘禁に関する規定の改正を命じた。

もっとも、保安拘禁の実体的および手続的要件を定めることは連邦の権限であるが、その執行は州の権限であり、それぞれの州法の改正が必要となる。そこで全ての州と連邦司法省が参加する作業グループが設けられ、2012年5月にはモデル草案を含む報告が発表された[15]。また連邦議会は、2012年12月に保安拘禁の要件および手続を大幅に改革する法

律を制定した[16]。これらの法律はいずれも 2013 年 6 月 1 日に発効しており、連邦憲法裁判所の命じた期限内に、本判決で示された憲法上の諸要件がほぼ実現したといえる[17]。

(1) BVerfGE 109, 133

(2) Beschwerde-Nr. 19359/04, M. ./. Deutschland

(3) Bartsch, Sicherungsverwahrung, 2010. 保安拘禁に関する近年の動向に関する邦語文献として、宮澤浩一「事後的保安監置に関する新立法動向について」現代刑事法 69 号（2005 年）95 頁、吉川真理「ドイツの事後的保安拘禁について」静岡大学法政研究 11 巻 1、2、3、4 号 1 頁、同「ドイツにおける保安拘禁の改正について」尚絅学院大学紀要 51 集（2005 年）91 頁、飯島暢「保安監置制度の正当化について──法的強制としての自由の剥奪の可能性？」法学研究（慶應義塾大学）84 巻 9 号（2011 年）291 頁、石塚伸一「ドイツの刑事政策 2004 年──事後的保安監置をめぐる動き」『龍谷法学』37 巻 4 号（2005 年）1116 頁、同「危険社会における予防拘禁の復活？──ドイツにおける保安監置の動揺について」『近代刑法の現代的論点──足立昌勝先生古稀記念論文集』（社会評論社、2014 年）258 頁、渡辺富久子「ドイツにおける保安監置をめぐる動向──合憲判決から違憲判決への転換」外国の立法 249 号（2011 年）51 頁、水留正流「保安監置の限界（1）──ドイツ連邦憲法裁判所と欧州人権裁判所の『往復書簡』を手掛かりに」南山法学 36 巻 3・4 号（2013 年）129 頁、ヴォルフガング・フリッシュ（金澤真理訳）「国際的法規範によって吟味を受ける保安監置」髙田昌宏＝野田昌吾＝守矢健一編『グローバル化と社会国家原則』（信山社、2015 年）365 頁。

(4) 危険な常習犯罪者への対策ならびに保安および改善の処分に関する法律。Gesetz gegen gefährliche Gewohnheitsverbrecher und über Maßregeln der Sicherung und Besserung vom 24. November 1933 (RGBl I S. 995).

(5) 性犯罪およびその他の危険な犯罪に対処するための法律。Gesetz zur Bekämpfung von Sexualdelikten und anderen gefährlichen Straftaten vom 26. Januar 1998 (BGBl I S. 160). この法律では、他に一定の犯罪については、従来三度目の有罪判決から保安拘禁の処分を付すことができたのを改めて、二度目の有罪判決から処分を付すことを認めた。

(6) Gesetz zur Einführung der vorbehaltenen Sicherungsverwahrung vom 21. August 2002 (BGBl. I S. 3344).

(7) BVerfGE 131, 268.

(8) この点につき、拙稿「司法審査における人権条約の位置──日独比較の観点から」国際人権 23 号（2012 年）49 頁以下参照。

(9) Geiger, Grundgesetz und Völkerrecht, 5. Aufl., 2010, S. 13ff.; Amrhein-Hofmann, Monismus und Dualismus in den Völkerrechtslehren, 2003.

(10) 基本法 59 条 2 項は、「連邦の政治的関係を規律し、または連邦の立法事項に関する条約は、連邦法の形式で、それぞれ連邦立法について権限を有する機関の同意または協力を必要とする」と定める。

(11) 詳しい改正内容については、渡辺・前掲注(3)、59 頁以下参照。

(12) Gesetz zur Therapierung und Unterbringung psychisch gestörter Gewalttäter (Therapieunterbringungsgesetz) vom 22. Dezember 2010 (BGBl I S. 2300, 2305).

(13) BTDrucks 17/3403, S. 53 f.

(14) BVerfGE 134, 33.

(15) Auftrag und Ergebnisse der Länderarbeitsgruppe zur Erarbeitung gesetzlicher Grundlagen zur Neuregelung des Vollzugs der Sicherungsverwahrung. この報告は、作業を主導したニーダーザクセン州の HP に掲載されている。http://www.mj.niedersachsen. de/download/69093/zum_Downloaden.pdf

(16) Gesetz zur bundesrechtlichen Umsetzung des Abstandsgebotes im Recht der Sicherungsverwahrung vom 5. 12. 2012 (BGBl I, 2425).

(17) 改正法の詳しい内容については、Schäfersküpper/ Grote, Vollzug der Sicherungsverwahrung -Aktuelle Entwicklungen-, NStZ 2013, S. 447 参照。

19 委託発注法と司法付与請求権

太田航平

2006 年 6 月 13 日連邦憲法裁判所第 1 法廷決定
連邦憲法裁判所判例集 116 巻 135 頁以下
BVerfGE 116, 135, Beschluss v. 13. 6. 2006

【事　実】

　ドイツでは、公共調達のために委託発注 (Vergabe) をする場合、様々な規定に拘束される（これらを総称して委託発注法 (Vergaberecht) という）が、その規定の内容は、その調達額が一定の額（限界価格 (Schwellen-wert)）超える場合と、超えない場合とで大きく異なる。

　限界価格を超える場合、その委託発注は、競争制限に対抗する法律 (GWB) および委託発注命令 (VgV) によって規律され、限界価格を超えない場合は、建築工事に関する委託発注および契約規定 (VOB) によって規律される。

　この 2 つの規定の大きな違いは、委託発注を受けるために入札をした事業者に対して第一次的権利保護が与えられ、違法な委託発注が落札前に阻止されるかどうかという点である。限界価格を超える委託発注の入札に参加する事業者は、法令で決められた委託発注手続の遵守を求める権利が与えられ (GWB 97 条 7 項)、委託発注手続の適法性に疑いを持つ事業者は委託発注審査部 (Vergabekammern[1]) という行政内部機関に不服審査を求めることができる (GWB 102 条以下)。そして、委託発注審査部の決定に不服がある場合、上級地方裁判所に即時抗告ができる (GWB 116 条)。一旦落札がなされた場合、それを取り消すことはできないため (GWB 114 条 2 項)、これらの審査の間、落札はなされず、また、落札の前に、入札に失敗した事業者に対して、入札の結果が伝えられなければならない (GWB 115 条 1 項、118 条 1 項、VgV 13 条（当時）)。他方で、限界価格を下回る委託

発注の場合、事業者にそのような権利は認められず、そのため、入札の結果が事前に知らされることもない。

　X（異議申立人）は、限界価格を下回る調達の入札に参加したが、一部条件を満たしていないことを理由に入札から除外された。X は、委託発注審査部に不服申立てをしたが、不適法とされたため、上級地方裁判所に即時抗告したものの、当該調達が限界価格を超えておらず、また、そのように限界価格を超えた調達にのみ特別な手続が与えられていることは憲法に違反しないため、不適法であるとして却下された。

　そこで、X はこの上級地方裁判所の決定が基本法 3 条 1 項および 19 条 4 項に違反するとして、憲法異議を提起した。

　もっとも、基本法 3 条 1 項違反の主張については、紙幅の都合上、ここでは割愛した。

【判　旨】

　この適法な憲法異議には理由がない。

1　基本法 19 条 4 項にいう「公権力」と委託発注決定

　本件、委託発注決定は基本法 19 条 4 項の意味する公権力の行使にあたらないため、上級地方裁判所は基本法 19 条 4 項を侵害していない。

　特別な権利保護保障を基本法 19 条 4 項で規範化した目的は、歴史的な経験にもとづき、個人の上位にあり、場合によっては強制という手段により行動する執行権者の行為によって権利濫用が行われると

いう危険から個人を保護することにある（vgl. BVerf-GE 107, 395〈404〉）。そのため、そのような国家の作用方法の存在が、基本法19条4項を通じ、裁判所による保護を求めるための条件となる。このような特別な保護目的から出発して、基本法19条4項の意味する公権力の概念が規定されなければならない。

まずもって、委託発注機関は基本法19条4項の意味する公権力の担い手として行為しない。国家は、特定の財あるいは給付に対する需要をみたすために、市場で行動するが、そこで国家は基本的に他の市場参加者と区別されない。委託発注決定において、国家は支配的かつ公的な法権力を用いることはなく、その措置を基本法19条4項の意味する公権力の行使として組み込む余地は存在しない。

2　一般的司法付与請求権の侵害性

基本法は、基本法19条4項にもとづいて裁判所での権利保護を保障するだけでなく、それを超えて一般的司法付与請求権の枠内でも裁判所での権利保護を保障している（vgl. BVefGE 107, 395〈401〉）。

（1）　基本法は一般的司法付与請求権によって、基本法19条4項の場合と同じように、主観的権利の保護という目的のために権利保護を保障しているにすぎない。そして、その主観的権利は、いずれの保障においても前提とされるものであり、一般的司法付与請求権によって、保護されるべき主観的権利自体が創設されるのではない。個人が権利保護保障を引き合いに出すことができるのは、法秩序において自身に保障されている法的地位の侵害を主張した場合だけである（vgl. BVerfGE 113, 273〈310〉; BVerfG, Beschluss des Ersten Senats vom 23. Mai 2006 - 1 BvR 2530/04 -, BB 2006, S. 1702〈1703〉）。どのような前提条件のもとで個人に権利が与えられるべきか、さらにその権利がどのような内容を持つべきかについては、立法者が通常法を規定する中で決定する（vgl. BVerfGE 78, 214〈226〉; 83, 182〈195〉）。それとならんで、権利保護を受けることのできる法的地位は、基本権から生じることもあれば、憲法上保障されたその他

の権利から生じることもある。

本件の場合、平等取扱請求権（基本法3条1項）が、一般司法付与請求権の枠内において、裁判上追求できる異議申立人の主観的権利となる。そのかぎりで、あらゆる競争者は、実効的な権利保護が保障されなければならないような主観的権利を自由に行使する（vgl. BVerfG, Beschluss des Ersten Senats vom 23. Mai 2006 - 1 BvR 2530/04 -, BB 2006, S. 1702〈1703〉）。

（2）　もっとも、当該上級地方裁判所の決定は、一般的司法付与請求権を侵害していない。

一般的司法請求権を実現する立法者の任務は、権利保護システムを形成し、権利を求める個人に実効的な権利保護を確保することである（vgl. BVerfGE 107, 395〈408〉）。しかし、この実効的な権利保護を形成する場合、立法者には、互いに競合し、絡み合う利益を調整する権限が与えられているが、その調整は、すべての者にとって、比例的方法において適切な形で行われ（vgl. BVerfGE 88, 118〈123 ff.〉; 93, 99〈107 f.〉）、その際、立法者には、評価裁量および判断裁量が与えられている（vgl. BVerfG, Beschluss vom 14. März 2006 - 1 BvR 2087/03 u.a. -, EuGRZ 2006, S. 159〈167〉）。

相異なる利益が関係するような状況において立法者が権利保護を形づくる場合に、その立法者に対し、一般的司法付与請求権から特別な基準が導き出されるかどうかは、まさに具体的に関係する利益状況の特性を考慮することによってのみ判断されうる。立法者は権利を求める者の基本権保護の主張および、それと関係する第三者の基本権保護の主張を顧慮しなければならないが、それと対立する公の利益の重要性も衡量に取り入れられなければならない。

この基準にしたがえば、異議申立人に第一次的権利保護が与えられなくとも、それは憲法上、非難されるべきことではない。

失敗した入札参加者の権利保護可能性が広がることによって失われる利益は、委託発注された調達により実現する公共の利益だけでなく、落札した事業者の利益をも妨害し、それどころか、無に帰すことにもなりうる。さらに、不服審査手続に必要な時間

的および物的な出費によって、委託発注の経済性が失われることにもなりうる。他方で、入札に失敗した事業者に第一次的権利保護を認めないことによって失われる利益は、それ自体、憲法上保護されたものではなく、手続形成の際、平等原則を遵守しているかについてだけが憲法上保護されるにすぎない。失敗した事業者が調達の委託発注において、打撃を被るのは、単に売上機会（Umsatzchance）に関してだけであって、個人的な法的地位についてではない。失敗した事業者が、損害賠償請求を用いれば、そのような売上機会を獲得することに関する利益は埋め合わせられる。

【解　説】

以下、本決定について解説していく[2]。

1　基本法 19 条 4 項の「公権力」

本件の異議申立人は、現行法上、自分に第一次的権利保護が与えられていないのは、基本法 19 条 4 項違反であると主張した。この主張に対し、本決定は、基本法 19 条 4 項のいう「公権力」とは権力的に作用する執行権の権限行使であるとしたうえで、本件で問題となっている委託発注決定はそのような権力的な権限行使ではないとした。

このような基本法 19 条 4 項の解釈は、この規定を設けた目的にもとづいている。連邦憲法裁判所の従来の決定（BVerfGE 107, 395〔ド憲判Ⅲ **81** 判例〕）を引きながら、本決定はこの規定の目的を「歴史的な経験にもとづき、個人の上位にあり、場合によっては強制手段を用いて行動する執行権者の行為によって権利濫用が行われるという危険から個人を保護すること[3]」としている。

そのような解釈にもとづき、基本法 19 条 4 項の「公権力」が執行権の中でも、権力的な作用に限定されることを、本決定は明らかにしている。そして、そのうえで本件の委託発注決定はそのような公権力の行使とはいえないとした[4]。

2　一般的司法付与請求権と実効的権利保護

(1)　一般的司法付与請求権の根拠

本決定によれば、基本法 19 条 4 項の適用がなくとも一般的司法付与請求権が与えられるが、このような請求権は、法治国家原理（基本法 20 条 3 項）から導きだされる[5]。法治国家原理は裁判所による権利保護を広く保障しており、そのような権利保護の存在は法治国家の本質的要素である[6]。

(2)　実効的な権利保護の要請

本決定は、一般的司法付与請求権があることにより、立法者には実効的な権利保護（effektiver Rechts-schutz）を形成する任務が与えられるとする。もっとも、何をもって実効的な権利保護といえるかについては、様々な利益を衡量しなければならず、その点で立法者に裁量が与えられる。ただ一方で、裁量が与えられるとしても、その具体的な制度形成は比例的になされなければならない[7]。その基準に照らし、異議申立人の第一次的権利保護手続に対する利益と、迅速な措置および法状態の早期安定という利益を衡量した結果、第一次的権利保護を認めなくとも、比例的でないとはいえないと判断された。このような解釈は、従来の裁判所の見解にしたがったものであり、適宜先例を引用している（BVerfGE 107, 395 [401]〔ド憲判Ⅲ **81** 判例〕や、BVerfGE 88, 118）。

ここで重要なのは、一般的司法付与請求権から、具体的な権利保護システムの構築が要請されるのではなく、あくまでその形成が比例性をもって行われることを要請されるにとどまるという点である[8]。本決定が述べているように、「より多くの人々の様々な利益が関係するような状況においては、司法付与請求権があっても、権利を求める個人の権利保護が最大化することは不可能であるし、そのようなことは要求されない。むしろ、司法付与請求権は、法的に保護されるべき、関係するそれぞれの利益を事物適合的に衡量し、分類することを目標としている」[9]のである。

3 総 括

　本決定では、基本法 19 条 4 項の「公権力」概念が執行権の権力的作用を意味すること、法治国家原理から導かれる一般的司法付与請求権の要請する実効的な保護が比例性を満たしたものでなければならないことなどが明らかとなったが、結果として異議申立人に第一次的権利保護を与えなくとも合憲であるとされた。もっとも、この決定は第一次的権利保護を与えなくともよいといっているだけであって、与えること自体を禁止しているわけではない[10]。また、EU レベルにおける委託発注法との整合性も今後、問題となる[11]。

(1)　この訳語については、米丸恒治「公共調達に関する権利救済とその実効性 ── ドイツ委託発注法改正法後の状況」立命館法學 271・272 号（2000 年）1115 頁によった。ドイツの公共調達法に全般に関して、この論文は参考になる。

(2)　本判決の解説としては、太田航平「委託発注法と司法付与請求権」自治研究 91 巻 6 号（2015 年）133 頁以下も参照。

(3)　BVerfGE 116, 135 [149].

(4)　この裁判所の判断には多くの批判がある。その多くは委託発注決定を行う国家は支配的な公的な法権力を行使しているという批判する（M. Niested und F. J. Hölzl, Zurück aus der Zukunft？Verfassungsmäßigkeit der Primärrechtsschutzbeschränkung im Vergaberecht oberhalb bestimmter Schwellenwerte, NJW 2006, S. 3682 ; F. Wollenschläger, Vergaberechtsschutz unterhalb der Schwellenwerte nach der Entscheidung des BVerfG vom 13. Juni 2006: verfassungs- und verwaltungsrechtliche Determinanten, DVBl 2007, S. 593）.

(5)　本決定の Leitsätz 2. を参照。さらに一般的司法付与請求権の根拠については、笹田栄司『実効的基本権保障論』（信山社、1993 年）102 頁以下を参照。

(6)　BVerfGE 107, 395 [401]〔ド憲判 III *81* 判例〕. 学説においても、このような一般的司法付与請求権は認められている。たとえば、Michael/Morlok, Grundrechte, 3. Aufl., 2012, Rn. 890 f.

(7)　BVerfGE 116, 135 [154 f.].

(8)　もっとも、一般的司法付与請求権が全く具体的な権利保護を要請しないのかどうかは難しいところである。公平性の原則（das Gebot der Fairneß）、武器平等の原則（Waffengleichheit）、信頼保護の原則（Vertrauensschutz）が一般的権利保護の基準に含まれるとされている（E. Schmidt-Aßmann, in: T. Maunz/G. Dürig, Grundgesetz Kommentar, Lfg. 42, 2003, Art. 19 Abs. 4, Rn. 20.）. さらに一般的司法付与請求権の内容について、笹田・前掲注(5) 118 頁以下を参照。

(9)　BVerfGE 116, 135 [154].

(10)　この点ついて、T.Siegel, Effektiver Rechtsschutz und der Vorrang des Primärrechtsschutzes, DÖV 2007, S. 241 f. を参照。

(11)　EU 法、特に EuGH の委託発注法に関する見解と本決定との関係については F. Wollenschläger, Das EU-Vergaberegime für Aufträge unterhalb der Schwellenwerte, NVwZ 2007, S. 395 f. を参照。

20 相続・贈与税法と平等原則
— 統一価格Ⅲ決定

甲斐素直

2006 年 11 月 7 日連邦憲法裁判所第 1 法廷決定
連邦憲法裁判所判例集 117 巻 1 頁以下
BVerfGE 117, 1, Beschluss v. 7. 11. 2006

【事　実】

1　問題となった立法の概要

ドイツでは、相続税は州税である（基本法 106 条 2 項 2 号）が、相続税及び贈与税については、州法では無く、一元的に連邦法である相続・贈与税法 (Erbschaftsteuer- und Schenkungsteuergesetz) で定めている。相続・贈与税の課税対象は、その取得によって相続人等に生じた富 (Bereicherung) の増加であり、この富の増加は、資産価格で計られる。現行相続・贈与税法 19 条 1 項は、資産の種類に関わらず、遺産や贈与について統一的に、その増加した資産価格に、親等の程度に応じて三分類した上で、いずれにも累進的に増大する一定の比率を乗じて課税額を算出すると定めている。この資産価格は金額で現されるので、すべての資産を金銭的に把握しなければならない。

ドイツには、このように資産価格に税率を乗ずる租税（資産税）として、固定資産税、財産税、不動産取引税及びこの判決で問題となった相続税・贈与税が存在する。これらの税は、連邦法である評価法 (Bewertungsgesetz) の定めるところにより、すべて統一価格 (Einheitswert) と呼ばれる評価基準を使用している。同法は、本来は連邦税のみに妥当するが、相続・贈与税法 12 条は、原則として、評価法に依ると定めている。

1995 年 6 月 22 日に、連邦憲法裁判所第 2 法廷は二つの決定を下した。第一の決定は財産税[1]、第二の決定は相続税に関するものである[2]。そのいずれにおいても、税額評価は、基本法 3 条 1 項の定める平等原則に違反するとした。

すなわち、評価は原則として通常価格 (gemeiner Wert) による（評価法 9 条 1 項）。通常価格とは「ある経済財が通常の取引において譲渡されたとき、当該経済財の状態に応じて獲得されると認められる価格」（同 2 項）と定義され、株式などの場合には市場価格（同 11 条 1 項）、債権などの場合には名目価格（同 12 条 1 項）その他の評価方式が定められている。それに対し、不動産については例外として不動産保有価格 (Grundbesitzwert ＝同 157 条 1 項) とされ、その評価額は 6 年ごとに改定するとされていたが、実際には 1974 年までは 1935 年時点の評価額が、そして 1974 年からは 1964 年時点の評価額が適用されていた。この結果、評価額が取引価格より著しく低かった[3]点が基本法 3 条の平等原則違反とされた。

この決定に従い、不動産について一挙に評価方法を改めると、相続・贈与税ばかりでなく、不動産に関連するすべての資産税額が、場合によっては 3 倍以上に増加するので、この違憲決定にどう対応するかは大きな政治問題となり、改正は不徹底なものとなった。

すなわち、1997 年相続・贈与税法[4]は、不動産の相続については必要評価 (Bedarfsbewertung) により算定される不動産保有価格により評価することとした。その概要を述べれば、既建築の土地については、年間賃料の 12.5 倍とする（評価法 146 条 2 項）等の簡略化された収益価格方式 (Ertragswertverfahren) により評価し、更地については建築法典に基づいて設置される鑑定委員会 (Gutachterausschuss) が決定する標準地価 (Bodenrichtwert) を 20 ％減じて評価するとした。標準地価については 1996 年 1 月 1 日時点での価格とするとされた（同 138 条等[5]）。財産税は実質的

100 Ⅰ　基本権：GG 3条1項〔法律の前の平等〕　　　　　　　　　　　　　　　　　　　　　　　　〔甲斐素直〕

に廃止された[6]。

　また、事業承継にあたっては、個々の経済財を個別に評価し、その合計額から債務の合計額を差し引くことにより評価することとしており、この事業用財産に属する経済財の評価は、原則として租税貸借対照表価格（Steuerbilanzwert）によることとされた[7]。

　株式等の評価に当たっては、それが上場されていれば市場価格で評価されるが、非上場で、近時の取引実績も無い場合には租税貸借対照表価格に依ることとされていた。

2　事件の概要

　Xは、1997年7月23日に死亡したYの姪で、Yの唯一の相続人である。Yは、1994年末に未完成の住居を34万3000DMで購入した。住居は、契約後に完成し、Yに引き渡された。Yが代金を1996年末までにすべて支払ったので、1997年6月始めに譲渡が完了した。所有者の変更に伴う土地登記の変更は、1997年7月中旬に申請が行われ、翌8月初め、すなわちYの死の直後に、不動産登記簿にYが所有者として登記された。

　税務署は、死亡時点においては名義が変更されていなかったことを理由に、相続対象となるのは居住用不動産そのものではなく債権であるとして、購入にあたっての名目価格である34万3000DMで評価して課税した。この決定に対して、Xは、住宅価格は、その所在する税務署の定めている既建築土地の評価額12万7000DMとして評価されるべきであると異議を申し立てた。財政裁判所は、Xの訴えを認めて租税額を削減し、その求めた課税額とした[8]。この決定に対し、税務署は、その却下を求めて連邦財政裁判所に上訴した。同裁判所は、相続・贈与税法19条1項は基本法3条1項に違反するとして、基本法100条1項に従い、事件を連邦憲法裁判所に移送した[9]。

【判　旨】

　1　税法分野では、立法者は、課税対象の選択だけでなく、税率決定においても広範な裁量権を有している。立法者のこの基本的裁量権は、具体的な構成要件として定められねばならず、それにおいては、税法分野では、互いに密接に結びついた2つの原則によって制限される：応能負担原則と一貫性原則である（Prinzipien der finanziellen Leistungsfähigkeit und der Folgerichtigkeit）。

　2　平等原則は、税法においては、特に課税の平等という形で現れ、そこでは課税は基本的に経済的負担能力に応じる形で行われなければならない。納税義務者は、この原則の下、法律上も事実上も等しく賦課されなければならない。これにより求められる平等は——憲法上許容された区別を除き——個々の納税義務者に税法を適用した際の負担の結果として具体化する。

　3(1)　租税法上の規定を設計するにあたり、立法者は、負担の平等という意味において、一度採用した負担原則を一貫して採用しなければならない。このような一貫性の例外を定める場合には、特別な事実に立脚した理由を必要とする。

　(2)　立法者は、非財政的な促進ないし誘導目的から、例外を導入することを妨げられない。立法者は、補助ないし禁止によるだけではなく、間接的に経済や社会に影響を与える手段を採用することができる。その場合、市民は、特定の行動を採ることを法的に義務付けられていないが、経済的な動機から、望まれざる行動に対する租税の賦課ないし望まれる行動への租税の減免から、特定の作為または不作為を選ぶことになる。税法が、一つの税目内でそれぞれの課税対象の公平な負担に反するような課税の免除・軽減を行う場合、立法者が、納税義務者の行為を公益に基づいて促進又は誘導するのであれば、その様な税負担の軽減は平等原則の下で正当化される。十分な公益上の理由がある場合には、減免は、憲法上許容されている方法の例外として、一定の課税対象の全部又は一部を課税対象から除外することができる。

　4　財産（Vermögenssubstanz）の移転に対し一度だけ相続税を賦課するという、この立法者の負担決

定は、平等原則を考慮するならば、対象資産の評価結果を、相続税の課税標準を決定する際の第一段階としている。

納税義務者への平等な賦課は、個々の相続に属する経済単位（wirtschaftliche Einheit[00]）及び経済財の評価を見いだし、その価格を現実的に課税標準に反映することに依存している。

この要求を十分に満たす相続・贈与税の賦課は、立法者によって記述された賦課決定によっているので、法律が評価段階で通常価格を一般的に評価目標としている場合にのみ、保証される。なぜならば承継者の経済的負担能力の増加は、彼が資産譲受により金銭ないし金銭的価値ある経済財を自由にできるという、資産増加に起因しているからである。後者は、資産を売却することで実現できる。非金銭的経済財の継承による経済的負担能力は客観的条件の下で獲得可能な価額、すなわち評価法9条2項の定める通常価格によって計測される。これだけが、資産の増加によって媒介される負担能力の増大を適切に反映し、負担決定の平等な形成を可能にするのである。（これに引き続き、評価法が評価の特則を定めている事業用資産、不動産及び株式について検討し、事業用資産の租税貸借対照表価格は取引価格の45％（不動産価格を除外すると58％）であること[11]、不動産は既建築土地で取引価格の50％程度であること[12]、株式でも租税貸借対照表価格を使用する場合には過小評価になっていること[13]から、いずれも評価が通常価格ないしその近似価格になっていないという判定を下す。）

5 相続・贈与税法19条1項は、基本法3条1項と相容れない。なぜならば、それはあらゆる相続ないしは贈与の場合に統一的な税率を定めているが、しかし、納税義務ある資産の評価に関する規定は平等原則の要件を満たしていないからである。〈中略〉資産の承継により増加した納税義務者の財務能力に賦課するという立法者の決定は、したがって、賦課が均一になっておらず、一貫性がない。

6 立法者は、違憲状態を解消するために、様々な選択肢を有しているので、審査対象となった規定については無効とせず、単に基本法3条1項に違反していると宣言するにとどめる。

7 確かに、立法者は、現在の負荷に関する基本決定を維持する場合に、合憲性を確保するには、評価レベルでは関係する評価対象の価格を、統一的に時価を使用する方向で行うべきである。しかし、資産の種類ごとの評価方法の選択は、基本的に自由である。そこでは、単に、すべての資産が時価に近似する価格で把握されていることが保障されていれば足りる。

8 さらに、十分な公益上の理由がある場合には、評価方法の決定の第2段階において、特定の資産の承継に関し緩和措置を執ることを、——場合によっては非常に大幅に——有利に扱うことも、立法者は禁じられていない。その様な規定は、もちろん、非財政的な制御ないし促進に妥当する憲法的な要件を満たしていなければならない。特に、制御目的は、受益者集団が適切に定義され、制御目的が平等に形成されるように、立法意思決定が識別可能でなければならない。必要なことは、それ故に、受益効果が十分に正確に、そして受益者集団内で可能な限り平等に発生することである。

最後に、立法者は、税率を区分することで、非財政的制御及び促進規定を租税制御の手段を追求することができる。

【解　説】

本判決を簡単に要約すると、租税法を貫く基本原則は応能負担原則と一貫性原則とし（判旨1）、他方、平等原則は、税法においては、特に課税の平等という形で現れるとする（同2）。この二つから、一貫性が破れると、平等原則違反になる（同3(1)）。この結果、税負担は評価額に税率を乗じることによって決まるものであるから、税率が同一であるときは評価が平等になされていなければならないとした（同4）。そして、一貫性が破れていることを理由に相続・贈与税法19条1項を基本法3条違反とした（同5）。1995年判決においても同様の判示がなされていた。しかし、1995年判決の場合には、課税対象とされる経済単位は、現実的な価格で評価されなければならないと述べたにとどまっていたが、本判決は一歩

踏み込んで、通常価格に依る評価までを求めた。

　その上で、立法者が第2段階として、明文で、非財政的目的実現のための特則を設けることを認めた（同3⑵）。不動産相続の場合、その不動産に居住する近親者は、通常価格に基づき課税されると、その住居の売却を迫られる可能性が高い。また、中小企業の事業承継の場合には、その企業の解体と、そこで働く労働者の失業という事態を招くことになる可能性が高い[14]。そこで、第1段階では平等に評価した上で、第2段階として減税や免除措置を盛り込むことを許容したのである（同8）。

　相続・贈与税法改正案は、決定が期限とした2008年末ぎりぎりの12月24日に成立し、12月31日に公布され、その中核部分は、2009年1月1日から施行された。改正内容は複雑で、本稿の紙幅で紹介することはできない[15]。概略の説明をすれば、従来評価にあたり特則の存在していた3つの場合の何れについても、第1段階では通常価格ないしそれに近似した価格算出方法が導入された。事業用資産並びに非上場株式については租税貸借対照表価格を使用することは廃止された。その上で、第2段階として、明文で、非財政的目的実現のための特則が様々に定められた。例えば、相続・贈与税法13b条で、85％の控除が導入されるなど、各種減免措置が定められた。その複雑さは、学説が、却って行政経費や当事者のコストを増大させる結果になっているのではないかと批判するほどである[16]。

　そうしたこともあって、2009年改正法に対しては、ただちに数件の憲法異議が提起されたが、それらについては原告適格が無いとして却下された[17]。

　しかし、連邦財政裁判所は2012年に、この2009年改正法に対して、改めて事業承継に関する優遇規定、すなわち13a条及び13b条を平等原則違反として連邦憲法裁判所に移送した[18]。この事件について、連邦憲法裁判所は、2014年12月17日に違憲とする判決を下した[19]。ドイツ相続税法はいまだ変革の途上にあると言える。

　⑴　BVerfGE 93, 121. 財産税に関し、連邦財政裁判所が、

土地と有価証券その他の財産との評価の不均衡について違憲として移送した事件。詳しくは、中島茂樹「課税権と所有権──統一価格Ⅱ決定」〔ド憲判Ⅱ判例 *47*〕参照。なお参照：中島茂樹・三木義一「所有権の保障と課税権の限界──ドイツ連邦憲法裁判所の財産権・相続税違憲決定」法律時報68巻9号（1996年）47頁以下。

　⑵　BVerfGE 93, 165. 相続税に関し、株価下落を考慮されなかった納税者が、土地評価との不均衡を理由に憲法異議を申立てた事件。

　⑶　渋谷雅弘「ドイツにおける相続税・贈与税の現状」日税研論集56号（2004年）181頁以下によると、不動産評価額は高くても取引価格の10％程度であったという。

　⑷　天野史子「ドイツ相続贈与税法と資産取得課税について」立命館法學320号（2008年）318頁以下に、1997年法制度全体の解説がある。

　⑸　Michael Messner, BVerfG: Verfassungswidrigkeit des ErbStG, Aktuelles Steuerrecht Beilage（2007), Nr. 1, S. 1.

　⑹　財産税の実質廃止については、渋谷・前掲注⑶紹介論文181頁参照。

　⑺　Michael Messner, a. a. O., S. 1.

　⑻　Finanzgericht Baden-Württemberg, Urteil vom 10. Mai 1999-9 K 317/98.

　⑼　BFH, Vorlagebeschluss vom 22. Mai 2002-II R 61/99,（NJW 2002, S. 3197).

　⑽　評価法2条1項は、経済単位に対して評価を行うと定める。何が経済単位かは、取引の実態に応じて決定される。それに当たっては個々の経済財に関する地域の慣習、実情、目的及び一体性が考慮される。

　⑾　BVerfGE 117, 1〈38 f.〉.

　⑿　BVerfGE 117, 1〈45 f.〉.

　⒀　BVerfGE 117, 1〈59 f.〉.

　⒁　本判決を事業承継税制という観点から詳しく解説したものとして、奥谷健「ドイツ相続税法の改正と事業承継税制」税法学566号（2011年）155頁以下参照。

　⒂　吉村典久「ドイツにおける相続税の歴史──外国の遺産取得税（ドイツ）」日税研論集61巻（2011年）209頁以下（特に246頁以下）に、相続・贈与税法のある程度詳しい改正内容が紹介されている。

　⒃　Joachim Lang, Das verfassungsrechtliche Scheitern der Erbschaft- und Schenkungsteuer, Steuer und Wirtschaft 2008, 189.

　⒄　BVerfGE, vom 30. 10. 2010, 1 BvR 3196/09−1 BvR 3197/09 und 1 BvR 3198/09.

　⒅　BFH, Vorlagebeschluss vom 27. September 2012-II R 9/11, BFHE 238, 241, BStBl II 2012, 899.

　⒆　BVerfGE 138, 136.

21 営業税と一般的平等原則
── 営業税法2条1項2文および所得税法15条3項1号の合憲性 ──

2008年1月15日連邦憲法裁判所第1法廷決定

高田倫子　　連邦憲法裁判所判例集120巻1頁以下

BVerfGE 120, 1, Beschluss v. 15. 1. 2008

【事　実】

1988年当時、営業税法2条1項2文は、市町村により徴収される営業税（Gewerbesteuer）を、所得税法の意味での営業経営に賦課するものとしていた。これに対して、所得税法15条2項1文は、自由業者、その他の自営業者、および農林業者の活動をその例外として規定し、営業税の対象から除外していた。

また、所得税法15条3項1号によれば、人的会社が非営利活動のみならず営利活動をも行う場合には、その活動は全体として営業経営に当たるとされた。つまり、それは営利または非営利として一体的にしか分類され得ず、わずかであれ営利活動を行う人的会社の収益はすべて営業収益と見なされ、営業収益税を賦課された。

原告は、金細工品・装飾品ギャラリーを営む民法上の組合であり、自ら製作した作品と購入した商品の両方を販売していた。原告は、1988年分の営業税の申告に当たり、自ら製作した作品の販売による収益（61,181DM）を芸術的（自由業的）活動からの収益と見なし、全収益（107,092DM）からその分を差し引いて申告した。しかし、税務署は、原告の収益をすべて営業経営に基づく収益として扱った。原告は、異議申立てを行ったが認められず、ニーダーザクセン州財政裁判所に出訴した。

財政裁判所は、基本法100条1項に従って手続を中断し、営業収益に係る営業税法の諸規定（営業税法1、2、5～8、10、11、14、16および18条）および所得税法15条3項1号が、基本法3条1項に違反するか否かの問題を判断するよう連邦憲法裁判所に申立てた。2度の申立ては不成功に終わったが、財政裁判所は次のように述べて再び申立てを行った。第1に、営業経営者の収益と自由業者等の収益との間に租税負担能力（Leistungsfähigkeit）の差は見られず、両者への異なった負担の配分は間接的に人的グループの異なった取扱いを生ぜしめるが、それは憲法上正当化され得ず、また、憲法制定者によって承認された営業税の基本構造の一部でもない。第2に、一人会社の場合には非営利活動と営利活動の区別が租税上認められていることから、所得税法15条3項1号は一人会社に対する人的会社の異なった取扱いを生ぜしめるが、それは憲法上正当化され得ない。

【判　旨】

申立ては、両方の問題に関して適法である。ただし、営業収益税に係る営業税法の一連の規定に対する申立ては、同法2条1項2文に限定される。

1　営業税法2条1項2文が、自由業者、その他の自営業者、および農林業者を営業税の納付義務から除外していることは、基本法に合致する。

(1)　基本法106条6項の成立史に鑑みると、「営業税は、特に営業経営の収益に向けられた物税（Objektsteuer）としての基本構造において…、収益獲得を捕捉する所得税に加えて、憲法上正当化されている。」このことは、1997年に追加された基本法28条2項3文後段の市町村の租税財源として、営業税が唯一考え得ることからも推論される。

もっとも、「さらなる命題、特に営業税の具体的形成が、その他の租税憲法上の諸原則や基本権と合致するかについての命題は、基本法106条6項から

引き出され得ない。」従って、営業税を営業経営に限定する立法者の決定は、基本法3条1項によって審査され得る。

(2) 「基本法3条1項の一般的平等原則から、規律対象と区別のメルクマールのそれぞれに従って、立法者に対する様々な限界が、つまり単なる恣意禁止から比例性の要請へのより厳格な拘束までが生じる。」

「税法の領域において、立法者は、課税対象の選択においても税率の決定においても広範な決定余地を有する。もっとも、立法者は税法の初期要件を形成する際に、すべての納税義務者への可能な限り均等な負担という要請のもとで、課税対象の選択により一旦下された負担の決定を首尾一貫して変換しなければならない。」

「ある人的グループ又はある事実の税法の適用領域への包含が、課税対象の選択と同時に課税対象の範囲画定の一部と見なされ、そこで立法者に広範な余地が与えられるのか、それともこのことは課税対象の範囲内における区別の問題であり、その結果、立法者は首尾一貫性の原則 (Prinzip der Folgerichtigkeit) と負担平等の原則によってより厳密に拘束されるのか」を決定する際には、そのグループ又は事実が、課税対象の特性を表すメルクマールによってどの程度特徴付けられているかが重要である。

自由業者とその他の自営業者は、「専門教育、その職業遂行における国家の規制や業界の自主規制、社会構造におけるその地位、そのサービス提供の方法や、さらには労働と資本という生産手段の投入の方法における一連の特殊性によって」、農林業者は、「気候条件と土地という生産要素の特別な重要性への依存」によって特徴付けられている。これに対して、「営業税は、経営者の個人的状況とかなりの程度無関係に…第一次的には物的な生産手段と資本に基づく資金源を捕捉する」のだから、彼らと営業経営者の間には類型において違いがある。それゆえ、自由業者等を営業税に包含するか否かの問題については、立法者に広範な形成余地が認められる。

(3) 「立法者は、…自らに与えられた課税対象の確定に際しての余地を踰越しなかった。」

自由業者およびその他の自営業者と営業経営者の区別に関しては、「自由業者の類型が、その他の営業経営者の類型に接近し、それによって伝統的な区別が、異なった租税上の取扱いが明らかに恣意的であるほど広範にわたって平均化されているか否かが重要である。」しかしながら、両者の区別のメルクマールは、類型に定位した区別を依然として十分に支え得る。このことは、連邦政府が2003年に営業税の代替として自営業の収益を自治体の課税に算入する自治体財政税の法案を作成していたことによって、少しも変わらない。さらに、両者の区別は、営業税の正当化のために伝統的に援用されてきた対価原則とも、事実に基づく十分な連関がある。過去数十年間の営業税の様々な構造変化も、自由業との関係を根本的に変えるものではなかった。

「農林業者は、…土地という生産要素の特別な重要性とその経済的成功の気候条件への依存によって、営業経営者から本質的に区別される。」また、農林業者の不動産税の負担が営業経営者より大きいことも、ここでは考慮され得る。

(4) 以上の結論は、営業経営者の負担軽減のために、所得税法に調整規定が設けられたことを考慮すると、なおのこと正しい。

2 所得税法15条3項1号によって、一部においてしか営業収益を得ていない人的会社の活動全体を営業経営に分類することは、平等原則に違反しない。

(1) 一人会社においては、複数の異なる収益が別々に課税されていることから、所得税法15条3項1号は、一人会社に対する人的会社の異なった取扱いを生ぜしめる。しかし、「租税法の形成自由を有する立法者を、基本法3条1項に基づいて制限する諸々の指針」によれば、「租税負担は、財政上の応能負担原則と首尾一貫性の原則に方向付けられていなければならない。」「これらの諸原則は、連邦憲法裁判所によって…特に所得税法に関して展開された」が、「営業経営の物的収益力を捕捉する営業税についても妥当する。」「所得税法15条3項1号は、同じ租税負担能力と同じ収益力に異なった租税負担

を負わせることになる」ため、立法者に広範な余地
は与えられない。

　もっとも、経済生活の大量現象を扱う「租税法は、
実施可能であるために、同じ租税上の効果を結びつ
ける事実を類型化し、それによって個々の事例の特
殊性を広範に度外視せざるを得ない。」ことから、
立法者には類型化の余地（Typisierungsspielraum）が与
えられる。

　⑵　「所得税法15条3項1号の規定は、基本法3
条1項に基づくこれらの憲法上の規準を充足する。」
本規定の目的はまず、手続の簡素化にあるが、人的
会社の収入の調査には、一人会社の場合と異なる
諸々の困難ゆえに、簡素化の重大な必要性が認めら
れる。本規定は同時に、営業収益が他の種類の収益
に分類されるおそれを回避し、営業税収を確保する
ことに資するが、この目的も正当である。また本規
定は、人的会社を、同じく営業税の包括的な納付義
務を負う資本会社に接近させるものであり、既存の
規律体系に適合している。最後に、本規定により課
される人的会社の負担は、それを緩和する様々な手
段が認められているために、憲法上不適切であると
はいえない。

【解　説】

　1　19世紀の初頭以来、ドイツでは営業税が徴
収されてきた。自由業、その他の自営業、および農
林業の非課税化は、1936年のライヒ営業税法の制
定に伴って統一的に定められ、今日に至っている。
この規定を巡っては、過去にも連邦憲法裁判所にお
いて平等原則違反が争われたが、いずれの事例にお
いても合憲とされていた[1]。

　この問題に関してはまず、基本法106条6項の
「営業税」の意味が問われる。というのも、基本法
以前から存続してきた営業税の営業経営への限定が、
営業税の基本構造として基本法上承認されていると
すれば、平等原則違反について論じる余地は無くな
るからである[2]。この点につき、本決定は、営業税
の物税としての性格をその基本構造として認めたが、
それ以上の具体的形成は基本法106条6項から引き
出され得ないとして、基本法3条1項による審査を

排除しなかった。

　平等原則の審査に関しては、本決定の示した基準
が注目されよう。すなわち、本決定は、伝統的な恣
意禁止の原則と並んで、首尾一貫性の原則を取り上
げた。この原則は、立法者に対して自己の決定の矛
盾なき変換を求めるものであり、1991年の資本収
益判決[3]以来、主に税法の平等原則違反が問題と
なった事例において用いられてきた[4]。本決定は、
立法者が広範な決定余地を有し、恣意禁止の原則の
みが課される「課税対象の選択」と、首尾一貫性の
原則によってより厳格に拘束される「課税対象の範
囲内における区別」とを区分した上で、本件の2つ
の争点、すなわち自由業者等と営業経営者の区別、
および一人会社と人的会社の区別に対して、それぞ
れ異なった基準を適用した。

　第1の争点である自由業者等と営業経営者の区別
について、本決定は前者の職業の特殊性を理由とし
て立法者に広範な余地を認め、これを合憲とした。
この判断に対しては、次の3つの批判があり得よう。
第1に、課税対象の選択に当たるか否かを問わず、
およそ立法者の決定に厳格な審査を及ぼそうとする
見解がある。例えば、税法の有力説は、基本法3条
1項から導かれる応能負担原則を租税の第一原理と
見なし、その「首尾一貫した」具体化を立法者に要
請する[5]。この見解に従えば、営業税の課税対象の
選択に関する本件決定も、より厳格な拘束に服する
こととなろう。これに対して、本決定は、課税対象
の選択や税率の決定といった基本的事項については、
立法者に広範な余地を認める立場をとった。

　第2に、自由業者等の営業税からの除外は、課税
対象の選択ではなく、課税対象の範囲内における区
別に当たるとの批判もあり得るであろう。営業税は
当初、営業収益、営業資本、給与総額を課税標準と
していたが、1980年に給与総額税の、98年に営業
資本税の徴収が廃止されており、また90年代の初
めからは控除額の引き上げや、所得税との二重課税
を回避する措置がなされてきた[6]。これらの変化に
鑑みると、営業税は純然たる収益税であり、同様に
収益を獲得した自由業者等と営業経営者の異なった
取扱いは、課税対象の範囲内における特定の職業群

への免税措置であるとも考えられよう。しかし、本決定は、自由業等と営業経営との違いを重視し、両者の区別は課税対象の選択に当たるとした。

第3に、本決定と同様に緩やかな審査を行ったとしても、本件は憲法違反となり得たであろう。自由業者と営業経営者の職業像は、とりわけここ数十年のうちに―まさに本件原告のように―収斂しつつあったため、両者の区別は疑問視されていた[7]。しかし、本決定は、こうした変化を認めながらも、自由業等と営業経営を類型において比較し、両者の区別はなお恣意的ではないとした。

2 第2の争点は、所得税法のいわゆる移染規定（Abfärberegelung, 営業収益の営業的性質がその他の収益をすべて営業色に染めるという意味）による、一人会社に対する人的会社の区別である。第1の争点と異なり、ここでは首尾一貫性の原則が適用されたが、結論は同じく合憲であった[8]。

この点に関してまず取り上げられるべきは、裁判所による審査の構造であろう。すなわち、本決定は、所得税法に適用されてきた首尾一貫性の原則が営業税にも妥当することを確認した後で、比例性審査に類似する審査を行った。もっとも、そこでは、目的に対する手段の適合性および必要性に代えて、立法者の決定が既存の法に適合するか、本件に即していえば人的会社の営業収益の一括的な把握が既存の税法体系に適合するかが審査されている。言い換えれば、連邦憲法裁判所は、適合性および必要性に関する立法者の判断を基本的に尊重し、過去の決定との一貫性を審査するにとどめた。この点において、本件の審査は、通常の比例性審査よりも緩やかであるといえよう[9]。

さらに、審査の内容に関しては、狭義の比例性審査において、人的会社の負担を緩和する手段として同一人物による第二の会社の設立が挙げられたことが特記され得るであろう。大多数の学説は、このような租税の回避可能性によって違憲の規定は治癒されないとの立場をとっていたが、本決定は、回避の選択の確実さを強調し、違憲性は初めから排除されると判示した[10]。

3 かくして、約20年の長きにわたる紛争は、合憲判決によって終止符を打たれた。この結論は、営業税の改革ないし廃止を訴えてきた一部の税法学説・実務にとっては受け容れ難いものであろう。しかし、本決定では1988年の事件以後の事実も考慮されたことから、今後同様の訴えは退けられる可能性が高いと見られている[11]。

(1) BVerfGE, 1 BvR 25/65 v. 13. 05. 1969; 1 BvR 15/75 v. 25. 10. 1977.
(2) 連邦財政裁判所の判決には、このような理解を示すものもあった。Vgl. BFH X R 2/00 v. 18. 9. 2003.
(3) BVerfGE 84, 239〔ド憲判Ⅱ**9**判例〕.
(4) 伝統的に緩やかな審査しかなされてこなかった税法領域における判例の変化については、1987年に連邦憲法裁判所の裁判官となった税法学者でもある P. Kirchhof の影響が指摘されている。これに対して、一部の憲法学説からは、税法のように極めて政治的な領域において立法者の決定に合理性を求めてはならない、憲法裁判所は単純法と憲法との融合によって権限を拡大している等、痛烈な批判が加えられている。Vgl. *O. Lepsius*, JZ 2009, S. 260 ff.
(5) 代表的論者の見解として、*K. Tipke*, Steuer als Wissenschaft, in: FS für J. Lang, 2011, S. 51 f. なお、このことは、首尾一貫性は何らかの内容を含む実体的原則か、それとも立法者に自己拘束を求めるだけの形式的原則かという問題にも関わる。
(6) 改革の経緯については、山内健生「ドイツにおける営業税改革について」地方税47巻10号（1996年）130頁以下、同「ドイツ営業税改革について」国際税制研究13号（2004年）137頁以下を参照。
(7) FG Niedersachsen, Vorlagebeschluss v. 21. 04. 2004, 4 K 317/91, Rz. 187 およびそこに掲げられた多数の文献を参照。他方で、*F. Rittner*, Anmerkung, JZ 2008, S. 998 f. は、本決定の立場に同意する。
(8) 同じく税法の平等原則違反が争われた後の判決 BVerfGE 122, 220〔本書**22**判例〕は、首尾一貫性の原則を適用した結果、違憲の結論を下している。
(9) 首尾一貫性と一般的平等原則に関するその他の審査手法との関係については、高橋和也「ドイツ連邦憲法裁判所が活用する首尾一貫性の要請の機能について」一橋法学13巻3号（2014年）1096頁以下に詳しい。
(10) このことは学界に少なからず動揺を与えており、例えば *D. Fehling*, Gewerbesteuer und Abfärberegelung sind verfassungskonform, NWB 2008, S. 2540 は結論に同意しつつも、判旨のこの部分には驚きを隠さない。
(11) *Fehling*, a.a.O.（Anm. 10), S. 2540; *T. Keß*, FR 2008, S. 830 f.

22 首尾一貫性の要請と平等原則
── 通勤費税額概算控除判決 ──

松本和彦

2008 年 12 月 9 日連邦憲法裁判所第 2 法廷判決
連邦憲法裁判所判例集 122 巻 210 頁以下
BVerfGE 122, 210, Urteil v. 9. 12. 2008

【事　実】

　所得税法上、2006 年まで通勤費は必要経費として税額控除されていた。この税額控除は総額に上限が設けられていたものの、1 日につき通勤距離 1 キロあたり 0.3 ユーロの定額控除であった。ところが、税収不足と財政赤字に対処する必要から、立法者が所得税法を改正して、2007 年以降は通勤に要する費用を必要経費とはみなさないと規定し（所得税法 9 条 2 項 1 文）、租税政策の転換を決定した（2007 年改正租税法 BGBl Ⅰ S. 1652, BStBl Ⅰ S. 432）。他方で、立法者は、通勤に要する費用増を塡補するため、交通機関を利用したときの通勤距離が 21 キロを超過した場合については、年間 4500 ユーロを上回らない限りにおいて、それを必要経費と同視して税額控除できると規定した（所得税法 9 条 2 項 2 文）。このような所得税法の規定は基本法 3 条 1 項の一般平等原則に違反する、と考えた納税者等が訴えたところ、ニーダーザクセン州及びザールラント州の財政裁判所、並びに連邦財政裁判所が、具体的規範統制の申立てを行い、事案を連邦憲法裁判所に移送した。連邦憲法裁判所第 2 法廷は申立ての適法性を肯定した上で、6 対 2 でもって違憲判決を下している。

【判　旨】

　1　租税法の領域において立法者は課税対象の選択や税率の決定の際に広汎な立法裁量を有する。法律が同じ法律効果を結びつけ、法的に同じであるとみなす事態を決定する立法者の原則的な自由は、ここでは特に所得税法の領域において、とりわけ以下の 2 つの密接に関連した指針によって限定される。その指針とは、すなわち、租税負担は金銭負担能力の原理に照らして定められなければならないとする要請と首尾一貫性の要請である。これによると、憲法上要請される租税負担の平等のため、納税義務者が同じ負担能力を有する場合は同じ税率で課税されなければならない（水平的租税正義）一方、垂直方向において、高所得者への課税は低所得者の租税負担と比較して相当でなければならないとされる。租税法の構成要件を内容形成する際は、一旦下された負担決定が、負担の平等の意味で首尾一貫しているように具体化されなければならない。そのような首尾一貫した具体化に対して例外を定める場合は、特別の実質的理由が必要となる。租税法の負担決定の首尾一貫した具体化の例外を正当化する特別の実質的理由として、連邦憲法裁判所は先例において、とりわけ国庫外の振興・嚮導目的及び類型化・単純化要請を承認してきたものの、歳入増を狙った純粋の国庫目的を認めたことはなかった。

　2　所得税法上の負担の平等にとって重要な金銭負担能力の量定を、立法者は物的純額主義及び人的純額主義に従って行っている。これによると、所得税が課されるのは、原則として純所得だけである。純所得とは、一方では稼得収入からの差引勘定であり、他方では事業・職業上の稼得支出及び生活必需の私的支出からの差引勘定をいう。それゆえ、稼得活動のための支出と特別支出・扶養調整・非常時負担の枠内での生活必需支出は、原則として税額控除ができる。物的純額主義の枠内において、所得税法

の立法者は、事業・職業に発生原因があるかどうか
を見ながら、原則として収入から控除できる支出を
事業・職業の領域に位置づけた。これに対して、特
別支出・非常時負担以外の生活費支出は、所得税の
量定基盤を引き下げない。このことは納税義務者の
経済的・社会的地位に伴う生活費にも当てはまる。
たとえそれが納税義務者の職業や活動の促進につな
がるとしても同じである。

3 所得税法9条2項2文と結びついた同項1文
の新規制は、基本法3条1項の一般平等原則に違反
する。というのも、それは、所得税法上の負担決定
の首尾一貫した具体化に対する憲法の要請に適応し
ていないからである。規範は純額主義によって規定
された基因原則から逸脱している。この逸脱を正当
化する憲法上十分に実質的な理由は、立法者が追求
した歳入増目的からも導くことができないし、立法
者は明示していないが、観念的に想定可能な振興・
嚮導目的からも導くことができない上、発生原因の
混合した支出の局面下にある立法者の類型化権限の
枠内においても明らかにならない。憲法適合的な体
系転換もなければ、新しい位置づけの決定も存在し
ない。もしそれがあれば、所得税法上の負担決定の
首尾一貫した具体化に対する憲法の要請の遵守から
立法者を解放することができたかもしれないが、実
際には存在していない。

4 必要経費に関する所得税法9条2項1文の新
規制の決定的な特徴は、支出を職業領域あるいは私
的領域に位置づける際、基因原則から離脱したこと
にある。この離脱は、方向性の異なる2つの対抗す
る動きの中で行われている。すなわち、1つは通勤費
の支出が必要経費の構成要件から除外されているこ
とである。この支出には基因原則が適用されておらず、
いわゆる通勤費控除否認原則が適用されている。も
う1つは通勤距離21キロを超過したときの支出を必
要経費と同視して扱っていることである。この支出で
は結局のところ旧法のスタイルが維持されている。
　この規制の含意は、所得税法上の純額主義に従い、

職業上の支出を画するために定められた基因原則か
らの逸脱である。私的・職業上の支出理由・目的を
規定し評価することが、純額主義では決定的とされ
るのに、必要経費に適用されるルールでは、通勤距
離20キロ以内という専ら空間的な画定が、量定基
盤から支出を控除する適格性の有無を決めている。
いわゆる通勤費控除否認原則は通勤費に関する特別
ルールの枠外では何の役割も果たしておらず、現行
所得税法上、職業に発生原因がある支出を承認する
際に異物を形成している。

5 租税立法者に与えられた形成の自由には、憲
法上、過去の基本決定に対する首尾一貫性の原則に
拘束されることなく、新ルールを導入する権限が含
まれる。その前提は実際に新基準を設定することで
ある。さもなければ、あらゆる例外規制が新構想で
あると宣告されてしまう。新ルールのための決定に
際し、そのルールが目的や効果の点で明らかに別個
の諸原則によって方向づけられない限り、立法者は
包括的な形成の自由を行使できない。最低限度の新
しい体系志向性がなければ体系転換は許容されない。
ここには通勤費支出を所得税法で考慮するための新
しい決定が欠けている。通勤費を必要経費の構成要
件から一般に除外し、同時に、通勤距離が21キロ
を超過した場合の通勤費を必要経費と同視して扱い、
それを実費とは別に概算で定めるよう命じている。
これは様々な規制内容と規制目的を自己矛盾したま
ま結合・交錯させたに過ぎず、上位の構想に基づか
せるものではない。

　所得税法において通勤費を考慮した新規制は、規
制の目的と効果の点で、整合性・一貫性を欠くがゆ
えに、新しい原理・体系志向のアプローチに必要と
される最低限度にも達していないことから、ここで
原理・体系転換を語ることはできない。問題だとさ
れるのは、物的純額主義及び人的純額主義の基本
ルールに従い、所得税法上の様々な所得負担の体系
から一定の支出類型の一部だけ抜き出したものの、
それが憲法上、実質的に十分理由づけられておらず、

〔松本和彦〕

国庫のことしか念頭に置かずに量的な画定を行ったということなのである。

【解　説】

1　2007 年改正租税法の原則

税額控除に関する従来の考え方は、基因原則（Veranlassungsprinzip）を基礎にしていた[1]。所得税は原則として純所得だけに課税する純額主義（Nettoprinzip）に従うとされるが、純所得とみなされるのは、収入から控除できる支出を差し引いたものであるところ、基因原則によれば、控除できる支出かどうかの判断は、その支出の発生原因に求められ、事業・職業に発生原因がある支出に税額控除が認められた。通勤費は職業遂行に伴って発生する支出なので、必要経費として、税額控除の対象に位置づけられた。

ところが 2007 年改正租税法は通勤費を必要経費とみなさないと定めた。職場の門前（Werkstor）までを労働者の私的領域とみなし、通勤費を税額控除の対象から外す通勤費控除否認原則（Werkstorprinzip）を採用した。これは租税法原則の大転換であった。原則の大転換を図らざるを得なかった理由は、歳入増による財政健全化にある。このようなドラスティックな大転換は政治的反発を生んだ。そこで立法者は、交通機関を利用したときの通勤距離が 21 キロを超過した場合に限り、これを必要経費と同視して税額控除できると規定した。その結果、通勤距離 21 キロを境に、所得税控除を受けられる人と受けられない人の区別が生じることになった。このような区別は平等原則に違反しないのか。

2　首尾一貫性の要請（Folgerichtigkeitsgebot）

ここで第 2 法廷は、租税法領域で展開してきた首尾一貫性の要請[2]を引き合いに出し、2007 年改正租税法を平等原則違反であると判示した。首尾一貫性の要請とは、1987 年から 1999 年まで連邦憲法裁判所の裁判官を務めた租税法学者パウル・キルヒホフ（Paul Kirchhof）が、実務で自ら発展させた法原理であるといわれる[3]。キルヒホフは次のようにいう。

「租税立法者が特定の基本原則決定を下したとき、立法者はこの一旦下された負担決定を、その妥当性が継続する限り、首尾一貫して具体化しなければならない。このことは負担の平等の要請から明らかである。負担に違いがあり、かつそれが相互に矛盾する場合は、正当化理由が欠如しているといわざるを得ないので、平等原則違反である。」[4]

もちろん、キルヒホフは課税対象の選択や税率の決定の際の立法者の広汎な立法裁量を承認していた。そして「租税正義が現実にはほとんど存在しない」ことも認識していた。しかしだからこそ租税法は首尾一貫性の要請に服するのだと主張する[5]。租税法の公明正大な定立を確保し、法治国家原則に適合した発展を促進するためにも、租税立法には負担決定の首尾一貫性が要請されるという。他方、キルヒホフは立法者が基本決定から逸脱することを許容する。ただしその「逸脱には特別の正当化が必要とされる」[6]。特別の正当化がなされる限り、基本決定から逸脱する例外の定立も排除されない。これは合理的区別を許容する平等原則の論理的帰結でもある。

キルヒホフ退官後も連邦憲法裁判所は首尾一貫性の要請を是認する。本判決も所得税法上の負担決定に首尾一貫した具体化を要求している。ただ立法者が基本決定自体を変更し、体系転換（Systemwechsel）を図ることは構わない。立法者に形成の自由がある以上、法原則それ自体も転換してよいからである。しかし今回は基因原則から通勤費控除否認原則へと完全転換したわけでない。どちらの原則にも一応配慮されている（ように見える）。立法者が基因原則を貫かなかったのは、通勤費の税額控除廃止によって歳入増を図ろうとしたからであるが、歳入増を狙った純粋の国庫目的で基本決定からの逸脱は正当化できない。というのも、歳入増というだけでは何でも正当化できてしまうからである。かといって、通勤費控除否認原則を貫くと、政治的反発が大きく、所得税法の改正自体ができない。かくして改正は首尾一貫性を欠くことになり、負担の平等が損なわれたとの結論に至るのである。

3 首尾一貫性の要請に対する批判と反論

連邦憲法裁判所の首尾一貫性の要請に対しては、かねてより批判があった。本判決以前でも、例えばウヴェ・キシェル（Uwe Kischel）が、首尾一貫性の要請は、立法者の形成の自由とも現実に即した租税法の定立とも合致せず、立法を台無しにする上に、法律を憲法の地位に格上げし、法律に依拠した憲法適合性判断を招くと非難していた[7]。本判決に対して徹底した批判を加えたのはオリバー・レプシウス（Oliver Lepsius）である[8]。レプシウスによれば、連邦憲法裁判所は、租税法領域での統制喪失を恐れるあまり、租税法の諸原則（例えば、基因原則）を憲法ではなく租税法律から導き出したに過ぎないのに、適用の際に憲法の地位に格上げした上、出所不明の首尾一貫性の要請を持ち出し、これを使って立法者の形成の自由を著しく狭めているという[9]。

こうした批判に対しては、租税法学者からの反論がある。例えば、本判決に裁判官として関わったレルケ・オスターロー（Lerke Osterloh）による「租税や社会保険料を通じた国家的再配分の大きな『体系』のためには、最低限度の『体系的』基本構造が憲法上も要請される」[10]とする主張である。背景には首尾一貫性が確保されないと租税法の体系が維持できなくなるとの危惧がある。ただ連邦憲法裁判所は、立法者による基本決定自体の変更も体系転換も許容している。許されないのは中途半端な体系転換に過ぎない。それゆえ、首尾一貫性の要請を受け入れても、立法者の形成の自由はもちろん、民主制原則も侵害されることはないと理解しているようである[11]。

しかしレプシウス等によれば、矛盾と妥協の入り交じった政治過程こそが民主制の特色であり、ここに首尾一貫性というある種の合理性（Rationalität）の要請を持ち込むことは、民主制原則に違反するとされる[12]。この主張に従えば、立法者が首尾一貫性に欠ける法改正を試みたとしても、それはむしろ民主制原則に適った政治的解決と評価されるのである。これに対して、合理性の要請は法治国家原則の表れであると理解する側から、首尾一貫性の欠如は法治国家原則違反であると主張されている[13]。もちろん、そこにおいても完璧な首尾一貫性が求められているわけではないが、立法に対して何ら合理性を求めない姿勢は戒められている。そうすると対立点は、立法合理性を求める法治国家原則に軸足を置くか、それとも政治的妥協を重視する民主制原則に軸足を置くかになる。実際、そのように解した上で、両原則の調整を図ろうとする試みもある[14]。このような試みは、結局のところ、穏健な首尾一貫性の要請を基礎づけるものになる。

---

(1) 奥谷健「市場所得における控除概念」島大法学45巻2号（2001年）23頁参照。

(2) 高橋和也「ドイツ連邦憲法裁判所が活用する首尾一貫性の要請の機能について」一橋法学13巻3号（2014年）165頁参照。

(3) K. Tipke, Mehr oder weniger Entscheidungsspielraum für den Steuergesetzgeber ?, JZ 2009, S. 533 f.

(4) P. Kirchhof, Der Grundrechtsschutz des Steuerpflichtigen, AöR 2003, S. 1 (44).

(5) Kirchhof (Anm. 4), S. 44.

(6) P. Kirchhof, Die Steuern, in: Isensee/Kirchhof (Hrsg.), HStR, Bd. 5, 3. Aufl., 2007, S. 1048.

(7) U. Kischel, Gleichheitssatz und Steuerrecht, in: Mellinghoff/Palm (Hrsg.), Gleichheit im Verfassungsstaat, 2008, S. 175 (185).

(8) O. Lepsius, Urteilsanmerkung, JZ 2009, S. 260 ff.

(9) レプシウス「基準定立権力」鈴木秀美ほか訳『越境する司法』（風行社、2014年）205-208頁参照。

(10) L. Osterloh, Folgerichtigkeit, in: Bäuerle/Dann/Wallrabenstein (Hrsg.), Demokratie- Perspektiven, 2013, S. 429 (442).

(11) A. Leisner-Egensperger, Die Folgerichtigkeit, DÖV2013, S.533 (539).

(12) O. Lepsius, Rechtswissenschaft in der Demokratie, Der Staat 2013, S. 157 (170 ff.); P. Dann, Verfassungsgerichtliche Kontrolle gesetzgeberischer Rationalität, Der Staat 2010, S. 630 (645). メラース「連邦憲法裁判所の合法性・正統性・正統化」鈴木秀美ほか訳『越境する司法』（風行社、2014年）333-335頁参照。

(13) Ch. Bumke, Die Pflicht zur konsistenten Gesetzgebung, Der Staat 2010, S. 77 (93).

(14) B. Grzeszick, Rationalitätsanforderungen an die parlamentarische Rechtsetzung im demokratischen Rechtsstaat, VVDStRL 2012, S. 49 ff.

23 遺族扶助における生活パートナーの排除と一般的平等原則

井上典之

2009年7月7日連邦憲法裁判所第1法廷決定
連邦憲法裁判所判例集124巻199頁以下
BVerfGE 124, 199, Beschluss v. 7. 7. 2009.

【事　実】

1（1）　連邦・ラント年金機構（VBL）は、公的役務労働者（連邦・ラント・地方公共団体の公務員）のための付加的な社会保険給付機関であり、そこに参加する公的役務機関（連邦・ラント・地方公共団体）で働く公務員に私法上の保険の方法での年金等の社会保障の付加的給付をする任務を遂行している。VBL、それに参加する公的役務機関ならびにその労働者は三面関係にあり、労働者は労働法上直接彼らの雇用者に対し付加的な保険給付の保障を求める権利を有していることから、当該機関はVBLと私法上の団体保険契約を締結し、この契約から労働者にはVBLに対して付加的な保険給付を求める請求権が発生するのであった。

（2）　VBLの付加的な保険給付制度の基礎は、公的役務機関とその事業の労働者との間での労働協約であったが、その後、その給付の具体的内容は2002年11月22日のVBL規則（VBLS）に引き継がれた。ただ、連邦社会法典（SGB）は「登録された生活パートナーシップについての法律（生活パートナーシップ法）」に適合するよう2004年12月15日に改正された。しかし、SGBの法律上の年金制度を補完する付加的給付に関する請求権を定めるVBLSは、SGBとは異なり生活パートナーシップと婚姻の同権性についての規定を設けることはなかった。そのために、VBLの付加給付について、生活パートナーシップ関係にある者は未婚者として取り扱われ、生活パートナーの遺族には、被保険者であるパートナーの請求権が認められていなかった。

2（1）　本件異議申立人Xは、1977年から公的役務に従事し、原審手続の被告であるVBLの付加的保険に加入し、2001年から生活パートナーシップに登録していた。VBLは、2002年からの制度変更をきっかけにしてXの年金扶助額の算定を行ったが、Xを未婚者クラスと認定し、VBLS38条に基づき彼の生活パートナーに死亡被保険者の配偶者として遺族年金扶助を支払わない旨を通知した。そこで、Xは、ラント地方裁判所に訴えを提起し、VBLがXの年金扶助額算定に際して既婚者クラスを基礎にする義務があること、さらに、生活パートナーシップが継続していた場合、Xの死亡に際して、Xの生活パートナーに寡夫・寡婦年金扶助と同様の遺族年金扶助が保障されることの確認も申し立てた。

（2）　カールスルーエ地方裁判所は、2004年3月26日の判決でXの確認の申立てを理由なしとして棄却した。Xは上訴したが、上級高等裁判所も連邦通常裁判所もXの申立てを理由なしとした。そこで、Xは、これら裁判所の諸判決に対して、それらが基本法3条1項の一般的平等原則等を侵害するとして、連邦憲法裁判所に憲法異議を申し立てた。

【判　旨】

1　VBLSは確かに私法上のものであり、VBLに加盟する公的役務機関がVBLとその労働者のために締結する団体保険契約に適用されるものであるが、VBLが公法上の団体として公的任務を遂行するものであるが故に、それは、直接基本法3条1項の一般的平等原則の要請に基づいて審査されなければならない。VBLSに協約当事者が合意しているとの理由で、平等原則への拘束を免れるということもない。というのも、そこで問題になるのが公的役務

労働者の遺族年金扶助の規制であり、事柄の性質上、それは、基本法3条1項の平等取扱いの要請から解放されることはないからである。

2(1)　基本法3条1項の一般的平等原則は、すべての人間を法律の前に平等に取り扱うよう要請する。VBLS38条による既婚者と生活パートナーの不平等取扱いに関しては、十分に重要な区別の理由が存在するか否かという厳格な審査が行われる。ある規範によって、ある集団が規範名宛人となる他の集団との比較において、両集団間に不平等取扱いを正当化し得るほどの質的・量的差異が存在しないにも関わらず異なって取り扱われているような場合に、基本法3条1項の一般的平等原則は侵害される。そして、不平等取扱いに関しては、そこでの区別の目的との関係で客観的に正当化されるメルクマールを用いることが基本法3条1項により要請される。しかし、人的集団間の不平等取扱いの正当化のためには、規範定立者がその性質に応じて適切な区別のメルクマールを考慮したというだけでは十分でない。人的集団間の区別が人格と関連するメルクマールに基づいて行われる場合、その人的集団間には重大な違い（erhebliche Unterschiede）が存在しなければならず、客観的にみて十分主張可能な区別の観点が提示されなければならない。

(2)　婚姻か生活パートナーシップかについての個人の決定は、その性的指向性と分かち難く結びつく。したがって、婚姻と生活パートナーシップの遺族年金扶助に関する異なった取扱いを正当化するためには、長期にわたり法的に固定された生活共同体の両形式の間に重大な違いのあることが必要となる。VBLSは、婚姻と生活パートナーシップの同権性を認めたSGBを志向する形式で制定されていながら、遺族年金扶助という個別規範に関してはそこから逸脱しており、そのような一貫性の欠如や体系違反という例外を認めるためにも十分納得できる理由（ein plausibler Grund）が必要とされる。

3　基本法6条1項の婚姻の保護に基づき、婚姻を他の生活形式に対して優遇することは立法者に禁止されていない。ただ、他の生活形式が規律された生活実態や規範化によって追求される目標から婚姻と比較可能（vergleichbar）であるにもかかわらず、婚姻の特権化がそのような他の生活形式の不利益と同時に現れるならば、婚姻の保護を単に指摘するだけでそのような区別を正当化することはできない。というのも、憲法上の助成委託の履行と内容形成に際しての婚姻を他の生活形式に対して特権化する規範制定者の権限から、他の生活形式を婚姻よりも不利に扱うような基本法6条1項に含まれる要請は引き出せないからである。他の生活形式が婚姻との距離を置いて内容形成され、少ない権利しか与えられないということを婚姻の保護から導き出すということは、憲法上根拠づけられない。

4　もう1つの正当化理由としての子供の養育も、第一に家族の基本権保護の対象であり、婚姻している親に限定されるものではない。扶養や扶助、税法上の婚姻の特権化の正当性は、特に家族の保護とは別に考えた場合、長期にわたって引き受けられたパートナーに対する法的拘束力ある責任にある。この点で、生活パートナーシップと婚姻は、両者とも継続的なものであり、パートナー相互の責任義務を根拠づけるという点で区別することはできない。遺族年金扶助が残されたパートナーの援助という、婚姻の場合と生活パートナーシップの場合に同じように現れる事情を考慮するものであれば、その両者の内部での扶養義務は広く同じに規定されており、既婚のVBLの被保険者と生活パートナーシップで暮らす被保険者との間に不平等取扱いを正当化するような違いは存在しない。夫婦の場合にのみ一方が職業、他方が子供の養育を含めた家事の領域へと向かうという役割分担モデルは、区別の正当化理由としてそもそも相応しくない。さらに、子供の養育という観点も、すべての夫婦に子供がいるわけではなく、すべての夫婦が子供を欲しているわけでもないことから、遺族年金扶助の内容形成に際しての生活パートナーシップに対する婚姻の特権化を正当化し得るものにはならない。以上のことから、遺族年金扶助の給付における婚姻と生活パートナーシップの間の

不平等取扱いを定めた VBLS38 条は、基本法 3 条 1 項に違反し、それは正当化されない。

5 協約当事者や VBL が婚姻と生活パートナーシップを同じに扱う新たな規定を定めることももちろん可能であるが、民事裁判所は、それを無効にすることによってではなく、憲法上異議のないような解釈によって解決を行うこともできる。本件の場合は、夫婦について規定される VBLS38 条を生活パートナーシップにある者にも適用するという方法による。したがって、連邦通常裁判所の判決は基本法 3 条 1 項に違反するが故に破棄され、事案を連邦通常裁判所に差し戻す。

【解　説】

1 本事案は、VBLS38 条に従い公的役務労働者のための遺族年金扶助の領域での婚姻と生活パートナーシップの不平等取扱いに関連する。それは、人的集団間の区別と当該区別に基づく別異取扱いの正当性という基本法 3 条 1 項の一般的平等原則にかかわる固有の問題と共に、基本法 6 条 1 項で「国家秩序の特別の保護」の下に置かれる婚姻制度にかかわる憲法問題が同時に提起され、前者の問題についての審査の中で後者の規範内容が考慮されるという構成が展開された。そして、生活パートナーシップの法的承認そのものの合憲性を承認した 2002 年 2 月 17 日の連邦憲法裁判所第一法廷決定[1]において必ずしも明確にされていなかった婚姻との相違に関して、本決定は、一般的平等原則との関係で基本法 6 条 1 項の規範内容の変遷を示唆する形[2]で、両者の同一性へと向かう方向に針路をきるきっかけを提供するものになった。

2 (1) 同性同士の生活パートナーシップが憲法上許容されることを示した 2002 年決定では、まさにそれが婚姻とは異なる名宛人（同性同士の人的共同体形成を求める人物）に向けられているが故に基本法による婚姻の保護には影響せず、両者の相違が強調されることで生活パートナーシップの合憲性判断が下されていた[3]。この基本法 6 条 1 項に関連する判断に対して、本決定は、婚姻の保護ではなく、EU

基本権憲章やヨーロッパ人権裁判所の判例を援用しながら性的指向性に基づく区別について「重大な理由」の存在を正当化理由として要請する一般的平等原則の下での厳格な審査を展開し、そのことから婚姻と生活パートナーシップの区別に関する判断を下す。本決定は、この点につき、以下の 3 つの一般的衡量の定式化を通じて行った。

(2) 第一は、長期にわたって引き受けられた法的にも拘束力のある責任を伴う人的結合体としての婚姻と生活パートナーシップの比較である。この点に関する両者の相違を否定することで、婚姻の生活パートナーシップに対する優遇を否定する判断が下される。第二は、第一の衡量の前提にもなるが、婚姻を男女のペアの生活共同体とし、家族を親と子供の共同体とすることで、婚姻と家族の保護を分離するとの判断になる。この点で、生活パートナーシップを同性ペアの生活共同体とするならば、2 人の人間の結合体としての観点での相違の有無という比較が必要になり、生活パートナーシップが婚姻と同じ程度の 2 人の人間の間での結合性を持たない場合にのみ、後者を優遇することが正当化できるにすぎないことが暗示される。そして最後に、婚姻のみが子供を産み、養育することで家族という生活共同体を形成する基盤になるという推定に、婚姻の優遇措置の正当化根拠を見出すことはできないとする判断である。子供の養育という点を婚姻の優遇措置のための正当化根拠とするならば、規範制定者は、より具体的に、なぜそれが正当化根拠になるのかを示すことが要請される[4]。

3 (1) この 3 つの衡量は、本事案の対象である連邦通常裁判所の判断と対立し、1 つのセンセーションを巻き起こしたといわれている。というのも、従来の一般的見解によると、基本法 6 条 1 項の婚姻の保護は、立法者が婚姻を他の人的集団との比較において一定の距離をおいて取り扱うことの正当化根拠になると考えられていたからである。そしてその中で、婚姻は子供の養育に向けられた生活共同体であり、婚姻において夫婦は子供の養育という任務のために一定の制約を被り、そのために家族扶養のた

めの給付を必要とすると考えられており、その推定が生活パートナーシップに対する婚姻の優遇措置を正当化するとされていた。本決定は、婚姻から子供の養育という観点を切り離し、婚姻と家族の保護を区別し、婚姻も生活パートナーシップも2人の人間の結合体ととらえて、両者の区別と別異取扱いを専らその結合性から判断しようとしている。ここには、第三の衡量で強調される、婚姻が自動的に子供の養育に結びつくとの推定を抽象的として、そのような抽象的推定に婚姻の優遇を根拠づけることはできないとする従来の見解を覆す判断が特に示されているとの指摘[5]がそれを裏付けている。

(2)　本件決定のこの3つの衡量に示される判断は、どちらかといえば保守的で、婚姻の特権化を肯定する傾向にあった連邦憲法裁判所第二法廷の判断にも大きな影響を与えた。例えば、連邦俸給法（BBesG）の定める官吏の家族手当における婚姻と生活パートナーシップの区別の問題を扱った2012年6月19日の連邦憲法裁判所第二法廷決定[6]は、第一法廷の本件決定を先例として取り上げ、性的指向性に基づく区別となる婚姻と生活パートナーシップとの間の不平等取扱いは、単に基本法6条1項の婚姻の保護を理由にするだけでは正当化できず、家族手当において両者を区別することは許されないとするだけでない。その決定は、さらに、両者の基本的構造においてほとんど違いは見られず、区別の実質的な理由は存在しないとの判断を下すに至っている。なお、この2012年決定でも、子供の養育のための手当付与の必要性を、婚姻と生活パートナーシップの区別の正当化理由にはならないとの判断が、本決定を先例として下されている。

4　以上のように、本決定は、生活パートナーシップと婚姻との間に存する法的取扱いにおける相違に基本法3条1項の一般的平等原則の利用可能性を開くこと[7]により、遺族年金扶助という特殊な領域にとどまらない、一般性を持った内容として展開されたということができる。そのために、本決定は、様々な法領域での生活パートナーシップと婚姻の区別に適用されていくことになる。連邦憲法裁判所は、2012年決定もその一例であるが、夫婦には認めら

れる配偶者分割課税が生活パートナーシップでは認められないことの問題が争われた2013年5月7日の第二法廷決定[8]へと、その後も本決定を先例とする判断が続いていく。さらに、本決定での子供の養育という点での両者の相違の否定から、子供を持つという点での両者の区別、すなわち生活パートナーシップの下での養子の可否が直接に関連する残された問題になっていた[9]。これについては、第一法廷が、生活パートナーシップの下で認められていなかった継養子の可否に関する2013年2月19日判決[10]において、本決定を先例として違憲判断を下すことになる。そしてその結果として、連邦憲法裁判所の判断を通じて、基本法6条1項の規範内容が基本法3条1項によって変容しているのではないという指摘がなされ、まさに本決定がそのきっかけとなる判断を提供したものとして取り上げられているのであった[11]。

(1)　BVerfGE 105, 313〔ド憲判Ⅲ **32** 判例［三宅雄彦］. この決定についての紹介としては、春名麻季「人権論から見た家族・親子制度の規定的原理について（2）」四天王寺大学紀要57号（2013年）108-110頁参照。

(2)　井上典之「平等保障による憲法規範の変容？」松井茂記＝長谷部恭男＝渡辺康行編『自由の法理』（成文堂、2015年）681頁参照。

(3)　Christian Hillgruber, Anmerkung, JZ 2010, S. 41 (42).

(4)　Tilman Hoppe, Anmerkung, DVBl 2009, S. 1516 (1517).

(5)　BGH, Urteil v. 14. 2. 2007 ではこのようにしてXの申立てを退けていること、ならびに第三の衡量からの従来の判断からの逸脱の指摘については、Hoppe (Anm. 4), S. 1516.

(6)　BVerfGE 131, 239.

(7)　Lothar Michael, Lebenspartnerschaften unter dem besonderen Schutze einer (über-) staatlichen Ordnung; Legitimation und Grenzen eines Grundrechtswandels kraft europäischer Integration, NJW 2010, S. 3537 (3539).

(8)　BVerfGE 133, 377.〔本書 **25** 判例〕参照。

(9)　Hillgruber (Anm. 3), S. 44.

(10)　BVerfGE 133, 59.〔本書 **24** 判例〕参照。

(11)　ドイツにおけるこの議論については、井上・前掲注(2)673-686頁、松原光宏「公法による将来形成」自治研究90巻7号（2014年）24頁以下参照。

24 生活パートナーシップ関係の下での継養子の可否

2013 年 2 月 19 日連邦憲法裁判所第 1 法廷判決
連邦憲法裁判所判例集 133 巻 59 頁以下
BVerfGE 133, 59, Urteil v. 19. 2. 2013

春名麻季

【事　実】

1　2004 年 12 月 15 日に生活パートナーシップ法（LPartG）に付け加えられた 9 条 7 項は、登録された生活パートナーシップの下での養子制度の利用についての規定である。そこでは、ドイツ民法典（BGB）の養子に関する一定の規定を準用するが、家族共同体の養子に関する BGB 1742 条を準用しなかったことから、生活パートナーの養子をもう一方のパートナーの養子にもできるようにするいわゆる継養子（Sukzessivadoption）の可能性は否定されることになった（なお、BGB 1742 条は、婚姻関係にある者にだけ適用され、いわゆる夫婦にしか継養子を認めていなかった）。但し、BGB 1741 条 2 項 3 文により、夫婦も生活パートナーも、一方の実子を他方の養子にする実養子（Stiefkindadoption）は可能であったため、立法者が BGB1742 条の準用を否定した理由は明らかでない。なお、生活パートナーは婚姻しているわけではないので、非婚者による養子受入れ制度である単身養子（Einzeladoption）はできると考えられている。

2　本件は、登録された生活パートナーシップの下での継養子の可否に関する 2 つの事件の併合判決である。第 1 の事案は、ハンブルク上級地方裁判所の移送決定に基づく具体的規範統制であり、第 2 の事案は、複数の専門地方裁判所の養子縁組申立て却下決定に対する憲法異議である。その両事案とも、未成年の子供を養子にしていた者と生活パートナーシップの登録を行うと共に、養親の相手となるパートナーの子供との養子縁組の申立てが問題になっていた。両事案には具体的規範統制と憲法異議という違いはあるものの、どちらも登録された生活パートナーシップの下での継養子の排除（LPartG 9 条 7 項での BGB 1742 条の非準用）は憲法に違反するか否かが問題とされたのであった。

【判　旨】

1　基本法 6 条 2 項 1 文と連携した 2 条 1 項から、子供は、親の養育・教育を国家が保障することを求める権利を有する。そして、その権利から、国家には親の養育・教育を保障する子供に対する義務の領域において基本権上の保護義務が課せられる。しかし、その保護義務に基づき、実効的な保護を実現するためにいかなる措置が要請されているかの判断は、まず立法者が行うべきことになる。確かに、継養子の否定は、子供が法的には一人の親しか持てないという点で、子供の前述の権利に対する介入になる。しかし、養親の生活パートナーは子供の日常生活の事柄に共同決定する権限（LPartG 9 条 1 項）や緊急の場合に子供の福祉に必要なあらゆる法的行為を行う権限（LPartG 9 条 2 項）を持つとされていることを考慮すれば、生活パートナーに認められている「親に類似する」責任の範囲は、仮に親の権利を前提とした場合の法的責任にまでは行きつかないものの、そのことは立法者の裁量の範囲内であって、それだけを取り上げれば、基本法 6 条 2 項 1 文と連携した 2 条 1 項により子供に認められる権利は、生活パートナーシップの下での継養子の否定によって侵害されるわけではない。

2　法律上子供の親として承認されている同性の二人の者は、憲法上の意味でも親である（基本法 6 条 2 項 1 文）。子供の福祉のために保障される親の権利の国家からの保護の必要性にとって、親が同性か異

性かは問題にならない。基本法の条文上も「母と父（Mutter und Vater）」ではなく、性に特化しない「親（Eltern）」とされている。しかし、生物学的な、あるいは今まで単純法律上の親子関係になかった者は、子供との社会的な親子関係において生活しているという理由だけで、基本法6条2項1文によって憲法上の意味での親になるわけではない。というのも、出自によって根拠づけられる子供との親子関係を持たない者は、養子等法制度の適用を待ってはじめて親となるのであり、それ以前は子供との社会的な絆があっても、それは憲法上の親としての地位を基礎づけるものではないからである。確かに、基本法は、社会的な親子関係に意義を認めるが、生物学的なつながりとは別に社会的な親であるということだけを取り上げれば、憲法上も親であるということの十分な要件ではなく、それ故にそれは養子を持つ権利を導くような憲法の意味での親の地位を根拠づけるものでもない。

3 生活パートナーがもう一方のパートナーの実子または養子と社会的な家族共同体で生活している場合、彼らは、基本法6条1項によって保護される基本法上の意味での家族を形成している。しかしながら、基本法6条1項によって保障される家族基本権は、登録された生活パートナーシップの下での継養子の否定によって侵害されてはいない。というのも、継養子の可能性の排除は、一方の生活パートナーの養子との他方のパートナーの共同生活を否定するものではなく、家族としての共同生活形成の方法を自ら決定する自由を否定するわけでもないからである。立法者は、基本法6条1項によって、法的な意味での家族の内容形成に際して事実上予め存在する家族としての共同体をすべて詳細に描き出すよう義務づけられているわけではなく、また、事実上の親子関係があるすべての場合に完全な親の権利を付与するよう義務づけられているわけでもない。

4（1） しかし、LPartG 9条7項による継養子の否定は、婚姻関係の下での継養子や生活パートナーシップの下での実養子との比較において、利害関係

のある子供や生活パートナーの平等取扱いを求める権利（基本法3条1項）を侵害する。

（2） 平等原則は、規範名宛人のある集団が他の集団との比較において、両集団の間に異なった取扱いを正当化し得るほどの質的・量的相違が存在しないにも関わらず別異に取り扱われている場合に侵害される。その場合、基本法3条1項は、立法者にあらゆる区別を禁止するものではない。区別は、その目標と不平等取扱いの程度にとって適切といえる客観的理由による正当化を常に必要とする。本件での継養子の否定は人格の発展にとって本質的な子供の基本権ならびに生活パートナーの性的アイデンティティと関連するが故に、憲法上の要件は単なる恣意の禁止に対して明らかに厳格な審査基準が適用されなければならない。

（3） 区別の客観的理由の存在は、本件で問題になる子供の不平等取扱いが複数の親の競合による混乱に子供が曝されることの回避や、子供を複数家族の間で引き回すことを阻止しようとする「子供の福祉」という一般的目標を考慮するだけでは正当化されるわけではない。というのも、登録された生活パートナーシップは、婚姻と同じように、継続的に存立し、拘束力ある責任の引き受けによって特徴づけられることから、婚姻関係にある夫婦の養子と登録された生活パートナーシップによる養子との間に区別を正当化し得るほどの違いは存在しないからである。

（4） 継養子を排除しても、子供が養親およびその生活パートナーと一緒に生活することは阻止され得ない。また、一方の生活パートナーの子供との同性のペアの家族共同体は禁止されておらず、さらに、生活パートナーシップ法は、法的意味での親の地位にない生活パートナーに親に類似する権限を付与することで、その家族共同体を促進している（LPartG 9条1項から5項）。子供は、継養子によって、原則的に法的により良く保護され、特に扶養権や相続権の観点で利益を得ることができる。養子縁組による子供の利益という上記の点に関して、登録された生活パートナーシップでの実養子と比較しても、そこでの継養子の否定という不平等取扱いは正当化され得ない。

(5) 生活パートナーによる継養子を認めても、婚姻締結の自由にも夫婦に認められる婚姻の内的内容形成の自由にも触れることはなく、基本法6条1項の「婚姻の保護」から導かれる婚姻基本権をその防御権的次元において侵害しない。逆に、LPartG 9条7項の規制は、生活パートナーシップを婚姻に比べて不利に扱っている限りで、基本法3条1項に違反する。というのも、婚姻も生活パートナーシップも、継続的に存在し、法的に確固たるものになっているが故に、LPartG 9条7項による養子の可能性の区別という内容形成を正当化し得るほどの相違は、両者の間に存在しない。

(6) LPartG 9条7項は、実親の相手である生活パートナーだけが他方の子供を法的に養子にすることができるために、養親の相手である生活パートナーを、実親の相手である生活パートナーとの比較において不利に取り扱っている限りで基本法3条1項に違反する。このことも、憲法上正当化され得るものではない。

5 法律規定の違憲性は、通常、その無効へと導く。本件の場合、立法者には違憲状態を除去する多くの可能性が認められるために、違憲確認だけが考慮される。但し、経過規制は、継養子の拒絶と結びつく不利益に鑑みて、当事者に当該不利益を甘受するよう要求することはできないが故に、登録された生活パートナーによる継養子の可能性が即座に可能とされることを保障する。

【解 説】

1 本判決は、登録された生活パートナーシップの下での継養子の否定を憲法違反と判断し、婚姻夫婦にのみ適用されていたBGB 1742条の適用範囲を生活パートナーシップにも拡張する結論を導いた点で、ドイツの家族政策における非常に大きな波紋を惹起した[1]。そこでは、継養子に関する婚姻夫婦と生活パートナーシップとの区別、生活パートナーの実子と養子の区別、実子を持つ親の生活パートナーと子の養親の生活パートナーの区別といった平等原則との関係で問題となった審査対象をすべて実質的

な正当化理由が存在しないとの判断が下された。その中でも「婚姻」保護との関係における判断の結果として、少なくとも養子制度に関しては婚姻との比較における生活パートナーシップの不平等取扱いがあらゆる点で正当化できないとの判断が示された[2]。そのために、BGB 1742条を準用していない点で違憲確認されたLPartG 9条7項は、基本法3条1項に違反するとした本件判決の内容に従ってのみ適用されるとの補足が付記されて、最終的な立法上の解決[3]がなされるまでの経過規制とされたのであった。

2 しかし、本判決の特徴は、違憲判断そのものではなく、移送裁判所や異議申立人が主張した個々の実体的基本権侵害を否定しながらも、それらに触れる規制の一般的平等原則の侵害を認定するという判断方法にある。すなわち、連邦憲法裁判所は、確かに、親の養育・教育を受けることについての国家による保障を受ける子供の権利（基本法6条2項1文と連携した2条1項）、親としての基本権（基本法6条2項1文）、家族としての基本権（基本法6条1項）が、それらだけを取り上げると侵害されているとはいえないとしつつ、しかし、LPartG 9条7項は、婚姻関係にある一方配偶者の養子を他方配偶者の養子にできることや、一方パートナーの実子は他方パートナーの養子にできるとする限りで、基本法3条1項に違反すると結論づけているのである。そして、本判決は、侵害を認定しなかったにも関わらず、問題として取り上げた実体的基本権の内容、とりわけ親の養育・教育義務の領域での子供の権利や事実上の「親」の、そして「家族」の概念を拡張するという判断を提示している[4]。そこには、実体的基本権の領域での立法者の形成の余地という消極的な側面よりも、むしろ平等原則での厳格な要件を導くための布石がある。

3 本判決には、養子制度に関する問題をきっかけにしつつ、これまでも様々な領域で問題とされた「婚姻」と「生活パートナーシップ」の区別の可否が根底にある。連邦憲法裁判所は、すでに遺族扶助の給付に関する生活パートナーシップと婚姻の区別の可否に関する事件で、「比較可能な生活共同体の

不利益の正当化のためには、基本法6条1項の単なる援用を超えて、その都度の規制対象・目標に照らして他の生活形式の不利益を正当化するに十分な、重要な客観的理由が必要である」[5]との判断を下していた。本判決では、「婚姻」と「生活パートナーシップ」の区別にはそのような十分な客観的理由は存在しないとするだけでなく、「婚姻関係にある者と登録された生活パートナーの不平等取扱いの正当化は、その不平等取扱いが性的アイデンティティに関連するために、より高度な憲法上の要請に服する」として、両者の区別に対して厳格な審査基準を適用する。そして、基本法6条1項によって要請される婚姻の国家秩序による特別の保護は、婚姻夫婦により受け入れられた子供に対する生活パートナーにより受け入れられた子供の不利益を正当化しないとの判断を含め、本判決も、家族生活における婚姻と生活パートナーシップの区別を否定する最近の連邦憲法裁判所の判断の流れの中にあるということができる。

4 本判決の違憲判断は、EU加盟国における立法やヨーロッパ人権裁判所の判決を援用して、それらを補強材料にしている点でも特徴的といえる。「ヨーロッパ諸国、特にEU加盟国における立法も、一定の国では養子制度を含めて異性のペアと同性のペアの平等取扱いへと向かう傾向にある」という点が指摘されると共に、2008年5月7日に欧州理事会閣僚委員会によって可決された「養子縁組についてのヨーロッパ協定」の修正バージョンの8条a号（それは登録された生活パートナーによる継養子を認めている）を指摘することで、本件での婚姻と生活パートナーシップの区別の否定が、ヨーロッパ、特にEUレベルで広がっていることを1つの論拠として用いようとしている[6]。そして同時に、同性愛の傾向を持つ非婚の女性による養子縁組の否定をヨーロッパ人権条約8条1項の「私的および家族生活の尊重の権利」と14条の差別の禁止に違反するとの判断を下すE. B./Frankreich事件[7]、同性のペアもヨーロッパ人権条約8条の意味での家族生活の尊重を求める権利を持ち得るとの見解を明示し、同性による

婚姻ないしは生活パートナーシップを認めない点を問題視したSchalk & Kopf/ Österreich事件[8]というヨーロッパ人権裁判所の判決を本判決では引用することで、連邦憲法裁判所の判断がヨーロッパ人権裁判所の判断とも歩調を併せていることを示そうとしている。ここでも、養子制度での問題にとどまらず、婚姻と生活パートナーシップの区別に対する疑義が本判決の根底にはあり、その平等原則違反の判断を、政策的問題ではなく憲法上の問題としての補強材料を、連邦憲法裁判所は、ヨーロッパ・レベルの展開[9]に求めていると考えることができるのであった。

(1) Philipp Reimer/Matthias Jestaedt, Anmerkung, JZ 2013, 468 (468).

(2) Jörg Benedict, Die Ehe unter dem besonderen Schutz der Verfassung — Ein Vorläufiges Fazit, JZ 2013, 477 (486).

(3) なお、現在は、立法者によりLPartG9条7項にBGB1742条の準用が追加規定されることにより、生活パートナーシップの下でも継養子が認められるものになっている。

(4) この点に関して、Reimer/Jestaedt (Anm. 1), S. 470 f. では、この実体的基本権についての判断が本当に本件判断に必要だったのか否かについての疑問を提起し、その部分は傍論に過ぎないのではないかと論じている。

(5) 2009年7月7日の第1法廷決定（BVerfGE 124, 199）。この事件については、本書**23**判例参照。なお、この第1法廷決定の判断は、その後の連邦憲法裁判所での婚姻と生活パートナーシップの区別に関する事案での先例として用いられ、現在では第1法廷だけでなく、この問題にどちらかといえば保守的姿勢を示していた第2法廷でも用いられるようになり、第2法廷での違憲判断の基礎になっていると指摘される。それについては、Benedict (Anm. 2), S. 485 f.

(6) 本件判決では、ベルギー、デンマーク、オランダ、スウェーデン、スペイン、英国、アイスランド、ノルウェーでは同性ペアによる共同養子・継養子が可能とされていることが指摘されている。

(7) EGMR, Urt. vom 22. 1. 2008, Nr. 43546/02, NJW 2009, S. 3637 ff.

(8) EGMR, Urt. vom 24. 6. 2010, Nr. 30141/04, NJW 2011, S. 1421 ff.

(9) なお、本件判決と同日に下されたヨーロッパ人権裁判所のX u.a./Österreich事件（EGMR, Urt. vom 19. 2. 2013, Nr. 19010/07, NJW 2013, S. 2173 ff.）では、同性のペアによる実養子の禁止が人権条約8条1項、14条に違反するという判断が下されている。

25 配偶者分割課税と登録生活パートナーに対する差別

2013 年 5 月 7 日連邦憲法裁判所第 2 法廷決定
松原光宏　　　連邦憲法裁判所判例集 133 巻 377 頁以下
BVerfGE 133, 377, Beschluss v. 7. 5. 2013

【事　実】

1　夫婦には所得税納税に際し、分離課税の他、合算査定＋配偶者分割課税を選択する余地がある。分割税率表に基づく所得税は、配偶者により共同納税されるべき所得の半分について、所得税基本表を基準に算出される税額を二倍したものとされる（所得税法 32a 条 5 項）。基本表は大部分、比例的でなく累進的であり、分割により累進性は低下する。さて生活パートナーシップ（以下生活 PS と略称）は、同性共同体差別撤廃のための法律（2001 年 2 月 16 日、登録生活 PS 法）により創設された、同性の生活共同体である。同法規定の多くは婚姻規定をモデルとするか又はそれらの規定への指示を含む。2005 年 1 月 1 日には同法改定のための法律が発効、一層の同化が図られたが、所得税分野は対象外とされていた。

2　（事件 A）生活 PS を締結する A は、ケルンミッテ税務署より 2002 年度・合算査定拒否通知を受け取った。ケルン財政裁判所は異議申立後の出訴棄却、連邦財政裁判所は上訴却下した。A（異議申立人 I）は、直接的には連邦財政裁判所判決を対象に、間接的には、ケルンミッテ税務署による所得税通知及び異議申立決定、並びにケルン財政裁判所判決を対象に、基本法 3 条（平等原則）違反を理由とする憲法異議を行った[1]。

【判　旨】

手続は共同決定へと併合される。所得税法 26 条、26b 条、32a 条 5 項は、「合算査定の可能性及びそれに結びつけられた分割課税手続の適用が、配偶者に対する場合とは異なり、生活パートナーには認められていない限りにおいて」、生活 PS 法発効（2001 年 8 月 1 日）以降は基本法 3 条 1 項に適合しない。これらの規定は新規定発効までの間、「その査定が確定的になされていない生活パートナーもまた、2001 年 8 月 1 日付けの効力をもって、配偶者に妥当する要件のもとに合算査定及び分割課税手続適用を要求しうるという基準をもって、適用可能である」。各税務署、州（市）財政裁判所判決及び連邦財政裁判所判決は、異議申立人 I～III を基本法が定める 3 条 1 項の基本権において侵害している。連邦財政裁判所判決は破棄され、各事案は連邦財政裁判所へと差し戻される。

1　（平等原則）基本法 3 条 1 項からは、規律対象及び区別標識に応じ様々な限界が導かれる。人的集団の不平等扱いについて「立法者は比例原則の要請へと厳格に拘束されることが通例」、正当化要請は「少数者差別を招く危険性が高ければ高いほど」厳格化する。生活パートナー不平等取扱いは「性的指向を基準とする、間接的な不平等取扱いである」。

2　（特別な保護）基本法 6 条 1 項は婚姻及び家族を「国家的秩序による特別な保護」のもとにおく（婚姻及び家族に関わる、私法及び公法の全領域への拘束力ある価値決定）。婚姻に損害をもたらす、又はその他、婚姻を侵害することになる行為の全てを控えること、及び婚姻を適切な措置を通じて促進することは、国家の任務に属する。

（比較可能性）立法者が、長期に亘る法的拘束力をも

つパートナー関係として婚姻を他の生活形式に対し優遇することは、原則的には正しい。この価値決定は、より弱められた相互的な義務的拘束力によって特徴付けられる他の生活共同体に対し婚姻を優遇する場合、客観的区別理由を形成する。これに対し「婚姻の特権化が、規律される生活事態及び規範化をもって追求される目的に留意すれば、比較可能（vergleichbar）であるにも関わらず、比較可能な方法にて法的に作られた、他の生活形式の不利益扱いを伴う場合」、保護要請を単に指示するのみでは正当化されない。不利益扱いを正当化する「相当な重要性を備えた客観的理由」が必要とされる。

（類型化） 税法領域では単純化及び類型化権限が立法者に認められるが、類型化の利点は税負担不平等と正しい関係になければならない。類型化は、そこから生じる厳格さ及び不正義が容易には回避されえないこと、比較的に少数にのみ関わること、平等原則違反がかなりの強度に達していないことを前提にする。立法者の裁量は基本法3条1項以外の憲法上の基準値が密であるほど狭くなり、個別的な差別禁止（基本法3条2項及び3項）が関わる場合には消滅する。

3 配偶者の優遇についての憲法的正当化は、比例性への厳格な要請に服する。生活PS不平等扱いは、保護要請・客観的理由によっても正当化できない。

（特別な保護） 双方共、比較可能な方法にて、法的拘束力をもって作られた生活形式であり、保護要請のみでは不平等を正当化できない。双方はその構造上、制度導入以来、僅かな相違を示すに留まる。生活PSの法的規律は2001年以来、婚姻に準拠し、改定法律により更に婚姻の法へと同化された。立法者は「当初より生活PSを、婚姻と比較可能な方法をもって、制度化された包括的責任共同体」としており、既存の区別も継続解消してきた。

（客観的理由） 婚姻の優遇については、相当な重要性を備えた客観的理由を欠いている。所得税法の規範目的・税法における立法者の類型化権能からも、そうした理由は引き出されない。①分割課税は「取得と消費の共同体としての婚姻」という思想を受容する。生活PS法もまた、「税法上の結合にとって本質をなす基本的特徴において婚姻との比較可能性を有する、取得と消費の共同体として」生活PS形成を図っている。②家族政策上の意図も、生活PSの不平等扱いを正当化できない。確かに分割課税の目的とされている平等取扱いは、「個人的及び経済的な生活スタイル形成、並びに、婚姻内部における任務配分に際し、配偶者が有する裁量の余地拡大」につながる。分割課税は「家族の思想の重要な助成」、「主婦及び母としての妻の役割の特別な承認」と評された。だが、家族助成の思想も生活PS劣遇を正当化しない。生活PS法は、婚姻と同様、「配偶者に形成自由を認め、生活PSにおける家族労働・職業活動の等価性から出発する」。生活パートナーは、分割課税による自由の承認及び助成を、夫婦同様、家族における介護をパートナーの一人に可能とするために用いることができる。子供の教育に対しても別段の事項は妥当しない。第一に全ての婚姻に子供が伴うわけではなく、全ての婚姻が子供へと向かうわけでもない。第二に生活PSにあっても、ますます子供の成長がみられる。この限りでは、生活パートナーの一人が育児を重点的に行う共同体関係についても、内容形成が考えられる。③婚姻の特権化は原則的な類型化権限をもっても基礎づけられない。類型化は、本質的要素においては等しい性質を有する特定の生活事態を、規範的に統一する。生活PSと婚姻が、消費と取得の共同体として等しく構成されているという事態は、類型化的グループ形成をはかる場合、税法上の平等取扱いを要請する。子供の成長促進という観点においても、夫婦を類型化的優遇することは考えられない。分割課税総量の約62％は、租税上有意味な子供を伴う夫婦へと割り当てられ、成長した子供も考慮すればシェアは約91％へと高まる。しかしながら租税上の利益が、類型的には子供を伴う既婚者に有用であるという結論が引き出される限り、生活パートナーの不利益扱

いは正当化できない。所得格差が大きいほど利益は拡大する以上、生活 PS もまた、子供が成長しており、それゆえパートナーのうちの一人が、就業していない又は限定的に就業する場合、分割課税には利益がある。子供の割合がはるかに少ないことは夫婦への類型的限定にとって十分ではない。生活 PS の不利益扱いは、立法者及び行政へのより重大な困難を伴うことなく回避可能である。生活 PS においても子供が成長することを考慮しない場合、性的指向を理由とした間接的差別に帰着する。この種の不平等取扱は、類型化の観点から正当化できない。憲法が少数者保護を目的に禁止している裁量が認められることになってしまうだろう。（ランダウ及びケサール＝ブルフ裁判官による反対意見が続く）

【解　説】

1　所得税の配偶者分割課税は、合算査定が連邦憲法裁判所により基本法 6 条 1 項違反とされた[2]後に導入されたが (1958)、a) 課税義務者は婚姻共同体、b) 総所得の半分を対象に税額計算した後にこれを 2 倍、各配偶者の総所得への貢献が擬制される（等価性・選択自由）、c) 実際の稼得状況は無関係、d) 夫婦所得格差が大きいほど税率表の累進性ゆえ有利、e) 実際の稼得状況が相互同額の場合、擬制＝現実となり納税額不変、f) 合算のみから生じる婚姻への不利益解消（独身に不利）、g) 子供の有無は無関係といった特徴をもつ。生活 PS については制度導入後、婚姻との同化が進められたが、分割課税は対象外、平等原則（基本法 3 条）違反を理由に、生活パートナーにより提起された憲法異議が本件である。

2　婚姻については特別な保護（基本法 6 条 1 項）が明記され、促進措置は憲法の要請（価値決定）である以上、他の生活共同体に対する優遇も、同項により正当化される余地がある。だが 2009 年判決により定式化されたルールが説く通り[3]、生活 PS のように比較可能性が認められる場合には同条項のみでは正当化不可能、相当な重要性を備えた客観的理由

が更に必要とされる。今回検討されたのは、①分割課税の基礎をなす、取得と消費の共同体論（生活 PS もまた同共同体と見なされるか否か）、②家族助成論（配偶者のライフスタイル形成自由・等価性論の適用可能性）、③類型化論（子供の類型的な成長を理由に婚姻を優遇しうる要件）であるが、いずれもしかるべき理由とは見なされず、違憲判断に至っている。身分選択が異性・同性愛と類型的に結びつく以上、間接的には人的集団の不平等、性的指向、少数者差別が争点であるとする、平等原則厳格適用論が重要な意義をもつ。

3　反対意見を参照すれば論点は明確になる。もとより反対意見にあっても右の定式化ルール自体は受容されているが、上記①～③の解釈は同一ではない。①多数意見も認める通り、漸く 2005 年 1 月 1 日、剰余共同体は導入（生活 PS 法 6 条）、年金調整は生活 PS 法へ受容（同法 20 条[4]）されるが、反対意見によれば、比較可能性にとり、婚姻に基づく財産法及び年金調整法は「特別に重要」である[5]。分割課税は剰余共同体の反射、財産法から引き出された租税政策的結論と考える見解、年金分割も取得と消費の共同体思想の一部と見なす論者からみると、査定年度 (2001 ～ 02) に関する限り、生活 PS は同共同体に至らず、差別は正当化される[6]。②家族助成論も、分割課税は家族・社会・国家の継続的発展を導くか否かという観点から、③類型化論を加味しつつ把握される。婚姻については類型上発展性が肯定されるとしても、査定年度において——生活 PS にあっても「子供の成長がみられる」という多数意見に与する場合——生活 PS への類型化拡張が要請されるほどの影響（育児を理由とした職業活動制限等）が見られるか否かについて検討しなければならない、とされる。①では同化プロセスの観点（何が核心か）が導入され、②では配偶者の形成自由ではなく、伝統的な国家社会発展の視点が、③（限界統制に重点をおく多数意見とは異なる）類型化論を基礎に重視される。

4　キリスト教社会精神に由来する伝統的理解によれば、婚姻・子供・家族・社会・国家は相互連関

の元に把握される[7]。婚姻の特別な保護について、他の生活共同体の差別正当化理由、又は（それを越え）婚姻に基づかない共同体差別を委託する条項として解する立場、分割課税について主婦・母としての妻の役割の尊重と見なす立場等がこれに連なる。離婚増加、事実婚、母子家庭、いわゆる「パッチワークファミリー」等、社会の動態的変化に伴い、伝統モデルは徐々に変容する。だが、共和国における同性愛者共同体の法的規律は、基本法改正ではなく、通常法律及びそれを支える憲法解釈を通じ進む。生活 PS 法（2001）・距離要請を否認した同法合憲判決（2002[8]）以降、婚姻・生活 PS 平準化が政治的に進む一方（特に 2005 年）、未達領域では、平等違反を理由に違憲審査が始まる。婚姻を家族から切り離し、責任等に重点をおいて機能的に解する見解が打ち出されると、生活 PS のように比較可能性が認められる共同体については、特別の保護以外の差別正当化理由が要求される[9]。このプロセスを通じ、婚姻概念が蒙った意味変化は小さくない。周知の通り、その後、連邦議会の決定（2017.6.30）により、同性カップルに対しても婚姻の締結は可能とされた（民法 1353 条 1 項 1 文。既存の生活 PS の婚姻移行は認め、新規は不可）。"Ehe für alle"（全ての人に婚姻を）なるスローガンに（結果的に）結びつけられた、政権与党の思惑は格別、基本法改正手続（79 条 2 項）の必要性をめぐる議論は理論的にも重要である[10]。

(1) 他、各々ザールラント・ベルリンを舞台とした事件 B（2 BvR 1981/06: 異議申立人 II）・事件 C（2 BvR 288/07: 異議申立人 III）があり、ディ・ファビオ及びランダウ裁判官の二人を予断の疑いを理由に忌避（事件 B/C. 官吏家族手当差別事件・第二法廷不受理決定 2007 〜 08 が契機）等の論点があるが、紙幅の都合上省略、限定的邦語文献引用もご理解をお願いする。

(2) BVerfGE 6, 55〔ド憲判 I **33** 判例〕.

(3) BVerfGE 124, 199 (226).

(4) BVerfGE 133, 377 (418).

(5) BVerfGE 133, 377 (428).

(6) 多数意見は、①別産制であっても分割課税適用可能、②年金調整は 1977 年導入等を指摘し、生活 PS の「消費と取得の共同体性」を堅持する。BVerfGE 133, 377 (416, 417).

(7) 両性の同権に基づく婚姻を「家族生活並びに国家の維持及び繁栄の基礎」として特別に保護するよう命ずる、ワイマール憲法 119 条が述べる通りである。反対意見の類型的家族助成論はこの伝統に通ずる。

(8) BVerfGE 105, 313〔ド憲判 III **32** 判例〕.

(9) 第 2 法廷不受理決定後（注(1)）、本見解が、①寡婦・寡婦年金事件（BVerfGE 124, 199［本書 **23** 判例]、第 1 法廷）において明らかにされると（2009 年）、②相続・贈与税事件（126, 400、同）、③再度の官吏家族手当事件（131, 239、第 2）、④不動産取得税事件（132, 179、第 1）、⑤承継的養子縁組事件（133, 59［本書 **24** 判例]、同）、そして⑥本件（第 2）と、平等原則の厳格適用を手がかりに、憲法解釈を通じた平準化が進む。参照、拙稿「配偶者分割課税と登録生活パートナーに対する差別」自治研究 91 巻 3 号（2015 年）155 頁以下。

(10) 参照、拙稿「公法による将来形成」自治研究 90 巻 7 号（2014 年）24 頁以下：拙稿「生活パートナーシップ」鈴木秀美ほか編『憲法の発展 I』（信山社、2015 年）275 頁以下；M. Böhm und M. Germann, Dynamische Grundrechtsdogmatik von Ehe und Familie?, in: VVDStRL 73 (2014), S. 211 ff.; Ch. Schmidt, "Ehe für alle" - Ende der Diskriminierung oder Verfassungsbruch, in: NJW 2017, S. 2225 ff.; M. Jestaedt, Gastbeitrag: "Ehe für alle?", FAZ v. 5.7. 2017. S. 7 ff.

26 育児手当における外国人除外条項の合憲性
——バイエルン州育児手当事件——

難波岳穂

2012 年 2 月 7 日連邦憲法裁判所第 1 法廷決定
連邦憲法裁判所判例集 130 巻 240 頁以下
BVerfGE 130, 240, Beschluss v. 7. 2. 2012

【事　実】

1　本件は、バイエルン州制定の「州育児手当の支給並びに連邦育児手当法の施行に関する法律」[1]（以下、「バイエルン州育児手当法」という）における外国人除外条項の合憲性である。

バイエルン州育児手当法は、その正式名称に明らかなとおり、目的の一つは、連邦育児手当法のバイエルン州における実施である。連邦育児手当法は、近年の研究と実務における成果から生後 3 年間における親子関係の質が、子どもの健全な生育にとって重要であることが明らかになったところから、親が子どもを自ら育てるために、離職しあるいは職業活動を制限した場合に、それに必要な資金を補填することを目的としている[2]。ただし、財政上の理由から、3 年間ではなく、原則として生後 1 年まで、例外的に 2 年までとなっている。そこで、バイエルン州育児手当法は、独自にこれに上乗せし、連邦手当の受給終了後から、最長で生後丸 3 年、州の育児手当を支給するものとした[3]。しかし、バイエルン州でも、財政上の理由から、支給対象を子の親が、第一に子の誕生以前にバイエルン州に一定期間居住していたこと、第二にドイツ人及び EU 諸国またはヨーロッパ経済領域条約締約国の国籍を有する者に限定した（以下、「外国人除外条項」という。）。この外国人除外条項の合憲性が本件では問題となった。

2　X は、1986 年以降バイエルン州に住み無期限の滞在許可を得ているポーランド国民であり、2000 年 2 月に誕生した子ども Y の母である[4]。Y が生後 1 年目及び 2 年目について、X は連邦育児手当を満額受給した。しかし、X の州育児手当の申請は、当該外国人除外条項を理由として却下された。この処分に対する異議申し立ても却下された後、X はミュンヘン社会裁判所に育児手当の支給を求めて訴えを提起した。

ミュンヘン社会裁判所は同条項が基本法 3 条 1 項と 6 条 1 項に違反し無効であるとして、バイエルン州憲法裁判所に対し照会したが認められなかったので、具体的規範統制の手続きに基づいて、連邦憲法裁判所に事件を移送した。

【判　旨】

1　バイエルン州育児手当法 1 条 1 項 1 文 5 号は、基本法 6 条には抵触していないが、一般平等原則（基本法 3 条 1 項）とは整合しない。なぜならば、EU諸国ないしヨーロッパ経済領域協定締約国の国籍を保有していない者を、一般的に、州の育児手当の対象から除外しているからである。

2　この規制は、基本法 6 条 1 項および 2 項から導かれる国家の家族に対する保護助成義務に違反するものではない。基本法 6 条 1 項および 2 項から導かれる国家の家族に対する保護助成義務に違反するという問題は、バイエルン州が、育児手当を提供して家族を支援する憲法上の義務を負っている場合にだけ、考慮の対象となるが、そのような義務は存在しない。

確かに、基本法 6 条 1 項が明示的に定めている保護義務の保障内容には、一般的基本権としての保護義務を超えて、国家が家族に対し、十分な保護助成を行う義務を含んでいる。家族保護の一般規範である基本法 6 条 1 項に固有の、ドイツ人に限定されない保護助成の側面は、両親の特別な監護権にまで及

んでいる（基本法6条2項1文）。これらの保護助成義務から、適切な経済措置により、両親の育児監護活動を支援し、助成すべき国家の義務が導かれる。しかしながら、両親の育児監護活動を支援せよという一般的な憲法上の命令から、国に特定の給付を求める具体的な請求権を導くことはできない。とりわけ、州の立法者は、家族を助成する給付を育児手当の形態で行う義務を、憲法上負っていない。

3 バイエルン州育児手当法1条1項1文5号は、基本法3条1項に違反する。

本件においては、憲法上の要請は、単なる恣意の禁止に尽きるものではない。なぜならば、本件では、育児手当の不支給が、基本法6条2項が保護する、ドイツ人に限定されない親権に関わるからである。たとえ基本法6条それ自体の違反にはならなくとも（上記2参照）、憲法上の親権は、保護助成の側面と関わりがある。州育児手当は、親権の特定の行使形態、すなわち、子を親が自ら世話するために、自らの職業活動を限定する場合に、それを経済的に支えることで助成している。州育児手当の拒否によって、当事者には、国家による親権援助のこの要素が拒まれたままになる。この国家の給付が任意のものであるという性格を考慮すれば、このことから直ちに不平等取扱の正当化に対する、特に厳格な憲法上の要請が導かれるわけではないとしても、不平等取扱に対する憲法上の評価にあたっては、このことも考慮されなければならない。

4 憲法上の要請が単なる恣意の禁止よりも厳格になるという結論は、バイエルン州育児手当法1条1項1文5号が、国籍という、申請者がほとんど自由にできない事柄を要件としていることからも導かれる。ある人の国籍は、原則としてその両親の国籍あるいは出生地、すなわち、それは自らどうすることもできない事情によって決まる。国籍の変更は、これもまた該当者の意思だけではどうにもならない要件下でのみ可能となる。

国籍は、基本法3条3項1文に列挙されている基準と類似し、または部分的に重なり合っているとはいえ、許容できない区別基準には挙げられていない。

国籍に基づく差別は、それゆえに、基本法3条3項1文に基づく厳格な差別禁止の対象ではない。しかし、特定の状況下における外国籍保有者に対する不平等取扱いは、当事者に対し基本法3条3項1文に列挙された基準に近似した不利益な影響を与えるため、その不平等取り扱いの正当化に当たっては、厳格な憲法上の諸要請が課せられる可能性を排除するものではない。このことが本件の場合にどの程度妥当するかは判断する必要がない。なぜなら、本件規制は、すでにそれほど厳しくない憲法上の諸要請さえゆるがせにしているからである。

5 バイエルン州育児手当法1条1項1文5号が予定している差別は、立法目的の実現に間接的にも役立たない。立法目的から見て、もし支給対象者をドイツ国内で合法的に働くことができる人々だけに限定するのならば、それは憲法上認められる。もし、もともと法的に就業を許されない外国人を育児手当の対象から排除するのならば、立法者の態度は基本法3条1項に整合するといえる。親に、その生業を断念する動機をあたえるという社会給付の保障は、両親のうち子どもの世話をしようとする者が、働くことが法的に許されない場合には、目的から外れている。しかし本件規制は、この目的に適合したものではない。連邦憲法裁判所2004年7月6日決定[5]は、滞在資格に基づく差別を認めなかったが、国籍による差別はこれと比べても、労働許可が存在するか否かという結論を導く程度が低い。原手続きの原告は、バイエルン州で合法的に就業していたのであり、したがって、もし州育児手当が給付されていれば、彼女は、自分の子どもを育むために、就業を限定する動機を与えられたはずである。

6 財政的な利益は、バイエルン州育児手当法1条1項1文5号による劣遇を正当化できない。立法者が任意に支給を与える限り、確かに立法者は、他の国家業務に照らし、どの程度まで資金を投入できるか考慮することが許される。財政政策上の懸念は、しかし、受給要件を他の人と同様に満たす受給資格者が、不合理な差別により排除されない形でのみ、考慮に入れることが許される。単に国家支出を縮減

〔難波岳穂〕

する目的で給付業務を限定するという意図は、異なった人間集団を差別的に扱うことを正当化するに足るものでない。さもないと、立法者は、不平等の根拠として常に、部分的節減によって支出を減らすという意図を持ち出すことができることになってしまうので、公的給付金の分野において一般的平等取扱いの命令は空虚なものとなる。国家支出を避けることは、正当な目的であるが、しかし、それにより人間集団間の不平等取扱いは正当化できない。それ以上の実質的な差別根拠が存在しない場合には、立法者は、財政政策上の懸念については、総ての受益者に対する給付額や受給期間の縮減を行うことによって配慮しなければならない。

【解　説】

1　自由権的基本権から、国家は積極的な保護者としての役割が義務付けられる。この、あらゆる自由権的基本権から導き出される保護義務を、以下、一般的保護義務という。

6条1項と2項の保護義務は一般的保護義務とは異なり、条文上に明記された特別な国家の保護義務であるため、「基本法6条1項が明確に定めている保護義務の保障内容には、一般的基本権としての保護義務を超えて、国家が家族に対し、十分な助成と保護を行う義務を含んでいる」（判旨2より引用）。しかし、国家の給付が任意の性格を有する以上、州の立法者は6条1項と2項が要請する家族に対する保護義務の要請から、育児手当の様な特定の給付形態を導くことはできない。だから、育児手当を与えなくても直ちに保護義務違反にはならない。そこで問題となるのは、州が、基本法上家族を助成する義務を負ってはいるものの、必ずしも「育児手当」という方法でなくてもよいとは、憲法学上いかなる意味を示すのかである。この問題に対し、連邦憲法裁判所は、同保護義務の主観的権利としての側面は州を拘束しないが、客観的法秩序としての側面は、3条を通じて州政府を拘束すると容認した。

2　当該問題に対する連邦憲法裁判所の判断の先例として、2004年7月6日の二つの第一法廷判決

がある。第一は連邦児童手当[6]に関する在留資格制限違憲決定（BVerfGE 111, 160）であり、第二は連邦育児手当に関する在留資格制限違憲決定（BVerfGE 111, 176）である。

前者は、1993年連邦児童手当改正法（Bundeskindergeldgesetz）にあった外国人の在留資格による児童手当の受給資格に関する制限規定が違憲と判断された事件である。元々、1989年末まで連邦児童手当はドイツ人と外国人との間に区別なく支払われていたが[7]、1989年及び1993年に行われた法改正により、外国人児童については、親権者に就労許可付きの滞在許可が付与されていることが受給資格とされた点が違憲とされた。後者は、育児手当に関して、同様の規定があり、同様の判断を下されたものである。

3　本決定の最大の意義は、二つの2004年決定を承継した上で、そこでは判断されなかった国籍による差別を厳格な審査基準と結びつけて違憲判断を行った点にあるといえよう[8]。6条1項・2項が有する客観的法秩序に従って、3条の一般平等原則を解釈すると、審査基準に対する拘束力が生じ、「単なる恣意の禁止に尽きるものではない」ということが容認され、「どこまで厳格な審査基準が妥当するのか」という問いが追加的に発せられてくることである。この問いに対する具体的回答は、すなわち、本決定の核心となる国籍が自らの意志だけではどうにもならない事柄である以上、国籍は、3条3項1文の列挙事項に含まれていないにもかかわらず、自ら自由にできない要件とリンクするという特徴を有する為に、3条3項1文の列挙事項に近似することが導かれ、そこから国籍に対して厳格な審査基準を用いるとしたものである。

続いて、親権の保護は基本法6条が規定する家族保護の範囲に含まれる為、ドイツ人に限定されないことが確認された[9]。このように「内外人無差別」である以上、当該外国人除外条項が育児手当の目的と矛盾し逸脱した手段であり、そして本件原告が合法的就業者であることから、正当な育児手当の受給資格者に該当する。これに従うならば、当該外国人

除外条項は、国家支出の縮減という合理的目的による理由付けを行ったとしても、原告から育児手当の受給権を正当に奪うことを導くことはできない。というのも、立法者が行うべき財政政策上の懸念は、立法趣旨との均衡を担保し、かつ全ての有資格者に対して平等な介入をするべきだからである。

4 二つの2004年決定と本決定は共に、子どもの福祉の徹底を目的にした社会給付保障をめぐる判断である。しかし、本決定は、これらの2004年決定以上に6条1項・2項の特別な国家の保護義務を重視し、国籍による差別の禁止を容認した点に特徴がある。親の国籍を条件にすることは、ドイツ国民である子どもの中に、子ども自らの力ではどうにもならない事柄（親の国籍）によって、異なる待遇を課す事態を生む。育児手当が親に対する育児支援であることに鑑みると、本決定が国籍に基づく差別を違憲であると判断したことの重要さがより深く認識できるであろう。

立法者が2004年決定に対して国籍差別を導入した理由は、「人種又は民族的出身に関わりなく平等待遇原則を適用するための2000年6月29日の理事会指令【2000/43/EC】等4つのEU指令に基づいて制定された2006年の「一般平等待遇法」（一般的には「反差別法」と呼ばれる）があるのではないかと考える。この法律は、いかなる人物に対しても、人種、民族、性別、宗教、障害、年齢、性的志向を理由とした差別を法的に禁止している。しかし、EU指令でも、この反差別法でも、国籍による異なる待遇は適用対象外である。本決定が、このような国籍に基づく差別について、6条と3条のコンビネーションの場合に関してのものであるとはいえ、明確に差別に対して厳格審査を行うとした点に、本決定の重要性はあると考える[10]。

(1) Gesetz zur Gewährung eines Landeserziehungsgeldes und zur Ausführung des Bundeserziehungsgeldgesetzes in der Fassung der Bekanntmachung vom 16. November 1995 (GVBl S. 818).

(2) 連邦育児手当法の詳細については、斉藤純子「ドイツの連邦親手当・親時間法——所得比例方式の育児手

当制度への転換」国立国会図書館調査及び立法考査局外国の立法232（2007.6）51-76頁参照。

本件で問題となる3歳未満の未就学児の養育環境と公的支援の関係は、その後、2015年7月21日ドイツ連邦憲法裁判所第1法廷判決（BVerfGE 140, 65）でもその問題性が審理された。2013年2月15日の就学前育児手当導入に関する法律（Betreuungsgeldgesetz）における連邦親手当と親時間基本法（Bundeselterngeldund Elternzeitgesetz）第4a条から第4d条は、ドイツ基本法第72条第2項に抵触し無効であると宣言された。

(3) このような上乗せを実施する州は、*"Landeserziehungsgeld 2012-Litia. de"* によれば、バイエルン州を含む僅か4州（Bayern, Baden-Württemberg, Sachsen, Thüringen）であった（https://www.litia.de/landeserziehungsgeld-2012）。2018年8月現在、Bayern と Sachsen の2州が引き続き支援を行うのみである。なお、*"Landeserziehungsgeld 2018: Alle Details zu der finanziellen Unterstützung der Bundesländer"* によれば、州育児手当に代わる適切な措置も公示されていない（https://www.kinderinfo.de/elterngeld/landeserziehungsgeld/）。

(4) ポーランドがEUへ加盟したのは2004年5月1日なので、Xは申請の時点では、いわゆる第三国国籍者である。これに対して、Yは、2000年1月に施行された改正外国人法により、ドイツ国籍保有者である。

(5) BVerfGE 111, 160, [174]; 111, 176, [185].

(6) Vgl. BVerfG 99, 246［ド憲判Ⅲ **34** 判例［甲斐素直］］.

(7) この時点での児童手当の受給資格は、当該家族がドイツ国内に居所を有するか、居住する場合に付与された。

(8) 2004年決定に対しては、連邦憲法裁判所は、児童手当の受給から外国人を除外するために展開した議論を適切に行っておらず、このような議論の不適切さは本決定のバイエルン州育児手当でも変わらないとの批判もある。Tomasz Milej, Verfassungsmäßigkeit der Unterscheidung nach dem Merkmal der Staatsangehörigkeit im Bereich der gewährenden Staatstätigkeit, NVwZ 2013, S. 691 f. を参照。

(9) ドイツでは外国人の基本権について6条の要請が「内外人無差別」であることは、連邦憲法裁判所の一貫した見解で、2004年7月6日の両決定（BVerfGE 111, 160, [169]、BVerfGE 111, 176, [184]）と同じく、本決定も承継したものである。畑尻剛他編『ドイツの憲法裁判——連邦憲法裁判所の組織・手続・権限（第2版）』（中央大学出版部、2013年）532頁参照。

(10) 本稿のように、6条を中心に本決定を読む立場に対し、3条を中心に読むことを主張する者として Michael Sachs, Grundrechte: Allgemeiner Gleichheitssatz und Schlechterstellung von Nicht-EU-Bürgern, JuS 2013, S. 89 ff.

27 親手当法の外国人受給除外規定の違憲性
―「外国人に対する親手当」決定―

2012 年 7 月 10 日連邦憲法裁判所第 1 法廷決定
連邦憲法裁判所判例集 132 巻 72 頁
BVerfGE 132, 72, Beschluss v. 10. 7. 2012

根森　健

【事　実】

1　ドイツ（連邦共和国）では、1986 年に、女性の社会進出に伴い親たちが育児に優先的に取り組めるようにする意図（「家庭と仕事の両立」）で、育児休暇（後に親時間と改称）制度と共に、育児に専念する親に最長 2 年間定額（原則月額 300 ユーロ）を給付する育児手当制度を導入した。その後、男性の一層の育児参加等を図るべく、この育児手当は、2007 年 1 月 1 日出生の子どもからは、より支給額が多くなる所得比例（原則、出生前所得の 67 ％）型の親手当へと変更された（1 世帯に最長で 14 カ月間支給）[1]。

2　本件事案は、上記育児手当請求拒否処分 3 件と親手当請求拒否処分 1 件の 4 件（原告：男性 1 人、女性 3 人）に関して、連邦社会裁判所（以下、「BSG」と表記）から連邦憲法裁判所（以下、「連憲裁」と表記）に移送されてきた具体的規範統制事案である。問題となったのは、連邦育児手当法（Bundeserziehungsgeldgesetz：以下、単に「育児手当法」とも表記）1 条 6 項 3 号 b と結びついた 2 号 c と連邦親手当法及び親時間法（Bundeselterngeld- und Elternzeitgesetz：以下、単に「親手当法」とも表記）1 条 7 項 3 号 b と結びついた 2 号 c ――両法のこれらの規定は全く同一の内容の規定――であった（以下、単に「当該 3 号 b 規定」「当該 2 号 c 規定」とも表記）。「移動の自由の権利を認められていない外国人」（＝ EU 市民ではない外国人）のうち、国際法上、人道上又は政治上の理由から滞在する者については、就労許可付きの滞在許可を得て継続的に滞在している場合でも、当該手当の支給対象期間中に、上記各当該 3 号 b 規定に列挙されている労働市場への統合の三つの選択肢のうちのいずれかを満たす場合にのみ、当該手当の請求権を付与するとしている点が、基本法（以下、GG とも表記）3 条 1 項（[一般平等原則]。連憲裁ではさらに 3 条 3 項 1 文 [性を理由とした不利益取扱いの禁止]）に合致するのか否か、が問題となった。例えば、本稿で事例として紹介する親手当事案に関して言えば、2006 年 12 月 5 日版の親手当法 1 条 7 項では、以下のように規定されていた（条文中の〔　〕内は、筆者による注記。この第 7 項と全く同じ文章の規定が、育児手当法には 1 条 6 項として置かれていた）。

「(7)　移動の自由の権利を認められていない外国人は、以下の場合にのみ請求権が付与される。

第 1 号　定住許可（Niederlassungserlaubnis）を有している者

第 2 号　滞在許可（Aufenthaltserlaubnis）を有している者で、その滞在許可が職業活動を行う権利を与えるか、与えていた場合。ただし、以下の滞在許可の場合は除く。

a・b 〔略〕

c　故国での戦争の故に滞在法 23 条 1 項〔州の最高官庁による滞在の保証、特別な政治的利益が存在する場合の受入れ〕によって、又は滞在法の 23a 条〔苛酷な状況における滞在の保証〕、24 条〔一時的保護のための滞在の保証〕、及び 25 条 3 項から 5 項〔人道上の理由に基づく滞在〕によって、滞在許可が与えられている場合、

第 3 号　第 2 号 c に掲記の滞在許可を有し、かつ、

a 少なくとも3年間適法に、許可を得て又は容認されて連邦領域内に滞在し、かつ

b 〔第1選択肢〕連邦領域内で正当に職業活動を行っているか、〔第2選択肢〕社会法典第3巻に基づいて継続的に金銭給付を受け取っているか、又は〔第3選択肢〕親時間を利用している場合」

3 親手当に関する事案での原告の女性 X（1985年生まれの未婚のコンゴ国籍保有者）は、2002年3月10日に必要なヴィザ無しでドイツへ入国し庇護申請したが認められなかった。ただ、国外退去強制は猶予され、ドイツでの滞在を容認された。その後、所轄の外国人官庁は、X に05年12月7日付けで滞在法に則って滞在許可を付与したが、職業活動は外国人官庁の同意のある場合にだけ許容されるというものだった（08年1月29日付けで、全種類の就労許可取得）。この間に、X は、07年11月22日付けで、同年3月9日に生まれた双子の子どもの月齢4カ月目から14カ月目までの親手当給付を申請したが、関係当局が拒絶。そこで、X が給付を求めて提訴。第1審、控訴審ともこれを退けたので、BSG に上告した。

4 上告審（BSG 10. Senat, 30. September 2010, Az: B 10 EG 9/09 R）で、10年9月3日に、BSG は、月齢12カ月目から14カ月目までの親手当の給付に関して、連憲裁04年決定（BVerfGE 111, 176）を踏まえて、親手当法の当該3号b規定列挙の各条件は育児手当の目的に反する基準で、同規定と結びついた2号c規定は GG 3条1項と相容れないとして、訴訟手続を中断して連憲裁に移送。

【判　旨】

1　親手当法らの当該3号b規定は違憲無効

育児手当法及び親手当法当該3号b規定は、国際法上、人道上又は政治上の理由から滞在を許可されている外国籍保有者で、当該規定に列挙の労働市場統合のメルクマールを一つも満たさない者を、不当にこれらの手当の支給から除外するものであり、

GG 3条1項及び3条3項1文に違反し無効である。

2　GG 3条1項関連

(1) 不平等取扱いの存在

移送されてきた各規定は、不平等な優遇に至るものである。当該3号b規定に従えば、当該2号cに列挙された滞在資格を有し3号aを充たしている者であってもこれら3選択肢のうちのどれかを充たさなければ、育児手当や親手当を得ることは出来ないのであり、その点で、特に労働市場で働くためのこれらの選択肢のうちの一つでも提示できる同じ滞在資格の者に比べより劣位におかれている。

(2) 不平等取扱いの正当性

この不平等な取扱いは正当化されない。立法者は、当該規定によって、手当受給中も労働市場へ積極的に統合されていることを条件としている（特に選択肢1・2）が、立法者の意図によれば、これらの条件は、永続的にドイツ国内に滞在することが見込まれる外国人に給付するのに役立つためのものである。だが、立法者によって選択されたこれらの基準は、このような正当な目的に即して受給者の範囲を適切な方法で規定するものではない。滞在の永続性と職業活動遂行の可能性とは関連を有しない。

3　GG 3条3項1文関連

(1) 不平等取扱いの存在

問題となった規定は、男性との比較で女性を不利に取り扱っている。これらの規定は、当該の人的グループの許での育児手当や親手当の請求を、女性を男性よりはるかに実現が困難な条件に依存させる。というのも、当該規定によって不利益を被ることになる女性は、男性とは異なって、まず、母親保護の観点から、母親保護期間（8週間）中は、そもそも客観的に法律によって職業活動に就くことを禁じられている。当該規定によって被る不利益は、母親保護法による母親手当によっては補い得ない。さらに、その保護期間を超えて、授乳する母親は実際にも職業活動に就くのが困難な状況に置かれることによって、当該規定は女性と男性との不平等な取扱いを生

じさせる。当該規定は、性に中立的に条文化されてはいるが、これらの規定から生じる女性の不利益は、母性の法的・生物学的な事情と極めて密接に結びつけられており、そのため性を理由とした直接的な不利益に極めて近いものである。

(2) 審査基準

性を理由とした不利益がGG3条3項1文によって許されるのは、問題の性質上、男性や女性の場合にだけ起こりうるような問題の解決にどうしても必要な場合に過ぎない[2]。当該規定は、いずれにせよ厳格な正当化の要請の下に服する。例外的に正当化されうるのは、その他の極めて重要な実質的理由によるものでなければならない。

(3) 区別の正当性

女性に対する不利益は、本件では、GG3条1項との関係で既に述べたように、当該規定の列挙するメルクマールは目的達成予測としての適性を欠いている点で、すでに正当化され得ない。

4 連憲裁法78条1文と結びついた82条1項によって、2006年版の育児手当法と親手当法の当該3号b規定は無効である。当該規定には、単なる「基本法との不一致の宣言」に留める理由が存在しない。

【解 説】

1 家族政策のパラダイム転換と育児手当法・親手当法

本件は、現代ドイツにおける家族政策と移民（外国人統合）政策との交錯する場面で立ち現れた「（とりわけ女性の）家庭と仕事（職業）の両立」に関わる問題である。ドイツでは、1980年代に入るまでは、男を稼ぎ手とする専業主婦家庭という伝統的な家族モデルの下、家族政策の基本理念を国家による「婚姻および家族」の保護・助成に置いてきた。その後、家族政策や労働政策も、多様な共働き家庭のあり方を踏まえながら、育児休暇・育児手当の導入やパートタイム就業の推進など家庭と職業の両立支援の拡充に努めてきたとはいえ、「ドイツの家族政策の中心にあっていまだに結論が出ていない重点課題は、母親にとっての家庭と仕事の両立である」（労働社会省）。少子化問題もクローズアップされる中、21世紀に入って、「持続可能な家族政策」の提唱の下、家庭と職業の両立支援を中心とする包括的な「新しい家族政策」へと政策転換が図られることになった。この「新しい家族政策」は、①再配分政策（有子家庭の経済的負担への支援）、②時間政策（親が家族で過ごす時間の確保）、③インフラ政策（保育施設など家族のための社会基盤整備、学校の全日制化等）の三つの政策が軸となっている[3]。本件で問題となった親手当は、①再配分政策に当たるものである。【事実の概要1】で触れたように、休業・就業制限の所得補償が大幅に改善された点と共に、男親が一層育児に専念出来るようにする工夫として、この親手当の受給期間（最長14カ月）に関し、両親家庭の場合、一方の親が受給できるのは最長12カ月とされ、残りの2カ月分は、もう一方の親が育児に専念しなければ受給できないとされている点が注目に値する（「パパ・クォータ」制）。実際、2014年度発表の政府統計資料によると、12年度には、男親の親手当受給率（育休取得）は29.3％――大多数は「残りの2カ月分」――と、育児手当の時に比べ格段に上がった[4]。積極的に男親が休業して育児に専念するには、このような法制度上の工夫も必要であろう。親手当に対応する日本の育児休業給付金制度では、こうした工夫が取り込まれていないし、給付金額についてもまだまだいろいろな点で劣っている。

2 本決定の意義と意味

以下では、本件で交錯している、もう一方の「外国人」（移動の自由の権利を認められていない非EU市民）の統合政策との関連を含め、本決定の意義と意味について、紙幅の関係上簡単に触れておきたい。

(1)〔滞在法の下での外国人の育児手当・親手当の受給権〕外国人法制は、1965年の外国人法の制定、1990年の同法の全面改正を経て、2004年の滞在法（Aufenthaltsgesetz）の制定へと発展してきた。本件で

問題となった、育児手当法と親手当法は、外国人の受給権について、この滞在法[5]の規定する滞在資格を踏まえて規定されている。家族政策に関わる社会的給付制度の外国人への受給資格の制限・限定については、以前から度々、連憲裁でも問題になってきた。04年7月6日に、連憲裁は、児童手当（BVerfGE 111, 160）と育児手当（BVerfGE 111, 176）に関して、外国人の受給除外規定につき GG3条1項に抵触するとして違憲確認決定を下している。この2決定で、連憲裁は、93年版の各手当法1条で、難民等を対象に、国際法上、人道上の理由で付与された旧外国人法上の滞在許可（『特別滞在権』）を有する外国人を類型的に一般的に同手当の給付から除外していたのを、大要「当該規定では労働の権利を有する外国人とそうでない外国人を区別することは出来ない。当該規定で除外対象になっているグループの外国人についても、職業活動との関係で個別的事情が確認されなければならない」と判断した。本件連憲裁決定も、この04年決定を前提にするものと言える。ただ、BSG が当該3号b規定と結びついた2号cを違憲と見なしたのとは異なり、より限定して、連憲裁は当該3号b規定のみを違憲無効とした。それは、当該3号bが規定する3条件が「現に就業・就労していること」に着目したもので、立法者の意図した立法目的の「ドイツに永続的に滞在する外国人」かどうかを予測するメルクマールとしては不適切だと判断したためである。

(2) 連憲裁が付け加えたジェンダーの視点

連憲裁が、移送の理由となった一般平等原則（GG3条1項）違反の他に、更に性を理由とした不利益取扱いの禁止（GG3条3項1文）違反についても吟味したのが、ジェンダーの視点を取り込んだものとして注目される。本件で移送されてきた両法の当該規定での受給条件は、明文で性を名指ししたり、或いは男性か女性かに直接結びついたメルクマールを用いて、当該グループを区別的に取り扱うものでは

ない。この意味で、当該規定は、連憲裁が認めたように、性に中立的な規定である。このような規定については、一般に、間接差別、即ち、「外見上は、性中立的な規定、基準、慣行等が、他の性の構成員と比較して、一方の性の構成員に相当程度の不利益を与え、しかもその基準等が職務と関連性がない等合理性・正当性が認められないもの」[6]かどうかが問題となる。だが、連憲裁は、母親保護の観点に着目しつつ、当該規定から生じる女性の不利益は、単なる間接差別というよりは、「母性の法的・生物学的な事情と極めて密接に結びつけられており、そのため性を理由とした直接的な不利益に極めて近いもの」と捉えた（【判旨3-(1)】）。そして、そのような理解から、当該規定は、GG3条3項1文に基づいて、「厳格な正当化の要請」を充たすものでなければならないとしたのである。

(1) 育児手当制度と親手当制度については、それらの家族政策に占める意味を含めて、一連の齋藤純子氏の①「育児手当と親時間」外国の立法212号（2002年）1頁、②「『育児手当』から『親手当』へ」外国の立法229号（2006年）164頁、③「ドイツの連邦親手当・親時間法」外国の立法232号（2007年）51頁を参照。

(2) ここで掲げられている、性を理由とする不利益取扱いの審査基準（BVerfGE 132, 72 [97 f.]）は、Sachs によると、BVerfGE 85, 191 [207] ── 夜間労働禁止判決〔ド憲判II *13* 判例〕、BVerfGE 92, 91 [109] ── 消防活動負担金決定〔ド憲判II *15* 判例〕、BVerfGE 114, 357 [367] に引き続く、連憲裁の新しい定式だということである（Sachs, JuS 5/2013, 474 [476]）。

(3) ドイツの新しい家族政策・労働政策については、魚住明代「ドイツの新しい家族政策」海外社会保障研究160号（2007年）22頁以下、みずほ銀行産業調査部「III-3 ドイツの経済成長を支える労働力」みずほ産業調査50巻2号（2015年）295頁以下等参照。

(4) 労働政策研究・研修機構「海外労働情報：父親の育児参加を促す新しい家族政策」（2014年10月）による（http://www.jil.go.jp/foreign/jihou/2014_10/germany_02.html）。

(5) 滞在法については、戸田典子「ドイツの滞在法」外国の立法234号（2007年）25頁参照。

(6) 内閣府男女共同参画局HP「用語集」による。

28 憲法擁護庁報告とプレスの自由
──ユンゲ・フライハイト決定──

斎藤一久

2005 年 5 月 24 日連邦憲法裁判所第 1 法廷決定
連邦憲法裁判所判例集 113 巻 63 頁以下
BVerfGE 113, 63, Beschluss v. 24. 5. 2005

【事　実】

1994・1995 年版のノルトライン・ヴェストファーレン州憲法擁護庁報告において週刊新聞ユンゲ・フライハイト（Junge Freiheit）が「極右」の項目に位置付けられ、「ナショナリステックかつ人種差別的な傾向を有する外国人敵対性」「平等権に反する活動──人間の尊厳の軽視」「反議会主義／議会制民主主義に反する活動」「ナチス政治への近接／ナチスの犯罪の過小化と相対化──ナチズムの正当化」などの表現を用いて紹介されていた。またニューライト（新右翼）の傾向があり、自由で民主的な基本秩序の基本原理、とくに基本法において具体化されている基本権及び国民代表に対する政府の責任原則の尊重に反するような政治的立場を宣伝するだけでなく、同じような主張を唱える論者の論稿が数多く継続して掲載されているという旨の記述がなされていた。

第 1 審のデュッセルドルフ行政裁判所判決では、憲法擁護庁報告におけるユンゲ・フライハイトに関する記述の削除、「極右」項目への分類についての修正などを求めたが、棄却された。その後、ノルトライン・ヴェストファーレン州上級行政裁判所決定でも棄却されたため、異議申立人であるユンゲ・フライハイトの発行人が、同庁報告と各行政裁判所の判決は、基本法 2 条 1 項の一般的人格権、5 条 1 項 2 文のプレスの自由、12 条 1 項の職業の自由に抵触するとして、憲法異議を提起した。

【判　旨】

憲法異議には理由がある。上級行政裁判所決定及び行政裁判所判決は、基本法 5 条 1 項 2 文の基本権を侵害している。これらの判決を破棄し、本件をデュッセルドルフ行政裁判所に差し戻す。

1　プレスの自由への介入

憲法擁護庁報告において異議申立人の週刊新聞の名を挙げることは、プレスの自由の侵害である。同庁報告の記述によって、異議申立人の新聞販売の拡大、問題となった論稿の掲載が妨げられるわけではないが、同庁報告に取り上げられるということは、マイナスの影響がある。新たな読者が増える可能性は低くなるであろうし、広告主、ジャーナリスト、そして読者欄投稿者が、同庁報告での言及がきっかけとなり、当該新聞から離れたり、ボイコットしたりすることがあり得ないとは言えない。このような事態は、プレスの自由に対する介入に匹敵する。

2　法律の留保

プレスの自由への介入には一般法律による制限があり、ノルトライン・ヴェストファーレン州の憲法擁護に関する法律 15 条 2 項がそれに該当する。同条に基づき、憲法擁護庁報告において情報を公表する場合には、比例原則を遵守しなければならない。反憲法的な活動を行っているとの嫌疑を肯定したり、同庁報告上の公表といった否定的な制裁を講じる場合には、反憲法的活動の嫌疑に対する事実上の根拠があるだけでは不十分であり、それらが「十分に重

大な（hinreichend gewichtig）」ものでなければならない。憲法上の諸価値に対する単なる批判は、このような場合に該当しない。ただし自由で民主的な基本秩序を排除する活動が意見表明の中から見出し得る場合には、防御措置は許容される。個々の記事についても、それ自体、また他の箇所と合わせた上で、反憲法的な活動を行っているとの嫌疑がある場合、根拠として用いることが可能である。編集者が自ら執筆していない記事も含めることができる。もっともこのような場合には、なぜ第三者の論稿が出版社や編集者の活動と見なし得るのかについて、特別の理由が必要である。このような例としては、第三者が執筆したものを掲載するか否かの判断から、出版社や編集者の反憲法的活動が明らかになったようなケースが挙げられる。

3　行政裁判所の判断の妥当性

　証拠資料として提出された記事が、執筆者の反憲法的活動の表現を越えて、なぜ出版社や編集者のそれと言えるのかについての行政裁判所の理由付けは、憲法上の要請を満たしていない。ユンゲ・フライハイトが特定の政治的スペクトルにしか開かれていなかったという理由からだけで、ユンゲ・フライハイトを「意見の市場」として理解できないとする専門裁判所の判断は正しくない。プレスの自由からすれば、ユンゲ・フライハイトが特定の政治的スペクトルのみにフォーラムを提供する意図を持っていたとしても、そのフォーラムの中で執筆者に広く自由を認めている結果、個々の論稿がすべてユンゲ・フライハイトと同一視できるわけではないという判断もあり得る。したがって、専門裁判所は、異議申立人が反憲法的活動を行っているという嫌疑についての事実上の根拠が、当該諸原則を考慮した上でも十分に存在するかどうか再度、評価しなければならない。

　さらに、専門裁判所は、憲法擁護庁報告における公表方法が比例原則の要請と合致するか否かについて審査しなければならない。行政庁は単に反憲法的活動の嫌疑に関して事実上根拠付けられるというだ

けで、報告の構成や見出しにおいて区別することなく、異議申立人を「極右」、「極右の出版物、出版社、販売、メディア」ないし「極右組織、集団、傾向」という見出しの下、反憲法的活動を行っていると認定したグループと同じ箇所に位置付けた。報告の作成の仕方によっては、反憲法的活動が確認されていないことを明らかにすることも可能であり、そのようなより緩やかな手段も考えられる。

【解　説】

1　本決定の意義

　本決定は、州の憲法擁護庁報告の憲法適合性に関する基準を確立している。すなわち同庁報告は、いわゆる闘う民主制の下、反憲法的な活動を行っている個人や団体に対して、「極右」「極左」などのスティグマを与えることにより、その活動を委縮させることを実質な目的としていると考えられるが、本決定は同報告について同庁に広範な裁量を認める従来の判例傾向に対して、基本権の観点から制限的な方向に転換させたものと位置付けられる[1]。とりわけ、比例原則が適用されることを前提に、同報告で反憲法的活動を行っているなどと否定的な評価をする場合には、そのような嫌疑が事実上根拠付けられるだけでは不十分で、事実上の根拠が十分に重大でなければならないとした。また意見表明の自由との関係では、自由で民主的な基本秩序を排除する活動はこれに該当するが、憲法価値に対する単なる批判は該当しないという線引きをしている。

　さらに基本権体系上からすれば、同庁による情報提供といった事実行為が、いわゆる三段階審査における介入（Eingriff）に該当するか否かが主たる争点となっているが、本決定では、同報告において異議申立人を「極右」などと記載したことが基本権への介入であると認定した上で、報告の公表方法が比例原則に合致しないとして、プレスの自由侵害を認めた。

2 介入概念の拡大傾向

介入概念について、連邦憲法裁判所の判例上は拡大傾向を示していると言われる[2]。たとえば2002年のグリコール決定[3]及びオショー決定[4]が先例として挙げられる。まずグリコール決定では、当時、「グリコール・スキャンダル」として世間で騒がれていたジエチレングリコール混入ワインについて、含有が確認されたワインリストを政府が公表した行為が、リストに掲載されたワイン製造業者の職業の自由への介入にあたるかどうかが問題となった。同決定では、リストの公表については介入だけでなく、類似の概念としての「基本権保障領域（Gewährleistungsbereich）」への侵害も見出せないとして、職業の自由に反しないと結論付けた。

またグリコール決定と同じ日に下されたオショー決定では、オショーと呼ばれる瞑想団体について、連邦議会における政府の答弁などの中で、「エセ宗教的」「破壊的」、構成員を洗脳しているなどと言及したことが、当該団体の信教の自由（基本法4条1項）に反するのではないかが問題となった。同決定では、基本権の保護は伝統的な意味の介入だけでなく、「間接的・事実上の基本権に対する干渉（Beeinträchtigung）」も含まれるとした上で、「エセ宗教的」などの表現は、基本法4条1項の基本権に対する干渉であり、憲法上十分に正当化できなければ、違憲とされるとした（結論としては一部違憲）。

これら2つの決定では介入に該当すると判断をしたわけではないが、介入類似の概念についての検討を行っていた。これに対して、本決定では憲法擁護庁報告によって発せられる効力が介入に匹敵するとした上で、基本権侵害を認定した点に特徴がある。

ところで、学説上、介入については、①目的性、②直接性、③法的行為性、④命令・強制・執行性が伝統的に必要とされてきたと説明されるが、現在は福祉国家への展開に伴い、介入の概念も拡大され、「個人に対して基本権の保護領域に属する行為を不可能にする国家行為」として、①から④の条件に必ずしも捉われる必要がないとされている[5]。もっと

も、介入概念の拡大についてはその問題点も指摘されている。たとえば国家行為によるあらゆる事実上の効果を介入段階で考慮することになると、国家行為によって基本権行使が不可能である状態なのか、または単に困難な状態に過ぎず、主観的な不快感や迷惑にとどまるのかの境界線が曖昧になってしまうとされている[6]。

グリコール決定、オショー決定、そして本決定を比較すれば、連邦憲法裁判所は、国家の情報提供行為[7]について「基本権の間接的制約（mittelbarer Eingriff）」という枠組み、すなわち規範の名宛人に向けられた負担的な効果が第三者に及ぶ場合にも、基本権保護の射程を拡大していると捉えられる[8]。しかしながら、現時点では、拡大傾向にあるという指摘に留まらざるを得ない。たとえば上記3つの決定は、問題となった基本権の性質により異なった判断が出されたに過ぎないとも捉えられるからである。すなわち、職業の自由が問題になったグリコール決定については介入が否定されたのに対して、信教の自由、プレスの自由という「『敏感な』基本権」が問題となったオショー決定、そして本決定においては、「国家作用が個人の自由意志に与える物理的・心理的拘束力を、個々に分析」し、国家の情報提供行為が「私人の行為を制御する可能性」が存在するというだけで[9]、基本権侵害であるという結論を導き出したとも考えられなくはない。いずれにせよ、今後の判例の動向が注目されるところである。

3 日本への示唆

日本にも、ドイツの憲法擁護庁報告と同じような性質のものとして、公安調査庁の調査報告が存在する。同庁の『内外情勢の回顧と展望』[10]では、オウム真理教、過激派、右翼団体などが項目として取り上げられている。

本件と比較すれば、まず同報告の公表には直接的な法的根拠がないことが問題となる[11]。また同報告には破壊活動防止法の規制対象である「団体の活動として暴力主義的破壊活動を行った団体」だけでな

く、現段階では実質的にそのような活動の嫌疑がないと思われる団体、嫌疑が不十分な団体についても掲載されているように見受けられる。本決定に従うとすれば、同報告への掲載にあたっては「十分に重大な事実上の根拠」があるか否かが常に問われなければならない[12]。

とりわけ同報告では、日本共産党についての項目が存在する。この点、憲法擁護庁報告における政党に関する情報提供について、ディートリッヒ・ムルスヴィークは民主主義における政党の自由や政党間の機会均等からすれば、本件のようなプレスの自由への介入の場合よりも、介入と解した上で、比例原則を適用する必要性が高いと指摘しており[13]、当該見解に依拠すれば、国会議員を擁する日本共産党について同報告に掲載することは、比例原則に反する可能性が高い。

最後に、公安調査庁の報告を国民が直接目にすることはあまりないと思われるが、本決定でも言及しているように、マスメディアやインターネットを通じて、同報告によって与えられたスティグマがさらに助長されるおそれが高いことは否定できない。このような潜在的な不利益についても配慮することが、基本権保護の観点から求められよう。

(1) Dietrich Murswiek, Neue Maßstäbe für den Verfassungsschutzbericht, NVwZ 2006, S. 121 ff. その他の判例評釈として、Dieter Dörr, Grundrechte - Presserecht - „Junge Freiheit", JuS 2006, S. 71.; Günter Bertram, Eine Lanze für die Pressefreiheit, NJW 2005, S. 2890. また事件の詳細については、Alexander von Stahl, Kampf um die Pressefreiheit, EDITION JF, 2005.

(2) Vgl. Bodo Pieroth/Bernhard Schlink/Thorsten

Kingreen/Ralf Poscher, Grundrechte, C.H.Beck, 2014, S. 64 ff.

(3) BVerfGE 105, 252.〔ド憲判Ⅲ *49* 判例〕。

(4) BVerfGE 105, 279.〔ド憲判Ⅲ *20* 判例〕。

(5) Pieroth/ Schlink/Kingreen/Poscher, a.a.O., S. 64 f.

(6) Ebd.

(7) 先駆的な研究として、土屋武「国家による情報提供活動と基本権」中央大学大学院研究年報 37 号（2008 年）3 頁以下参照。

(8) 詳しくは斎藤一久「基本権の間接的侵害理論の展開」『憲法理論研究叢書⑰　憲法学の最先端』（敬文堂、2009 年）55 頁以下参照。日本の最高裁における「間接的制約」とは概念が異なることに注意が必要である。ドイツの概念を東京都の教職員をめぐる国旗国歌訴訟にあてはめると、君が代起立斉唱を命ずる職務命令は直接的には教員の思想・良心の自由への制約であり、間接的に生徒らの思想・良心の自由に基づく不起立・不斉唱の選択にも影響を与える（すなわち間接的制約）という構造となる（斎藤一久「『人権条項なき憲法訴訟』としての国旗・国歌訴訟」日本教育法学会年報 42 号〔2013 年〕141 頁以下参照）。なお行政法の観点からの検討として、西上治「給付行政と『自由意識の喪失』」東京大学法科大学院ローレビュー 6 巻（2011 年）34 頁以下参照。

(9) 山本隆司『行政上の主観法と法関係』（有斐閣、2000 年）416 頁以下、421 頁の注(22)。山本は法律の留保の必要性について、このように説明するが、基本権介入にも同様の論理が働いているとも考えられる。

(10) http://www.moj.go.jp/psia/kouan_kaiko_index.html（2018 年 7 月 1 日閲覧）

(11) 本件の憲法擁護庁報告については、ノルトライン・ヴェストファーレン州の憲法擁護に関する法律 15 条 2 項において「憲法擁護報告を……大衆を啓蒙する目的で公表することも許される」と定められている。

(12) 闘う民主制を採用するドイツにおける本決定でも「十分に重大な事実上の根拠」が必要であることからすれば、そのようなシステムを有しない、すなわち反憲法的な思想も含め、多元的な思想を容認する日本では、これと同等のレベルか、それ以上の根拠が必要であると考えられる。

(13) Murswiek, a.a.O., S. 128.

29 一般的法律の留保とその例外

——ヴンジーデル決定——

2009 年 11 月 4 日連邦憲法裁判所第 1 法廷決定
連邦憲法裁判所判例集 124 巻 300 頁以下
BVerfGE 124, 300, Beschluss v. 4. 11. 2009

土屋　武

【事　実】

異議申立人のユルゲン・リーガーは、2005 年 8 月 20 日にヴンジーデルにおいてルドルフ・ヘスの追悼集会を開くために、当局に集会開催の届出をした。当局は、刑法 130 条 4 項（「公然と又は集会で、被害者の尊厳を害する態様で、国家社会主義の暴力的かつ恣意的支配を是認し、賛美し、又は正当化することにより、公共の平穏を乱した者は、3 年以下の自由刑又は罰金刑に処する。」）と結びついた集会法 15 条 1 項に基づき、当該集会やそれに類するイベントの開催を禁止した。異議申立人はこの判断に対してバイロイト行政裁判所に訴えを提起したが退けられ、連邦行政裁判所も当局の判断を支持した。異議申立人は連邦行政裁判所の判決に対して憲法異議を提起した。なお、本決定直前の 2009 年 10 月 29 日、異議申立人は死亡した。

【判　旨】

刑法 130 条 4 項は、基本法 5 条 1 項の基本権を侵害しない。

1　憲法異議の適法性

判例によれば、異議申立人が死亡した場合、異議申立人のきわめて高度に個人的な権利の貫徹のための憲法異議であれば訴訟終了が原則であるが、例外も認められる。本件の場合、出訴までの過程、政府などによる詳細な意見表明、手続が終了直前に至っていること、さらに本件異議が有する一般的な憲法上の意義が認められ、憲法異議の客観的憲法の擁護・形成機能（BVerfGE 98, 218 (242 f.)）から、異議について判断することができる。

2　刑法 130 条 4 項の合憲性

(1)　保護領域への介入

基本法 5 条 1 項で自由が保障される「意見」は個人とその言明内容との主観的関係を特徴としており、内容の真偽、根拠の有無、価値の有無などは問題とならない。市民は憲法の基礎にある価値設定を共有するよう法的に義務づけられておらず、政治的秩序の根本的変更を目指すという意見も基本法 5 条 1 項によって保護される。刑法 130 条 4 項は意見表明の自由の保護領域に介入している。

(2)　基本法 5 条 2 項の制限該当性

基本法 5 条 2 項は意見表明の自由に対する制限として一般的法律を定める。一般的法律とは、意見それ自体を禁止し、意見の表明それ自体に対して向けられている法律ではなく、特定の意見を全く顧慮せずに保護されるべき法益の保護に役立つような法律である。

意見表明の自由に介入する規範が意見内容と結びついていない場合には、当該規範は一般的法律に該当する。これに対し、意見内容と結びついている場合、当該規範が一般的な法益保護に資するものであれば意見中立性が推定され、通常は一般的法律と判断されるが、常に一般的法律といえるわけではない。結局、一般的法律を判断する上で重要なのは、意見中立性である。それは全体的考察から、「いかなる程度において、ある規範が抽象的—内容関連的でさまざまな態度に開かれた基準に限定されているか、それとも具体的—観点関連的で特にイデオロギー関連的な区別を基礎にしているか」により判断される。

以上に基づけば、刑法 130 条 4 項は意見内容と結びついた規制であるが、公共の平穏という一般的な

法益保護に資するものである。しかし、ナチズムに対する特定の態度を表現する意見表明にのみ関連づけられており、制定史からして公的な意見闘争における政治的で特に危険と判断された具体的な見解への対応立法であった。したがって、刑法130条4項は一般的法律ではなく、特別法である。

また基本法5条2項の個人的名誉による制限といえるかが問題となるが、一般的法律の要求は一切の意見制約的法律に及ぶため、青少年保護、個人的名誉保護のための法律も特別法の禁止に服する。それゆえ、刑法130条4項は個人的名誉保護にも依拠できない。

しかし「刑法130条4項は一般的法律でないとしても、基本法5条1項及び2項と合致する。国家社会主義の支配がヨーロッパおよび世界の広範囲にもたらした、通常の範疇からかけ離れた不法と恐怖、そしてこれへの対抗的構想と理解されるドイツ連邦共和国の成立に鑑みれば、基本法5条1項及び2項は、1933から45年の国家社会主義の暴力的かつ恣意的支配をプロパガンダ的に是認することに限界を定める規定につき、意見関連的法律に関する特別法の禁止の例外を内在している」。刑法130条4項は、ナチズムの暴力的・恣意的支配の評価のみを対象とする特別規定のため、違憲とはいえない。

もっとも、基本法5条1項および2項がそのような特別規定に開かれているとはいえ、意見表明の自由の実体的内容を無効化するものではない。基本法は極右やナチズムの思想の普及の一般的禁止を、すでにその内容が有する精神的作用との関連で正当化するものではない。これは、「基本法が自由で公的な論議の力を信頼して、意見表明の自由を自由の敵に対しても保障している」ためである。そのため、意見制約的法律の一般性の要求の例外は他の審査段階には及ばない。

(3) 比例原則審査

基本的には、憲法が排除しない一切の公的利益は正当であるが、目的の正当性は相互作用に照らして判断される。一定の意見表明が有する純精神的な作用に対して保護措置を行うという目標は、意見表明の自由の原理それ自体を廃棄するような制約目的で

あり、正当とは言えない。対して、法益侵害阻止の目的は正当である。そして介入への要求は、意見表明による法益危殆化の直接性・具体性に対応する。意見表明の自由への介入は、外部世界における意見表明の形態と状況に限定されればそれだけ認められうるが、意見それ自体の内容的抑圧になればそれだけ、法益の危殆化の具体的な切迫性への要求は高くなる。

公共の平穏（öffentliche Friede）概念を、「挑発的な意見やイデオロギーと対峙することによる市民の主観的な不安からの保護を目指し、あるいは基本的なものと見られる社会的・倫理的見解の保持を目指す」ものと解するとすれば、正当な目的たり得ない。それに対し、その内容上、明らかに法益危殆化行為を目指す表明、不法な攻撃や法律違反への移行を示す表明からの保護という意味での平穏（Friedlichkeit）の保障と解するとすれば、公共の平穏の保護は正当な目的といえる。

歴史的な国家社会主義の暴力的・恣意的支配の是認、賛美、正当化という刑法130条4項の構成要件要素は、典型的に政治的論争の平穏を危殆化するに十分な強度を示しており、公共の平穏の保護のために適合的かつ必要であり、狭義の比例性も認められる。

【解　説】

1　事件の背景

異議申立人らは、ナチの「副総統」と呼ばれたルドルフ・ヘス没後の1988年以来毎年、当局に対して追悼集会の開催を求めていた。1988年から90年までは開催が認められたが、1991年、集会参加者の増大を懸念した当局が集会を禁止し、これを裁判所が支持したため、以後2000年まで集会が開催できなかった。連邦憲法裁判所が行政裁判所の判決を退けたことを契機に[1]、2001年から再び集会が可能となった[2]。

その後、各地での極右集会の増大を背景に、2005年3月に集会法を改正するとともに刑法130条の民衆扇動規定に第4項として本件規定を導入した[3]。本件は、同項を背景に追悼集会を禁止したものであ

る。本決定は、意見表明の自由に関する近年の連邦憲法裁判所の判決の中でも、基本法5条2項に関して新たな判断を示している点で、特に重要である。以下、同項の解釈を中心に検討する[4]。

2 基本法5条2項の解釈論[5]

(1) 一般的法律に関する古典的定式

基本法5条2項によれば、意見表明の自由は一般的法律に基づく制約に服する。「一般的法律」という概念は、ヴァイマル憲法118条1項1文にさかのぼる。当時の解釈論では、一般的法律について特別法理論と衡量理論とで争いがあった。リュート判決はヴァイマル期の論争に依拠して、「ある法律が一般的であるのは、①それが意見それ自体を禁止し、意見表明それ自体に対して向けられたものではなく、②特定の意見を顧慮せず、保護されるべき法益の保護、③つまりは意見表明の自由の行使に対して優位を持つ共同体の価値の保護に資する法律である」と規定する[6]。①と②は特別法理論を、③は衡量理論をそれぞれ採用したものであり、両理論を結び付けたものといえる。もっとも、本決定も含めたのちの判例では、③を一般性の定義で挙示せず[7]、実体的正当性に移している。

(2) 一般的法律に関する新たな判断枠組

刑法130条4項が一般的法律に該当するかについては、学説でも議論があったが、連邦行政裁判所は「公共の平穏」とナチ支配の被害者の人間の尊厳という法益保護のための法律であるとして、一般的法律性を肯定した。しかし「法益保護に資する法律」を基準にした場合には、ほとんどのような法律でも一般的法律となるのではないかとの批判もあった[8]。

そこで本決定は、一般的法律の具体的な判断枠組を提示した。意見内容にかかわる法律について、法益保護は一般性を推定させる「傍証」となるが、常に一般性が肯定されるものではない。むしろ重要なのは「意見中立性」、表明される意見内容に対する中立性であるとする。これにより、法益保護が決定的意味を持たないことになり、一部の学説や連邦行政裁判所の見解が否定された。にもかかわらず法益保護性に言及しているのは、法益保護性に着目して

一般的法律に該当するとした先例の判断を維持するためと思われる。

本決定は、意見中立性としての法律の一般性の要求を、具体的な見解からの法治国家的な距離の要請、また政治的見解ゆえの不利益取扱い・優遇の禁止を定める基本法3条3項と関連づけ、特定意見に対する差別禁止であるとする。そして意見中立性の具体的な判断は、全体的考察から、抽象的に内容に関連するにとどまるか（『抽象的―内容関連的』）、それとも具体的に特定の観点・立場に関連するのか（『具体的―観点関連的』）により判断するとした。これはアメリカ合衆国の判例にいわゆる「主題規制」と「見解規制」の区別に近いものと思われる。もっとも、アメリカでは審査基準との関連でこの区別が持ち出されるのに対し、本決定は一般的法律該当性の判断基準である点で少なくとも異なる[9]。

またヴァイマル憲法の通説的解釈に依拠して、一般的法律の要求は、基本法5条2項において一般的法律と並べて掲げる名誉保護・青少年保護のための規制にも及ぶとしたが、ヴァイマル憲法との条文構造の差異から、なお正当化が不十分であるとの批判もある[10]。

3 一般的法律の留保の例外

刑法130条4項が基本法5条2項の制限のいずれにも該当しないとすれば、違憲となるところである。しかし連邦憲法裁判所は一般的法律の留保の例外を認め、刑法130条4項はこの例外に当たるという方途を採用した。

本決定によれば、ドイツ連邦共和国は、ナチズムへの対抗的構想に基づいているため、基本法5条1項・2項は「国家社会主義の暴力・恣意的支配をプロパガンダ的に是認することに限界を定める規定につき、意見関連的法律に関する特別法の禁止の例外を内在している」。もっとも、これによって意見表明の自由の実体的内容を無効化するものではなく、制限の実質的正当化にかかる部分はなお妥当するとする。つまり、①制限留保についてはナチズムに係る歴史的論拠に基づき限定的に例外を認め、②例外論の論拠を実質的正当化にまでは及ぼさないという、

二重の意味で限定的な例外論を採用したのである。

　しかし、このような例外論に対しては、結論ありきの議論ではないかとして、学説から多くの批判が投げかけられた[11]。そもそも基本法5条2項の文言からして例外を予定しておらず、現に従来の判例でも例外に関する議論はなかった。かりに歴史的事実にかかる判断は正当であるとしても、そこから一般的法律の留保の例外を導き出すことに説得力があるか、疑問が残る[12]。また、基本権喪失に関する基本法18条のようないわゆる「戦う民主制」の規定も、過激派等に反対するものであって国家社会主義やネオナチに限定するものではない。結局、＜「自由な公的論議の力を信頼して」保障している意見表明の自由も、「ドイツ連邦共和国の歴史的アイデンティティ」を保護するための制約に服さなければならない＞という憲法裁判所の価値判断・価値観に依拠しているに過ぎないのではないか。さらに、特別法の禁止に対する例外を認めるためには、「反ナチの基本原理」を（憲法内在的制限として）認める必要があるのではないか。とすれば、例外論の論拠を実質的正当化にまで及ぼさず射程を限定するのは首尾一貫性に欠けるとの批判もありうる。

　以上の批判論からすれば、本決定の例外論に解釈論的正当性を見出すのは困難とも思われる。もっとも、一般的法律が制限としての機能を果たしていないともいわれる状況が続いてきた中で、新たに一般的法律該当性に疑義が提起された事案を契機に、当該事案に関する立法を一回的な例外とするとともに、原則となる一般的法律の厳格化を図り、しかも例外を実質的正当化にまで及ぼさないことで、意見表明の自由の保障を強めたものとも言いうる（原則を支える例外）[13]。この構成の成否は、裁判所が今後、例外の限定性を徹底できるかにかかっているといえよう。

4　目的審査

　一般的法律をめぐる論点のほか、目的の正当性の判断も重要である[14]。本決定は、基本的には憲法が排除しない公的利益は正当としつつ、具体的な正当性は相互作用に照らして判断するとした。そして介入の目的が意見表明の「純精神的な作用」ではなく

「法益侵害」に向けられたものでなければならないとする。これは、精神・行動二元論（国家の精神に対する中立性）を目的審査の領域に及ぼしたものとみることができる[15]。相互作用論を目的審査に及ぼすことにより、「公共の平穏」という保護法益自体の限定解釈を施し、合憲性を維持した手法も注目される。

(1)　BVerfG, NJW 2001, S. 2069.

(2)　事件の詳細は、*T. Fohrbeck*, Wunsiedel, 2015, S. 69 ff.

(3)　櫻庭総『ドイツにおける民衆扇動罪と過去の克服』（福村出版、2012年）132頁以下。

(4)　解説の論点のほか、異議申立人が判決前に死亡した場合の憲法異議の適法性（武市周作「憲法異議の客観的機能について」東洋法学56巻3号（2013年）57頁以下参照）、基本法3条3項1文違反、犯罪構成要件の明確性、適用審査等の問題もある。なお、本判決の評釈として、土屋武「ヴンジーデル決定」自治研究92巻1号（2016年）144頁以下。

(5)　*F. U. Kapries*, Die Schranken der Grundrechte des Art. 5 Abs. 1 GG, 2005. 上村都「意見表明の自由の限界としての個人的名誉保護」憲法理論研究会編『憲法基礎理論の再検討』（敬文堂、2000年）89頁以下も参照。

(6)　BVerfGE 7, 198（209 f.）〔①～③は引用者〕〔ド憲判 I *24* 判例〕157頁〔木村俊夫〕）。

(7)　BVerfGE 111, 147〔ド憲判 III *41* 判例［渡辺洋］〕; 117, 244. マルティニは、連邦憲法裁判所は遅くとも1981年から衡量部分を挙げていないとする。*S. Martini*, JöR 59（2011）, S. 279（283）.

(8)　*C. Enders*, JZ 2008, S. 1092（1096）.

(9)　*Martini*（Anm. 7）, S. 291 ff.; *Fohrbeck*（Anm. 2）.

(10)　*J. P. Schaefer*, DÖV 2010, S. 378（386）.

(11)　*C. Degenhart*, JZ 2010, S. 306（309）; *M. Hong*, DVBl. 2010, S. 1267（1271）; *S. -P. Hwang*, ZSTW 125（2013）, S. 209 ff.（221 f.）; *T. Hörnle*, JZ 2010, S. 310（311）等参照。毛利透「ヘイトスピーチの法的規制について」法学論叢176巻2・3号（2014年）221頁以下も参照。

(12)　*H. Meier*, Merkur 2010, S. 539 ff.（540 ff.）. マイアーは、本決定の特別法論はネオナチを「二級の基本権主体」にしてしまうと批判する。

(13)　*Lepsius*, Jura 2010, S. 527（531 ff.）参照。

(14)　小山剛「比例原則と衡量」高橋和之先生古稀記念『現代立憲主義の諸相 下』（有斐閣、2013年）122頁以下、青柳幸一「審査基準と比例原則」同『憲法学のアポリア』（尚学社、2014年）173頁以下。

(15)　*U. Volkmann*, NJW 2010, S. 417（419）参照。

30 有名人の私生活と写真報道の自由
―― カロリーヌ第3事件 ――

鈴木秀美
2008年2月26日連邦憲法裁判所第1法廷決定
連邦憲法裁判所判例集120巻180頁
BVerfGE 120, 180, Beschluss v. 26. 2. 2008.

【事　実】

　本件は、モナコ公国カロリーヌ王女（以下、「王女」）[1]が娯楽雑誌による私生活の写真報道による人格権侵害を主張して出版社を訴えたことを契機とする憲法異議事件である。王女は、1990年代から、戸外での日常生活が写真撮影され、娯楽雑誌に掲載された場合、その写真の再公表禁止を求めるなど、メディアを相手に裁判を繰り返しており、国内裁判所と欧州人権裁判所（以下、「人権裁」）は、王女の提訴に対し多数の判決を下してきた。本決定[2]は、連邦憲法裁判所（以下、「憲法裁」）のカロリーヌ第3事件と呼ばれている。

　本件の背景には、憲法裁が1995年12月19日に下した判決（カロリーヌ第2事件）[3]と、その判断を覆した人権裁小法廷の2004年6月24日の判決[4]がある。1995年の憲法裁判決は、自分の子どもらと一緒にいる王女の写真については子どもを保護するために王女の主張を認めたが、買い物、乗馬、スキー、テニス、競馬見物、海水浴などをしている王女や成人の同伴者を撮影した写真については人格権侵害を否定した。ところが、人権裁は、これらの写真が純粋に私的な行動を撮影したものであることなどから、読者の好奇心を満足させるとしても、政治的・公的議論に奉仕するものではないとして、ドイツの欧州人権条約8条（私生活の保護）違反を認めた。ドイツでは、「造形美術及び写真による著作物の著作権に関する法律」（Kunsturhebergesetz：KUG）の22条以下に写真の公表から肖像権を保護する規定があり、判例・学説によって、KUG23条で肖像権保護の例外

とされ、写真公表に本人同意を要しない「現代史の領域からの肖像」該当性について、現代史の「絶対的人物」と「相対的人物」の区別が採用されてきた[5]。人権裁は、この区別について、明確とはいえず、王女の私生活を十分に保護できないと指摘した。

　憲法裁判決が人権裁によって覆されたことは、ドイツにとって衝撃であり、憲法裁と人権裁の間に緊張関係が生じた[6]。また、ドイツの民事裁判所がこの問題について今後どのような判断を下すか、また、憲法裁がそれにどのように反応するかという点に注目が集まった。

　そうした中で、王女は、本件憲法異議の契機となった2つの事件においても娯楽雑誌の写真公表を争った。問題とされたのは、レーニエ大公の病気についての記事に添えられたスキー場にいる王女を撮影した数枚の写真と、王女の夫の別荘が貸し出されているという記事（以下では、「本件記事」）に添えられた王女夫妻の写真（以下では、「本件写真」）である。週刊誌『ジーベンターゲ』の2002年13号に掲載された本件記事は、ケニアにある別荘が、夫妻が不在の間は貸し出されているとし、「金持ちや華麗な人々も倹約する。別荘を有料で貸し出している人は多い」と報道した。本件記事には、他にもハリウッドスターや王族が同様に別荘を貸し出していることや、ケニアの当該別荘を借りると1泊1000ドルであることなどが詳しく書かれていた。本件記事には、場所は特定できないが、休暇中の王女夫妻を撮影した本件写真が添えられていた。地裁判決は本件写真の再公表を禁止した。人権裁判例に従うなら、本件写真は公的討論に貢献するものではないとされた。し

かし、上級地裁判決は、1995年の憲法裁判決に基づいて地裁判決を破棄した。

連邦通常裁判所（以下、「通常裁」）は、2007年3月6日、王女の写真に関係する他の4つの事件とともに上記2つの事件について判決を下した。その際、通常裁は、2004年の人権裁判決を考慮に入れて、同時代史の「絶対的人物」の概念を用いず、個別的利益衡量を行った。その結果、スキー場で撮影された数枚の写真については、レーニエ大公の病気との関連で公表可能な写真と再公表禁止となる写真があると判断された[7]。そこで、雑誌出版社E社（①）と王女（③）の双方が憲法異議を申し立てた。本件写真については再公表禁止とされた[8]。このため、雑誌出版社K社（②）が憲法異議を申し立てた。

本決定は、3つの憲法異議を併合審理し、上記①と③を棄却したが、②については、写真再公表を禁止した通常裁と地裁の判決によるプレスの自由の侵害を認めた。通常裁判決は破棄され、事件は通常裁に差し戻された。以下では、娯楽雑誌の写真報道におけるプレスの自由と人格権の調整のあり方をみてから、②を中心に個別的判断を取り上げる。

【判　旨】

1　憲法裁の事後審査と欧州人権条約

プレスの自由と人格保護は、留保なく保障されているわけではない。プレスの自由は一般法律による制限を受ける。KUGの規定と欧州人権条約8条は一般法律にあたる。また、同時に、KUGの規定と欧州人権条約10条（表現の自由）は、憲法適合的な秩序の構成要素として人格保護を制限する。専門裁判所（以下では、「専門裁」）による制限規定の解釈及び適用並びに衡量による相互調整は、制限規定によって制約を受ける基本権の解釈指導的意義を考慮しなければならないし、欧州人権条約の保障を顧慮しなければならない。

「憲法裁は、専門裁が通常法律の規定の解釈及び適用に際して、とりわけ相互に競合する法益の衡量に際して、基本権の影響に十分に注意を払ったか否

かの事後審査に限られている。憲法裁による事後審査も、専門裁が、人権裁の判決を国内法秩序の当該部分法秩序に上手くはめ込むというその役割を果たしているか否かという範囲に限られている。

複雑な、とりわけ多元的な競合事例における諸権利の衡量が異なる結果になる可能性があるとしても、専門裁の判決を憲法裁が修正するための十分な理由ではない。しかし、次の場合には、憲法異議の対象とされた専門裁判決を覆す憲法違反がある。それは、当該判決において注意を払われるべき基本権の保護領域が、不正確若しくは不十分に確定された場合、若しくは基本権の重要性が不正確に量られ、かつそのために衡量に誤って関連付けられた場合、又は衡量が憲法のその他の基準に反する場合であり、とりわけ欧州人権条約の、憲法上も注意を払われるべき基準が十分に顧慮されていない場合である」。

2　有名人の私生活を写真報道する意義

「単なる娯楽」もプレスの自由の保護を受ける。娯楽は、それが現実観を伝え、生活態度、価値観、行動パターンに関係する議論の過程に結びついている会話の対象を提供する場合、重要な社会的機能を果たすことができる。プレスの自由の保護は、有名人の私生活及び日常生活並びに彼らを取り巻く社会環境、とりわけ彼らの身近にいる人たちについての娯楽的な報道にも及ぶ。もし有名人や彼らの身近にいる人たちの生き方が、彼らによって果たされている機能を除いて報道されないとしたら、それは基本法5条1項に適合しない方法でプレスの自由を制限することになるだろう。その際、有名人のスキャンダルな、倫理的又は法的に非難されるべき行為態様だけでなく、日常生活の正常な状態及び決して不快ではない行為の仕方も、公衆が関心をよせる問題についての意見形成に奉仕できる時には、公衆にはっきりとみせることも許される。

プレスの自由には、何が報道に値するかについて自ら判断するマスメディアの権限が含まれているが、その際、マスメディアは当事者の人格保護を考慮し

なければならない。争いのある場合、裁判所にとって衡量における情報受領の決定的な重要さが必要になる。裁判所は、表現に価値があるか否かについての評価を行ってはならず、報道が公的意見形成の過程に貢献できる可能性についての審査と認定に限られる。人格保護の重要さの程度を判定するためには、写真が撮影された状況と並んで、盗撮又は辛抱強い待ち伏せによる場合など、当事者がどのような状況でレンズに捕えられ、どのように描写されるかも重要である。人格権の保護請求のためには、空間的に隔絶された場所にいる時以外に、仕事や日常生活から解放されて緊張を解いている瞬間だということも重要な意味を持つ。カメラ技術の革新により保護の必要性は高まっている。プレスの自由は、意見形成への貢献が、通常、有名人の私生活及び日常生活の視覚的表現と結び付いていると想定することを禁止していない。憲法裁は、これまでにもプレスが現代史の人物に無制限に干渉できると認めたことはなく、写真の公表は、それが行われなければ公衆にとって意見形成の可能性がなくなるという場合に限り正当化されるとみなしてきた。

3 具体的判断

通常裁は、現代史の人物という概念の使用を断念することを憲法上妨げられていなかった。通常裁は、その代わりに単なる利益衡量の枠組みによって事件を解決することができた。通常裁は、写真の「現代史の領域からの肖像」該当性を、公衆の情報受領の利益と本人の正当な利益の間の衡量という方法で行った。通常裁は、公衆が関心をもつ討論への貢献を情報受領の価値の根拠とした。

本件写真は、「休暇で上機嫌」というキャプションを付し、場所は特定できないが、休暇中の王女夫妻を撮影したものである。通常裁が、本件写真の本件記事から独立した情報価値を否定したことは憲法上非難できない。しかし、通常裁と地裁は、本件記事のテーマが、そうした視覚的表現を添えることをなぜ正当化しないかについての十分な考慮をしてお

らず、報道内容についての詳細な評価を怠った。本件記事のテーマは私生活の一部としての休暇の様子ではなく、別荘の貸出しだった。本件記事には評価的な解説があり、それは読者の社会批判的考慮のきっかけになりうるものだった。それは本件記事の見出しからも明らかである。休暇が有名人の私的領域の核心であるとの通常裁の大雑把な指摘は、人格保護の優位を証明できない。再公表を禁止するためには、休暇中というだけでなく、その状況がメディアの注目から特に保護されるべき具体的事情が必要である。「専門裁は、実体的基本権保護のために、衡量の出発点にとって決定的な理由を示すことで、衡量にとって重要な状況が衡量において考慮されていたことを明らかにしなければならない。通常裁と地裁による考慮はその限りにおいて的外れである」。

【解　説】

1　KUG23条の解釈

本決定は、2004年の人権裁判決を契機とするKUG23条についての通常裁の判例変更の合憲性を認め、娯楽雑誌による有名人の写真報道の許容性について憲法上の基準を示した点に意義がある。

KUG22条によれば、本人の同意を得なければその肖像の公表は許されない。ただし、KUG23条によれば、「現代史の領域からの肖像」については、当事者の「正当な利益」を侵害しない限り、本人同意なしに肖像の公表が許される。判例・通説は、従来、描写の対象が「現代史の人物」である場合、KUG23条の例外にあたるとし、現代史の絶対的人物と相対的人物を区別していた。前者は、政治家や有名俳優など常に公衆の注目を浴びている人物であり、後者はある特定の出来事との関係で匿名性を失った人である。現代史の絶対的人物の肖像は、私生活の一場面で、自宅内又は戸外であっても他人の目を意識せず、仕事や日常生活から解放されて緊張を解くことができるような状態で撮影されたのでない限り、正当な利益の侵害はないとされ、本人同意がなくても公表が許されるとされていた。

しかし、前述の通り、2004年の人権裁判決は、王女が現代史の絶対的人物にあたるとされると、戸外での日常生活の写真が同意なく公表されてしまい、私生活を十分に保護できないと指摘した。そこで2007年の通常裁判決は、KUG23条の「現代史の領域からの肖像」該当性を、出来事について十分な情報を受領する公衆の利益を手がかりに、個別的衡量によって判断するという新しい考え方を示した。その際、読者の単なる娯楽への関心は、私的領域の保護に対してわずかな重要性しかないとも判示された。

本決定は、憲法上、現代史の人物という概念を用いることは要求されていないので、専門裁が、この概念を使わない、あるいは限定的にしか使わないで、個別的衡量によって「現代史の領域からの肖像」該当性を判断することも、専門裁の判断に委ねられており、憲法裁の従来の判例に違反しないと判示した。ただし、読者の単なる娯楽への関心については、判旨の通り、娯楽的報道も、公衆が関心をよせる問題についての意見形成に奉仕できる時には、公衆にはっきりとみせることも許されるとして、通常裁よりもプレスの自由や公衆の情報受領の利益を重視した考え方を採用し、憲法異議②でプレスの自由の侵害を認めた。

2 人権裁との関係

本決定は、憲法判例だけでなく人権裁の判例にも詳しく触れつつ、娯楽雑誌による有名人の写真報道におけるプレスの自由と人格権の調整についての憲法上の判断を示した。王女は、本決定を人権裁に持ち込んだが、人権裁小法廷は、2013年9月19日、ドイツ勝訴の判決を下した[9]。

これに先立ち人権裁は、2012年2月7日、スキー場にいる王女を撮影した写真の雑誌掲載について王女が訴えた2つの事件を併合し、ドイツ勝訴の大法廷判決を下していた[10]。この判決は、「写真報道についてのマグナ・カルタ」と位置付けられている[11]。前述した2013年の人権裁の小法廷判決は、この大法廷判決に依拠したものだった。人権裁大法廷は、

表現の自由と私生活の保護を調整する際、①公衆が関心を持つ議論への貢献、②写真を撮影された人物の知名度及び報道の内容、③当該人物のそれまでの行い、④公表された内容、方法、及び販売部数、並びに⑤写真が撮影された状況を考慮要素とすべきとしたが、同時に、国内裁判所がこれらの考慮要素に注意を払って判断を下している場合、国内裁判所の評価の余地を尊重するという姿勢を示した。

このように、人権裁と憲法裁が相互に歩み寄る姿勢をみせたことにより、両者の間の緊張関係は明らかに緩和され、近年ではむしろ、欧州司法裁判所と憲法裁の間に一種の緊張関係が生じている[12]。

(1) 婚姻により現在の名前は、Caroline von Hannover である。

(2) BVerfGE 120, 180. 判例評釈として、*Christian Starck*, Anm., JZ 2008, 634 f.; *Karl-Nikolaus Peifer*, Anm., GRUR 2008, 547 ff.; *Dirk Knop*, Anm., AfP 2008, 172; *Nadine Klass*, Anm., ZUM 2008, 432 ff.

(3) BVerfGE 101, 361〔ド憲判Ⅲ27判例〕. カロリーヌ第1事件（BVerfGE 97, 125）については、ド憲判Ⅲ28判例参照。

(4) EGMR, Urt. v. 24. 6. 2004, von Hannover v. Deutschland（Nr. 59320/00）, NJW 2004, 2647. 鈴木秀美「有名人のプライバシーと写真報道の自由・再考」法学研究78巻5号（2005年）243頁以下、同「有名人のプライバシーと写真報道の自由—モナコ王女事件判決（von Hannover v. Germany）」戸波江二ほか編『ヨーロッパ人権裁判所の判例』（信山社、2008年）328頁以下参照。

(5) 鈴木・前掲注(4)法学研究246頁参照。

(6) 2009年12月17日、人権裁で保安拘禁についてドイツが敗訴した時（Nr. 19359/04）、両者の緊張関係はより明確になった。*Uwe Kranenpohl*, Ist Karlsruhe "Europa" ausgeliefert?, ZfP 2013, 98.

(7) VI ZR 51/06, BGHZ 171, 275.

(8) VI ZR 52/06, ZUM 2007, 470.

(9) EGMR, Urt. v. 19. 9. 2013（Nr. 8772/10）, NJW 2014, 1645.

(10) EGMR, Urt. v. 7. 2. 2012（Nr. 40660/08 u. 60641/08）, NJW 2012, 1253. なお、人権裁大法廷は、同日、別の事件でドイツ敗訴の判決を下した。EGMR, Urt. v. 7. 2. 2012（Nr. 39954/08）, NJW 2012, 1058.

(11) *Thomas Haug*, Zum Schutz der Privatsphäre bei der Bildberichterstattung, AfP 2013, 486.

(12) *Kranenpohl*, a.a.O.（Anm. 6）, 103 の指摘。

31 公務員による秘密漏洩と取材源秘匿権
——キケロ判決——

鈴木秀美

2007 年 2 月 27 日連邦憲法裁判所第 1 法廷判決
連邦憲法裁判所判例集 117 巻 244 頁以下
BVerfGE 117, 244, Urteil v. 27. 2. 2007

【事　実】

1　月刊政治評論誌「キケロ」（雑誌名 CICERO は共和制ローマ期の政治家の名前に由来する）は、2005 年 4 月号にテロリストについての記事を掲載した。フリーの記者 S のこの寄稿には、連邦刑事庁の報告書（2004 年 9 月 6 日付）が詳しく引用されていた。本件記事によれば、本件報告書は秘密[1]とされており、部分的に外国の情報機関が探り出した情報に基づいていた。連邦刑事庁は、同年 6 月、職務上の秘密漏洩の嫌疑（刑法 353b 条）により告発したが、漏洩した公務員を特定することはできなかった。

2　ポツダム検事局は、同年 8 月 31 日、秘密漏洩幇助の嫌疑により執筆者 S と編集長 W に対する捜査手続を開始した。区裁判所は、S の自宅と「キケロ」編集部に対する捜索・差押えを命じた。捜索・差押えは同年 9 月 12 日に行われた。外国出張中の S の留守宅からは多数の資料が差押えられた。そこには、他の事件の取材資料も含まれていたという。編集部では、W によって当該記事に関連する CD-ROM と電子メールのプリントアウトが任意で提出された。また、W が異議を唱えたにもかかわらず、当該記事を担当し、その後退職した編集者が使用していたコンピュータのハードディスク内のデータがコピーされた。なお、W の捜査は、嫌疑不十分として翌年 2 月に停止された。

3　W は、捜索・差押えを命じた区裁判所の決定

とこれを支持した地方裁判所の決定に対する憲法異議を申し立てた。W は、プレスの自由（基本法 5 条 1 項 2 文）に基づき、次の 3 点を主張した。①職務上の秘密であっても、当該秘密の保持義務を負っていない報道関係者がそれを公表したということを理由に秘密漏洩幇助として罰することは許されない。②本件のように、情報提供者の身元を割り出すために編集部に対し捜索・差押えを命じることは許されない。③その目的との関係で、秘密の情報は編集部ではなく執筆者の手元にあるのが通常なので、本件報告書があるはずのない編集部に対する捜索・差押えは比例原則に反する。さらに W は、コンピュータのハードディスクに保存されたデータのコピーによる差押えがプレスの自由の深刻な侵害であることを認めず、W の抗告が棄却されたことにより、実効的権利保護の基本権（基本法 19 条 4 項）が侵害されたと主張した。

【判　旨】

裁判所による雑誌編集部に対する捜索・差押えの命令はプレスの自由を侵害し、ハードディスク内のデータのコピーによる差押えに対する抗告棄却は実効的権利保護の基本権を侵害する（7 対 1）。

1　「メディアの自由は、自由で民主的な基本秩序にとって構成的である」。自由なメディアは自由主義国家にとって特別な意義がある。基本法 5 条 1 項 2 文は、メディアに従事する者と組織に自由権を保障し、その客観法的意義において、メディアの制度的独自性をも保護する。この自由には、そのため

の前提条件と補助活動も含まれる。「保護されているのは、特に、取材源の秘密保持であり、プレス又は放送と情報提供者の間の信頼関係である。プレスにとって、内密な情報の提供は不可欠であるが、情報提供者が編集の秘密保持を原則として信頼することができる場合に限り、取材源から豊かに情報が出てくるため、これを保護することがどうしても必要である」。

2 (1) 「プレス編集室の捜索は、それにともなう編集作業にとっての障害と萎縮効果の可能性のため、プレスの自由の制限となる。潜在的情報提供者が、捜索の際にその身元を突き止められるかもしれないというもっともなおそれのため、匿名性が保たれていることを信頼している場合にのみ提供する用意のある情報を提供しなくなる可能性さえある。さらに、ジャーナリズム的な調査の領域においてなされる接触を国家が知ることは、メディアの情報提供者との信頼関係とは別に、独自の意義をもつ編集の秘密に対する侵害である」。

評価のためのデータ記憶媒体の差押えにより、捜査当局には、編集データ資料にアクセスする可能性が開かれた。このことはとりわけ、プレスの自由の基本権に含まれる編集作業の信頼性を、場合によっては情報提供者との信頼関係も侵害する。

(2) ところが、このような侵害は憲法上正当化されていない。刑法353b条及び捜索・差押えに関する刑事訴訟法の諸規定は、基本法5条2項の一般法律である。これらの規定の解釈・適用の際にはプレスの自由の意義への配慮が必要である。ところが、本件捜索・差押えの命令はプレスの自由を十分には配慮していなかった。

「プレス関係者に対する捜査手続における捜索・差押えは、それらがもっぱら、又は主として、情報提供者の身元を割り出すという目的のために行われる場合には許されない」。

「憲法が要請する情報提供者の保護が侵害されるリスクは、幇助の嫌疑が、プレスによって職務上の秘密が公表され、重要文書が、みたところ無権限に報道関係者の手に渡ったことにもっぱら基づいている場合にはとくに大きい。そのような状況で、検事局は、当該報道関係者に対する捜査手続の開始によって被疑者とすることはできる。そのこと自体に憲法上異議を唱えることはできない」。ただし、「幇助の嫌疑が不十分であるにもかかわらず、編集部又は報道関係者に対する捜索・差押えを命じるという可能性は、検事局が、この方法によって、情報提供者の身元を割り出すことをもっぱら目的として、又は主たる目的として、捜査手続を開始するという、否定できないリスクをもたらすであろう。しかしこれは、憲法上保障された情報提供者の保護に反することになるであろう。基本法5条1項2文の保護は、このリスクに対抗することを要請する。それゆえ、捜索・差押えに関する刑事訴訟の規範は、ある報道関係者による職務上の秘密の公表のみでは、その報道関係者の秘密漏洩幇助について、当該規範をみたす嫌疑を根拠づけるためには十分ではない、と解釈されなければならない。むしろ、秘密保持義務者によって意図された秘密の公表と、それに結びついた幇助可能な主たる犯行が存在していたことについての明らかな事実上の手がかりが必要になる」。

この基準によれば、雑誌による本件報告書の公表を端緒とした本件捜索・差押えは、情報提供者の保護を含む編集作業の保護に反していた。本件捜索・差押えは、それを正当化する嫌疑がなかったので、比例原則に違反したか否かを検討する必要はない。

3 ハードディスク内データのコピーによる差押えに対する抗告を棄却した裁判所の決定は、実効的権利保護の基本権を侵害する。物理的データコピーの作成という形態による編集資料の差押えという重大事案では、プレスの自由への配慮が必要であった。しかしながら、この特殊性に地方裁判所は踏み込まなかった。Wにとって、所有権保護ではなく、編集作業のための重要な資料を国家に知られることからの保護が重要であったのに、地方裁判所はそのよう

な配慮をしなかった。コピーされた編集資料が捜査当局によって検分・精査される可能性が生まれたことが、Wのプレスの自由を侵害する。

【解　説】

1　編集資料差押えの原則禁止

本件違憲判決は、プレスの自由の勝利であり、プレスの自由が強化されたとメディア界だけでなく学説でも好意的に受け止められた[2]。その背景には、新聞や雑誌の編集部が検事局の捜索を受け、編集資料が差押えられる例が増加していたという事情がある。

刑訴法53条1項1文5号は、報道関係者に取材源秘匿のための証言拒絶権を認めている[3]。同法97条5項1文は、その証言拒絶権が及ぶ範囲で、権利の主体又は編集部が保有する取材資料等の差押えを禁止している。ただし、97条2項3文により、この禁止は、共犯や隠匿等の疑いがある報道関係者には及ばない（犯罪関連性の例外）。この例外を口実として取材資料の差押えが行われる傾向があったので、それに対する歯止めとして、取材資料の差押えは、プレスの自由を考慮してもなお、差押えが事件の意義との関係で均衡性を失っておらず、かつ事態の解明又は被疑者の所在地の捜査が他の方法によっては見込みがないか、ほとんど困難な場合に限定されている（97条5項2文）。この規定は、1966年のシュピーゲル事件判決[4]で示された考え方を明文化したもので、2002年改正によって97条5項に追加された[5]。

本判決は、情報提供者の身元を割り出すことを、もっぱら又は主たる目的とする編集部に対する捜索・差押えは憲法上許されないとした（シュピーゲル判決の確認）。さらに、職務上の秘密が報道により公表されたということだけでは、幇助の嫌疑の根拠として不十分であり、主犯についての明らかな事実上の手がかりがない限り、編集部に対する捜索・差押えは許されないとして、捜索・差押えに対するハードルを上げた。また、編集部にあるコンピュータのハードディスクをコピーするという形態による差押えが、国家による編集資料の評価を可能にし、編集活動に萎縮効果を与えるため、プレスの自由の重大な侵害になることも明らかにした。

2　報道による秘密漏洩幇助の成否

刑法353b条1項によれば、職務上の秘密を権限なく漏洩し、重要な公共の利益を脅かした公務員等は、5年以下の自由刑又は罰金に処される。秘密漏洩は、秘密保持義務を負っている公務員等によってなされ、秘密が部外者に知らされたことによって完了する。では、公務員から入手した職務上の秘密を報道関係者が公表したことにより、刑法353b条の秘密漏洩罪の幇助が成立するか。本件では、秘密保持者である公務員による秘密の公表という犯行について、十分な事実上の手がかりがなく、それだけで編集部に対して行われた捜索・差押えを違憲とすることができた。このため、本判決は、報道による秘密漏洩幇助の成否という論点を未解決とした。学説は、その点を批判した[6]。

3　プレスの自由を強化するための法改正

本判決を受けて、プレスの自由の保護を強化するため、刑法と刑訴法が改正された。2012年6月25日、政府提案に基づき「刑法及び刑事訴訟法におけるプレスの自由を強化するための法律」が成立した（同年8月1日施行）[7]。この改正で、刑法353b条3項の次に、証言拒絶権を有する報道関係者の秘密漏洩の幇助行為は、それが秘密情報の「受領・評価・公表である限り違法ではない」と定める第3a項が追加された[8]。これにより、公務員から入手した秘密を報道しても、報道関係者の本来の仕事である受領・評価・公表の範囲内なら、幇助を理由に報道関係者が刑事責任を問われることはなくなり、共犯を口実にして編集部や記者の自宅に対して捜索・差押えを行うこともできなくなった。

刑訴法については、まず、政府提案による「通信の監視に関する新たな規律等のための法律」（2007

年 12 月 27 日）による一部改正がなされた（2008
年 1 月 1 日施行）。これにより、差押えからの保護
が認められない共犯や隠匿等の疑いのある場合（97
条 2 項 3 文）について、「その疑いを根拠づける明
らかな事実があるとき」という文言が追加され、例
外が限定されたほか、従来は「裁判官」が命じると
されていた編集部、出版社、放送局での差押えにつ
いて、「裁判所」が命じるとされ（98 条 1 項 2 文）、
手続がより厳格になった。

さらに、前述した 2012 年の改正により、編集資
料の差押えを禁止する規定に、犯罪関連性の例外を
一層限定するため、「明らかな事実が犯罪への関与
について緊急の嫌疑を根拠づける場合に限り」認め
られる、という文言が追加された（97 条 5 項 2 文）。

4　日本の制度との比較

2013 年、日本で制定された「特定秘密の保護に
関する法律」に、「出版又は報道の業務に従事する
者の取材行為については、専ら公益を図る目的を有
し、かつ、法令違反又は著しく不当な方法によるも
のと認められない限りは」、正当業務行為とすると
定められた（22 条 2 項）。ただし、刑事訴訟法には
報道関係者の証言拒絶権も取材資料差押えの原則禁
止も明文化されていない。ドイツの憲法判例は、特
定秘密の保護により取材・報道の自由が脅かされな
いための対策を考えるうえで重要な示唆を含んでい
る[9]。

(1)　ドイツでは、秘密に「機密」「極秘」「秘密」「施錠
　　保管」という 4 つの区分があり、本件記事の報道によ
　　れば、本件報告書は施錠保管（Verschlusssache － nur
　　für den Dienstgebrauch）の扱いだった。BVerfGE
　　117, 244 (245).
(2)　Stefan Schnöckel, Zwischen Geheimniskrämerei
　　und grenzloser Berichterstattung, DÖV 2013, 382 の指
　　摘。評釈として、Thomas Starke, Informantenschutz
　　zwischen Pressefreiheit und staatlichem Strafverfol-
　　gungsinteresse, AfP 2007, 91 ff.; Karsten Gaede, Neuere

Aufsätze zum Schutz der Pressefreiheit beim "Ge-
heimnisverrat durch Journalisten", AfP 2007, 410 ff.;
Reimund Schmidt-De Caluwe, Pressefreiheit und
Beihilfe zum Geheimnisverrat i. S. des § 353b StGB,
NVwZ 2007, 640 ff.; Siegfried Jutzi, Anm., NJ 2007,
218 f.; Kerstin Pomorin, Die Presse als "watchdog" －
eine gefährdete Art?, ZUM 2008, 40 ff. 鈴木秀美「独
連邦憲法裁判所『キケロ』事件判決の意義」新聞研究
671 号（2007 年）52 頁以下、同「テロリストに関す
る秘密の公表と取材源秘匿権」自治研究 90 巻 8 号
（2014 年）146 頁以下、カール＝フリードリッヒ・レ
ンツ「取材源に関する証言拒絶権」ドイツ憲法判例研
究会編・鈴木秀美編集代表『憲法の規範力とメディア
法〔講座憲法の規範力　第 4 巻〕』（信山社、2015 年）
121 頁以下も参照。
(3)　上口裕『刑事司法における取材・報道の自由』（成
　　文堂、1989 年）、池田公博『報道の自由と刑事手続』
　　（有斐閣、2008 年）97 頁以下、鈴木秀美「取材・報道
　　の自由」駒村圭吾＝鈴木秀美編『表現の自由 I』（尚
　　学社、2011 年）242 頁以下参照。
(4)　BVerfGE 20, 162〔ド憲判 I 25 判例〕.
(5)　池田・前掲注(3)165 頁以下参照。この改正後、第 1
　　法廷第 1 部会は、この規定の解釈が争われた事件で、
　　雑誌編集部に対する捜索を認めた裁判所決定を違憲と
　　し（1 BvR 2019/03, NJW 2005, 965）、放送局の編集
　　部に対する捜索を認めた裁判所決定を違憲とした
　　（1BvR 1739/04, NJW 2011, 1859）。
(6)　Schnöckel, a. a. O. (Anm. 2). 382.
(7)　BR-Drucksache 538/10, BT-Drucksache 17/3355,
　　BT-Drucksache 17/9199. Vgl. Stefanie Schork, Das
　　Gesetz zur Stärkung der Pressefreiheit im Straf- und
　　Strafprozessrecht－Vorstellung und Kritik, NJW 2012,
　　2694 ff.; Georgia Stefanopoulou, Das Spannungsver-
　　hältnis zwischen Pressefreiheit und effektiver
　　Strafverfolgung, JR 2012, 63 ff.; Ignor/Sättele, Plädo-
　　yer für die Stärkung der Pressefreiheit im Strafrecht,
　　ZRP 2011, 69 ff.; Birkner/Rösler, Pressefreiheit stär-
　　ken－Strafprozessordnung ändern, ZRP 2006, 109 ff.
(8)　この改正後、第 1 法廷第 3 部会は新聞社に対する強
　　制捜査を許容した裁判所の決定を違憲とする決定を下
　　し、刑法 353b 条 3a 項の解釈を示した（1 BvR 1089/13,
　　NJW 2015, 3430）。鈴木秀美「警察官買収の嫌疑によ
　　る新聞社に対する強制捜査とプレスの自由」自治研究
　　93 巻 5 号（2017 年）151 頁以下参照。
(9)　鈴木秀美「取材源秘匿権と特定秘密」松本和彦編
　　『日独公法学の挑戦』（日本評論社、2014 年）173 頁以
　　下参照。

32 法廷でのテレビカメラ取材制限と放送の自由

鈴木秀美

2007 年 12 月 19 日連邦憲法裁判所第 1 法廷決定
連邦憲法裁判所判例集 119 巻 309 頁以下
BVerfGE 119, 309, Beschluss v. 19. 12. 2007

【事　実】

2004 年、連邦国防軍において多数の初年兵が虐待を受けていたことが明らかになり、社会の関心が集まる中、この事件を審理するミュンスター地裁の裁判長は、2007 年 2 月 21 日、法廷警察権に基づき「法廷及びその閉鎖可能なロビーにおいて録音、写真撮影、録画が許されるのは、開廷 15 分前まで及び閉廷してから 10 分後以降とする。この時間帯以外の法廷及び閉鎖可能なロビーにおける録音、写真撮影、録画は許されない」と命じた（以下、「本件命令」）。裁判長は、その理由について、18 名の被告人が出廷するため、その弁護人や証人も含めると法廷が手狭になり、撮影から当事者の人格権を保護することが困難になることなどに加えて、テレビ報道されることによって職業裁判官ではない参審員が世論の影響を受けるおそれがあると説明した。

第 2 ドイツテレビ（ZDF）は、2007 年 3 月 6 日、本件命令について連邦憲法裁判所に憲法異議を申し立てるとともに、公判が行われていない法廷における訴訟関係者の録画を仮命令によって認めるよう求めた。これに対し、同年 3 月 15 日、地裁裁判長に対し、開廷前・休廷中・閉廷後において裁判官、参審員、検察官だけでなく被告人も撮影可能な時間帯を報道機関の撮影のために確保することを仮に命じる第 1 法廷第 1 部会の決定が下された[1]。ただし、モザイク処理により被告人の容貌を匿名化する必要があるとされた。

【判　旨】

前述した 2007 年の仮命令決定から約 9 か月後、本案について第 1 法廷決定[2]が下され、本件命令による ZDF の放送の自由の侵害が確認された（以下、「本決定」）。

1　「放送による報道の自由（基本法 5 条 1 項 2 文）は、情報の収集及び番組内容の制作からその公表までを保護する。メディアが何人にも公開されている情報源に関与する限り、そのアクセスは、メディアにも一般の市民にも、基本法 5 条 1 項 1 文の情報受領の自由によってもちろん保護されている。これに対し、情報入手、とくに録音・録画のための放送に固有の手段の利用は、その限りにおいて、基本法 5 条 1 項 2 文の、より特別な、放送の自由によって把握される。その保護領域には、報道のために放送に固有の表現手段を利用する権利も含まれている。それには、その助けによって信憑性及び体験の共有という印象を伝えることができる音声及び映像も含まれている」。

2　「裁判審理の公衆によるコントロールは、メディアの在廷及びそれによる報道によって原則として促進される。公衆の裁判手続に関する情報入手についての利益を満足させることは、個人の意見形成及び公的意見の形成に一般的に貢献するだけではない。それは、司法にとっての利益でもある。…視聴覚的描写の公開は、公衆による認知の方法とその強さに寄与する」。審理中の録音・録画は、裁判所構

成法169条2文によって禁止されている。その限りでは、裁判審理の公衆によるコントロールは、法廷の公開と裁判審理についての報道によっている。それに加えて、法廷の様子及びそこで行動している人物について伝えることは、裁判手続の具象性を伝えることができ、情報入手についての視聴者の利益を満足させることができる。「そのような映像や、場合によってはその映像とともに伝えられる周囲の音声は、ずっと以前からテレビによる裁判報道の典型的な内容になっており、この間にテレビ視聴者もそれを期待するようになっている」。

3 「裁判審理の具体化及び法廷警察権による命令は、手続法が対抗措置を講じていない限り裁判長の裁量に委ねられている。…裁判長は、この裁量を、裁判審理の公衆による利用及びコントロールの保障のための放送による報道の意義、並びに報道に対立する利益の意義を考慮して、行使しなければならないし、その際、比例原則の遵守を確保しなければならない。音声と映像を利用して報道する利益が、他の、裁量判断において考慮されるべき利益に優位する場合には、裁判長は録音と録画の可能性を設けることを義務づけられている。

(1) 公衆の情報入手についての利益の重要性を判断するに際して、裁判手続のその都度の対象が重要である。刑事手続の場合には、起訴されている犯罪の重大さがとくに考慮されるべきである。しかしまた、それが、特別な状況、大枠の条件、関与した人物、そのような犯罪の再犯のおそれに基づく公衆の注目、あるいは被害者とその家族への同情を理由とする公衆の注目も考慮されるべきである。情報入手の利益は、犯罪が、例えばその犯行の方法又は攻撃対象の特殊性に基づいて、通常の犯罪から際立っていればいるほど、通常は大きくなり、衡量において重要性を獲得する。重大視すべき情報入手の利益は、被告人自身に、顕著な、時代史的な意義がない場合にも、例えば興味を引くような対象のため、訴訟それ自体に対する情報入手の利益がある場合には存在

しうる。

公衆の情報入手の利益は、通常、被告人とその責任を問われている犯行だけではなく、裁判を行う合議体の構成員として、あるいは検察の公判代表者として、国民の名の下に法発見に関与する人物にも向けられている。さらに、司法の機関として、審理に関与するために任命された弁護士又はその他の手続関係者、例えば証人も、原則として正当な、情報入手の利益の対象となりうる。

(2) しかしまた、裁量の行使及びその基礎となる衡量にあたり、撮影と音声・映像の公表に対立する可能性のある保護に値する利益も考慮されなければならない。それに含まれるのは、とくに、当事者、すなわち被告人及び証人の一般的人格権の保護、当事者の公正な手続についての権利（基本法20条3項との結びつきにおける2条1項）、並びに司法の機能性、とくに妨げられない真実と法の発見である。その際、立法者によって類型的に確定された、法廷公開さえも禁止するための、人物に関連する要件が存在する場合[3]には、逆方向の諸利益が特に重要になる」。

4 「法廷警察権に基づく命令についての裁判長の裁量判断は、さまざまな競合する利益の衡量の下、比例原則に適っていなければならない」。公判当日の法廷内の様子について情報へのアクセス制限を命じる場合、とくに必要性の原則を考慮する必要がある。

「録音と放送用録画の禁止は、競合する利益を制限的命令によって考慮することが前もって可能な場合、とくに適切な技術的措置によって行われた、特別な保護の権利を有する人物の映像の匿名化を条件とする場合には必要ではない。撮影された人物が広い範囲の公衆によって特定される危険が排除されているとしたら、なお残っている、当事者を認識可能な知人との間で生じる狭い範囲のリスクは、公衆の情報入手についての重要な利益に対立するため、当事者にとって狭い範囲の認識可能性から重大な不利益のおそれが生じない限り、受け入れられるはずで

〔鈴木秀美〕

ある。もちろん、そうした匿名化の命令にも、個々の状況から正当化を必要とする、公衆の情報入手の可能性の重大な制限は存在している」。

5　「審理の直前・直後又は休廷中の録音・録画が放送の自由に含まれているため、そのような撮影を禁止し、又は制限する命令は、実体的基本権保護の実効性のために、裁判長が、その判断の根拠となる理由を明らかにし、それによって当事者にすべての重要な状況を衡量に取り込んだことを認識させることを必要とする」。

【解　説】

裁判所構成法 169 条は、「裁判所における審理は、判決及び決定の宣告を含めて公開される」と定めているが（第 1 文）、第 2 文では審理中の放送のための取材を例外なく禁止してきた（2017 年法改正で限定緩和）[4]。ただし、審理中の取材禁止は、開廷中に限られ、開廷前・休廷中・閉廷後の法廷においてテレビカメラ取材を認めるか否かは、裁判長の法廷警察権（裁判所構成法 176 条）に基づく判断に委ねられている。そこで、開廷前・休廷中・閉廷後の法廷でのテレビカメラ取材を、裁判長が法廷警察権によって、どのような場合に、どの程度まで制限できるかが問題となる。

連邦憲法裁判所は、1994 年、旧東ドイツの政治家の刑事責任が問われた「ホーネッカー事件」において、法廷における混乱回避のため、開廷前・休廷中・閉廷後についても全面的にテレビカメラ取材を禁止した裁判長の命令を違憲とする判決を下した（放送の自由の侵害）[5]。ただし、この事件は、ドイツにとって歴史的・政治的・社会的にきわめて重要な事件であったため、この判決の射程がどこまで及ぶかという問題が残った。

その後、マンハイム貯蓄銀行の元代表取締役らの背任事件（数億マルクの損害が発生）の法廷でのテレビカメラ取材を希望する地元の公共放送協会と、これを拒んだマンハイム地裁の対立が連邦憲法裁判所に

持ち込まれた。陪席裁判官のほか、被告人や弁護人の一部が、法廷内撮影を拒んだこともあり、裁判長が、判決言渡しの日も含め、開廷前・休廷中・閉廷後についてテレビカメラ取材を認めなかったので、公共放送協会が仮命令によって判決言渡しの日の法廷での取材を認めるよう求めたところ、連邦憲法裁判所第 1 法廷第 1 部会は、この請求を認容する仮命令を下した[6]。この事件では、裁判官と参審員は撮影を受忍しなければならないとされた。「なぜなら、裁判官と参審員は、彼らが担っている職務権限に基づいて、刑事法廷の公判に参加したことを契機として、メディアの公衆を含む、公衆の視野の中にいる。裁判官と参審員の姿を目にする者を在廷している人々に限定するという裁判官と参審員の利益は、法治国的裁判手続にとっての公開原則の意義に照らせば通常は認められない。ただし、合議体の構成員の肖像をテレビで中継することが、将来重大な侵害を発生させるという懸念の原因となるような特別な事情がある場合には、人格権が報道の利益に優位する」。しかし、この事件では、特別な事情があるとは認められなかった。

これに対し、本件では、地裁裁判長が、法廷でのテレビカメラ取材を「開廷 15 分前まで及び閉廷してから 10 分後以降」に制限したことが問題になった。訴訟関係者、とくに被告人らの姿の撮影が不可能になるからである。この制限を違憲であるとした本決定は、開廷前・休廷中・閉廷後に訴訟関係者が法廷にいる様子をテレビで報道する意義を強調し、法廷でのテレビカメラ取材の制限に際して対立する諸利益の詳細な衡量を行うことを裁判長に求めた。本決定によれば、制限を正当化するためには比例原則、とくに必要性の原則を考慮する必要がある。本決定は、当該制限の合憲性を検討するための考慮要素（一方では、公衆の情報入手についての利益、他方では、当事者、すなわち被告人及び証人の一般的人格権の保護、当事者の公正な手続についての権利、司法の機能性、とくに妨げられない真実と法の発見）について、衡量の指針をかなり具体的に示した。これに加えて本決定は、裁判

長が法廷でのテレビカメラ取材を禁止又は制限する際には、放送の自由への配慮のため、関連する重要な要素をすべて考慮に入れて衡量を行ったことがわかるよう、判断の根拠となった理由を明らかにする必要があるとした。

そのうえで、本件命令は上記の要請に適っていないと判断された。初年兵虐待について、公衆は事件の解明に大きな関心を寄せていた。これに対し、公判の行われていない法廷におけるテレビカメラ取材が、被告人を不安にさせ、審理を困難にするおそれがあることを理由に制限を課すためには、そのようなおそれが具体的手がかりから検証できるようにする必要があったのに、裁判長はそれを明らかにしてはいなかったと判断された。

社会の関心を集めていたとはいえ、ホーネッカー事件ほどの重大事件ではなかった初年兵虐待事件の法廷でのテレビカメラ取材制限についての本決定が、法廷警察権による、開廷前・休廷中・閉廷後の法廷でのテレビカメラ取材の制限について、裁判長の裁量を認めつつ、制限を課すにあたって考慮すべき要素と衡量のための指針を示したこと、さらに、テレビカメラ取材を禁止又は制限する際には、放送の自由への配慮のため、関連する重要な要素をすべて考慮に入れて衡量を行ったことがわかるよう、判断の根拠となった理由を明らかにする必要があるとしたことは、報道の自由の観点からみて大きな意義がある[7]。本決定が示した衡量のあり方は、法廷におけるカメラ取材が厳しく制限されている日本においても参照されるべきであろう。

なお、連邦憲法裁判所は、従来（本決定においても）、地裁裁判長の法廷でのカメラ取材を制限する命令に対し報道機関が申し立てる憲法異議を適法としていた。ところが、同裁判所第1法廷第3部会は、2015年4月17日の決定により、地裁裁判長による法廷でのカメラ取材制限（被告人の容貌の匿名化の命令）について、プレスの自由の侵害を争ったシュプリンガー社の憲法異議を、裁判で争う途を果たしていないという理由で不適法とした[8]。この間に、判例・学説の解釈が変わり、憲法異議を申し立てる前に、刑事訴訟法304条に基づく異議申立てにより地裁裁判長の命令について争う途があったというのがその理由である。この決定によれば、法廷でのカメラ取材制限について、それが少なくとも地裁裁判長の命令による場合、今後は、刑事訴訟法304条に基づく異議申し立てをしてからでないと、憲法異議で争うことはできない[9]。しかし、これは「過激な判例変更」であり、それが必要だったのか疑わしいと指摘されている[10]。

(1) BVerfGK 10, 435. Vgl. *Stefan Ernst*, Anm., JR 2007, 392 ff.

(2) BVerfGE 119, 309. 評釈として、*Stefan Muckel*, Anm., JA 2009, 74 f. 鈴木秀美「法廷警察権に基づくテレビカメラ取材制限が違憲とされた事例」阪大法学60巻6号（2011年）235頁以下も参照。

(3) 法律で裁判が非公開とされる一部の少年事件や、証人の生命、身体、自由を保護するための裁判公開の禁止の場合などがこれにあたる。

(4) 開廷中の法廷でのテレビカメラ取材禁止は2001年の判決（BVerfGE 103, 44〔ド憲判Ⅲ *30* 判例〕）で合憲とされた。ただし、2017年の法改正で、特別な事件で連邦レベルの裁判所が認められれば、判決言渡しのテレビカメラ取材が可能になった。Gesetz vom 8. 10. 2017, BGBl I 2017, 3546. 鈴木秀美「ドイツにおける裁判テレビ中継と裁判の公開」法学研究91巻1号（2018年）71頁以下参照。

(5) BVerfGE 91, 125〔ド憲判Ⅱ *22* 判例〕. 鈴木秀美『放送の自由（増補第2版）』（信山社、2017年）104頁以下参照。

(6) BVerfG, 1 BvQ 17/00 vom 21. 7. 2000, NJW 2000, 2890.

(7) 2008年以降の関連する憲法判例について、鈴木・前掲注(4)77頁以下参照。

(8) BVerfGE, 1 BvR 3276/08 vom 17. 4. 2015, NJW 2015, 2175.

(9) *Martin W. Huff*, Kommentar, K&R 2017, 715. Vgl. BVerfGE, 1 BvR 1741/17 vom 17. 8. 2017, NJW 2017, 3288.

(10) *Martin W. Huff*, Verfassungsrichter schaffen neuen Rechtsweg, DRiZ 2015, 213. その後の判例動向について、*Anna K. Bernzen*, Anm., MMR 2017, 742 ff.; *Renner/Pille*, Medienverfügungen in der Prozessberichterstattung, AfP 2018, 23 ff.

33 放送受信料確定手続と放送の自由
──第2次放送受信料判決──

杉原周治

2007年9月11日連邦憲法裁判所第1法廷判決
連邦憲法裁判所判例集119巻181頁以下
BVerfGE 119, 181, Urteil v. 11. 9. 2007

【事　実】

　ドイツの公共放送はその資金の85～90％を放送受信料で賄っており、この受信料額を公共放送局の放送の自由という観点からどのように確定すべきかについては、従来から激しく議論がなされてきた[1]。この問題につき州政府は、連邦憲法裁判所の1994年2月22日判決（BVerfGE 90, 60（第1次放送受信料判決[2]））を受けて、1997年1月1日発効の第3次改正州際協定によって、公共放送の受信料額の確定に関する新たな手続を規律した。それによれば、受信料の確定は、以下の三段階によってなされるとされた。①公共放送局は、自己の番組決定に基づき「公共放送資金需要調査委員会」（Kommission zur Ermittlung des Finanzbedarfs der Rundfunkanstalten（以下、KEF と略記））に対してその資金需要を申告する（資金需要申告）、②KEF は、放送局の当該番組決定が放送委託（Rundfunkauftrag）の枠内にとどまっているか否か、当該資金需要が経済性・効率性の原則を遵守して算出されたか否かを審査する（資金需要申告の審査ないし資金需要確定）、③最後に州政府は、KEF が上述の審査に基づき提示する受信料提案を根拠として受信料を確定する（受信料確定）。ただし、州政府がKEF の同提案から「逸脱」（Abweichung）しようとする場合には、説得力ある根拠を挙げなければならない。

　2003年4月、憲法異議申立人ら（公共放送であるARD、ZDF、ドイツラジオ）は、KEF に対して資金需要申告を行い、受信料を2.01ユーロ分値上げする（16.15ユーロから18.16ユーロ）必要があると主張した。これに対してKEF は、2004年1月5日の報告書に

おいて、受信料の値上げは2005年1月1日付で1.09ユーロ（16.15ユーロから17.24ユーロ）で十分であると評価した（資金需要確定）。しかしながら州首相らは、ドイツの経済状況の悪化等を理由にこの受信料額でも高額であると考え、2005年4月1日発効の第8次改正放送州際協定によって、KEF の値上げ幅を下回る88セントの値上げ（16.15ユーロから17.03ユーロ）を規律した（受信料確定）。すなわち、同改正州際協定6条4号に基づく放送資金州際協定（RFinStV）8条は、「受信料は月額、以下のように確定される。1. 基本料：5.52ユーロ　2. テレビ料金：11.51ユーロ」と規定された[3]。

　これと同時に、同改正州際協定6条2号aに基づき放送資金州際協定3条1項2文が改正され、KEF の審査基準の拡大のために[4]、「および経済全体の発展と政府の財政発展を考慮して」という文言が付け加えられた。すなわち、同3条1項は、「KEF は、放送事業者の番組の自律に配慮して、放送事業者が申告した資金需要を専門的に審査し調査する責務を負う。その対象となるのは、番組決定が法的に限定された放送任務の枠内にとどまっているか否か、ならびに資金需要が適切に、経済性・効率性の原則を遵守して、および経済全体の発展と政府の財政発展を考慮して調査されたか否か、である」、と規定された。

　これに対して憲法異議申立人らは、①州政府の本件受信料確定がKEF の提案から逸脱したことは政治と受信料の分離の原則に反しており、それゆえ放送資金州際協定8条は放送の自由を侵害し違憲である、②KEF の審査基準を拡大した放送資金州際協

定３条１項２文の文言は不明確であり法治国家原則に反するだけでなく、「経済全体の発展と政府の財政発展を考慮」した調査は、KEF が専門的に行いうるものではなく政治的な評価であって KEF の責務としては不当であるから、同条項は放送の自由を侵害する、などと主張して憲法異議を申し立てた[5]。

【判　旨】

①本件の受信料確定は憲法異議申立人らの放送の自由を侵害しており、この点に関する憲法異議には理由がある（以下１～４）。②ただし、放送資金州際協定３条１項２文は放送の自由を侵害しておらず、それゆえ同条項に対する憲法異議には理由がない（以下５）。

1　公共放送および受信料の意義

「基本法５条１項２文にいう放送の自由の確保に関する、放送秩序の立法者の内容形成に対する連邦憲法裁判所が掲げた要請は、伝達技術およびメディア市場の発展によっても、時代遅れとはならない」。さらに、「二元的放送秩序における放送の自由の保障には、需要に即した資金を含む、公共放送の機能性の確保が含まれる」。

(1)　「放送秩序の立法上の内容形成の根拠は、放送の普及作用（Breitenwirkung）・即時性（Aktualität）・暗示力（Suggestivkraft）ゆえに放送に与えられる意義にある」。「〔放送の〕普及作用とは、多くの国民に及ぼす影響の射程および可能性をいう…。ラジオおよびテレビの即時性は、〔番組〕内容が素早く、ないしは同時に受信者に伝達されうる、ということから生じる。メディアの特別な暗示力は、とりわけ、テキスト、音声、テレビにおける動画といったコミュニケーション形式が相互に組み合わされ、とりわけそれによって番組内容に高い信憑性を与える、という可能性から発生する」。

「放送は、〔メディアを介して情報を公開するという〕ジャーナリズム的な目的だけでなく、経済的な目的の追求のために導入されうる」。しかしながら

「とりわけ広告による資金は、番組のマスアピール（Massenattraktivität）および標準化への傾向を強化する…。さらに、〔それによる〕偏ったジャーナリズム的活動と影響力のリスクも存在する。経済競争のプレッシャー、および常に獲得が困難な視聴者の注意を獲得するためのジャーナリズム的な努力によって、しばしば、例えばセンセーションが優先され、または報道の対象からスキャンダルなどの特殊なものだけが取り出されるなど、現実を歪めた描写がなされる」。さらに「憲法上放送秩序に与えられる多様性の目的の達成に対する危険は、メディア市場の発展、とりわけ民間放送の領域における著しい集中の圧力からも発生する」。

(2)　「公共放送および民間放送の並立という二元的秩序は、放送局の異なる構造によって可能となる番組の異なる方向づけを、番組の幅および多様性の確保に寄与するものとして活用する」。「民間放送については立法者が本質的に市場プロセスを信頼しているのに対して、公共放送は、その番組につき特別な規範的期待に服する。〔すなわち〕公共放送局は、多様性および独立性の確保のために特別な組織的な諸要請に服している」。

「法律上の規律は、それによって公共放送が、自己の古典的な機能的任務（Funktionsauftrag）を満たすことを可能とするものでなければならない。この機能的任務とは、意見形成・意思形成に対する自己の役割や、娯楽・報道と並んで、文化的な責任を含むものである…。公共放送がこれを満たし、さらに民間放送局とのジャーナリズム的競争を乗り切ることができる場合にのみ、民間放送の番組が公共放送の番組に比べてより緩やかな要請に服するという現行の二元的制度は、基本法５条１項２文に合致する」。

(3)　「受信料を介した優先的な資金は、公共放送の機能性に寄与するものである」。「とはいえ、受信料と並んでその他の資金源も、憲法上排除されるものではない（vgl. BVerfGE 83, 238 (303 f.)）。このことは、基本的に、広告やスポンサーからの収入にも妥当する」。

2 受信料確定のための手続

「〔州による〕受信料の確定は、メディア政策的な目的設定から離れて行われなければならない。この点につき、連邦憲法裁判所は、1994年2月22日の判決（BVerfGE 90, 60（93 ff., 101 ff.））において、その後も存続している原則を定めた」。

(1) 「それによれば、立法者は、実体的・手続的・組織的予防措置を介して、受信料確定が放送の自由を害さないこと、さらには受信料確定が、放送局が需要に即した資金によって自己の機能的任務を満たしうる、ということに寄与すること、を保障しなければならない」。

(2) 「一方で放送委託のメディア政策上の具体化と、他方で受信料確定とを分離するという要請は、それのみでは、十分に実効的ではない。それは、とりわけ手続上の防護策を必要とする（vgl. BVerfGE 90, 60（94 ff.））」。「受信料確定の手続は、それが放送局に対して、番組自治を保障したうえで、放送委託の履行に必要な財源を確保し、さらに放送局の番組制作に対する国家の影響を効果的に排除している場合には、憲法上の要請を満たしている」。

「それぞれの部分的な措置の特性に合致し、また政治的影響力の可能性を制限するような、段階的および共同的な資金需要確定手続は、この手続を最も正当に評価するものである（vgl. BVerfGE 90, 60（102））」。

「そのような手続の第一段階は、放送局自身の資金需要申告である」。「受信料については市場価格の調整がなされないため、第二段階の手続においては、受信料を負担する加入者のために〔行われる〕、資金需要申告に対する外部からの統制が必要となる」。「当該手続の第三段階としての〔州政府による〕最終的な受信料決定は、〔KEFによって〕審査された、場合によっては修正された放送局の資金需要申告に基づいてなされなければならない」。ただし「このことは、〔KEFの〕資金需要確定からの逸脱を排除するものではない」。

3 資金需要確定からの逸脱の正当化

「放送州際協定14条4項および放送資金州際協定7条2項1文が規定するように立法者が自ら受信料決定を下す場合に、自己の逸脱の権限の射程を確定する際には、要請される手続的基本権保護がそれによって無に帰すことがないように、憲法上の地位と結びついた内容形成が（とりわけ民主制原理（基本法20条1項、同2項1文）に鑑みて）考慮されなければならない」。

(1) 「受信料額の確定に関する最終的な決定が立法者に留保されている場合には、立法者は受信料額に対する政治的な責任を負う」。「受信料支払義務者が受信料額によって不当に負担を強いられ、また受信料額によって支払義務者の情報アクセスが妨げられている場合には、法律による機能的任務の枠内における、またそれに適合した資金という点で、国民の利益と、放送番組に関する放送局の自律決定権との間の調整は失敗している。立法者に最終決定権が留保されている場合、またその限りにおいて、これを認識し修正することは立法者の責務である」。

(2) 「とはいえ受信料決定は、この修正可能性を介して、州政府首相および州議会の純粋な政治的決定（つまり、時期および範囲について自由な受信料確定）となってはならない（vgl. BVerfGE 90, 60）」。「立法者は、放送の枠外にあるファクター、例えば一般的な経済状況、所得拡大、〔受信料〕以外の国民の税負担を、それらが受信料支払義務者の財政的負担に影響を与え、また放送を介した彼らの情報アクセスを脅かす限りにおいて、逸脱権限の枠内で考慮することが許される」。

(3) KEFによる「専門的に調査された資金需要は、受信料額の確定のための根拠とされなければならない。この〔KEFの〕資金需要確定には、単なる決定の助けを超える、適切な重要性が付与されなければならない」。

(4) 州が「KEFの受信料提案から逸脱するためには、事後審査可能な理由が主張されなければならない（放送資金州際協定7条2項3文、vgl. BVerfGE 90, 60

(104))」。「立法者は、逸脱を正当化する事実認定を
理解可能な方法で提示し、かつそれと結びついた自
己の評価を公開しなければならない。例えば、規定
された受信料がどの程度、その金額ゆえに受信料支
払義務者に対して不当な負担を強いているのか、ま
たはその負担が特筆すべき額によって、どの程度国
民の番組利用を妨げているのか、さらに立法者が逸
脱して確定した受信料が顧慮されていること、が認
識できなければならない」。

4　本件の受信料確定の合憲性

「以上の基準に従えば、本件で攻撃されている〔州
政府による〕受信料確定は、憲法異議申立人らの放
送の自由に適合しない」。「本件で立法者は、単に、
逸脱のために重要な基準を提示したにとどまり…ま
た、2004年の危機的な経済状況を一般的に指摘し
た」にすぎない。州の立法者が挙げた逸脱のための
「その他の理由も、〔KEFの〕資金需要確定からの
逸脱に対する要請を満たさないため、受信料の逸脱
のための理由は、総じて、州立法者の決定の根拠と
はならない」。

5　放送資金州際協定3条1項2文の合憲性

本件憲法異議が放送資金州際協定3条1項2文に
向けられている限りにおいて「同憲法異議には理由
がない。憲法異議申立人らの放送の自由は、憲法上
の要請を満たす解釈に基づけば、当該規定によって
侵害されてはいない。そのような解釈は、新規定の
文言および制定史と矛盾しない」。

【解　説】

1　公共放送の機能的任務

二元的放送秩序における公共放送の「任務」の概
念は、従来から多義的に用いられてきた[6]。この点
につき本判決は、連邦憲法裁判所が第一次放送受信
料判決で用いた「基本的供給」の概念に代えて、
「機能的任務」という上位概念[7]を使用した[8]。本判
決は、二元的放送秩序において公共放送が果たさな

ければならない「(古典的な)機能的任務」とは意見
形成・意思形成・娯楽・報道と並んで、文化的な責
務を含むもの、と定義する。

ところで本判決によれば、放送番組の多様性は、
もはや国家による介入によってだけでなく、「経済
的な目的の追求のために」危険にさらされるという。
とりわけ広告資金は、番組のマスアピールおよび標
準化の傾向を強め、またセンセーショナルな報道や
スキャンダルが優先されることで現実を歪めた番組
が放映されるリスクが生じうる。まさにこうした危
険性が存在するために、立法者は、公共放送がその
機能的任務を満たすことができるよう配慮しなけれ
ばならないとする[9]。そして放送受信料は、この公
共放送の機能的任務の履行に寄与するものであると
いう。

2　受信料確定手続

連邦憲法裁判所は、受信料確定手続についても、
第一次放送受信料判決にいう三段階審査を踏襲した。
ただし本判決は、当該手続におけるKEFの役割に
より大きな意義を与えた[10]。すなわち本判決は、「受
信料額の確定に関する最終的な決定が立法者に留保
されている場合には」、立法者の受信料決定は大き
く制約されるとする。具体的には、立法者は確かに
KEFの資金需要確定から逸脱することが可能だが、
その場合には、放送の自由に耐えうる理由を提示し
なければならない。すなわち逸脱は、番組上または
メディア政策上の目的でなされてはならず、受信料
支払義務者の情報アクセスの確保および負担の適切
性という観点からのみ許される、という。さらに立
法者は、逸脱の理由を裏付ける事実を事後審査可能
な形で提示しなければならず、また、例えば一般的
な経済状況や所得拡大などの放送の枠外にある要素
は、それらが受信料支払義務者の財政的負担に影響
を与え、または彼らの情報アクセスを妨げる限りに
おいてのみ、立法者による考慮の対象となりうる、
という。

3 その後の動向

以上のように連邦憲法裁判所は、受信料事件をめ
ぐる州の主張を打ち砕き[11]、公共放送の資金需要申
告は確かに KEF の審査に服するが、KEF の決定は
州政府の政治的理由によって覆すことはできない、
と判示した。換言すれば同裁判所は、本判決によっ
て、近年における「メディア市場の発展」や民間放
送の発展にもかかわらず、公共放送を強化し、その
機能的任務を保持する決定を下した[12]。

なお、2010 年 12 月 15 日の第 15 次改正州際協定
によって受信料制度が廃止され、2013 年 1 月 1 日
から新たに放送負担金制度が導入された[13]。同制度
により、公共放送の資金は従来のように放送受信機
の所有者からではなく、住居の持ち主からの負担金
で賄われることとなった。もっとも、放送資金州際
協定の諸規定は本質的には変更されていない。それ
ゆえ放送負担金制度に基づく資金確定も、本判決が
示した手続に基づいて、国家から距離を置いた需要
に即した公共放送の資金を確保するために行われる
こととなる[14]。

(1) Vgl. K. Faßbender, Das jüngste Rundfunkge-
 bührenurteil des BVerfG, NVwZ 2007, 1265 (1265).
(2) 1994 年 2 月 22 日の連邦憲法裁判所判決（第 1 次放
 送受信料判決）につき、詳しくは、鈴木秀美『放送の
自由』（信山社、2000 年）253 頁以下、を参照。
(3) 本事件当時の受信料は基本料金（Grundgebühr）と
 テレビ料金（Fernsehgebühr）から構成されており
 （RGebStV 2 条）、ラジオ受信機のみを所有する者は
 前者のみを、テレビ受信機を所有する者は基本料金に
 加えて後者のテレビ料金を支払う仕組みとなっていた。
(4) Vgl. Faßbender, a. a. O. (Anm. 1), S. 1266.
(5) 本判決につき、西土彰一郎『放送の自由の基層』
 （信山社、2011 年）91 頁以下、を参照。
(6) Vgl. M. Eifert, in: W. Hahn/T. Vesting (Hrsg.),
 Beck'scher Kommentar zum Rundfunkrecht, 3. Aufl.,
 2012, RStV § 11 Rdnr. 4.
(7) Vgl. M. Louis, Die KEF und die Rundfunkfreiheit,
 2014, S. 263.
(8) 「基本的供給」と「機能的任務」につき、石川明
 「ドイツにおける『公共放送像』」関西学院大学社会学
 部紀要 89 号（2001 年）125 頁、西土・前掲注(5)107
 頁以下、を参照。
(9) Vgl. F. Fechner, Entscheidungen zum Medien-
 recht, 2. Aufl., 2010, S. 359.
(10) Vgl. Fechner, a. a. O. (Anm. 9), S. 359.
(11) Vgl. G. Gounalakis/Chr. Wege, Öffentlich-recht-
 licher Rundfunk hat seinen Preis, NJW 2008, 800
 (800).
(12) Vgl. Fechner, a. a. O. (Anm. 9), S. 360.
(13) 放送負担金制度につき、詳しくは、鈴木秀美「ドイ
 ツ受信料制度改革の憲法学的考察」法学研究 87 巻 2
 号（2014 年）449 頁以下、を参照。
(14) Vgl. R. Müller-Terpitz, in: J. Menzel/R. Müller-
 Terpitz (Hrsg.), Verfassungsrechtsprechung, 2. Aufl.,
 2011, S. 844 f.

34 芸術の自由と人格権
──エスラ決定──

上村　都

2007 年 6 月 13 日連邦憲法裁判所第 1 法廷決定
連邦憲法裁判所判例集 119 巻 1 頁以下
BVerfGE 119, 1, Beschluss v. 13. 6. 2007

【事　実】

　異議申立人 (出版社) は、2003 年、マキシム・ビラーが執筆した小説『Esra』を出版した。この小説は、ビラーの実体験に基づく私小説で、小説家「アダム」と女優「エスラ」を登場人物とする恋愛物語が、語り手 (「私」) であるアダムの視点から描かれている。原告 1 (エスラ) は、1989 年に連邦映画賞を受賞し、17 歳で結婚し、娘を産んでいる。離婚後、原告 1 は、1 年半の間、作者と親密な関係になった。この間、彼女の娘は、重い病気にかかっていた。作者と別れた後、原告 1 は、わずかな期間、昔の同窓生と関係を持った。原告 2 (ラーレ) は、原告 1 の母親である。彼女は、2000 年のオルタナーティヴ・ノーベル賞の受賞者であり、トルコにあるホテルのオーナーでもある。

　この小説のエスラは、母親の意思に従属した主体性のない女性として描かれており、修正後の小説の最終版では、映画の出演によりフリッツ・ラング賞を受賞したと描かれている。小説では、多くの箇所で、エスラと語り手である私との性交について描写されている。ラーレは、トルコのエーゲ海にホテルを所有し、小説の元のヴァージョンでは、彼女の環境活動に対して、オルタナーティヴ・ノーベル賞を、修正後の最終版では、カール・グスタフ賞を受けたことになっている。

　二人の原告は、小説の刊行直後、ラント裁判所に、出版差止めの仮処分命令を求めて出訴した。2003 年 3 月 3 日ラント裁判所は出版差止めの仮処分を認めたが、その後、異議申立人が削除・修正なしに小説を出版しないと申し出たため、上級ラント裁判所は、2003 年 7 月 23 日にラント裁判所判決を破棄した。仮処分手続の終結後、異議申立人は、小説の修正版を公表した。2003 年 6 月 18 日、ラント裁判所は本案手続の審理をはじめ、2003 年 10 月 15 日に小説の出版差止めを命じた。上級ラント裁判所は、異議申立人の控訴を棄却した。連邦通常裁判所は、異議申立人の上告を棄却した。そのため異議申立人は、一連の判決によって基本法 5 条 3 項 1 文の芸術の自由が侵害されたとして憲法異議を提起した。

【判　旨】

　原判決等は、原告 2 の出版差止め請求を認める限りで、基本法 5 条 3 項 1 文の基本権に違反する。その限りで原判決を破棄し、連邦通常裁判所に差し戻す。

1　芸術の自由と人格権
「小説の禁止によって惹起された異議申立人の芸術の自由の基本権に対する制約は、部分的にのみ正当化される」。

（1）芸術の自由とその限界
「芸術の自由は、明文上の法律の留保を有してはいない。芸術の自由は、しかしながら、無制約に保障されるわけではなく、その限界は、直接、基本法の憲法秩序の中で、等しく本質的な法益を保護する憲法上の別の規定に見出せる」。「芸術家によって自己の権利を侵害された者は、自己の権利を防衛できなければならず、芸術の自由の顧慮のもとで実効的な保護がその権利に与えられなければならない。そのような状況の下では、国家の裁判所は、両者の基

本権に等しく義務付けられている」。

(2) 人格権に対する侵害の程度

「確かに、芸術の自由は、人格権を限界とする」。一般的人格権を根拠とする民事法上の防御請求権をめぐる裁判に際しては、芸術の自由が適切に顧慮されなければならない。「それゆえ、はたしてこの侵害が、芸術の自由を退けるほど重大なものかどうかが解明されなければならない」。「人格権の侵害の重大性は、その際、次のことに依存する。いかなる程度で芸術家は読者にその作品の内容を実在する人物と結びつけさせるか、もう一つは、読者がこの関係を樹立した場合に、どれほど強く人格権を侵害するか、である」。

（ⅰ）作品の内容と実在する人物との関連性　「小説および語りという芸術形式の特殊性に含まれるのは、それがしばしば、──必ずしもそうとは限らないが──現実と結びついており、芸術家は、その際、新たな美的な現実を創造する、ということである。芸術作品は、『リアルな』現実に対して独立した『より現実的な現実』を目指す。そのより現実的な現実のなかで、リアルな現実は、美的な次元で、個人に対する新たな関係において意図的に経験される。それゆえ、芸術的な描写は、現実の世界の尺度によってではなく、芸術に固有の美的な尺度で測定されなければならない。その際、顧慮すべきなのは、はたして、またどの程度、『作中人物（Abbild）』が『モデル（Urbild）』と比べて、素材の芸術的形成および芸術作品全体への組み入れによって、個々人の人的内密さが『登場人物（Figur）』の一般性や特徴づけのために客観化されるほどに、独立したものに見えるか、である」。「作者が小説の登場人物をそのモデルから強く切り離せば切り離すほど、また、芸術の登場人物へと独立させる程度が強ければ強いほど（『異形化』）、芸術に固有の考察はいっそう小説家の利益になる」。

（ⅱ）侵害の重大性　衡量にとって、人格権がいかなる強さで侵害されたのかが重要である。連邦憲法裁判所は、これまでの判例において、人間の尊厳との特別な近接性ゆえに、私的生活形成の核心領域が絶対的に不可侵のものとして保護される、ということから出発した。──とくに性行為の表現も含まれる──この絶対的に保護される核心領域よりも、私的領域が、保護の強さという点で、後置される。

（ⅲ）虚構の程度と人格権侵害の強度との相関関係（je-desto公式）　「作者が現実から切り離した美的なリアリティ（Realität）を創造する程度と、人格権侵害の強度との間には、相互関連性がある。作中人物とモデルとが強く一致すればするほど、人格権侵害はより重大になる。芸術的描写が、とくに保護されるべき人格権の次元に関わるものであればあるほど、人格権侵害を排除するために、より虚構化しなければならない」。

(3) 具体的当てはめ

これらの基準によれば、裁判所は、問題となっている事例において、芸術の自由の要請に部分的にのみ正しく応えている。

（ⅰ）原告2について　「問題の判決は、要請された芸術に固有の考察をすべての点で正当に評価したとはいえない。また、諸判決は、基本法5条3項1文の芸術自由の保障に違反する」。

（ⅱ）原告1について　「これとは反対に、問題の判決は、原告1に差止め請求を認めている限りで、結論において、憲法上異議はない」。

原告1は、「小説エスラの登場人物の中に同定可能な形で描かれているだけではない。彼女の作者との内密の関係も、彼女の結婚、彼女の娘の病気と新たな関係も、……多かれ少なかれ直接的に現実から得たものである。その結果、原告2の場合とは異なり、読者にこの出来事を虚構であると理解させるのは容易ではない。すでに小説という視点から、語り手としての私の自分自身の体験が叙述されていることもその理由となる」。

「まさに作者の直接的な体験から生じた、現実的で詳細に描写された出来事の叙述によって、原告1の人格権は、とくに強く害されている。このことは、とりわけ、明らかに作者の実際の親密な恋人だと認められる、女性の内密のディテールの細にわたる描

写によって起こる。この点に、内密領域への侵害があり、これによって人間の尊厳の核心に含まれる人格権の領域への侵害がある」。「それに加えて、実際におきている生命を脅かす娘の病気の描写は、原告1に対する重大な人格権侵害を意味する。子どもおよび母子関係の特別な保護に鑑みれば、病気の描写とこれによって特徴づけられる母と子の関係は、……公共の中で詮索されてはならない」。

2 反対意見

(1) ホーマン・デンハルトとガイヤーの反対意見。(略)

(2) ホフマン・リームの反対意見 ……多数意見は、エスラの描写が、語り手としての私の体験に基づいて描写されていることを理由として、裁判手続において主張されたこれとは異なる見解（文学的な(専門家の)鑑定書など）を無視している。……。虚構性の推定が適用されるならば、間主観的に観察可能な出来事の中に個々の類似のものがある限りで、次のことが問われなければならない。はたして、この出来事の芸術的な加工が、このことを、芸術家が独自の美的な諸原則により「新たなリアリティ」を作り出すくらいに、多数意見によって基準として強調された「第二の次元」へと高めたのか。このことには、専門家の解明が必要であって、文学者の助力を欠かすことはできない。

【解 説】

本件は、いわゆるモデル小説の出版差止めが争われた事件である。連邦憲法裁判所は、同定可能性の判断基準は何か、虚構性の推定をどのように働かせるか等といった、モデル小説に固有の視点からこの事案を検討している。

1 同定可能性の判断基準

(1) モデル小説の場合、読者が作中人物と実在する人物とを一致させることができるかが重要となる（同定可能性）。同定可能性は、わが国においても「石に泳ぐ魚」事件などで争点となっているが、広範囲の不特定多数人か、それとも身近な範囲の人か、誰を基準にその一致を認めるのかが問題となる。先例であるメフィスト決定では、「広範な読者層」[1]が基準とされた。これに対し本判決は、メフィストの場合には現代史の人物がかかわっており、公衆の記憶も生々しかったため不特定多数でも同定可能であったのであり、広範囲の不特定多数人を基準とすれば、同定可能性が認められるのは有名人に限られることになるとして、メフィストとの差別化を図っている。その上で本判決は、「諸事情を承知している読者」を基準とした。もっとも、メフィスト決定を修正したわけではなく、「多かれ少なかれ、広い交際範囲によって同定できるという連邦通常裁判所によって重視された基準は、憲法の観点からも適合的である」と述べている。

なお、作品の評価者は誰かという問題は、虚構性の審査にもかかわる。本件多数意見が、芸術の評価について一般の読者を想定したのに対し、反対意見を執筆したホフマン・リームらは、文学の専門家の評価に委ねるべきだとしている。

(2) 芸術の評価者については、日本でも、わいせつな作品やモデル小説の評価の際に争われた。その際基準とされるのは、チャタレイ事件最高裁判決[2]などにおいて示された「平均的な一般人」や「善良な普通人」という基準であり、またモデル小説に際しても、「石に泳ぐ魚」事件1審判決[3]では「原告と面識がある者又は……原告の属性の幾つかを知る者」が基準とされた。日本では、芸術作品の判断に際して、一般人の目線が基準とされており、この点で、本件の多数意見と同様であると考えられる。

2 人格権侵害の程度——その判断基準

連邦憲法裁判所は、モデル小説の差止めに際して、芸術の自由の適切な顧慮を要求し、人格権に対する侵害が芸術の自由を退けるほど重大な場合でなければならないとしている。そして、人格権侵害の重大性の判断を、①虚構化の程度、②同定可能性の程度、

領域理論とのかかわりの2点から審査している。

(1) 虚構化と侵害の程度

(i) 連邦憲法裁判所は、人格権侵害の有無およびその程度を、作中人物の虚構化の程度から判断している。同裁判所は、「作者が小説の登場人物をそのモデルから切り離すのが強ければ強いほど、また、芸術の登場人物へと独立させるのが強ければ強いほど（「異形化」）、芸術に固有の考察はいっそう小説家の利益になる」と説く。その上で、原告1については、作者の実体験に基づく叙述であるため、これらの出来事を虚構であると理解させるのは難しく、現実に生じた出来事の叙述により原告1の人格権を重大に侵害すると結論づけた。

この点、ホーマン・デンハルト裁判官とガイヤー裁判官反対意見は、同定可能性は、侵害の可能性を排除できないという意味を持つにとどまるのであって、同定可能性の程度から、人格権に対する侵害の強度を帰結することは疑問だと指摘する。さらに、芸術作品が現実からどの程度離れているかにより虚構性を判断する多数意見は、芸術に固有の基準を再びリアリティに還元するものだと批判する。

(ii) なお、連邦憲法裁判所は、原告2については、作中人物とモデルを同定できるからといって、小説に書いてあることがすべてモデルに起こった出来事であると読者が想起するとは考えられないとして、虚構性を認めている。他方、反対意見は、現実と虚構が交差する小説の場合には、芸術に固有の考察により全体として虚構とみなすべきだと主張する[4]。

(2) 同定可能性・領域理論と侵害の程度

連邦憲法裁判所は、領域理論を援用し、私的生活形成の核心領域は人間の尊厳との近似性ゆえに絶対的に不可侵のものとして保護されると述べ、性行為の表現をここに含めた。また、「作中人物とモデルとが強く一致すればするほど、人格権侵害はより重大になる。芸術的描写が、とくに保護されるべき人格権の次元に関わるものであればあるほど、人格権侵害を排除するために、より虚構化しなければならない」（je-desto公式）と述べ、同定可能性の程度と人

格権侵害の強度とは、相関関係にあると説く。

これに対して、ホフマン・リーム裁判官は、性的領域に関する描写など人格権侵害が強い場合には、虚構であるとの推定はもはや働かず、より強く保護される人格権の次元にかかわるときには、モデルのよりいっそうの虚構化に努めなければならないとするならば、多かれ少なかれ直接に現実からとりだされた性生活の描写は、つねに許されないことになってしまうと批判する。

ポルノグラフィックな小説も、「自由な創造的形成」の要素を備えている限り基本法5条3項の意味における芸術なのであり[5]、現実から着想を得た場合であっても、芸術に固有の顧慮をすべきであろう。

[参考文献]
・K. Bünnigmann, Die "Esra" -Entscheidung als Ausgleich zwischen Persönlichkeitsschutz und Kunstfreiheit, 2013.
・鈴木秀美「モデル小説と芸術の自由」石川明ほか『ボーダーレス社会と法』379頁（信山社、2009年）

(1) BVerfGE 30, 173 (196). メフィスト決定。ド憲判 I 30 判例［保木本一郎］を参照。
(2) 最大判昭和32年3月13日刑集11巻3号9970頁。
(3) 東京地判平成11年6月22日判時1691号106頁。
(4) 日本では、モデル小説が、現実の事実をヒントに作家の独自の視線から新たな世界を作り出すものであるため、たとえ作品の内容がいかに現実の事実と似ていても、それは異なる次元にあるのであって、実在する人物の権利侵害などありえない、という見解と、読者が作品の登場人物とモデルとを結びつけることができる場合には、権利侵害が生ずると解すべきだという見解とが対立している（曽我部真裕「プライバシー侵害と表現の自由」長谷部恭男ほか編『憲法判例百選I・第6版』[2013年、有斐閣] 142頁）。また、「石に泳ぐ魚」事件第1審判決（東京地判平成11年6月22日判時1691号107頁）は虚構の事実と現実の事実の混交を、プライバシー侵害を認定するための要因と捉えている。「本件小説は、……現実の事実と被告が創作した虚構の事実が織り交ぜられ、渾然一体となって記載されていると認められるから、読者はこれらの性質を異にする事実を容易に判別することができず、虚構の事実を現実の事実と誤解する危険性が高い」。
(5) BVerfGE 83, 130.「ヨゼフィーネ・ムッツェンバッハ」事件〔ド憲判 II 29 判例［芹澤齋］を参照。ポルノグラフィの有害図書指定が問題となった事件。

35 信仰からの離脱を理由とする神学部の大学教員の配置換えの合憲性
——リューデマン決定——

千國亮介

2008 年 10 月 28 日ドイツ連邦憲法裁判所第 1 法廷決定
連邦憲法裁判所判例集第 122 巻 89 頁以下
BVerfGE 122, 89, Beschluss v. 28. 10. 2008.

【事　実】

　異議申立人（リューデマン（Gerd Lüdemann））は、ニーダーザクセン州と同州福音ラント教会との間で結ばれたロックム協約の定めた手続にしたがってなされた同州学問芸術大臣の任用命令により、1983 年、国立大学であるゲッティンゲン大学神学部の教授となり、「新約聖書」という科目に着任した。しかし、1998 年、同大学の大学長の通告によって、神学部内ではあるが、神学者の養成にはかかわらない「初期のキリスト教の歴史と文学」（後に「初期キリスト教研究」に改称）に配置換えされた。これは、神学部の教授会や福音ラント教会等が、異議申立人の 1994 年以来出版されている研究書や新聞での公的発言等に照らして、同人がキリスト教の信仰から離脱したものと判断し、ゆえに、神学部における中心的な科目で神学者の養成にかかわる「新約聖書」を担当するのにふさわしくないと考えたために、とられた措置であった。

　異議申立人は、この大学の措置を不服とし、訴えを起こしたが、行政裁判所のすべての審級で敗訴した。そこで、大学の措置および行政裁判所の判決が、異議申立人の学問の自由等を侵害するものであるとして、連邦憲法裁判所に憲法異議を申し立てた。

【判　旨】

当該憲法異議には理由がない。

1　基本法 5 条 3 項について

本件配置換えは、基本法 5 条 3 項 1 文に基づく異議申立人の基本権に介入しているが、この介入は憲法上正当化される。

　(1)　基本法 5 条 3 項 1 文は、学問、研究、および、教授をなすすべての人に、自由な学問的活動への基本権を保障する。大学教員にとって、学問の自由の核心は、研究と教授において自らの専門の科目に携わる権利である。大学教員としての彼らの地位に影響を及ぼす国家的措置が、彼らの活動の固有に学問に関連する側面にかかわる限り、その審査の規準となるのは、基本法 5 条 3 項である。

　(2)　本件配置換えは、異議申立人の基本権に介入している。

　たしかに、配置換え後も、異議申立人は引き続き、学生に研究の成果を伝えることができるし、書物を自由に出版することができる。しかし、「新約聖書」という科目に属する授業や試験を行なうことはできず、博士号ないし教授資格を授与することもできない。また、中心的ではない科目への配置換えにより、大学の教授および研究関係における異議申立人の位置づけは明らかに低下することが予想される。

　(3)　しかし、この介入は、教会の自己決定権（ワイマール憲法 137 条 3 項と結びついた基本法 140 条）、および、基本法 5 条 3 項によって保障される学部の権利を考慮することで、正当化される。

　学問の自由は、衝突する憲法上の権利に基づいて制約されうるが、その際、原則的に法律上の根拠を必要とする（(i)）。憲法上保障された基本権同士の衝突は、他の関係する憲法上の規定や原則、および、憲法解釈による実践的整合性の原理に立ち戻って、解決されるべきである（(ii)）。

　(i)　異議申立人の配置換えは、ニーダーザクセン州大学法 50 条 3 項に基づいており、法律上の根拠

がある。

(ii)(a) 基本法は、国立大学における学問としての神学の教育を認めている。

たしかに、制度化された国家と教会の協働の他の重要な形態——教会による租税の徴収（ワイマール憲法137条6項と結びついた基本法140条）等——とは違い、基本法は、神学部に関する規定を定めていない。

しかし、このことから、基本法が神学部を許容していないと結論されることはない。基本法に先行するラント憲法において神学部が保障され、当時のほとんどの大学で神学部がよく知られかつ認められて存在していたことを考慮すれば、議会評議会が沈黙していることから、すでに存在しているドイツの大学の伝統を根底から覆す決定を引き出すことはできない。神学部を許容していることのさらなる証明は、基本法7条3項の存在によりもたらされる。基本法7条3項1文における宗教の授業が正規の授業科目であるという言明は、その授業を行なうことが国家の任務および業務であることを、明確に示している。基本法7条3項2文によれば、宗教の授業は、宗教共同体の教義にそって行なわれなければならない。それゆえ、基本法7条3項は、信仰によって拘束された宗教の授業が国家によって執り行なわれ、ゆえに、大学における授業内容であることおよびそこで行なわれる教員養成も許されることを、裏づけるものである。

(b) 国家が神学部を設置するなら、国家は、自己の神学が授業科目である宗教共同体の自己決定権を尊重しなければならない。この教会の自己決定権は、異議申立人の学問の自由を限界づける、憲法上の利益である。

神学部は、国家の教育および文化政策上の目標を追求するために、国家が設置したものである。自己決定権を引きあいに出しうる宗教共同体の参加権は、信仰に拘束された信仰上の学問として、大学において神学を教えるとした、国家の決定の、必然的な帰結である。国家が、信仰に拘束された信仰上の学問として、大学において神学を教えると決定する場合、信仰上の真実は、国立大学の授業科目となる。しかし、神学の教授の信仰適合性について判断すること

が、宗教上および世界観上中立な国家のことがらであることは、ありえないし、許されない。国家は、教会の参加権を顧慮しなければならない。

(c) 異議申立人の学問の自由はまた、神学部としての自己同一性を守り、神学の若手養成の任務を果たすという、基本法5条3項によって保障された学部の権利に、その限界を見出す。

大学教員の学問の自由への介入は、学部が教育と研究の任務を果たせるように、基本法5条3項1文によって必要とされる大学の機能可能性の維持と促進という目的によって、正当化されうる。神学部にとって、学部の教育および研究の使命は、本質的に教育内容の信仰適合性によって決められる。

(d) 結局のところ、攻撃されている大学の措置および行政裁判所の決定は、異議申立人の学問の自由と、対立する憲法上の利益とを適切に衡量し、比例性の原則を守っている。

異議申立人の、信仰に拘束された科目から信仰に拘束されない科目への配置換えは、教会の自己決定権を尊重するものであり、神学部の機能可能性を維持する目的を果たそうとするものである。この正当な目的を同じように果たすためのよりゆるやかでより学問の自由と抵触しない他の手段は、明白には存在しなかった。

当該介入は、異議申立人が大学教員としての地位にとどまるものであり、そのうえ、元の科目とおおかた似ている科目への変更であった。それまでの科目とほぼ同じように自らの知識を用いることができ、自身の研究活動も自由でありつづける異議申立人の学問の自由への介入は、わずかなものにすぎない。

とはいえ、本件大学神学部の試験規則および教育規則において、新しい科目が尊重されていないことは、異議申立人の教授の自由への侵害がささいなものではないことを、たしかに示している。学生を教育し、博士号、教授資格取得の指導を通して学問上の後継者を養成することは、大学制度が存立して以来一般的に伝統的な、教授の活動領域かつ職業像のひとつである。大学が新しい科目を設置し、そこに教授資格を持った大学教員を配置する場合、その科目において博士号および教授資格取得の可能性がな

ければならず、解釈によってそのような結論が導かれなければ、博士号および教授資格取得規則が改められなければならない。

2 基本法4条1項について

基本法4条1項で保障された信仰の自由は、宗教上および世界観上の確信を形成して所有し、その確信を告白および広める自由と並んで、消極的信仰の自由、つまり、宗教上ないし世界観上の確信を持たない、また、そのような確信を認めない自由も含んでいる。この自由は、異議申立人から奪われていなかった。たしかに、キリスト教の信仰を認めないことが、神学教授としての公職に不都合な結果をもたらした。しかしながら、信仰の自由は、大学での地位に関して神学部の大学教員に、基本法5条3項および33条3項以外にさらに権利を保障してはいない。信仰に適合しない授業により、神学の若手養成から追放されても、大学教員という公職を失わないなら、基本法4条1項を侵害することもない。

【解 説】

1 本決定の論理

本決定は、まず、大学の措置が、(i)異議申立人の学問の自由の保護領域に属する行為態様、すなわち、研究と教授において自らの専門の科目に携わる権利に介入していることを確認し、その介入が憲法上正当化されるものと判断した。一方で、(ii)信仰の自由や、公職は宗教上の信仰に左右されないとする基本法33条3項の保護領域には介入していないとしている。(ii)信仰の自由等についてそもそも保護領域への介入がないとした理由と、(i)学問の自由への介入が憲法上正当化されるとした根拠には、共通したことがらと論理が存在している。それは、国立大学の神学部の特殊性に由来する。すなわち、神学を大学の学部において研究し教授するというとき、「宗教」である神学を「学問」として研究し教授することを意味するので、そこには、いわば宗教性と学問性の共存ないし二重性という特殊性があるが、本決定は、ドイツにおける神学部の伝統等に照らして、前者の宗教性を重視し、あくまで神学という「信仰に拘束

された信仰上の学問」を研究、教授し、神学者を養成することが、神学部の中心的な任務であるとした。ゆえに、神学の授業内容が信仰に適合していることが必要になるため、その適合性判断についての教会の自己決定権、および、上の任務ゆえにその判断を引き受けようとする学部の権利によって、(i)神学教授である異議申立人の学問の自由は制約され、同時に、(ii)その特殊性を帯びた地位上の問題は、その限りにおいて、個人の信仰の自由や特殊性を有しない公職を前提にした問題とは関係しない、とされたのである。他方で、本決定は、神学部において、上の二重性における後者の学問性を重視しながら神学を教授する余地が（非中心的な任務として）残されているとし、神学者を養成しない限りにおいて、神学を、宗教学として客観的に研究する、信仰に拘束されない純粋な学問として扱う科目が設置可能であり、それは、博士号や教授資格を与えることができる正式な講座、すなわち、宗教学者を養成できるものでなければならない、と考えているようである。

その結果、本件のように、異議申立人が信仰から離脱していると教会および学部によって判断された場合、少なくとも、神学者を養成する中心的な科目から異議申立人を外すことは、正当な目的を有する必要不可欠な措置となるが、ただし、その代わり、非中心的ではあるが宗教学者を養成できる科目を担当してもらうことが、異議申立人の学問の自由と教会の自己決定権・学部の権利との均衡を保つ上で、必要と考えられることになる。そのため、本件配置換えは、新しい科目が正式な講座であるとするなら、違憲ではないと判断されたのである。

2 学説の評価

本決定の結論自体は、ドイツにおいて神学部が二重性を有しながら特殊な形で存在している現状に鑑みると[1]、バランスがとられているように思われ、ドイツの学説においても、おおむね肯定的に受けとられている[2]。例えば、ゲルディッツ（Klaus F. Gärditz）は、本決定が、ラントの政治的決定によって神学部を存置することも廃止することもできるように読めるが、神学は学問的な規準に照らして価値

のある学問であるはずなので、他の学問と同様にその学問の自由が保障されなければならず（基本法5条3項および3条3項）、全般的に廃止することは許されないとして、神学の学問性をより強調する一方で、信仰適合性の判断は宗教的世界観的に中立な国家の役割ではないため、神学部への教会の参加権は不可欠であるとする。そこから、信仰適合性の判断に基づいた人事等への教会の参加権を大前提として認めながらも、教員の学問の自由の観点から、国家は、教会に対して最低限の要求、すなわち、教会の恣意的な判断を防止するために、適正な手続を要求できるとしている[3]。したがって、この見解は、神学を、神学の宗教性をあくまで十全に保持しながら、国家[世俗]に位置づけるために、その学問性を強調するものであり、教員の学問の自由も、それに応じた外形上の保障を受けるにすぎないので、神学部の信仰に拘束されない非中心的な講座にとどまることで学問の自由は保障されたとする、本決定の結論に親和的である。

3　理論上の問題の所在

しかしながら、このように国家の設置する神学部が教会の参加権を前提とした存在であるとすると、「国家の宗教的世界観的中立性（religiös-weltanschauliche Neutralität）」の原則[4]に違反するのではないかという、憲法理論上の問題が残される。

そこで、本来は、同原則の意味するところを考えながら、ドイツにおける教会の自己決定権や神学部の存在、さらには、神学そのものについてもう一度問わなければならないが、ここでは、ワイマール憲法が、国教会の不在を確認しつつ（137条1項）、神学部の存置を規定し（149条3項）、基本法が、140条でワイマール憲法の教会条項を編入する際、神学部存置規定を除きながら、教会を公的存在としてその自律性を承認する規定を引き受けるという、憲法の条文上のささやかな原則化の推移のなかで、実際上、国家と教会の協働を規定する政教協約が結ばれ、上のような解釈論が展開されていることをあらためて指摘するにとどめたい[5]。

(1)　Vgl. Volker Wick, Die Trennung von Staat und Kirche, 2007, S. 20 ff.; Axel Freiherr von Campenhausen, Religionsfreiheit, in: Isensee/Kirchhof (Hg.), Handbuch des Staatrechts der Bundesrepublik Deutschland, Bd. Ⅶ, 3. Aufl., 2009, S. 597 (637 ff.); ders., Theologische Fakultäten/Fachbereiche, in: Flämig u. a. (Hg.), Handbuch des Wissenschaftsrechts, Bd. 1, 2. Aufl., 1996, S. 963 (964, 972 f.).

(2)　Carsten Bäcker, Ausschluss aus Theologenausbildung — Fall Lüdemann, NVwZ 2009, S. 827 (829); Klaus F. Gärditz, Anmerkung (Zur hochschulrechtlichen Stellung akademischer Theologie), JZ 2009, S. 515 (516).

(3)　Gärditz (Anm. 2), S. 515 (516 ff.).

(4)　この原則は、基本法に明文で規定されているわけではないが、基本法4条1項、3条1項3号、33条3項、および、ワイマール憲法136条1項4項、137条1項と結びついた基本法140条から導かれるとされている。Vgl. Hans D. Jarass, in: Jarass/Pieroth (Hg.), Grundgesetz für die Bundesrepublik Deutschland, Kommentar, 13. Aufl., 2014, Art. 4, Rn. 5. もっとも、本決定や多くの学説において、同原則は、神学部における教会の参加権の根拠とされている点に注意が必要である。さらに、ドイツでは、「政教分離原則（Trennungsprinzip）」という表現を、国家と教会の対抗原理ではなく、両者の調停・和解の基礎と考えてきた。Vgl. BVerfGE 42, 312 (330); Martin Heckel, Der Rechtsstatus der theologischen Fakultäten im freiheitlichen, religiös neutralen Verfassungsstaat, in: Gesammelte Schriften, Bd. Ⅳ, 1997, S. 946 (963 ff.). それに対し、ベッカーは、中立性原則をフランスのライシテ（Laizität）と同義のものと厳格に理解している点で、問題を明確にしている。Vgl. Wick (Anm. 1), S. 29 ff.

(5)　なお、拙稿「信仰からの離脱を理由とする神学部の大学教員の配置換えの合憲性——リューデマン決定」自治研究88巻1号（2012年）では、本稿より若干詳細に紹介し、論じているので、参照されたい。また、他に、リューデマン決定を扱っているものとして、三宅雄彦「ドイツ国家教会法における国家の宗教的中立性」法学新報120巻1・2号（2013年）、初宿正典「ドイツの現行憲法秩序における国立大学神学部の地位」大石眞先生還暦記念『憲法改革の理念と展開（下）』（信山社、2012年）、小林宏晨「新約聖書担当教授の学問・教授の自由」日本法学76巻2号（2010年）がある。

164 I　基本権：GG 5 条 3 項〔芸術・学問の自由〕　　　　　　　　　　　　　　　　〔玉蟲由樹〕

```
┌╌╌╌╌╌╌╌╌╌╌╌╌╌╌╌╌╌╌╌╌╌╌╌╌╌╌╌╌╌╌╌╌╌╌╌╌╌╌╌╌╌╌┐
╎                                                            ╎
╎   36 遺伝子工学法の合憲性                                   ╎
╎                                                            ╎
╎                    2010 年 11 月 24 日連邦憲法裁判所第 1 法廷判決      ╎
╎   玉蟲由樹       連邦憲法裁判所判例集 128 巻 1 頁以下               ╎
╎                    BVerfGE 128, 1 Urteil v. 24. 11. 2010       ╎
╎                                                            ╎
└╌╌╌╌╌╌╌╌╌╌╌╌╌╌╌╌╌╌╌╌╌╌╌╌╌╌╌╌╌╌╌╌╌╌╌╌╌╌╌╌╌╌┘
```

【事　実】

本件で問題となった遺伝子工学法は、主として遺伝子工学の利用から生じる人間の生命・健康や環境に対する危険を防止し、遺伝子工学の利用に関する法的枠組みを構築することを目的として 1990 年に施行され、その後、数次の改正が行われてきた。このうち、2004 年改正では、EC 指令 2001/18 の国内法への転換およびさまざまな農業生産形態の共存の保障を目的として、①「遺伝子組換え生物」（以下では GVO とする）および「流通」の規定の改正（3 条 3 号・6 号）、②所在地登録（16a 条）、③流通した製品の取扱いに関する事前配慮義務とよき専門職慣行の遵守（16b 条）、④ GVO 利用から生じる用益侵害に関する私的相隣法上の責任ルールの補完・具体化（36a 条）が明文化され、2008 年改正では、ドイツにおける遺伝子工学の研究・応用の促進を目的として 16b 条での事前配慮義務、よき専門職慣行の緩和が行われた。

これに対して、ザクセン・アンハルト州政府は規範統制を申し立て、以下のような主張をした。まず、36a 条について、従来の規律を越える特別責任を遺伝子工学の利用に課すことで、遺伝子工学を用いた農業経営者および種子生産者の職業の自由を過度に制限している。また、16a 条は、遺伝子工学の利用者の情報自己決定権を侵害し、企業・営業秘密の観点で職業の自由、財産権をも侵害している。16b 条は職業の自由を侵害している。3 条 3 号・6 号は、学問の自由および職業の自由と合致しない。

【判　旨】

1　規範統制の申立は根拠がない。2004 年および 2008 年改正による遺伝子工学法 3 条 3・6 号、16a 条 1 ～ 5 項、16b 条 1 ～ 4 項ならびに 36a 条は基本法に合致している。

2　遺伝子工学は、遺伝型の意図的な改変を行うことで、生命の基本構造へと干渉する。このとき、いったん環境へと持ち込まれた遺伝子組換え物質の拡散は、様々な要因の相互依存のなかで阻止しえない。他方で、GVO の研究および製造は、農業生産における重要なチャンスをも秘めている。

遺伝子工学の投入による因果関係および長期的帰結の評価については未だ十分な科学的知見がないことに鑑みれば、立法者はこの領域において特別な配慮義務を課せられる。立法者は、法定立に際して、一方で遺伝子工学の利用に関係する利益と、他方で、〔GVO の利用によって危険に晒される第三者の〕とりわけ生命および身体の不可侵性に対する権利（基本法 2 条 2 項 1 文）、学問の自由（同 5 条 3 項 1 文）、職業の自由（同 12 条 1 項）および財産保障（同 14 条 1 項）によって保障される規制利益とを調整するだけではなく、同時に、将来世代に対する責任を果たすためにも自然的生存基盤を保護するという、基本法 20a 条に含まれる任務を顧慮しなければならない。この任務は危険防御と同時にリスク配慮をも命じうる。

遺伝子工学法上の法益保護は、危険防御を志向する警察・秩序法によっては完全には保障されない。立法者は一般的な GVO と個別的な偶発的な交配によって生じた GVO とを普遍的なリスクをもつもの

とみなしうる。こうした「基礎リスク」の採用は立法者の評価特権の領域にあり、GVO およびその産物の現実的な危険に関する科学的・経験的な証明を必要としない。科学的に不明確な状況においては、危険状況やリスクを評価する権限は立法者が有しており、保護法益は憲法上の高い重要性をもつからである。立法者は、偶発的な事象によって生じた GVO の産物を統制しなかった場合には、自然的生存基盤の保護についての責任（基本法 20a 条）を果たさないという危険を冒す。

〔第三者の〕人間の生命・健康の保護、関係者の職業および財産の自由の保護および自然的生存基盤の保護は、憲法上の重要な価値であり、〔GVO 利用者の〕職業の自由および財産の制限だけでなく、学問の自由の制限をも正当化する。

3　所在地登録の諸規定は情報自己決定権に介入するが、これらは GVO の環境への持ち込みについての透明性の創出という正当な公共の福祉目的を追求している。所在地登録は、人々に GVO の環境への持ち込みの情報を提供し、これによって期待される透明性、共存および社会的な安定を促すのに適切である。必要性の評価に際して立法者に認められる評価および予測の余地に鑑みれば、データの収集および処理の、実効的であるが、同時により緩やかな方法は明らかではない。

4　流通した製品の取扱いに関する事前配慮義務とよき専門職慣行の遵守に関する諸規定は、職業の自由に介入する。このとき、保護法益の本質的な侵害に対して配慮する義務は、具体的な危険の防御を越え、警察法上の危険防御との比較において官庁の介入権限を時間的・事項的に前域へと拡大する。義務づけは、遺伝子工学上の方法や製品による、人間の生命・健康、環境、動植物、そして事実上の利益にとっての有害な拡散に対して配慮するという目的に資するものであり、介入は比例的である。

5（1）　36a 条での土地の相隣関係間での法的関係の規律は、基本法 14 条と合致している。本規定に

よって私的相隣法のシステムにおける新たな責任が根拠づけられるわけではない。土地の近隣、様々な農業生産形態の併存の保護、そして遺伝子工学による危険からの保護と事前配慮の間での利益調整によって、〔第三者の〕とりわけ財産と職業の自由、人間の生命・健康、環境が、調整なしには危険にさらされる憲法利益として保護される。これらの保護法益と対立利益に関する立法者による衡量は憲法から異議を唱えられるべきものではない。

（2）　36a 条は職業遂行の自由に間接的に介入するものであるが、その限りにおいては憲法上正当化されうる。本条は職業遂行の規律という観点でも正当な公共の福祉目的に資するものであり、その実現に適合的で、必要で、相当なものである。

（3）　学問の自由は、同様に侵害されていない。本規定は科学者の私法上の結果責任を規定しており、それゆえに自由な研究にとっての枠組み条件を変更している。基本法 2 条 2 項 1 文、12 条 1 項、14 条 1 項および 20a 条での自然的生存基盤の保護という国家目的は、学問の自由の制限をも正当化する憲法価値である。立法者によって選択された解決は、関係する憲法上保護された法益を十分に考慮しており、憲法上の基準を遵守している。

たしかに 36a 条は、自由な学問および研究を対立する法益の保護のために、GVO のその他の利用について妥当するのと同様に厳格な責任に服させているが、研究もまた、本質的な侵害が阻止されえない場合、責任を免れない。憲法上の対立利益──〔第三者の〕財産および職業の自由、人間の生命・健康および環境──のためには、GVO 研究がそれらを危険にさらしうるということが考慮に入れられねばならない。とりわけ、GVO の流通許可前の安全性・開発研究は、損害の不明確性のゆえに高い潜在的リスクをもちうる。この観点を考慮に入れるならば、立法者による公共の福祉利益に有利な衡量は異議を唱えられるものではない。要求可能性の限界は、研究目的で行動する土地所有者ないし土地利用者にとっても越えられていない。

【解　説】

　1　遺伝子工学法は、遺伝子工学および遺伝子組換え作物のもつ「基礎リスク」、すなわち「遺伝子工学の投入による因果関係および長期的帰結の評価については未だ十分に明らかな科学の知見状況がない」ことから生じる潜在的リスクを前提としつつも、規制と促進とが混在する妥協的な法である。とりわけ、経済的利用価値を重視して、GVO の開発促進を促すという、2008 年改正で持ち込まれた政策目的は、本法の性格づけを大きく変更した。もちろん、促進目的が導入され、規制緩和が行われたとはいっても、本法は全体としてみれば、規範統制申立人が主張するように、GVO の研究および利用に対して不利に働くものである。本判決は、こうした法のあり方について立法者の評価特権を広く認める点で、結果的に、GVO 利用者の基本権について厳しい判断となった。

　ただし、広い意味での環境保護が問題となる領域では、事柄の性質上、基本権への過剰介入禁止という問題とともに、対立する基本権の過少保護の禁止という問題も存在する。すなわち、遺伝子工学を国家的規制に服させないと国家の保護義務が果たせない、という事情がある。実際、判決の中で GVO 利用者の基本権への介入の正当化の根拠として示されたのは、人間の生命・健康、環境、動植物などの法益や、異なる農法間での共存と関連づけられた他者の職業の自由や財産権であった。

　本判決の論点は多岐にわたるが、本解説では、法36a 条における相隣法上の責任と基礎リスクの問題を中心に論じる[1]。

　2　遺伝子工学法 36a 条の解釈にあたって問題となったのは、この規定が民法 906 条で定められた相隣法上の責任ルールを変質させるものであるのか、それとも単にこれを具体化・補完したにすぎないのかであった。本判決は、後者の見解を採用し、あくまで具体化・補完のレベルにとどまるとする。

　民法 906 条は、1 項で「ガス、蒸気、臭気、煙、煤、熱、騒音、振動の侵入及びこれに類する他の土地からの干渉」について、侵害が本質的でない場合、これを禁じることができないと規定している。また、2 項においては、侵害が本質的である場合であっても、それが地域慣行的な利用によってもたらされ、かつ経済的に要求しうる措置によっては防ぐことができないときは、同様に受忍しなければならないと定めている。侵害が本質的でない場合とは、「法令の規定に基づいて測定されまたは評価される干渉が、法律または命令によって認められた限界値または基準値を超えない場合」である（1 項）。

　民法 906 条での責任ルールをまとめれば、①侵害が非本質的である場合（すなわち、法令の基準値を越えない場合）には受忍限度内、②侵害が本質的であっても、地域慣行的な利用によってもたらされ、経済的に要求しうる措置によっては防ぐことができない場合には、受忍限度内であるが、金銭による補償請求が可能、③侵害が本質的で、それが地域慣行的な利用によるものでない、あるいは地域慣行的であっても経済的に要求しうる措置によっては防ぐことが可能である場合には、受忍限度内ではなく、妨害排除請求が可能、ということになる。

　しかし、遺伝子工学の発展のなかで、GVO による被害について、民法 906 条がどのように適用されるかが不明確なケースが増加した。問題は、（イ）そもそも GVO の他の土地への侵入等は「本質的な侵害」か、（ロ）GVO 農法は「地域慣行的」か、（ハ）GVO 農法についての「経済的に要求しうる措置」とは何か、であった[2]。36a 条は、流通許可を受けた GVO の利用について、GVO の交雑等の被害によって、生産物の流通が不能となったり、遺伝子組換え表示を求められるなどの場合に「本質的侵害」となること（1 項）、16b 条に規定された事前配慮義務などが「経済的に要求しうる措置」であること（2 項）、GVO 農法も「地域慣行的」でありうること（3 項）を明らかにしている。

　このことからすれば、36a 条 1 項各号の要件を満たし、事前配慮義務などによっては防ぐことのできない侵害については、妨害排除はできないものの、補償請求権が発生し、また、36a 条 1 項各号の要件を満たし、事前配慮義務などによって防ぐことがで

きる侵害については、妨害排除請求権が発生する、ということになる。GVO農法も「地域慣行的」でありうることを承認した点では、GVO利用者にとって有利な側面があるものの、それ以外の点では、GVO利用者の責任を厳格に取り扱っている。

一般に、36a条の規律は、GVO混入のケースについて「民法の一般原則とは異なるルールを作り出したというよりは、基本的には民法の一般原則が適用されることとその適用方法を明確化したもの」[3]と説明されるが、これには疑問の余地もある。36a条の場合、安全基準を満たすGVOに対する公法上の流通許可とはかかわりなく、それによって生じうる交雑等についての新たな責任を課すものともいえる。安全とされたGVOによる「被害」を想定する点で、36a条は従来の相隣法上の責任ルールに新たな(GVOに特有の)ルールを設定したようにも思われるのである。このことは、時間的・事項的にリスク領域へと拡大された事前配慮義務とよき専門職慣行の遵守に関する諸規定と結びつくことで、GVO利用者の基本権（職業の自由、財産権、学問の自由）に対する広範な制限となりうる。

3　本判決は、36a条の規律も含めて、多数の基本権介入（職業の自由、財産権、情報自己決定権、学問の自由など）について比例原則審査を展開しつつも、それらをすべて正当化可能なものとした。こうした判断の根底にあるのは、人間の生命・健康、環境、動植物などの法益保護や、異なる農法間での共存保護といった公共の福祉目的の存在とGVO利用に必然的に生じる基礎リスクに関する認識である。前者の公共の福祉目的は国家の基本権保護義務を根拠づけ、後者の基礎リスクは保護義務の履行にあたっての立法者の評価特権を根拠づけている。基本権保護義務の履行に際して立法者の形成自由が広く認められることは確立した判例の立場であるが、本判決の場合、基礎リスク概念が採用されることで、立法者の評価特権がより広範に承認されている。これらの相互作用によって、比例原則の審査密度は緩和される。連邦憲法裁判所が、必要性審査において、繰り返し「立法者に必要性の判断にあたって認められる

評価・予測余地を考慮すれば」より緩やかな方法は認識不可能としたのは、こうした態度の表れである。

遺伝子工学に特徴的なのは、その利用によって生じる人間の生命・健康、環境その他の法益に対する侵害の有無や程度が不明なことであり、基礎リスクはこのような場合に生じる潜在的かつ普遍的なリスクとされる。連邦憲法裁判所は、この概念を国民の生命・健康（基本法2条2項）に対する潜在的リスク、さらには基本法20a条で要求される共存保護と結びつけることで、予防原則のなかでも、とりわけリスク予防の側面を憲法上根拠づけたといってよい[4]。

基礎リスクの概念は、学問の自由に対する制約のあり方にも影響を及ぼす。新たな技術の利用や研究にはリスクがつきものであるが、本判決はGVO研究も私法上の責任を免れないことを明言している。従来の連邦通常裁判所の判例が、相隣法上の補償請求について土地の私的経済利用を前提としていることからすれば[5]、本判決は学問の自由に対する新たな制約を認めたともいえる。しかも、危険なGVOにとどまらず、安全性の認められたGVOの研究・利用にも普遍的なリスクを認めるという考え方は、GVO研究を著しく困難にする可能性もある[6]。

科学技術の進展とそれに伴うリスクの発生について、国家がいかなる配慮義務を負うかは学説上も対立の激しい問題であるが[7]、本判決の議論は遺伝子工学以外の先端科学技術にも妥当する可能性があり、今後の展開が注目される。

(1)　その他の論点については、玉蟲由樹「遺伝子工学法の合憲性」自治研究91巻4号（2015年）154頁以下を参照。

(2)　『遺伝子組換え樹木／遺伝子組換え作物をめぐる諸外国の政策動向』（農林水産省農林水産政策研究所2009年）48頁（藤岡典夫執筆）。

(3)　農林水産政策研究所・前掲注(2)52頁（藤岡典夫執筆）。

(4)　Vgl. Daniela Winkler, Anmerkung, ZUR 2011, S. 138.

(5)　たとえば、BGHZ 155, 99（102）.

(6)　Christian Bickenbach, Die Freiheit, Wissen zu schaffen zur Minderung der Last des Nichtwissens auf dem Gebiet der Genetchnik, ZJS 2011, S. 5.

(7)　Vgl. Bickenbach, a. a. O., S. 7 f.

37 集会の自由とラントによる集会規制立法
―2008 年バイエルン集会法の一部を停止する仮命令―

大森貴弘

2009 年 2 月 17 日連邦憲法裁判所第 1 法廷決定
連邦憲法裁判所判例集 122 巻 342 頁以下
BVerfGE 122, 342, Beschluss v. 17. 2. 2009

【事　実】

1　従来、基本法 8 条に言う集会の権利は連邦集会法により規制されてきたが[1]、2006 年の基本法改正（連邦主義改革）により、集会の権利に関する立法権限が連邦から諸ラントへ移行した。この権限に基づきバイエルンでは、バイエルン集会法が制定され 2008 年 10 月 1 日に施行された。

同法 9 条 1 項は集会の撮影および記録を可能とする条文であり、次のように定めている。「公共の安全または秩序に対する相当の危険が生じるという推定を正当化する事実上の根拠が存するとき、警察は集会に際し、または集会との関連において、参加者の個人情報を収集し画像記録と音声記録を行うことができる。2 この措置は、第三者が不可避的に該当者となってしまう場合にも実施することができる」。9 条 2 項では、①集会の場景を録画記録せずにカメラを介してモニターに転送すること（Übersichtsaufnahme. 場景撮影と訳す）と、②集会の場景を撮影するだけでなく、録画記録まで行うこと（Übersichtsaufzeichnungen. 場景記録と訳す）を概念上区別しつつ、次のように定めている。「警察は集会およびその周囲の場景撮影を警察出動の指導と指揮のために実施することができる。2 警察の戦術的行動の評価のために必要であるかぎり、警察は場景記録を実施することもできる。3 後者〔場景記録〕は警察の職業訓練および研修のためにも利用することができる。4〔場景〕撮影または〔場景〕記録において写し取られた人物の同定は、1 項の諸前提が存するかぎりでのみ、許される」。さらに同条 4 項によると、収集

されたデータ並びに画像記録、録音及び場景記録は犯罪訴追や危険防止のために必要とされない限り、集会終了後に破棄される。ただし、場景記録については警察戦術的行動の評価のために保管しうるとされ、警察の職業訓練または研修の目的で使用される場合には消去または破棄の義務は生じない。

主催者の権利及び義務を定めた同法 10 条 3 項では「1 主催者は、権限ある官庁に対して要求に基づき司会者の名字、名前、旧姓、生年月日、出生地および住所（個人情報）を通知しなければならない。2 諸々の事実に照らしてこの司会者が集会の平穏を危殆化するという推定が正当化されるとき、権限ある官庁は当該司会者を不適合として拒否することができる」と定めている。また、集会の整理係について定めた同条 4 項では「1 諸々の事実に照らしてこれらの整理係たちが集会の平穏を危殆化するという推定が正当化されるとき、権限ある官庁は当該整理係たちを不適合として拒否することができる。2 権限ある官庁は、整理係の数を制限し、または主催者に整理係の数の増加を命じることができる。3 権限ある官庁は、1 文および 2 文による自らの権能の枠内で、主催者が整理係の数と 3 項 1 文に言う彼らの個人データを通知するように、要求することができる」と定めている。

また、同法 13 条 5 項は「司会者が信頼に値せず若しくは集会の間に秩序を保つのに相応しくないとき、または司会者の投入によって集会の混乱もしくは公共の安全にとっての危険が生じうるという推定が事実上の根拠によって正当化されるとき、権限ある官庁は当該司会者を拒否することができる」と定

め、さらに13条6項では整理係について「彼らが、集会の間に秩序の保持にあたる司会者を支援するのに相応しくないとき、又は…これらの人物たちを整理係として投入することによって集会の混乱または公共の安全にとっての危険が生じうるという推定が、事実上の根拠によって正当化されるとき」権限ある官庁は整理係を拒否することができると定め、加えて「権限ある官庁は…自らの権能の枠内で、主催者が整理係の数および10条3項1文に言う彼らの個人データを通知することを要求することができる」と定めている。

21条は違反者に対して「3千ユーロまでの科料を課すことができる」と定めている。対象者は「3条3項に反して、集会の場所、時間、テーマまたは主催者の名前を申告しなかった者」（同条1項1号）、「4条3項1文又は3文に反して、適切な諸措置を講じなかった者、又は集会の終了を宣言せず、若しくは適時に宣言しなかった者」（2号）、「7条2項に反して集会に参加した者」（7号）、「13条1項1文に反して届け出を不正確に、不完全に若しくは時宜を得ずに行う者」（13号）、「13条2項3文に反して通知をなさず、不正確に、不完全に若しくは時宜を得ずに行う者」（14号）等である。

2　異議申立人（労働組合ラント連合会、政党及び他の非国家組織）は同法9条、10条並びに13条5項及び6項に対して、基本法8条1項に基づく集会の自由及び基本法1条1項と結びついた2条1項に基づく情報自己決定権の侵害だとし、次のように主張する。バイエルン集会法は萎縮的効果を発揮する。同法4条5項によると、あらゆる集会に、閉じた空間で行われている場合さえ、無制約に警察官を派遣でき、その際に危険予測は必要とされない。個人データ通知の強制を定めているにも拘わらず、立法者は使用目的と範囲を特定し、かつ正確に規定せず、個人データの申告が目的に適合的で必要であることを確かめておらず、情報自己決定権への侵害である、等。異議申立人は、緊急申立てにより同法全体を（ただ

し同法15条2項1aおよび3項を例外として）憲法異議の決定まで暫定的に効力停止にすべく、仮命令を申請した。

3　バイエルン政府は憲法異議を不適法とし、萎縮的効果の発生についても否定した。

【判　旨】

仮命令発出の申請は部分的に聞き届けられる。

1　適　法　性

(1)　連邦憲法裁判所は、仮命令により事態を仮に規律しうる（連邦憲法裁判所法32条1項）。

(2)　憲法異議は不適法ではなく、憲法異議申立人は基本法8条1項に鑑みて当事者能力を有し、論難された諸規定の一部につき当事者適格も有する。直接の基本権関係性は欠けていない。原則として特別な実施行為を前提とする法規定に反対する異議申立人は、第一に当該実施行為を論難しなければならず、憲法異議提起前に出訴手段を完遂しなければならない。しかし、上記規定が実施行為の介在なしに異議申立人の権利範囲に作用し、専門裁判所に権利保護を求めることが異議申立人にとって不可能又は期待しえないときは例外である。特に実施行為が秘密に行われ、異議申立人が知悉しえないとき、論難された規定が科料又は刑罰で補強された義務を創設しているときは例外である（ただし、バイエルン集会法3条1項及び4条1項に対する憲法異議は科料で補強されておらず、不適法である）。異議申立人は主催者に関する諸規定に反対している以上、自己に関係している。

(3)　憲法異議は明確に理由がないわけではない。

2　理　由

(1)　法律の執行停止が望まれた場合、比較衡量には特別に厳格な基準が用いられる。後に法律の違憲性が確認された場合に同法の効力と結びついた不利益が特に重大であり、法律を暫定的に効力停止にした場合の不利益よりも明白に勝るとき、その法律は

暫定的に効力を停止される。

(2) 仮命令発出の申請は部分的に聞き届けられる。比較衡量により、同法21条1号、2号、7号、13及び14号の科料規定が暫定的に効力を停止される(a)。対して、同法3条3項、4条3項、7条2項及び13条1項及び2項に言う行政法上の諸義務の暫定的な効力停止は命令されない(b)。同法9条2項及び4項の適用には、制限的な諸基準が付与される(c)。ただし、同法9条3項は除く(d)。

(a) 特に重大なのは同法21条1号、2号、7号、13号及び14号の科料規定の暫定的適用から生じる不利益である。それは法律を暫定的に効力停止にする際の厳格な諸要件を満たすほど著しい。上記諸規定は、集会の権利に係る広範囲の協力義務違反および秩序違反の禁止を確認している。これらの義務を完全に知悉し、その意義を把握し、結果を推論する責任が市民にある。集会の主催、司会又は参加は、後に科料を課せられるリスクを伴っており、萎縮的効果は深刻である。それに比べ、科料規定の暫定的効力停止の不利益は重大ではない。

(b) 行政法上の命令及び禁止の暫定的効力停止は命令されない。同法に規定された告示義務、届け出義務、集会の内容を通知する義務、司会者に対する義務等も集会の権利の侵害を結果するような不利益となろう。しかし、この不利益は、上記諸規定の効力停止に勝るほど重大ではない。

(c) 仮命令の申請は、同法9条2項及び4項に及ぶ限り、部分的に奏功しなければならない。上記規定を制約なしに暫定的適用可能とすることには、重大な不利益がある。あらゆる集会で、参加者は、イベント全体が指令センターに中継されると同時に記録されることを計算に入れねばならない。同法9条2項1文は、集会の場景撮影を集会の規模や危険の潜在性と無関係に、閉じられた空間の中でさえ「警察出動の響導及び指揮」の目的に役立つ限りでのみ許可している。実際、同法9条2項2文に言う場景記録の作成も、警察には常に許されている。場景記録が「警察の戦術的行動の評価」に必要という基準

は、この権能を制限しない。なぜなら警察出動の評価自体は法的に常に許可されており、撮影の保存を必然的に必要としさえするのだから。同法9条2項2文は、集会の経過全体の動機なき録画を授権している。場景記録の作成は、録画された者にとっては常に基本権への介入である。彼らは、焦点合わせによって識別され、個人が同定可能となるのだから。対話や政治的見解等も記録され、民主的な対話の基礎に萎縮的効果を及ぼしかねない。同法9条4項によれば、集会データは集会終了後も事情により時間的に無制限に、利用可能に保たれる。場景記録は、警察の職業訓練及び研修の目的であれば無制限に、当局の自由裁量で保存しうる。その萎縮的効果は上記諸規定の暫定的な執行停止の不利益よりも、著しく重大である。ただし、法律の暫定的効力停止には特に厳格な諸要件が課せられるため、同法9条2項及び4項の完全な効力停止は命じられない。同法9条2項2文に言う場景記録の作成を同法9条1項の諸要件のもとに置くことで十分である。それによると場景記録が許されるのは、事実上の根拠によって公共の安全及び秩序にとっての著しい危険が集会から生じるという想定が正当化されるときのみである。この場合もデータの評価が遅滞なく行われることが命令される。評価後、同法9条4項1文に拠り記録された集会と関連ある犯罪を訴追するため又は集会特有の将来の危険を防止するために個人に関して当該データが必要とされることがない場合、当該データは遅くとも2カ月以内に消去され、又は不可逆的に匿名化されねばならない。

これに対し、場景撮影の不利益は重大ではない。その萎縮的効果が破壊力を持つのは、閉じられた空間においてのみである。同法9条2項1文は、集会の規模と見通しの悪さゆえに場景撮影が警察出動の響導と指揮に必要な場合に限られる。

(d) 同法9条3項は、バイエルン警察任務法30条3項への言及が示すように、隠れた観察措置及び文書化措置を許容しており、萎縮的効果を強める。しかし、法律停止のための特別に厳格な諸要件に鑑

み、暫定的な効力停止は命令されない。

【解　説】

1　バイエルン集会法施行までの経緯

バイエルン内務省は 2008 年 3 月に「極右の集会の撲滅」という名目でラント議会に集会法案を提出し、10 月 1 日にバイエルン集会法が施行された。これに先立つ 9 月 16 日には 30 組織（労働組合、当時野党だった FDP を含む諸政党、非政府組織）が同法に憲法異議を提起した。また、同法の施行直前の 9 月 28 日に行われたラント議会選挙では数十年来の単独与党 CSU が議会の絶対多数を失い、FDP との連立を余儀無くされたため、施行間もない同法について両党間で広範な改正が合意された。これにより同法は出鼻をくじかれ、「基本的に失敗に終わった(2)」とさえ評されている。

2　録画の違憲性

本稿で扱う仮命令(3)は改正前バイエルン集会法への憲法異議を本案判決とし、この判決までの間、同法の効力を部分的に停止することを命じたものである。同法の萎縮的効果が承認され、多くの科料規定が停止させられ、9 条 2 項の適用が広範に制限された。9 条 2 項は、警察が集会及びその周囲の場景撮影（録画を伴わないモニターへの中継）を実施可能とし、警察の戦術的行動の評価のために必要であるかぎり場景記録（録画）も許容しているが、同裁判所は「場景記録の作成は、録画された者にとっては常に基本権への介入である」と明快に判示し、憲法の番人としての実を示したと言える。焦点合わせによって個人が同定可能となれば、集会の自由に対する萎縮的効果は計り知れず、ひいては民主制の基礎が掘り崩されるがゆえである。

ただし、連邦憲法裁判所は場景撮影の不利益は重大ではないとし、原則として許容している。録画を伴わない中継のみならば、個人の同定は難しく、人権侵害や萎縮的効果が生じ難いからであろう。もっとも、録画を伴わない中継であっても、監視用のカメラを多数設置したり（いわゆる「カメラの砲列」）、個人を特定しうるよう顔面部のズームアップ映像を中継する等して、参加者の個人情報を収集したりすれば、やはり萎縮的効果が発生するであろうし、それゆえに人権侵害となり得るであろう。

限界はあれ、集会の自由を重視し、萎縮的効果を指摘した姿勢は高く評価されるべきである。

3　その後の経緯

「集会防止法(4)」の異名を取ったバイエルン集会法は大幅改定され、2010 年 6 月 1 日に新たなバイエルン集会法が施行された。改正を経て 1953 年の連邦集会法より自由な法律となったとさえ評されている(5)。改正後も異議申立人の多くは憲法異議を維持したが、2012 年 3 月 21 日、連邦憲法裁判所は本案判決となる憲法異議を不適法と判示した(6)。

(1)　連邦集会法に関する重要な判例として参照、BVerfGE 69, 315〔ド憲判 I *40* 判例〕及び BVerfGE 85, 69〔ド憲判 II *36* 判例〕。さらに、連邦主義改革以前の連邦集会法をめぐる重要な文献として参照、渡辺洋「憲法の歴史的記憶──ドイツ集会法論争におけるリベラルと左派」神戸学院法学 34 巻 1 号（2009 年）189 頁以下、さらに同著「公安と秩序──ドイツ集会法をめぐる論争」神戸学院法学 35 巻 3 号（2005 年）709 頁。

(2)　Ott/Wächtler/Heinhold, Gesetz über Versammlungen und Aufzüge, 7. Aufl., Stuttgart 2010, S. 291.

(3)　仮命令の制度について詳しく解説した文献として参照〔ド憲判 II *64* 判例〕、特に 401 頁以下。

(4)　Wächtler/Heinhold/Merk, Bayerisches Versammlungsgesetz (BayVersG), 1. Aufl., München 2011, S. V.

(5)　A. a. O., S. VI.

(6)　BVerfG, 1 BvR 2492/08 vom 21. 3. 2012.

38 フランクフルト飛行場における集会・デモ規制
——フラポート判決——

石村　修

2011 年 2 月 22 日連邦憲法裁判所第 1 法廷判決
連邦憲法裁判所判例集第 128 巻 226 頁以下
BVerfGE 128, 226, Urteil v. 22. 2. 2011

【事　実】

　フランクフルト飛行場は、ドイツのほぼ中央に位置するフランクフルト・アム・マイン市にあるドイツで最大の旅客数を誇るハブ飛行場であり、その運営はフラポート株式会社（Fraport AG・以下、フラポートと略）が行っている。2003 年に本事件が起きた時点で、この会社の株は、連邦、ヘッセン州、フランクフルト市で約 70 ％を保有していた。その後 2006 年の連邦制の改革によって連邦が株を放棄し、ヘッセン州とフランクフルト市で 52 ％を持っていた。施設は連邦が管理する部分と株式会社が管理する部分に明白に別れているが、本事件は会社の管理する場所で起きた。

　フラポートは 4000 平方メーターに及ぶ空間を、「あらゆる人に開放されたショッピング飛行場」として宣伝し、各種の店舗をほぼ休みなくオープンしていた。中央駅から鉄道で約 15 分と近距離にある市民にも便利な飛行場である。同飛行場の利用に関して、ヘッセン州により認可された 1998 年 1 月 1 日付けの「飛行場利用規則」を同会社は定めていた。その II 部の 4 の 2 は以下のように規定されていた。

　「あらゆる募金、勧誘、ビラ等の配布は、飛行場会社の同意を必要とする」

　さらに、2008 年 12 月 1 日以降は、同条項を改正して建物内での集会を禁止していた。

　2000 年から 2007 年にかけて、ターミナル I・II のそれぞれで 3 人から 2000 人による規模の異なる集会・デモが行われており、場合によっては鳴り物入りのデモもあった。本事件を起こした J. K.（異議申立人）は彼女の 5 人の仲間と一緒になって、2003 年 3 月 11 日にクルド人亡命希望者の国外強制退去に反対する行動をターミナル I において行いビラを撒き、連邦国境軍により止められた。翌日、J. K.

に対してフラポートから飛行場への立ち入り禁止を申し渡された。同年 11 月 7 日の書面で、不同意のデモによる飛行場利用は認められないと通告された。これに対して、異議申立人は「フラポート（被告）に対し集会・デモ禁止の取消しを求めて」区裁判所に訴えた。この事件に関しては、区裁判所、地方裁判所そして連邦裁判所も、異議申立人の訴えを認めなかった。連邦通常裁判所（NJW 2006, 1054）は、民法における住居不可侵（858 条、903 条、1004 条）により、所有者による第三者の利用は制限できるとし、基本権の直接適用を認めることはなかった[(1)]。

　さらに、J. K. は 2006 年 3 月 10 日に書面をもって、翌日のアフガニスタンへの強制退去に抗議する意見表明を、ターミナル II で行い、さらに、ターミナル I でも集会を開くことを求めていた。しかし、禁止されているにもかかわらず行動を起こせば、ターミナルから退去させ、住居侵入罪で告訴するだろうと、フラポートは返答した。2006 年 3 月 15 日、J. K. 等は連邦憲法裁判所に、基本権 5 条 1 項および 8 条 1 項違反を理由に、民事裁判所の諸判決に対する憲法異議を申し立てた。憲法裁判所は、2010 年 11 月 23 日に口頭弁論を開いた。

【判　旨】

　1　異議申立ては理由がある。民事裁判所の諸判決は異議申立人の基本法 8 条 1 項および 5 条 1 項 1 文に定められた基本権を侵害する。

　2　国家権力は、私法上の形式を用いる場合でも基本法 1 条 3 項により基本権の拘束から離れることはない。「公的に営まれている混合企業は私法により組織されているが、国家による単独所有にある公共企業体と同じくして、基本権の直接適用を受ける。」「基本権が直接に適用されるのは、その財産が

完全に公的に行われている公企業だけでなく、公的に営まれている混合経営による企業でも同様である。」「混合企業においても基本権による拘束の問題は、企業全体で統一的に答えなければならない。」「混合企業体が一部公的な財によって運営されている場合には、基本権の直接適用を受ける。通常は、公的な財が半分以上ある場合にはそうである。」

「公企業への直接的な基本権適用は、私人や民間企業に対する、とくに、間接的な第三者効力の原則や国家による保護義務とは異にしている」。「基本権の効果および民間人への義務づけは、いつでもほんの僅かであるという訳にはいかない。むしろ保障内容や実例に応じて、私人への間接的な基本権適用が国家による基本権拘束としてより身近に現れ、等しく適用されることになる。」「被告は株式会社であり、その50％以上を公の株主が保有しているが故に、基本法における基本権が直接及ぶことになる。」

3　本件で民事裁判所が下した諸判決は、異議申立人の集会の自由を侵害している。

（1）一般に自由な通行が可能な場所での集会は、集会の自由の保護を受けるのであるから、公道もそれに該当する。「公道はもともと歴史的に創られてきたフォーラムであり、市民はそこで世論を形成し交流をすることができた。」この公道と同じようにして、ショッピングセンターや商店街のようなフォーラムでの集会も考えることができる。公道とは別の場所を開かれた交流の場と判断する場合のメルクマールは、第一に、公衆に一般に開かれ、立ち入ることができることであり、もう一つは「開かれたフォーラムの指標」である。特定の作用のためだけの場所ではなく、商店、レストラン、休憩所等の組み合わせが散策できる空間を生み「そこに留まるも移動するも自由な場所は別に考えなければならない。こうして並行して交流を含む、各種の用途に用いられる空間であり、開かれたフォーラムであるところでは、基本法8条1項に基づいて、集会形式をもって集団による意見表明を行い、政治的意見を戦わせることを締め出すことはできない。」

フランクフルト飛行場の内で、「誰でも訪問できる開かれた場所で、人が行き交うことの許された場所で」は集会の自由が認められる。ところが、「被告は異議申立人に対して、将来にわたって無期限で、飛行場のあらゆる場所での無許可の集会を禁止している。憲法異議の対象とされた裁判所の判決がこうした禁止措置を認めているかぎりで、当該判決は異議申立人の集会の自由に干渉したことになる。」

（2）8条2項は、屋外の集会を別に扱い、ここには法律の留保を認めている。フランクフルト飛行場の内部における集会も、この留保に服する。屋外は屋根のない場所という意味で限定されるのではなく、一般の通行を認める場所での集会は、基本法8条2項の意味での自由な集会であり、同時に法律の留保に服する。

4　「基本法8条1項によれば、集会の実施は原則として届出も許可もなしに許される。したがって、集会を一般的な許可の留保に服させることはできない。直接に基本権と関係する法の担い手に対しては、（民法の）住居不可侵権があったとしても、飛行場の開かれた通行のために集会を許可制にすることはできない。」「集会の自由が規制されるのは、集会の自由が行使されることによって、等しく、本質的な法益にとって、考え得る状況からもたらされる危険が起こりうる場合においてである。直接的な危険の存在を認定するためには、具体的な危険の予測が必要である。」民事裁判所の判決は、前述した要請を満たしていなかったのであり、その点で比例原則に違反している。「開かれたフォーラムである飛行場の広範な部分で、通常の集会を禁止した裁判所の判断は、比例原則からの要請を満たしていないことになる。」

5　すでに下された民事裁判所の諸判決は、基本法5条1項が定める表現の自由を侵害する。

（1）表現の自由の基本権には「ビラの配布、意見の表明も含まれている。さらには、表現の場所と時間の選択も保障されている。表現しようとする者は、自己の見解を知らせる権利だけでなく、準備を十分に行い、意思の伝達による強い効果がある状況を選択することができる。

（2）表現の自由も無制約に保障されるものではなく、その制約は一般法律に、典型的には民法903条、1004条から導かれる。

（3）しかし、「航空業務の安全と機能性を確保するために必要であれば、住居への不可侵権をもって、ビラの配布やその他の表現の自由の行動を制限する

こともできる。表現の自由においても、集会の自由のように、基本権への制約を正当化することができる重要な公共的利益がなければならない。」意見の表明をなす場所、態様、時間を考慮することは可能である。こうして「被告が、飛行場の特定の、安全管理をなす場所や滑走路において、ビラの配布を許可制にし、場合によっては禁止することは可能である。これに反して、一般に意見の表明を禁止し、公の交流がなされる空間として設けられた場所において、単なるビラの配布を包括的な許可制にすることも比例原則に違反する。・・ビラの配布が禁止できるのは、例えば、ビラの内容が飛行場の（正常な）業務を妨害し、その恐れがある場合であり、具体的には、飛行場ないし飛行の安全を脅かすような呼びかけがなされる場合である。」裁判所の諸判決は、このような要請を満たしていない。結局、「この種の一般的な、飛行場業務にとっての具体的な妨害から離れた禁止措置は、比例原則に違反することになる。」

6　この判決には、シュルケビーア判事の反対意見がある。飛行場は旅行者のための施設であるという認識から、「開かれたフォーラム」という認定をすることができないとした。

【解　説】

1　私法上の公益法人への基本権適用　本事件の第一の論点は、事件が飛行場という特殊な場所でおきたことからして、この場合は私法で処理することになるのか、それとも基本権が適用される局面として理解すべきかにあった。この議論をクリヤーして始めて、この事件に基本権適用があるとして認定され、アフガン戦争に関係して行われた平穏な政治的集会とビラの配布の禁止の是非が争われることになる。本件で憲法異議の対象とされた民事裁判所の判決が、基本権の適用を認めなかったのとは対比的に、憲法裁はこれを認めた点が注目される。その点で、私法に基づいて設立されているが、公的に営まれている「混合企業・ハイブリット企業」(gemischt-wirt-schaftliche Unternehmen) への基本権適用の事例として、本件は先例となった[2]。

日本では飛行場は概ね特殊法人（税法上では公共法人）として扱われており、ドイツでも大方の飛行場は100％公的資金で成りたっているから公共企業体

である[3]。しかし、フランクフルト飛行場に関しては、商業スペースが多いこともあり、例外的に公・私の資金で成り立っていた。フラポートには、一部公権によって担われるが、運営は私法形式で行われ、同時に航空行政と密接な関係に立つ公的な任務を果たしている、という特殊性がある。先例が少ないなかでカッセル飛行場の駐車場でのデモの基本権適用が問題となった事件で、カッセル行政裁判所は基本法8条1項の当該事件への適用を認めなかった (NVwZ 2003, 874)。デモが行われたのが私的空間である駐車場であったというのがその理由である。「混合企業」への言及は、1989年の憲法裁判所小法廷の判決があり、ハンブルク市が72％を所有する燃料供給会社が問題となった事件で、基本権適用が否定されていた (NJW 1990, 1783)。しかし、フラポートの事件では、郵便配達員への基本権適用を認めた行政裁判所の例を引用し、適用の根拠を民営化したドイツ郵便会社の資本の多数が連邦にあった部分を唯一の先例としている (BVerwGE 113, 208〈211〉)。

飛行場は、行政機関、公的施設なのか、あるいは純粋に私的な空間なのかが争われる。さらに、集会（デモとビラの配布）が行われた場所が、一般の通行を認めたところか否かが争われる。民事裁判では、飛行場会社の本質を問う以前に、集会がなされた場所が、一般の通行が認められた開かれた場所であっても、本質的には私法上の所有権が及ぶ場所とし、基本権適用を否定し、私法上の所有権による制約が貫徹される場所ということにしていた。

連邦憲法裁判所は、資本金の半分以上をもって公的なものと認定し、当該事件に基本権適用を認めた。基本権の第三者効力論、あるいはアメリカで導かれたステート・アクションの法理によって基本権適用を認めるのではなく、単に基本権の主体として「混合企業」にもあてはめたのである。結果として、私的に係る所有者の権利と利害を考慮しなかったことになるが、定款上での公行政の利害は考慮されており、商業地区での経済的な施設には基本権違反が及ばないとの判断は留保されている[4]。

2　集会の自由規制　基本法は集会の自由について、表現の自由とは離れて独自に保障する8条を有し、その1項で「届出または許可なしに」平穏の内に集会する権利を有することを保障し、2項では屋

外での集会については法律の留保をつけて保障している[5]。2項を受けて、「集会とパレードに関する法律」（集会法）が制定されている。ただし、本件では、飛行場での集会を屋外での集会として法律の留保が及ぶとされ、民法に基づいて飛行場の所有者権限によって集会を制限できるとしている。

　集会の自由を扱った「ブルックドルフ決定」の先例に倣い[6]、本判決においては「三段階審査」の手法が採用されており、保護領域の認定の個所では、集会の目的がまず問題となる。集会には2人以上からなる「共通の目的追求による内的な結びつき」が必要であるとの条件を、本判決は繰り返している。1項を適用する限りで、屋内ではないこと、しかもその空間が一般人に開かれたものであることが例証される必要がある。その点で、本判決では、当該集会が行われた場所を「通路」と認定し、開かれたフォーラムであるとし、その根拠として90年代のカナダとアメリカ最高裁の判例を引証している[7]。飛行機の乗降客のみが利用する場所と区別して、開かれたフォーラムの特性が評価されたことになる。異議申立人は少人数で、クルド人の強制退去反対という自分たちの政治的意思表明を、その強制退去の現場で行いたかったのであり、集会する目的が明確であり、他者に迷惑になる程度は低かった。

　フラポート側が、異議申立人に対して私法上の権利を根拠にして事前に飛行場への出入りを禁止していたのは、基本権への制限であったと判断された。制限の根拠になったのは、フラポートが独自に定めた空港利用規則によってであった。

　最後の比例原則への言及においては、独自に設定された集会の禁止規程の定め方に言及されることになる。基本法8条1項からして「具体的な危険への予測があった場合」が必要であり、異議申立人に対する集会禁止は、要請を充たすものではなく、比例原則に違反するとされた。

　3　同様の審査は、表現の自由に関してもなされ、とくに本件ではビラの配布の禁止が比例原則に適合

していないと判断されている。大方の研究者は判決に賛成のようであり[8]、フラポートもこの判決を受けて利用規則を改正している。2011年10月21日付けで改正された利用規則の4の2の2は、ターミナルにおける集会は集会法の適用を受け、フランクフルト市の公安委員会に48時間前に申し出ることとなった。飛行場の安全の確保の観点で、荷物引き渡し場所等では集会はできないとされ、憲法裁判所の判決にしたがった改正になった[9]。

(1)　この判決への批判的な言及として、J. Kersten/ F. Meinel, JZ 2007, S. 1127 f.; F. Lescano/Maurer, NJW 2006, 1393 ff.; I. Mikešić, NVwZ 2004, 788. 判例評釈として、石村修「フランクフルト飛行場における集会・デモ規制」自治研究89巻10号（2013年）137頁以下。

(2)　私法形式での国家行為の基本権適用の概括的な説明として、K. Stern. Das Staatsrecht der Bundesrepublik Deutschland Bd. Ⅲ/1 1988, S. 1393 ff. がある、石村修「人権と私法上の公的主体」法学新報120巻1・2号（2013年）1頁以下、古典的には「国庫理論」がこれにあたる。

(3)　例外的に、デュッセルドルフとハンブルク飛行場が混合会社により運営されている。

(4)　W. Rüfner, Subjekte der Grundrechte, in: Isensee/ Kirchhof, HdB. S. R. Bd. IX 3Aufl. 2011, § 82.

(5)　集会の自由への最新の概説は、M. Kloepfer, Versammlungsfreiheit, Isensee/Kirchhof, in HdB. S. R. Bd Ⅶ 3Aufl. 2009, § 164, 赤坂正浩『憲法講義（人権）』（信山社、2011年）第9章。

(6)　BVerfGE 69, 315. 赤坂正浩「基本法8条の集会の自由と集会法による規制」〔ド憲判Ⅰ*40*判例〕248頁以下参照。

(7)　しかし、アメリカ最高裁では飛行場はパブリック・フォーラムとは認定されていない判決が出されている。Board of Airport Commissioners v. Jews for Jesus Inc., 107 S. St. 2568（1987）, 紙野雅子「パブリック・フォーラム」公法研究50号（1988年）106頁。

(8)　Vgl. M. Sachs, Versammlungs- und Meinungsäußerungsfreiheit, JuS 2011, 665; Der Spiegel 8/2011, S. 32.

(9)　http://www. bisiness-services. fraport. de/content/ fraport. 現在でもデモは続いている。

39 少年行刑の特殊性に即した法律の根拠の必要性

丸山敦裕

2006 年 5 月 31 日連邦憲法裁判所第 2 法廷判決
連邦憲法裁判所判例集 116 巻 69 頁以下
BVerfGE 116, 69, Urteil v. 31. 5. 2006

【事　実】

①事件　少年刑務所内で実施されていた包括的な郵便内容検査に対し、同刑務所に 2003 年半ばより服役していた X は、自己の郵便物に対する検査の中止を求めた。しかし、刑務所はこの要求を受け入れず、ノルトライン・ヴェストファーレン州司法局も異議申立てを斥けた。そこで X は、郵便内容検査に法律の根拠がないこと等を理由に提訴したが、ハム上級地方裁判所 2004 年 7 月 1 日決定はこれを棄却した。その理由は次のとおりである。刑務所長は教育上の理由から郵便内容検査を授権されている。同検査に関する法律はないが、法整備されるまでは、行刑法 29 条（行刑における郵便内容検査）や少年行刑に関する行政規則 24 条に含まれる法の趣旨が、同検査の授権根拠たりうる。同検査は、教育任務遂行にとって適合的かつ必要的な手段であり、X によるさらなる不祥事が予想される本件では、刑務所内の安全と秩序という理由からも、X への同検査は比例的といえる。

②事件　2004 年 3 月、X は同僚受刑者への暴力を理由に懲戒処分を受けた。X は懲戒処分に法律の根拠がないと主張し提訴したが、ハム上級地方裁判所同年 11 月 2 日決定はこれを斥けた。ここでは、上記同年 7 月 1 日決定での理由づけを、懲戒処分にも援用しうるとされた。

X は、①事件については信書・郵便の秘密の侵害を、②事件については一般的行為自由の侵害等を理由に、憲法異議を提起した。

【判　旨】

憲法異議は棄却。

被拘禁者の基本権への介入は、少年行刑であっても法律の根拠が必要である。今日まで、郵便内容検査、懲戒処分に関する法律の根拠は存在しない。しかし、法律が施行されるまでの限定された経過期間内は、秩序ある少年行刑の維持のために必要な限りで、介入的措置もやむを得ない。

1　基本権介入には法律の根拠が必要である。法律の根拠の必要性は、受刑者への基本権介入であっても例外ではない。基本権介入に憲法上要求される規律形式は、成人行刑と少年行刑とで異ならない。ただ、少年行刑の内容形成は、特別の憲法上の要請の下にある。

少年裁判所法 91 条、92 条、115 条はいずれも介入根拠たりえない。行刑法も少年刑務所内の執行に原則妥当しない。少年行刑に関する行政規則は、法的性質からして、法律の留保を満たさない。

少年行刑に関する法律の根拠の不備は、行刑法の法の趣旨に遡ることでは解消されない。また類推適用の前提条件も満たしていない。成人行刑と少年行刑は別々の事実関係に関わる。少年行刑に必要とされる法律の根拠は、少年刑の執行に求められる特別の要請に適合するよう調整されなければならない。

2　刑法上の責任を負わせるための初期条件とその効果は、少年の場合、本質的な点で成人と異なる。少年は、生物学的、精神的および社会的に過渡的な成長段階にある。したがって、次の原則、すなわち、

刑罰は最終手段としてのみ、そしてそれは当事者の人格への悪影響が可能な限り縮減された害悪としてでなければ、科され、執行されてはならない、との原則は、少年行刑では特別な意味をもつ。

自由刑の執行は、被収容者が自由の身になっても将来的に犯罪に関わらない生活を送ることができるようにする、という目的に向けられたものでなければならない。このような——しばしば社会復帰目的として描かれた——社会的統合という行刑目的は、現行の少年刑法では教育目的として規定されている（少年裁判所法91条1項）。社会的統合に向けられた行刑のみが、各人の人間の尊厳を尊重すべき義務や国家刑罰の比例原則に適い、だからこそ、社会的統合という行刑目的は憲法上の位置づけを有する。そして、行刑を社会復帰目的のものとする必要性は、同時に、全市民の安全を確保する国家の保護義務からも帰結される。

自由の身になっても犯罪に関わらない生活を送ることができるようにするという目的は、少年行刑では特に高い重要性を有する。国家が成長段階にある少年の自由を剥奪する場合、国家は少年のさらなる成長に特別の責任を負う。この責任を果たすため、国家は、社会的学習や将来の職業復帰に資する能力と知識の養成といった特別の支援が可能となるよう、行刑を内容形成しなければならない。社会復帰の成功は、対象者のその後の生活という観点からも、またさらなる犯罪行為から公衆を保護するという観点からも、特に大きな意味がある。

3　人間の尊厳の尊重と国家刑罰の比例原則を義務づけられた行刑は、少年の特殊性を考慮しなければならない。

少年行刑の特殊性に即した法律の根拠の必要性は、一方では、これが基本権介入であることに関わる。少年の肉体的、精神的な特殊性を考慮すれば、面会、運動、義務違反時の制裁態様に関して、特別な規律が必要なことは明らかである。

他方で、法律による規律の必要性は、直接的な介入措置の領域を越え、社会的統合という目的に向けた行刑の設定にも関わる。立法者自身は、実効性ある社会復帰構想を発展させ、それに見合うよう行刑を構築することが義務づけられている。

立法者は、社会復帰構想の内容形成に関して、幅広い形成余地を有する。しかし、将来的に犯罪に関わらない生活を送るための準備という少年行刑の目的には、特別の憲法上の重要性が備わり、この重要性ゆえ、国家に対して特別の積極的な義務が導き出される。例えば、国家は、十分に具体化された基準を法律で定めることを通じて、少年行刑目的の達成に不可欠とされる執行の条件と措置について、人的・財政的な手当を伴う必要な整備が継続的に確保されるよう、配慮しなければならない。また、行刑の具体的内容に関する法律の基準は、執行形成と処遇措置に関する慎重に調査された仮説と予測に基づくものでなければならない。立法者は、執行実務において用いうる経験的知識に属するものも含め、手元にある知見の源を使い尽くさなければならず、科学的知見の水準に合わせていかなければならない。

4　本件各処分には法律の根拠はないが、憲法異議は棄却される。

実質的には正当化されうるが、法律上十分な正統性を有しない介入を一時的に甘受することで、それよりも憲法的秩序から乖離するおそれのある状況が回避されうる場合には、連邦憲法裁判所は、例外的に、立法者に経過的猶予期間を認めることができる。本件はこの要件を満たす。少年行刑を維持し、憲法適合的に遂行することを、介入権能なしに行うことは不可能である。ただし、この介入権能は、憲法適合的な行刑の維持に必要不可欠な事柄に限られる。

経過的猶予期間は2007年末に終了する。

5　この基準に従えば、上級地方裁判所の諸決定は維持される。

被拘禁者の義務違反に対する懲戒処分は、秩序づけられ、憲法上の任務の遂行を可能とする行刑を維持するために、必要不可欠である。②事件は、まさ

にこうした事案である。もし、被拘禁者が、義務違反を行っても法律の根拠がないために自分に相応の対応がとられないと予想できてしまう場合には、同僚受刑者らにとって、身体攻撃に対する保護は基本権上の要請を満たしているとはいえない。

①事件の異議申立人に対する基本権介入は、教育上の理由では正当化されない。社会環境に関する必須の知識をより介入的でない方法で獲得する真摯な努力が、教育上の動機に基づく郵便内容検査に先行して行われるのでない限り、厳密な意味での必要不可欠性は存在しない。

しかし、少年刑務所の安全・秩序という理由であれば、その必要不可欠性は認められる。よって、法律の根拠がなくとも、秩序づけられた行刑に対する危険（例えば逃亡や犯罪行為の準備）に対処するために必要な限りで、被拘禁者の信書交換の監視は、経過的措置として許容される。本件で認められたXの数多くの異常性は、この危険性を十分に裏付ける。

【解　説】

1　本判決では、少年行刑における基本権介入が個別の法律上の根拠なく行われることの憲法適合性が問題となっている。少年行刑に関する特別な法律上の規定は、本件当時、少年裁判所法と行法[1]のごく一部に見られるだけであった。各州はこうした状況に対応するため、1976年に少年行刑に関する連邦統一的行政規則を定めた。この行政規則には、受刑者の郵便内容検査や懲戒処分についての規定が含まれ、少年行刑に関する一通りのことが定められていた。そのため、この行政規則を法的根拠として援用しうるかが、本件ではまず争われた[2]。

州司法局は、この行政規則の大部分が行刑法等の引き写しであることを理由にその内容の適法性を認め、行政規則でも郵便内容検査の法的根拠になりうると解した。これに対し、上級地方裁判所は、法律の根拠の存在を否定する一方で、法整備されるまでは行刑法29条等の「法の趣旨」が授権根拠になりうると解し、形式的法律の不備を「法の趣旨」で補う

というアプローチをとった[3]。しかし本判決は、このアプローチを明示的に斥けるとともに、類推適用の可能性についても否定した。つまり、形式的法律の不備に逃げ道を与えないことで、立法者に速やかな法制定を求めたのである。このような本判決の立場は、刑務所内であっても行政規則による基本権介入は許されないとして、行刑に法律の根拠を要求した1972年の行刑法事件決定[4]を踏襲するものであり、この理を少年行刑に妥当させたものといえる。ただ本判決は、行刑法とは別に、少年行刑に特化した法律の整備をことさら要求しており、ここに、本判決の1つの特徴を見て取ることができる。

2　従来、連邦憲法裁判所は、行刑の目的を社会復帰や社会的統合と理解した上で、これに憲法上の位置づけを与え、法治国家原則に加えて社会国家原則を行刑の基礎に据えてきた。この基本枠組みを提供したのは、1973年のレーバッハ判決[5]である。同判決は、受刑者等の社会復帰に配慮すべき国家の義務を社会国家原理から導出し[6]、これに対応する社会復帰の利益を基本権として承認した。本判決も、基本的にはこの延長線上に位置する。もっとも本判決は、レーバッハ判決とは異なり、少年行刑と成人行刑の違いを強調し、社会復帰という目的が少年行刑ではより強く妥当することを明確にしている。本判決独自の意義はむしろこの点にある[7]。

少年の特殊性として、本判決は、少年が成長段階にあり可塑性に富むこと、時間感覚が成人と異なるうえ、拘禁により特別な心の痛みが生ずること等を挙げていた。そして、この特殊性を理由に、少年行刑における社会復帰のための特別な配慮やそれに関連する基本権的利益に、憲法上の重要性を見てとっていた。ここでは、もはや形式的法律の存否だけが憲法上の問題なのではない。少年の特殊性を反映した行刑になっているかという、実質面での憲法適合性も問題となる。こうした本判決の論理に従えば、仮に行政規則を少年行刑の授権根拠にしうると考えたところで、行刑法の引き写しに過ぎない当時の内

容形成では、どのみち実質面でその憲法適合性は否定されることになったであろう。

本判決は、少年行刑の内容形成に際して、手元にある知見の源を使い尽くすことに加え、実は、「国際連合や欧州評議会の枠組みで採択された関連準則や勧告に含まれる人権に関する国際スタンダードの遵守」をも、立法者に要求していた。これは、少年の社会復帰の基本権と国際人権との接合を図ったものと評価することができよう[8]。国際人権法規範の参照に消極的な我が国[9]とっては、非常に興味深い判示である。

3 本判決は、少年刑務所での郵便内容検査・懲戒処分に憲法上必要な法律の根拠が欠けている点に、その違憲性を確認する一方で、2007年末を限度に、法整備されるまでの間は、法律の根拠なく郵便内容検査・懲戒処分を行いうる旨を判示した。これは違憲確認判決の手法を採用したものと考えられる。この手法を用いる理由として[10]、本判決は「憲法的秩序からより乖離するおそれのある状況の回避」を挙げるが、これは見方によっては、法律の留保原則を衡量に服させ、一時的とはいえ、法律の留保原則の貫徹を「少年行刑の憲法適合的な遂行」に劣後させたものだと解することもできる。その限りで、本判決には、基本権制限における形式的正当化の軽視が認められなくもない。ただ、警告判決にとどまらず違憲の宣言に至っていること、憲法適合的な行刑の維持に必要不可欠な事項に介入が限定されていることを踏まえると、本判決のこの判断を一概に否定することはできないであろう。

なお、本判決後、連邦制度改革法の制定に伴い、基本法74条1項1号が改正され、未決勾留を含む行刑法令の立法権限が連邦から州に移された。そのため、現在は、少年行刑法あるいは少年行刑の特則を含む行刑法が、州ごとに制定されている[11]。

4 我が国では、少年刑務所関連の事務は法務省矯正局成人矯正課の所掌となっている[12]。刑事施設処遇法にも少年関連の特則はなく、法的枠組みは成人と同様である。少年の社会復帰への配慮やその利益の憲法上の重要性に鑑みれば、こうした「重要事項」については、やはり法律で内容形成しておくことが必要である。またその際も、少年の特殊性に配慮し、法治国家的・社会国家的要請に適合するよう規律されることが求められよう。少年行刑において成人と異なる取扱いを保証する法的根拠が存在しない我が国にとって、本判決から得られる示唆は決して少なくない。

(1) 正式名称は、Gesetz über den Vollzug der Freiheitsstrafe und der freiheitsentziehenden Maßregeln der Besserung und Sicherung (StVollzG)。これは主として、成人に対する行刑について定められた法律である。

(2) なお、*Kai Bammann*, Ist der Jugendstrafvollzug verfassungswidrig? Zur Diskussion um die Notwendigkeit, ein Jugendstrafvollzuggesetz zu schaffen, RdJB 2001, S. 24 ff. は、1953年少年裁判所法の立法者は少年行刑の法的根拠が不十分であるとの認識をすでに有していたと指摘している。

(3) OLG Hamm, Beschluss vom 1. Juli 2004 – 1 VAs 17/04.

(4) BVerfGE 33, 1〔ド憲判 I *43*判例〕。

(5) BVerfGE 35, 202〔ド憲判 I *29*判例〕。

(6) この判決は、「憲法上、社会復帰の要求は、人間の尊厳をその価値秩序の中核に置き社会国家原理に義務づけられている共同体においては、自明のこと」と理解し、「社会国家原理は、人格的な弱さや落ち度、無能力または社会的ハンディキャップにより人格的・社会的発展を阻害されている社会集団に対して、国家が予防的および即応的な配慮を行うことを要求し、この集団には受刑者・刑余者も含まれる」と述べるとともに「社会復帰は共同体自体の保護にも資する」と判示していた（BVerfGE 35, 202 (235 f.)）。

(7) 武内謙治「少年行刑は不要か」法政研究74巻4号（2008年）332頁以下、319頁参照。

(8) 同「新時代におけるドイツ少年司法の課題」比較法研究76号（2014年）163頁以下、168頁参照。

(9) 同『少年法講義』（日本評論社、2015年）50頁参照。

(10) 違憲確認判決を下す理由には、一般に、違憲の立法不作為、立法者の形成の自由、法的空白による憲法秩序混乱の回避等があるとされる。畑尻剛ほか編『ドイツの憲法裁判〔第2版〕』（中央大学出版部、2013年）236頁以下〔有沢知子執筆〕参照。

(11) 詳しくは、*Laubental/Baier/Nestler*, Jugendstrafrecht, 3. Aufl., 2015, S. 417 ff.

(12) 法務省組織令36条および37条参照。

40 プロバイダのメールサーバ上にある電子メールの差押と通信の秘密

宮地　基

2009 年 6 月 16 日連邦憲法裁判所第 2 法廷決定
連邦憲法裁判所判例集 124 巻 43 頁[1]
BVerfGE 124, 43, Beschluss v. 16. 6. 2009

【事　実】

申立人は、第三者の詐欺・背任の捜査過程で、自らが管理する口座に犯罪に関する金銭が振り込まれたとして、住居の捜索をうけた。裁判所の命令は、データ記憶媒体および電子メール（以下単にメールという）の差押を認めていたが、申立人は IMAP 方式[2]を利用していたため、送受信したメールはすべてプロバイダのサーバ上にあり、申立人の住居のコンピュータには保存されていなかった。そこで裁判所は、改めてプロバイダのサーバ上にある申立人のデータの差押を命じ、約 2 年間の約 2500 件の全メールが記憶媒体にコピーされ、捜査当局に引き渡された。

これに対して申立人は抗告を申し立てたが、地方裁判所がこれを棄却したため、申立人は、これらの裁判所の決定が通信の秘密の基本権を侵害すると主張して憲法異議を申し立てた。連邦憲法裁判所はまず仮命令により[3]、本案裁判まで、検察官に対して記憶媒体および書類を区裁判所に寄託するように命じ、区裁判所に対しては、寄託されたものを封印して保管するように命じたが、本案の裁判では差押を合憲と認め、憲法異議を棄却した。

【判　旨】

本件憲法異議は、適法であるが、理由がない。本件諸決定は申立人の基本権を侵害しない。

1　プロバイダのサーバ上にあるメールの保全・差押は、基本法 10 条 1 項に基づく通信の秘密の基本権に照らして審査される。

インターネットを通じなければアクセスできない受信箱の中にあるコミュニケーション内容は、基本法 10 条 1 項により保護される。通信の秘密は、国家のアクセスにさらされやすい媒体を利用するために生ずる内密性への危険に対処するものである。サーバ上のメールは、当事者ではなく、プロバイダの支配領域内にある。プロバイダも捜査当局も、いつでもメールにアクセスでき、当事者はこれを防ぐことができない。このような支配可能性の欠如は、通信の秘密による特別な保護の必要性を認める根拠となる。

2　サーバ上のメールの保全・差押は、通信の秘密の保護領域への介入にあたる。基本法 10 条 1 項は、コミュニケーションの内密性を保護するものだから、当事者の同意なしのデータの閲覧、記録、利用はすべて基本権介入となる。

3　刑事訴訟法（以下「刑訴法」）94 条以下に基づいてサーバ上のメールを保全・差押えることは、原則として可能である。

(1)　基本法 10 条 2 項 1 文により、通信の秘密の制約は法律に基づかねばならないが、刑訴法 94 条以下は、通信の秘密への介入を授権するために必要な憲法上の諸要請を満たす。

(i)　刑訴法 94 条は、通信の秘密への介入をも合憲的に授権したものと理解できる。同条の体系的な位置、および郵便差押（99 条）、通信傍受（100a 条）、交信データの収集および情報提供（100g 条）の諸規定からみて、立法者の規制意図が、99 条、100a 条

および100g条に基づかなければ通信の秘密に介入できないという趣旨であったとは考えられない。

(ⅱ) 刑訴法94条以下は、サーバ上のメールの保全・差押に関して、規範の明白性および確定性の要請を満たす。

(ⅲ) 刑訴法94条以下は、サーバ上のメールの保全・差押に関して、比例原則にもかなう。実効的な刑事訴追、犯罪防止、刑事手続における真実究明は、通信の秘密を制限しうる正当な目的である。刑訴法94条以下に基づくサーバ上のメールへのアクセスは、これらの目的を達するため適合的かつ必要であり、狭義の比例性も満たす。

通信への秘密裏の介入、嫌疑なしにあらかじめ行われる包括的なデータストックへのアクセス、および当事者が影響を及ぼせない包括的なデータストックへのアクセスの場合には、犯罪の重大性・嫌疑の程度といった点で特に高度の要請が課せられねばならない。これに対し、公然と行われ、捜査目的に限定され、コミュニケーション過程の外で行われる措置の場合には、刑事訴追の利益の重要性から見て、保全・差押を相当の重要性をもつ犯罪の場合だけに限定する必要はない。その他の捜査手続と同様に、通常の犯罪の端緒的嫌疑で足りる。

4 刑訴法94条以下に基づく具体的な介入措置も、比例原則を満たさねばならない。

(1) そのような措置は、まず犯罪の重大さおよび嫌疑の強度と均衡しなければならない。捜査の目的を危険にさらさずに可能な限りにおいて、証拠資料を実際に必要な範囲に制限するための条件を捜索命令で明示することにより、通信の秘密に配慮しなければならない。

(2) サーバ上に保存されたメールの保全・差押の場合には、比例原則から生ずる諸要請を様々な方法で考慮できる。

(ⅰ) サーバ上に手続にとって重要なメールが存在しないことが確認されれば、それだけですでに差押は不適切である。

(ⅱ) 証拠として重要性をもつ可能性のあるメールと不要なメールとがサーバ上に混在している場合には、全てのメールの保全が必要かを審査しなければならない。

(ⅲ) メールを分類できる限りは、手続にとって重要となる可能性のあるメールを選り分ける可能性が審査されねばならない。

(ⅳ) 個別の事情に応じてアクセスを限定するために、データを分類する様々な可能性を組み合わせることが考えられる。

(ⅴ) 現場で直ちに分類できない場合には、大部分を仮に保全して、その後で刑訴法110条に基づく検査を行うことを検討しなければならない。

(ⅵ) メールの分類・消去が不可能な場合には、データストック全体を差押えることを妨げない。しかしその場合、過剰禁止命令にかなうか否かを審査しなければならない。

(ⅶ) 基本法1条1項による人間の尊厳の不可侵性により、私的な生活形成の核心領域を保護するための措置を講ずることが求められる。

5 基本権を実効的に保護するためには、実体的諸要請に対応して手続を形成する必要がある。このことは、通信の秘密についてもあてはまる。

刑事訴追当局は原則として事前に所有者に告知することが要求される。告知よって捜査目的が失われる恐れがある場合には例外もあり得るが、その場合は事後にできる限り早く、告知しなければならない。場合によっては、所有者を手続に参加させることが憲法上要求されることもあり得る。コピーされたメールのうち必要のないものは、原則として返却または消去することが要求される。

6 本件諸決定は憲法上の諸要件を満たしている。

本件のアクセスは、差押のためではなく、仮の保全のためであった。すべてのメールを完全にコピーしたことも、憲法上の限界を無視したものとはいえない。関連するメールが多数のため、コピー前に選別することは困難であった。

地方裁判所は、無関係なデータの保存・利用が許されないと明示的に指摘した。私的な生活形成の核心領域を守るための条件は明示しなかったが、これは裁判官の決定があってはじめて守るべきものではなく、特に指示がなくても捜査当局は当然に遵守しなければならない。アクセスの前に本人に告知すべき憲法上の要請は満たされていた。

【解　説】

1　ドイツの刑訴法は、94条以下で捜査における通常の保全・差押手続を定めるとともに、99条、100条で未配達の郵便・電報の差押、100a条以下では、通信傍受による捜査手続を定めている。近年の犯罪捜査では、証拠としてのメールの重要性が高まっており、その保全・差押をいかなる手続によって行うべきかが問題となる。

メールが関係者のパソコン・携帯端末などの記憶媒体に保存されていれば、これらの媒体を通常の手続によって差押えることができる。これに対して、送受信されるメールをリアルタイムで傍受する場合には、通信の秘密への介入になり、100a条以下の厳格な要件を満たすことが必要になる。本件で問題になったのは、プロバイダのサーバ上にあるメールを差押える場合の要件および手続である。

この問題について、従来の判例学説は様々な見解に分かれていた。多数説は、サーバ上のメールへのアクセスは通信の秘密への介入であると考え、通信傍受の場合と同様に、重大な犯罪の捜査のために厳格な要件の下でのみ許されると解していた[4]。これに対し、プロバイダのサーバにメールが到着した時点で通信が終了したと見なして通常の手続による差押を認める考え方[5]に対しては、通信の秘密の保護領域を不当に縮減しているという批判があった。メールの伝送過程をいくつかの段階に分けて、通信の秘密による保護の有無を区別する見解[6]もあったが、サーバ上で一体的に保存されているメールを既読か未読かによって区別するなど、捜査において現実的ではないとの指摘があった。本決定の前に示された連邦通常裁判所決定[7]は、未配達の郵便・電報の差押に関する刑訴法99条を適用する判断を示していた。

2　本決定は、プロバイダのメールサーバ上に保存されているメールを既読未読を問わずすべて通信の秘密による保護対象に含めた。

従来、通信の秘密の保護は、情報流通という動的過程が終了した時点、すなわち通信が受信者に到着した時点で終わると考えられていた[8]。本決定は、これに加えて通信の秘密による特別な保護が必要とされる目的に着目し、通信が憲法上の特別の保護を受けるのは、通信内容が第三者の手に委ねられ、そこで国家による侵害にさらされやすいからだという。そしてメールが既読のものであっても、プロバイダのサーバ上に保存されている限りこの危険に変わりはないため、引き続き通信の秘密の保護が及ぶというのである。

他方で連邦憲法裁判所は、サーバ上にあった対象期間のすべてのメールを刑訴法94条以下の通常の手続きに従って差押えることを認めた。その理由として連邦憲法裁判所は特に、本件のように公然と行われる捜査の場合には、当事者が自ら捜査活動を監視し、場合によっては対抗措置を講じられること挙げており、逆に当事者の知らないところで捜査機関がサーバ上のメールに密かにアクセスする場合には、厳格な要件が求められる通信傍受の手続を踏むべきことを示唆している。ただし実際にメールを差押える場合には、比例原則からの要請として、差押による権利侵害の程度と犯罪の重大さおよび嫌疑の強度との間の均衡が保たれていること、必要なデータだけを選別して無関係なメールを削除すること、原則として当事者に事前に告知し、差押に立ち会わせるなどの手続的保障を確保すべきことを求めている。もっとも本件では、本人に命令を伝えた上での手続であったこと、事後にメールの選別を行うための仮の保全措置であったことを理由に、すべてのメールの一括保全が合憲と認められた。

3　本件決定が通信の秘密の保護領域をサーバ上のメールにまで及ぼしたことについては、従来の通説的理解に沿ったものと受け止められている[9]。また、結論的に刑訴法94条以下の通常の保全・差押手続によってすべてのメールをいったん保全することを認めたことについては、捜査実務上「実行可能な解決策」として評価する意見がある[10]。しかし従来の通説によれば、通信の秘密は特に厳重に保護された基本権であり、これに介入するには重大な憲法上の利益を保護する目的で、かつ厳格な手続を踏む必要があると考えられていた。これに対して、本件決定が結論的に通常の手続によるすべてのメールの保全を認めたことについては、通信の秘密に介入するための要件を過度に緩和し、いわば「簡易版の通信の秘密」[11]を認めたものだとの批判もある。

本件決定が通信の秘密による保護を認めた根拠についても、従来の判例との矛盾が指摘されている。従来の連邦憲法裁判所判例は一貫して、通信の秘密は、継続中のコミュニケーションを保護するのであり、コミュニケーション終了とともに保護は終了するとの立場をとっていた。しかし少なくとも本件決定が既読のメールにも通信の秘密の保護を認めたことは、従来の理解と矛盾するというのである[12]。

ただし、本件決定がメール受信者宛ての裁判所の命令による「公然の」捜索に関するものであって、本人が知らないうちに行われる通信内容の把握とは区別されていることには注意すべきである。連邦憲法裁判所は、比例性の審査にあたって、介入が本人の知らないうちに行われることを、多くの場合に介入の重大性を高める要素として考慮に入れてきており、この点では、メールの差押が本人に通知した上で行われる本件の介入を比較的軽微なものととらえることは、従来の判例に沿ったものと考えることもできる[13]。

4　犯罪捜査における証拠としての電子データの重要性は、日本でも高まっており、2011年には「情報処理の高度化等に対処するための刑法等の一部を改正する法律」によって刑訴法が改正され、リモート・アクセスによる複写差押（刑訴99条2項）、記録命令付差押（刑訴99条の2）、媒体の差押に代わる複写差押（刑訴110条の2）、プロバイダ等への協力要請（刑訴111条の2）、データの保全要請（刑訴197条3項～5項）などの規定が設けられた[14]。これらの手続については、通信の秘密の観点から、その合憲性について慎重な検討が必要である[15]。とりわけ、これらの手続が通信の当事者の知らないところで行われる場合には、通信の秘密に対する重大な侵害となる可能性があり、通信に関わるデータを取得するためには、原則として通信当事者に対する事前告知が必要と考えるべきである。例外的に当事者に通知せずに差押を行う場合には、通信傍受に準じた厳格な要件と手続をとることが求められる。

日本の犯罪捜査に当たっては、関係者が捜査に協力して任意に提出する資料が証拠のかなりの部分を占めており、メールを始めとした通信データについても、例えば刑訴法197条2項の捜査事項照会によって通信事業者から任意に提出させる場合がある。通信事業者が本人に無断で通信データを捜査機関に提供すれば、本人との関係で事業者が民法上の不法行為責任を問われる可能性はあるが[16]、それとは別に、任意提出させた捜査機関の行為の合憲性、提出させたデータの証拠能力について憲法上の検討が必要である。さらに通信事業者に対して電気通信事業法に基づいて課せられる通信の秘密と、憲法上の保障との関係についても再検討が必要である。通信の秘密という基本権においては、基本権の主体と国家権力の他に、通信媒体となる事業者の存在が当然に前提とされており、通信の秘密の保障は、常に通信事業者を含めた三者間の関係において理解されなければならない。

(1)　この決定の評釈として、Klein, Offen und (deshalb) einfach – Zur Sicherstellung und Beschlagnahme von E-Mails beim Provider, NJW 2009, S. 2996; Brodowski, Strafprozessualer Zugriff auf E-Mail-Kommunikation, JR 2009, S. 402; Härting,

Beschlagnahme und Archivierung von Mails, CR 2009, S. 581; Keller, Überwachung des E-Mail-Verkehrs und "Online-Streife", Kriminalistik 2009, S. 491; Durner, Beschlagnahme von E-Mails auf dem Mailserver des Providers, JA 2010, S. 238。拙稿「プロバイダのメールサーバ上にある電子メールの差押と通信の秘密」自治研究 90 巻 11 号（2014 年）154 頁以下も参照。

(2) インターネット・メッセージ・アクセス・プロトコル。e メールをプロバイダのメールサーバ上に保存したままで、開封、返信、管理等を行う通信方式。複数のパソコン、携帯端末を使って e メールを管理したい場合に用いられることが多い。

(3) BVerfGK 8, 313. この仮命令の評釈として、Schlegel, "Beschlagnahme" von E-Mail-Verkehr beim Provider, HRRS 2007, S. 44. 参照。

(4) Schäfer, in: Löwe/Rosenberg, Die Strafprozess-ordnung und das Gerichtsverfassungsgesetz : Großkommentar Bd. 3, 26. Aufl. 2006, § 100a Rz. 58.

(5) 判例として、LG Ravensburg v. 9. 12. 2002 - 2 Qs 153/02, NStZ 2003, S. 325; これを支持する学説として、Palm/Roy, Mailboxen: Staatliche Eingriffe und andere rechtliche Aspekte, NJW 1996, S. 1791.

(6) 例えば四段階の区別をする見解として、Schlegel, Anm. 3, S. 47 f.

(7) BGH, Beschluss vom 31. 3. 2009 - 1 StR 76/09, NJW 2009, S. 1828. この解釈を提唱する学説として、Bär, Telekommunikationsüberwachung und andere verdeckte Ermittlungsmaßnahmen, MMR 2008, S. 215.

(8) BVerfGE 115, 166（183 f.）（本書 **3** 判例）、BVerfGE 120, 274（307f.）（本書 **9** 判例）参照。

(9) これに対して、Krüger, Anmerkung, MMR 2009, S. 680 は、基本法 10 条に過剰な負担をかけて、本来コミュニケーションを保護する基本権であるはずの通信の秘密を、コミュニケーション終了後にまで過度に拡張していると批判している。

(10) Klein, Anm.1, S. 2999.

(11) Härting, Anm. 1, S. 583 f.

(12) Durner, Anm. 1, S. 240.

(13) Klein, Anm. 1, S. 2998.

(14) 「〈特集〉情報処理の高度化等に対処するための刑法等の改正」ジュリスト 1431 号（2011 年）58 頁以下。

(15) 近年の情報技術の高度化に即して、憲法上の通信の秘密の保障を再考する論稿として、宍戸常寿「通信の秘密について」季刊企業と法創造 9 巻 3 号（2013 年）14 頁以下。

(16) 講演会参加者リストを大学が警察に提出した事例について、最(2 小)判平成 15 年 9 月 12 日民集 57 巻 8 号 973 頁。

41 通信履歴保存義務と通信の秘密

カール゠ フリードリッヒ・ レンツ	2010年3月2日連邦憲法裁判所第1法廷判決 連邦憲法裁判所判例集125巻260頁以下 BVerfGE 125, 260, Urteil v. 2. 3. 2010

【事　実】

　連邦憲法裁判所は、憲法異議申立人の数が3万4000人という、史上最大の憲法裁判となった本件において違憲判決を下した[1]。憲法異議申立人の1人が、申立て後の連邦議会選挙を経て口頭弁論が開かれた時に法務大臣となっていたことも異例である[2]。

　本判決が違憲審査の対象としたのは、2007年12月21日の「通信傍受およびその他の秘密捜査措置の改正および指令2006/24/EG[3]の国内法化のための法律」[4]（以下では、「通信傍受改正法」という）である（2008年1月1日施行）。この法律は、名称からも明らかなように、欧州連合（以下では、「EU」という）の2006年3月15日付の「公開電子通信サービスおよび通信網の提供により発生する及び処理される情報に関する予備的保存についての、および指令2002/58/EGを改正するための、欧州議会および閣僚理事会指令2006/24/EG」（以下では、「本件EU指令」という）をドイツで国内法化するために制定された。

　この法律は、一定の通信履歴情報について、最低限6ヶ月間の保存義務（Vorratsdatenspeicherung）を導入した。同時に、当該情報の使用に関する規定を設けた。例えば、犯罪捜査のために通信履歴情報が必要となる場合には、それを利用することができる。その他、危険防止の目的、諜報機関の目的での使用も認められる。本件で争われた通信履歴の扱いは、インターネット上の違法行為の取り締まりに大きな影響を及ぼしている。特に著作権侵害では、インターネット経由の侵害行為が多いが、行為者を特定できない限り、著作者は権利を行使できないため、通信履歴の保存が重要になる。

【判　旨】

　通信傍受改正法は、通信の秘密を保障する基本法10条1項に違反し、違憲（6対2の多数意見）。

1　本件EU指令に対する違憲審査の適法性

　本判決は、本件EU指令の合憲性について、綿密な違憲審査の結果、通信履歴保存義務それ自体は違憲ではないと判断した。連邦憲法裁判所は、本件EU指令に対する違憲審査の請求を適法であるとした。それは、以下の二つの理由による。

　第一に、本件国内実施立法には、本件EU指令の最低要求を超えるところがある。EU指令に対する連邦憲法裁判所による違憲審査が限定されるとしても、EU指令の最低要求を超過する部分については、その限定が妥当しない。そこで、本判決は、本件EU指令の最低要求を超える国内立法の部分についてのみ違憲とした。

　第二に、憲法異議申立人は、本件EU指令がEUレベルにおける基本権保障をも侵害しているため、EU法としても無効であると主張しているが、他方で、連邦憲法裁判所は、EU運営条約267条に基づいて、EU司法裁判所にEU指令の無効の宣言を要請することができる。そこで、EU運営条約267条との関係で、EU指令に対する審査も可能になる。

2　本件EU指令の合憲性

　多数意見の理由は、大要以下の通りである。①予備的に目的を特定しないで情報を収集することは違憲であるが、本件では目的が特定されている。②情報は、直接国家当局のところではなく、民間業者のところで保存される。情報保存と情報照会は別であ

る。すなわち、通信業界の民営化の結果、国家は通信サービスを提供しないから、業者のところで通信履歴情報が保存されても、国家の手が直接には届かない。③6ヶ月経過後、保存された情報は削除される。ただし、6ヶ月よりも長く保存される場合には、違憲となる可能性もある。④犯罪捜査のために必要である。ただし、判決の説明は抽象的であり、具体的にどの程度の捜査上の効果が期待されるのかについて検討していない。単に現在の通信設備が犯罪に悪用される可能性について論じているだけである。

3 通信傍受改正法に対する違憲判断

本判決は、本件EU指令が要求する通信履歴保存義務それ自体を合憲としたが、それを具体化するための通信傍受改正法を全面的に違憲・無効とした。違憲とされた点は、以下の通りである。①情報漏洩対策の基準が十分ではない。保存義務を合憲とした大きな理由は、保存自体は後から照会がない限り、基本権侵害の程度が小さいという点にあるが、通信事業者の情報漏洩対策が甘い場合はこの前提が崩れる。②通信履歴情報の照会の段階で、刑事捜査が問題となっている場合、重罪の捜査に限定されなければならない。

4 著作権侵害の場合の優遇

著作権侵害は重罪ではないため、上記の考えでは、インターネットで多くみられる著作権侵害事件の捜査に通信履歴情報を使えないことになる。特に、IP番号を手がかりに当該時間帯にこれを利用した者を特定する必要が、インターネット関連捜査で生じる場合が多いために問題が生ずる。この点について、多数意見は照会段階の厳格な条件を緩和した。著作権侵害のような重罪でない犯罪の捜査でも、当該照会が可能となる。その理由は以下の通りである。①国家当局自身は、当該照会に際して予備的に保存された情報を入手しない。ある端末の利用者について通信事業者から個人情報の提供を受けるにすぎない。通信事業者は、そのために保存された情報を利用して当該情報を確認するだけである。②このような照会のために、最初から固定されている情報の僅かな一部のみが使用される。この部分の保存だけならば、

より緩やかな条件で規制できる。単にその照会のために流動的IP番号の特定に必要なインターネット接続情報の保存は、ほとんどすべての通信履歴情報の保存に比べて、侵害の程度は大幅に小さい。

【解 説】

1 仮命令の申立てに関する判断との比較

本案についての本判決に先立ち、憲法異議申立人の仮命令の求めに対し、連邦憲法裁判所第1法廷は2008年3月11日に決定を下した[5]。この決定は、本判決と同様、通信履歴保存義務それ自体をその段階で否定しなかった。このため本判決まで、通信履歴保存義務は維持された。しかし、この決定は、履歴情報の照会に重罪の捜査の場合に限られるという制限を加えた。この判断は妥協であった。重罪の捜査のためであれば、通信履歴保存に伴う自由権の制限は認められる。この判断は、本判決でも維持された。但し、本判決が、重罪に加えて、著作権侵害の捜査に伴うIP番号の照会も認めた点は、仮命令についての決定と異なっている。

2 本判決の意義

通信傍受改正法が違憲とされたため、本件では憲法異議申立人側が勝訴したように見える。しかし、本件EU指令は違憲と判断されなかった。違憲とされたのは、本件EU指令を国内法化・実施するための法律である。そういう意味では、実質的には憲法異議申立人側の敗訴であった。

本判決は、通信履歴保存義務それ自体を合憲と判断したが、同時に、更なる監視体制を拡大するEU立法を以下のように牽制した[6]。「通信履歴情報の予備的保存により、さらなる無条件情報収集を導入する余地は、EU立法を手段にしても、大幅に減少している。」(強調は、著者による)。「EU立法を手段にしても」、基本権侵害のし放題は許されない。具体的な表現ではないものの、EUの立法者に対しても一定の制約を課したことになる。従来の判例ではこのような判断はないため、これは特に注目すべき点である。同時に、通信履歴保存義務については、憲法異議申立人が実質的に敗訴したものの、この説示においては憲法異議申立人の主張が容れられている。

本件 EU 指令の合憲性は、十分に合憲と判断されたのではなく、違憲の一歩手前でかろうじて合憲判断が下されたといえる。

3　欧州司法裁判所による違憲判断

欧州司法裁判所大法廷は、2014 年 4 月 8 日の先決裁定により、本判決とは異なり、本件 EU 指令を違憲・無効とした[7]。このため、通信履歴保存について新たな EU 指令ができるまで、EU 指令を国内法化・実施する構成国の義務はなくなった。欧州司法裁判所大法廷は、違憲・無効との判断を以下のように理由づけた。確かに、犯罪・テロ対策のために必要である限り、このような個人領域（基本権憲章 7 条）および個人情報保護（基本権憲章 8 条）の制限が可能である。本件 EU 指令は「必要である限り」の範囲を超えた、行き過ぎた規制である。全国民が無差別に対象となっている。弁護士など守秘義務を負う職業に従事する国民に例外が認められていない。通信履歴情報の照会に令状が必要とされていない。情報の種類別に保存期間が定められていないため、必要最低限の規制とは言えない。

4　EU 法に対する違憲審査

本判決は、従来の判例に比べて EU 法に対する違憲審査権をより広く認めた。従来の基準は「Solange II」判決[8]であった。「solange」という言葉は、「…をしているその期間は」という意味である。EU レベルで充分な違憲審査が保障されている「その期間は」、連邦憲法裁判所は EU 立法に対して違憲審査権を行使しない、という考え方である。この 1986 年の事件は、キノコ缶詰の輸入をめぐって経済的自由が問題であったが、本件の違憲審査の対象は、基本権保障が特に重要となる刑事訴訟法分野の政策であった。

「Solange II」判決の基準では、欧州司法裁判所が基本権を保障している「その期間は」、連邦憲法裁判所は EU 法に対する違憲審査権を行使しない。本判決も、この考えを明白には変更していない。しかし、結果として、「Solange II」の原理が大幅に後退した。本件 EU 指令は合憲と判断されたが、それは綿密に違憲審査が行われた結果であった。実質的に

みると、欧州司法裁判所が基本権を保障しているという「その期間」が終了し、本判決は「そこまで」(jetzt reicht's) とした判決だと理解することができる。本判決によって実質的に判例変更がなされたと評価すべきである。

特に適法性について示された第二の理由は、幅広い違憲審査を可能とする。「Solange II」判決の基準は、簡単に言えば「欧州司法裁判所での救済を受けてください」という理由で、連邦憲法裁判所の判断を避けるものであったが、肝心の「欧州司法裁判所の救済」を受ける前提としての審査を要求できることが、本判決によって確認された。EU 運営条約 267 条に基づいて、連邦憲法裁判所に欧州司法裁判所への事件の付託を求める憲法異議申立人の主張は適法となる。このことは、「Solange II」判決が示した「暫くの期間」は EU 法に対して違憲審査権を全く行使しないという扱いとは大幅に異なるようにみえる。

5　審 査 基 準

通信傍受改正法を違憲とした本判決では、「予備的に目的を特定しないで情報を収集することは違憲」であるとの従来の判例の基準が変化したかどうかが注目される。

従来の判例の基準は、1983 年の国勢調査判決[9]で情報自己決定権（基本法 1 条 1 項と結びついた 2 条 1 項）について示され、2006 年の「網の目捜査」(Rasterfahndung) 判決[10]および 2007 年の「口座基本情報」判決[11]でも維持された。本判決もこれらの判例を引用して、この基準それ自体を維持した。しかし、本判決は、禁止されているはずの「予備的情報収集」を認めているので、「予備的に目的を特定しないで情報を収集することは違憲」という基準が大幅に後退したことになる。

本判決においてこの基準には二つの意味がある。第一は、国民からみて、どのような規制が行われるかが法律上明確に規定されていなければならない、という法形式上の要請である。第二は、仮に規制が明確であっても、国民を 24 時間体制で全面的に監視することは許されないという実質的な要請である。ただし、実質的な要請は、本判決でほとんど無意味

になる。「いずれ重罪の捜査のために必要」という目的を明確に規定さえすれば、国民の腕に手錠で外れないようにした監視装置をつけることによって、誰がいつ、誰と実際に会って話したかという情報さえも、予備的に収集することが無制限に可能となるからである。

従来の判例との関係では、特に「戦略的監視の限界」についての1999年判決[12]に注意する必要がある。この判決では、本判決の事案と比べて大幅に少ない通信に関する監視が部分的に違憲となった。「戦略的」に無差別で何ら容疑を前提としない監視政策は、連邦共和国に対する武装攻撃のように国家の存在に関わる極めて重大な場合に限定され、単なる通貨偽造（重罪であるが）の対抗策としては、比例原則に反するとの判断が示された。この厳格な基準と比べて、本判決は国民の自由の保障を大幅に後退させるものとなっている。

なお、2015年に通信履歴の一定期間の保存を義務づける法律が新たに制定された[13]。この法律についても憲法異議が申し立てられており、連邦憲法裁判所の判断が待たれている。

6　批判的検討

まず、通信履歴情報を利用する目的の特定は、通信傍受改正法によれば、すべて照会段階で初めて生じる。保存された通信履歴情報の99.999999％以上は、何ら利用されることなく、具体的目的なく無駄に保存される。いずれ「重罪の捜査のために必要となる可能性がある」ということは、どの情報収集についても言える。従って、本判決の考えでは、「目的のない予備的情報収集は禁止される」という従来の判例の基準は、実効性を失うことになる。実質的な判例変更である。しかし、連邦行政裁判所が指摘したように[14]、「目的の特定」は、保存の時点を基準に判断する必要がある。

次に、犯罪捜査のために必要という本判決の説明は抽象的である。実際の犯罪統計をみると、本件制度が実施された2008年の数字は、犯罪の数でも、解明率でも、2007年度より悪かった[15]。立法者・連邦憲法裁判所の判断は、単なる推測に基づいている

にすぎない。また、2009年にインターネットに関する予備的情報保存を実施したところ、児童ポルノの解明率が3.7％下がったという事実もある[16]。

さらに、通信業界の民営化の結果、現在では国家による通信サービス提供は行われていない。そのため、通信履歴保存も民間企業が行うことになる。通信履歴は複数の民間企業に分散された形で保存される。しかし、情報の濫用・漏洩の危険は、最初から国家のみが情報を保存する場合と比べてむしろ大きいと思われる。特に外国の諜報機関がこれらのデータベースから情報を入手する可能性は、民間企業による保存の場合に大幅に増加する。

(1)　本判決の翻訳として、カール＝フリードリッヒ・レンツ「連邦憲法裁判所通信履歴保存訴訟2010年3月判決」青山法学論集第52巻第1号（2010年）201-317頁。本判決について、同「通信履歴保存義務を定めるEU法および国内法に対する違憲判決」自治研究88巻9号（2012年）154-162頁、ハンス・ユルゲン・パピア（倉田原志訳）「予備的データ保存と基本法」立命館法學344号（2012年）543-555頁。

(2)　BVerfGE 125, 260 (Rn. 119).

(3)　官報 L 105 13. 4. 2006, S. 54.

(4)　BGBl I 2007, S. 3198.

(5)　BVerfGE 121, 1.

(6)　BVerfGE 125, 260 (Rn. 218).

(7)　記録番号 C-293/12 および C-594/12, NJW 2014, 2169. この先決裁定について、中西優美子「30 EU個人データ保護権にかかわる比例性原則（通信履歴保存義務指令事件）」同『EU権限の判例研究』（信山社、2015年）311-320頁参照。

(8)　BVerfGE 73, 339〔ド憲判 I **70**判例〕.

(9)　BVerfGE 65, 1〔ド憲判 I **7**判例〕.

(10)　BVerfGE 115, 320〔本書 **4**判例〕.

(11)　BVerfGE 118, 168〔本書 **6**判例〕.

(12)　BVerfGE 100, 313〔ド憲判 III **42**判例〕.

(13)　渡辺富久子「ドイツにおけるテロ防止のための情報収集」外国の立法269号（2016年）31-33頁。

(14)　BVerfGE 125, 260 (Rn. 165).

(15)　Arbeitskreis Vorratsdatenspeicherung, Untersuchung: Vorratsdatenspeicherung ist ineffektiv, 2011年1月26日発言（k-lenz.de/1174）。

(16)　Arbeitskreis Vorratsdatenspeicherung, Internet-Vorratsdatenspeicherung gegen Kinderpornografie nutzlos, 2011年1月25日発言（k-lenz.de/vds1）。

42 通信サービスの利用者データの保存義務と「アクセス・コード」の提供義務の合憲性

實原隆志

2012 年 1 月 24 日連邦憲法裁判所第 1 法廷決定
連邦憲法裁判所判例集 130 巻 151 頁以下
BVerfGE 130, 151, Beschluss v. 24. 1. 2012

【事　実】

連邦通信法（TKG）111 条から 113 条は、通信業務に関連する各事業者によるデータの提供手続（Auskunftsverfahren）について規定している。111 条は、電話番号や回線符号の付与などを行う通信事業者に対して、利用者データを契約関係が終了した年の翌年の終了まで保存するよう義務づけているが[1]、利用者データを営業上の必要がなくても保存するよう義務づけており、一種の「予備的保存」を求める形になっていた。保存の対象となるデータは回線の番号・符号や回線保有者の氏名・住所などからなり、以下で述べる手続において、裁判官による命令に基づくことなく利用されると規定している。

112 条は、公衆向けに通信サービスを行う事業者の義務について規定する。この規定で列挙されている、裁判所や警察権限執行当局といった機関の請求を受けて、連邦ネットワーク委員会（Bundesnetzagentur）が当該事業者に対してデータを照会する。照会の対象となるのは、111 条によって保存されたデータである。連邦ネットワーク委員会に対する提供は事業者によって自動的に行われ、提供されたデータは、請求を行った機関に、連邦ネットワーク委員会を通じて転送される。この規定における事業者の義務は、照会に応じてデータを自動的に提供できる状態にしておくことであるが、この規定にしたがうことで関係機関によるデータの取得が多くの場面に及ぶ可能性があった。

他方、113 条が規定する提供手続は、ホテルのような、公衆向けではない通信サービスを行う事業者

にも関係する。同条 1 項 1 文は、111 条に基づいて保存したデータに加えて、95 条に基づいて保存していたデータも提供の対象としている。95 条は、必要な場合には契約の発生事由、内容、変更等、契約関係に関する保有データ（Bestandsdaten）を保存してよいとしている規定であるが、こうしたデータに「『変動 IP アドレス』の利用者」が含まれるかについては裁判所や学説において争いがあった。本判決では、当該変動 IP アドレスの利用者を特定するためにはその者の当該時間帯における利用状況が明らかにされる必要があることが問題とされている。また、113 条では訴追や危険防御などの必要に応じてデータが提供されると定められているが、データを請求できる機関が明記されていないという問題もあった。また同条 1 項 2 文は、情報端末やインターネット上のサーバーに保存されているデータを保護するためのアクセス・コード[2]の提供についても規定していたが、アクセス・コードという高度な保護を要するデータの照会や、「オンライン捜索」にも似た措置が可能になるという問題を含んでいた。なお、提供の条件については、行政当局による情報転送の求めなどに関する一般条項である刑事訴訟法（StPO）161 条 1 項 1 文などが参照されていた。TKG 113 条による提供はいずれも手動で行われ、データの請求と提供は、請求を行った機関と各事業者との間で直接行われるとされている[3]。

これらの規定自体を対象とする憲法異議が申し立てられ、連邦憲法裁判所は、TKG 111 条は、データを保存する目的を明らかにしているため憲法に反しないとした。また 112 条と 113 条 1 項 1 文は関係

190　I　**基本権**：GG10条〔通信の秘密〕　　　　　　　　　　　　　　〔實原隆志〕

機関によるデータの収集の根拠となるものではなく、データの提供という限られた範囲で適用される限りにおいて合憲であるとした。他方で、113条1項1文に基づいて変動IPアドレスの利用者を特定することは、通信の秘密との関係で認められないとし、また、113条1項2文は、アクセス・コードを収集して良い条件をそれを利用できる条件と無関係に規定しているために基本法に違反しているとした。限定的な解釈の必要性や基本法違反を指摘した部分については、2013年6月30日までに法改正を行うよう求め、移行期間中においては一定の条件付きで情報の利用を認めた。

　本決定については既に別稿において解説したことがあり[4]、以下の記述は、そこでは扱わなかった111条と113条1項2文に関する部分に限定する。

【判　旨】

1　TKG 111条の憲法上の問題について

　基本法1条1項と結びついた2条1項はデータを予備的に収集・保存することをすべて禁じているわけではなく、そのような予備的に行われるデータ収集について、特別な理由づけの要請を規定するだけであり、そのような要請を穏健な形成と結びつけている。これに対して、厳格に禁じられているのが、個人データを予備的に不特定の、そして、特定不能な目的で保存することである（BVerfGE 65, 1 〈46〉；100, 313 〈360〉；125, 260 〈317〉）。しかし、そのような原理的に許されない予備的なデータ保存が本件で検討されているわけではない。むしろ立法者はTKG 111条によって、特定の、限定された、その情報内容において112条と113条において詳細に定義されている利用目的を達成するために、明確に規定されたデータの保存を部分的に規定している。

2　TKG 113条1項2文について

　憲法異議がTKG 113条1項2文に対するものである限りにおいて、憲法異議には理由がある。

　113条1項2文が該当するデータは、アクセス・セキュリティ・コード（パスワードやPIN、PUKといったもの）として情報端末や保存機器へのアクセスのセキュリティを守るためのものであり、それによって利用者（Betreffende）を、そこにあるデータにアクセスされることや、または、通信行為にアクセスされることから保護するデータである。この規定は、そういったデータを行政当局に接触させ、行政当局に対してデータに関する障壁（Barrier）を克服できるような状況に置くものである。しかしこの場合、この規定は、このコードについての提供を、それを利用するための条件から独立させて規定している。行政当局がセキュリティ・コードを利用してよいのはいつなのか、行政当局が行政当局によって保管されているデータや通信行為にアクセスしてよいのはいつなのか、といった問題は、独自の法的根拠によって決まる。

　この場合、そこで妥当する様々な要請は、侵害の様態に応じて形式的観点と実体的観点とに分かれる。たとえば、アクセス・コードを利用することで、オンライン捜査や、まだ終了していない通信行為の監視を行うことが可能とされている場合には、より詳細、個別法の基準によって、より厳格な要請の遵守や裁判官による命令・確認が前提となる（StPO 100g条、100b条；BVerfGE 120, 274 〈332〉）。それに対して、携帯電話を押収した後にコードを使ってそこにあるデータが閲覧されるとされている場合には、より低い、侵害閾値で十分でありうる（BVerfGE 115, 166 〈193 ff.〉）。そして、たとえば、刑事訴訟法上は、緊急の危険がある場合の捜査においては裁判官による事前の命令は必要なく、他の状況がある場合にだけ、裁判官による事後的な確認が必要となる（StPO 98条2項）。

　行政当局が、TKG 113条1項2文で規定されているアクセス・コードを、それを利用することに対する要請とは無関係に、場合によっては、より緩和された条件において照会できるのがなぜなのか、その理由ははっきりしていない。113条1項2文で規定されているアクセス・データの収集が必要なのは、

そこで追求されている目的を考えると、それを利用する条件もあるという場合だけである。このことを、現在の形式の113条1項2文の規定は十分に確固としたものとしていない、というのも、アクセス・コードの照会は——たとえば、刑法上の捜査手続に関して——常に、StPO 161条1項の条件において、すでに認められるとされているからである。

113条1項2文の違憲性は無効宣言をもたらさず、基本法との不一致を確認するにとどめ、この規定は暫定的に、しかし最長でも2013年6月30日までであるが、今後も適用できるものとするものの、把握されたデータを利用するための条件が個別の事例において存在している限りとする、という命令を伴うものとする。

113条1項2文が無効と宣言されたならば、通信データにアクセスしてよかった事例についても、それが十分に保障されなくなるだろう。113条1項2文の違憲性は限定的な重大性しかもたない侵害に関わるものであり、憲法は、この規定によって設けられたような提供を全般的に否定しているわけではないため、一時的にそのような事態になることは甘受できない。そうではなく、規定を暫定的に妥当させ続けることとし、この規定で挙げられているデータが収集されてよいのはそれを利用する条件がある時だけである、との基準を与えることで十分である。

【解　説】

1　TKG 111条の合憲性

TKG 111条は通信を通じて違法な活動を行っていると思われる者の氏名や住所等を明らかにする上で必要なデータの保存を義務づけるものである。利用者データの保存は事業にとって必要でなくても義務づけられるため、一種の予備的保存ではある。2010年の判決において連邦憲法裁判所は、通信データの予備的保存を定めていた113a条を違憲・無効と判断しており[5]、その判断との関係がまずは問題となるが、111条が義務づけているのは通信サービスの利用者に関するデータの保存であり、通信記録の保存ではないという違いがある。また、保存されるデータの利用目的も、本決定において目的が特定されているとされた112条・113条1項1文に基づく手続での利用と規定されており、一定程度は限定されていたとも言える。他方で、データの利用は秩序違反の「訴追（Verfolgung）」のためにも行われうるため、結局データの利用可能性に制限がないとの指摘もある[6]。

なお、111条による利用者データの保存は事業者にとっては負担となる。事業者の負担について本決定の決定理由においては言及されていないが、学説においては事業者全体で2億ユーロがかかるとの指摘もあり、その正当性も検討されている[7]。

2　TKG 113条1項2文の合憲性

111条によって保存されたデータが112条に基づいて関係機関に提供されることと113条1項に基づく関係機関へのデータの提供は条件つきで合憲とされたが、ここでは113条1項2文が情報端末やインターネット上で保存されているデータに対するアクセスから保護するための情報を提供してよいとしていたことが違憲とされたことに触れたい[8]。この規定において参照されているStPO 161条1項1文は、データの取得に関する一般条項と理解されており、裁判官による命令も前提とされていない。しかし、通信行為の監視については、同100g条のように、裁判官による命令を必要とするなど、厳格な要請がなされている。情報端末内に侵入することによって行われるデータ収集については、過去の判例においても慎重な検討がなされている[9]。それにもかかわらず、侵入するのに必要なパスワードなどの提供を認めるTKG 113条1項2文においては緩やかな要件しか定められていないことが問題になったと考えられる。それに対して本決定は、これらのセキュリティ・コードを利用するための条件がそれを取得する条件でもあり、新規定が制定されるまでの期間における条件でもあるとした。

3 法改正とそれに対する反応

その後、基本的には本決定の指示に従った形で連邦や州において法改正が行われている。本稿で述べたことと関連することに限るが、違憲とされた PIN や PUK の提供請求は、それらを利用できる場合にしか行えない旨の規定が StPO 100j 条 1 項 2 文に置かれた。同条 3 項と 4 項では、裁判所による命令に基づくことと、これらのデータを取得したことに関する、本人への事後通知を行うことが規定されている。これらの手続は連邦憲法裁判所によってすべての事案に要求されていたというわけではないが、連邦参議院における審議の中で追加された[10]。

このように、本決定を受けて手動提供手続について整備がなされたが、情報の保存義務や提供義務が広い範囲に及んでいることや、パスワードなどの取得が認められる条件が不明確であることへの批判もある。特に、パスワードなどが利用される場面がどのような場面なのかは法律で明記されているわけではない。オンライン捜査や携帯電話内のデータの閲覧は決定の中で例示されたものにすぎず、他の措置においても利用が可能であるかは規定から直接には読み取れない。各種新規定に対しては海賊党（Piraten）が憲法異議を申し立てた[11]。そこではパスワードなどのコードを利用できる場面を法律で明記すべきであるとの指摘がなされていた。

⑴　この義務は、メール・サーバーを転送する事業者についても準用されている。

⑵　クラウド・サーバーにログインするためのパスワードも、その一例である。

⑶　日本の「通信履歴の保全要請」（池田公博「コンピュータ犯罪と捜査」井上正仁＝酒巻匡編『刑事訴訟法の争点』（有斐閣、2013 年）96 頁以下参照）を想起させるが、刑事訴訟法 197 条 3 項はデータの「取得」・「提供」を義務づけるものではないため、本稿で取り上げたドイツの制度とは異なっている。

⑷　拙稿「通信サービスの利用者データを保存・提供させる手続の合憲性」自治研 90 巻 10 号（2014 年）148 頁以下。

⑸　BVerfGE 125, 260〔本書 *41* 判例〕.

⑹　Hans-Peter Roth, Kommentar, K&R 2012, S. 278.

⑺　Kurt Graulich, § 111, in: Arndt/Fetzer/Scherer（Hrsg.）, Berliner TKG Kommentar, 2008, S. 1601 f. また、プリペイド携帯事業者の負担について Diethelm Kleszewski, § 111, in: Franz Jürgen Säcker（Hrsg.）, Telekommunikationsgesetz Kommentar, 3. Auf., 2013, S. 14.

⑻　提供されたパスワードなどを使うことで、クラウド・サーバーや携帯電話に保存されている違法データを発見できる可能性もあった。しかし、事業者が利用者の設定したパスワードを知らない可能性や、パスワードが変更されている可能性はある。

⑼　代表例として BVerfGE 120, 274〔本書 *9* 判例〕. また、西土彰一郎「デジタル基本権の位相」ドイツ憲法判例研究会編『憲法の規範力とメディア法〔講座憲法の規範力 4〕』（信山社、2015 年）225 頁以下参照。

⑽　BT-Drs. 17/12879.

⑾　同党 HP 2013 年 7 月 1 日配信記事参照。

43 弁護士の成功報酬の禁止

神橋一彦

2006 年 12 月 12 日連邦憲法裁判所第 1 法廷判決
連邦憲法裁判所判例集第 117 巻 163 頁以下
BVerfGE 117, 163, Urteil v. 12. 12. 2006

【事　実】

　この事件は、弁護士の成功報酬（Erfolgshonorar, palmarium）のなかでも、勝訴により得た金額の一定割合を弁護士が受け取る、一定割合報酬（Streitsanteilsvergütung）契約ないし pactum de quota litis（「訴訟利益の幾部についての約束」と訳される[1]。）と呼ばれる契約が問題となったものである。

　異議申立人 X は、弁護士である。X の共同経営人 A は、アメリカ在住の N から、1990 年 9 月 24 日付けの書簡を受け取り、もともと N の祖父の所有でありながらナチス時代に収用されたドレスデンの土地について損失補償を請求したい、ついては補償として得た額の 3 分の 1（33 3/1 ％）を報酬として支払うが如何に、との相談を受けた。これに対し A は、10 月 10 日付けの書簡で、報酬の件も含めて事件の受任を承諾した。その後事件は、X が担当することになり、1998 年 9 月、X は、同じくアメリカ在住の N の兄 S からも代理権を与えられた。結果的に、312,000DM の補償が支払われることになり、うち約 104,000DM を X が契約通りに受け取った。

　これに対して、ドレスデン弁護士裁判所は、2002 年 10 月 8 日、この N および S と結んだ一定割合報酬契約は、（刑法 352 条〔過大手数料徴収罪〕による処罰が及ぶ）連邦弁護士法（Bundesrechtsanwaltsordnung-BRAO）43a 条 1 項に定める弁護士の基本義務に違反するものであるとして、X を戒告および 25,000 ユーロの過料に処す判決を下した。これに対して X が異議申立てをしたところ、同弁護士裁判所は、2003 年 6

月 20 日、過料を 5,000 ユーロに変更した。その後 X は、さらに連邦通常裁判所弁護士部に出訴したが、棄却された。

【判　旨】

1　判決主文

　成功報酬禁止について規定する 1994 年 9 月 2 日の連邦弁護士法 49b 条 2 項及び（改正後の）2004 年 5 月 5 日の同法 49b 条 2 項 1 文は、「当該規定が、弁護士の成功報酬について例外なくこれを禁止をしている限りにおいて、基本法 12 条 1 項に違反する」。「これらの規定は、新規立法がなされるまでの間、これを適用することができる。立法者は、2008 年 6 月 30 日までに新規の立法を行うことを義務付けられる。」

2　判決理由

　(1)　基本法（GG）12 条 1 項（職業の自由）との関係

　「この法律による禁止によって、職業の自由の保護範囲が侵害される。当該規定によって、弁護士は依頼者との間で、その職業上の活動にかかる報酬を得られた成功よって決める契約上の取り決めを結ぶことを妨げられる。」契約の自由は、一般的行為自由（GG2 条 1 項）としても保護されるものであるが、職業上の活動における契約の自由は、GG12 条 1 項によって特別の保護がなされるものである。「当該規定は確かに(a)正当な目的に基づくものであり、(b)その目的の達成のため適合的なものであり、かつ(c)必要なものであることは認められるが、この規制は、

(d)必ずしもあらゆる点において相当であるとはいえない。」判決は、この点を以下のように分説する。

(2) 制限の合憲性

(a) 規制目的の正当性　成功報酬禁止規定の目的は、立法資料によれば、弁護士の独立を保障することにある。というのも、成功報酬契約がなされることにより、経済的な考慮が、弁護士の事案の処理を左右することになりうるからである。すなわち、「弁護士の独立を保障することによって、立法者は、司法の健全な機能という優越する公共の福祉に鑑み、正当な目的を追求している。この独立性の保障が図られることにより、弁護士が司法機関（BRAO1条）として、また法的保護を求める者の助言者及び代理人として、その職業上の活動を通じて健全な司法がもたらされる。」そして立法者が、報酬禁止規定を設けることにより、そのような弁護士の独立が危殆に瀕することを防ぐことができると判断したことも、立法者の判断余地を踰越するものではない。そして、かかる目的を正当とする論拠として、次の3点が認められる。

①弁護士の独立の担保　「弁護士が争訟の成否のリスクに関与することになったならば、独立性の維持が目的とする弁護士と委任者の利害関心との間に求められる一定の距離を損なうことになる。」「とりわけ、訴訟における真実義務（さしあたり民事訴訟法ZPO138条1項参照）は、各方面から受け入れられ、法的平和をもたらす裁判判決にとって欠くべからざる基礎である。」

②依頼者の保護　「不当に高い報酬規定が結ばれることによって、依頼者が過大な不利益を受けることのないように保護すること」は、一般的な消費者保護のみならず、弁護士業に対する市民の信頼の保護、さらには健全な司法に照らして正当な目的である。

③訴訟における武器平等の要請　「法治国原理（GG20条3項）と平等原則（GG3条1項）は、とりわけ民事訴訟において、裁判官の前での当事者の訴訟上の地位が対等であることを保障している。」「確かに

被告の側も、成功報酬契約を締結することが全くできないわけではないが、被告の場合、原告に比べて、何をもって成功とするか——例えば、原告の行った請求棄却の範囲をもってするかなど——にわかに定めがたく、これらをもって弁護士報酬の根拠及び額の基準とするのは事実上困難である。」

この他の目的、すなわち④濫訴の弊の防止、⑤訴訟物価値を基準とする訴訟費用負担（民事訴訟法91条以下）の規定との関係、⑥当事者の資力による格差の防止、⑦訴訟費用扶助の制度との関係などは、いずれも制限を正当化するものとは認められない。

(b) 制限の目的適合性　上記の目的に照らし、成功報酬禁止そのものは、制限（手段）の目的適合性が認められる。

(c) 制限の必要性　職業の自由に対する制限について必要性が認められるのは、職業の自由に対するより制限的でない、他に同じような有効性が認められる手段がないときであるが、そのような手段は存在しない。

(d) 制限の相当性　しかし、BRAO49b条2項の規定は、およそ例外なく成功報酬を禁止している点で、比例原則に違反する過剰規制である。「改正前のBRAO49b条2項は…当該弁護士が成功報酬契約を結ぶにあたり、そのような契約によらなければ、自己の権利を追求することができなくなるような依頼者個人の特別な事情を考慮する場合についても例外なく、これに従わなければならない限りにおいて相当性を欠く。」

「以前の身分指針（Standesrichtlinie）においても、確かに一定割合報酬を契約することはできなかったものの、依頼者が、当該委任事件について成功のうちに終了したことにより相当な報酬を支払うことができるに至った場合には、別途成功報酬を契約することが可能であった。しかし現行法においては、このような方法もできないこととされている。」すなわち、かかる例外なき規制は、弁護士と依頼者の契約の自由を侵害するのみならず、個人の権利の実現に対しても不利な結果をもたらすものである。そし

てこのような要請は、訴訟費用融資会社や訴訟保険によって完全に充足できるものではない。さらに、弁護士と依頼者との間の「情報量の不均衡」が存在することにより、依頼者側が不利に立たされるという消費者保護の各論的な問題も、他の手段によって防止することが可能である。また、「個別の取り決めを結ぶ際に考慮される利害得失は、成功報酬の形態いかんを問わず存在するものであって、あるのは程度の差でしかない。したがって、他の形態の成功報酬と一定割合報酬との間に、それを超えたとすれば、弁護士が法律への忠実やその清廉さを失うだろうというような一線を引くことは困難である。」

(3) 法改正の義務付け

このように「憲法違反の理由は、弁護士の成功報酬の禁止について例外要件が規定されていないことにある。したがって立法者は、禁止を原則維持しつつも、BRAO49b 条 1 項 2 文に続けて、少なくとも依頼者の経済的状況の理由を理由として合理的に考慮した場合、成功報酬の合意をすることにより初めて適切な弁護士による援助が可能となるような場合について、例外的要件の途を開くことによって、かかる規律の欠缺を是正しなければならない。」「憲法に適合した新たな規制立法を行うため、立法者には2008 年 6 月 30 日までの期間が与えられる。この新たな規律が行われるまで、改正前の 49b 条 2 項および現行の 49b 条 2 項 1 文は従前通り適用される。」

(4) 本件についての処理

「弁護士の成功報酬の法律上の禁止がさらに引き続き適用されることから、依頼者 S（兄）の事案について、異議申立人に対してなされたかかる禁止違反を処罰する名誉裁判所の判決は、憲法上異議を唱えるべきものではない。」また、依頼者 N の事案については、一定割合報酬を禁止したそれ以前の身分指針 52 条 3 項が、（身分指針による規制を違憲とし、法律による規制を求めた）1987 年判決〔後述のバスチーユ判決—筆者注〕の立法猶予期間中であったことから、（行為時に照らして）同項が同様に適用される。

【解　説】

1　意　義

ドイツにおいて弁護士は、「自由業」（freier Beruf）の一つとされるとともに、一つの司法機関として位置づけられてきた（BRAO1 条）。そこには中世以来の職業像（Berufsbild）があり、それを理由とする職業の自由に対する規制も一般には許容されているが、他方で、身分指針（Standesrichtlinie）と呼ばれる弁護士会が定めた自主立法 Satzung による規制が違憲とされたほか（1987 年 7 月 14 日の連邦憲法裁判所判決（BVerfGE 76, 171〔ド憲判Ⅱ 39 判例〕—判決日にちなんで「バスチーユ判決」と呼ばれる。）、「自由業」とそれに対する制限という発想自体が、ヨーロッパ法にないことから、規制緩和の流れとの関係で問題が生じているところである。

とりわけ本件では、弁護士の経済的インセンティブが弁護士の司法機関としての独立性を損なうかが問題とされたが、連邦憲法裁判所は、①成功報酬の規制そのものは合憲としつつも、例外を許容しない規制は違憲であるとした上で、②立法者に対して法律改正を義務付ける判決を下した。

2　成功報酬に対する規制の変遷[2]

本件で合憲性が問題となった 2004 年改正前のBRAO49b 条 2 項（2004 年改正後の同項 1 文）は、弁護士報酬について、「報酬の有無若しくはその額が当該事案の結果若しくは当該弁護士活動の成否によるものと定め（成功報酬 Erfolgshonorar）、又は当該弁護士が得られた金銭の額の一部を受領するものとする合意（訴訟利益の幾部についての約束 quota litis）は、することができない。」（括弧書きは条文記載のママ）と規定していた（下線筆者、以下同じ）。

弁護士の成功報酬には、結果との関係によって、①成功したときにのみ報酬を受けるもの、②仮に成功しなくとも、成功したときより少ない報酬を受けるもの、③成功した場合には、法定の手数料以上の報酬を受けるものなどがあるが、本件で問題となる

一定割合報酬（quota litis）は、勝訴によって得た額の一部を「分け前」（Anteil）として受領するというわけである。ちなみに、何ら条件を付けることなく単に法定の手数料以上の報酬を受け取るように取り決めることは、この上記規定には当たらない（2004年改正で挿入された49b条2項2文、現在の同項3文）。

このような成功報酬の禁止は、1871年のドイツ統一当初にはみられなかったものであるが、1887年以降、名誉裁判所（Ehrengericht）の判決は、弁護士の成功報酬を許さない立場をとってきた。弁護士は司法機関として位置づけられるという理由から、特に、quata litis の契約は通常許されず、ライヒ裁判所もこれを良俗違反として無効としていた。その後、1944年の弁護士報酬規則（Gebührenordnung für Rechtsanwälte-RAGebO）は成功報酬を明文で禁止し、契約も無効としたが、この規定は、1957年の連邦弁護士報酬規則（Bundesgebürenordnug für Rechtsanwälte-BRAGO）の制定まで効力をもった。もっとも、この1957年及び1959年の BRAGO にはこの種の規定は置かれず、1959年に BRAO177条2項2号（当時）に基づいて連邦弁護士会が定めた身分指針（Standesrichtlinie）において、成功報酬の禁止が定められた（その後、1973年改正）。そして連邦通常裁判所も、弁護士の独立を重視し、一定割合報酬契約を一貫して良俗違反とした[3]。その後、1987年のバスチーユ判決（前述）により、このような団体の Satzung の形式で弁護士の身分を規律することが違憲とされたため、1994年に至って、法律である BRAO において、本件で問題となった成功報酬禁止が置かれることになったものである（そして弁理士、税理士、会計士についても、各個別法において同様の禁止規定が置かれた）。

3 判決後の動き

この判決をうけて、2008年6月12日、問題となった BRAO49b 条2項1文は、「報酬の有無若しくはその額が当該事案の結果若しくは当該弁護士活動の成否によるものと定め、又は当該弁護士が得ら

れた金銭の額の一部を受領するものとする合意（成功報酬）は、弁護士報酬法（Rechtsanwaltsvergütungsgesetz-RVG）に別に定めのない限り、することができない。」と改められた。すなわち、成功報酬禁止の原則は維持しつつも、quota litis を括弧書きで特に名指しすることをやめ（成功報酬は従前通り括弧書きで明示されている。）、かつ例外を弁護士報酬法に委ねたのである。この規定を受けて同法4a条は、「成功報酬（連邦弁護士法第49b条第2項第1文に規定するものをいう。）は、依頼者がその経済的関係に照らし、合理的に判断したとき、成功報酬の取り決めによらなければ、権利保護の追求を妨げられるような場合には、これを取り決めることができる。」（第1文）とした上で、「第1文による判断においては、相談料扶助又は訴訟費用扶助によることができる可能性は考慮しないものとする。」（第3文）と定めた。そこでは、職業上の行為規範（Berufsrecht）たる BRAO と民事法規としての RVG との間で、規律領域の切り分けがなされている[4]。

4 評 価

このようにドイツにおいては、弁護士の成功報酬について、依然として禁止が原則とされており、一部解禁がなされたという状況である。しかし2008年の法改正に対しては、上述のような成功報酬が許容されるかどうかの基準が実際上、弁護士にも依頼者にも不明確であるとの批判のほか、ドイツの規制は、国際的にみて趨勢から乖離したものであるとの指摘がある。確かに、欧州弁護士会評議会（The Council of Bars and Law Societies of Europe-CCBE）の定める職業規則（Code of Conduct for European Lawyers）は、quota litis は禁止しているものの（Nr. 3. 3. 1）、成功報酬自体を原則禁止としているわけではない。したがって、成功報酬がどこまで弁護士の独立性の本質を侵すものかについては、なおさまざまな議論があるところである[5][6]。

(1) この訳語については、野田後掲（注(6)）諸論文による。

(2) 本件の制度的な前提については、本判決の判決理由
のほか、Kai von Lewinski, Grudriss des anwaltlichen
Berufsrechts, 3. Aufl., 2012, S. 123 ff.; Martin Henssler/
Hanns Prütting（Hrsg.）Bundesrechtsanwaltsord-
nung, 4. Aufl., 2013, §49b Rn58（S. 502）ff.〔Matthias
Kilian〕などによる。なお、ドイツにおける弁護士の
成功報酬制度に関する文献は極めて多数に上るが、そ
れらについては、Henssler/Hanns のコンメンタール
の49b 条の項に掲げられている網羅的なリストを参
照されたい。

(3) 連邦通常裁判所 1996 年 6 月 13 日判決（BGHZ 133,
90）など。

(4) Henssler/Prütting, a. a. O（Fn.(2)）§49b Rn64（S. 504）.

(5) Henssler/Prütting, a. a. O（Fn.(2)）§49b Rn155（S. 530）.

(6) ドイツにおける弁護士の成功報酬に関する邦語文献
として、西洋法制史・ローマ法専攻者の立場から、野

田龍一「弁護士の成功報酬について──『訴訟利益ノ
幾部ヲ受クヘキ契約』と『係争権利ノ買受』」福岡大
学法学論叢 38 巻 2・3・4 号（1994 年）1 頁、同「近
世ドイツにおける弁護士成功報酬論──『訴訟の幾部
についての約束』と『勝利の称賛』」福岡大学法学論
叢 39 巻 2 号（1995 年）1 頁があるほか、同「ドイツ
における弁護士成功報酬規制──判例を手がかりに」
福岡大学法学論叢 39 巻 3・4 号（1995 年）393 頁があ
り、民法専攻者によるものとして、半田吉信「ドイツ
における弁護士の成功報酬合意に関する近時の議論」
千葉大学法学論集 22 巻 1 号（2007 年）27 頁、同「ド
イツにおける弁護士の成功報酬制度の解禁」千葉大学
法学論集 27 巻 2 号（2012 年）1 頁がある。また関連
判例として、弁護士の副業の自由に関する、連邦憲法
裁判所 1992 年 11 月 4 日判決（BVerfGE 87, 287〔ド憲
判 II *42* 判例〕がある。

44 装蹄法による職業規制の合憲性

赤坂正浩

2007 年 7 月 3 日連邦憲法裁判所第 1 法廷決定
連邦憲法裁判所判例集 119 巻 59 頁以下
BVerfGE 119, 59, Beschluss v. 3. 7. 2007

【事　実】

1　ドイツでは、第二次大戦の終わりまで、馬の蹄の保護は、もっぱら蹄に蹄鉄 Hufeisen を釘付けすることによって行われていた。しかし、第二次大戦後になると、馬は人や物を運搬する使役動物としての意味を次第に失っていき、むしろ、スポーツやレクリエーションに利用されることが多くなったため、蹄鉄はもはや馬の蹄の保護に不可欠ではなく、場合によっては望ましくないと考えられるようになった。こうして、従来どおり蹄鉄を鋳造し装着する装蹄工 Hufbeschlagschmied のほかに、アルミニウム製やプラスティック製など、蹄鉄以外の蹄保護具の装着やメンテナンスを行う蹄技師 Huftechniker とよばれる人々と、場合によって蹄靴を使うほかは裸のままの蹄の整形や治療を行う蹄保護士 Hufpfleger とよばれる人々が活動するようになった。

2　これまで装蹄工の資格および業務を規律してきた 1940 年制定の装蹄法は、装蹄の定義規定を欠いていたが、蹄鉄の鋳造・装着を行う伝統的な装蹄工を規律対象とすると解されてきた。これに対して、1940 年法を全面改正する目的で 2006 年 4 月 19 日に制定され、2007 年 1 月 1 日から施行予定であった新装蹄法は、2 条に次のような定義規定を置いた。
　「この法律の意味における
1．Hufbesclag（装蹄）とは、保護、健康維持、補修または治療を目的として、蹄に対して行われるすべての処置の総体であり、
2．Klauenbeschlag（こちらも装蹄と訳しておく）とは、

ある動物が人を運び、荷物を運び、または騎乗する動物として使用される場合に、その動物の蹄に取付具 Beschlag を装着し、清掃し、または取り外すあらゆる処置の総体である。」

2006 年装蹄法によれば、この定義の意味での Huf- und Klauenbeschlag（装蹄）は、資格試験に合格し、国家の認定を受けた装蹄工しか実施することができない（同法 3 条 1 項）。国家の認定を受けるには、装蹄学校で所定の教育を受けて資格試験に合格した後、3 年以上の営業経験を有する装蹄工のもとで少なくとも 2 年以上装蹄の実務に従事しなければならない（同法 4 条 1 項）。装蹄学校を経営するためには、一定数の装蹄指導工 Hufbeschlaglehrschmiede と装蹄工が常勤するなどの要件を満たした上で（同法 6 条 2 項）、国家の認定を受けなければならない（同法 6 条 1 項）。これらの規定に違反して装蹄を実施した者、装蹄学校を経営した者、装蹄学校での教育に従事した者は、違反した規定に応じて 3000 ユーロ以下または 5000 ユーロ以下の罰金刑に処せられる（同法 9 条）。

新装蹄法を実施するために 2006 年 12 月 15 日に制定された法規命令である「装蹄に関する命令」（以下、装蹄令）によれば、装蹄工の資格試験を受験するためには、少なくとも 4 週間で 160 時間の入門教育、装蹄工のもとでの 2 年間の実技、装蹄学校における少なくとも 4 ヵ月の準備教育を修了しなければならない（装蹄令 6 条～ 8 条）。装蹄工の資格試験では、蹄鉄の鋳造と装着、蹄鉄以外の保護具の装着、裸蹄のメンテナンスに関する実技試験が課せられる（装蹄令 10 条 1 項）。

2006年装蹄令23条2項によれば、これまで2年以上業務に従事してきた蹄保護士は、同令施行から5年間、装蹄工試験の特例的な受験資格を認められ、合格後は装蹄工のもとでの2年間の実務経験という条件なしに装蹄工として活動できるとされた。しかし、蹄技師にはこのような特例的な受験資格は一切認められず、蹄保護士についても、装蹄工試験自体の免除や、蹄鉄の鋳造・装着の実技科目の免除は認められていなかった。

3 これに対して、10人の蹄技師、3人の蹄保護士学校・蹄技師学校の経営者、2人の蹄保護士学校・蹄技師学校の教師、5人の蹄保護士学校・蹄技師学校の入学申込者、1人の蹄保護士学校の生徒が、2006年 法2条・3条・4条・5条・6条・9条・10条が基本法12条1項および3条の権利を侵害することを理由とする法律憲法異議を提起した。

憲法異議申立人によれば、蹄技師・蹄保護士は装蹄工とはまったく異なる独自の職業である。蹄技師・蹄保護士とその養成学校の活動は、基本法12条1項の保護領域に含まれる（①）。1940年装蹄法は、蹄鉄だけを規律対象としていた。現に蹄鉄以外の技術による蹄のメンテナンスについて、行政はこれまで何の措置もとってこなかった。2006年法は蹄鉄以外の蹄メンテナンスを初めて包含するもので、蹄技師・蹄保護士・その養成学校にとって、2006年法4条ないし6条の資格要件を充足できないことは職業上の死を意味するから、同法は基本権への介入法である。蹄技師学校・蹄保護士学校の教師・生徒にとっても事情は同じである（②）。伝統的な蹄鉄技術による装蹄を行う意思をまったくもたない蹄技師・蹄保護士に対して、蹄鉄の技術に関する教育を受け、蹄鉄の鋳造・装着を含む資格試験の合格を義務づけることは、動物保護と蹄保護技量の確保という2006年法の目的にとって、適切でも必要でも比例的でもない（③）。したがって2006年法の該当規定は違憲である。

4 憲法異議申立人による仮命令の申立を受けた

連邦憲法裁判所は、2006年12月5日の仮命令によって、2006年装蹄法の施行を連邦憲法裁判所の決定があるまで最長6ヵ月間停止する決定を下した（BVerfGE 117, 126）。

【判　旨】

1 本件憲法異議の許容性については、すでに仮命令で承認済みである。憲法異議申立人の主張には、大筋で理由がある（77[(1)]）。

2 生活基盤の創出および維持を目的とする継続的な活動を職業と認めるならば（BVerfGE 7, 377, 397 ff.）、職業の自由によって保護されるのは、伝統的に確立された職業ないし法律で確定された職業だけではなく、技術・社会・経済の発展によって新たに成立した職業も保護される（BVerfGE 97, 12, 34）。蹄技師・蹄保護士は、装蹄工とは区別される独自の職業と判断できるので、その活動は基本法12条1項によって保護される。これらの養成学校の入学申込者と生徒も同様である。また、蹄技師・蹄保護士の養成学校経営と、この学校での教育活動も、職業として基本法12条1項で保護される（78 f.）。したがって、本件憲法異議申立人全員に申立適格が認められる。

3 2006年装蹄法2条1号の法的定義は、装蹄の職業概念を、蹄の保護、健康維持、補修または治療を目的とする処置の全体に拡張した。

その結果、憲法異議申立人のうち、蹄技師が、装蹄の教育と試験に関する新法の要件を充足しておらず、今後蹄技師という職業を継続できなくなったこと、蹄技師学校・蹄保護士学校の入学申込者・生徒が、蹄技師・蹄保護士の教育を完了できず、蹄鉄に関する知識・技能を証明しなければならなくなったことは明らかである。したがって、2006年装蹄法は、主観的参入要件という形態による彼らの職業の自由に対する直接的介入にあたる。

2006年装蹄法にいう装蹄工の教育が、国家の認定を受けた装蹄学校と、装蹄指導工・装蹄工の有資格者に限定された結果、憲法異議申立人のうち、蹄

技師学校・蹄保護士学校の経営者と教師もまた、その職業活動を継続できなくなるため、2006年装蹄法は、彼らの職業の自由にとっても、主観的参入要件という形態での直接的介入にあたる (80 f.)。

4 基本法74条1項11号により、連邦立法者にはこの種の営業規制法の立法権が付与されているので、憲法異議申立人による連邦立法権の逸脱の主張は受け入れられない (81 f.)。

5 主観的参入要件による職業選択規制は、「特別に重要な共同体利益の保護」という目的を追求するものでなければならない。このことは、連邦憲法裁判所の確立された判例である (BVerfGE 7, 377, 406)。連邦議会議事録によれば、2006年装蹄法の目的は、蹄メンテナンスの質の確保による動物保護の促進である。基本法20a条自身が、立法者に対して動物保護を義務づけていることから、動物保護の促進は、特別に重要な共同体利益と解することができる (83)。

6 法令が採用している手段は、目的達成の可能性があれば目的に適合的 geeignet といえる (BVerfGE 96, 10, 23; 100, 313, 373; 103, 293, 307)。立法者が、蹄のメンテナンスに関わる複数の職業を統合して統一的な職業像を法定し、それらの職の最高レベルの教育と試験を当該統一的職業の全体に課すならば、動物の健康保護を改善することが可能になるので、新規定は立法者の追求する目的に適合的である。新法の経過規定によって、300人程度と見込まれる蹄技師の活動は終止符を打たれるとしても、約4000人の装蹄工と約700人の蹄保護士が新装蹄工として業務を継続できるので、蹄メンテナンスの質がこれまでより低下するとまではいえない。したがって、新規定は目的と適合的である (84 f.)。

7 法令が採用している手段には、より制限的でない手段が利用できない場合にのみ、必要性が認められる erforderlich (BVerfGE 80, 1, 30)。立法者には広い評価・予測の余地が承認されるので、立法者の措置が合理的根拠を何ら提示できないほど誤っている場合にはじめて、立法裁量のゆ越が認定される。本件立法の場合、飼い主に信頼され、包括的な権限をもって助言し、蹄メンテナンスの選択肢の全体を確実に支配する職業主体を創出しようとする立法者の判断は、動物の健康保護の促進という目的の手段として首尾一貫している。悪質な蹄メンテナンスに対する官庁の個別の措置では、当該事案の動物は被害を免れないので、個別措置は本件のような包括的な予防的法規制に対して、より制限的でない手段とはいえない。したがって、新規定には必要性が認められる (85 f.)。

8 しかし、2006年法が規定する主観的参入要件が憲法異議申立人に課す負担は、期待可能性のない負担であって、相当とはいえない unangemessen。

個人に課せられる負担の程度は、公衆にもたらされる利益と合理的な関係に立っていなければならない (BVerfGE 76, 1, 51)。受命者に期待不能な負担を課することは許されない (87)。法令が、個人が計画している職業活動とは無関係な知識・能力の証明を求めることは、比例原則に抵触する (BVerfGE 54, 301, 330 f.) (90)。

蹄のメンテナンスを職業とするすべての人に、蹄鉄の鋳造・装着の技術を要求しなくても、その都度必要とされるメンテナンス方法を選択し、自分で実施できない方法については適切な者を紹介する理論的知識があることを証明させれば足りる。蹄のメンテナンスに携わる者全員に蹄鉄の技術を要求すれば、必要な場合に、質の高いメンテナンスが得られない危険は小さくなるという利益には重要性はない。現に人間の医療の分野でも、医師の資格をもたない治療技術者による施療が認められている場合があり、その種の治療技術者には、必要に応じて患者に医師を紹介することが義務づけられている。この点について、立法者がさらに厳しい規制をしなければならないような濫用例は、過去数十年発生していない。蹄保護士の職は数年後には廃止され、蹄保護士学校

の生徒と入学申込者には、職業的な活動の場所がないことになるが、このような重大な不利益と、必要な場合に質の高いメンテナンスが得られない危険は小さくなるという公衆の利益との間に、合理的な関係は見出されない (88 f.)。

蹄技師は、蹄のメンテナンス方法としての蹄鉄を否定し、それに代わる蹄保護具の装着を職業とする者であるから、伝統的な装蹄の知識・技能を必要としない。蹄鉄による蹄保護の提供を望まない蹄技師は、装蹄工の資格取得の義務づけによって、自己の職業的チャンスと社会的評価の増大を何ら期待できない。動物の保有者たちも、蹄技師に対して蹄鉄の知識と技能を期待していない。にもかかわらず、新規定は、蹄技師という職業を装蹄工に統合した。したがって、蹄技師にとって新規定は受忍不能である (90-92)。

以上の点は、蹄保護士学校・蹄技師学校の経営者と教師にもあてはまる (93)。

9　したがって、2006年装蹄法のうち、2条の定義規定にいう装蹄 Huf- und Klauenbeschlag を、試験に合格し国家の認定を受けた装蹄工に独占させることを定めた3条1項・2項、装蹄工を養成できる装蹄学校の認可要件として、一定数の装蹄工の常勤等を義務づけた6条は、憲法異議申立人の基本法12条1項の基本権を侵害し、無効である。

【解　説】

1　評者にとって本件決定は、法律憲法異議の事例であること、いわゆる三段階審査の立論がとられている典型例であること、主観的参入要件による職業選択規制という位置づけで比例原則審査が行われた事案であることの3点が興味深い[2]。

2　第1に、本件は、法律の適用行為を待たずに、したがって専門裁判所の裁判を経ることなく、連邦憲法裁判所にいきなり憲法異議の申立が行われたいわゆる法律憲法異議事件である。連邦憲法裁判所法90条2項本文は、憲法異議を申し立てる前に「出訴の道を尽くす」ことを求めているが、同時に同項但書において、「憲法異議が一般的意義を有する場合、又は出訴の方法をとるときは異議申立人が重大かつ不可避の損害を被るおそれがある場合」には、連邦憲法裁判所は出訴の道を尽くしていない憲法異議も裁判するとしている。また、同法93条3項は、法律に対する憲法異議の申立は、法律施行後1年以内に限るとして、法律憲法異議の申立可能性を認めている[3]。

連邦憲法裁判所の確立した判例によれば、法律憲法異議の申立人は、「自分自身が」「現在」「当該法律に直接に関わりを有していること」を主張しなければならない。この3要件が充足されていると裁判所が判断した場合にのみ、法律憲法異議は許容される[4]。

2006年装蹄法の施行を停止する仮命令を出した2006年12月5日の連邦憲法裁判所第一法廷決定は、本件「憲法異議申立人が、当該法律規定と、みずから、現在、直接に関わりをもっている」ことを認めた。裁判所は、法律施行前であっても、「憲法異議申立人が、攻撃されている規定と関わりをもち、関わりの態様が現時点ですでに明らかに予見できる場合には」憲法異議の手続を開始することができるとし、本件憲法異議申立人は、2007年1月1日の新法施行時点からその職業活動・職業準備活動を継続できなくなることが明らかなので、この要件を満たすとしている (BVerfGE 117, 126, 135 f.)。

3　第2に、本件憲法異議申立人の主張と連邦憲法裁判所の決定理由は、典型的に「三段階審査論」の形式を踏んだものとなっている。【事実】の3で概略を紹介した憲法異議申立人の主張のうち、①は「保護領域」、②は「介入」、③は「憲法的正当化」を論じた箇所であり、【判旨】の2は「保護領域」、3は「介入」、4〜8は「憲法的正当化」を検討した箇所である。

本件で保護領域が問題になったのは、蹄技師・蹄保護士が、装蹄工とは区別される独立の職業として、

基本法12条1項で保護されるか否かに疑問の余地があったからである。連邦憲法裁判所は、判旨2で紹介したように、憲法上の職業の確立された定義に照らしてこれを肯定した。次に、本件決定の介入論で目を引くのは、このように蹄技師・蹄保護士を基本法上の職業と認めながら、立法者がこれらを装蹄工と統合し、統一的な取扱いを行うこと自体は、立法者は複数の職業を統合する権限をもつので許されるとした点である[5]。本件決定は、この解釈の先例として、法律補佐人 Rechtsbeistand の職を将来に向けて弁護士の職に統合することを定めた連邦弁護士報酬法の1980年改正法を合憲と判断した1987年5月5日の第一法廷決定（BVerfGE 75, 246）をあげている。

4 本件の「憲法的正当化」の審査の中心は、比例原則審査であった。本件決定も、1958年の薬局判決に端を発する職業規制審査に関する「段階理論」Stufen-Theorie の枠組みを踏襲し、本件を主観的参入要件による職業選択規制と位置づけて、比例原則審査を行っている[6]。

職業の自由の規制に関する審査では、薬局判決の「段階理論」と共同決定判決の「統制密度」論が結合され、一応以下のような3段階の判断枠組みが成立した。すなわち、①単なる職業遂行だけの規制の合憲性は、正当な目的と立法裁量の明白な濫用の有無、②職業選択自体の主観的要件による規制の合憲性は、重要な目的と立法者の主張可能性の有無、③職業選択自体の客観的要件による規制の合憲性は、特に重要な共同体利益に対する切迫した危険防止という目的と立法事実の詳細な審査によって、それぞれ判断するという図式である[7]。しかし、連邦憲法裁判所は、この判断図式に厳格に従っているわけではなく、判例動向は複雑なようである[8]。本件決定も、目的審査では「重要な目的」の存在を要求して

いていわば定石どおりだが、手段審査のうち適合性審査と必要性審査は、特に理由を示すことなく緩やかに行っている。結局、違憲判断の決め手は、蹄鉄を否定する人々にまで、蹄鉄技術を資格要件とすることが、動物の危険の減少という利益と均衡がとれていないという狭義の比例原則違反であった。

連邦憲法裁判所は、一般論としては複数の職業の統合を立法者の権限と認めるものの、2006年装蹄法は結局この統合に失敗したことになる。ドイツ蹄整形師協会 Deutsche Hufortpödische Gesellschaft e.V. のウェブサイトによれば、本件決定によって、蹄技師・蹄保護士の法的な資格制限は従来どおり存在しないことになり、関連団体間の協議が整わないため、装蹄工以外の蹄メンテナンス業に関する新規制は、その後立法化されていないようである[9]。

(1) 括弧内の数字は BVerfGE 119, 59 の頁数である。
(2) ドイツでは本件決定を対象とした独立の判例解説は見当たらないようである。
(3) 連邦憲法裁判所法の条文は、畑尻剛・工藤達朗編『ドイツの憲法裁判・第2版』（中央大学出版部、2013年）593-594頁に依った。
(4) 法律憲法異議の許容性の3要件に関する詳細な研究として、川又伸彦「司法審査における事件の『具体性』について」日本大学法科大学院・法務研究3号（2007年）15-33頁参照。
(5) Vgl. Th. Mann, in: Sachs（Hrsg.）, Grundgesetz, 7. Aufl. 2014, Art. 12, Rn. 68; V. Epping, Grundrechte, 4. Aufl. Rn. 402.
(6) 主観的参入要件による規制とは、職業への参入を個人の資質・能力・知識・経験・実績と結びつける職業選択規制である。ピエロート／シュリンク（永田秀樹・松本和彦・倉田原志訳）『現代ドイツ基本権』（法律文化社、2001年）300頁を参照。
(7) 段階理論の図式については Epping, aaO., Rn. 404.
(8) 淡路智典「違憲審査基準としての比例原則と統制密度」社学研論集16巻（2010年）210頁以下。
(9) http://dhgev.de/infothek/staatliche-regelungen/hufbeschlagsgesetz-und-die-folgen/

45 受動喫煙からの保護と飲食店での喫煙規制
――禁煙法判決――

井上典之

2008 年 7 月 30 日連邦憲法裁判所第一法廷判決[1]
連邦憲法裁判所判例集 121 巻 317 頁以下
BVerfGE 121, 317, Urteil v. 30. 7. 2008

【事　実】

1 (1)　バーデン・ヴュルテンベルク州は、2007年 7 月 25 日の非喫煙者保護法により、2007 年 8 月 1 日から、非喫煙者の受動喫煙からの保護（1 条 1 項 2 文）のために飲食店（同法 7 条 1 項）での喫煙を原則として禁止した。ただその例外として、明示的に喫煙室を表示して分煙する場合（同条 2 項 1 文）には喫煙可能とされたが、この例外はディスコ（同条 2 項 2 文）には適用されなかった。そして同法は、飲食店経営者に自己の店舗での喫煙規制についての責任を負わせ、禁煙に違反した喫煙者のさらなる喫煙を予防するために必要な措置を採るよう義務づけた（8 条 1 項・2 項）。

(2)　ベルリンでも、2007 年 11 月 16 日、受動喫煙による健康被害から住民を保護する目的で非喫煙者保護法が制定され、すべての飲食店での喫煙は原則として禁止された（同法 2 条 1 項 8 号）。ただ、同法でも例外は定められ、完全に分離した喫煙室を設置する場合（4 条 3 項 1 文）にはそこでの喫煙は可能とされた。同法では、罰則を付して、飲食店経営者に禁煙とそれに対する必要な措置を採るよう義務づけた（6 条 1 項・2 項、罰則は 8 条 1 項・2 項）。

2 (1)　本件は、3 つの憲法異議を併合したものである。第一および第二異議申立人は、バーデン・ヴュルテンベルク州、ベルリンでそれぞれ小さな居酒屋を経営しており、両者の店舗の客の約七割は喫煙者であった。非喫煙者保護法の施行後、どちらの店にも常連客がほとんど来なくなり、売り上げが約四割減少した。第三異議申立人は、バーデン・ヴュルテンベルク州でのディスコの経営者である。この

ディスコ内では空気清浄装置が備えつけられており、一定のスペースを喫煙室にすることが可能であるにもかかわらず、非喫煙者保護法の規定によって完全禁煙とされたために売り上げが約三割減少していた。

(2)　第一・第二異議申立人は、それぞれの州の非喫煙者保護法の規制に対して、分煙できないような小さな居酒屋に対して例外を認めず、全面禁煙でしか営業できないようにしているのは基本法 12 条 1 項の職業の自由の侵害であり、分煙可能な規模の飲食店との比較において小さな飲食店を不利に扱っている点で基本法 3 条 1 項に違反すると主張し、また、第三異議申立人は、バーデン・ヴュルテンベルク州非喫煙者保護法が、喫煙室の設置可能なディスコでも例外なく完全禁煙にしなければならないと規制していることを基本法 3 条 1 項と連携した 12 条 1 項に違反すると主張して、連邦憲法裁判所に憲法異議を提起した。

【判　旨】

1　飲食店での喫煙規制の問題は、飲食店の職業活動に反射的に影響を及ぼすだけでなく、店への来客に提供するサービスと共に喫煙を認めるか否かについての自己決定の可能性を店主から奪うことになり、飲食店経営者の職業の自由の保護領域にも直接介入する。職業の自由は、市場に提供する財やサービスの種類・質を自らで決定する権利、および、その購入希望者の範囲を決定する権利を含んでいる。

2 (1)　職業の自由への介入は、公共の福祉という十分な根拠によって正当化される法律上の根拠に基づくものでなければならず、当該介入の手段は、

目的達成に適合的かつ必要なものでなければならず、また、過剰に負担を課すものであってもならない。その結果、問題とされる規制は、介入の重大さと介入を正当化する理由の重要性との間の全体的な衡量において期待可能性という限界が保持されていなければならない。

(2) 健康に対する危険からの保護は、それ自体が職業活動を制限し得る客観的な職業許可の要件として認められる圧倒的に重要な共同体利益に属する。そして、受動喫煙の危険性には客観的な科学的根拠があり、立法者が受動喫煙を健康に対して危険あるものとした評価は十分な科学的事実に基づく根拠があり、規制目的の正当性は肯定される。

(3) 法律による飲食店での喫煙規制は、目的達成にとって望ましい効果を上げる十分な方法であり、それは必要な手段である。ここで追求される共同体利益は、基本法2条2項から導かれる市民の健康であり、健康そして人間の生命は特に高次の利益であるから、その保護手段は、職業の自由という基本権に相当程度介入するものであってもよい。立法者は、憲法上の理由から、飲食店経営者の職業の自由を考慮して建物内での営業について必ずしも禁煙の例外を許す必要はない。ここで立法者によって決定された目的は、喫煙という行為の抑制ではなく、受動喫煙の被害にさらされる市民の健康保護そのものだからである。

3 (1) しかし、厳格な禁煙規制ではなく、飲食店経営者や喫煙者の利益を考慮して、健康保護の目標を相対化するような構想が選択されるならば、比例性審査は異なった結論へと導く。立法者がその形成の余地に基づいて危険発生の可能性について一定の評価を行い、これに依拠して関連利益を衡量し、一定の規制の構想を選択したのであれば、この決定は首尾一貫（folgerichtig）していなければならない。禁煙の例外を認めることは憲法上要請されてはいないが、立法者が特に飲食店経営者の利益を考慮することで健康保護という目標の意義を相対化させたのであれば、小さな居酒屋にとっての禁煙という特別の規制効果は、全体的な衡量の範囲で首尾一貫して

強く考慮されなければならない。

(2) 問題の規制は、喫煙室を設けることができない小さな居酒屋の経営者に、常連客が離れ、売り上げが低下するといった相当な負担を課す。さらに、喫煙室を設置できる飲食店では健康保護という利益が相対化されるにもかかわらず、小さな居酒屋では全面禁煙によって厳格に保護目標が追求されており、受動喫煙による健康に対する危険性は、居酒屋の規模に応じて異なった意義を持つものとして取り扱われる。また、喫煙室を設置できる居酒屋は喫煙者にその魅力を提供できる一方で、小さな居酒屋はその点でも不利な立場に置かれる。健康保護が相対化される飲食店とは対照的に、問題の規制は、厳格な禁煙が義務づけられる小さな居酒屋の経営者にだけその生き残りを犠牲にするよう要求する可能性を持ち、小さな居酒屋の経営者に課せられる負担は、立法者が追求する利益との関係で期待可能な程度にあるとはいえない。本件での非喫煙者保護の構想を基礎にした立法者の評価・形成の内容に照らせば、小さな居酒屋の経営者に、全面禁煙によって課せられる特別の負担を甘受するよう期待することはできない。

4 (1) 職業活動の規制は、特に基本法3条1項の一般的平等原則を遵守する場合にのみ可能になる。一般的平等原則から規制対象と区別のメルクマールに応じて立法者に対する異なった限界が生じ、それは、単なる恣意の禁止から比例原則による厳格な拘束にまで及ぶ。平等基本権は、ある集団の規範名宛人が他の集団との比較において、両集団の間に不平等取扱いを正当化するほどの質的・量的差異が存在しないにもかかわらず、異なって取り扱われる場合に侵害される。この原則は、事情の区別が間接的に人的集団の不平等取扱いになる場合にも妥当し、立法者の形成の余地は、不平等取扱いが基本権上保護された自由の行使により強く影響を及ぼし得るならばそれだけ、厳格に制限される。

(2) 一般的な飲食店とディスコとは事情による区別であるが、バーデン・ヴュルテンベルク州でのディスコについての例外なき全面禁煙は、一般的な飲食店の経営者とディスコの経営者の区別に基づく

前者よりも後者の不利益的取扱いになり、人的集団の別異取扱いになる。そのために、立法者の形成の余地は厳格に制限される。そしてそうであれば、健康に対する危険からの保護という目的の下で、ディスコを他の飲食店と区別すべき正当な理由は存在せず、禁煙の例外としての喫煙室の設置という優遇措置からディスコを完全に排除することは正当化できない。

5　新たな規制についてラント立法者には複数の可能性が認められるために、攻撃されている諸規定は違憲確認にとどめる。立法者は、2009 年 12 月 31 日までに新たな規制を制定しなければならない。また新たな規制が制定されるまでは、小さな居酒屋に存する不利益を回避するために、経過措置として例外的にそこでの喫煙を認めることができるようにする。但し、その旨は、店舗の入り口に明示的に表示しておかなければならない。

【解　説】

1（1）　2007 年 9 月 1 日、およそ 1 年にわたる非常に激しい議論を展開した後に、非喫煙者の受動喫煙からの保護のために連邦非喫煙者保護法が施行され、連邦の公的施設での喫煙が禁止された。ただドイツでは、公の安全と秩序に関する規制はラントに排他的立法権限（基本法 70 条 1 項）があり、連邦法による規制はあくまでも連邦の公的施設での禁煙措置にとどまった。そこで、各ラントは非喫煙者保護法を独自に制定し、それらは 2007 年 8 月 1 日から2008 年 7 月 1 日までの間に施行された。この各ラントの法律は、その目的を連邦法と同じにしているが、単に公的施設だけでなくその他の公共的施設、そして飲食店での喫煙に関する規制も含んでいた。その中でも飲食店での喫煙規制には激しい反対論があったが、2001 年のたばこの危険性からの健康保護の必要性を強調する「EU たばこ指令」を考慮して、飲食店内での喫煙は原則的に禁止され、市民はそこで自由に喫煙することができない状態となった。その結果、当時のドイツでの喫煙率（約 34 パーセント・2008 年 5 月の連邦報告）から、飲食店での禁煙は、喫煙者だけでなく、経営者にとっても職業活動に対する大きな障害となることが予想された[2]。

（2）　連邦憲法裁判所は、本件での規制の問題が、「ラントの立法者が彼らに認められる非喫煙者保護の内容形成に際して、飲食店経営者の一定の集団に課せられる特別の負担を考慮すれば期待可能に思えるような規制を行っていない」という点にあるとし、非喫煙者保護法による規制を憲法違反と判断した。連邦憲法裁判所による喫煙規制に対する結論だけをみれば、それは喫煙者の熱狂的な歓喜を呼び起こすもののようにみえるが、その内容が本当に喫煙者にとっての勝利となるのか、歓喜するに値するものかは慎重な考慮が必要と指摘[3]されることになる。というのも、本判決は、健康保護と職業の自由の優先関係を定める立法者の基礎的構想（大きな飲食店では健康保護を相対化し、小さな飲食店では健康保護を絶対化する）についてのとらえ方から、規制が職業の自由との関係で首尾一貫していない（店舗の大小で当該自由保障の内容が異なっている）点を問題にしているからである。

2（1）　本判決には、以下のような Bryde 裁判官の反対意見が付されている。多数意見のいうように、立法者は健康保護を飲食店経営者の経済的利益との比較衡量の要因にして規制目的を相対化するというような決定を下しておらず、圧倒的に重要な保護法益が問題の場合には、規制が保護法益との関係での過小禁止と被侵害利益との関係での過剰禁止の間にあるか否かが審査され、それが認められるならば、利益調整は民主的な政治的判断に委ねられた問題であって、そこで採用された政策の首尾一貫性を連邦憲法裁判所から立法者に要求することは妥当でない。その結果、本件での規制は、職業の自由よりも常に健康保護が優先されている場合に当たることから、そこでの規制は問題ないという結論に至ることになる。

（2）　しかし、多数意見は、禁煙に対する例外（喫煙室設置による分煙）を認める以上、より緩やかな方法での目的達成を追求し得る方法を考える可能性があるという点を重視する。そしてそこから、不利益

を受ける集団の職業の自由への介入を重大な問題ととらえ、結論としての違憲の判断を導いている。その際に重要な役割を果たすのが、規制の首尾一貫性である。そして、この首尾一貫性は、職業の自由に対する過剰禁止の要請の一要素として、立法者が決定した規制の基本的構想への自己拘束を、規制の正当化理由判定の中に取り込む機能を果たすことになる[4]。それは立法者の政策判断に比例原則を厳格に適用する結果をもたらし、この首尾一貫性が職業規制の問題に用いられるならば、それは、規制の憲法違反に導く可能性を高めるものになる[5]。同時に、一定の集団（本件では小さな飲食店経営者）にだけ競争秩序において不利となることの問題性を浮き彫りにすることから、首尾一貫性は、競争秩序の維持と基本法の経済的自由の保障とを関連づけるドグマティク上の困難さを緩和してくれる機能を果たすことにもなるのであった[6]。

3(1)　規制の首尾一貫性を求めれば、多数意見がいうように、飲食店での全面禁煙を導くことになる。Masing 裁判官は、この多数意見による問題の規制の代替案としての全面禁煙の提示に対する疑問から反対意見を展開する。それによると、多数意見は憲法上考えうる政治的代替案のように全面禁煙の可能性を示唆しているが、そのような見解の提示は、本件で問題とされている規制の憲法上の評価にとって必要ではなく、基本法の自由な秩序と一致しない「良き生活」の国家による方向づけになるというのである。健康に有害とされるたばこも、その販売や使用が許されている以上、基本法は保護と自由の間の緊張を考慮した規制を義務づけることから、排他的にどちらか一方の利益のみを実現するような方法での規制は比例的でなく、全面禁煙のような極端な構想を連邦憲法裁判所が提示することは、民主的な立法判断を侵害する許されない行為といわざるを得ないとの批判が展開されるのであった。

(2) Masing 裁判官の批判にもかかわらず、連邦憲法裁判所は、本件での首尾一貫性判定の前段階で示した全面禁煙の合憲性を、飲食店での一貫した全面禁煙という規制措置を定めたバイエルン州法につい

ての憲法異議において第1法廷第2部会決定[7]で確認する。そこでは、本判決が引用されて、憲法異議受理を拒否する決定が下された。この第2部会を構成する裁判官の中に Masing 裁判官は含まれていなかった。それと共に、バーデン・ヴュルテンベルク州もベルリンも飲食店での全面禁煙へと法律の改正を行った。本判決の首尾一貫性の判断を考慮すれば、現実には、禁煙の例外を認めると同時に比例原則の要請を充たす喫煙規制を構想するのは、非常に困難なのかもしれない。そして、健康保護と共に、職業の自由や一般的行為自由（喫煙の自由）の最適な調整を決定するのが立法者の責務であるとすれば、本判決を下した連邦憲法裁判所の多数意見が考えるよりも厳しい政策判断を立法者に求めることになるのではないだろうか。

(1)　本件については、井上典之「喫煙規制をめぐる憲法問題」法律時報81巻5号104頁（2009年）108頁以下において、日本の問題状況と共にその紹介と分析を行っている。

(2)　ドイツの喫煙規制についての法状況は、井上・前掲注(1)106-107頁参照。同時に、Markus Zimmermann, Landesrechtliche Rauchverbote in Gaststätten und Grundrechte der Betreiber von (Kleine-) Gaststätten, NJW 2008, S. 705 も参照。

(3)　Anne Holtermann, Standpunkt: Rauchverbot gekrippt? NJW 2008, Heft 33, S. XII.

(4)　Lothar Michael, Folgerichtigkeit als Wettbewerbsgleichheit: Zur Verwerfung von Rauchverboten in Gaststätten durch BVerfG, JZ 2008, S. 875 (876).

(5)　この点、例えば本件で先例とされて引用される事件2000年7月19日のカジノ判決（BVerfGE 102, 197. この紹介については井上典之「カジノ開設の禁止と職業の自由」〔ド憲判 II *51* 判例参照〕や、2006年3月28日のスポーツ国家くじ法判決（BVerfGE 115, 276）が違憲判断の例として挙げられる。

(6)　Michael (Anm. 4), S. 882. なお、競争秩序と規制の首尾一貫性の関係については、井上典之「競争制限・国家独占と規制の首尾一貫性」季刊・企業と法創造7巻5号（2011年）37頁以下参照。

(7)　Beschluss des 2. Kammer des Ersten Senats des BVerfG vom 6. 8. 2008, NJW 2008, S. 2701. なお、バイエルン州法については、Beschluss des 2. Kammer des Ersten Senats des BVerfG vom 2. 8. 2010, NVwZ 2010, S. 1289 でも受理却下決定がなされている。

46 公証人の職業の自由と国家の監督責任

高橋雅人

2012 年 6 月 19 日連邦憲法裁判所第 1 法廷判決
連邦憲法裁判所判例集 131 巻 130 頁
BVerfGE 131, 130, Urteil v. 19. 6. 2012

【事　実】

　異議申立人（以下、申立人）は、1974 年からシュレスヴィヒ・ホルシュタイン州の弁護士兼業公証人である。申立人が管理する帳簿の記帳の日付に対して、監督官庁が「公証人服務規程」に従って行った指揮が、基本法 12 条 1 項の職業選択の自由（同 1 文）と法律の留保（同 2 文）を侵害するとして、異議申立てがなされた。当該服務規程は、「規範を解釈する行政規則」として、連邦公証法の下、シュレスヴィヒ・ホルシュタイン州司法女性青年家族省（ラント司法行政の旧組織）によって施行されたものである。

　さて申立人は、自身が管理する他人の金銭のキャッシュレス支払いについて、利子決算日の日付で帳簿に記帳していた。2008 年、職務審査で変更を求められたにもかかわらず、申立人が記帳方法を変更するとは明言しなかったため、ラント裁判所長官が申立人に対して、「キャッシュレス支払いの記帳は、公証人服務規程 10 条 3 項 1 文の規定の通り、すなわち明細書への入金の日付、損益計算書の報告の日付または雑費計算書の報告の日付で行われること」と文書で命じた。

　この指揮命令に対して、申立人は異議申立てを行ったが、上級ラント裁判所によって棄却された。公証人の職務遂行は服務規定 10 条 3 項の行政規則によって規律されるからだという。そこで、連邦通常裁判所に異議を申立てたが、当裁判所によれば、本件職務監督法上の措置は公証人の職業遂行の自由（基本法 12 条 1 文）を侵害しておらず、当該指揮の法的根拠は連邦公証人法によってラントから与えられた組織権にあり、指揮は申立人の職業の自由への比例原則にかなった行為だという。

　これに対して申立人は、連邦憲法裁判所に憲法異議を申立てた。申立理由は、公証人に対する指揮が法律によって根拠づけられず、基本法 12 条 1 項 2 文の法律の留保をみたさないこと、基本法 12 条 1 項の保護が職業遂行のあらゆる形態に及ぶこと、指揮が強制的であるにもかかわらず有効な法規定に基づいていないため、一般的人格権（基本法 2 条 1 項）が侵害されたことである。

【判　旨】

　憲法異議は適法だが、理由はない。

　憲法異議に必要な要件は満たしている。指揮は、日付を「適切に」記帳するよう義務付けただけだが、それでも公証人に与えられた指揮は行政行為であり、出訴が認められる。もっとも憲法異議に理由はない。指揮と裁判決定は、申立人の基本権、とくに基本法 12 条 1 項で保護された職業の自由を侵害しない。

1　「特別の規律」

　申立人は、職業遂行の自由に基づいて、公証人としての職業活動を行うことができる。公証人は「国家と結びついた職業」で、立法者がその固有の行政機構にも認めた場合には、基本法 12 条 1 項が保障され、独立した職務遂行として任務を行う。もっとも、国家と結びついた職業が、基本法 33 条 4 項における狭義の公務に近づくと「特別の規律」が課される。

　連邦公証人法 1 条によって、申立人は予防司法（die vorsorgende Rechtspflege）を履行することになるが、それによって裁判官に近似することになる。このようなドイツ法での公証人職の法的地位は、EU 法でも否定されていない。欧州司法裁判所によると、公証活動は旧 EC 法 45 条 1 項（現運営条約 51 条 1 項）の

意味での公権力行使と結びつかない。欧州司法裁判所の 2011 年 5 月 24 日判決は、ドイツ法における公証制度の地位や組織に影響しない。構成国の法における職業遂行の分類について司法裁判所は関与するわけではない。この裁判所が言及したのは、私人の間で交わされる文書の適法性と法的安定性を保障する公証活動の目的が、一般的利益という理由によって、公証活動という特殊性に基づく居住の自由の制限を正当化できる、ということである (NJW 2011, S.2943 Rn.98)。

2 公務からの距離

もっともドイツ基本法の下では、公証人は「国家と結びついた職業」を行使するので、基本法 12 条 1 項の基本権の効力は、基本法 33 条 5 項の「特別の規律」によって制限される。つまり「国家と結びついた職業」は、「公務に接近すればするほど、基本法 33 条 5 項に基づいて、特別の規律がますます強く、職業の自由という基本権の効力を制限する。反対に、自由な職業の資格が強調されればされるほど、基本法 12 条 1 項はますます強くその効力を展開できる」。

公証人の場合、予防司法の分野で国家任務を履行し、限定的に公務に接近する。証書作成という権限は、高権的な権限である。その一方で、公証活動は自由な職業活動となるため、公務との接近の度合いにより職業の自由の規制の度合いが変化することになる。

公証人が、国家からではなく嘱託人から報酬が賄われるという点で、公証人職は、公務から最も距離が離れており、かかる公証人の職業活動については基本法 33 条 5 項の影響が、他の職業行使の規律よりも後退する。これに対して、本件で問題となっている公証人の服務規程における記帳は、公務遂行の分野であり、基本法 33 条 5 項に基づく特別の規律に接近する。公証人による他人の財物の保管は、業務の適法な遂行が求められる高権的活動だからだ。公務にとくに接近するこの公証活動は、ラント司法行政の監督下で職務の統制が行われる。

3 指 揮 権

したがって、異議申立てがなされている指揮と、その根拠となる服務規程 10 条 3 項 1 文の規定は、形式的にも内容的にも憲法上問題がない。もっとも指揮については、職務監督の手段である一般的な指揮について論ずる場合と、個別的な指揮の内容について論ずる場合とを区別して審査しなければならない。審査基準としては、基本法 12 条 1 項によって保護された職業の自由が考えられる。

①「職務監督の手段としての指揮」の合憲性

たしかに公証人に対する職務監督の指揮権には、法律の明文規定が欠けている。それでも「可能な限り限定された」一般条項によって、法律の留保は充たされる。そもそも職業にかかわる義務を法律で完全に列挙することは不可能だし必要でもない。先行する連邦通常裁判所の決定 (Beschluss 16. Juli 2001-NotZ 12/01-, ZNotP 2001, S.441 (442) ; 8. Juli 2002 - NotZ 5/02- juris, Rn.5) で、指揮権が連邦公証人法 93 条の監督権から引き出されている。その解釈は、体系的かつ歴史的論証に依拠しており、法律の留保の点で、憲法の要請にこたえている。立法者は、職務監督の手段を、職務遂行の統制に関する連邦公証人法 92、93 条で規定し、職務監督の任務は、たんなる観察権限 (内的な監督措置) だけでなく、修正するに十分な機会が与えられる指揮を行う権限 (外的な監督措置) も含む。国は、監督によって予防司法の任務遂行責任を履行する。指揮は、一般的な職務活動について行われ、公証人の職務が公務にとくに接近し、基本法 33 条 5 項に基づく特別の規律がある分野について行われる。

また、実質的な実体法上の合憲性についても、この指揮は、国家行政組織の外部の職務者の監督、民主的国家および法治国家の拘束という合理的理由ならびに適法な行為の確保という公共善に資するのであり、憲法上の疑義は生じない。

②「指揮の手段の内容」の合憲性

本件指揮の内容についても憲法上の要請を満たしている。

まず形式的には、法律上の根拠がある。保管業務に関する服務規程は、連邦公証人法 93 条による一般的指揮権をもつラント司法行政の監督権限に基づいている。この職務監督は保管業務の文書化を対象としており、本件キャッシュレス支払いの収支の文書化は、国家監督に服す。記帳方法についての負担

はわずかであり、基本権の本質に触れない。連邦公証人法93条の個別規定は、公証人の保管業務の文書化のために、監督官庁の一般的指揮によって細部まで規律するのに十分な確定的な法律上の根拠をつくりあげている。

服務規程10条3項1文の指揮は、高次の法と抵触しない。公証人会の規則制定権に関する連邦公証人法67条2項3文の列挙事項には、職務監督の規律を停止させる効果はないという、本件に対する先の連邦通常裁判所の見解は支持できる。反対にいえば、公証人職が公務に接近する場合、公証人の職務遂行に関する直接的な国家監督は、もともと継続的に与えられている国家の責任の点で、公証人会の自治の権限では完全には排除できないということになる。連邦通常裁判所はさらに、本件指揮と服務規程10条3項1文が、その内容の点で、シュレスヴィヒ・ホルシュタイン州公証人会指針と対立しているわけではないという結論に至ったが、それは、少なくとも支持できないものではない。

次に、実体的な観点では、服務規程10条3項1文の一般的規律の内容も、基本法12条1項で保護された異議申立人の職業の自由への介入が見られたとしても、少なくとも比例的でないわけではない。

服務規程における一般的規律に基づく、異議申立人に課された文書化は、統一的な規律にしたがった記帳に至り、それによって適法な公証人の職務遂行についての国家監督に資する。

加えて、記帳の定まったやり方は、必要である。統一的な記帳なくして、監督の目的は同様には実現できない。他の統一的または個別的に選ぶ選択的な記帳方法によって監督できるという事情があっても、違った判断になるわけではない。また、連邦公証人会が指摘するように、異議申立人の求める記帳方法は「飛び飛びの日付」記帳になるのであり、明らかに優れているとは認められない。

最後に、服務規程10条3項1文で規定された保管業務の文書化の方法は、狭義に比例的である。この方法は、異議申立人にわずかな負担を課すにすぎない。

【解　説】

ドイツの公証人は、法律行為等につき公正中立の立場で法令違反をチェックし、証書作成によって権利関係を明確化する義務が課されている。公証人は各ラントで任命され、裁判所等のラント司法行政の監督に服する。公証人は公証人会に統合され、当団体は、構成員の名誉と栄誉を見張るために、監督官庁を支援し、公証人の職務遂行の面倒をみる[1]。

本件は、判決自体は「地味」ではあるが[2]、欧州司法裁判所が、公証人制度を国際化するために、公証活動の「公権力の行使」を否定して公証人に「居住の自由」を保障したことに対して、連邦憲法裁判所の判決が、公証人の法的地位をいかに規定するか注目された。

1　法律の留保

本判決では、監督官庁の指揮権が法律の明文根拠を欠いていることは問題ないとされた。そこでは、法の欠缺を補充する「裁判官による法の継続形成」の方法が専門裁判所に認められるとする先例で示されている判断を踏襲し[3]、そのうえで、専門裁判所の裁判官が立法者の基本決定を尊重しているか、通説的なやり方で法律解釈の方法が採用されたかを連邦憲法裁判所は審査するだけだと述べる。この法律の留保の考え方は、従来どおりである。

2　職業の自由

ドイツの公証人は、すでに先例で「国家と結びついた職業」とされている[4]。それによれば、この職業従事者には、立法者が特有の行政機構を留保でき、職業の内容は、基本法33条4項、5項での「公務」に接近する。公務の場合は、職業の自由が保障されるものの、同条5項の「職業官僚制の伝統的諸原則への配慮」のもとで特別に制限される。したがって、国家と結びついた職業が公務に接近すれば、公勤務法の分野に近づくため、職業の自由の審査密度は小さくなる。この基本思想は、いわゆる「薬局判決」に由来する。薬局判決によると、「国家と結びついた職業」は、「遂行すべき公共任務の特性と重みによって」バランスをとることが求められている。「ある職業が、公法上の拘束と負担によって『公務』に近づけられるほど、基本法33条に依拠した特別の規律は、12条1項の基本権の効力を事実上、ま

すます強く制限できる」[5]。このように、職業の自由保障と、公務法との関係は、比例的に調整される。

さて、本件で争われている公証人の保管業務は、公共的任務遂行の分野に当たり、高権的遂行と認定され、そのため、この業務は基本法33条5項の特別の規律に服する。この点が以下のEUとの違いとして現れた点である。

3　EU法

というのも、欧州司法裁判所は2011年5月24日の判決で、ドイツの公証人を公権力行使の主体とはみなさなかったからだ。運営条約51条1項（旧EC法45条）は、公権力行使（とくに公権力の「直接かつ特別」な行使[6]）には、居住の自由の適用除外としているが、この判決では、公証人には居住の自由を適用するとした。そのために、公証人を公権力行使の主体とはみなさなかった。

ところで、この公権力行使概念は、ドイツ法の高権性とは同一視されえない。「高権性は、（旧）EC法45条を肯定するのに、必要だが十分な条件にはならない」[7]。欧州司法裁判所の判決によってドイツの公証人の法的地位が変更されるか注目されたが、本件判決は、「ドイツ憲法で基準となっている公証職業の法的内容は、EU法では問題になっていない」として、法的性質に影響しないと判断した。

4　保障国家

本件は、基本法33条5項に基づく特別の規律の態様を議論するなかで、「国家と結びついた職業」の行使の「責任（Verantwortung）」が論じられている点で注目される。公証人は職業の自由の基本権主体である一方で、公務に接近する職務遂行を行う。したがって、公証人の保管業務という国家任務を適法に遂行させるためには、国家が公証活動を監督するという責任を負う。いわゆる「保障国家」の問題である。「公務の外部にある者に公職を委譲することは、国家と結びついた任務の適法な遂行の責任から国家を免除しない」。「公証人職が公務に接近する場合、公証人の職務遂行に関する直接的な国家監督は、もともと継続的に与えられている国家の責任の

点で、公証人会の自治権限では完全には排除できない」。この議論によって、本件は、公証人の職務活動を指揮することが、職業の自由の過度の制限なのではなく、むしろ職業の自由への介入を比例原則によって検討する際の適合性審査の前提として、国家の「責任」が論じられたのである。

5　むすびに

公証人は国家と結合する職業であり、付随的に義務が課されて職業の自由に対する介入が正当化された。公証人の職業は、むしろ国家任務を国家の外部に委譲するという基本法33条4項の点で、国家組織の問題となっている。その意味で、立法者は委譲する高権の範囲と態様を規定する必要がある点で本質性理論が[8]、さらに国家の監督責任という点で保障国家論が展開されているといえる。

近年、欧州委員会が、公証人を職業資格指針の適用範囲に一般的に組み込もうとしている[9]。公証人の職が一度、ヨーロッパ第二次法の立法対象になれば、すべては第二次法の形成次第ということになるだろうと指摘されている[10]。ドイツ公証人の法的地位の動向は、しばらく注視が必要である。

⑴　ドイツ公証制度については、参照、中山幸二「ドイツ公証人法に学ぶ」自由と正義2005年96–104頁、トーマス・ミルデ「ドイツ公証人から見た予防司法のあるべき姿」THINK会報103号（2005年）291–302頁。

⑵　Ralpf Alexander Lorz, Verfassungs- und Europafestigkeit der deutschen Notariatsverfassung, NJW 2012, S. 3406.

⑶　BVerfGE 98, 49; 108, 150.

⑷　BVerfGE 73, 301（315 f.）.

⑸　BVerfGE 7, 377（398）.

⑹　EuZW, Urt. v. 24. 5. 2011-C-54/08, S. 468-475. Rn. 86.

⑺　Peter Huttenlocher, Stefan Wohlrab, Der Notar（weiterhin）als Hoheitsträger, EuZW 2012, S. 779-782（781）.

⑻　A.a.O. S. 782.

⑼　職業資格指針に公証人を取り入れることにつき、欧州委員会が公証人にも適用を拡大しようとすることにドイツ連邦政府が反対するという書簡のやり取りが2000－2006年の間に行われた。Ralph Alexander Lorz, Kein Grund zur Sorge, DNotZ 2011, S. 496.

⑽　Lorz（Anm. 2）S. 3409.

47 所得税・営業税と「五公五民原則」

畑尻　剛

2006 年 1 月 18 日連邦憲法裁判所第 2 法廷決定
連邦憲法裁判所判例集 115 巻 97 頁以下
BVerfGE 115, 97, Beschluss v. 18. 1. 2006

【事　実】

　ノルトライン゠ヴェストファーレン州のケンペン税務署は 1996 年 1 月 11 日の決定により憲法異議申立人（X）の 1994 年分の所得税を 260, 262DM と確定した。同様に、ゲマインデ・ネッテタールは、1996 年 2 月 12 日の決定によって営業税を 112, 836 ドイツマルク（DM）と確定した。X の計算によれば、その負担総額（373, 432DM）は、所得総額（648, 595DM）の 57.58 ％に達した。X は、所得税と営業税の負担総額が 50 ％を超えるために、1995 年 6 月 22 日決定（BVerfGE 93, 121 ド憲判Ⅱ *47* 判例―以下 95 年決定）において連邦憲法裁判所第二法廷が示した「五公五民原則（Halbteilungsgrundsatz）」（税の総負担の憲法上の上限は、財産収益が私人と国家との間でおよそ半分ずつ分配された状態にとどまるものでなければならないとする原則）に反すると主張して、1994 年分の所得税決定に対して異議を申し立てたが、退けられた。

　デュッセルドルフの財政裁判所は、1997 年 11 月 5 日の決定によって訴えを理由なしとして斥けた。また、連邦財政裁判所も、1999 年 8 月 11 日の判決によって上告を理由なしとして棄却した。

　そこで、X は、連邦財政裁判所のこの判決が X の基本法 14 条（財産権）、12 条（職業の自由）、19 条 4 項（実効的権利保護）および 20 条 3 項（法治国家原理）と結びついた 2 条 1 項（人格の自由な発展）の基本権を侵害したと主張して、判決に対する憲法異議を提起した。

【判　旨】

1　先例とその拘束力

　95 年決定における「五公五民原則」はもっぱら財産税に固有の負担状況から展開されたものであり、そこで訴訟の対象となった財産税から離れて、所得税および営業税のような他の税目に転用できるような、いかなる負担の上限も導き出すことはできない。「期待収益税」としての財産税と「収益税」としての所得税・営業税とでは税の性格に違いがある。

　また、95 年決定における「五公五民原則」に関する説示には、連邦憲法裁判所法（以下「法」）31 条 1 項による拘束力が認められない。主文はもっぱら平等原則（基本法 3 条 1 項）に対する侵害に関するものであるのに対して、負担の上限としての「五公五民原則」が展開されているのは、一般的な行為の自由（2 条 1 項）および財産権保障（14 条 1 項）に対する侵害に関するものである。したがって、当該説示は、主文でも主文を支える理由中判断でもない。

2　財産権の保障と税の徴収

　連邦憲法裁判所の従来の諸判決によれば、財産権は、人格的自由の保障と内的関連をもつ重要な基本権である。財産権に与えられた任務は、基本権の担い手に対し、財産権領域での自由な空間を保障し、それによって生活の自己責任に基づく形成を可能とすることである。また、このような保護は原則として、法秩序により権利者に認められるすべての財産的価値のある権利に関わる。財産権保障は、物権的地位または対世的効力を有するその他の法的地位だけでなく、債務法上の請求権も保護する。そして、基本法 14 条 1 項は保護された財産的価値のある諸権利を保持、使用、管理および処分する権利を保障する。

　以上のように、「財産的価値のある法的地位の私的な保持および利用を保護することが、財産権保障

の意味であるならば、税法も正当化を必要とする内容・制限規定（基本法14条1項2文—「財産権及び相続権は、これを保障する。その内容及び制限は、法律でこれを定める」—引用者）として、税の徴収が要件上、財産的価値のある法的地位の保持と結びつき、取得された法的地位の私的利用を公共のために制限する場合、財産権保障の保護領域に介入するものである」。

3 税と比例原則

「財産権の租税という形の制限規定は、他の制限設定と同じく、一般的な介入に対する限定に服する。ここで特に重要なのは比例原則であり、合理性（制約の適合性および必要性）と当事者の個人的利益と公共の利益との間でバランスのとれた調整が行われていることが十分に求められる」。すなわち、財産的価値のある法的地位の利用は一方で租税という共同負担になじみやすいが、他方で、権利者には私的利用の余地が残されなければならない。

「立法者の任務は、その規律付託（基本法14条1項2文）に応える際に、財産権の保障（同項1文）と社会的に公正な財産秩序の要請（同条2項）を同様な方法で考慮すること、そしてすべての当事者の保護に値する利益について公正な調整を行い、バランスとれた関係に導くことである」。「基本法14条2項2文は、『同時に』という副詞に依拠しても、財産権者と国家に半分ずつ配分するという厳格で、原則として時と状況に関係なく妥当する要請とは解されない」。「むしろ立法者の形成自由は、財産的価値のある法的地位と結びついた税負担を課すことによる制限規定の際にも、比例性という一般原則によって限界づけられる」。

しかしながら租税による負担は、比例性原理に含まれている適合性と必要性の要請に対して限界づけのための明確な手がかりをほとんど提供しない。国家の財政需要を賄うための収入を得るという目的をもった租税は、その目的に照らして原則として常に適合的かつ必要なものと推定される。狭義の比例原則からのみ、すなわち税負担の適切性と受忍可能性に関する全体衡量の枠内でのみ、税負担に関する上限が導かれうるのである。

たしかに、ここでも税を徴収するという公的な利益とできるだけ財産を保護するように課税するという私的利益との調和に向けた立法者の衡量を憲法裁判所がコントロールすることは、非常に困難である。しかし、基本権保障という観点から税法について憲法上の適切化の要請のコントロールを連邦憲法裁判所からすべて奪うことはできないし、過度の租税負担に関する憲法裁判所による衡量のコントロールを全く放棄することも、租税負担の「扼殺的」効果であれば確認できるにもかかわらず、これをしないことも許されない。

「この場合、本質的に顧慮すべきは、評価の対象となる税負担の強度が、とくに所得税の際にはもっぱら税率の高さによってだけではなく、税率と課税標準の間の関係によってはじめて決められることである」。

さらに考慮すべきは、税率表形式でなされる様々な税率の内容形成が、垂直方向でも、主に憲法により要請された負担の均等な基準により判断されることである。垂直的な税の公正性の要請（基本法3条1項）と過度の税負担の禁止（基本法14条）は、議会の直接に民主的に正統性をもった決定に超えてはならない一定の外枠を設定するものである。所得税において「立法者が累進的な税率の推移を選択する場合、当該納税者に対し税金を差し引いた後—絶対的にも他の所得のグループとの比較においても—高額の、自由に処分することができる所得が残されており、当該納税者にその所得の私的利用性が確保されている限り、高い所得に高額の課税をすることもまた原則として許される」。「たとえ過剰侵害禁止から数値として具体化できるいかなる一般的な課税の上限も読み取ることはできないとしても、課税上の負担は比較的高い所得についても通常は、経済的な成果が根本から損なわれ、かつそのためにもはや適切とは表現できないほどの規模になってはならない」。

本件事例については、所得税と営業税による負担は、憲法が定める受忍限度を超えるものではない。「異議申立人に対して受忍できない、それゆえ不均衡な税の徴収が行われるわけではない。なぜなら異議申立人には所得税と営業税を納付した後も、その事業経済活動にとって意味のある収益が残っているからである」。

〔畑尻　剛〕

【解　説】

　本決定[1]の主要な論点は、①課税負担の上限に関して95年決定[2]が示した「五公五民原則」が　本件のような所得税と営業税についても適用されるか。また、②適用されないとすれば、これにかわって何が課税負担の憲法上の限界として示されるかである[3]。

1　先例とその拘束力

　まず問題となるのは、95年決定の「五公五民原則」に関する説示が本件にとっても先例としての拘束力（Bindungswirkung）をもつか否かである。すなわち、①財産税に関する95年決定の「五公五民原則」が、所得税と営業税に関する本件にどのような拘束力をもつかという問題と、②そもそも95年決定のうち「五公五民原則」の部分に拘束力があるか否かという問題である。

　本決定は、95年決定の示す「五公五民原則」はあくまで財産税に関するものであり、所得税と営業税の総負担に対する拘束力ある憲法上の上限を読み取ることはできないとする。くわえてそもそも、95年決定のいわゆる「五公五民原則」に関する説示には法31条1項によるいかなる拘束力も生じないとする。法31条1項によれば「連邦憲法裁判所の判決は、連邦及び州の憲法機関、並びにすべての裁判所及び行政庁を拘束する」ものとされるが、拘束力の客観的範囲については、判決主文（Tenor）のみか、その判決主文を支える理由中判断（die tragenden Gründe）も含むのかについて、学説上争いがある[4]。連邦憲法裁判所自身は、主文を支える理由中判断にも拘束力があるとしているが、本決定は、95年決定の「五公五民原則」は、主文でも主文を支える理由中判断でもないため、拘束力は認められないとした。

　95年決定の「五公五民原則」に対しては、内容・手続について多くの批判が寄せられていた[5]。したがって、本決定が「五公五民原則」の一般的適用を否定したことに対しては判例評釈の多くは賛同を示している。すなわち、「『五公五民原則』よ、さようなら。別れは辛くない[6]」という評価である。そこ

で、「『五公五民原則』は死んだ。だがこれからどうする[7]」ということになる。

2　租税と基本法14条・比例原則

　本決定の内容に関してまず注目されるのは、基本法14条の財産権の保障が税負担を限界づけるものとされたことである。

　基本法14条が税負担に対しても財産権の保障を定めるものであるか否かについては、永く争われてきた。従来の通説・判例によれば、基本法14条の保護領域は、個々の具体的な財産権の地位（Eigentumspositionen）に限定され、財産全体（Vermögen als Ganzen）は保護の対象ではない。したがって、14条は金銭給付義務を命じることに対しては——金銭給付義務が当事者に対して過度に負担を課し、その財産関係をそれが扼殺的な効果を持つほど根本的に侵害する場合を例外として——原則としては保護せず、税負担は基本法14条の保護領域を侵すものではない、と[8]。

　これに対して本決定は、基本法14条の財産権保障に関する多くの判例を引きながら[9]、税の徴収が要件上、財産的価値のある法的地位の保持に結びつき、取得された法的地位の私的利用を公益のために制限する場合には、税の徴収は介入となるとした。したがって、本決定では、「基本法14条は課税に対するそれ自体独立した一つの憲法上の審査基準を形成する[10]」。

　税負担も財産権保障の対象となるとすれば、次に問題となるのは租税を内容・制限規定として審査する場合の憲法上の枠である。連邦憲法裁判所は従来から立法者が財産権の内容と制限を規定するときには、基本法14条1項（財産権の保障）と2項（財産権の社会的拘束性）の緊張関係を考慮しなければならないこと、そしてその立法者は憲法上の比例原則に拘束されることを述べている[11]。

　本決定でもこのような緊張関係の上で課税権が検討される。すなわち、税の徴収の公益性と財産の私的利用可能性の確保との緊張関係である。一方では、財産的価値のある法的地位の原則的な私的利用可能性が保護される。他方では、財産的価値のある法的地位の利用は租税という共同負担になじみやすいこ

とから、税を徴収するという公的な利益の確保が問題となる。そしてここから、当事者の個人的利益と公共の利益の間を調整する際のバランスが要請される。たしかに本決定は、両者の緊張関係から、「五公五民原則」のような一般的に妥当する絶対的な負担の上限を導き出すことはなかった。本決定では、このような両者の調整は原則として立法者の形成自由に委ねられるが、その際に立法者の形成自由が一般的な比例原則に拠って限定されるとしたのである。すなわち、立法者には、財産権の保障と社会的に正当な財産秩序の要請を同様な方法で考慮すること、そしてすべての当事者の保護に値する利益について適切な調整を行い、バランスのとれた関係に導くことが求められるのである。

3 「立法者のものは立法者に、司法のものは司法に」

ではどのような形で、比例原則が考慮されるか。学説上は課税に際しても当該措置の必要性と比例性という実質的基準が審査されなければならないとする積極論が主張される[12]一方で、財産権との関係で租税が問題となる場合には比例原則は原則的に適用されないとする消極論も有力である[13]。

これら両説に対して、本決定では、①適合性、②必要性は租税という性質上原則として問題とはならず、租税による負担の場合には、狭義の比例原則、すなわち税負担の適切性と受忍可能性に関する全体衡量の枠内でその上限が画されるとし、税負担が高いにもかかわらず受忍可能性が認められるのはどのような場合か、また税の垂直的公平の意味における適切性とは何かが検討されている。

以上のように、本決定では税による介入が基本法14条の保護領域に作用することを明示することによって、基本法14条による納税義務者の憲法上の保護を従前よりは一歩進めた。たしかに、実際上は、極端な負担状況に対する保護だけが考慮されて、その他は立法者の形成自由にゆだねられている。しかし、「立法者のものは立法者に、司法のものは司法に。連邦憲法裁判所が行ったのは次のことに他ならない。すなわち連邦憲法裁判所は課税の確固たる限

界を打ち立てるかわりに、立法者の形成自由を過剰侵害禁止という準則によってコントロールするというその役割に明確な形で立ち帰ったのである[14]」。

(1) 本決定の詳細な紹介・分析として、奥谷健「課税の負担と上限」税法学 558 号（2007 年）23 頁以下参照。

(2) 95 年決定については、ド憲判 II *47* 判例［中島茂樹］参照。

(3) その他、訴えの適法性の問題もあった。すなわち、連邦憲法裁判所が適切であると認めた計算方法によれば、X の税の総負担は「五公五民原則」の許容範囲となる。このような理由でその適法性が否定される可能もあった。しかし、本決定はあえてこの点に拘泥せずに、X の独自の計算に基づく異議の適法性を認めた。そこには、この機会に「五公五民原則」の終結を宣言したいという裁判所の強い意志を見ることができる（U. Sacksofsky, Halbteilungsgrundsatz ade – Scheiden tut nicht weh, NVwZ 2006, S. 661; R. Wernsmann, Die Steuer als Eigentumsbeeinträchtigung?, NJW 2006, S. 1169.）。

(4) 嶋崎健太郎「判決の効力」畑尻剛＝工藤達朗編『ドイツの憲法裁判（第 2 版）』（中央大学出版部、2013 年）263 頁以下参照。

(5) 中島・前掲注(2) 309 頁以下参照。

(6) Sacksofsky（Anm. 3）, S. 662.

(7) H. -J. Pezzer, Der Halbteilungsgrundsatz ist tot, und nun?, DB 2006, S. 912 f.

(8) H. -J. Papier, in: T. Maunz/G. Dürig/R. Herzog/R. Scholz (Hrsg.), Grundgesetz Kommentar, 65. Lieferung, München, 2012 Art. 14, Rdnr. 165.

(9) 小山剛『基本権の内容形成』（尚学社、2004 年）208 頁以下参照。また、ド憲判 I *50*［柏崎敏義］、ド憲判 II *44* 判例［戸波江二］、ド憲判 III *65* 判例［岡田俊幸］参照。

(10) Pezzer（Anm. 7）, S. 913.

(11) Vgl. K. Stern, Das Staatsrecht der Bundesrepublik Deutschland, Bd. III /2 1994, S. 800 f.（小山剛訳「§ 84 過剰侵害禁止（比例原則）と衡量命令」井上典之ほか編訳『シュテルン・ドイツ憲法 II 基本権編』（信山社、2009 年）333 頁）。また、ド憲判 III *57* 判例［工藤達朗］、小山・前掲注(9) 210 頁以下参照。

(12) M. Klawonn, Die Eigentumsgewährleistung als Grenze der Besteuerung, 2007, S. 193.

(13) Papier（Anm. 8）, Rdnr. 177.

(14) T. Gas, Keine halbe Sachen beim Halbteilungsgrundsatz, LKV 2006, S. 260.

48 年金制度に編入されたドイツ系帰還民の年金額削減と年金期待権

浮田　徹

2006 年 6 月 13 日連邦憲法裁判所第 1 法廷決定
連邦憲法裁判所判例集 116 巻 96 頁以下
BVerfGE 116, 96, Beschluss v. 13. 6. 2006

【事　実】

17 世紀以降、ドイツ領域外、特に東方、ロシアの領域にわたり移住していたドイツ系の人々は、第二次大戦期から終戦後にかけ、現地で迫害・差別を受けるなどの状況に置かれた。これに対し戦後間もなくの時期、ドイツ政府は彼らを引揚者、難民として大量に受け入れていた。この波を経た後、1953 年に成立した連邦被追放者法（Bundesvertriebenengesetz）は、追放や劣悪な環境を理由としてドイツに受入れられた人々をドイツ系帰還民（Aussiedler）と定義し、政府は、彼らを編入原理に基づいて、単なる外国人としてではなく、経済的・社会的にもドイツに組み込んでいったのである。公的年金制度においても、1960 年の外国人及び外国での年金に関する新規定法（Fremdrenten- und Auslandsrenten-Neuregelungsgesetz － 以下「新規定法」）が、外国年金法（Fremdrentengesetz）を用いて居住国における保険料支払期間・就業期間をドイツにおける保険期間に算定することとし、彼らに一般のドイツ人と同様の被保険者の地位を与えた。

しかし、1990 年以降の財政的要因による一般的な年金改革や、旧東欧ブロックにおける政治的変化とドイツ民主共和国の「転換（Die Wende）」を経て編入原理は変容し、年金制度における彼らの扱いも変化を余儀なくされる。1991 年には、編入原理は維持されたものの年金額が 30 ％引き下げられた。さらに 1996 年には、編入原理からの転換が中核に置かれ、外国年金法 § 22 の 4 項（以下「本件規定」）が、1996 年 10 月 1 日以降に年金支給が開始されるドイツ系帰還民の年金額を 40 ％引き下げることと

なった[1]。

原告は、いずれも 1930 年代にルーマニアで生まれ、1970 年代から 1990 年代にかけてドイツに移住したドイツ系帰還民である。彼らはそれぞれが一定期間現地で、そして移住後もドイツでの保険義務を満たすための就労を行っており、早い者で 1996 年 10 月以降から始まる老齢年金の受給を認定されていた。ただ、前述の改正によって、彼らに対しては年金額の 40 ％の削減が適用された。この決定に対する原告らの社会裁判所、州社会裁判所への訴えは棄却されたが、連邦社会裁判所は基本法 100 条 1 項により手続を停止、本件を連邦憲法裁判所に移送した。

【判　旨】

1　報酬点数の 40 ％削減を規定する本件規定は基本法 14 条 1 項に違反しない。そもそも外国年金法は、基本法 14 条 1 項の保障する権利の内容を規定するものであって基本権を侵害しない。

(1)　外国年金法によって得られた年金期待権は、それがもっぱら出身国での保険料支払期間または就労期間に基づく場合には、基本法 14 条 1 項の保障の下にない。確かに、連邦憲法裁判所は、年金期待権を所有権保障の下にあるとしたが、それがドイツ国内で獲得したものに限られると条件づけることは妥当といえる。外国年金法による期待権は、その不可欠の要件を欠いている。年金期待権は、少ないとは言えない自己負担の等価物としてのみ、基本法によって保障されるのである。

(2)　ここでいう自己負担とは、所得に応じた保険料の支払いにある。努力に基づく年金法上の法的地

位は、寄与なく得る期待権よりも国家の侵害に対する高度の保障が認められるのである。これら負担は、年金保険法上の請求権や期待権が、国家の社会福祉という観点から保護を求める権利と区別され、所有権保障を享有するための基準である。

立法者が、出身国での保険期間をドイツの年金保険法制度におけるそれと同様に取り扱うことは、まさに国家による社会福祉の実践である。立法者は、被追放者、ドイツ系帰還民、後発ドイツ系帰還民（Spätaussiedler）[2]を、基本法116条と社会国家原理による解決ではなく、可能な限り社会保険に統合するという目的を追求してきたといえる。ただ、外国年金法に基づく請求権者の法的地位は、基本法14条1項によっては基礎づけられない。

2 外国年金法に基づく期待権が、ドイツ国内の年金法制において獲得された期待権と結びつき、ひとつの包括的な法的地位となっている場合に、それが14条1項1文の保障の下にあるかという問題は決定する必要がない。とりわけドイツ国内において獲得した期待権が、全体としての法的地位の中での量的配分に従って区別されるべきなのかどうかについても判断しない。立法者は、本件規定によって14条1項2文にある所有権の内容と限界に関する決定を行ったわけではないのである。結果としては、外国年金法によって得られた法的地位のうち、ドイツ国内で獲得した部分の所有権が侵害されていると考えるしかない。

所有権の具体的な到達範囲が立法者の内容および限界の決定から明らかになるということは、年金期待権にもあてはまる。ただ期待権の侵害においては、その中にはじめから変更の可能性が確かな範囲で設けられてもいる。

3 本件規定による外国年金法に基づく期待権の侵害については、公共の利益によって正当化されるし、比例性の要求を満たしてもいる。

(1) 立法者は、本件規定の目的を年金保険法制の財政状況の改善に置いている。この財政状況は、1990年代前半の、保険料収入が回復しない中での支出の激しい増加に特徴づけられている。そこには、

ドイツ系帰還民などの流入が1990年代前半に高い水準にあり、彼らの年金制度への受け入れが年金金庫の大きな負担となったこと、旧東ドイツの経済状況が改善されなかったこと、1995年後半以降も全ドイツ領域における経済が悪い状態で推移してきたことなどの理由があげられる。立法者は年金保険の支出額を抑制する必要があった。本件規定は、年金保険法制のシステムの機能力および給付能力を、すべての人の利益という点で保持し、改善し、そして変化した経済状況に適合させるためのものであった。このような財政的な考察は十分な根拠となる。

(2) 本件規定は比例原則に合致する。目標達成に対しこの規定は適切である。立法者は支出の本質的な削減を出発点としており、それは財政の安定化に寄与する。またこれによる期待権の減少は必要だと見なされる。立法者は、少なからぬ負担を負わせる手法を自由に決めることができるし、その他の方法を義務づけられることもなく、また選択した方法を審査され拒否されることもないのである。

(3) 当事者の年金期待権の価値の削減の是非は一般的に確定されない。それは移住の時期、年金記録、ドイツ国内で獲得された期待権といった要素に左右される。侵害の審査は相当な価値の損失が出発点となる。

(4) 請求権の取得と年金開始までの期間が比較的長いため、期待権の変動は必然的に少なからぬ程度となりうる。ただここで14条違反を判断する際に顧慮すべきは、それが外国年金法に基づいて算出されているということである。外国年金法に基づく期待権が、ドイツ国内において得られた期待権と結びつき包括的な法的地位として基本法14条1項1文の下にあるとしても、立法者は、年金保険における連帯共同体全体のために、彼らの保険料支払いが部分的であることを顧慮してしかるべきである。年金法上の地位の変更は財政基盤の確保にとって望ましい。それゆえこの原告らの年金保険における連帯共同体との関係性は、立法者がとりわけ特定の優遇措置の地位を切り下げることを正当化する。

4 本件規定が、1996年10月1日以降に開始さ

れる者に対し、経過措置なく適用されたことは、法治国家的な信頼保護原則と結びついた基本法2条1項に合致しない。

(1) 1991年新規定法は、1991年外国年金法の報酬点数削減規定（30％）の適用に関し、1991年1月1日以前に旧東ドイツ圏を除くドイツ連邦共和国に日常的に居住する者に対しては適用しないとする経過措置を規定していた。しかし1996年新規定法は、1996年10月1日以降年金支給が開始される者すべてに対し新たな削減規定（40％）を適用するとした。問題は、1991年新規定法による権利の継続という意味での市民の信頼の保護ということになる。

将来の年金保険関係に作用し、法的地位を追加的に悪化させた1996年新規定法は、本質的には憲法上許容される。しかし信頼保護および比例原則からその許容の限界は明らかになる。それは、当事者の継続の利益が立法者の改正の根拠より重い場合である。年金支出の削減については、それが立法者に期待されていることは明らかである。しかし財政的利益を優先させつつも、当事者を削減の対象から一定期間除外することも形成の自由に関する憲法上の限界を超えるものではない。

連邦議会の1996年5月7日の決定から年金の開始までの期間はわずかである。年金通知（Rentenauskunft）よりも明確に少ない額があてはめられることに対して、請求権者がその生活を適合させうるよう経過期間が設定されなければならない。

【解　説】

本件の原告らは、本件規定による年金額の削減が基本法に反すると主張したが、連邦憲法裁判所は、本件規定が基本法14条に保障される権利の内容を明らかにするものであって違反していないと判断した。本決定の主な問題点は、原告らの外国年金法によって得られた期待権のうち、部分的でかつ量的に確定できるものではないものの、移住後にドイツにおいて果たした年金義務に基づく部分を基本法14条の所有権保障においてどのように評価するかという点であった。

1　ドイツ系帰還民と公的年金

第二次世界大戦中から戦後すぐにかけてのドイツ系の人々の受け入れは基本法116条1項にある「ドイツ民族に属する引揚者若しくは難民」という枠組みのもとで行われていた。連邦被追放者法は、この枠を越え「故郷においてドイツ民族であると自認し、かつ血統、言語、教育、文化などの特定の指標によってその自認が証明される者」を受け入れるとした。これは、東西ドイツの分裂を背景とした包括的な概念としての「ドイツ人」という考え方を前提として、追放に至らないまでも東欧地域においてドイツ系であることを理由に窮状に陥っている人に対しドイツ国民が無関心でいられなかったことなどがその理由に挙げられる。彼らは、被追放者でもなく避難民でもなく、ドイツ系帰還民という概念でドイツに受け入れられたのである[3]。

公的年金制度に組み込まれたはずのドイツ系帰還民に対しては、編入原理の転換、1990年代より始まった年金制度における財政問題を経て、その年金が削減の対象となった。ただこの法的地位の変動は、編入原理の転換が主な原因とはいえない。そもそも年金請求権・期待権は、保険料という自己負担があってこそ基本法14条により保障されると考えられていたのである。原告らの主張する期待権は外国年金法によって自己負担を欠く状態で形成されたものであって、年金義務に根拠づけられた期待権の基本法14条による保障と同列に論じられないという出発点が確認されたに過ぎないのである。

しかし原告らは、移住後に一定の保険義務を果たしており、その範囲において一般のドイツ人と同じ保障を受ける可能性はある。すなわちこの点において問題は、一般の年金請求権・期待権の基本権による保障という問題になる。

2　年金期待権と基本法14条

公的年金制度における期待権が基本法14条の保障の下にあるということは、連邦憲法裁判所の判決によって既に示され[4]、本決定もこれを引用する[5]。年金請求権・期待権は、それがもっぱら一方的な国家による承認あるいは福祉の実践に基づくものでな

い限りにおいて、14条の保障の下にあるといえる。またその所有権の保障は状態保障ではない。年金保険においては、自己負担の高さが所有権保障の程度に対して決定的な意味を持つ。すなわち自己負担の割合が高ければ高いほど、個人的な受給とそれにより支えられる所有権保障の根拠は明確なものとなる[6]。

ただ公的年金保険は、私的保険のような純粋な保険原理ではなく、本質的には連帯および社会的均衡の考え方に基づいており、被保険者の自己負担を理由とした強い保障を主張できるわけではない。期待権については、14条1項2文に基づく一般的な年金法上の統制領域において、幅広い形成の余地が認められてもいる。立法者にとっての制限の制限は、所有権として特別なものではなく、過剰侵害の禁止や信頼保護原則など一般的な法治国家における原理があるに過ぎない[7]。またここでは、保険料の負担と給付の関係について、被保険者の負担が受益と等価であるべきであるとする等価原則（Äquivalenzprinzip）からの考察[8]も有益である。しかしこれは個々の具体的な自己負担とは区別される。さらに、保険料の納付が免除される児童養育期間の延長や報酬点数の引き上げ等の、等価原則から外れた家族政策的な改革についても連邦憲法裁判所は正当性があると判断している[9]。

違憲性の審査において、本件規定は比例原則に反しないとされたが、社会保障領域における広い立法の形成の余地は年金法制においても同様である。本件ではこれに加えて原告らの請求権・期待権が外国年金法に基づいていることが特徴として挙げられる。彼らの自己負担の度合いは高いとはいえず、その意味で、このような特定の優遇措置の切り下げが正当であるとされた。

3 信頼保護原則と経過措置

本件では、経過措置なく削減規定が適用されたことが信頼保護原則に反すると判断された。原告らは、1991年新規定法における30％の削減の枠からは外れており、1996年新規定法によって初めて40％の削減が経過措置なく適用されることになったのである。

ドイツでは1992年以降、年金財政の悪化の解消策として支給開始年齢の引き上げ等年金制度の改革が度々行われてきたが、そこには多かれ少なかれ経過措置が設定されてきた。年金期待権に対する信頼保護原則が、将来において特定の人的集団が給付の削減を被らないということだけでなく、緩衝となる段階的な経過措置の最低限のレベルの保障が達成されることを意味し、それによっていつかやってくる「禍福」の影響を軽減し、長期的に見た場合のより一層の公正を示し得るものであると考えるならば[10]、本件信頼保護に対する判断は妥当だといえよう。

(1) 年金額の算定については、年金額（月額）＝個人報酬点数×年金種別係数×年金現在価値の計算式で行われる。本件規定は、個人報酬点数（加入期間中の相対的報酬水準［各暦年において個人の年間報酬を加入者全員の平均年間報酬で割ったもの］）の値に0.6を乗するものであり、これにより支給される実際の年金額は40％削減されることとなる。その他、ドイツにおける公的年金制度の解説としては松本勝明『ドイツ社会保障論II──年金保険』（信山社、2004年）などを参照。

(2) 連邦被追放者法は、1993年1月1日以降のドイツ系帰還民を後発ドイツ系帰還民（Spätaussiedler）とし、受け入れの要件を厳しくしている。

(3) 近藤潤三『統一ドイツの外国人問題』（木鐸社、2002年）372頁以下。

(4) BVerfGE 53, 257 (289 ff.).

(5) BVerfGE 117, 272 (292); 122, 151 (181).

(6) BVerfGE 58, 81 ff.

(7) BVerfGE 58, 81 (109). また、Harald Bogs, Art. 14 GG (Eigentum) als Vertrauensschutz – Basisnorm für Rentenversicherte?, in: FS für Hans F. Zacher zum 70. Geburtstag, 1998, S. 65 ff. では年金に関する14条が主観的な権利としてのクオリティを維持できていないと述べられる。

(8) Papier in: Maunz/Dürig, Grundgesetz-Kommentar 74. EL Mai 2015, Art. 14, Rd. 136 ff.

(9) BVerfGE 53, 257 (296).

(10) Ulrich Wenner, Absenkung der Renten für Spätaussiedler verfassungskonform, Soziale Sicherheit 8–9/2006, 316.

49 EU 域内の法人の基本法上の基本権享有主体性
──ル・コルビュジェ決定──

2011 年 7 月 19 日連邦憲法裁判所第 1 法廷決定

兼平麻渚生　　連邦憲法裁判所判例集 129 巻 78 頁以下

BVerfGE 129, 78, Beschluss v. 19. 7. 2011

【事　実】

ドイツの著作権法は、17 条（以下、「本件規定」）1 項で「頒布権とは、著作物の原作品又は複製物を公衆に提供し、又は流通に置く権利をいう」と定め、著作権者の頒布権を保護している。本件規定における「流通に置く」という文言は、本件原判決が下されるまで通常広義に解されており、著作物の原作品又は複製物を事業領域内部から公衆へと供給するあらゆる行為を指し、そのためには何らかの形で占有を委ねて（移転して）いれば足りるとされていた。

一方、2000 年に EC（現 EU）が「WIPO（世界知的所有権機関）著作権条約」及び「実演及びレコードに関する WIPO 条約」（以下、「WIPO 条約等」）を承認したことを承けて、これらの国際条約を実施するために EC の枠内では 2001 年、「情報化社会における著作権及び著作隣接権の一定の局面における協調のための欧州議会及び理事会指令（Richtlinie 2001/29/EG）」（以下、「著作権指令」）が成立した。著作権指令は 4 条で頒布権及びその消尽について定めており、これと合致する本件規定は同指令の国内実施にも資することとなった。

本件憲法異議申立人（以下、「申立人」）は、イタリアを所在地とし、イタリア法に基づく有限会社である。申立人は、著名な建築家であるル・コルビュジェのデザインした特定の家具の世界各国での製造・販売に関して、彼やその権利承継人らの権利を代表する財団との間で、著作権上の独占契約を締結している。本件原訴訟において申立人は、原訴訟の被告であるたばこ会社が正当な権利を有しないボ

ローニャの会社からコルビュジェ家具の模造品を購入し、これらをある展示会場内の喫煙ラウンジに設置したことにつき、模造品の利用の差止を求めた。第一審及び控訴審は申立人の差止請求を認容し、その前提として頒布の概念についての広い解釈を採用した。すなわち、頒布には民法上の意味における占有の移転も必要ではなく、喫煙ラウンジの利用客に対し純粋に事実上、著作物の複製品を委ねたことのみで頒布権の侵害が成立するとした。

これと前後して申立人は、店舗の休憩室で客が利用できるようコルビュジェ家具の模造品が設置された事案に関して、別件訴訟（以下、「並行訴訟」）を提起していた。並行訴訟において連邦通常裁判所は、このように第三者に著作物の所有権や占有を移転することなくその使用のみを可能とするような場合は、著作権指令 4 条 1 項のいう「頒布」に該当するのか否かという問題について、欧州司法裁判所への付託を行った[1]。これを承け、2008 年 4 月 17 日の先決裁定で欧州司法裁判所は、著作権指令 4 条 1 項はその基礎となった WIPO 条約等における定義に即して解釈すべきであるとした上で、指令のいう頒布は、所有権の移転があった場合にのみ成立すると判示した[2]。

上記の先決裁定が下された後[3]、連邦通常裁判所は 2009 年 1 月 22 日の判決（以下、「原判決」）によって本件原訴訟における控訴審判決を破棄し、申立人の請求を棄却した。判決理由において連邦通常裁判所は、著作権指令 4 条 1 項が頒布権の保護の最小限度を定めるだけではなく保護の上限にもあたるとの理解の下、上記先決裁定における頒布の解釈をその

ままドイツ著作権法の解釈にも採用して、被告は本件家具設置によって、本件規定にいう頒布権を侵害したとはいえないと判示した。

これに対し申立人は本件憲法異議を提起し、自らがEU構成国を所在地とする外国法人として、基本法上の基本権の侵害を主張する憲法異議申立適格を有するとした上で、連邦通常裁判所の原判決による基本法14条1項〔所有権〕及び101条1項2文〔法律上の裁判官の保障〕の権利の侵害を主張した。申立人によれば、著作権指令はそもそも所有権移転以外の方法による頒布形式について定めておらず、その点についてドイツ著作権法の解釈は指令によって確定されてはいない。このことを看過して連邦通常裁判所の採った解釈は、著作権保障の中核を損なう。また並行訴訟における欧州司法裁判所への付託においては、著作権指令4条1項に実施の裁量があるか否かは問われておらず、連邦通常裁判所が原訴訟でこの点について改めて付託をすることなく判決したことは、申立人の法律上の裁判官を求める権利を侵害する。

【判　旨】

憲法異議を棄却。

1　憲法異議は適法である。

申立人は、異議申立能力及び異議申立適格を有する。〔基本権保護の適用を内国法人に限定する〕基本法19条3項は、同14条1項違反の主張に関する申立人の異議申立能力を否定するものではない。EU法上の差別禁止原則に鑑みればいずれにせよ、イタリアを所在地とする申立人が基本法上の所有権の享有主体たることは、ありうるように見える。

2　申立人が基本法上の基本権の享有主体であることを採用することは可能である。申立人はイタリアを所在地とする法人として、基本法上の基本権享有主体にあたる。域内市場における基本的自由（EU運営条約26条2項）と、国籍に基づく差別の一般禁止原則（同18条）の国内法に対する適用上の優位に基

づき、ドイツの基本権保護の適用が拡張される結果、基本権享有主体性はEU構成国の法人にも及ぶ。

基本法19条3項の文言は基本権の適用を「内国法人」に限定しているから、その適用拡張をこの文言から根拠付けることはできない。EU市民には、自由に往来できる「内部に境界のない自由、安全及び司法の」領域（EU条約3条2項）が保障されていることから、EU構成国の領土はもはや古典的な意味での「外国」ではないかもしれないが、それによってEU構成国の領土が、〔ドイツの〕高権の及ぶ領域という意味での「内国」となることはない。

しかしながら基本法19条3項は、基本権がEU構成国の法人によっても援用されることを、永続的に排除しようという憲法制定者の意思に基づいていたわけではない。〔基本法制定当時の〕1948-1949年には、ヨーロッパ統合はまだその端緒にあった。それ以来EUはしだいに形をなし、今日では高度に統合された「国家連合」となり、ドイツ連邦共和国も、基本法23条1項に基づきこれに協力している。基本法19条3項の適用拡張は、この発展を組み込むものである。

EU法人への基本権保護の適用拡張は、EU諸条約上の義務に合致する。〔すなわち〕EU法上の基本的自由と差別の一般禁止原則から、EU法の適用領域においてEUの内国企業と外国企業との不平等取扱いは禁じられ、その限りで基本法19条3項による基本権保護の内国法人への限定は退けられる。

〔このような〕基本法19条3項の適用拡張は、EU法には構成国の国内法を無効化する効力はなく、その適用を退けるにすぎないという原則にも適合する。

3　〔しかしながら、申立人の主張した〕原判決による基本法14条1項の違反はない。

〔国内専門〕裁判所がEU〔二次〕法に実施裁量がないと誤解して、〔その国内実施法の解釈にあたり〕基本法上の基本権を斟酌できないと考えた場合は、基本権の影響を全く、あるいは適切に評価せず

に判決を下すという基本権侵害にあたりうる。EU
二次法に実施裁量があるか否かという解釈は、国内
レベルではまず、専門裁判所の任務となる。専門裁
判所はその際、場合によっては欧州司法裁判所への
付託の必要性をも考慮しなければならない。した
がって専門裁判所が欧州司法裁判所に付託すること
なく、EU 法に実施裁量がない〔基本法上の基本権
を斟酌できない〕ことが一義的であると判断した場
合、この判断は連邦憲法裁判所の審査に服する。

　しかし〔この審査の結果、〕原判決が申立人の基
本法 14 条 1 項に基づく所有権を侵害したことは認
められない。欧州司法裁判所は並行訴訟〔での先決
裁定〕において実施裁量の有無に言及しておらず、
連邦通常裁判所は、欧州司法裁判所の先決裁定はド
イツの国内裁判所が本件規定について指令における
頒布権保護を超える解釈をするための裁量を残して
いない、と前提することが可能であった。

　4　原判決は、基本法 101 条 1 項 2 文にも違反し
ていない。

　欧州司法裁判所は、基本法 101 条 1 項 2 文にいう
法律上の裁判官にあたる。欧州司法裁判所の判例に
よれば国内最終審裁判所は、係属する手続において
EC 法の問題が生じた場合、「当該 EC 法問題が〔当
該手続での〕決定にとって重要でないこと、すでに
欧州司法裁判所によって解釈されたことがあること、
または EC 法の正しい適用が明白であり合理的な疑
念の余地がないこと」を認定した場合を除いて、自
らの付託義務に従わなければならない。ただし〔付
託義務違反の有無に関して〕連邦憲法裁判所が審査
するのは、〔専門裁判所による〕EU 運営条約 267
条 3 項の解釈・適用が、基本法の適切な評価の下で
もはや理解可能に見えず、明らかに成り立たないと
いえるかどうかという点のみである。

　これらの基準によれば、本件における〔連邦通常
裁判所による〕付託義務の取り扱いは、成り立たな
いわけではない。連邦通常裁判所は、欧州司法裁判
所の回答に「合理的な疑念」の余地がないと評価す

る場合には、憲法上の観点からは、改めて欧州司法
裁判所に事案を付託する必要はない。著作権指令 4
条 1 項が頒布権の規定を EU 域内で完全に統合した
ものであり、欧州司法裁判所が指令の頒布概念の解
釈を完結的かつ包括的に解明したという、原判決に
おける連邦通常裁判所の理解は、支持可能である。

【解　説】

1　基本法 19 条 3 項と EU 法人の基本権享有主体性

　本決定の意義の一つは、ドイツ以外の EU 構成国
を所在地とする法人（以下、「EU 法人」）の基本権享
有主体性を、連邦憲法裁判所として初めて認めた点
にある。周知の通り、ドイツ基本法は 19 条 3 項で
「基本権は、その本質上内国法人に適用しうる限り
において、これにも適用される」（傍点は筆者）と定
め、内国法人の基本権享有主体性を認める明文規定
を有している。この文言を反対解釈すると、外国法
人には基本権享有主体性が認められないことになる。
憲法裁判所の判例上も、基本法 101 条 1 項 2 文や
103 条 1 項の手続的権利を除いて[4]、外国法人の（実
体的）基本権の享有主体性は否定されてきた[5]。

　しかし基本法 19 条 3 項による内国法人への基本
権保護の限定は、EU 法上の国籍に基づく差別の禁
止原則に由来する、内国法人と EU 法人の差別禁止
との関係で問題を生じる[6]。学説においても EU 法
人の基本権享有主体性について見解は分かれており、
最近では EU 法上の差別禁止原則や基本的自由の適
用の優位に基づき、これを肯定する見解が増えてき
ていた[7]。

　この点につき本決定はまず憲法異議の適法性審査
の段階で、EU 法人たる本件申立人が基本法 14 条
の基本権の享有主体であることが「ありうるように
見える」として、その異議申立能力及び異議申立適
格を認め、次に理由の有無の判断にあたり、本件申
立人が実際に基本権を享有していることを確認した。
その際に憲法裁判所はまず、基本法 19 条 3 項のい
う「内国法人」に EU 法人を含めることはできない

と文言の限界を確認しつつ、しかし同規定を定めた憲法制定者には、EU法人の基本権享有主体性を永続的に排除する意思はなかったと指摘した。そしてこれに続いて、EU法の国内憲法に対する適用の優位から、基本法19条3項の文言を超えて基本権保護を拡張し、EU法人の基本権享有主体性を認める結論を導いている。すなわちEU法は国内法を無効にするものではないが、国内法に優先して適用されることから、EU法上の差別禁止に基づき基本法19条3項の適用は拡張されるとしたのである。

本決定の結論は基本法19条3項の文言に反するものの、EU法の適用の優位から導かれる適用拡張として、適切と評価することができる[8]。また本決定は、EU域内市場における企業活動の国際化や、EU法上の会社の開業の自由を尊重する欧州司法裁判所の判例の動向[9]にも適するといえよう。ただし本決定は、基本法19条3項における「内国」の定義を検討することなく、EU法上の基本的自由や差別禁止原則から端的にEU法人の基本権享有主体性を導いている。したがってドイツ法が従来採用してきた、会社の営業の実効的な本拠地の法律が会社の属人法になるとする本拠地法主義[10]が他の事例では維持されるのか、今後EU法人以外の外国法人にも基本権享有主体性が認められうるのか、といった原理的な問題には答えていない[11]。

2　ヨーロッパにおける司法的多元システム

本決定のもう一つの意義は、EU法の実施裁量の有無に関する専門裁判所の判断が基本権の意義及び射程の誤認になりうるとして、これに対する憲法裁判所の審査が可能であるとした点にある。本件において連邦通常裁判所は、並行訴訟で欧州司法裁判所の先決裁定が下された後、著作権指令4条1項はその国内実施に関して裁量を与えないものであったという前提の下、原訴訟でも先決裁定の解釈通りにドイツ著作権法の本件規定を適用した。しかし実際には指令に裁量があり、本件規定の解釈は確定されていなかったとすると、連邦通常裁判所は本件規定の

解釈にあたり、基本法上の基本権を斟酌しなければならなかったはずである。したがって連邦通常裁判所が基本権の影響を考慮せずに判決を下したことは基本権の意義及び射程についての誤認、すなわち専門裁判所の判決による基本権侵害の問題になりうるとして、本決定は憲法裁判所の審査権を肯定したのである。

以上の結論は、「EU法の実施裁量の有無」が、当該EU法を実施した国内法の解釈・適用において、専門裁判所が基本法上の基本権の影響を考慮しなければならないのかどうかを決定づけ、この点についての専門裁判所の判断が、憲法的見地からも重要であることの帰結と見ることができる。また連邦憲法裁判所は判例上、EU法に実施裁量がある場合はその国内実施法に対し、基本法上の基本権に基づく憲法裁判所の審査が可能であり、反対に実施裁量がない場合は、憲法裁判所は原則として国内実施法に対する審査を行わないとしている[12]。このように国内実施法に対する憲法裁判所の違憲審査の可否を決定づける点からも、「EU法の実施裁量の有無」は憲法上いっそう重要である。本決定の三カ月後には、欧州委員会の決定を実施した国内法について専門裁判所が申し立てた具体的規範統制に関して、憲法裁判所の審査の可否の前提となる、EU法の実施裁量の有無に関する専門裁判所の判断を厳格に審査し、憲法裁判所への移送を不適法とする決定も下されている[13]。

最後に本決定では、連邦通常裁判所がEU指令の実施裁量の有無について改めて欧州司法裁判所に付託しなかったことも、国内最終審裁判所の欧州司法裁判所への付託義務（EU運営条約267条3項）の取り扱いとして成り立たず、基本法101条1項2文違反にあたらないかという点につき審査された。このような付託義務違反の存否は本来EU法上の問題であるが、付託義務違反については、裁判所判決に対する憲法異議に相当するような欧州司法裁判所への個人の不服申立手段は存在しない。他方で憲法裁判所の判例では、欧州司法裁判所を「法律上の裁判官」

とし、専門裁判所による付託義務違反について、基本法 101 条 1 項 2 文に照らした審査を行うことが認められている[14]。本決定は、結論としては本件における基本法 101 条 1 項 2 文違反を否定したが、専門裁判所による EU 法の実施裁量の判断における付託義務違反に対しても、憲法裁判所による審査を通じて司法的コントロールが確保されうることを示している[15]。

以上のように、専門裁判所による EU 法の実施裁量の有無に関する判断は大幅に憲法裁判所の審査範囲に取り込まれ、EU 法・国内憲法・国内単純法の結合が深まるのに対応して、欧州司法裁判所・連邦憲法裁判所・国内専門裁判所の審査権の交錯も進んでいる。本決定において連邦通常裁判所による EU 指令の実施裁量に関する判断は、結論として基本法に反しないとされたが、本決定は、EU 指令のように必ずしも拘束的でなく構成国立法者の実施裁量を介しても実現される、EU の法統合の特殊性に由来する、司法的多元システムの一現象としても注目される[16]。

(1) BGH, *GRUR* 2007, 50.
(2) Case C-456/06. Peek & Cloppenburg KG v. Cassina SpA〔2008〕ECR I-2731.
(3) 原訴訟では上級地裁の上告不許可決定に対する抗告が提起されたが、並行訴訟での頒布権の解釈が原訴訟の判断にとっても重要となるために、連邦通常裁判所は欧州司法裁判所の先決裁定が下されるまで判断を留保していた。そして欧州司法裁判所の先決裁定後に、原訴訟での上告を許可し、本件原判決を下している。
(4) BVerfGE 12, 6; 18, 441; 21, 362〔ド憲判 I **55** 判例〕；64, 1.
(5) ただし 2007 年の第 1 法廷第 2 部会決定は、外国法人の基本権享有主体性及び憲法異議申立能力を一般的に否定しつつ、EU 法人の基本権享有主体性については未確定のままにしていた。BVerfG (2. Kammer des

Ersten Senats), *NVwZ* 2008, 670.
(6) Vgl. Michael Sachs, „Grundrechte: Grundrechtsberechtigung EU-ausländischer juristischer Personen", *JuS* 2012, 379.
(7) Vgl. Carsten Kruchen, „Art. 19 III GG und die Sitztheorie - Konvergenzen von Verfassungs - und Internationalem Gesellschaftsrecht?", *NZG* 2012, 378.
(8) Vgl. Rainer Wernsmann, „Grundrechtsschutz nach Grundgesetz und Unionsrecht vor dem BVerfG", *NZG* 2011, 1242; Kruchen, *NZG* 2012, 378. これに対し Christian Hillgruber, *JZ* 2011, 1119 f. は、適用拡張は EU 法の適用の優位そのものからではなく、憲法制定者の憲法改正によって行われなければならないと批判する。
(9) これらの判例の展開について、由布節子「会社の自由移動──構成国会社の域内支店設置の自由」中村民雄＝須網隆夫編著『EU 法基本判例集（第 2 版）』（日本評論社、2010 年）261－266 頁を参照。
(10) 憲法上の本拠地法主義について Peter Michael Huber, in: v. Mangoldt/Klein/Starck, GG, 6. Aufl. (2010), Art. 19, Rn. 297 ff. を参照（2015 年、第 7 版が出版済み）。
(11) Kruchen, *NZG* 2012, 379.
(12) BVerfGE 118, 79〔本書 **60** 判例〕；BVerfGE 125, 260〔本書 **41** 判例〕
(13) BVerfGE 129, 186〔本書 **63** 判例〕なお当該決定では、基本法 100 条 1 項の「判決のための必要性」要件に基づき、専門裁判所は国内最終審であるか否かにかかわらず、憲法裁判所の違憲審査の可否の前提となる EU 法の実施裁量の有無について、必要な場合には憲法裁判所への移送より先に欧州司法裁判所への付託を行わなければならないとされた。
(14) BVerfGE 73, 339〔ド憲判 I **70** 判例〕；st. Rspr.
(15) ただし Wernsmann, *NZG* 2011, 1244 は、専門裁判所の付託義務違反に対する憲法裁判所の基本法 101 条 1 項 2 文に基づく審査が恣意性の審査に留められていることに反対し、これについてより厳格な審査を行うべきであると主張する。
(16) なお、欧州人権裁判所を含めた欧州における多中心的人権保障について、大西楠・テア「グローバル化時代の移民法制と家族の保護──家族呼び寄せ指令とドイツの新移民法制」社会科学研究 65 巻 2 号（2014 年）171 頁以下を参照。

50 法規命令に対する実効的権利保護の保障と憲法異議の補充性
―― 栽培植物調整支払金事件 ――

石塚壮太郎

2006 年 1 月 17 日連邦憲法裁判所第 2 法廷決定
連邦憲法裁判所判例集 115 巻 81 頁以下
BVerfGE 115, 81, Beschluss v. 17. 1. 2006

【事　実】

異議申立人らは、1992 年 12 月 3 日に連邦食糧・農業・営林省により制定された、栽培植物調整支払金規則（ただし、異議が向けられているのは 1995 年 11 月 27 日および 1996 年 12 月 12 日に改正されたもの）に基づき、1993 年から 1997 年（1 BvR 541/02）および 1993 年から 1996 年（1 BvR 542/02）の間、調整支払金の給付を申請した。この制度は、1992 年の農業改革により引き起こされた穀物の価格低下を補償する目的で創設された。同規則によれば、調整支払金は、別表で指定された生産地域ごとの穀物平均収穫高に基づき算定され、各地域で特定の穀物を栽培する生産者に支払われることになっていた。

アオリヒ（Aurich）農業構造局は、申請の度に、異議申立人らが農業経営を行うニーダーザクセン州の生産地域 7（平均収穫高 4.7t/ha と同州で最も少ない）での調整支払金の給付を決定した。これに対し、異議申立人らは、生産地域 6（平均収穫高 5.6t/ha）に応じた支払、予備的に同州全体の平均収穫高である 5.33t/ha に応じた支払を求めて異議を申し立てた。これが受け入れられず、異議申立人らは、オルデンブルク行政裁判所に義務付け訴訟を提起した。

同規則（別表）の問題点は、16 州のうち 13 州では、州全体が 1 つの生産地域に指定されており、残りのブランデンブルク州とラインラントープファルツでは、各州が 2 つの生産地域に区分けされているのに対し、ニーダーザクセン州は、10 もの生産地域に細かく区分けされていたことにあった。これにより、ニーダーザクセン州の生産地域 7 で穀物栽培を行う農業者は、他州における同程度の収穫高の地域の農業者に比べ、給付される調整支払金が少なくなり、不平等な取扱を受けていることになる。

オルデンブルク行政裁判所は、この点を指摘し、別表全体が基本法 3 条 1 項（平等権）に違反しているとした。しかし、同裁判所は、この違憲確認によって生じた規律の欠缺を、異議申立人が主張する形で補充しなかった。なぜなら、「ある違憲の規律を憲法状況にどのように適合させるかの判断は、原則として規範制定者の責任」であり、本件での違憲性を除去する方法としては、ニーダーザクセン州等における地域区分化の放棄以外にも考えられたからである。規則制定者が幾つの生産地域を指定するか、これらの地域をどのように仕切るかについては、規則制定者に選択の余地が残された。その結果、調整支払金算定の法的基礎はなくなり、異議申立人らには給付請求権はないとして、請求は棄却された。

ニーダーザクセン上級行政裁判所が、オルデンブルク行政裁判所の決定を全面的に支持し、控訴を却下したため、異議申立人らは憲法異議を提起した。

【判　旨】

〈請求却下〉

1　憲法異議は不適法である。この憲法異議は憲法異議の補充制原則に反する。異議申立人らは、憲法異議を申し立てる前に、行政裁判所でドイツ連邦共和国に対し確認訴訟を提起すべきであった。

(1)　異議申立人らは、義務付け訴訟において連邦憲法裁判所法 90 条 2 項 1 文が要求する通りに法的手段を尽くしたが、補充性原則は、狭義の法的手段

消尽要請（das Gebot der Rechtswegerschöpfung）を超えて、主張される憲法違反の修正を実現するため、または基本権違反を阻止するために、自らが用いうるすべての手続的可能性を探求することを要求する。その点で、憲法異議は、専門裁判所の手続に付け加えられた権利救済ではなく、基本権主体が公権力の介入を防ぐことができる特別の権利救済手段である。

（2）「事情に通じた専門裁判所に憲法遵守の統制をも委ねるという補充性原則の基礎にある考慮は、法律より下位の法制定に向けられた憲法異議を、第一次的権利保護〔手段〕として承認することと対立する」。「このことは、法律より下位の規範が行政裁判上の直接の統制にアクセスできない場合であっても妥当する」。

2　異議申立人らは、栽培植物調整支払規則の付随的審査を伴う義務付け訴訟では目的を達成できなかったが、確認訴訟の提起により、専門裁判所における実効的な権利保護を得ることができた。

（1）　法律より下位の法規（Rechtssatz）に対する専門裁判所による権利保護手段を承認する必要は、基本法19条4項から生じる。法規命令（Rechtsverordnung）や条例（Satzung）の形式での執行府の法定立も、基本法19条4項の意味での「公権力の行使」であり、権利保護保障に含まれる。

（2）　権利保護は、通常、法律より下位の法規の法適合性の付随的審査を通じて、個別事例におけるその法規の適用に対する手続の枠内で追及される（ⓐ）。このことが可能でないか、あるいは付随的審査がそれだけで基本権違反の除去のためになされない場合には、行政裁判所法47条の適用領域外では、特に確認訴訟が権利保護手段として考慮される（ⓑ）。

（a）　行政裁判上の義務付け訴訟では、法規命令の付随的審査が行われたが、結局、基本権の実効的な防護は得られなかった。〔2つの〕行政裁判所が法規命令を基本法3条1項違反で違憲としながらも、同裁判所が正当にも異議申立人の訴えを棄却したからである[1]。

（b）　この法状況は基本法19条4項の実効的権利保護の要請と矛盾しない。異議申立人らは他の方法でより実効的な権利保護を獲得しえたからである。

異議申立人らは、諸行政裁判所で、栽培植物調整支払金規則により、自らの主観的権利（基本法3条1項の平等権）を侵害されたことを確認する目的で、行政裁判所法43条1項の確認訴訟を、直接ドイツ連邦共和国に提起できた。

確認訴訟を用いた、法律より下位の法規の法適合性の審査は、専門裁判所の裁判権によっても可能であり、その種の訴訟目的を有する確認訴訟の承認は、行政裁判所法における権利保護のシステムに対する違反でもなければ、これまで行政裁判所法になかった訴訟類型の導入でもない。その承認が基本法19条4項の権利保護の観点において正当化されるのは、訴訟物が一定の事実への法規範の適用であるので、規範の法適合性の問題は——それが争訟を決定づけるものであっても——前提問題にとどまるからである（BVerwGE 111, 276〔飛行経路事件判決〕参照）。

法違反の確認に向けられた規範制定者に対する訴訟は、行政裁判所法47条に規定された主題的（prinzipal）規範統制の回避にはあたらない。行政裁判所法47条は、確認訴訟による法規命令の法適合性の審査に対して、何ら遮断作用を展開する〔その他の確認訴訟を拒絶する〕ものではない。規範制定者に対する行政裁判上の手続では、平等取扱いを求める原告の権利に基づき法規命令の公布または改正が命じられることの確認が可能である。

確認訴訟の補充性（行政裁判所法43条2項）は、問題とならない。義務付け訴訟は、それだけでは、本事件では成果をもたらしえず、したがって取消訴訟や義務付け訴訟に妥当する期限や事前手続に関する諸規定が潜脱される危険はない。異議申立人らにより行政裁判所で追及された〔特定額の支払を求める〕義務付け訴訟に対し、法規命令の公布または改正の請求の確認に向けられた訴訟は、市民の権利保護のために不可避である範囲以上に規範制定者の決定の自由に影響を及ぼすことなく、規範制定者を当

事者として既判力作用に取り込むという利点をもつ。

給付判決と比べ、確認判決が執行可能でないことは重要ではない。なぜなら、一方では、給付判決は、権力分立という理由から下されえず、他方では、たとえ執行圧力がなくとも、公官庁が判決に従うであろうことを一般的に前提とすべきだからである。

【解　説】

本件は、義務付け訴訟で成果を得られなかった異議申立人が憲法異議を申し立てたが、行政裁判所法43条に基づく確認訴訟を提起しなかったことにより、少なくとも基本法94条2項2文にある憲法異議の補充性原則を満たさず、却下された事案である[2]。本決定では、法規命令に向けられた憲法異議は、行政裁判所法47条の規範統制または同43条の確認訴訟を通じ、行政裁判所による裁判を経なければもはや許容されないということが結論づけられた。理論的には、実効的な権利保護を保障した基本法19条4項、および憲法異議の補充性原則を定めた同94条2項2文から、幾つかの論点がもたらされる。これらは、行政裁判所法43条の確認訴訟という法的手段とのかかわりの中で一体的に議論される。

まず確認されるべきことは、州レベルでも連邦レベルでも、法規命令それ自体の適法性を審査する手段は限られていることである[3]。行政裁判所法47条1項2号によれば、州法に対する州法規命令の適合性を審査することができるのは、州法に定めがある場合に限られ、連邦の法規命令に対する直接の権利保護は一般的に存在しない。もっとも、形成訴訟および給付訴訟の枠内で、付随的に法規命令の法適合性ないし憲法適合性を審査することは可能である。これまで、このような付随的統制と行政裁判所法47条による規範統制のいずれもが不可能である場合には、憲法異議は許容されるとされてきた[4]。しかし、本決定は、行政裁判所法43条に基づく、法規命令に対する直接の確認訴訟[5]を適法とした最近の諸事例を引いて、本決定以降もはやこのことが妥当しないとした。

これまで連邦行政裁判所は、法規命令に対する直接の確認訴訟が許容される事例を、法規命令が執行や具体化を要しない場合に限定してきた。例えば、法規命令自体が飛行経路を確定していたために具体的な処分が存在しなかった事例（飛行経路事件）では、付随的統制が不可能であった（①）。しかし本件では、給付決定に対する義務付け訴訟を契機とした付随的統制が可能であり、実際に行われていた（②）。後者のような事例においても非典型確認訴訟の提起を（基本法19条4項で保障される権利保護手段の一つとして）認めた本決定は、非典型確認訴訟の適法性要件を緩めたものといえる。これは、本決定が明示的に、法規命令や条例の形式での執行府の法定立（実体的法律）をも、基本法19条4項の意味での「公権力の行使」に含め、これに対する権利保護が同条により保障されるとしたことの帰結である。そこから、「実効性」という要素が付け加わり、非典型確認訴訟の適法性要件の緩和が導かれる。本決定が「市民の権利保護のために不可避である範囲以上に規範制定者の決定の自由に影響を及ぼすことなく、規範制定者を当事者として　既判力作用に取り込むという」確認訴訟の利点を説いていることからも分かるように、この種の確認訴訟はオプションの一つとしてとらえられており、その方が権利保護のために実効的であれば、形成訴訟や給付訴訟に比して優先される場合がある[6]。

このような法状況は、憲法異議が特別の権利救済手段であることが殊更に強調されていることからも分かるように、憲法異議の補充性原則という圧力の下で生み出されている[7]。

要するに、本件で問題とされたのは、「裁判上の権利保護の方途が基本法19条4項から直接に導かれうるか、それは如何なる方法か、そして憲法異議の補充性原則の観点からも、その方法は利用されねばならないか[8]」ということである。後者につき、憲法裁判所は、法律より下位の法規範の統制は、第一に専門裁判所によって行われるべきものと考えており、それを彼らの任務として投げ返した。前者に

ついては、基本法19条4項が行政裁判所法（解釈）に一定程度影響を及ぼす形で、より実効的な権利保護の道を開いた。本決定は、確認訴訟の役割拡大という近時の連邦行政裁判所の裁判傾向（確認訴訟の補充性の緩和[9]）を引き継ぎつつも、規範それ自体に対する確認訴訟について更に一定程度拡大する形で、行政裁判所法43条に憲法適合的解釈を施したといえよう。

更なる問題は、基本法19条4項における権利保護の保障がどこまで拡大するかである。連邦憲法裁判所は、伝統的に同規定の「公権力」を、執行権の意味で狭くとらえてきた。シェンケによれば、執行府の法定立を「公権力の行使」であり、権利保護の保障に含まれるとする以上、論理的にそこには形式的法律の定立も含まれるという[10]。今日では議会は、一般的・抽象的法規範の定立にとどまらず、措置法律のような自動執行的規範を定立しうる。同規定の保障が及ぶかどうかは、立法者がどちらを選択するかという偶然的な事情に左右されることになる。したがって、本決定により、議会による立法を「公権力」に含めるのにあと一歩の所まで来ているとされる[11]。もう半歩を踏み出せば、立法者には、少なくとも行政裁判所法47条に基づく規範統制の適用領域の拡大と、連邦の法規命令に対する連邦行政裁判所による主題的規範統制の規定が要請されることになる[12]。この点、本決定は発展可能性を残しつつも、あと少しの所で踏み留まっているといえよう。

(1) 連邦憲法裁判所は、行政裁判所の決定を支持し、連邦規則制定者が考慮できる他の要素として、州規則制定者に規律を委ねうることを挙げた。

(2) 行政裁判所の先例（飛行経路事件判決等）を含め、確認訴訟の適法性要件という観点から、湊二郎「行政立法・条例をめぐる紛争と確認訴訟（ドイツ）」鹿児島大学法学論集42巻1・2号（2008年）95頁以下。

(3) 山本隆司「行政訴訟に関する外国法制調査——ドイツ（上）」ジュリスト1238号（2003年）86頁以下参照。

(4) *Stefan Muckel*, Erschöpfung des Rechtswegs durch Feststellungsklage gegen Rechtsverordnung, JA 2007, S. 77.

(5) 規範それ自体ないし規範制定者に向けられた確認訴訟は、「非典型（atypisch）」確認訴訟と呼ばれる。一般に確認訴訟における確認の対象には規範の効力の有無が含まれないとされているからである。*Frank Fellenberg/Ulrich Karpenstein*, Feststellungsklagen gegen Normgeber, NVwZ 2006, S. 1134.

(6) 主題的（prinzipal）規範統制では、行政行為を契機として「ついでに」規範が審査される付随的（inzident）規範統制と異なり、規範の法適合性が訴訟の中心となる。

(7) *Fellenberg/Karpenstein*（Anm. 5), S. 1134 f.

(8) *Michael Sachs*, Verfassungsrecht——Grundrecht, JuS 2006, S. 1012.

(9) 山本・前掲注(3)94頁以下、湊・前掲注(2)101頁を参照。

(10) *Wolf-Rüdiger Schenke*, Rechtsschutz gegen normatives Unrecht, JZ 2006, S. 1006.

(11) シェンケと同様の見解として、笹田栄司『実効的基本権保障論』（信山社、1993年）264頁以下。

(12) 規範統制手続と基本法19条4項の関係につき、竹之内一幸「ドイツ行政裁判所法47条改正と規範統制上の申立適格」武蔵野女子大学現代社会学部紀要4号（2003年）55頁以下参照。

51 国家目標規定と動物保護委員会(審議会)意見聴取手続
― 産卵鶏飼育の命令違憲決定 ―

2010 年 10 月 12 日連邦憲法裁判所第 2 法廷決定

藤井康博　　連邦憲法裁判所判例集 127 巻 293 頁以下

BVerfGE 127, 293, Beschluss v. 12. 10. 2010

【事　実】

本件は、2007 年、下記の有用動物保護令 13b 条・33 条 3・4 項の公布が動物保護法 16b 条 1 項 2 文〔動物保護委員会の意見聴取〕と基本法 20a 条〔国の動物保護義務〕に違反するとして無効宣言を求めて、ラインラント＝プファルツ州政府が、抽象的規範統制を申立てたことによる。

1　有用動物保護令は「農業有用動物の飼育の際の保護、及び、動物生産品を生産するために飼育されるその他の動物の飼育の際の保護に関する命令」の略称である。この「有用動物」は家畜・毛皮動物などを含む。

まず、産卵鶏のケージ飼育の一形態を定める同命令 13b 条「小集団飼育に対する特別の要求」は、1 羽あたり最小 800cm² の床面積など諸条件を充たす限り、小集団で飼育できるとする。

また、同命令 33 条「経過規定」の 3 項は、2002 年 3 月 13 日に許可又は使用されていた産卵鶏飼育設備が、1 羽あたり最小 750cm² のケージ面積、嘴でつつき地面掻きできる巣箱・敷き藁などの諸条件を充たす限り、2020 年まで飼育してよいとする。同条 4 項は、同日に使用されていた飼育設備が、最小 550cm² のケージ面積などの諸条件を充たす限り、2008 年まで飼育してよいとする。

2　以上の規定に至るまで鶏飼育の法規命令には以下の経緯がある。

当初、1987 年の鶏飼育令が、1 羽あたり最小 450cm² のケージ床面積などを規定していた。この命令の無効宣言を、連邦憲法裁 1999 年 6 月 6 日鶏飼育判決 BVerfGE 101, 1[1]は下した。

鶏飼育令に代わり、2001 年、有用動物保護令が制定された。これは、産卵鶏保護の 1999/74/EC 指令に一部資するものである。この指令では、従来型ケージ飼育は 2003 年から 1 羽あたり 550cm² 以上でのみ用いられるが 2012 年から禁止される。逆に、ケージ飼育の新たな一形態として 750cm² 以上の改良型ケージ飼育を定める。

その指令への適合化は、有用動物保護令 2002 年第 1 次改正でもなされる。1 羽あたり 450cm² の従来型ケージは同年中の廃止とし、屋内平飼いと大型禽舎飼育のみが予定された。

欧州司法裁 2005 年 9 月 8 日判決により、ドイツは豚飼育指令を国内法化していないゆえ敗訴した。そのため、有用動物保護令 2006 年 8 月第 2 次改正へ至った。ここで前述 13b 条も挿入され、これが争点となる。

有用動物保護令の経過規定は、同年 11 月第 3 次改正で 33 条へ移り、申立て後の 2009 年第 4 次改正で 38 条へ移り、本決定後の 2014 年第 5 次改正で 45 条へ移るが、前述 3・4 項の文言は変わらない。

3　申立人の主張は以下の通り。

(1)　有用動物保護令 13b 条は、以下のように形式的にも実質的にも動物保護法に反し無効である。

①　憲法に根源のある動物保護法 16b 条 1 項 2 文（「本法に基づく法規命令と一般的行政規則の公布の前に、連邦食農消費者省は動物保護委員会から意見を聴取しなければならない」）の手続的要請に反する。

② 動物保護法2条「種に適した動物飼育」の実体的要請と基本法20a条の国家目標規定「動物保護」に反する。鑑定意見に依れば、小集団飼育では、法的・経済的に考慮しても種に適した行態ができず、共喰いリスクも高い。

命令制定者は最新科学水準や健康・消費者保護も考慮していなかった。同条から一般的な悪化禁止を導くならば小集団飼育の違憲性が生じる。そうでなくとも動物保護規定の後退は綿密な衡量判断に拠ってのみ許されるにすぎないが、本件では衡量不足である。小集団飼育は同条の確保する「倫理的な最低限度」を下まわる。

(2) 同条に拠っても、有用動物保護令33条は、床面積が最低限の保護に反し、経過期限延期が最小限の代替手段要請に反するゆえ無効である。

4 以上の申立てをヘッセン州や動物保護団体は支持した。以上に対し、連邦政府や飼育団体は反論した（養鶏の多いザクセンなど3州は合憲と主張した）。

【判　旨】

1 有用動物保護令13b条・33条3・4項は、動物保護法16b条1項2文・基本法20a条と合致しない。

(1) 上記命令は、動物保護法2条に基づく命令の公布前に動物保護委員会から意見聴取することを命令制定者に義務づける同法16b条1項2文にも基づき判定されるべきである（参照、前掲鶏飼育判決）。同条の意見聴取要件は、連邦食農消費者省に命令制定を授権する同法2a条と結びつく。

(2) 命令制定者が衡量判断において意見聴取の成果を考慮するつもりなく、体裁上形式的にのみ意見聴取を実施する場合、意見聴取要件には応じていない。もっとも、その前提たる「〔結論ありきでなく偏りなく〕開かれた審議」(Offenheit) を欠くかは事実に拠ってのみ認められうる[(2)]。

事実としては、2006年、命令案につき①4月7日に連邦参議院の条件議決、②4月28日に欧州委員会への通知、③5月10日に内閣の同意、④5月29日に省による動物保護委員会の意見聴取がなされた。

しかし、2005年連邦政府決定によれば、④意見聴取よりも②通知または③内閣同意が先行することは予定されていない。また、連邦参議院が望む命令内容への事実上の強制、「開かれた審議」の欠如は、①条件議決〔命令への要求提案・先取り同意〕（基本法80条3項など）に次いで②通知がなされたことでも裏付けられる。EU法の国内法化の期限が迫る圧力も、その欠如を正当化できない。

以上によれば、動物保護委員会所見の影響があったという政府の主張は考慮不足である。

(3) 基本法20a条は国家権力を動物保護へ義務づける。憲法ランクの動物保護は、衡量判断の枠内で考慮され、基本権など他の憲法益の制約を正当化できる場合も正当化できない場合もありうる（参照、儀礼屠殺・危険犬・装蹄法のBVerfGE 104, 337 [347]；110, 141 [166]；117, 126 [138] など[(3)]）。

国家目標「動物保護」を適合的な諸規定と共に考慮せねばならない規範定立機関に広範な形成余地が帰属する（参照、排出権決定BVerfGE 118, 79 [110][(4)]）。均衡性ある動物保護は専門知識・経験・体系的情報に基づいてのみ可能であるから、適合的な手続によって、法定立の際、そうした情報の活用を確保するのは当然である[(5)]。立法者が、下位の動物保護法令について形成余地を充たす中で、命令制定手続の実体的な動物保護効果を促すことで国家目標に資する法律手続によって、命令制定者の裁量を限定したならば、その法律に反するときは法律のみならず同時に基本法20a条にも反する（参照、ミュルハイム＝ケルリヒ原発決定BVerfGE 53, 30 [66][(6)]など）。

したがって、動物保護法16b条に違反して公布された命令は、同時に基本法20a条に反する。動物保護委員会の審議機能と動物保護法16b条の意見聴取義務は、同法の目的、ひいては基本法20a条を実現するために寄与する。

(4) 以上の手続法の不遵守ゆえ、飼育施設に関す

る義務、又は、動物保護法・基本法20a条に基づく実体法や、経営者の基本権が侵害されているかどうかの判断は（衡量判断の内容審査も）必要ない。

2　もっとも、当該諸規定は違憲だが無効ではなく一定期間引き続き適用できる。

本件で本質的なのは、手続上の瑕疵である。ゆえに、意見聴取義務と参加義務の違反は、通例、命令の無効へ至る（参照、行政法判例、多数説）。

しかし、本件では、仮に無効宣言となれば、保護の欠缺ゆえに憲法秩序とかけ離れ、動物保護法の真空状態を招き、法律執行の弱化や前記99年指令の国内法化の不全に陥る。むしろ期限付きの規範が基本法と合致しないとの確認宣言（不一致宣言）のほうが、法的安定性からも利点がある。

基本法20a条と合致しないと宣言される有用動物保護令の当該規定は、2012年3月31日まで適用できる。この期限までに新たな規律を要する。

【解　説】

本決定は前記1999年鶏飼育判決に続く第2次判断といえる。同判決の「孵化」[7]は申立てから9年かかったが、本決定の「料理」（Gericht）は約4年かかった。申立人は口頭弁論を諦め、裁判所は手続的審査にとどまり実体的審査をせず、中味の審理は半熟ともいえる。違憲無効でなく違憲確認にとどまった有用動物保護令の当該規定は、期限付きで適用され、その文言自体は2014年改正でも残る（新規定は未定）。本決定は2002年改正基本法20a条の動物個体保護の国家目標規定を主要理由に初めて用いた憲法判例といえよう[8]。

1　しかし、同条から意見聴取という特定の手続形成は義務づけられまい。本決定の論証は次の2点を含む。一方で、立法者は、憲法の国家目標を実現する際、広範な形成余地ゆえに、法律の意見聴取要件の採用も不採用も義務づけられない。他方で、法律の意見聴取要件違反は同時に憲法の国家目標違反にもなる。が、前者に後者は矛盾しないか[9]。本決

定は憲法と法律の区別まで融解する危うさを孕み、法律手続違反で十分だったと批判できよう。

また、意見聴取の手続根拠は、手続による生命権保障の判例に倣い[10]、個別の国家目標規定から導くものと本決定を理解することができる。他方、その根拠は、実体的な色彩が濃いと読める国家目標規定「動物保護」でなく、むしろ法治国家原理・適正手続原則や参加型民主制論から導く理論もありえようか。

いずれの根拠にせよ、本決定のいう意見聴取の前提たる「開かれた審議」は、審議が結論ありきの儀式にならないよう求められる（公開性とは異なる）。本件では意見聴取が後回しになり命令内容が既定路線だった問題がある。この順序問題に加え、委員会を含む審議会、懇談会、意見公募・公聴会における十分な情報提供・少数説考慮[11]・熟議時間・結論影響機会の確保も要しよう。委員の人選も結論ありきで偏ってはなるまい[12]。

以上の命令制定の手続・過程について、計画裁量を参考としつつ、本決定は行政の裁量・衡量の瑕疵を審査したと分析されうる[13]。日本でいえば（意見聴取の後回しの）手続的審査・（委員会意見の考慮不尽の）判断過程統制に近い。

2（1）　本決定の避けた実体的判断を試み、申立人主張の「種に適した」飼育基準（動物保護法2条）も併せて衡量瑕疵ゆえ違憲とみる評者（判事）もいる[14]。仮にこの判事が説く「合理的理由」（同法1条）に基づく動物の損害に対する比例原則を用いれば[15]、ケージ飼育は必要性を充たし難い。鶏の苦痛が大きい順に整理すれば、本件のaケージ飼育のa1従来型ケージ飼育（4～6羽を入れて並列した飼育舎で給餌・集卵・排泄処理が全自動化され、最も安価で最も狭い）・a2改良型ケージ飼育・a3小集団飼育、b大型禽舎飼育・屋内平飼い、c屋外放牧、d有機飼育がある[16]。飼育者の営利目的を考慮しても、より制限的でないb～dの代替手段がある。

（2）　一方の連邦参議院のいう、改装できない小規

模飼育者や外国流出が危ぶまれる大規模飼育者の利益も、他方の申立人のいう、代替飼育へ切り替える飼育者の競争利益も、比例原則に基づく考慮を要しよう。

　(3)　申立人主張を進めて、基本法20a条から（動物の状態など）事実の悪化禁止や（動物保護法令など）規範の核心内容の後退禁止を導く説もある[17]。もっとも、有用動物保護令の飼育面積に後退はない。

　(4)　たしかに大量飼育という残虐行為は人間に相応しくなく人間の尊厳を侵害するとの価値観は近年もあるが[18]、多様な個人の尊厳・権利・利益を重視する途（(2)と関連）や、動物個体の尊重を前述の比例原則も併せて考慮する途（本稿の立場ではないが(1)と関連）もある。

　本決定は、動物法の檻（ケージ）を越え、国家目標規定や「開かれた審議」の射程など広く公法学の諸問題も産み出している。

(1)　参照、ド憲判Ⅲ **77** 判例 [石村修]。

(2)　*A. Hirt ╱ Ch. Maisack ╱ J. Moritz*, TierSchG, 2007, § 16b, § 2a Rn. 6 や諸州判例も参照される。

(3)　参照、ド憲判Ⅲ **48** 判例 [近藤敦]、同 **50** 判例 [門田孝]。

(4)　参照、本書 **60** 判例 [中西優美子]。

(5)　*D. Murswiek*, in: M. Sachs, GG, ⁵2009, Art. 20a Rn. 76 f.; *Hirt*（N 2）, Art. 20a Rn. 15 など註釈書が参照される。

(6)　基本権保護のための手続規範の憲法上の意義について。参照、ド憲判Ⅰ **9** 判例 [笹田栄司]。

(7)　参照、石村・前掲注(1)。

(8)　同規定・改正背景・関連判例につき浅川千尋『国家目標規定と社会権』（日本評論社、2008年）、前掲注(3)、*K. Köpernik*, Die Rechtsprechung zum Tierschutzrecht: 1972 bis 2008, 2010; 拙稿「動物保護のドイツ憲法改正（基本法20a条）前後の裁判例──『個人』『人間』『ヒト』の尊厳への問題提起2」早稲田法学会誌60巻1号（2009年）437頁以下など。

(9)　Vgl. *L. Ketterer*, NuR 2011, 419 の判批。憲法規定を具体化した法律規定が憲法ランクを得るとして命令の違憲性を論ずる説もあろうが、本稿と異なる。なお、同条から環境保護の事前配慮原則を多数説は導くが、動物保護の事前配慮義務を導く少数説（判批の *I. I. Sofiotis*, VR 2012, 92）は共通了解を欠く。

(10)　権利と客観法との相違はあるが、前掲注(6)の判例に類似する。

(11)　本決定も参照する *Murswiek*（N 5）の改訂版 ⁷2014, Rn. 77 f. これは本決定を引くが批判していない。

(12)　本件担当の長官 *A. Voßkuhle*, Sachverständige Beratung des Staates, HStR Ⅲ , ³2005, § 43 専門助言論も以上の背景にあろう。

　動物保護委員会令2条は委員12名を定める（広域の動物保護団体の専門家4名、広域の動物飼育者団体の専門家、ドイツ学術振興会の専門家、精神科学者、行態学者、動物飼育学者、生体医療基礎研究者、医学者、獣医学者、各1名）。この構成は動物保護寄りで実体的規定とも解せる。逆に日本の動物愛護部会を含む中央環境審議会の構成比率は経済寄りとしばしば指摘される。

　以上から「形式のもつ実質的意味」も読みとれる。参照、動物保護を例にとる樋口陽一『憲法（第3版）』（創文社、2007年）9頁。

(13)　判批の *W. Durner*, DVBl 2011, 99.

(14)　EU報告に基づく判批の *Th. Cirsovius ╱ Ch. Maisack*, AUR 2011, 275.

(15)　*Ders.*（N 2）, § 1 Rn. 28 ff. 加えて、*G. Hager*, Das Tier in Ethik und Recht, 2015, S. 91, 95 は、本決定と動物保護法2条2号に触れつつ、動物の行動の自由も重視する。

(16)　ドイツの統計ではケージ飼育は2006年70.5％・従来型禁止後2014年10.8％、日本では2009年98.7％。参照、連邦統計庁、畜産技術協会、国際鶏卵委員会のウェブサイト。

(17)　*Ch. Calliess*, Tierschutz zwischen Europa- und Verfassungsrecht, NuR 2012, 827 など。

(18)　*Ch. Sailer*, Massentierhaltung und Menschenwürde, NuR 2012, 29.

＊　2015年の追加情報を除き、本稿に加えて、より詳細は自治研91巻5号（2015年）143頁以下の拙稿も参照されたい。

　2015年の脱稿後に以下の情報に接した。2015年11月6日の連邦参議院の決定は、改良型ケージの小集団飼育を終了すべきとした。有用動物保護令の2016年第6次改正で、13a条は最小2.5㎡の床面積へ拡大され、13b条は削除され、45条は例外期限2028年までの経過規定へ改められた。本決定につき、前掲注(2)の改訂版の *A. Hirt u. a.*, TierSchG, ³2016, § 16b Rn. 2, Art. 20a GG Rn. 22, TierSchNutztV Vor §§12-15 Rn. 10-13; *A. Lorz ╱ E. Metzger*, TierSchG, ⁷2017, § 16b など。

52 法案審議合同協議会の権限の範囲

赤坂幸一

2008 年 1 月 15 日連邦憲法裁判所第 2 法廷判決
連邦憲法裁判所判例集 120 巻 56 頁以下
BVerfGE 120, 56, Beschluss v. 15. 1. 2008

【事　実】

1　決定の対象

1995 年の組織再編税法では、一定の場合に、同一の納税義務者が二重に損失控除を受ける余地が存したため、1997 年 10 月 29 日の企業税改革推進法 3 条 4 号 a により、組織再編税法の 12 条 2 項 4 文が廃止されることとなった。連邦憲法裁判所の決定の対象となったのは、この企業税改革推進法 3 条 4 号 a の成立手続において、法案審議合同協議会が憲法の定める限界を超えた議決勧告を行ったのではないか、という点である。

2　企業税改革推進法の審議過程

企業税改革推進法は、1996 年度税制改正法にかかる連立会派の法案に由来する。同法案は、大別して、①営業資本税の廃止及び自治体財政改革、②組織再編税法の第 8 部にかかる改正（その際、1995 年組織再編税法 12 条は実質的な関連性を有しなかった）、並びに、③所得税法 50c 条 11 項の追加、を内容とするものであった。

第一読会では、とくに組織再編税法の改正に対する言及のないまま、委員会付託となり、同法案を主管する財政委員会は、第 1 次勧告において、③の企業税改革を分離するよう求め、①・②のみが 1996 年度税制改正法案に取り込まれた。第二読会・第三読会、及び法案審議合同協議会でも、組織再編税法の改正はテーマとならないまま、同法は成立した。

財政委員会は、第 2 次勧告において、③を実現するために企業税改革法案を可決するよう求めた。同案の主題は営業税の課税対象者の負担の軽減であっ

たが、この委員会段階でも、第二読会・第三読会でも、組織再編税の改正は主題化することのないまま、企業税改革推進法案が可決された。しかし連邦参議院が同意を拒否したため、連邦政府が法案審議合同協議会を招請したところ、同協議会が採択した成案では、企業税改革推進法に新たな第 3 条（組織再編税法の改正）が設けられ、その第 4 号 a により、組織再編税法の 12 条 2 項 4 文が廃止されるべきものとされていた。この成案を連邦議会・連邦参議院が可決し、企業税改革推進法が成立した（BGBl. I S. 2590）。

その後、ある課税訴訟で同条項が法案審議合同協議会の提案に由来することの違憲性が問題とされ、連邦財政裁判所は、具体的規範統制手続において、連邦憲法裁判所の判断を求めた。

【判　旨】

1　法案審議合同協議会の活動範囲

企業税改革推進法 3 条 4 号 a は、法案審議合同協議会の任務の範囲を超える議決勧告に基づき、基本法 20 条 2 項〔国民主権および権力分立原理〕、38 条 1 項 2 文〔連邦議会議員の全国民の代表性〕、42 条 1 項 1 文〔連邦議会の議事の公開〕および 76 条 1 項〔法案提出権〕に適合しない方法で成立した。

2　違憲の手続で成立した法律の効力

しかし、1 の基本法違反は「明白」なものではなく、当該規範はなお有効なものとして扱う。

【解　説】

1　法案審議合同協議会の権限の範囲

(1)　問 題 構 制

非公開で行われる法案審議合同協議会の審議・決定が及ぶ範囲については、基本法にも協議会規則にも定めがない。

異議法案の場合は連邦参議院が、同意法案の場合は連邦参議院・連邦議会・連邦政府が、それぞれ法案審議合同協議会を招請しうるが、①連邦参議院が具体的な修正提案を備えて協議会を招請したときは（限定的招請）、協議会の審議・決定はこの提案の範囲に限られる。しかし、②そうでない場合には（開放的招請）、協議会の権限の範囲を画することは難しく、連邦議会の議決法案、協議会の招請内容、及び立法過程における同協議会の機能ないし任務に照らして判断されることになる。

(2) 連邦憲法裁判所による画定

この点、従来は、連邦議会の議決した法案と、協議会の成案ないし議決勧告との間に実質的関連があれば足りるとされ、ただし、協議会が基本法76条1項の法律案提出権者に含まれていない以上、協議会が実質的に法案提出権をもつとみなされるような新規の提案を行うことはできない、という緩やかな限界しかなかった[1]。しかし、連邦憲法裁判所は近年、法案審議合同協議会の議決勧告の範囲を厳格に画する立場を次第に鮮明にし、1999年12月7日判決（BVerfGE 101, 297(305 ff.)）で示された基本原則を、2008年1月15日及び2009年12月8日の二つの決定（BVerfGE 120, 56〔本件決定〕; 125, 104〔2009年決定〕）によって確認ないし詳細化している。

(a) 協議会の任務・機能　それによれば、同協議会は固有の法案提出権をもつものではなく、それ以前に連邦議会で審議された規律選択肢について調停（vermitteln）するに過ぎないとされる（BVerfGE 101, 297(306)）。したがって、協議会の任務は、立法手続（具体的には連邦議会の議決した法案、及び議決に至る審議手続）に顕出した規律選択肢を基盤としつつ、協議会の招請内容に鑑みて、①議会の立案趣旨の枠内で、②連邦議会と連邦参議院の間における見解の相違を調整するような成案を得る点にある（BVerfGE 120, 56(74)）。

(b) 議会の立法手続への帰責性　こうして、協議会の成案及び議決勧告は、その内容・形式ともに、事前の「立法手続の枠内〔延長線上〕」になくてはならない。換言すれば、協議会の成案及び議決勧告は、連邦議会で行われた審議に基づき、連邦議会に帰責しうるものでなくてはならないのである（BVerfGE 101, 297(307); 120, 56(76); 125, 104(122)）。具体的には、立法過程に持ち込まれた各種の素材、すなわち、議員・連邦参議院・連邦政府の提出法案や、各種の修正動議及び見解表明、及びこれらをめぐる討論が、認識可能な形で、正式に議事の俎上に載せられていることが重要であり、これが連邦議会の最終的な議決法案に採用されているか否かは無関係である（BVerfGE 101, 297(307); 120, 56(75)）。

その際、後に協議会の成案・議決勧告に含まれることになる規律事項が、十分に具体化されていることが重要であって、それが法案ないし修正案として具体化されていることまでは必要ないが、一般的な目標設定だけでは不十分である（BVerfGE 120, 56(74)）。また、主題項目を示しただけで、具体的な規律内容を示していない文書が配布されただけでは、この具体化の要請を充足するものとは言えない（助成金削減のためのいわゆる Koch-Steinbrück リストにかかる2009年12月8日決定（BVerfGE 125, 104））。

(3) 非議会化をめぐる憲法問題

興味深いのは、連邦憲法裁判所が、この問題を法案審議合同協議会の権限という観点からだけではなく、基本法の定める統治システム全体との関連で検討している点である。すなわち裁判所は、協議会が如上の限界を踏み越え、政治的決定の範囲を拡張したとすれば、立法の非議会化（Entparlamentarisierung）が進み、立法諸機関の間の権限分配や、議員の権利、議会審議の公開性、およびこれに依拠した議会審議の民主的コントロールを損なうことになる点を指摘している（BVerfGE 101, 297(306 f.); 120, 56(74 f.)）。

(a) 立法権限の分配　第一に、基本法の定める立法権限の分配の問題である。法案審議合同協議会は法案提出権を持たず、したがって連邦議会に代替

するような立法機関ではない以上、独自の規律事項ないし規律選択肢を成案の内容とすることによって、連邦議会の議決法案に本質的な修正を加えることは許されない。ドイツの場合、連邦議会と連邦参議院からなる「ドイツ連邦国会」なるものが観念されるわけではなく、立法のフォーラムはあくまでも連邦議会である（法律を議決するのは連邦議会であり（基本法77条1項1文）、連邦参議院は立法に「協力」する（基本法50条）にすぎない）。基本法における立法権限の分配に鑑みれば、立法過程において決定的な役割を与えられているのは連邦議会であって、それゆえ、立法の非議会化を意味する協議会権限の拡大は、基本法の理念と相容れないのである。

（b）議員の権利　このような帰結は、連邦議会議員の法案審議権及び表決権（基本法38条1項2文、42条1項・2項）の観点からも導かれる。連邦議会議員には、問題となっている規律事項について議論し、見解を述べ、他の規律選択肢を提案し、これについて議会の多数を説得しようと試みる機会が与えられなくてはならない（BVerfGE 120, 56(75); 125, 104(123)）。協議会の成案について、議員は通常の審議手続で検討することができない以上（連邦議会は、法案議決の修正が提案された場合に、成案全体について改めて「議決」を行うのみである（基本法77条2項5文））、成案に採用される規律事項は、従前の連邦議会の審議過程で十分に具体化されていることが必要なのである。

（c）議会審議の公開と民主的コントロール　このことは、基本法42条1項1文の定める議事公開の原則からも裏付けられる。議事公開の原則は、市民が議会の審議過程を監視・統制することを通じて、議会が有権者に対して負う政治責任を効果的なものたらしめる。協議会の議事は非公開であり、協議会は有権者に対して直接責任を負う立場にはない以上、協議会が、連邦議会の審議過程で顕出していないような修正提案を行えば、立法過程の透明性、及び、それを通じた民主的コントロールの可能性が、大きく損なわれることになるだろう（vgl. BVerfGE 101, 297 (306); 120, 56(74 ff.); 125, 104(122 ff.)）。というのも、た

しかに連邦議会は、上記の通り、協議会により法案議決の修正が提案された場合には改めて議決を行わなくてはならないが、その表決対象は協議会の成案に限られ（協議会規則10条2項と結びついた連邦議会議事規則90条1項）、この成案を修正することはできず、その詳細について通常の審議手続で吟味することができないからである。

2　違憲の手続で成立した法律の効力

(1) 憲法違反の認識可能性

2008年1月15日の本件決定では、成立過程に違憲の瑕疵があるとされた1997年10月28日企業税改革推進法3条4号aの効力が、なお維持された。というのも、連邦議会の審議権を重視し、法案審議合同協議会の活動範囲を限定した憲法判断を連邦憲法裁判所が初めて具体的に示したのは、1999年12月7日判決（BVerfGE 101, 297〔1999年判決〕）においてであって、当該条項にかかる立法手続が終結した後のことだったからである。立法過程の瑕疵のゆえに当該規範を無効とする必要があるのは、法的安定性の要請に鑑み、当該瑕疵が「明白」である場合に限られる（BVerfGE 34, 9(25); 91, 148(175)）のであって、1997年企業税改革推進法の審議に際し、立法者が上記の憲法判断を知り得なかった以上、同法の成立手続にかかる明白な憲法上の瑕疵が存するとまでは言えない、とされたのである。

(2) 1999年判決以後の「明白性」

換言すれば、上記判決以降に成立した法律は、その成立過程において、当該判決の示した憲法上の要請を遵守しなくてはならないことになる。それゆえ2009年決定は、2004年予算附属法が違憲な手続で成立した以上、2011年6月30日以降は同法を適用しえないものとし、その時までに立法者が憲法適合的な状況を作り出すための時間的猶予を与えるにとどめたのである。

3　判例の射程と残された課題

(1) 射程の限定——連邦参議院構成員の発言

2009 年決定は、問題となった立法過程文書（Koch-Steinbrück 文書）の記載内容の不特定性だけではなく、当該文書が提出された態様も、立法手続の形式上の要請を充たすものではない旨を指摘した。当該文書は、基本法 76 条 1 項による連邦参議院提出法案として連邦議会に提出されたものではなく、連邦議会における法案の審議過程において、連邦参議院構成員たる 2 名のラント大臣が、基本法 43 条 2 項 2 文の発言権に基づいて立法手続に持ち込んだものである。しかし、この発言権においては、連邦参議院全体の権限ではなく、個々の連邦参議院構成員の権限がポイントになるのであって、この権限は、連邦参議院の特別の委託によらずに行われるものである[2]。

それゆえ、連邦議会の委員会及び本会議における、連邦参議院構成員の発言については、その発言が、①具体的な立法手続において公式に議決された連邦参議院の見解表明の枠内にあるか、もしくは、②類似の主題にかかる連邦参議院自身の法律案でカバーされているような場合にのみ、協議会の成案に取り入れることが許されるものとされる[3]。

(2) 未解決の課題

連邦憲法裁判所が彫琢した判例法理は、議会の審議権を確保し、立法過程の透明性及びコントロールを確保するという観点からは重要な意義を有しているが、他方、現実的な交渉・妥協の必要性（考慮可能事項の拡大）、及び連邦参議院（ラント）の利害を反映する回路の確保という二点において、なお将来に開かれた課題を有している。

(a) 調停能力の確保　　法案審議合同協議会の任務は、連邦議会と連邦参議院の見解が相違した場合に、新たに立法手続をやり直すのではなく、ハイ・レベルの政治的折衝の場を設けて、一定の妥協を成立させるという点にある。しかし、規律対象が複雑化・多様化・大量化した現代では、同協議会における交渉・妥協に際して、未だ議会の立法手続に具体的に顕出していないような規律要素をも成案に取り込んで初めて、有効に妥協を形成しうるという状況が増大している[4]。

一般に、交渉・妥協が成立するための有効な方法は、両観点からの交渉が行き詰まった場合に、従来は未だ明確化していなかったような見解や規律要素を考慮に組み入れることである。このような交渉・妥協が禁じられるとすれば、残るは、すでに議会の立法手続で明確に示された規律要素を、新たな形で結びつける、という点に限られてしまうだろう。

(b) 「立法手続」への着目の是非　　基本法における立法権限の分配、議員の権利、議事の公開及び民主的コントロールのいずれも、「デモクラシーの中核」（Paul Kirchhof）としての連邦議会を中核として構成されたシステムである。この連邦議会の立法手続に顕出した規律事項・規律選択肢であって初めて、法案審議合同協議会における交渉・妥協の要素となりうるのであって、換言すれば、報道機関がある立法資料について多くの記事を発信したり、インターネットで誰でも当該文書を入手・閲覧できたり、従来から立法の対象として激しく議論されてきた規律事項・規律選択肢であるとしても、それらのことは一切無関係である。憲法により保障された連邦議会議員の情報権・協働権は、基本法及び議事規則に定められた方法で顧慮されなくてはならないという点に着目するものだが、このことが交渉・妥協の可能性を狭めるという点にも、留意しなくてはならないだろう。

(c) 連邦参議院の影響回路の確保　　基本法 76 条 1 項により、連邦参議院と並んで、連邦政府及び連邦議会議員も法案提出権を有している。このうち、①連邦議会議員提出法案については、連邦議会の「立法手続」で審議されたのちに連邦参議院が審議するが、当該法案について、連邦参議院自身の見解が連邦議会の立法手続で公式に示される機会は存しない。また、②連邦政府提出法案の場合には、連邦議会への提出に先立って連邦参議院の見解が求められ、連邦政府は、この意見に自らの反対意見も添えて、法案を連邦議会に提出する。しかし、同法案が連邦議会で多くの修正・追加を受けた場合、この修正・追加部分について連邦参議院自身の見解を連邦

議会の立法手続で公式に表明する機会は存しない。

　これらの場合、連邦参議院の固有の観点・見解が、協議会における交渉・妥協に際しどれだけ効果的であっても、また、たとえ連邦議会がその観点・見解を進んで受け入れる場合であっても、連邦憲法裁判所の判例に照らせば、これを成案ないし議決勧告の要素として取り入れることは許されないことになる。それゆえ、連邦参議院が影響力を行使しようとすれば、異議法律につき異議を提起し、同意法律について同意を拒否するしか方法がなく、立法手続に顕出する機会のなかった自らの観点・見解を、当該法案に反映させる術がないことになる。この点についての連邦憲法裁判所の判断は未だ存在せず、今後の動向が注目されるところである。

⑴　Vgl. BVerfGE 72, 175 (187 ff.); 78, 249 (271).

⑵　もちろん、連邦議会議事規則33条の場合のように、連邦参議院の議決を連邦議会及びその委員会で代表するよう、連邦参議院がその構成員に委託する場合には別論であるが、Koch-Steinbrück 文書については、そのようなケースに当たらない、とされた。

⑶　Claus Dieter Koggel, Das Vermittlungsverfahren, in: Kluth/Krings（Hrsg.）, *Gesetzgebung*, C.F.Müller, 2014, S. 476. 後述の「未解決の課題」についても、同論文を参照。

⑷　例えば、2009年決定にかかる Koch-Steinbrück リストは、助成金・補償金の削減対象を抽象的・包括的に示したものであるが、当該リストの個別事項の大半は膨大な内容を含んでおり、各別に法案化して審議した場合には、議会での激しい討論が延々と続くことが予想された。そこで、合意形成は連邦議会の外で行われ、決定は、法案審議合同協議会で行われたのである。

53 人間の尊厳と最低限度の生活の保障
——ハルツIV（Hartz IV）判決——

工藤達朗

2010 年 2 月 9 日連邦憲法裁判所第 1 法廷判決
連邦憲法裁判所判例集 125 巻 175 頁以下
BVerfGE 125, 175, Beschluss v. 9. 2. 2010

【事　実】

2003 年 12 月 24 日の労働市場における現代サービス業（Dienstleistung）に関する第 4 次法律（ハルツIV）[1]により、2005 年 1 月 1 日から施行された社会保障法典第 2 編（以下、SGB II）は、就労可能な者と、その人と要扶助共同体（Bedarfsgemeinschaft）を形成して生活する人たちの生計を確保するために、「失業手当II（Arbeitslosengeld II）」の給付を定める。基本給付（Regelleistung）は、衣食、身体のケア、家財道具、日常生活の需要、ならびに周囲の人々との交際と文化生活への参加に足るものでなければならない（SGB II 20 条 1 項）。基本給付の月額は、①単身者、単身で養育している者またはそのパートナーが未成年である者につき、旧西ドイツの州では 345 ユーロ、旧東ドイツの州では 331 ユーロ（SGB II 20 条 2 項）、②要扶助共同体の 2 人のメンバーが 18 歳以上であるときは、それぞれ 1 人につき、①の 90 %（旧西ドイツの州では 311 ユーロ）である（同条 3 項）。

また、就労能力のないメンバーには、社会手当（Sozialgeld）が支給される。③基本給付の額は、14 歳未満は①の 60 %、14 歳以上は①の 80 %である（SGB II 28 条 1 項 1 号）。旧西ドイツの州にいる子どもで、要扶助共同体に属する 14 歳未満の者は、月々 207 ユーロ、14 歳以上は 276 ユーロの社会手当を受け取っていた。

3 つの裁判所が、基本給付の金額①〜③が基本法に一致しているか否かの問題を連邦憲法裁判所に移送したところ[2]、連邦憲法裁判所は、問題となった規定は基本法 1 条 1 項と一致しないと宣言し、同年末までに法改正を命じる判決を下した[3]。

【判　旨】

1 (1)　人間の尊厳にふさわしい最低限度の生活の保障を求める基本権が、基本法 20 条 1 項と結びついた基本法 1 条 1 項から生じる。この基本権は、同じく基本法 1 条 1 項から生じる各個人の尊厳の尊重を求める絶対的に作用する請求権と並んで、基本法 20 条 1 項と結びついて保障される権利として独自の意義を有する。この基本権は、やってもやらなくても自由なものではなく、実行されなければならないが、立法者による具体化と恒常的な現実化を必要とし、立法者は、調達されるべき給付を、共同体のその時々の発展水準と現行の生活条件に合わせなければならない。その際、立法者は形成の余地を有する。

(a)　基本法 1 条 1 項は、基本権として、国家の介入に対する防禦権であるだけでなく、人間の尊厳を積極的に保護する国家の義務を含む。ある人が、就労活動もできなければ、自分自身の財産もなく、第三者の援助もないために、人間の尊厳にふさわしい生存を保障するための物質的手段を欠いているときは、国家は物質的援助を行う義務を負う。この国家の客観的義務には、基本権主体の給付請求権が対応する。

(b)　人間の尊厳にふさわしい最低限度の生活の保障を求める憲法上の直接給付請求権は、人間の尊厳にふさわしい生存を維持するためにどうしても必要な手段に対してのみ及ぶ。この給付請求権が保障する最低限度の生活には、人間の物理的生存、それ

ゆえ、衣食住、家財道具、暖房、衛生や健康と同じく、周囲の人々と交際し、社会的・文化的および政治的生活への最小限度の参加の可能性を確保することも含まれる。

（c）　人間の尊厳にふさわしい最低限度の生活の保障は、法律上の請求権によって確保される。法律上の給付請求権は、常に基本権主体の生存に必要な需要全体をカバーするように内容形成されなければならない。立法者が最低限度の生活を規定する憲法上の義務を十分に果たさない場合には、法律は不足した形成の範囲において違憲である。

（d）　この給付請求権は憲法上の根拠を有するが、請求権の範囲は、直接憲法から引き出すことはできず、立法者によって具体的に決定されなければならない。立法者は、最低限度の生活を確保するための給付の範囲を決定するにあたって、形成の余地を有する。その余地は、立法者が人間の物理的生存を確保するために必要なものを具体化する場合はより狭く、社会生活への参加の可能性の種類と範囲が問題であるときはより広い。

（e）　この請求権を具体化するために、立法者は、生活に必要なすべての出費を、首尾一貫して、透明かつ公正な（sachgerecht）手続において、事実上の需要に即した、それゆえ現実にかなった（realitätsgerecht）かたちで算定しなければならない。基本法は、算定のための特定の方法を立法者に指示してはいないので、立法者はその方法を自ら決定できるが、選択された方法からの逸脱は、実質的正当化を必要とする。

（f）　算定結果は、継続的に審査されなければならない。立法者は、経済的な条件の変化に対して、時代に即応し、いかなるときでも実際の需要の充足を確保するために、予防措置を講じなければならない。SGB Ⅱ 20 条 2 項のように固定金額を定める場合にはとくにそうである。

（2）（a）　最低限度の生活を算定する際、立法者には形成の余地が認められるので、連邦憲法裁判所による法律の審査は自制的でなければならない。基本法から請求権の精密な見積もりを引き出すことはできないのだから、結果に対する実体的な審査は、給付が明らかに不十分であるか否かに限られる。

（b）　しかし、人間の尊厳にふさわしい最低限度の生活の保障を求める基本権は、給付を算定する基礎と方法が基本権の目標にかなっているかどうかの審査を要求する。したがって、この基本権保護は、最低限度の生活を算出する手続にも及ぶ。法律による給付の範囲と裁判所によるその審査について、跡付け可能性を保障するために、給付の決定が、信頼できる数字と論理的な算定手続に基づき、説得的に正当化されなければならない。

2（1）　以上の原則によれば、移送された諸規定は違憲である。たしかに、①SGB Ⅱ 20 条 1 項は、基本給付により確保すべき、人間の尊厳にふさわしい最低限度の生活を適切に定義した。②SGB Ⅱ の定める給付額（345、311 および 207 ユーロという基本給付）が人間の尊厳にふさわしい最低限度の生活を確保するために明らかに不十分であると認めることはできない。③立法者は、SGB Ⅱ 20 条 2 項の基本給付のために、最低限度の生活を算定するにふさわしい手続を採用した。統計モデルは憲法上許容される。

けれども、④SGB Ⅱ 20 条 2 項に基づく 345 ユーロの基本給付は、憲法にかなった方法で算定されていない。なぜなら、立法者が自ら選択し、最低限度の生活を算定する基礎とした統計モデルの構造原理から、実質的な正当化なしに離れてしまったからである。立法者はその逸脱を他の認識可能で説得力ある基準によって説明することもしなかった。⑤SGB Ⅱ 20 条 2 項に基づく基本給付の算定が違憲である以上、SGB Ⅱ 20 条 3 項 1 文に基づく、要扶助共同体において共同生活をしているパートナーの 311 ユーロという金額の算定も違憲である。⑥同じく、SGB Ⅱ 28 条 1 項 3 文 1 号に基づく、子どもの社会手当が 207 ユーロであることも違憲である。なぜなら、この社会手当は、すでに違憲とされた 345 ユーロという基本給付の金額から導き出されたもの

だからである。さらに、14歳未満の子どもの社会手当の金額を成人単身者の基本給付の60％であるとするこの規定は、子どもに特有の需要を調査しておらず、算定上の完全な欠損という欠陥がある。

　(2)　さらに、SGB Ⅱが、人間の尊厳にふさわしい最低限度の生活をカバーするために避けられない、経常的な、単なる一回限りではない特別の需要を確保するための追加的給付請求権を定める規定を欠いていることは、基本法20条1項と結びついた基本法1条1項と一致しない。

　3 (1)(a)　移送された諸規定（SGB Ⅱ 20条2項・3項1文および28条1項3文1号）は、基本法と一致しないと宣言されなければならない。無効宣言は行わない。違憲の規範は、立法者による新規定の制定まで引き続き適用される。移送裁判所の手続も中断したままにしておく必要はない。

　(b)　立法者は、憲法にかなった算定手続で、基本給付の新規定を、2010年12月31日までに制定しなければならない。新規定には遡及効を付与しないことができる。ただし、2010年12月31日までに新規定が制定されなかった場合には、遅れて制定された義務違反の法律は、2011年1月1日に〔遡って〕適用されるべきである。

　(2)　立法者は、新規定において、避けられない、経常的な、一回限りでない、特別の需要を確保するための給付を求める請求権を、規定しなければならない。この需要は、人間の尊厳にふさわしい最低限度の生活を保障するためにはどうしてもカバーされるべきものである。立法者による新規定〔の制定〕までは、この請求権は、判決理由にしたがって、基本法20条1項と結びついた基本法1条1項から直接に、連邦の負担で、主張することができなければならない。

【解　説】

　1　基本法の基本権カタログは、若干の例外を除いて古典的な自由権に限られ、社会国家条項はある

ものの、社会権を含まない。この点が、生存権を明文で保障する日本国憲法との大きな違いである、と考えられてきた。けれども、連邦憲法裁判所は、基本法20条1項（社会国家原理）と結びついた1条1項の保護領域に最低限度の生活の保障が含まれることを肯定した（BVerfGE 82, 60〔ド憲判Ⅱ *31* 判例〕）。本判決は、最低限度の生活を保障する国家の客観的義務にとどまらず、人間の尊厳にふさわしい最低限度の生活の保障を求める基本権を正面から導き出したのである。そして、1条1項に基礎を置く基本権であるが故に、ドイツ国民だけでなく、外国人にもその保障が及ぶことになる[4]。

　立法者はこの憲法上の給付請求権を法律において具体的に定めなければならないが、①法律上の給付請求権は人間の物理的生存だけでなく、社会的・文化的・政治的生活の最低限度もカバーするものでなければならない。また、②請求権を具体化する算定手続は、首尾一貫し、現実にかなっていなければならない（判旨1(1)）。①を実体的保障、②を手続的保障ということができよう。

　2　給付請求権を具体化した法律の合憲性の審査についても、①実体的審査と②手続的審査に分けて考えることができる。①では法律上の請求権が憲法上保障された最低限度の生活をカバーしているかどうかが審査されるが、給付請求権の範囲を具体化するに当たって立法者には形成の余地が認められるため、この審査は給付が明らかに不十分であるか否かに限られる（明白性のコントロール）。しかし、立法者の裁量は②によって手続的に制約される。首尾一貫性（Folgerichtigkeit）の原則[5]から、ある生活領域の秩序について立法者が最初に基本決定を下したならば、それ以降の法律はその決定に矛盾せず首尾一貫した内容を有することが要請される。例外的に逸脱する場合は、例外の強度に応じた正当化を必要とする。本件でいえば、立法者が統計モデルの構造原理に従って基本給付を算定すると決定したのであれば、自分自身が選択した統計的な算出方法から実質的な

正当化なしに離れることは許されないのである（判旨1(2)）。

社会権の領域で、実体的審査によって法律を違憲と判断することはきわめて困難であるから、首尾一貫性の審査が可能であれば、社会権の権利性は飛躍的に高まるように思われる。それを支持する学説では、その論拠として、基本法3条1項の平等条項、法治国家原理、連邦国家原理があげられている[6]。

しかし、批判もある。首尾一貫性の原則は、立法者が過去に制定した法律に拘束されること（立法者の自己拘束）を前提とするが、これは、後法は前法を廃す（Lex posterior derogat legi priori）の原則と矛盾する。また、基本法20条3項は立法者を法律に拘束していない。なぜなら、議会の新たな意思を尊重することが民主制原理の要請だからである。また、ハルツⅣのような諸勢力の妥協の産物である法律に首尾一貫性を要求することは、立法者の形成の自由を著しく縮減してしまう、とされている[7]。ここには憲法原理相互の対立があるといえる。

3　本判決は、法律の違憲確認にとどめ、無効宣言は行わなかった。改正法律に遡及効も要請していない（判旨3(1)）[8]。注目されるのは、判決が直接憲法に基づく給付請求権を肯定している点である（判旨2(2)、3(2)）。日本の学説にいう「ことばどおりの意味における具体的権利説」である。

4　ハルツⅣによる失業扶助の廃止が所有権（基本法14条1項）の侵害となるかが問題となった事件がある。失業扶助では、受給者は困窮の程度を基準とするのではなく、従前の労賃の手取り総額に一定割合をかけた金額を受け取っていた。ところが、ハルツⅣにより、失業扶助に失業手当Ⅱが取って代わった。40年間失業保険の保険料を納入した原告が、失業扶助の廃止は基本法14条1項の基本権侵害だと主張したのに対して、連邦憲法裁判所は、失業扶

助請求権は基本法14条1項の基本権ではないとした。というのは、当時も失業扶助の保険料は失業手当の財源だったのであり、失業扶助は税金でまかなわれていたから、自己固有の給付という所有権の要件に当てはまらないからである。信頼保護の違反も否定された（BVerfGE 128, 90）。

(1)　ハルツⅣの内容は、シュテック＝コッセンス（田畑洋一監訳）『ドイツの求職者基礎保障』（学文社、2009年）、あわせて戸田典子「失業保険と生活保護の間」レファレンス60巻2号（2010年）7頁。

(2)　嶋田佳広・賃金と社会保障1489号（2009年）4～62頁。

(3)　本判決には全訳がある。嶋田佳広・賃金と社会保障1539号（2011年）71頁。判決の分析は、同「ドイツの保護基準における最低生活需要の充足」同誌同号4頁、玉蟲由樹『人間の尊厳保障の法理』（尚学社、2013年）191-231頁参照。

(4)　実際に問題となるのは庇護申請者である。Vgl. Görisch, NZS 2011, 646；BVerfGE 132, 134〔本書**54**判例〕.

(5)　体系的整合性（Systemgerechtigkeit）の原則として、新しい法律はそれが組み入れられる既存の法体系と矛盾せず整合的でなければならない（法律は全体として矛盾のない体系的なものでなければならない）ともいわれるが、ここでは2つの原則を区別しない。なお、立法者の自己拘束の点では、清宮四郎の「違憲の後法」との共通性もある。石川健治編『学問／政治／憲法』（岩波書店、2014年）24頁参照。

(6)　Kirchhof, Allgemeiner Gleichheitssatz, in: Isensee/Kirchhof (Hrsg.), Handbuch des Staatsrechts Ⅷ, 3. Aufl., 2010, Rn. 211 ff. キルヒホフは、首尾一貫性は（平等に限られず）すべての法領域における審査基準であり（Rn. 215）、社会法の領域できわめて重要な意義を獲得した（Rn. 225）とする。判例は、vgl. BVerfGE 121, 317〔本書**45**判例〕；122, 210〔本書**22**判例〕；129, 300〔本書**59**判例〕.

(7)　批判的な学説として、Kischel, AöR 124 (1999), 174のほか、レプシウス「基準定立権力」、メラース「連邦憲法裁判所の合法性・正統性・正統化」イェシュテットほか（鈴木秀美ほか監訳）『越境する司法』（風行社、2014年）収録参照。

(8)　本判決後の法改正について、齋藤純子「最低生活水準とは何か」レファレンス61巻9号（2011年）117頁。

54 庇護申請者の生活保護に関する違憲判決

2012 年 7 月 18 日連邦憲法裁判所第 1 法廷判決
大西　楠・テア　連邦憲法裁判所判例集 132 巻 134 頁
BVerfGE 132, 134, Urteil v. 18. 7. 2012

【事　実】

1993 年に制定された庇護申請者給付法は庇護申請者への社会扶助を社会保障法典とは別枠で定め、給付額を低く抑えていた。これは庇護申請者への社会扶助を抑制する 1980 年代以来の政策を反映する他、1990 年以後庇護申請が激増したことを受けてドイツ連邦共和国（以下ドイツ）への庇護申請の集中を防ぐことを目的としていた。同法 3 条 2 項 2 文は住居費・暖房費を除いた世帯主への基本給付を 360 マルク（184.07 ユーロ）と定め、同項 3 文および同条 1 項 4 文は日用品費を 14 歳以下 40 マルク（20.45 ユーロ）、15 歳以上は 80 マルク（40.90 ユーロ）と定めていた。単身世帯主で比較すると、社会保障法典上の給付が 346.59 ユーロであるのに対して、庇護申請者給付法上の給付は 224.97 ユーロとなり 35 ％ほど低い。また、日用品費は社会保障法典に比して概ね 25 ％から 54 ％低く抑えられていた。立法時点で同法は庇護審査を受ける短期滞在者を適用対象と予定していたものの、2007 年時点では庇護申請者のみならず、滞在法 25 条 4 項 1 文の滞在許可を持つ者、滞在許容（Duldung）の状態にある者及び強制送還対象者並びにその家族に適用されていた。2009 年の時点で 15 万人に上る同法の対象者のうち約 3 分の 2 は 6 年以上ドイツに滞在していた。

原告 X_1 は 1977 年生まれのイラク国籍クルド人である。X_1 は 2003 年にドイツに入国して庇護申請を行ったが認められず、滞在法 60a 条 2 項 1 文に基づく滞在許容を受けていた。X_1 は滞在許容難民のための共同施設を住居とし、2003 年 4 月から 2006 年 3 月まで庇護申請者給付法 3 条に基づく給付を受けた。同法 2 条により 2008 年 12 月には社会保障法典上の給付と同額の 590.71 ユーロの給付を受けたものの、2009 年 1 月からは再び同法 3 条に基づく 224.97 ユーロのみの給付を受けた。X_1 は 2009 年 1 月分の給付増額を求めて社会裁判所に提訴した。

原告 X_2 の母は 2000 年にリベリアからドイツに入国した。X_2 は出生時より滞在法 25 条 5 項に基づく滞在許可を保持している。X_2 は出生時より 2002 年 12 月まで社会保障法典に基づく給付を受け、その後は 2006 年 12 月まで母によって扶養されていた。その後、2007 年 1 月に庇護申請者給付法 3 条に基づく月額 132.93 ユーロの給付を受けたことに対して、X_2 は増額を求めて社会裁判所に提訴した。なお、X_2 は 2010 年にドイツ国籍を取得している。

両事件の控訴審であるノルトライン＝ヴェストファーレン州社会裁判所は、社会扶助給付金が低過ぎることを訴えた原告 X_1 および X_2 の主張を正当と認め、庇護申請者給付法の合憲性判断を求めて連邦憲法裁判所に移送した。

【判　旨】

1　基本法 1 条 1 項は基本法 20 条 1 項の社会国家原理と結びついて人間の尊厳に適った最低限度の生活（以下「最低限度の生活」）を人権として保障する（BVerfGE 125, 175）。「最低限度の生活」には、物理的生存のみならず、社会的・文化的・政治的生活への参加も含まれる。人権としての「最低限度の生活」はドイツ国民および外国人に等しく保障され、ドイツ滞在の開始日から実現されなければならない。

基本法1条1項から導出される「最低限度の生活」は憲法上の権利であるが、その具体的給付額は憲法から直接に導出できるものではなく、立法者が決定する。ただし、法律上の給付額が憲法上の要請を満たしていない場合には違憲となる（BVerfGE 125, 175）。基本法20条の社会国家原理から立法者は社会的現実に即した形で給付の範囲を決定する義務を負う。その際、重要なのは困窮者の具体的な需要に適った決定がなされることである。そこで基準となるのはドイツにおける生活関係のみであって、難民の出身国の生活水準や他国の社会扶助給付の水準であってはならない。

なお、立法者は基本法のみならず庇護申請者の受け入れについての最低基準指令（EGRL 9/2003）、国連社会権憲章および子供の権利条約に義務づけられる。

2　憲法上の要請である「最低限度の生活」の具体化は、内容的に透明で合理的な手続により筋の通った形で、現実の需要に即して基礎づけられなければならない（BVerfGE 125, 175）。合理的な方法によって給付額を決定するという憲法上の要請は立法手続ではなく、その結果を拘束する。

立法者は算定方法を自らの裁量により決定することができるが、受給者集団によって算定方法を変える場合には合理的な正当化を要する。立法者が特定の集団の特殊性を考慮しようとする場合、その集団にとって最低限度の生存に必要な額が他の集団よりも顕著に異なることが合理的に証明されなければならない（BVerfGE 125, 175）。短期滞在を予定する集団の「最低限度の生活」をその他の集団と別様に定めることは、彼らが生活に必要とする額がその滞在権のゆえに他の集団よりも少額であることが算定根拠から合理的に正当化可能である場合にのみ許される。それゆえ、滞在が短期となる見込みであること自体は、「最低限度の生活」を物理的生存に引き下げることを正当化しない。また、難民がドイツに集中することを避けるという移民政策上の考慮により給付額を低く設定することは正当化されない。加えて、短期滞在者への給付を低く設定することが正当化されたとしても、彼らの現実のドイツ滞在が長期に渡る場合には正当化しえなくなる。

3　「最低限度の生活」を具体化する立法裁量を尊重して、連邦憲法裁判所は抑制的に統制を行う。すなわち、立法者が決定した給付額が憲法上の要請に明白に不足するかどうかを審査する。さらに、連邦憲法裁判所はこの明白性の審査を超えて、給付額が信頼できる数値と合理的な算定基準を基礎に置く正当化され得るものであるかどうかを審査する。

このような基準から審査すると、庇護申請者給付法3条2項2文および3文ならびに1項4文に基づく給付額が基本法の要請する「最低限度の生活」を満たさないのは明白である。まず、同法の給付額は1993年時点でも低く抑えられていたが、ドイツの物価が30％以上上昇した現在に至るまで全く見直されなかった。既に2007年の時点で同法の給付額は明白に短期滞在者の生活上の需要を満たしていなかった。次に、同条の給付額は合理的な算定基準により決定されておらず、現実に即してもいない。立法当時、給付額を決定する基準となったのは単なる目算にすぎなかった。これに加えて、1993年の立法時に短期滞在者を想定していた同法の適用対象が拡大し、対象者の多くがドイツに長期滞在している実情に照らしても、同法の給付額は現実的でない。最後に、同法には社会保障法典2編28条1項1文や、同法典12編34条1項1文に相当する子供や青少年への教育社会文化参加給付が欠けている点でも不備がある。

4　以上より庇護申請者給付法の該当条文は違憲状態にある。しかしながら、違憲無効の宣言によっては基本法の要請する「最低限度の生活」を保障する法律上の根拠が失われてしまうので、連邦憲法裁判所は新法制定までの経過措置を定める。すなわち、社会保障法典上の給付額を算定する基準需要調査法に従って庇護申請者給付法上の給付額を決定する。

この経過措置は 2011 年 1 月 1 日にまで遡及する。立法者はこの経過措置とは独立に新法制定を義務付けられる。

【解　説】

　本判決はハルツ IV 法における求職者の基礎保障給付金算定方式を違憲とした 2010 年の連邦憲法裁判所判決（BVerfGE 125, 175〔本書 **53** 判例〕）の論理を前提としている。同判決は、基本法 1 条 1 項（人間の尊厳）および基本法 20 条 1 項（社会国家原理）から導出される「最低限度の生活」の保障について、立法裁量を認めつつも給付額の算定が合理的かつ現実に即して行われることを要請した。これを引き継いで本判決は、人権としての「最低限度の生活」は外国人にも等しく保障されるべきこと、庇護申請者の生活扶助給付の算定にあたっては現実に即した信頼性の高い算定方式がとられるべきこと、庇護申請者給付法に基づく給付額はあまりに低く、「最低限度の生活」を満さない明白であることを判示した[1]。

　本判決の意義は次の点にある。第一に、本判決は「最低限度の生活」は人権であって、ドイツ国内で生活する全ての人間に等しく保障されると明確に述べた。その際、基本法 1 条 1 項の人間の尊厳から人権としての「最低限度の生活」が導出され、基本法20 条の社会国家原理からは「最低限度の生活」を保障する立法者の義務が導出される[2]。

　第二に、本判決は先行判例に引き続き、「最低限度の生活」は内容的に透明で合理的な手続により筋の通った形で、現実の需要に即して算定されなければならないとした。そして、特定集団について別様の立法をする場合には、当該集団の具体的な生活上の需要がその他の集団よりも低いことを合理的に証明しなければならないことを強調している。結論として本判決は、庇護申請者給付法は憲法上の「最低限度の生活」の要請に明白に違反していると判示した。現在のドイツの社会保障制度は特定集団の社会扶助を社会保障法典と別枠にしてセイフティーネットを複線化しているが、本判決が合理的で現実に即した算定方式と困窮者の需要の満足という結果を憲法上の要請としたことは、他の社会扶助制度にも波及効果を持つ[3]。

　上記の点と関連して第三に、本判決は滞在資格のみを理由として「最低限度の生活」を引き下げることは許されないとした。庇護申請者は申請が却下されれば速やかに出国することが予定されている。このように短期滞在が見込まれる場合であったとしても「最低限度の生活」を物理的生存に引き下げることは許されず、また、給付額は短期滞在者の生活上の需要に即した形で算定されなければならない。連邦憲法裁判所は同法の対象者が現実には長期滞在している点でも同法の不適切さを強調している。

　第四に、本判決は移民政策上の考慮から庇護申請者の「最低限度の生活」を引き下げることは許されないとした。この点、庇護申請者給付法の立法目的はまさにドイツへの難民の集中を抑えるという移民政策上の考慮にあった。ドイツはナチス時代への反省から基本法上の請求権として庇護権を制度化し、1972 年の外国人労働者の募集停止までは寛大な難民政策を展開してきたが、80 年代以後「庇護権の濫用」や「偽装難民」が問題視される。冷戦の終結と東西ドイツ統一を背景としてドイツ系帰還民（アウスジードラー）が大量に流入し、また庇護申請が年間約 50 万件にまで激増したことをうけて、CDU/CSU、SPD および FDP は 1992 年、「庇護妥協」に合意する。その結果として、1993 年には庇護権の援用を厳格化する基本法改正（16a 条の挿入）や庇護申請者給付法の制定など一連の立法が行われた[4]。当時の立法者は潜在的な庇護申請者がドイツを回避するよう、また庇護権を認められなかった申請者が一刻も早くドイツから出国するよう動機付けるために、敢えて社会保障法典よりも低い給付額を設定していたのである。

　以上が本判決の意義であるが、連邦憲法裁判所は庇護申請者給付法を違憲無効とはせず、立法者に遅滞のない立法を義務付けると同時に、法改正が行われるまでの経過措置を自ら定めた[5]。2014 年 12 月 8 日には庇護申請者給付法改正法が成立し、2015 年 3

月より施行されている[6]。改正後の給付額は社会保障法典上の給付の約90％にまで引き上げられた他、児童及び青少年は社会的文化的生活に参加するための給付を追加的に受けることになった（同法3条3項）。また、社会保障法典上の給付額が準用されるまでの期間は、4年から15か月に短縮された（同法2条1項）[7]。同時に、難民の法的地位を改善する施策として、現物支給から現金支給への移行や移動禁止の解除などの立法も行われた[8]。これまで、しばしば難民はドイツの社会扶助に依存し、福祉国家に負荷をかける存在であると論じられてきたが、入国後10か月の就労禁止や、労働市場テスト等によりそもそも就労機会を奪われ社会扶助に依存せざるを得ない実態がある[9]。本判決を契機とした難民の法的地位の改善が期待される。

(1) 参照、齋藤純子「最低生活水準とは何か」レファレンス61巻9号（2011年）117頁以下。算定の基準となる「需要（Bedürfnis）」とは「社会扶助法上認められるべき必要を充足するために又は困窮状態の克服若しくは緩和のために必要であるものの総体」である。

(2) 主観的権利を基本法1条から、保護範囲を基本法20条から導出する論理に対しては、社会国家原理は国籍や安定した滞在法上の地位を持って社会に参与する集団の相互扶助という側面を持つのであるから人権としての「最低限度の生活」を導出するには不適切であるとの批判もある。Paul Tiedemann, Anmerkung: Verfassungswidrigkeit der Leistungssätze des Asylbewerberleistungsgesetzes, NVwZ 2012, S. 1032.

(3) 現在ドイツの社会保障制度は求職者基礎保障、社会扶助、高齢・稼得能力減少時の基礎保障、庇護申請者給付、戦争犠牲者援護の5種類に分かれている。複線化は社会扶助本体の負担軽減につながるが、ハルツIV法違憲判決以後、特定集団の給付額を別様に定めることについて、算定基準の合理性が要求されている。ハルツIV法違憲判決以後の判例展開について参照、Anne Lenze, Ist die Debatte um die Gewährleistung eines menschenwürdigen Existenzminimums beendet?, ZFSH/SGB 2014, S. 745 ff.

(4) 参照、広渡清吾『統一ドイツの法変動』（有信堂、1996年）236頁以下。

(5) 連邦憲法裁判所自らが経過措置を定めたことに対して、法令上の根拠がない措置であるとの批判もある。Vgl. Ralf Rothkegel, Bundesverfassungsgericht als Ersatzgesetzgeber, ZFSH/SGB 2012, S. 519 ff.

(6) Gesetz zur Änderung des Asylbewerberleistungsgesetzes und des Sozialgerichtsgesetzes, BGBl 18. 12. 2014. 参照、渡辺富久子「庇護申請者給付法の改正」外国の立法262-2号（2015年）16頁以下。

(7) しかしながら、実際に短期滞在となる者のみに適用されるべきとの連邦憲法裁判所の要請には未だ適っていないとの批判もある。Jan Kepert, Das neue Asylbewerberleistungsgesetz, Werden wirklich nur Personen vom Anwendungsbereich des Gesetzes erfasst, die sich kurzfristig in Deutschland aufhalten?, ZFSH/SGB 2015, S. 80 ff.

(8) Vgl. Gesetz zur Verbesserung der Rechtsstellung von asylsuchenden und geduldeten Ausländern von 31. 12. 2014, BGBl I S. 2439. 参照、渡辺富久子「ドイツにおける難民に関する立法動向――人間の尊厳にふさわしい待遇を目指して」外国の立法264号（2015年）64頁以下。

(9) 参照、昔農英明『「移民国家ドイツ」の難民庇護政策』（慶應義塾大学出版会、2013年）39頁以下、181頁以下。

55 責問制限禁止原則の放棄と裁判官による法発見の限界

玉蟲由樹

2009 年 1 月 15 日連邦憲法裁判所第 2 法廷決定
連邦憲法裁判所判例集 122 巻 248 頁以下
BVerfGE 122, 248, Beschluss v. 15. 1. 2009

【事　実】

憲法異議申立人は、地方裁判所で危険傷害を理由として有罪判決を受けた者である。異議申立人はこの判決に対して上告を行い、事実に関する責問とともに、弁論調書に起訴文読み上げの記載がなかったことから、刑事訴訟法 243 条 3 項 1 文違反を問題とする手続責問を提起した。そこで、地方裁判所の裁判長は調書訂正手続を開始し、実際の訴訟においては起訴文が読み上げられていたことを確認した上で「検察官は起訴文を読み上げた」との文章を補足した。上告審である連邦通常裁判所第 1 刑事部は、責問制限の禁止に関する従来の判例を放棄して、弁論調書の事後訂正も証明力をもつと判断し、手続責問を理由のないものと考えた。第 1 刑事部が裁判所構成法 132 条 3 項にもとづいて他の刑事部にこの判断を照会したところ、第 4・第 5 刑事部が従来の判例を支持したため、裁判所構成法 132 条 2 項および 4 項にもとづく刑事合同部への回付が行われた。

連邦通常裁判所刑事合同部は、裁判の迅速化要請などを理由として、責問制限の禁止に関する従来の判例を変更し、事後の調書訂正による責問制限を認めるとともに、調書訂正は提起された手続責問の枠内で上告裁判所による審査に服するとした。これを受けて、連邦通常裁判所第 1 刑事部は異議申立人の上告を棄却した。

この決定に対して、異議申立人は基本法 1 条 1 項、2 条 1 項、2 条 2 項 2 文、3 条 1 項、19 条 4 項および 20 条 3 項違反を主張して、憲法異議を提起した。

【判　旨】

1　憲法異議は理由がない。連邦通常裁判所第 1 刑事部の上告棄却決定は異議申立人の憲法上の権利を侵害するものではない。

2　単純法律の解釈は専門裁判所の任務であり、連邦憲法裁判所の審査は、基本法 20 条 2 項 2 文および 3 項にもとづく権限の限界の遵守が問題となっている場合にも、専門裁判所が法発見に際して立法者の基本決定を尊重し、法律解釈の承認された方法を主張可能なかたちで用いているか否かに限定される。

連邦通常裁判所は責問制限の禁止を放棄したことによっても裁判官による法発見の限界を踰越していない。責問制限の禁止には明文の規定がなく、責問制限禁止の判例は、刑事訴訟法の上告法規定の全体的関連から導き出されたものである。法律の範囲内で裁判所によって決原則として打ち立てられた法命題を審査し、必要であればそれをさらに発展させることは裁判に承認された任務のひとつである。

3　刑事訴訟の任務は、国家の刑罰要請を裁判の形式による手続において実現し、被告人に基本権の実効的保護を保障することである。刑事訴訟の中心的関心事は真実の事実関係の確定であり、これと対立する手続法の形成は、公正な裁判を求める被告人の要求を侵害する可能性がある。

公正な裁判を求める被告人の権利は、とりわけ刑事訴訟によって脅かされる個人の自由に関する権利

（基本法2条2項）および人間を国家の手続の単なる客体に貶めることを禁じる基本法1条1項に根拠をもつ。公正な裁判を求める権利の侵害は、訴訟法の全体像が法治国家の実現を阻む場合に生じる。

この全体像には、機能的な刑事司法の要請も含まれる。機能的な刑事司法の必要性と密接に結びつけられるのは、迅速化の要請である。この憲法上の原則は、公正な裁判を求める権利の具体化に際して考慮されるべきものである。不要な訴訟遅延は犯罪処罰の目的を疑問視させるだけでなく、証拠の基礎が時間の経過によって劣化しうるがゆえに、刑事訴訟における憲法上保護された公的利益をも侵害する。

4 この諸原則によれば、攻撃された上告棄却決定は憲法上の疑義を生じない。責問制限に関する新判例は、実効的権利保護および公正な裁判を求める被告人の権利と一致する。

新判例は、遵守されるべき訂正手続および上告裁判所の審査義務を通じて、被告人および上告人に不当な調書訂正からの保護を保障している。全体としてみれば、責問制限の禁止の放棄は、公正を図るための上告法の全体的発展の一部である。

5 判例の放棄は基本法20条3項から生じる信頼保護の原則に反するものではない。判例においてこれまで主張されてきた法律解釈を放棄することが、それ自体として基本法20条3項に反することはない。専門裁判所による法律解釈の効力は、その理由づけの説得力および裁判所の権威と権限にのみ依拠する。確立した最上級裁判所の判例の変更は信頼保護の観点の下でも、それが十分に根拠づけられ、考慮されうる発展の枠内にとどまる場合には、原則として疑義を生じない。責問制限の禁止に関する判例変更は、考慮されうる発展の枠内にとどまっている。

6 Voßkuhle, Osterloh, Di Fabio 各裁判官の反対意見

（1） 法廷意見は裁判官の法発見の憲法上の限界を見誤っている。連邦通常裁判所刑事合同部は、事後的な調書訂正手続の導入によって、基本法20条2項・3項に反して立法者の権限領域に干渉した。

（2） 基本法20条3項および97条1項によって裁判官は法律に拘束される。この両規定は、一方で権力分立原則を具体化し、他方で民主主義原理を具体化している。裁判所が法適用者の役割から立法者の役割に就き、法律および法への拘束から逃れるような場合には、これらの意図と一致しない。立法と司法との間での協働においては、民主主義的な、直接正統化された立法者に優位が与えられる。

法律の優位は裁判官による法の継続的発展を禁ずるものではないが、裁判所の法の継続的形成に関する権限はそれ自体限界をもつ。立法者が一義的な決定を行っている場合には、裁判官はこれを独自の法政策的立場にもとづいて書き換えてはならない。立法者がこのような一義的決定を行っているか否かの解釈については、以下の原則が出発点となる。①解釈の出発点は規定の文言である。裁判官の任務は、具体的ケースとの関連で〔立法者によって〕意図された規律コンセプトを可能な限り許容しうるかたちで妥当させることに限定される。②いかなる規律コンセプトが法律の基礎にあるかについては、実務における規定の理解に重要な証明作用がある。③解釈の方法によって明らかにされた立法者の基本決定の一義性は、当該規範の文言が他の解釈可能性をもつ場合でも、その解釈が明らかに筋道を外れており、支配的な実務によって真摯に考慮されたことのないものである限りで、相対化されるものではない。④立法者が規範の公布の後に何もしないからといって、立法者が特定の規範適用実務を承認しているとか、その形成についての優先権を放棄して裁判に委ねたということが推論されることはない。

（3） 単なる法適用の誤りと新たな大前提の形成を伴う法の継続的形成とでは、憲法裁判所による審査密度の違いが存在する。大前提の継続的発展の審査にあたっては、第一権力と第三権力との間での権限法的限界づけが問題となる。連邦憲法裁判所は、専門裁判所が立法者の十分明確に認識可能な意思を無

視し、独自の規律コンセプトによってこれを代替し、そしてこのことを通じて憲法に反する方法で法律による拘束から逃れているか否かを判断しなければならない。〔法廷意見のように〕主張可能性の審査のみに限定することは、基本法の下での権力バランスに関する問題の中心的な意義を見落としている。

(4) 裁判官による法の継続的形成は、民主主義的に正統化された立法者も拘束される憲法準則の権限問題の影響下にある。裁判官によって選択された解決が、憲法、とりわけ個々人の憲法上の権利を展開させることに役立つのであれば、より高次の憲法の任務が具体化されるがゆえに、裁判官による法の継続的形成の限界は広くなる。これに対して、裁判官によって選択された解決によって個々人の権利が狭められる場合には、継続的形成の限界は狭くなり、法律の拘束の遵守についての連邦憲法裁判所の〔統制〕責任はそれに応じて大きくなる。

(5) これらの基準によれば、連邦通常裁判所刑事合同部は新たな調書訂正手続を導入し、刑事訴訟法274条に明示された立法者のコンセプトを自らのもので置き換えたことで、憲法上の権限を踰越した。

【解 説】

1 本決定で直接問題となったのは、刑事訴訟法上の弁論調書の取扱いに関する連邦通常裁判所の新たな判例が異議申立人の憲法上の権利と一致するかであった。この問題を検討するにあたり、連邦憲法裁判所は連邦通常裁判所の判例変更が裁判官による法発見の憲法上の限界を踰越していないかをまず検討し、その後、新判例と異議申立人の憲法上の権利との一致についての実体的判断を行っている。以下では、まず実体的憲法問題について述べた上で、手続的・権限的憲法問題について論じることとする。

2 問題となった責問制限の禁止は、弁論調書の事後訂正によってすでに提起された手続責問の根拠が失われる場合、訂正前の調書に証明力が残ることを内容とする判例上の法理である。連邦通常裁判所は、この判例法理を放棄し、事後訂正があると証明力が訂正後の調書に移行することを認めた。その結果、手続責問の根拠が失われうる結果となったことが、異議申立人の実効的権利保護および公正な裁判を求める権利を侵害するかが問われた。

連邦憲法裁判所は、これまでも法治国家原理と結びついた2条1項から実効的権利保護および公正な裁判を求める権利を導き出しており[1]、本決定もその内容を踏襲する。しかし、これらの権利の実現のために必要とされる具体化ないし内容形成にあたっては、法治国家原理の全体像との調整が必要ともされる。本決定では、権利内在的な制約要因として、機能的な刑事司法の要請が挙げられ、なかでも裁判の迅速化が強調された。すなわち、手続責問が調書の単純なミスに起因する、真実とかけ離れたものであることが明らかである場合には、正当な権利の行使とは認められず、むしろ迅速化要請によって排除されるとの判断がなされている。

3 実体的問題と並んで、本決定が提起するのは、裁判官による法発見の憲法上の限界という手続的・権限的な問題である[2]。本決定が5対3という微妙な票数での決定となった主たる原因はここにある。

裁判官による法発見の限界については、これまでもいくつかの判例で取り上げられてきた。これまでの議論を簡単にまとめると以下のようになろう[3]。

まず、権力分立原理および法治国家原理にもとづく裁判官の法律への拘束という伝統的観念は、基本法20条3項において、裁判は「法律および法に拘束される」と表現され、単に裁判を法律実証主義的に行うのではなく、広い意味での法にもとづかせるものとなっている。このとき、法律の欠缺などを根拠として裁判官が広い意味での法を発見することで、欠缺を補充することも許容される。しかし、こうした裁判官による法発見ないし法の継続的形成には限界も存する。少なくとも、①基本権の価値体系の中心に位置する一般的人格権の保護をもたらすか否か、②一般的な法的確信によって支持されるということ

を援用できるか否か、③法の継続的形成が行われているのが制定後時間の経過した法律であるか否か、が考慮されるべき要素とされる。

また、こうした限界とは別に、連邦憲法裁判所は裁判官による法の継続的形成の合憲性審査をどこまで行えるかという機能法的な問題もある。この点については、連邦憲法裁判所による統制は専門裁判所が主張可能な方法で単純法律の欠缺を想定し、充填したかどうかに限定されると解されてきた。

本決定での法廷意見は、概ねこうした判例の立場を踏襲している。【判旨】2は、連邦通常裁判所の判例（変更）を法律の欠缺を理由とした法の継続的形成であるとしつつ、審査を主張可能性の審査に限定している。考慮要素についても、判例変更によっても憲法上要請される上告人の保護は十分に達成されること（①）、従来の判例が長く批判されてきたこと（②）が論じられ、③については刑事訴訟法274条が1877年制定であることが考慮されよう。

こうした法廷意見の見解に真っ向から対立するのが3裁判官による反対意見である。この反対意見は、立法者ないし法律の優位を強調し、立法者による一義的な決定がなされている場合には、裁判官がこの決定を無視し、または覆すような法の継続的形成を行ってはならないと述べる。さらに反対意見は、法廷意見の審査が単に主張可能性の審査に尽きていることを批判する[4]。反対意見は【判旨】6(2)において、立法者の決定の内容を明らかにする解釈準則（①規定の文言、法律全体の意義・目的の重視、②判例を含めた実務における規定理解の考慮、③正当化不可能な他の解釈可能性の排除、④立法者の不作為の不考慮）を挙げた上で、法規範の継続的形成については、立法権と司法権の権限配分が重要であり、その意味で専門裁判所による解釈方法の選択も憲法問題として取り上げ、連邦憲法裁判所の審査に服すべきものと考えている[5]。

したがって、法廷意見は主張可能性の審査に審査手法を限定することで、裁判官による法の継続的形成の余地を広く認めるのに対して、反対意見は立法者の基本決定の優位を説くことで裁判官による法の

継続的形成の余地を狭く理解し、かつこれに対する連邦憲法裁判所の審査密度を高くすることを要求していることになる。また、本決定には Gerhardt 裁判官による反対意見もあるが、それによれば法の継続的形成は連邦の最上級裁判所の任務であり、法廷意見すらも機能法的な観点において審査範囲を踏み越えているとされる。Gerhardt 裁判官反対意見は、3裁判官反対意見の対極に位置するかたちで、法廷意見とも対立する。こと裁判官による法の継続的形成に関する限りで、第2法廷は複数の対立を内包していたことになる。裁判官による法の継続的形成に関する憲法問題は、立法権と司法権との権限配分の問題と並んで、連邦憲法裁判所と専門裁判所との権限配分の問題をも含んでおり、対立の激しい、かなり複雑な問題であるといってよいだろう[6]。

(1) たとえば、BVerfGE 57, 250〔ド憲判 I *92* 判例〕、BVerfGE 101, 275〔ド憲判 III *61* 判例〕。

(2) 本決定をこの観点から分析するものとして、川又伸彦「憲法異議と憲法の規範力」ドイツ憲法判例研究会編『憲法の規範力と憲法裁判〔講座憲法の規範力 第2巻〕』（信山社、2013年）294頁以下を参照。

(3) この点につき、とりわけド憲判 II *53* 判例での渡辺康行解説を参照。

(4) ただし、法廷意見による審査の範囲は実質的にきわめて広範であるとの批判もある。Vgl. Christoph Möllers, Nachvollzug ohne Maßstabbildung: richterliche Rechtsfortbildung in der Rechtsprechung des Bundesverfassungsgerichts, JZ 2009, S. 671.

(5) この点で、Hassemer などに代表される、裁判官による解釈方法論の選択および法の継続的発展を自由な領域にあるものとして承認する議論は、明らかに拒否されている。Vgl. Winfried Hassemer, Juristische Methodenlehre und richterliche Pragmatik, Rechtstheorie 39（2008), S. 1 ff. 3裁判官の反対意見に好意的な評釈として、Möllers, a. a. O., S. 670 ff.; Bernd Rüthers, Klartext zu den Grenzen des Richterrechts, NJW 2011, S. 1856 ff.; ders., Trendwende im BVerfG?, NJW 2009, S. 1461 f. 批判的な評釈として、Christiana Globke, „Verbot der Rügeverkümmerung": Rechtsfortbildung vor dem Bundesverfassungsgericht, GA 2010, S. 399 ff.

(6) のちに3裁判官反対意見の立場が第2法廷内で優勢になったと見るものとして、川又・前掲注(2)318頁を参照。

56 租税法規の遡及効と信頼保護原則[1]

松原有里

2010 年 7 月 7 日連邦憲法裁判所第 2 法廷決定
連邦憲法裁判所判例集 127 巻 1 頁
BVerfGE 127, 1, Beschluss v. 7. 7. 2010

【事　実】

ドイツ所得税法上、1999 年税制改革まで譲渡所得は原則非課税であった[2]。本件は、それを原則課税（正確には、非課税措置を 2 年から 10 年保有に延長）とする 1999/2000/2002 年租税負担軽減法（StEntlG：以下、1999 年改正法）が連邦議会で成立する間の過程で生じた事案である。曰く、旧法適用期間中に譲渡取引を開始、1999 年改正法公布の 1999 年 3 月 31 日以前に完了した取引の譲渡益に関して課税庁の行った課税処分が、基本法上の信頼保護原則に反し違憲・無効にあたるかが争点となった。本決定は、当該問題を争う 3 つの原手続を契機とする具体的規範統制事件を併合審理して下され、連邦憲法裁判所が 1999 年改正法を一部違憲と判断した最初の決定（BVerfGE 127, 1; 127, 31; 127, 61）の一件である。

　本決定の契機となった原手続の原告 a は、1990 年に土地を 6 万マルクで購入、その一部を 1999 年 2 月 26 日に 56 万マルクで譲渡した。ところが、課税庁は、前述の法改正で 10 年以下保有不動産に対する譲渡益課税が認められたため、取得原価から譲渡費用を控除した 44 万 8502 マルクを課税所得と認定した。これを不満とした a がケルン財政裁判所に提訴したところ、同裁判所は 2002 年 7 月 25 日付決定で、連邦憲法裁判所に移送した（2 BvL 14/02[3]）。

　ドイツ所得税法（EStG）2 条 2 項は、1) 通常所得と 2) 超過利潤所得を区別する。1) には、農業・山林所得、事業所得及び自営所得が含まれ、営業資産に帰属する経済財の価値の増加は、第三者に譲渡された時点で課税対象となる。それに対し 2) に

は、資産所得、不動産所得および（狭義の）雑所得[4]が該当し、そこから生じる私的財産の価値増加は認識されうるものの、1920 年法以来、原則非課税として取り扱われてきた。ところが、1999 年改正法の下、雑所得も旧所得税法 22 条 2 号上の投機的取引も課税対象となる新所得税法 23 条上の私的譲渡取引の範疇に入った。その結果、新たな課税範囲に、旧法 23 条 1 号 a 所定の土地譲渡取引による譲渡益も含まれることになったため、経過措置の有無をめぐり合憲性が問題となった。連邦憲法裁判所第 2 法廷は、条件付で原手続の原告らの主張を認容した。

【判　旨】

　「1999 年改正法 23 条 1 項 1 節 1 文により新たに定められた譲渡益についての非課税期間の変更の適用時期を定めた同法 52 条 39 項 1 文の規定は、「不真正遡及効」の観点から、①土地の譲渡取引に関して、その売却が 2 年以上かかり、②当該取引が 1998 年 12 月 31 日以降、1999 年 3 月 4 日にドイツ連邦議会で同法案が可決された時もしくは同法が公布された時点までに行われた場合に限り、基本法 20 条 3 項上の信頼保護原則に反し違憲・無効である。」

【解　説】

1　「真正・不真正遡及効」をめぐる議論

　遡及効という法概念は、刑法上の罪刑法定主義（„nulla poena sine lege“）に起因する[5]。ドイツでは、当初、国際公法上の戦争責任に関わる議論であったのが、1950 年代以降、公法一般の問題へと敷衍し[6]、

1960 年代以降、行政法の特別法である租税法にも影響を及ぼすようになった[7]。租税法は、行政法の中でも特に侵害規範的な性格が強いことから、租税法律主義(„nullum tributum sine lege")との対比で論じられるようになる。注目すべきは、ドイツ法上の遡及効をめぐる議論が、連邦憲法裁判所の判例の蓄積により発展してきたことである[8]。これは、遡及効がドイツでは基本法上の信頼保護原則と密接に結びつくことに起因する。連邦憲法裁が最初に遡及効に対する決定を下したのは、1960 年 5 月 31 日決定[9]であるが、当初、遡及効と信頼保護原則の関係に関してはかなり控えめな表現であった[10]。

その後、1961 年の連邦憲法裁決定[11]で「真正遡及効(echte, retroactive Rückwirkug[12])」と「不真正遡及効(unechte, retrospective Rückwirkung[13])」という区別がなされ、実質審査がなされる様になる。真正遡及効とは、新しい法律の施行前に法律要件が終了していることを意味し、原則として法治国家原理に反して憲法違反であるから認められないという見解[14]となったのに対し、不真正遡及効は、改正法案の審議中もしくは前に法的状況が開始されたものの施行前に終了しなかった場合を指すことから、憲法上は原則合憲とされた。

2 パウル・キルヒホフの憲法判例への影響

学界でも 1960 年代にフリードリヒ・クラインとギュンター・キスカーが遡及効についての論文[15]を公表したのを機に、その定義や適用範囲が議論されるようになった。1970 年代に入ると、カール・ハインリヒ・フリアウフが新たな論考を公表[16]し、パウル・キルヒホフが 1978 年、租税法規に関する遡及効を論じた論文を公表[17]するに至り、連邦憲法裁判所でも「真正遡及効」「不真正遡及効」の用語が部分的に変更された。すなわち、第 1 法廷では、従来の表現が踏襲されたものの、第 2 法廷では、定義内容の正確性を期すためという理由で「真正遡及効」は「法効果の遡及効(Rückwirkung von Rechtslagen)」、「不真正遡及効」は「要件事実への遡及的結

合(tatbestandliche Rückanknüpfung)」に書き替えられるようになった[18]。後者を法効果と関連付けることにより、基本法 82 条 2 項の規定を適用できるというのが、従来との差とされた。用語の相違は、1986 年 5 月 14 日の第 2 法廷決定以降、連邦憲法裁の第 1 法廷と第 2 法廷の間で顕著に表れていたものの、その後、第 2 法廷の用語は結局のところ遡及効の本質解明には何ら貢献していないとして批判され、パウル・キルヒホフの連邦憲法裁長官離任後、近年の連邦憲法裁の両法廷の決定では双方の表現が併記されている[19]。

3 本決定の背景

従来のドイツの学説・判例上、かろうじて合憲の範囲内にあったはずの「不真正遡及効」の事案が、2010 年決定で条件付違憲とされたのは、1999 年改正法の成立過程をめぐる立法府の対応に対し、司法府が法の一貫性の観点から判断を下したためと推測される。1998 年にドイツの政権与党となったシュレーダー第 1 次政権(SPD・同盟 90・緑の党連立内閣)は、経済活性化及び社会保障財源を得るため、大規模な税制改革を決断した[20]。その内容は、環境税の導入や所得税の課税ベースの拡大、企業への課税の軽減等[21]の多岐にわたったが、その結果、従来は原則非課税とされていた個人所得の譲渡益課税の強化を含む改正法案が 1998 年 11 月 9 日に連邦議会に提出された[22]。その後、議会内財務委員会で審議されたが、その過程で原案に大幅な修正を加えるべく野党(CDU・CSU, FDP)から圧力がかけられ、また、地方政府であるヘッセン州総選挙等で与党 SPD が難局に立っていたこともあり、同法案の成立は、連邦議会で審議中の 1998 年末から 1999 年初頭の時点ではかなり危ぶまれていた。実際に、ドイツ連邦議会での可決は 1999 年 3 月 4 日、同連邦参議院での可決は 3 月 19 日、連邦大統領の署名は 3 月 24 日、公布は 3 月 31 日である。

原告 a は、1990 年に不動産を取得した不動産を 1999 年 2 月に譲渡する契約を締結した故、課税庁

側に譲渡益課税の処分を受けたが、当時の原告ａの行動は、必ずしも税制改正を念頭において行われたものではないと推測された。そのため、従前と異なり、2002年7月25日、ケルン財政裁判所第13法廷が条件付で違憲可能性を指摘して連邦憲法裁判所に移送し、連邦財政裁判所第4法廷も、2003年12月16日、同じ争点を含む別件を、立法者が法改正に際して経過規定を設けなかったのは行政法上の不作為かつ憲法問題に該当するとして、具体的規範統制のため事件を連邦憲法裁に移送した。

連邦憲法裁判所での主たる争点は、1999年改正法案が議会で審議された5ヶ月間の同案成立の予測可能性の有無についてであったが、立法について明確な予測可能性がなかった場合、遡及効は信頼保護原則に違反し違憲と判断された。もっとも、本決定による判例変更については、識者の間でも判断がわかれ[23]、その後、連邦憲法裁判所は租税法規の遡及効について新たな判断を示している。

4　近時の判例（2013年12月17日第1法廷決定[24]）

本件は、シュレーダー政権の第2次企業税制改革[25]である2003年租税軽減法（Steuer-vergünstigungsgesetz）により制定された株式投資会社法（以下KAGG）43条18項に関し、同法40a条1項2文及び法人税法8b条3項の遡及適用の有無を争った具体的規範統制事件である。原手続では、2001年法改正で導入された旧法人税法8b条3項〔他法人もしくは他団体持分に関する課税〕が、KAGG40a条が元来、同項の適用を予定しないにもかかわらず、KAGGの適用対象金融機関[26]であった原告に対し、同行の有していた投資ファンド持分の譲渡による譲渡損を他の収益と相殺した損益通算が2001年および2002年事業年度にかけて認められるかが争われた。ミュンスター財政裁判所第9法廷[27]は、KAAG43条18項を違憲とし、本件を連邦憲法裁判所に移送、連邦憲法裁判所第1法廷は、2001年度と2002年事業年度に関し、KAGGの当該規定が導入されるきっかけ

となったKorbII法が成立する2003年12月22日以前のことで、同項の導入はその時点では明確に予測できなかった[28]ことから「真正遡及効」に該当し、KAGG40a条1項2文の規定を適用するのは、法治国家原則に反し憲法違反とする決定を下した。

この決定では、従前の連邦憲法裁第2法廷での遡及効に対する6対2の評決とは異なり、①第1法廷の裁判官の判断が5対3であること、②決定末尾にマージング裁判官の反対意見が付された点が注目される。曰く「〔本事案は〕KAAG導入にともなう租税法上の損益通算の可否という専門性の高い特定法律の特殊な問題としてではなく、全般的に法律の起草者の立法権限の範囲についての問題と捉えるべきである。（中略）本決定は、遡及効に関する従来の連邦憲法裁判所の判例の根本を変容させるものであり、議会は敗北者である。〔事前予測の〕明確性要件は、従来の遡及効判例から逸脱し、国民の信頼を保護するのではなく、それを断ち切るものである。」

その主張は、租税法規の遡及効をめぐる諸決定に対し、法案成立の事前予測可能性を重視し、信頼保護原則を適用する見解を非難したものと解することができる。よって、2013年決定が2010年決定と比較し、租税法規ひいては他の法律の遡及効への先例性をどの程度有するか、今後の動向を注視する必要がある[29]。

(1)　ドイツ租税法規の遡及効を争った判例については、本文中に引用したものの他、首藤重幸「法律規定における遡及及効の2つの類型と憲法原則——所得税法事件」『ドイツの憲法判例（第2版）』（信山社、2003年）377頁以下、拙稿「租税法規の遡及効と信頼保護原則」自治研90巻12号（2014年）153頁以下他を参照。

(2)　これは、欧州諸国が歴史的に反復・継続する利得のみを課税所得と観念し、一時・偶発的所得（Ex. 譲渡益）を非課税とする考え方（制限的所得概念）をとってきた名残である。金子宏『租税法（第21版）』（弘文堂、2016年）183頁参照。

(3)　EFG 2002, 1236 ff.

(4)　この分類法はシェジュラー方式と呼ばれ、所得の種類によって担税力が異なるという発想から、細かい分類法は異なるにせよ諸外国で採用されている。例えば、

雑所得のドイツの概念は日本より狭い。

(5) Art.103 Abs. 2 GG i.V.m. §§1, 20 StGB.

(6) *Maurer*, Staatsrecht I 6. Aufl. 2010, 17, Rz. 111 ff.

(7) *Maurer*, §79 Kontinuitätgewähr und Vertrauens-schutz, in: Issensee/Kirchhof（Hrsg.）, Handbuch des Staatsrechts, Bd.Ⅳ - Aufgaben des Staats -,（3. Aufl.）2006.

(8) *Birk*, Kontinuitätgewähr und Vertrauenschutz, in: Pezzer（Hrsg.）, Vertrauenschutz im Steuerrecht 2004, 16.

(9) BVerfGE 11, 139.

(10) BVerfGE 1, 264; BVerfGE 2, 237.

(11) BVerfGE 13, 261.

(12) BVerfGE 11, 139（145）.

(13) BVerfGE 11, 139（146）.

(14) *Maurer*, in: Issensee/Kirchhof, a.a.O.（Anm. 7）, Rz.16-18.

(15) *Klein/Barbey*, Bundesverfassungsgericht und Rückwirkung von Gesetzen, 1964.

(16) *Friauf*, Gesetzesankündigung und rückwirkende Gesetzesgebung im Steuer- und Wirtschaftsrecht, in: BB 1972, S. 669.

(17) *P. Kirchhof*, Die Rückwirkung steuerkonkurrenzlö-sender Rechtssätze, DStR 1979, S. 275.

(18) BVerfGE 72, 200（Beschluss v. 14. 5. 1986）. 訳語は、首藤・前掲注(1)382頁に従う。

(19) Vgl. *Maurer*, a.a.O（Anm. 6）, Rz. 14.

(20) 一連の税制改革は、2003年のシュレーダー第2次政権の「アジェンダ2010」構想へとつながる。同構

想には賛否両論があるが、その後のドイツ経済が欧州で比較的好調であった要因と解される。

(21) 反面、法人への譲渡益課税は軽減された。

(22) Rz.6 ff. Beschl. v. 7. 10. 2010.

(23) *Desens*, Die neue Vertrauenstutzdogmatik des Bundesverfassungsgerichts fur das Steuerrecht, StuW 2011, S. 113 ff. u.a.

(24) BVerfGE 135, 1. *Hey*, Nimmt das Steuerrecht in der BVerfG-Judikatur eine Sonderrolle ein?, StuW 2015, S. 3 ff.

(25) Korb Ⅱ 法。2003年12月27日施行。BGBl I 2003, S. 2840. 尤も、その原型は1999年改正法であり、予測可能性が全くないとは言い切れない点で判旨に疑問も残る。

(26) 原手続における原告の当初の法律上の地位はGenossenschaftであり、協同組合的な金融機関である。原告は、X銀行に吸収合併された際生じた清算所得（旧会社所有の投資ファンドⅠ及びⅡの持分清算額）をめぐり課税庁と争った。原手続のミュンスター財政裁判所での争点は、①保有ファンドの簿価から時価への評価替えの妥当性、②評価損を新会社の課税所得算定対象に含めることの可否であった。

(27) FG Münster, Urt. v. 22. 02. 2008.

(28) 改正法案は、2003年8月15日に連邦議会に提出（BR-Drucks. 560/03; BT-Drucks. 15/1518, 17）、成立までに8度修正された。

(29) *Drüen*, Rückwirkende Nichtanwendungsgesetze im Steuerrecht, StuW 2015, S. 21 ff.

57 違法収集個人情報の刑事裁判における証拠利用

押久保倫夫

2011 年 12 月 7 日連邦憲法裁判所第 2 法廷決定
連邦憲法裁判所判例集 130 巻 1 頁以下
BVerfGE 130, 1, Beschluss v. 7. 12. 2011.

【事　実】

1　憲法異議申立人となるＡ、Ｂ、Ｃは、アルカイダに資金を提供する目的で、保険金詐欺を計画した。それはＢがエジプトに旅行し、公務員を買収して死亡証明書等を入手、Ａの協力の下Ｃが保険金を請求するというもので、その為にＢは、死亡事故の場合計 126 万ユーロ余りを保険金額とする、生命保険契約を締結した。

マインツ警察署は、ラインラント＝プファルツ州警察保安機関法 29 条 1 項に基づき、2004 年 8 月から住居監視を開始した。10 月にはテロ組織参加容疑で捜査が開始され、監視も翌年 1 月の当事者の逮捕まで続けられた。

2　デュッセルドルフ高等裁判所は 2007 年、住居監視によって得られた情報に基づいて、集団詐欺未遂を理由に 3 人に自由刑を言い渡した。申立人の上告を受けた連邦通常裁判所は 2009 年、詐欺未遂の実行時点等について異った判示を行い、Ｂの刑罰について高裁に差し戻したが、住居監視による情報の証拠利用は禁止されていないとした。そこでは、監視の根拠となる州法が、私的生活形成の核心領域の保護規定に欠けており、それゆえ連邦憲法裁判所による 2004 年の大盗聴判決に、完全には対応していないとされた。しかしすべての違法収集が証拠利用禁止を帰結するわけではなく、個々の状況に応じてあらゆる重要な観点と、対立する利益の比較衡量によって決定されねばならず、本件では刑事訴追の公益が優るとした。

以上の判決を受けて、高裁は 2010 年Ｂの量刑を減じ、それに対する再上告は同年に斥けられた。これに対しＡ、Ｂ、Ｃは、2007 年の高裁判決及び 2009 年の連邦通常裁判所判決に対する憲法異議を提起した。

【判　旨】

破棄差戻し

1　核心領域の侵害

私的生活形成の核心領域の侵害の結果として、収集情報の利用禁止を帰結する為の諸前提を、申立人は充分具体的に説明していない。

基本法 1 条 1 項より、私的生活形成の核心領域は、絶対的に不可侵のものとして保護され、それに該当する情報は、裁判で利用されてはならない。また核心領域に属する情報が把握される蓋然性が高い場合は、聴覚的住居監視は許されない。さらに監視が長期間に及び、あらゆる動静をほとんど漏らさず記録して、その人の人格的プロフィール（Persönlichkeitsprofil）の基礎となるような包括的なものであれば、それは許されない。しかし申立人の説明からは、それらが行われたという帰結は生じない。

2　基本権侵害

住居監視で得た情報の利用は、申立人の基本権を侵害していない。

⑴　公平な手続を求める権利

公平な手続を求める権利（基本法 20 条 3 項と結びついた 2 条 2 項 2 文）は、状況に応じた具体化を必要と

し、手続法の全体的審査においては被疑者の権利の
みならず、機能的な刑法による保護の要請及びそれ
に基づく手続の迅速性も考慮しなければならない。
違法収集情報の証拠利用の禁止は、実体的に正しい
決定へと到達することを妨げるゆえに、憲法上の理
由を必要とする例外である。「それゆえ証拠利用の
禁止が命じられるのは、とりわけ基本権保障が計画
的ないし体系的に無視された、重大ないし意図的あ
るいは客観的に見て恣意的な法違反の場合である」。

本件での連邦通常裁判所による証拠利用禁止の拒
絶においても、あらゆる重要な観点が衡量の中に入
れられており、憲法上の疑義は存在しない。州警察
保安機関法29条1項の「公共の安全に対する差し
迫った危険の防止の為」という住居監視の条件は、
基本法13条4項1文の文言に対応している。また
個人情報の利用目的変更は、収集に対する基本権の
制限を回避するものであってはならないが、上記州
法28条3項と結びついた29条5項1文第1条件
(「重大な犯罪の訴追の為に必要な場合」に、収集した個人情
報を他の目的で使用しうる)は、許されざる目的変更を
可能とするものではない。

(2) 一般的人格権

個人に関する情報を裁判所の判決で利用すること
は、一般的人格権を制限するものである。その法的
基礎は刑訴法261条(「裁判所は証拠調べの結果について、
弁論の全体から得られる自由な確信によって決定する」)で
あるが、この規定は憲法に適合している。一般的人
格権を制限する法律は、制限の条件と範囲が明確で、
比例原則を満たすものでなければならないが、刑訴
法155条及び264条により、情報の利用は裁判官が
判決に必要な限りで、訴えられた事実を解明し確認
する為にのみ行われ、それゆえ261条は特定性と明
確性の要請を満たしている。また同条は、例外的事
例において利用の禁止を認めるという合憲的適用の
場合においても、比例原則を満たしている。

刑訴法261条によれば違法に収集された個人情報
を利用しうるという、連邦通常裁判所の判例も、憲
法上異論を述べるべきものではない。比例性に反す

ることとなる違法な情報利用は、既に公平な手続の
基準によって利用不可となっている。

3 詐欺罪と基本法103条2項

既遂及び未遂の詐欺による有罪宣告は、基本法
103条2項に反する。

同条項は、裁判官ではなく立法者が可罰性の決定
に適任であることを帰結する。それゆえ構成要件の
解釈は、刑罰の限定を解消するものであってはなら
ず、同条項の厳格な法律の留保は、憲法裁判による
高度なコントロールを要請する。

以上の規準からすると、生命保険契約の締結が、
既に損害をひき起こした(詐欺の既遂)、あるいはそ
れをひき起こすことになる(詐欺未遂)という認定は、
同条項に反する。連邦通常裁判所は、契約の締結に
より損害の蓋然性が高まったので、既に損害が生じ
たという想定によって、憲法に反する構成要件の拡
張を行っている。これは具体的損害の確認を怠り、
抽象的危険で充分としたものであり、財産犯として
の詐欺の性格は、基本法103条に反して蔑ろにされ
たのである。

【解 説】

本決定は憲法と、刑事訴訟法及び刑法に跨がる問
題を扱ったものである。本稿では主として前者(憲
法と刑訴法)の問題、即ち住居監視により違法に取得
された個人情報を、刑事裁判において証拠として利
用する問題について検討する。

1 排除法則

違法収集証拠について、その証拠能力を認めない
とする「排除法則」は、20世紀初頭にアメリカの
裁判所で採用され[1]、日本でも1978年の最高裁判
決[2]で、一般論として肯定された。さらに2003年最
高裁は、違法な手続に密接に関連する証拠について、
排除法則に基づき初めてその証拠能力を否定してい
る[3]。

ドイツでは前世紀初頭、ベーリングによって「証

拠禁止（Beweisverbot）」の概念が提唱され、第二次世界大戦後、刑事訴訟法の審議過程において136a条が追加された。同条では暴行等の不当な取調べ方法を広く列挙してこれを禁止し、それに違反して得られた供述の使用禁止を定めている。その後、連邦通常裁判所による1960年の判決において、秘密裏になされた録音が犯罪の証拠とならないとされ[4]、1964年の判決では私的な記録の証拠利用を禁止する中で、基本法の「人間の尊厳」と「人格の自由な展開の権利」が刑事手続法の領域に「修正作用」を及ぼし、同法に明文規定がなくても証拠禁止を認めうることを判示している[5]。

2　連邦憲法裁判所の判例

連邦憲法裁判所は1973年、売買交渉をひそかに録音したテープを、刑事手続において証拠として利用した地裁判決に対する憲法異議を認容した。そこでは「決定的なのは、個別事案のあらゆる事情を考慮した比較衡量に際して、その種の制限が比例原則を満たしているかである[6]」と説示している。さらに1977年の決定では、麻薬取引事件捜査の為に薬物中毒相談所の記録を差し押さえる命令について、基本権侵害を認めた上で、「押収命令が憲法違反と認定されたことから、本件では……差し押さえられた相談者の記録は利用されてはならないということが、直ちに（unmittelbar）帰結される[7]」と述べている。そこでは憲法に反して収集された証拠はすべて、利用が禁止されると捉えられていたと言えよう。

こうした判例の流れの転機となったのが、1989年の「日記決定」である。そこでは自己の内面等を記した日記類似の手記を、証拠として利用することを肯定した連邦通常裁判所等に対する憲法異議を、可否同数で斥けた[8]。利用を認めた側の最大の問題点は、手記を核心領域に属さないとしたことであるが、さらに手記の利用が「申立人の更なる犯行の危険の査定にも不可欠である[9]」として、予防の利益まで加えて「公共の福祉」を優先していることに留意すべきであろう。

しかし2004年の「大盗聴判決」では、住居監視により私的生活形成の核心領域に属する情報を収集した場合、「証拠禁止が妥当しなければならない」とし、また「時間的空間的に包括的な監視は、許容されない」として、監視が対象者のあらゆる動静を記録して人格のプロフィールの基礎となるような場合も「人間の尊厳を侵害する」とした[10]。包括的監視の禁止は、核心領域の保護から派生するものであり[11]、当該判決はその絶対的保護を推し進めたものと見ることができよう。

しかしながら、この核心領域に属さない場合は、利用禁止は例外であるとされていく。2005年の決定では、重大な、意識的な、あるいは恣意的な手続違反の場合は「少なくとも」証拠利用禁止が命じられる[12]と述べていたのに対し、翌年の部会決定では、証拠禁止は、手続違反が重大であるか、恣意的に行われた場合に「のみ」帰結する[13]としている。ここでは、証拠利用禁止が最低限行われる前提―証拠禁止の下限―が、当該禁止の限定条件―証拠禁止の上限―に転換されてしまっているのである。

3　概念の区分と本判決の位置

以上の様な判例の流れの中で、証拠排除の基準について定式化したのが、本決定であるといえる。しかし「証拠禁止」の中には、区別すべき概念が混在しており、扱っている事例にも、性質の相異がある。

まず証拠禁止には収集におけるものと利用におけるものがある。本決定は勿論証拠利用についてのものだが、判決の中で収集した情報の目的外使用について議論しているように、この問題での禁止もある。次に「利用禁止」には、違法な証拠収集に基因する「従属的利用禁止」と、それを前提としない「独立的利用禁止」がある[14]。日本で「排除法則」として論じられるのは前者であり、本決定も基本的にはこれに属する。既述の判例では「日記決定」や「大盗聴判決」における（そして本決定でも触れられている）、情報が核心領域に属するがゆえの利用禁止の議論が、後者にあたると言える。

さらに「従属的利用禁止」は、違法収集の主体が警察等公権力なのか、それとも私人なのかによって区別される。本決定は前者だが、連邦通常裁判所の1960年及び64年判決、さらには連邦憲法裁判所の1973年決定は、私人による収集が違法性の瑕疵を帯びた事件であった。最後に、違法収集によって証明力が減殺される場合と、変わらない場合がある。本決定は後者であるが、既述のドイツ刑事訴訟法136a条は、前者に属する。

以上をまとめれば、本決定は「公権力」による、違法収集に基因する（「従属的禁止」）、証明力を保持した証拠物の「利用禁止」の基準を、定式化した判例と位置づけることができる。

4　核心領域の保護、比較衡量

本決定はまず、「私生活を形成する核心領域」を侵害するがゆえの利用禁止については、申立人の主張が充分具体的ではないという理由で斥けている。しかしここでは、基本法1条1項から当該領域は絶対的に不可侵であるという法理は、そこから派生する、人格プロフィールの基礎となる包括的監視は許されないという原則と共に、抽象的には維持されている。

核心領域以外のものについては、対立する利益との比較衡量によってその是非が決定されるが、注意すべきは本件は違法な住居監視から生じた問題であるにも関わらず、そこでは基本法13条がほとんど使用されていないことである。これは証拠禁止の問題については、収集の態様から10条や13条の様な個別の基本権を問題にするのではなく、一般的な基準——「公平な手続を求める権利」と「一般的人格権」——によって判断していくことを意味する[15]。

5　基本権侵害による利用禁止の可能性
(1)　公平な手続を求める権利

本決定はこの権利について、個別の命令や禁止を意味せず、状況に応じた具体化を必要とするとし、そこでは手続法への「全体的審査」がなされるが、

事実を明らかにするという国家的利益の為に、証拠利用の禁止は「憲法上の理由を必要とする例外」とされる。このように一般的規範命題を導出せず、個別の事例に対するアド・ホック的対応に委ね、連邦通常裁判所と同様に全体的考察主義を取るという方法で既に、専門裁判所の衡量結果を追認する傾向を帰結しよう。

(2)　一般的人格権

「一般的人格権」については、自由心証主義を規定する刑訴法261条の合憲性に議論を費している。同規定は、審理に現れたあらゆるものを考慮することを要請し[16]、違法収集証拠であってもそれを原則的に排除しないことにつながるゆえに、本決定における要（かなめ）の位置にあるからである。

その上で決定は、同条に基づいて違法収集個人情報を利用可能としてきた連邦通常裁判所の判決を合憲とするが、そこでは比例性に反する違法な情報利用は、「公平な手続の基準」によって排斥されているとする。この説示からすると、証拠利用について一般的人格権に対する比例原則違反ゆえの基本権侵害は生じないことになろう。総じて本判決は、情報が「核心領域」に属さない限り、違法収集証拠が憲法上利用禁止となる余地が非常に小さいものとなる帰結をもたらす[17]と言える。

(3)　実務と学説

これに対しドイツの憲法学説では、「基本権に反して収集された情報は、『原則的に』利用を禁止されるべきである[18]」という見解が強い。他方で本決定に対して裁判官から好意的批評がなされている様に[19]、この問題は実務と学説で意見の乖離が著しいものの、一つの典型であるように思われる。しかし本決定の様に、核心領域に該当しなければ違法収集証拠の排除可能性をほとんどなくしてしまう様な例外化は、行きすぎと言えるだろう。そして本決定の様な比較衡量の方向を推し進めていく場合でも、「全体的考察」や事件ごとの具体化に伴う不透明性を減ずるべく、衡量の基準をより明確化し、証拠禁止が帰結する場合を予測可能なものにしていくこと

が、裁判所に求められよう。

6　刑法解釈への介入

本決定は連邦通常裁判所の判決を破棄差戻しとしたが、その理由は詐欺罪の成立を認めたことが、基本法103条2項に反するということであった。我が国では詐欺について、刑法246条で「人を欺いて財物を交付させた者」と規定しているのに対し、ドイツ刑法263条は「…他人の財産を損なう者」という文言であり、損害の発生が明示的に構成要件となっている。本決定はこれについて「具体的損害の確認」まで要求し、抽象的危険では不充分としたのである。

連邦憲法裁判所はこれまでも、基本法103条2項に罪刑法定主義の諸要素を認め、刑罰規定の類推解釈を禁じてきた。しかし例えば1995年の判決では、座わりこみデモを暴力による強要と解釈することは同条項に反するとした多数意見に対し、少数意見はそれが暴力の構成要件を満たすことは、100年以上に渡る確定した判例であると指摘している[20]。この様に同条項を挺子として憲法裁判所が刑法の解釈に介入することは、長年積み上げてきた刑事裁判の判例を覆すことがあり、そこではそれに対する批判も巻き起こる。本決定に対しても、これは「既成の刑法解釈の伝統に対する大担な干渉」であり、「古典的な『超上告審』という批難」にさらされるだろうとも評されている[21]。

(1)　井上正仁『刑事訴訟における証拠排除』（弘文堂、1985年）61頁以下。

(2)　最判昭53・9・7刑集32巻6号1672頁。

(3)　最判平15・2・14刑集57巻2号121頁。

(4)　BGHSt 14, 358〔364 f.〕。

(5)　BGHSt 19, 325〔326, 329 f.〕。

(6)　BVerfGE 34, 238〔250〕。

(7)　BVerfGE 44, 353〔383〕。

(8)　BVerfGE 80, 367〔ド憲判 II *1* 判例〕。

(9)　BVerfGE 80, 367〔380〕。

(10)　BVerfGE 109, 279〔323 f.〕〔ド憲判 III *53* 判例〕。

(11)　これを核心領域保護の手続法的保障の一つと捉える見方もある。Georg Hermes, in: Horst Dreier (Hrsg.), Grundgesetz-Kommentar, Bd. I, 3. Aufl. 2013, Art. 13, Rn. 69.

(12)　BVerfGE 113, 29〔61〕。

(13)　BVerfG, NJW 2006, 2684〔2686〕。

(14)　参照、宇藤崇「違法収集証拠排除法則の目的と基準について」法学会雑誌（岡山大学）44巻3・4号（1995年）509頁。

(15)　ヘルメスはこれを、「基準を均一化した」としている。Hermes, a. a. O.（Anm. 11）, Art. 13, Anm. 174.

(16)　Vgl. Reinhold Schlothauer/Matthias Jahn, Zustimmung statt Widerspruch bei Beweisverwertungsverboten im Strafverfahren, Recht und Politik 2012, 222〔223f.〕.

(17)　Vgl. Markus Löffelmann, Anmerkung, JR 2012, 217〔218〕.

(18)　Philip Kunig, in：von Münch/Kunig, Grundgesetz-Kommentar, Bd. 1, 6. Aufl. 2012, Art. 13 Rn. 35, m. w. N.

(19)　Löffelmann, a. a. O（Anm. 17）. 彼はそこで、「手続参加者が一旦知ってしまった『禁じられた知識』は、それを考えることを禁止されても、もはや彼らの頭から取り去ることはできない」と指摘する（S. 218）。

(20)　BVerfGE 92, 1〔23f.〕〔ド憲判 II *72* 判例〕。

(21)　Matthias Jahn, Schadensfeststellung beim Betrug, JuS 2012, 266〔268〕.

58 官吏恩給法の法律解釈の遡及的変更

三宅雄彦

2012 年 5 月 2 日連邦憲法裁判所第 2 法廷決定
連邦憲法裁判所判例集 131 巻 20 頁以下
BVerfGE 131, 20, Beschluss v. 2. 5. 2012

【事　実】

1　本決定の対象は官吏恩給額を制限する規定の遡及効の合憲性である。官吏恩給＝退職給与は、退職時点での勤務収入に勤務期間に応じた給与率を乗じて算定される[1]。ところが、民間従業員や自営業経営を経由して公務員関係に従事した場合には、問題が生ずることになる。すなわち、民間社員や自営業者の法定年金支給は 65 歳から始まるのに、官吏を早期退職した場合、65 歳までの受取額が少なくなってしまう。例えば、共に 60 歳で退職だが、35 年間官吏として働いた場合と 15 年間民間で 20 年間は官吏として働いた場合とを比較してみる。退職給与率は、年数に 1.79375 を乗じて算定するのであるが（40 年 71.75 ％が上限。官吏恩給法 14 条 1 項。ただし他方で最低退職給与率が 35 ％と規定されている。同 4 項）、前者につき現役時点の勤務収入の 62.78 ％を 60 歳から受給できる。他方後者につき、65 歳から官吏恩給と法定年金とを受給できるものの、60 歳から 65 歳までは、35.87 ％しか収入がないことになる。そこで、この早期退職時から年金支給開始時までの「恩給不足」を解消するべく制定されたのが、官吏恩給法 14a 条という訳である[2]。

官吏恩給法 14a 条 1 項によると、同 14 条 1 項の規定に基づいて勤務期間に 1.79375 を乗じ退職給与率（A）を計算し、次に、年金掛金支出期間に 0.95607 を乗じ増額率（B）を計算して、両者を合わせ増額された退職給与率（C）で恩給支給額を算定する。この増額は 66.97 ％を上限とし、且つ 65 歳時点で終了するが先の例では、一時的増額率（B）

が 14.34 ％、50.21 ％が増額された退職給与率（C）となる。ところが、具体例を変更して、20 年間を民間で、15 年間を官吏で務めた場合を検討してみると、そのとき退職給与率（A）が 26.91 ％、一時的増額率（B）が 19.12 ％、合計給与率（C）が 46.03 ％ということになる。だが、14a 条は A を「算定された給与率」としか規定しないので、14 条 1 項の式でなく、4 項の最低給与率を嵌めることもありうる。すなわち上記計算式による 26.91 ％では退職給与に少なすぎるので、本来ならば、最低給与率の 35.00 ％が算定されるはずで、そしてこれを 14a 条の前提とすると増額率は 54.12 ％になるのだ、と。つまり、14a 条に 14 条 4 項を接合できるかが問われるのである。

「算定された退職給与率（der berechnete Ruhegehalts-satz）」を法 14 条 1 項の算定結果に限定するがゆえに退職者に不利な結果を惹起する解釈を限定説、4 項の最低給与率も容認するがゆえに有利な結果を導出する解釈を拡大説と、仮に呼ぼう。実は、法 14a 条の解釈につき、限定説と拡大説の争いがあるのだ。実務や学説多数は限定説を採用していたが[3]、連邦行政裁判所は既に、法 14a 条 1 項「算定された給与率」には法 14 条 4 項「最低退職給与率」も含まれると、2005 年 6 月 23 日に判断しており（BVerwGE 124, 19）、しかも 2009 年 11 月 12 日にも拡大説を確認しているのである（BVerwG 2C 29. 08）。ところが実務では、この連邦行政裁判決は特殊事例に関する決定であるに過ぎないと判断されて、限定説による運用が継続されていく。この混乱は、2009 年 2 月 5 日勤 務 法 新 秩 序 法（Gesetz zur Neuordnung und Modernisierung des Bundesverdiestrechts; Dienstrechts-neuordnungsgesetz (DNeuG)）により解消される[4]。すなわち、同法4条11項（a）（aa）は、法14a条1項の文言を「その他の諸規定により算定される退職給与率」から「14条1項……により」へと変更して、限定説を選択することを明確に宣言し[5]、そして同法17条1項は、この規定に2005年6月24日からの、すなわち上記の連邦行政裁判決翌日からの、遡及効を付与するのである。

2 本件は、1992年から2008年まで連邦国境警備隊＝連邦警察で勤務した警察官吏が提起した行政訴訟による、具体的規範統制である。本件連邦財政北局（Bundesfinanzdirektion Nord）は限定説に基づいて、退職給与率を32.64％（A）＋24.58％（B）＝57.22％（C）、退職給与額を1691.89ユーロと算定するが、他方原告は拡大説に基づいて、35.00％（A）＋24.58％（B）＝59.58％（C）、1761.68ユーロと算定して、異議申立し、提訴したのである（これで毎月69.79ユーロ、一年で837.48ユーロの増額）。上記の退職給与額決定は、2008年2月12日になされているが、法14a条1項は、拡大説に基づいて本来解釈されるべきところが、上記勤務法新秩序法17条1項が新・法14a条1項に付与した2005年6月24日からの遡及効により不利益変更を受けたとして、勤務法新秩序法17条1項が、遡及効を禁止する基本法20条3項及び33条5項に違反しており、違憲・無効であると主張している。そこで、マグデブルク行政裁判所（VG Magdeburg-26. 01. 2009-5A 248/08）、ザクセン＝アンハルト州上級行政裁判所（OVG Sachsen-Anhalt-01. 07. 2009-1L28/09）を経て、連邦行政裁判所（BVerwG 19. 08. 2010-2BvL 5/10）から連邦憲法裁判所に移送された。

【判　旨】

1 本法17条1項は、基本法に適合している。

2 本法17条1項には、真正遡及効と不真正遡及効の両方が存在する。真正遡及効（echte Rückwirkung）とは、ある規範の法効果が、既に完成した要件事実にも妥当する場合の当該規範の効力、すなわち法効果の遡及作用（Rückbewirkung von Rechtsfolgen）を意味する（BVerfGE 109, 133, 181〔ド憲判Ⅲ 3 判例〕; 114, 258, 300; 127, 1, 16 f.〔本書 56 判例〕)。本件では、2005年6月24日且つ2009年2月11日以前に、最低給与率の一時的増額の要件を充足していた官吏の恩給請求権を、本法17条1項が事後的に削減されている限りで、真正遡及効がある（S. 36）。

不真正遡及効（unechte Rückwirkung）とは、ある規範の法効果が、それ自体は遡及しないが、既に開始した要件事実から発生する場合の当該規範の効力、つまり要件事実の遡及接合（tatbestandliche Rückanknüpfung）を意味する（BVerfGE 72, 200, 242〔ド憲判Ⅰ 62 判例〕; 97, 67, 79〔ド憲判Ⅲ 60 判例〕; 127, 1, 17）。本件では、2009年2月11日以前に、上記一時的増額の要件を充足していた官吏の恩給請求権が、本法17条1項公布以降に削減される限りで、不真正遡及効がある（S. 36 f.）。

もっとも行政実務から見れば、

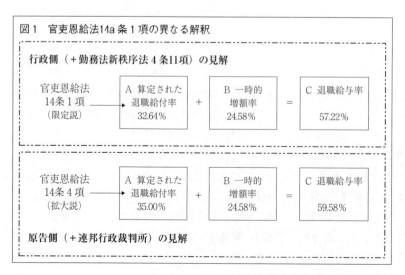

〔三宅雄彦〕

本法 17 条 1 項は旧官吏恩給法 14 条を唯明確化する性質しかなく、その限りで遡及効がないことになるが、しかしながら、法命題の拘束力ある解釈は裁判所の任務なのであり、法規範を有権的に解釈する権限を立法者は主張することができない。ゆえに、法解釈に関する立法者の決定は、宣言的 (deklaratorisch) でなく構成的 (konstitutiv) である (BVerfGE 65, 196, 215; 111, 54, 107; 126, 369, 392) (S. 37 f.)。

3　基本法の法治国家 (20 条 3 項) 及び諸基本権は法秩序の信頼性を、各人の自己決定のための本質的前提、自由な諸憲法のための条件として保障しており、したがって、ある行態に関する法効果を事後的に不利益変更する場合、法治国家と諸基本権は特別の正当化を要求している (BVerfGE 45, 142, 167 f.; 63, 343, 356 f.; 72, 200, 242; 97, 67, 78 f.)。第 1 に、真正遡及効は原則的に許されないが、公共善の差し迫った要求があるか、個々人の信頼が保護に値しない場合には、許される (BVerfGE 72, 200, 258; 97, 67, 79 f.; 101, 239, 263 f.)。第 2 に、不真正遡及効は、立法者が日々変化する生活関係へ対応の義務を負う以上、原則的に常に許されないという訳にはいかないが、遡及効を求める一般の利益と、法状況の継続への信頼を比較考量し (BVerfGE 72, 200, 242 f.; 95, 64, 86〔ド憲判Ⅲ **60** 判例〕; 101, 239, 263; 116, 96, 132〔本書 **48** 判例〕; 122, 374, 394; 123, 186, 257)、遡及効が立法目的促進に適合且つ必要で、信頼侵害の程度と法変更の程度の間に合理的関係がある場合にのみ (比例原則) (BVerfGE 127, 1, 18)、許される (S. 38-40)。

また、法治国家によるこの信頼保護の原則は、基本法 33 条 5 項の「職業官僚制の伝承された諸原則」にも妥当するのであり、つまり、同条項で保護される利益、すなわち、退職の後も職務に適合した恩給を受け取ることへの信頼は同条項によっても保護され、ゆえに遡及的な権利変更是非の尺度は、上記の場合と原則的に変わらないのである (S. 40)。

4　官吏恩給法 14 条の遡及効には、当該官吏の

保護すべき信頼はない。まず、信頼が保護に値する、とは、ある規律がそれ自身の存続への信頼を基礎づけ、それを変更するとき不利益が発生する場合であり、具体的には、遡及変更される前の法が不明瞭且つ混乱している場合 (BVerfGE 13, 261, 272; 50, 177, 193 f.; 126, 369, 393 f.)、又は、一般的且つ相当の法的不安定の状況が出現し、且つ該当者の多数の間で、何が正しいかについて不明瞭となっている場合 (BVerfGE 72, 302, 325 f.) である (S. 40 f.)。

けれども、最低退職給与率が「算定された」給与率に当たるという、十分に確定され、ゆえに保護に値する信頼が存在した、とは言えない。一方で、行政や学説で官吏恩給法 14a 条 1 項は限定的に解釈され、他方では、拡張的に解釈する 2005 年の連邦行政裁の判決がある。もっとも、この最上級審の決定でも法律と同等の効力は認められないし、同一裁判所も、確定判決を除き従来の判例に必ず従うとは限らない。その上、行政実務は連邦行政裁の決定に従う必要なしと考えていて、行政実務を支持する法律が連邦でもラントでもこの間提出されていた。この事情下では連邦行政裁判所が判例を変更するかもしれず、要は、連邦行政裁の拡張的解釈への保護するべき信頼はなかったのである (S. 41-46)。

5　本法 17 条 1 項は、基本法 3 条 1 項 (一般平等原則) に違反しない。

官吏恩給法 52 条 1 項では、恩給額が法律により遡及的に不利益に変更された場合、その差額は払い戻さなくてもよい、と規定するが、この適法処分の場合に不利益変更の遡及効が排除されるのに、本件の如き違法処分では容認されるのは平等に反するという主張がある。けれども、既に公定力で確定した請求権をどう扱うかという問いは、個別的正義と法的安定性の両原理をどう調整するかとの問いであり、そのどちらの原理を具体的事例で優先するかは立法者の仕事である (BVerfGE 15, 313, 319; 19, 150, 166; 29, 413, 432; 48, 1, 22; 72, 302, 327 f.) (S. 46 f.)。

【解　説】

本決定は、官吏恩給額の算定方法に関する解釈上の対立を、法律で遡及的に、退職官吏に不利益に決定することの合憲性を問うている。もっとも本決定には、職業官僚制に関わるとはいえ特段の新規性はない。第1に、真正遡及効と不真正遡及効の区別という古典的論点につき、この第2法廷では、法効果の遡及作用と要件事実の遡及接合という従来の立場が確認される。過去の完成された事態への事後的介入と進行しているが完成していない、現在の事態への将来的介入という、第1法廷での別の基準とのコントラストを提示してはいるが[6]、実は生活事態（Lebenstatbestände）と規範作用（Normwirkungen）と、力点の所在が異なるだけだと言われている[7]。第2に、原則禁止される真正遡及効と原則容認される不真正遡及効との間に、違憲審査の厳格性の点で明確な違いがあるように見えて、後者でも比例原則が利用される以上必ずしも緩やかだとは言えない[8]。第3に、職業官僚制の保障内容に関わる遡及効が問われてはいるが、職務に適合した恩給の支給への信頼も、既に憲法裁で検討されており[9]、加えていえば、これを規定する基本法33条5項が、同20条3項と違う別種の判断基準、厳しい審査態度を要請している訳でもない。

本決定の意義は、後の第2法廷決定から逆照射されるのではないか。すなわち、2013年12月17日のこの連邦憲法裁判所決定において、投資会社の租税債務調査において、法人一般につき一部価額償却を認めない法人税法8b条3項を、ここに適用できるかが問題となる。つまり、同条を明文では準用しない投資会社法40a条1項に対し、法人税法8b条3項を明文で準用する2文をここに新しく追加して、しかも、これに遡及効を付与する投資会社法43条18項の規定が、元々遡及効を禁止する基本法の規定に適合するかが問題となる訳だ。5対3で割れた法廷意見では、第1に、立法者には法律を解釈する権限はなく、ゆえに本条項には宣言的でなく構成的性質が備わるとし、第2に、そして本条項が持つ（真正）遡及効は原則として許されず、更に遡及効を例外的に許す、保護に値する信頼も存在しないとして、結果的に、遡及効を持つ投資会社法43条18項を違憲無効とした[10]。凡そ40年ぶりに真正遡及効を違憲無効としたその結論のみならず、法廷意見は従来の遡及判例法理を根底から覆してしまったと鋭く難ずるマージング反対意見で、この13年決定は注目を浴びるのだ。

さて念の為、本決定の合憲判断へと至る論理構造を確認してみよう。第1に、勤務法新秩序法17条1項が真正遡及効と不真正遡及効の双方を持つこ

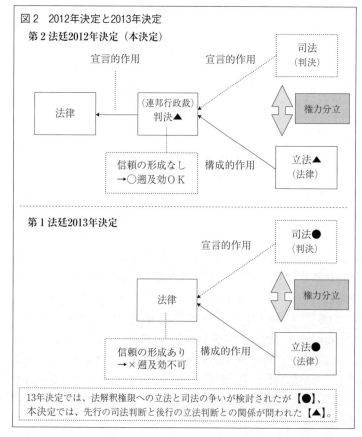

図2　2012年決定と2013年決定

13年決定では、法解釈権限への立法と司法の争いが検討されたが【●】、本決定では、先行の司法判断と後行の立法判断との関係が問われた【▲】。

とが確認され、第2に、どちらかであるか確定せぬが、遡及効を正当化する、保護に値する信頼の不存在が検討されるのだ。もっとも、どんな法状態に保護に値する信頼の不存在が確認されるのか。一つは、旧官吏恩給法14a条が創出した法状況への信頼のことか、それとも、限定説に従う法実務が確認する法状況への信頼のことか、或いは、これを覆す連邦行政裁判所の作出した法状況のことなのか。しかし、当該法律が拡大説と限定説の多様な法解釈を許すとしても、元々一義的法律などないのだから、本法にも信頼がない訳ではない。加えて、学説は兎も角実務が拡大説に従い一貫して限定的に恩給を支給してきたのだから、この法実務にも信頼があったとしてもよかろう。結局、この法律と実務が予め用意していた法状況への信頼に代わり、連邦行政裁が新しく創造せんとした拡大説に基づいた法状況を巡り、保護に値する信頼が存在したかが、本決定では検討されたのであり[11]、その信頼がないのだから、本件遡及効は問題なしとされたのである。

では、本決定と13年決定の結論の相違はどこからやってくるのか。13年決定の法廷意見は、後者では法律への信頼形成が問われるが、前者では判決による信頼形成が問われた例外的ケースだと弁明する[12]。だが、遡及効を違憲とした13年決定の方こそ例外的ケースであり、しかも、解釈を必要とする不明確な本件法律には信頼があるのに、法律を明確にする最上級審決定には信頼がないと言うのは不可解である。13年決定のマージング反対意見は、法廷意見に判例変更を見出す。曰く、遡及効禁止が信頼の保護を目的としているのだから、本来は個人の信頼が保護に値するかどうかを具体的に問わねばならぬのに、法廷意見は、主観的権利ではなく客観的法として判断してしまった、すなわち、市民の権利保護の為でなく司法の権限留保のための制度として、従来の連邦憲法裁の法理に反し遡及効禁止を変更してしまった、と[13]。このマージング反対意見には、一部を除き学界に強い支持があるが[14]、しかし、法律が本来的に一般的抽象的法規範であるとの理解を前提とすれば、後行の法律の遡及効が向けられる先行の法律への市民の信頼につき、一般的抽象的にしか判断できないのでは、とも考えられる[15]。

さて興味深いのは、法律解釈の権限が立法でなく司法に留保されたとする13年決定の判断は、根拠なしとするマージング意見である。つまり、宣言的規律は司法権が、構成的規律は立法権が担うという理解は、民主的プロセスの中での立法者の政治責任を軽視しており、しかも、複雑化する社会には、曖昧さを全く残さず、しかも自らの修正の余地なく対応せよと、立法者に無理難題を押付けている、と[16]。問題の所在は結局、国際化だろうと欧州化だろうと民営化だろうと、現代社会における立法の役割を如何に把握するかにあるのではないか[17]。すなわち、国際化や欧州化や民営化に対応するという現代国家の任務は、国民信頼の形成というソフトな国家手段でも実行できるのであって、且つその諸手段の中心には、古い法学的方法を振回す司法権でなく[18]、様々な手段、とりわけ立法権が座るべきであると考えるとき、目的達成に効率的である限りで立法権にも法律解釈が許されるはずである[19]。私見によれば、そう判断したのが13年マージング意見なのであり、12年の本判決なのである。前者の法人税制の問題も、後者の官吏恩給の問題も、保障国家時代では立法権が所管するべきである、と[20]。

(1) Andreas Reich, Beamtenversorgungsgesetz, Kommentar, 2013, S. 159-161. 官吏恩給の算定方法の詳細については、本書 **67** 判例（待期期間の延長による官吏恩給の減額）を参照。

(2) Reich, a. a. O. (Anm. 1), S. 169.

(3) 官吏恩給法14条4項の最低退職給与率は初めから固定されており、その意味で算定されたものではない、というのが主たる根拠である。

(4) 勿論、拡大説を確認した前掲・連邦行政裁2009年判決が扱う事件は、本法制定前に属しているために、本件に本法の適用はない。BVerwG 2 C 29. 08, Rn. 9.

(5) Dirk Lenders (Hrsg.), BBG-BBesG-BeamtVG, 2009, S. 218.

(6) BVerfGE, 72, 200, 241 f.〔ド憲法 I **62** 判例〔首藤重幸〕〕。また、乙部哲郎「西ドイツ公法における信頼保護の原則の動向」神戸学院法学6巻1号（1975年）

171-269 頁。

(7) 第 2 法廷自身が両法廷の見解は結果的に同じである と判断している。BVerfGE 97, 67, 78 f; Morlok/Michael, Staatsorganisationsrecht, 2013, S. 152.

(8) Christian Seiler, Steuer- und Finanzgesetzgebung, in: W. Kluth/G. Krings (Hrsg.), Gesetzgebung, 2013, S. 789-813, 801f.

(9) BVerfGE 76, 256, 347; 67, 1, 14 f. Vgl. Fischer, JuS 2001, S. 865; Reich, a. a. O.（Anm. 1), S. 169.

(10) BVerfGE 135, 1, 12-28. Vgl., Hinnerk Weißmann, Entscheidungsanmerkung, ZJS 2014, 333-336; Johanna Hey, Verbot rückwirkender Klarstellung als Weg zu besserer Gesetzgebung?, NJW 2014, S. 1564-1567; 木村弘之亮「真正遡及効の禁止に反する税法規定は違憲・無効」税法学 571 号（2014 年）241-249 頁。

(11) Vgl. BVerfGE 135, 1, 27 f.

(12) Vgl. BVerfGE 135, 1, 27 f.

(13) BVerfGE 135, 1, 29-31, 35-42. すなわち、最上級審の判決の存在だけで保護に値する信頼ありとはせず、長期間の確定判決があるか、学説や実務での判例批判があるかなど、現行の法状況への信頼を具体的に検討するアプローチであるという。BVerfGE 135, 1, 38, 40 f.

(14) Oliver Lepsius, Zur Neubegründung des Rückenwirkungsverbots aus der Gewaltenteilung, JZ 2014, S. 488-500, 496 f; Hey, a. a. O.（Anm. 10), S. 1566, r. Sp. 特にレプシウスはマージング意見に諸手を挙げての賛成だが、更に法廷意見には、遡及効法理を脱コンテクスト化したと強く批判する。遡及効禁止を脱主観化＝客観化するのでなく、税法上固有の事情を勘案し、しかも自己決定する自然人少数派の信頼を保護するとい

う民主政の趣旨を踏まえるべきなのだと、爾来の見解を確認している。ここではつまり、信頼保護を税法から脱コンテクスト化するならば、抜け穴を探しては商売する狡猾な法人までも保護することになると。Lepsius, a. a. O.（Anm. 14), S. 497 f., 500. Vgl., Lepsius, u. a., Das entgrentzte Gericht, 2011, S. 196-202（鈴木秀美ほか訳『越境する司法』（風行社、2014 年）163-168 頁）. なおこの問いについて、ミヒャエルとレプジウスが論争を闘わせる。Michael, JZ 2015, S. 425-433; Lepsius, JZ 2015, S. 435-443.

(15) Thilo Rensmann, Reformdruck und Vertrauensschutz, JZ 1999, S. 168-175, 171.

(16) BVerfGE 135, 1, 31-35.

(17) Rensmann, a. a. O.（Anm. 15), S. 171. Vgl. Eberhard Schmidt-Aßmann, Rechtsstaat, in: Handbuch des Staatsrechts, Bd. 2, 3. Aufl., 2004, S. 541-612, 591.

(18) 更に 14 年決定法廷意見には、解釈＝宣言と立法＝構成を峻別する、実証主義的な法律観がその背後に隠れているという批判も存在する。Lepsius, a. a. O.（Anm. 14), S. 495 f.; Weißmann, a. a. O.（Anm. 1), S. 336; Hey, a. a. O.（Anm. 10), S. 1566, r. Sp.

(19) 国民の信頼形成は、立法が一方的に決めるという単純なものでなく、法実務と法討議の繰返しから徐々に遂行されるのだと考えるならば、マージングは寧ろ一面的で、法廷意見に些か分があることにもなる。Maximillian Steinbeis, Vom Recht, auf die Mehrdeutigkeit des Gesetzes vertraugen zu können, in: VerfBlog, 20. 02. 2014.

(20) 参照、拙著『保障国家論と憲法学』（尚学社、2013 年）58-64 頁。

59 欧州議会選挙法の阻止条項に関する選挙審査抗告
──5％阻止条項事件──

2011 年 11 月 9 日連邦憲法裁判所第 2 法廷判決
彼 谷 　 環　　連邦憲法裁判所判例集 129 巻 300 頁以下
BVerfGE 129, 300, Urteil v. 9. 11. 2011

【事　実】

1　1979 年の欧州議会選挙以来、ドイツ連邦共和国（1989 年まで旧西ドイツ）は、1978 年 6 月 16 日公布の欧州議会選挙法（Europawahlgesetz：以下、EuWG）に基づき、同国所属の欧州議会議員を国民の直接選挙で選出してきた[1]。これは、欧州共同体の設立に関する条約 138 条 3 項が欧州議会の統一的選挙手続きを予定していたものの、今日まで実現できていないため、「各加盟国の選挙手続きは国内の諸規定を範とする」（1976 年 9 月 20 日の Direktwahlakt 7 条 2 項）に基づく。EuWG 2 条 7 項によれば、欧州議会議員を選出する際、直接、普通、自由、平等、秘密の選挙の諸原則を遵守しなければならない。同時に、選挙には名簿式比例代表制が採用され、各政党に配分される議席は、政党の「拘束式」候補者名簿（„starre" Liste）に基づき決定される（EuWG 2 条 6 項）。また、有効投票に適用される 5 ％阻止条項（Fünfprozentsperrklausel）により、連邦領域における最低得票率が 5 ％に達した政党と政治団体のみに議席が割り当てられる。

2　2009 年 6 月 7 日に行われた欧州議会選挙では、ドイツからは 99 人の議員が選ばれた。このとき、32 の政党と政治団体が候補者を擁立したが、5 ％阻止条項が影響し、6 政党（キリスト教民主同盟（CDU）、社会民主党（SPD）、緑の党（Grüne）、自由民主党（FDP）、左翼党（Die Linke）、キリスト教社会同盟（CSU）しか議席を獲得できなかった。

3　そこで、選挙の効力を争い、ドイツ連邦議会に 3 件の選挙審査が提起された。その理由は、

EuWG 2 条 7 項における 5 ％阻止条項は、民主主義の原則、選挙の平等、政党の機会均等に違反し、「拘束式」候補者名簿が国民による議員の直接、自由選挙の原則を侵害するということであった。しかし、ドイツ連邦議会は、2010 年 7 月 8 日、選挙に瑕疵はないとして原告の申立てを却下した[2]。このことを受け、抗告人は連邦憲法裁判所に訴えを提起した。連邦憲法裁判所は、上記 3 件の選挙審査抗告の併合審査において次のように判示した。

【判　旨】

1　連邦憲法裁判所は、EuWG の規定が、ドイツ基本法の基準と一致しているかについても審査する。「ドイツ基本法 21 条 1 項、3 条 1 項から導出される政党の機会均等および民主的に平等な競争の機会の観点の下、EuWG 8 条 1 項で命ぜられる機会均等は、あらゆる政党、あらゆる選挙グループ、その選挙の立候補者に対し、原則上すべての選挙手続きにおける平等な可能性と、議席配分の際の平等な機会を認めることを要求する」。

2　選挙で追及される目的は、国民の政治的意思形成を統合する行動としての選挙の性格の保護であり（BVerfGE 95, 408 [418]〔ド憲判Ⅲ *70* 判例〕）、それと関連して、国民代表の活動能力の保護である（vgl. BVerfGE 1, 208 [247]；4, 31 [40]；6, 84 [92 ff.]；51, 222 [236]；82, 322 [338]；95, 408 [418]；120, 82 [111]）。　地方選挙法の 5 ％阻止条項に関する 2008 年 2 月 13 日の連邦憲法裁判所判決は、欧州議会の選挙権をめぐる合憲性審査にも妥当する具体的な審査基準につい

て述べた (BVerfGE 120, 82 [114])。つまり、「代表機関の活動能力の侵害が一定 (einige) の蓋然性をもって予測される場合にのみ、5％阻止条項を正当化できる」。

3　5％阻止条項を廃止すれば、欧州議会の機能が損なわれるという立法者の判断は、十分な実質的根拠がなく、欧州議会の特殊な活動条件やその任務を考慮していない。たしかに、5％阻止条項の廃止は、議員1名ないし2名の政党の著しい増加をもたらす。だが、そのことが、議会の機能上の侵害を「十分な蓋然性」(hinreichend wahrscheinlich) をもって予想できるような議会内の構造上の変更をもたらすことは確認できない。加盟国からの政党の数は、その時々の政党分布や選挙への参加、有権者の投票行動等に依拠するため、欧州議会の将来の構成に対する正確な予測はできない。むしろ、EUレベルでは、小政党に対して政治的成功を収める機会を認めるような、政治的過程の開放性が維持されなければならない。「新たな政治的観念は、部分的にはまず、いわゆる単一目的政党 (Ein-Themen-Partei) をとおして公衆の意識へ持ち込まれる」。したがって、立法者は、大政党の見解が小政党以上の成功をもたらし得る見込みが大きいという理由だけで、これを有利に扱うべきではない。なお、会派は「EU拡大の流れにおいて登場する諸政党を統合する力を持ってきた」ため、阻止条項の廃止により議会に登場する小政党は、既存の会派に包含される可能性がある。

4　以上の理由により、最低得票率が5％に達しなかった政党と政治団体に議席を付与しないEuWG 2条7項の阻止条項は、選挙権の平等と政党の機会均等の諸原則に反する。しかし、「選挙上の瑕疵は、ドイツにおける欧州議会選挙が無効だと宣言し、新たな選挙を命じることを導かない」。なぜなら、「新たな選挙に結びつけられる侵害は、総体としてのEU議会ではなく、議員に関するドイツの割り当てだけ」であり、「ドイツでの新たな選挙は、煩雑にも拘わらず査定できない効果をもって、EU議会の

現在進行中の活動——とくに、会派と委員会における共同の活動に影響をもたらす」からである。なお、「拘束式」名簿に対する選挙審査抗告には理由がない。

【解　説】

1　欧州議会の選挙制度

今日、欧州連合において、欧州議会は欧州理事会とともに事実上二院制の立法府を組織する。欧州議会議員は、当初、加盟国の国会議員の互選により選出されていた。その後、加盟国数が増加して議会の権限が拡大したことや、議会に各国国民の意思を反映させてその民主的統制機能を高めることから、EuWGが発効し[3]、1979年から5年に1度、各加盟国の選挙制度に基づき議員が選出されている。EuWGには、比例代表制 (政党名簿式か単記移譲式のいずれか) を採用すること (1条1項)、比例代表制の性質に大きな影響を与えない限りにおいて選挙区を細分化できること (2条)、最低得票率を獲得できなかった政党に議席配分を認めない阻止条項を導入する場合、5％を超えてはならないこと (3条：2002年改正法により追加) 等の原則が明記されている[4]。

EuWGはその公布以来幾度も修正されてきたが、本件が提起された時点では、欧州議会選挙は拘束名簿式比例代表制を採用しており、候補者は州ごとの、あるいは、全国共通の名簿によって擁立される。有権者は一票を有し、いずれかひとつの政党に投ずる (2条1項)。なお、議席の配分については、各政党は当該選挙領域において手渡された有効得票の5％以上を獲得せねばならない (同条7項)。

欧州議会第7選挙期において、ドイツには、736議席のうち99議席が割り当てられた。選挙に参加したのは32の政党と政治団体であったが、EuWG 2条7項が定める5％阻止条項の影響により、キリスト教民主同盟 (CDU)、ドイツ社会民主党 (SPD)、緑の党 (Grüne)、ドイツ自由民主党 (FDP)、左翼党 (Die Linke)、CSU (キリスト教社会同盟) の6政党だけが議席の配分を受けた[5]。しかし、5％阻止条項が

なければ、さらに7政党・政治団体が1ないし2議席を獲得したと考えられている。

2 阻止条項（Sperrklausel）を正当化する連邦憲法裁判所の論理

阻止条項は、第二次世界大戦後、ドイツ連邦議会と州議会に導入された。その背景には、多数の泡沫政党による多党化が進み議会が不安定になった結果、ナチスによる独裁政権の出現を許すこととなった「ワイマールの悲劇」を二度と繰り返さないという目的があったとされる[6]。

しかし、連邦憲法裁判所は、シュレスヴィヒ・ホルシュタイン州選挙の7.5％阻止条項を違憲とした1952年4月5日判決（BVefGE 1, 208：以下、SSW判決[7]）以降、連邦議会選挙の阻止条項（BVerfGE 6, 84[8]；6, 99；82, 322）、州議会選挙の阻止条項（BVerfGE 3, 383；4, 31；4, 142；4, 375；5, 77；6, 121）、自治体議会選挙の阻止条項（BVerfGE 6, 104；107, 286；120, 82）について、その態度を示してきた。

たとえば、SSW判決では、平等選挙とはどの票も同じ数的価値を持ち、原則として同じ結果価値を持つとしながらも、「比例代表選挙の際の平等選挙の原則は、すべての有権者が平等な結果価値を持つだけでは十分ではない」（BVefGE 1, 208 [244 f.]）として、阻止条項自体は正当化した。その背景には、議会が機能不全に陥る危険性を回避するために、阻止条項が「小党分立を阻止し、安定した議会運営と政権の安定維持[9]」に資するものだとする理解があった。

しかし、2008年2月13日には、シュレスヴィヒ・ホルシュタイン州の自治体選挙でその後採用された5％阻止条項を違憲とした（BVerfGE 120, 82）。これは、同議会に州選挙法の阻止条項廃止を求めて却下された緑の党が、左翼党とともに連邦憲法裁判所に提訴した事件である。連邦憲法裁判所は、阻止条項は、市民の投票の価値が投票した政党により異なる結果をもたらすとし、これを廃止するよう命じた。その理由として、連邦レベルとは異なり、地方自治の運営上、過激主義政党の進出の防止は懸念すべきではないと判断されたことにくわえ、1995年に同州の市長・郡長の直接選挙制が導入されて議会の安定多数が必要とされなくなったことが挙げられた。判決は、こうした首長の直接公選が「機能的な市町村行政を保障している」（BVerfGE 120, 82 [116 f.]）とし、阻止条項という予防措置がなくても運営上支障をきたさないと判断した。

一方、欧州議会選挙法の阻止条項をめぐり連邦憲法裁判所が初めて態度を示したのは、5％阻止条項を基本的に合憲とした1979年5月22日決定である（BVerfGE 51, 222：以下、1979年決定）。そこでは、「欧州議会の組織と構成は、加盟国の国内議会のそれと本質的に異ならない」として、「5％未満の得票の政党が議席配分の際考慮されず、その結果、当該政党に投票された票が結果価値の不平等を招くとしても、選挙権の平等に反しない」とした（BVerfGE 51, 222 [234 ff.]）。なぜなら、議会における過剰な政党の細分化を避けることによって、説得力のある多数派の形成と同時に、欧州議会に当時割り当てられた任務を果たすという能力を保障するためであり（BVerfGE 51, 222 [246 f.]）、この「やむを得ない事由」（zwingende Grund）が阻止条項を正当化する根拠だとしたためである。

3 本判決の特徴と意義

(1) 本件において、連邦憲法裁判所は以下の諸点に注目し、1979年決定で合憲とした欧州議会選挙の5％阻止条項を違憲だと判断した[10]。

第一に、加盟国から選出された政党数は、その時々の政党分布や選挙への参加、選挙権者の投票行動、選挙区割り、議席配分の計算手続き等に依拠しているが、こうした多様な枠組みは加盟国の阻止条項の影響を説明することはできないし、阻止条項の比率と政党が獲得した議席数との連関は確認できない。したがって、1ないし2名だけの議員による政党が増加しても、欧州議会の活動能力が「十分な蓋然性」（hinreichende Wahrscheinlichkeit）を伴って損な

われるという確証はないとする。実際、欧州議会直接選挙協定3条により、ドイツ以外の加盟国の多くが阻止条項を採用しているが、ドイツがこれを廃止しても欧州議会の構成にそれほど変化は生じない。

第二に、欧州議会の議席は加盟国別に分配されるが、議員は国家横断的に形成され政治信条を同じくする会派に所属し活動する。2009年選挙によって、ドイツの政党を含めて160以上の政党・政治団体が欧州議会に招集されたが、選出された議員は7つの会派に統合されており、どの会派も絶対多数をとることはできなかった[11]。これら会派は、欧州連合の拡大の中で登場した諸政党を統合する力を形成してきたため、阻止条項が廃止されることで、議会に登場する小政党も既存の会派に吸収されると考えられる。

もっとも判決は、ドイツ連邦議会選挙では、5％阻止条項は本質的に以下の点に正当性が見出されるとする。それは、「行為能力ある政府の選出のための安定多数の形成とそれへの連続的な支持が必要であり、かつ、この目的が多くの小グループにおける議会の細分化により脅かされるということ」である。

そこで、第三に、欧州議会独自の役割に注目する。単一目的政党をとおして新たな政治的観念が公衆の意識に運び込まれ、政治的な刺激を与えることから、欧州レベルでこそ政治過程の開放性が維持されなければならない。欧州議会は、国の委任者の集まりではなく、その役割も「安定した政権」の形成維持ではない。このことから、「立法者には、大政党が小政党より自国の見解を実現させうる可能性が高いという理由だけで、大政党を優遇することは許されない」と判断する。

以上の結果から、連邦憲法裁判所は、EuWG2条7項の5％阻止条項は、「投票権の不均衡」(Ungleichgewichtung der Wählerstimmen) をもたらすと結論づけた。2009年選挙で有効に投じられた約2800万票に価値を与えなかった5％阻止条項について、判決はその意義を認めながら、欧州議会選挙ではそれが妥当しないことになった。

さらに、判決の特徴として、欧州議会選挙における平等選挙の要請について、1979年決定とは異なる根拠を示した点が挙げられよう。具体的には、「79年決定の平等選挙原則＝『不文の憲法』論を用いずに[12]」、「基本法3条1項からはっきり示される」とし、そのような選挙の平等原則は「民主制の諸原則が前提とする市民の平等を保障する」(BVerfGE 129, 300 [317]) と述べる。

(2) 本判決に対し、Di Fabio と Mellinghoff の2裁判官が少数意見を述べている。今日、欧州議会がかなり大きな権限を有し明らかに政治的重要性が増しているにもかかわらず、判決は、どの程度まで1979年判決の判断基準が修正されるのかを明白にせずに、阻止条項を正当化しなかったためである。Di Fabio と Mellinghoff は、本判決が、「選挙の平等と政党の機会均等への侵害を、あまりに型どおりに審査基準を設定することによって、説得力なしに重要度を判断し、選挙法立法者の形成の余地を過度に狭くし、欧州議会の拡大する政治的責任にもかかわらず、欧州議会の想定できる機能障害を甘受している」と批判する (BVerfGE 129, 300 [346])。

(3) 学説は、本判決をめぐって賛否が分かれた。判決に肯定的な Martin Morlok によれば、政党状況 (Parteienlandschaft) に影響を与える選挙権の具体化は、政党に政治的成功の機会を分配し、権力行使の中心的要素であると同時に、狙われた政治権力の行使に侵されやすい。そのため、選挙法立法者も憲法の限界のなかで自制せねばならず、憲法裁判所によりコントロールを受けることを認める。そして、本判決は機会均等を真剣に受け止めたと評価し、「結果においても理由づけにおいても、連邦憲法裁判所に同意すべきだ」と主張する[13]。

だが、Cristoph Schönberger をはじめとして、判決に否定的な態度をとる見解も多かった。Schönberger は「欧州議会の5％阻止条項を合憲とする裁判部自身の1979年決定と対決する当面の判決は、まったく奇異の感じを与える」と批判した[14]。また、批判的論者の多くが、欧州統合の流れを阻止

する判決だと理解し[15]、そうした観点からの評釈も散見される[16]。

本件異議申立人の一人である H. H. von Arnim は、欧州議会における議席獲得の可能性を小政党にも開くことになった判決の意義を、次のように述べる。「選挙立法者は "自分の利益のために" (in eigener Sache tätig) 行動するため、"公益に関する考慮のかわりに自分の権力維持" に動かされ、欧州レベルにおける自身の政党の選挙を阻止条項によって確保でき、また阻止条項によって小政党を排除できるかもしれないというリスクがある[17]」。これまで既成諸政党は、阻止条項を通して「カルテルを組織しながら競争相手を遠ざけるつもりだった」と考えられていたが (BVerfGE 129, 300 [352])、von Arnim は、「経済競争を活発に保ちカルテルを阻止することがカルテル庁の任務であるように、いまや憲法裁判所が政治の世界でこれらの任務を引き受ける」として、連邦憲法裁判所が「自己利益に働く議会多数派の権力志向的決定」を今後統制していく可能性を論じる[18]。

4 その後の動き──EuWG 改正と 3 ％阻止条項違憲判決 (BVerfGE 135, 259)

本件判決を受け、ドイツ連邦議会は 2014 年の欧州議会選挙までに EuWG を改正する必要性が生じた。そこで、2013 年 10 月 7 日に公布 (同 10 日施行) された改正法では、当選を認める最低得票率 5 ％が 3 ％へと引き下げられた (BGBL S. 3749[19])。

しかし、こうした比率引き下げに対してもなお不十分だとして、新たな憲法異議が申し立てられ (申立人は計 1125 人)、17 の政党・政治団体が機関訴訟を提起した。2014 年 2 月 26 日、連邦憲法裁判所は、新たな 3 ％阻止条項について、基本法 3 条第 1 項の選挙権の平等原則と、21 条 1 項の政党の機会均等の保障に抵触し無効だとした (BVerfGE 135, 259[20])。同年 5 月 25 日に実施された欧州議会選挙では、違憲とされた EuWG が適用されなかったため、極右政党や EU 懐疑派が躍進し、ドイツの議席獲得政党は一気に増大した[21]。

(1) BGBl I S. 709.

(2) BTDrucks 17/2200, Anlage 13, 15 und 24.

(3) 渡邊頼純「欧州議会の動向と展望」南山大学ヨーロッパ研究センター報第 2 号 (1996 年) 8 頁。

(4) Vgl. Dieter Nohlen, Wahlrecht und Parteiensystem, 7. Aufl., Opladen/Toronto 2014, S. 441 f. また、欧州議会の権限と選挙制度を紹介する邦文には、辰巳浅嗣編『EU──欧州統合の現在 [第 3 版]』(太平社、2012 年) 42-49 頁、古賀豪「1 欧州議会」国立国会図書館調査及び立法考査局『拡大 EU：機構・政策・課題：総合調査報告書』(2007 年 3 月) 19-22 頁。

(5) 2014 年、リスボン条約に基づく初めての EU 議会選挙が実施されたが、同条約により、欧州議会議員の定数は 751 (うち議長 1 名)、各国議員数は原則として加盟国の人口に基づき決定され、現在ドイツは最高の 96 議席 (12.8 ％) を有している。C 326/22 DE Amtsblatt der Europäischen Union 26. 10. 2012.

(6) ここでは、小林幸夫「西ドイツの選挙法における阻止条項について」早稲田政治公法研究 30 号 (1990 年) 267 頁以下。

(7) ド憲判 I 11 判例 [高田篤]、小林・前掲注(6) 281-285 頁。

(8) ド憲判 I 79 判例 [高見勝利]。

(9) Ulrich Scheuner, Die Lage des Parlamentarischen Regierungssystems in der Bundesrepublik, 1974, in ders. Staatstheorie und Staatsrecht, Berlin 1978, S. 365. 加藤雅彦・麻生健・木村直司・古池好・高木浩子・辻通男編『辞典 現代のドイツ』(大修館書店、1998 年) 148 頁。

(10) 本件判決の特徴を、従来の連邦憲法裁判所の判決と比較したうえで詳細に論じるものとして、植松健一「ドイツの民主政における阻止条項の現在 (1) (2) ──自治体選挙と欧州選挙の阻止条項への違憲判決を契機として」立命館法学 359、360 号 (2015、2016 年)。

(11) 2009 年選挙では、欧州人民党グループ (EVP) 265 議席、社会民主進歩同盟：S & D) 184 議席、欧州自由民主同盟 (ALDE) 84 議席、欧州緑グループ・欧州自由連盟 (GREENS─EFA) 55 議席、欧州保守改革グループ (ECR) 54 議席、欧州統一左派・北方緑の左派同盟 (GUE/NGL) 35 議席、自由と民主主義のヨーロッパ (EFD) 32 議席を獲得した。なお、27 議席は無会派。

(12) 植松・前掲注(10)「ドイツの民主政における阻止条項の現在 (2)」70 頁。

(13) Martin Morlok, Chancengleichheit ernstgenommen, JZ 2012, SS. 76-77. ほかに肯定的な評釈として、Oliver W. Lembcke u.a., Wandel der Wahlrechtsrealitäten, DVBl 2012, S. 401 ff. など。

(14) Cristoph Schönberger, Das Bundesverfassungsgericht und die Fünf-Prozent-Klausel bei der Wahl

(15) 植松・前掲注(12) 81 頁。

(16) 例えば、Walter Frenz, Die Verfassungskonformität der 3-Prozent-Klausel für Europawahlen, NVwZ 2013, S. 1059 ff.; Jörg Geelings/Andreas Hamacher, Der Wegfall der Fünf-Prozent-Klausel bei Europawahlen, DÖV 2012, S. 671 ff.; Pascale Cancik, Wahlrecht und Parlamentsrecht als Gelingensbedinungen representativer Demokratie, VVDStRL 72, 2012, S. 287. 阻止条項それ自体を指摘する主張として、例えば、Rudolf Hübek, Deutsche Europawahlen Künftig ohne Sperrklausel? Das Urteil des Bundesverfassungsgerichts vom November 2011 und seine Folgen, in integration 4/2013, S. 269 ff.

(17) Hans Herbert von Arnim, Was aus dem Urteil des Bundesverfassungsgerichts zur 5-Prozent-Klausel bei Europawahlen folgt, DÖV 2012, S. 224 ff.

(18) von Arnim, a.a.O., S. 224.

(19) 2011 年判決から EuWG 改正に至る「注目すべき動き」として、植松は、欧州選挙の議席配分に対する 2011 年 11 月 22 日の欧州決議、「EU 統治機構におけ る欧州議会の地位の上昇」、「阻止条項の正当化を裏付ける」ユーロ圏危機等に対処する欧州的取組みの必要性を挙げる。参照、植松・前掲注(12) 77–79 頁。

(20) 2014 年判決を受け阻止条項が適用されなかった結果、直後に実施された欧州議会選挙では、1 ないし 2 名の議員を送り込んだ政党が多数登場した。各政党の内訳は以下のとおり（括弧内は得票率）。CDU/CSU：34 議席（35.3 ％）、SPD：27 議席（27.3 ％）、ドイツのためのオルタナティブ：7 議席（7.1 ％）、家族党：1 議席（0.7 ％）、FDP：3 議席（3.4 ％）、自由な有権者の党：1 議席（1.5 ％）、左翼党：7 議席（7.4 ％）、動物保護党：1 議席（1.2 ％）、緑の党：11 議席（10.7 ％）、海賊党：1 議席（1.4 ％）、ドイツ環境党：1 議席（0.6 ％）、ドイツ国家民主党：1 議席（1.0 ％）、パルタイ：1 議席（0.6 ％）。

(21) 2014 年欧州議会選挙により、ドイツの議席獲得政党は 6 政党から 13 政党へと増加した。このうち、1 議席のみ獲得した政党が 7 政党も出現した。Vgl. Gerd Strohmeier, Funktioniert Weimar auf EU-Ebene?, ZfP 2014, S. 346 ff.

60 Solange Ⅱ決定と指令の国内実施法律
― 排出量取引事件 ―

中西優美子

2007 年 3 月 13 日連邦憲法裁判所第 1 法廷決定
連邦憲法裁判所判例集 118 巻 79 頁以下
BVerfGE 118, 79, Beschluss v. 13. 3. 2007

【事　実】

国連気候変動枠組条約の締約国会議で 1997 年に京都議定書が採択された。京都議定書は、温室効果ガス削減のための柔軟性メカニズムの 1 つとして排出枠取引制度を規定した。EU 及びその構成国は、EU が一体として温室効果ガスを 2012 年末までに 1990 年比で 8 ％減少させることを約束した。ドイツは、EU における負担分担協定に基づき 1990 年比で 21 ％削減することを義務づけられた。

EU は、京都議定書の義務履行のために排出枠取引制度指令 2003/87 を採択した。同指令は、2005 年からの排出枠取引を規定した。温室効果ガスを排出する施設操業者は許可証を有さなければならず、2005 年から 2007 年末の期間に対して排出許可量が配分された。割当量を越えて排出する場合は、排出枠市場で購入しなければならず、これに違反した場合は、罰金を支払うことが規定された。EU 排出枠取引制度指令に基づき、構成国は国内配分計画を公表し、それを欧州委員会に通知しなければならなかった。同指令の付属書Ⅲの 7 (1) により、構成国は、国内配分計画においてあらかじめの操業者へ排出量割当てを考慮することができた。

ドイツの立法者は、この指令 2003/87 の実施のためにいくつかの国内措置を採択した。そのうちの 1 つが本件において問題となっている、「2005 年から 2007 年末までの配分期間における温室効果ガス排出許可を有する施設操業者に対する国内配分計画に関する法律」（以下、「配分法律 2007」という）である。配分法律 2007 は、既存の施設と新しい施設を区別

している。新しい施設は、その操業が 2005 年 1 月 1 日以降のものとなる。既存の施設を新しいものに置き換えた施設には、配分法律 10 条が適用される。同条は、新しい施設にした場合に 4 年間追加の排出許可量の配分がなされ、14 年間にわたって基準決定の際考慮がなされることを定めている。配分法律 2007 は、施設操業年と施設の近代化を考慮して、基準年における温室効果ガスの排出実績を基に排出枠を算出する、グランドファザリング方式に基づいて排出許可量の 95 ％を無償で配分する。同方式に基づいているために、当該年までに施設の近代化を行い、排出量がすでに少ない施設には、それに基づいて排出許可量配分が行われるため、不利に働く。他方、近代化を進めてことなかった施設にとっては、近代化をすれば、排出削減を容易にできるため有利になる。早期の排出削減と題される、配分法律 2007 の 12 条は、1994 年 1 月 1 日から 2002 年 12 月 31 日までの早い段階で排出削減措置をとった施設を考慮したものとなっている。しかし、ザクセン・アンハルト州政府は、競争関係にある企業間では先に近代化した施設を操業する企業に不利に働き、配分法律 2007 の 12 条は十分にそのような企業を考慮していないとした。そこで、同州が、当該法律 2007 の 12 条がドイツ基本法 12 条 1 項、14 条 1 項、3 条 1 項及び 20a 条に違反することの確認をドイツ連邦憲法裁判所に求めたのが、本件である。

【判　旨】

1　EU 法の国内法化と連邦憲法裁判所の審査権

ドイツ国家権力の行為が問題となっていないため、

ドイツ連邦憲法裁判所は、原則的に共同体法（現EU法）の有効性に関して判断することを妨げられる。ドイツ高権の領域におけるドイツの裁判所と機関の行為に対する法的根拠として利用される、ドイツにおける派生共同体法の適用可能性に関して、ドイツ連邦憲法裁判所は、EC（現EU）特にその裁判所の判決が、共同体（現EU）の公権力に対して基本権の効果的な保護を一般的に保障している限り、裁判管轄権をもはや行使せず、それゆえ共同体法をドイツ基本法の基本権に照らして審査しない。これまで法廷判例（Senatsrechtsprechung）により（共同体）規則に関してのみなされていた判示は、基本法23条1項に基づき、指令にも当てはまる。ドイツにおいて指令を国内法化・実施する国内規定も、共同体法が国内法化裁量を与えず、強制的な基準を規定する限りにおいて基本法の基本権に照らして判断されない。

上述した連邦憲法裁判所判決の指令及びこれに関してなされる国内における指令の国内実施関連法の準用は、指令が例外的に規則のように直接効果を有し、それに反する国内規範に対して適用優位が与えられるということに左右されない。指令が直接適用可能性の前提条件を満たしているか否かは、本件の関連においては決定的ではない。なぜならEC裁判所の判例によると、直接効果が与えられていない、指令の強制的な基準も、EC条約249条3項（現EU運営条約288条3項）に基づき構成国により国内法化・実施されなければならないからである。

共同体レベルで本質的に基本法の水準に合う権利保護制度が存在する限り、EC条約249条3項（現EU運営条約288条3項）に従った指令が強制的に与える基準への拘束は、基本法23条1項に挙げられた法原理と一致する。このためEC条約220条（現EU運営条約251条）以下に従った共同体法における権利保護制度の形成に基づき、効果的な権利保護に対する共同体法（現EU法）及び基本法、特に基本法19条4項、から生じる権利のために、専門裁判所が共同体（現EU）の基本権に照らして共同体法上の基準を審査し、場合によってはEC条約234条（現EU運

営条約267条）の先決裁定を求めることが必要である。さらに、EC裁判所が、指令が無効であると宣言する場合、ドイツにおける指令の国内実施法律は自動的に無効にならない。ドイツの基本権の審査及び場合によっては基本法100条に基づく提起の余地がある。

以上の基準を用いた場合、ドイツ連邦憲法裁判所は、配分法律2007の12条の合憲性を包括的に審査できる。もっとも排出枠取引制度の導入、量的な境界づけの及び排出削減の基本的な要請並びに排出の承認の義務は、欧州共同体法並びにそれを国内法化する温室効果ガス法律及び配分法律2007の国内規定に依拠している。そのような、もっぱら共同体法に依拠する措置は、共同体基本権に沿ってのみ審査されえる。この点において、連邦憲法裁判所は、裁判管轄権を行使しない。

しかしながら、配分法律2007の12条のように、早い段階での排出削減を積極的に評価することは、構成国の形成裁量の中に明示的に認められている。指令2003/87の付属書IIIの7によると、配分法律の基礎である、国内配分計画は、これまでの実績を考慮に入れることができる。この場合、国内配分計画は、実績がどのように考慮に入れられるかについて言明を含まなければならない。このオプションは、とりわけドイツの尽力による。ドイツは、産業及びエネルギー経済の健全化に当たってなされた相当な実績が部分的にでも排出許可量配分の際に考慮されうることを望んだためである。

2 配分法律2007の12条の合憲性

(1) 本法14条1項または12条1項の違反

配分法律2007の12条による基本法14条1項または12条1項の違反は確認されない。

(2) 基本法3条1項の違反

配分法律2007の12条は、基本法3条1項に違反しない。

人々のグループの不平等取扱いの際、立法者はより厳格な拘束に原則に服する。しかし、配分法律

2007 の 12 条に関しては、人的メルクマールに結びつくものではなく、施設間の客観的な事実に結びついており、人々のグループの平等な取扱いは存在しない。

立法者が、経済的、社会的、環境または社会政策的理由から望まれる、市民のある一定の行動を促進する意図があるとき、大きな形成裁量を有する。どの者またはどの企業が国家により奨励されるかという決定において、立法者が幅広い自由を有する。もちろん、立法者は、その際平等原則に拘束されるが、このことは、立法者が客観的な観点に基づいていないこと、つまり、恣意的に配分してはならないことのみを意味する。

配分法律 2007 の 10 条は、2012 年までに温室効果ガスを 1990 年比で 21％削減という目標達成を考慮したものであり、新しい施設を追加したことに関する、配分法律 2007 の 11 条と同様に技術革新の刺激を生みだし、積極的な気候保護に寄与する。他方、排出枠取引制度発効前にとられた措置は、さらなる気候保護効果をもたらさない。配分法律 2007 の 12 条(5)においては、（施設の近代化という）過去の功績に対して、適当な報酬を払うことのみが問題となり、他方同法律 10 条は将来に対するインセンティブになる。

(3) 基本法 20a 条

配分法律 2007 の 12 条は、自然的生活基盤の保護に関する国家の憲法上の義務に反しない。

基本法 20a 条は、立法者に 20a 条に含まれる要請を立法制定の際に実施し、適当な環境保護規定を採択することを義務づけている。その際、立法者には広い裁量が与えられている。配分法律 2007 の 12 条は、早期の排出削減に留意しつつ、温室効果ガスの持続可能な削減を評価することにより、自然的生活基盤の保護を考慮している。それゆえ、当該規定は、基本法 20a 条からの憲法的要請に適合している。他方、持続可能性原則に関して立法者は、温室効果ガス排出のさらなる削減を達成することを義務づけられている。この実現は、もっぱら過去になされた措

置が考慮に入れられることのみによっては、不可能であろう。むしろ近代化のためにさらなる刺激をつくることが必要である。配分法律 2007 の配分規則は、早期にとられた措置への顧慮と近代化が遅れている施設に対する刺激の両方を基本法 20a 条に一致する方法で可能にしている。

【解　説】

1　本件の意義

ドイツは、EU の構成国として、EU 法、特に EU 条約及び EU 運営条約から派生する第 2 次法（EU 立法、EU 法行為）を国内において実施しなければならない。第 2 次法の中には、規則（Verordnungen）のように国内においても直接適用可能ものもあれば、指令（Richtlinien）のように国内法化・実施（Umsetzungen）が必要なものもある。

ドイツ連邦憲法裁判所は、ドイツにおける EU 法の取扱いについては、1974 年のいわゆる Solange Ⅰ決定[1]においてその立場を明らかにした。そこでは、「共同体の統合過程が基本法の基本権カタログに相当するような議会により決定され効力を有する起草された基本権のカタログを有するほど発展していない限り（solange）、ドイツ連邦共和国の裁判所による具体的規範統制訴訟における連邦憲法裁判所への移送は、同裁判所が欧州司法裁判所に与えられる解釈における基本権と牴触する限り適用不可能であると判断する場合、許容されかつ望ましい[2]。」とされた。この決定に前後して、欧州司法裁判所は、その決定において構成国に共通する憲法的伝統から生じる基本権と欧州人権条約によって保障される基本権は EU の法の一般原則であると位置づけ、それが慣行となった。

そのような変化を受け、1986 年にドイツ連邦憲法裁判所は、いわゆる Solange Ⅱ事件[3]において以下のように判示した。「共同体、特に共同体の裁判所の判例が、基本法により不可欠的に要請される基本的保護と同等な、すなわち基本権の本質が一般的に保障される、共同体の高権に対する基本権の効果

的な保護を保障する限り、連邦憲法裁判所はドイツの裁判所及びドイツの高権の分野における機関の行為に対する法的根拠として要求される、派生共同体法の適用可能性についての裁判権を行使せず、それゆえ基本法の基本権の基準に従って同法を審査しない[4]。」とした。

この Solange II 決定以降、ドイツ連邦憲法裁判所は、この決定を引用しつつ、EU 法の審査を差し控えている。ただ、同決定では、EU の規則が問題となっていた。他方、本件では、EU の指令が問題となった。本件の意義は、ドイツ連邦憲法裁判所がそのような第2次法、特に指令の取扱い及びそれを実施する国内関連法律の取扱いについてこれまで不明であった事項を明確にしたことにある。また、本件では、排出枠取引制度指令 2003/87 に関係し、この指令を国内実施する法律、配分法律 2007 が問題となった。

2 SolangeII 決定の完結

本件においてドイツ連邦憲法裁判所は、EU 法並びにそれに国内実施する法律及び規則に対して、どのような立場をとるのかを明確にした。まず、原則的に EU 法の有効性については、ドイツ連邦憲法裁判所が判断しないことを明らかにした。ここでの境界線は、ドイツ国家権力の行為が問題となっている否かである。なお、EU 法の観点からいっても EU 法の有効性は EU 司法裁判所のみが判断するというスタンスがとられている[5]。

EU 規則は直接適用されるが、場合によってはその実施のために細則が必要となることがある。EU 指令の場合は、結果のみを拘束し、それを実現する手段及び方法は構成国に任されている（EU 運営条約 288 条）。ただ、指令によっては、規則に近く、指令自体に細かな点まで規定しているものもある。

ドイツ連邦憲法裁判所は、本件において、EU が、特に EU 司法裁判所の判決が EU の公権力に対して基本権の効果的な保護を一般的に保障している限り、裁判管轄権をもはや行使せず、それゆえ共同体法を

ドイツ基本法の基本権に照らして審査しないとすることで Solange II 決定を確認した（連邦憲法裁判所公式サイトで本決定に付された欄外番号〔Rn.〕68）。そのうえで、憲法裁判所は、これまで法廷判例により EU 規則に関してのみなされていた判示は、EU 指令にも当てはまるとした。ドイツにおいて指令を国内法化・実施する国内規定も、EU 法が国内法化の裁量を与えず、強制的な基準を規定する限りにおいて基本法の基本権に照らして判断されないとした（Rn. 69[6]）。すなわち、Solange II 決定が、ドイツ国家権力の行為なのか否かを判断基準として、指令にも適用されることが明確にされた。この判示は、ある1つの指令の中でも裁量が与えられている部分と基準がすでに EU 法により定められている部分があるが、後者の部分に対しては、ドイツ憲法裁判所が判断しないということを意味する。また、憲法裁判所は、この判断は、指令自体が直接効果を有するか否かにはよらないとした（Rn. 71）。この理由付けとして、憲法裁判所は、直接効果が与えられていない指令であっても、その中の強制的な基準は、EU 運営条約 288 条 3 項に基づき構成国により国内法化・実施されなければならないことを挙げた。（Rn. 71）

これまで Solange II 決定が指令を国内実施する法律に適用されたのは2例あるが、それらは、部会（Kammer）の決定（beschlüsse）であり、本件において初めて第1法廷（der Erste Senat）がこの事項を取扱い、それを確定した[7]。このことにより、Solange II 決定が指令及び指令を国内実施した法律にも適用されることが明確になり、本件は、Solange II 決定の完結（Vollendung）と位置づけられる[8]。指令に関する判示は、傍論（obiter dictums）であるが、第1法廷は、Solange II 決定が指令を国内実施する法律にも適用されるか否かを明確にする機会を利用したと捉えられる[9]。

3 憲法裁判所以外の国内裁判所の役割

EU 条約 19 条 1 項は、「EU 法を適用及び実施していくのは、国内裁判所の任務である。その際、国

内裁判所は、効果的な権利保護（Rechtsschutz）を確保しなければならない」と規定する。本件において、ドイツ連邦憲法裁判所は、この規定と整合的な判示を行った。

ドイツ連邦憲法裁判所は、上述したようにドイツの国家権力の行為ではないEU法を審査しないとしたが、同時に、ドイツの国内裁判所の役割についても言及を行った。すなわち、憲法裁判所は、EU運営条約251条以下に従ったEU法における権利保護制度の形成に基づき、効果的な権利保護に対するEU法及び基本法、特に基本法19条4項、から生じる権利のために、専門裁判所がEUの基本権に照らして共同体法上の基準を審査し、場合によってはEU運営条約267条の先決裁定を求めることが必要であるとした（Rn. 72）。これらのことは、ドイツ連邦憲法裁判所は、EU法を基本権に沿って審査しないが、他方、ドイツの他の裁判所は、EU法及びEU法を国内実施する法律をEU基本権に沿って審査し、必要に応じて、EU法の有効性及び解釈に関してEU司法裁判所に先決裁定を求め、効果的な権利保護を確保なければならないことを意味する。本件において、憲法裁判所は、ドイツ基本法に規定された基本権を保障する憲法裁判所とEU法の権利保護を確保するEUの「裁判所」でもある、他の国内裁判所の役割の相違を提示した。

4　指令の国内実施法律の効果

EU司法裁判所は、採択された指令を取消訴訟あるいは先決裁定を通じて無効であると判断する場合がある。指令が無効と宣言された場合についても憲法裁判所は、本件で以下のように判示している。EU司法裁判所が、指令が無効であると宣言する場合、ドイツにおける指令の国内実施法律は自動的に無効にならないと（Rn. 72）。EU法の優位は、適用の優位（Anwendungsvorrang）を意味し、効力の優位（Geltungsvorrang）ではない[10]。EU法と国内法の関係において、EU法と牴触する国内法は、自動的に無効にならず、逆に無効となったEU法を国内実施した国内法は自動的に無効にはならない。

(1)　BVerfGE 37, 271.
(2)　BVerfGE 37, 271 (285).
(3)　BVerfGE 73, 339〔ド憲判 I *70* 判例［奥山亜喜子］〕.
(4)　BVerfGE 73, 339 (387).
(5)　Case 314/85 Foto-Frost v Hauptzollamt Lübeck-Ost [1987] ECR 4199 (ECLI:EU:C:1987:452).
(6)　本件で問題となっているEU排出枠取引制度指令自体は、構成国に広い裁量を残すものであるが（中西優美子「EUの排出枠取引制度指令」貿易と関税 Vol. 54 No. 4 (2004年) 75-71頁)、排出枠制度の導入、量的な境界づけ及び排出削減の基本的な要請並びに排出の承認は、EU法による強制的な基準であるとされた（本決定 Rn. 73)。
(7)　Wilfried Holz, "Grundrechtsimmunes Gesetzesrecht", *NVwZ*, 2007, p. 1153.
(8)　Holz, note (7), *NVwZ*, 2007, p. 1153; Matthias Cornils, "BVerfG, Beschl. v. 13. 3.2007-1 BvF 1/05", *Zeitschrift für das Juritische Studium*, 1/2008, p. 69, pp. 70-72.
(9)　そのように捉えるものとして、Holz, note (7), p. 1153; Cornils, note (8), p. 72; Dietrich Murswiek, "Verfassungsgerichtliche Kontrolle der innerstaalichen Umsetzung von Richtlinien des Gemeinschaftsrecht", *Jus*, 2007, p. 1052, p. 1054.
(10)　Joined Cases C-10/97 to C-22/97 Ministero delle Finanze v. In.CO.GE'90 and others [1998] ECR I-6307, para. 21 (ECLI:EU:C:1998:498).

61 欧州統合とドイツ基本法
――リスボン条約判決――

門田　孝

2009 年 6 月 30 日連邦憲法裁判所第 2 法廷判決
連邦憲法裁判所判例集 123 巻 267 頁以下
BVerfGE 123, 267, Urteil v. 30. 6. 2009

【事　実】

　2007 年 12 月 13 日に署名された「欧州連合条約
および欧州共同体設立条約を修正するリスボン条
約」（以下「リスボン条約」という。）を批准するため、
ドイツでは 2008 年 10 月 14 日に「リスボン条約に
同意する法律」（以下「同意法」という）が公布され、
またその付随立法として、同年 10 月 16 日に「基本
法（23 条、45 条および 93 条）を改正する法律」（以下
「基本法改正法」という。）、および「欧州連合の事項に
おける連邦議会および連邦参議院の権利の拡張およ
び強化に関する法律」（以下「権利拡張法」という。）が
公布された。本件は、こうした同意法とその付随立
法の、基本法適合性が争われた事例である。

　リスボン条約は、それまでの EU の三支柱構造を
解消し EC 条約を EU 運営条約に変更する等従来の
EU 法の構造を大きく変更するものであり、これに
関連して、EU における立法手続に際しても、締約
国の国内議会も従来以上に関与することが認められ
ることとなった。基本法改正法は、このように EU
の立法手続等への国内議会の関与権が強化されたこ
とに対応するものであり、これを受けて権利拡張法
が詳細な定めを置いていた。

　こうしたリスボン条約への同意法とその付随法
（基本法改正法と権利拡張法）の基本法適合性をめぐって、
ドイツでは 2 件の機関争訟手続および 4 件の憲法異
議手続による申立てがなされた。申立人らの主張は
多岐に渡るが、その主なものとして、①同意法によ
る欧州連合への高権委譲が、公権力の行使を申立人
らの影響力から剥奪するものであり、同人らの選挙

権を不当に侵害するものであるから、同法は、基本
法 38 条 1 項ほかに違反すること、②基本法改正法
および権利拡張法も、同じく基本法 38 条 1 項ほか
に違反すること、③同意法および付随法が基本法
20 条 1・2 項、2 条 1 項、79 条 3 項と結びついた 38
条 1 項および 23 条 1 項に違反すること、および④
同意法が連邦議会の権利を侵害すること等が挙げら
れていた。

【判　旨】

　連邦憲法裁判所は、申立ての一部についてその許
容性を認めたうえで、権利拡張法についてのみ、同
法が、連邦議会および連邦参議院に、欧州連合の法
制定手続および条約改正手続に関与する権利を十分
認めていない点で、基本法 23 条 1 項と結びついた
38 条 1 項に違反すると判断した[1]。

1　審査基準としての選挙権

　「リスボン条約に同意する法律の審査基準（Prüfungs-
maßstab）を定めるのは、基本権と同等の権利であ
る選挙権（基本法 93 条 1 項 4a 号と結びついた 38 条 1 項 1
文）である。選挙権は、民主的自己決定、ドイツに
おいて行使される国家権力への自由で平等な関与、
および国民の憲法制定権力の尊重を含む民主的要請
の遵守を要求していく根拠となる。選挙権侵害の審
査は、…基本法 79 条 3 項が憲法のアイデンティ
ティー…として定める原則への介入に対しても及
ぶ。」（Rn. 208）

〔門田　孝〕

2　基本法によるEUへの授権とその限界

「基本法は、確かに、広範にわたる欧州連合への高権委譲を授権している。しかし、当該授権は、主権を有する立憲国家としての性格（Verfassungsstaatlich-keit）が、統合プログラムに基づき、限定された個別的授権（begrenzte Einzelermächtigung）の原理に従い、構成国としての憲法上のアイデンティティーを尊重しつつ保持されていること、そして同時に、構成国が、自らの責任で生活環境を政治的および社会的に形成する能力を喪失するものではないこと、という条件の下にある。」(Rn. 226)「［国家の］結合（Verbund）という概念は、条約を基盤に公権力を行使する、いまだ主権的な国家の緊密で継続的なものとして意図された結びつきを意味するが、国家の基本秩序は専ら構成国の意の下にあり、そこでは、構成国の国民、つまり国家に所属する市民が、依然として民主的正統化の主体である。」(Rn. 229)

3　国内機関の「統合責任」と連邦憲法裁判所による統制

「限定された個別的授権の下…EU条約法の改正を、条約批准手続を経ることなくEUの機関単独であるいは主としてEU機関のみでなし得るものと、構成国が条約法中に定める場合、連邦政府と並び、立法機関は、統合協力の枠内で特別な責任を負うが、それは、ドイツにおいては国内的に基本法23条1項の要請を充たすべきだというものであり（統合責任：Integrationsverantwortung）、場合によっては、憲法裁判所の手続において要請され得るものである。」(Rn. 236)「連邦憲法裁判所は、すでに、EC・EU機関による権限行使に際して限度を超えた場合に用いられる、権限踰越統制（ultra vires Kontrolle）の方法を可能にした。…連邦憲法裁判所は、欧州の機関および組織による法が、…限定された個別的授権により、当該機関および組織に認められた高権の範囲内にとどまっているかを審査する。さらに、連邦憲法裁判所は、基本法における憲法アイデンティティーの不可触の核心部分が、基本法79条3項と結びつ

いた23条1項3文にしたがって保持されているか否かを、審査する…。」(Rn. 240)

4　統合においても残されるべき構成国の形成の余地とその対象領域

「主権国家の条約による結合を基礎とする欧州統合は、構成国に、経済的、文化的および社会的生活関係を、政治的に形成する余地を十分残さないようなかたちで実現されるものであってはならない。このことは特に、市民の生活環境とりわけ基本権により保護された自己責任および個人的・社会的安全という私的な範囲を形成する領域について、ならびに特に文化、歴史および言語上の事前の理解に依拠するような、および政党政治および議会により組織され政治的に開かれた場で論証的に展開されるような政治的意思決定の領域についてあてはまる。民主的に形成されるべき重要な領域には、とりわけ、国籍、文民および軍による権力独占、借入を含む歳入および歳出、ならびに基本権実現の上で重要な権利制限の要件、とりわけ刑事司法におけるそれ、または収容措置に際しての自由剥奪のような強力な基本権制限に際してのそれが含まれる。こうした重要な領域には、また、言語の使用、家族・教育関係の形成、表現・プレスおよび集会の自由の秩序、または宗教もしくは世界観の告白の扱いといった、文化的問題も含まれる。」(Rn. 249)

5　EUに求められる民主的正統性のレベル

「欧州連合の形成は、民主制原理と合致したものでなければならない（基本法23条1項1文）。民主制原則に対して具体的に要請されるものは、委譲される高権の範囲およびEUの決定手続の自律化の程度によって定まる。」(Rn. 261)「基本法23条1項1文は、欧州連合による民主制原則の保持について、何ら『構造的一致』を要請しておらず……、欧州連合の制度秩序と、基本法が国内レベルのために定めた秩序との一致さえも要請してはいない。要請されるのは、欧州連合の地位および機能に適した民主制の

形成である。基本法の民主制原理は、ヨーロッパレベルでも同様に実現される必要はない。」(Rn. 266)

6　同意法、基本法改正法および権利拡張法の合憲性

「リスボン条約同意法は、基本法の要請、とりわけ民主制に合致する。基本法38条1項に基づく選挙権は侵害されていない。」(Rn. 274)「リスボン条約により、憲法機関によっては処分することのできない憲法制定権力は委譲されず、ドイツ連邦共和国の国家としての主権性が放棄されるものでもない…。ドイツ連邦議会には、十分に重要な任務および権限が依然として残される…。」(Rn. 275) また、基本法改正法も、「形式的にも実質的にも疑義はなく、したがって合憲である。」(Rn. 401) 他方、権利拡張法は、「ドイツ連邦議会および連邦参議院の関与権が、必要な範囲内に定められていない限りにおいて、基本法23条1項と結びついた38条1項に違反する。」(Rn. 406)

【解　説】

1　本判決の意義

本判決で連邦憲法裁判所は、リスボン条約同意法およびその付随立法の基本法適合性審査を通じ、EUの民主的正統性およびEUへの高権委譲の限界について詳細な検討を加えている[2]。もっとも同様の問題は、EUの創設を定めたマーストリヒト条約との関連で、1993年の判決[3]でも既に論じられており、本判決の説示にどれほどの「新しさ」があるのかについては、慎重な見極めが必要である。実際、条約同意法等の合憲性審査の基準を基本法38条(選挙権)に求めた上で(判旨1)、欧州統合に際しての構成国の主権を尊重し、「国家結合」における民主的正統化の主体を構成国国民とする点(判旨2)、あるいは統合の限界に関しての国内機関による権限踰越審査(判旨3)等は、マーストリヒト判決のそれと重なるものである。こうした点から、本判決の模倣的性格が指摘されることもあるが、本判決はマース

トリヒトの単なる繰返しではもちろんなく、とりわけ、基本法79条による「憲法アイデンティティー」(Verfassungsidentität)の保護という要請を強く打ちだし(判旨3)、「統合からの留保領域」、すなわち欧州統合によっても構成国の権限の下に残されるべき権限を具体的に詳述しようとした点(判旨4)が注目される[4]。ただその分、本判決は、マーストリヒト判決と比べても欧州統合に後ろ向きともとれる印象を与えるものとなっている。

2　EUの民主的正統化をめぐる問題

本判決においても、民主制をめぐる議論が重要な役割を演じていることがみてとれる。すなわち、基本法38条1項で保障される選挙権が、EUの民主的正統性確保という観点からの同意法に対する憲法異議の根拠となるだけでなく、国内における民主制の確保を要求し、欧州統合に際しての高権委譲の限界を判断していくうえでの基準ともされるのである。

もっとも、こうした裁判所による民主的正統化をめぐる議論の当否については見解が分かれている。本判決を厳しく批判する論者の一人であるSchönbergerによれば、裁判所が連邦議会議員の選挙について定めた基本法38条1項を通じて選挙権者とEU高権を結びつけることにより、同条項はその適用範囲が際限なく拡張され、EU条約審査の事実上の民衆訴訟の根拠となるばかりでなく、EUのあらゆる組織法がこうした「民主制に対する権利」あるいは「国家性(Staatlichkeit)に対する権利」の対象となってしまうが、このような個人的権利の拡張は、EUの制度構造に関する理解をゆがめてしまいかねないという[5]。さらに本判決のように、普遍的で平等な選挙を前提とした議会制民主主義に基づく正統化論を貫徹しようとする限り、EUは民主的に十分正統化されることはない──皮肉にも、それがゆえにEUは基本法上は民主的に正統化されるということになる──が、そこでは国家合同や連邦国家における民主制の特性が顧慮されていないと批判される[6]。これに対して、本判決による「民主制原

〔門田 孝〕

理の尊重を請求する権利」の拡張を基本的に支持する Murswiek は、国家権力の民主的正統化が基本法の要請にしたがって行なわれないかぎり、基本法38条1項の保障する選挙権は単なる紙上の保障に堕してしまうとして、この権利がさらに「不変の憲法の中核を尊重するよう請求する権利」として一般化されることを主張し、選挙権の拡張が基本法の予定していない民衆訴訟を生じるとの批判に対しては、客観的な憲法規定の遵守を要求する主観的権利というものが、憲法解釈論上決して異質なものではないと反論する[7]。こうした見解の対立の背景には、権利概念や国家像の差異もさることながら、欧州統合の現状に対する視座の相違が存しているように思われる[8]。

3　欧州統合の限界？

本判決では、欧州統合に際してもなお構成国に留保されるべき権限領域が詳細に挙げられている点（判旨4）が注目される。しかしながら、そこで挙げられた、国籍、刑事司法（文民の権力独占）、軍の配備（軍の権力独占）、租税・財政、あるいは文化的領域（言語、家族・教育関係、表現・プレス・集会あるいは宗教等）に関する権限が、なぜ EU への権限委譲の対象から除外されるのか、その理由は判決からも必ずしも明らかではない。本判決自身は、「民主制原理も、また同じく基本法23条1項により構造的に要請される補完性原理も、個人の展開および社会的な生活関係形成の場という、まさに中心的な政治の領域において、欧州連合への高権の委譲および行使が、予見可能なかたちで客観的に限定されることを要請する」（Rn. 251）と述べ、上述の留保事項が「立憲国家の民主的自己形成能力にとって、特にセンシティブなもの」（Rn. 252）とするが、民主制原理や補完性原理が、具体的な留保領域とどう関係してくるのか、その説明も十分とは言い難い。こうした点から、留保領域の境界はあいまいで、憲法理論上の基礎づけは不十分であり、またリスボン条約の審査に際してもほとんど意味をもたないとの批判[9]、さらには、

留保領域という考え方は、一般的な国家論とは無関係なものであり、構成国に現に残されている権限をEU に委譲できないものと説明する傾向にある裁判所の判断を、単に一時しのぎ的に取り繕うものにすぎないとの批判[10]がなされている[11]。判決の立場に拠った場合、欧州統合の限界を画するとされる留保領域の憲法的基礎づけについて、さらなる説明が求められるところであろう。

4　展　望

本判決では、付随立法の一つである権利拡張法の一部が違憲との判断（判旨6）が下されたが[12]、それはどちらかというと立法的に容易に対処し得る枝葉末節にわたる部分であり[13]、ドイツの主権擁護的色彩を強く打ち出しつつも、リスボン条約への加入自体は、事実上容認されたかたちになっている。連邦憲法裁判所が、「吠えるが咬みつくことはない犬」に例えられるように、本件で問題となったような重要な欧州統合の試みを結果的に妨げるまでには至らないことは、予測されたことでもあった[14]。その後、2010年7月6日の Honeywell 決定では、権限踰越統制のあり方との関連で、欧州統合の統制に対して抑制的ともとれる見解が示されるなど[15]、欧州統合をめぐる連邦憲法裁判所のスタンス自体、いまだ流動的であるように思われる。欧州統合の憲法的統制をめぐる議論が、本判決による分析も踏まえつつ、今後のさらなる検討を通じて、いっそう深化していくことが期待される。

(1)　判旨の紹介にあたっては、紙幅の関係から判決中のC（申立ての理由の有無に関する部分）のみ適宜抜粋し、連邦憲法裁判所の公式サイトに掲示されている判決に付された、対応する欄外番号（Rn.）を示すこととする。申立ての許容性も含めた本判決の詳細については、後掲注(2)文献を参照のこと。なお判旨中の見出しは、筆者が独自に付したものである。

(2)　本判決について、参照、中西優美子「ドイツ連邦憲法裁判所による EU リスボン条約判決」貿易と関税58巻2号（2010年）75頁、同「権限付与の原則」聖学院大学総合研究所紀要48号（2010年）223頁、門田孝「欧州統合に対する憲法的統制」自治研究91巻

1号（2015年）142頁。

(3) BVerfGE 89, 155. 同判決につき、参照、奥山亜喜子「ヨーロッパ連合への主権委譲とその法的限界」中央大学大学院研究年報25号（1996年）1頁、岡田俊幸「ドイツ連邦憲法裁判所のマーストリヒト判決」石川明＝櫻井雅夫編『EU の法的課題』（1999年）193頁、川添利幸「欧州連合の創設に関する条約の合憲性」〔ド憲判 I *71* 判例〕、西原博史「ヨーロッパ連合の創設に関する条約の合憲性」〔ド憲判 II *62* 判例〕。

(4) 参照、Schönberger, Lisbon in Karlsruhe, GLJ 2009, 1201 (1207).

(5) Schönberger, Die Europäische Union zwischen, „Demokratiedefizit" und Bundesstaatsverbot, Der Staat 48 (2009), 535 (539 f.).

(6) Ebd., 542 f. なお参照、Nicolas Sonder, Was ist Integrationsverantwortung？: Kritische Überlegungen zu den verfassungsrechtlichen Vorgaben des Bundesverfassungsgerichts und der Umsetzung im IntVG, KritV 2011, 214 (221 f.); Armin von Bogdandy, Prinzipien der Rechtsfortbildung im europäischen Rechtsraum : Überlegungen zum Lissabon-Urteil des BVerfG, NJW 2010, 1 (2); Jörg Philipp Terhechte, Souveränität, Dynamik und Integration — making up the rules as we go along？: Anmerkung zum Lissabon-Urteil des Bundesverfassungsgerichts, EuZW 2009, 724 (731).

(7) Murswiek, Art. 38 GG als Grundlage eines Rechts auf Achtung des unabänderlichen Verfassungskerns, JZ 2010, 702 (704 f., 707 f.).

(8) Murswiek に対する Schönberger の批判、およびこれに対する Murswiek の反論として、参照、Schönberger, Der introvertierte Rechtsstaat als Krönung der Demokratie?, JZ 2010, 1160; Murswiek, Schutz der Verfassung als Bürgerrecht, JZ 2010, 1164.

(9) Ruffert, An den Grenzen des Integrationsverfas-

sungsrecht, DVBl 2009, 1197 (1204 f.).

(10) Schönberger (N. 5), 555.

(11) なお参照、Sonder (N. 6), 220 f；Kathrin Dingemann, Zwischen Integrationsverantwortung und Identitätskontrolle : das Lissabon-Urteil des Bundesverfassungsgerichts, ZEuS 2009, 491.

(12) 権利拡張法に対して要請されたのは、具体的には、①簡易手続による EU 一次法改正にも同意法が必要、②リスボン EU 条約48条7項による一般的架橋手続の適用には同意法が、特別架橋条項の適用には議会の同意が必要、③EU 運営条約352条の柔軟化条項の適用についても同意法が必要、④EU 運営条約による非常ブレーキ手続について、連邦政府は連邦議会等の指示に従うことが必要、および⑤刑事における司法協力等における架橋手続についても同意法が必要である、といったことであった（Rn. 412-419）。

(13) 本判決による違憲の判断を受け、新たな付随立法として、2009年9月8日に連邦議会で、「欧州連合の事項における連邦議会及び連邦参議院の統合責任の引き受けに関する法律」と EU の事項に関する2つの協働法改正法が可決され、10日後には連邦参議院でも承認された。改正法について、参照、Daiber, Die Umsetzung des Lissabon-Urteils des Bundesverfassungsgerichts durch Bundestag und Bundesrat, DÖV 2010, 293; Schröder, Die offene Flanke, DÖV 2010, 303. 改めて同意法および新たな付随立法に対して提起された憲法異議は、却下された（Beschluss vom 22. September 2009, 2 BvR 2136/09, NJW 2009, 3778.）。

(14) Michael Abels, Das Bundesverfassungsgericht und die Integration Europas 2011, S. 24.

(15) BVerfGE 126, 286〔本書 *62* 判例〕同決定について、参照、中西優美子「ドイツ連邦憲法裁判所による EU 機関の行為に対する権限踰越コントロール」自治研究89巻4号（2013年）147頁。

62 ドイツ連邦憲法裁判所による EU 機関の行為に対する権限踰越コントロール
― Honeywell 事件―

中西優美子

2010 年 7 月 6 日連邦憲法裁判所第 2 法廷決定
連邦憲法裁判所判例集 126 巻 286 頁
BVerfGE 126, 286, Beschluss v. 6. 7. 2010

【事　実】

Mangold 事件（Case C-144/04[1]）で欧州司法裁判所は、雇用及び職業における平等取扱いに対する一般枠組を設定する理事会指令 2000/78[2]の解釈について先決裁定を求められた。ドイツでは、関連法として雇用促進法律並びに指令 1999/70 を国内法化したパートタイム労働及び期限付き契約に関する法律（以下 TzBfG と略）が存在した。TzBfG の 14 条 3 項は、期限付き契約は客観的な正当化理由がないと締結できないが、期限付き雇用関係が開始されるときまでに労働者が 58 歳を超えている場合には客観的な正当化理由を必要としないと規定していた。Mangold 事件では、まだ当該指令の国内法化・実施期限が到来していなかったにもかかわらず、欧州司法裁判所は、当該条文は、EU 法に違反し、適用不可能であると判示した。同判決後ドイツにおいて議論が起こった。

本件異議申立人は、自動車下請け会社（Honeywell 会社、以下 H 会社）である、原訴訟の原告と期限付き労働契約を締結した。原告は、リューベック労働裁判所において労働契約の期限設定の無効を主張した。同裁判所及びシュレースビッヒ・ホルシュタイン州労働裁判所は主張を棄却し、原告はドイツ連邦労働裁判所（以下 BAG）に上告した。同裁判所は、上述した Mangold 事件判決に依拠しつつ、労働契約に期限を付けたことは無効であるとした。そこで、H 会社は、BAG の判決、間接的には欧州司法裁判所の Mangold 判決に対して憲法異議を行ったのが本件である。

【判　旨】

1　異議申立人は、ドイツ労働裁判所の当該判決が欧州司法裁判所の許容されない法形成に依拠したという理由によっては、基本法 12 条 1 項及び 2 条 1 項に基づく契約の自由を侵害されていない。

(1) 連邦憲法裁判所が提示した基準

(i) EU 法の優位と権限踰越コントロール

EU 法の優位は、それに矛盾する国内法を無効へとは導かない。この適用の優位は、構成国におけるEU 法の統一的な効果が保障されないのであれば法の共同体としての EU が存在しえないという理由で、EU 法から生じる。

EU 法は、条約上の移譲と授権に依存する自律的な法にとどまる。EU の機関は、各国内憲法上の規定の枠組において構成国が行いかつ責任を有する条約改正に自己の権限の拡大を頼らざるを得ない。また、権限付与の原則（権限の個別授権の原則[3]）が適用される。それゆえ連邦憲法裁判所は、明白な権限踰越あるいは憲法アイデンティティの不可譲の分野における権限行使に基づいて EU 機関の行為がなされていないかについて EU 機関の行為を審査し、場合によりドイツ法秩序に対し権限踰越の行為の適用不可能性を確定する権限を有し、かつそれを義務づけられている。もっとも欧州機関の権限踰越行為を実質的に咎めるという連邦憲法裁判所の義務は、条約

上欧州司法裁判所に移譲された、EU諸条約を解釈・適用しかつEU法の統一と一貫性を保障するという任務と調整されなければならない。

憲法上及びEU法上の観点が完全には調和しないのは、EUの構成国がリスボン条約発効後も条約の主人であり、EUは連邦国家への境目を越えていないという状況による。

(ii) 権限踰越コントロールの行使方法と行使の際の基準

権限踰越コントロールは、欧州法親和的に行使されなければならない。それゆえ欧州機関の権限踰越行為の認定に先立ちEU運営条約267条に基づく先決裁定手続の枠組において条約解釈並びに問題となっている法行為の有効性及び解釈に関する決定の機会を欧州司法裁判所に与えなければならない。欧州司法裁判所がそのようなEU法の問題を決定する機会をもたない限り、連邦憲法裁判所はドイツに対してEU法の適用不可能性を確定することはできない。

加えて連邦憲法裁判所による権限踰越コントロールは、欧州機関の行為が移譲された権限の範囲を越えて行われたことが明白である場合のみ考慮に入れられる。欧州機関が権限付与の原則が特に侵害される方法で権限の境界を越える場合、換言すればその権限の違反が十分に認められる場合にのみ、権限付与の原則に対する違反が明白となる。このことは、EU権力機関の権限違反行為が明白で、かつその侵害行為が権限付与の原則及び法治国家上の法的拘束力に関して構成国とEUとの間の権限構造において相当に重要であることを意味する。

(2) 権限付与の原則違反

権限付与の原則に関し欧州司法裁判所の違反は十分に認められず確定されない。

(i) 指令の前効果

欧州司法裁判所の判例法は、発効した指令の国内法化実施期限が過ぎる前においても指令に定められている目的に重大な疑問を投げかけるような規定を採択しないように構成国に義務づけている。

Mangold判決は、指令の国内的効果に関する欧州司法裁判所のこれまでの一連の判例の中に分類される。欧州司法裁判所は、指令は「個人に義務を根拠づけることはできず、それゆえ指令そのものに依拠することは可能ではない」と何度も判示してきているが、他方で指令に反して公布された国内規範は私人間の訴訟において適用されてはならないと認定してきた。欧州司法裁判所は、Mangold判決において指令の前効果（Vorwirkung）を承認したことにより、指令のいわゆる「消極的」効果（„negative" Wirkung）のカテゴリーの中にさらなる分類項目を生みだした。この指令の前効果は、指令の「消極的」効果に関する判例と同様に構成国の既存の法的義務を実施することのみに寄与するのであり、権限付与原則を侵害する、構成国に対する新しい義務を創設するものではない。

（ア）一般原則としての年齢差別の禁止

共通の憲法的伝統及び構成国の国際条約から年齢差別の禁止の一般原則が導き出されるか否かは問題ではない。なぜなら権限付与の原則に関する明白な違反については、欧州司法裁判所の法形成が実際にも権限を根拠づけるように働いたときにはじめて、もはや正当化できないものとなるだろうからである。構成国の共通の憲法的伝統からの導出において議論のある年齢差別の禁止の一般原則でもって、構成国に負荷をかける形でEUのための新たな権限分野が根拠づけられたわけでもなく、新たな権限創設の重みをもつほどに既存の権限が拡大されたわけでもない。

2 異議申立人は、また、当該判決が信頼保護を保障しなかったという理由では、基本法20条3項に結びついた12条1項に基づく契約の自由を侵害されていない。

EU運営条約267条に基づく先決裁定手続における欧州司法裁判所の裁定は、原則的に当初からの（ex tunc）効果をもつ。それゆえ欧州司法裁判所によるEU法の解釈は、構成国の裁判所により先決裁

定がだされる前に根拠づけられていた法関係にも適用されなければならない。

EU 法との不合致性を確定する先決裁定が下されるまで国内裁判所が問題となる国内規定を適用することになる。欧州司法裁判所は、国内裁判所が信頼保護の観点から自ら先決裁定の効果を時間的に制限するようなことを原則的に許容していない。これに対して欧州司法裁判所の判例において国内裁判所が信頼保護原則に基づき賠償することは禁じられていない。よって、欧州司法裁判所の裁定により法律の遡及的適用不可能性の構成において憲法上の信頼保護を確保するために、関係者が法律の規定を信頼し、この信頼の上で行為を行ったことに対して、国内法上賠償を与えることは可能である。

3　当該判決は、基本法 101 条 1 項 2 文に基づく法律上の裁判官への要求において異議申立人を侵害していない。

欧州司法裁判所は、基本法 101 条 1 項 2 文の意味における法律上の裁判官である。ドイツの裁判所がEU 運営条約 267 条 3 項に基づく先決裁定手続において欧州司法裁判所に裁定を求める義務に従わない場合には、法律上の裁判官の剥奪を意味する。もっとも連邦憲法裁判所の判例によれば、EU 法上の先決裁定を求める義務のすべての違反がすぐさま基本法 101 条 1 項 2 文の違反を構成するわけではない。

【解　説】

1　本件の意義

欧州司法裁判所は Mangold 事件において次のように判示した。指令の国内法化に定められる期間がまだ到来していない場合でさえも EU 法と抵触しうる国内法の規定を排除することによって、年齢に関する非差別の一般原則の十分な実効性（full effectiveness）を確保するのは、国内裁判所の責任である。このMangold 判決に対しては、主に次の 3 つの観点から批判がなされた[4]。第 1 に、指令 2000/78 の国内法化の期限がまだ過ぎていなかったこと、第 2 に、

私人間における訴訟において指令を適用したこと、第 3 に年齢差別の禁止という一般原則に依拠したことである。同判決後、いわゆるリスボン条約判決[5]が下された。同判決では、ドイツ連邦憲法裁判所はマーストリヒト条約判決[6]で提示した権限踰越コントロール（Ultra vires Kontrolle）を再確認し、さらに憲法アイデンティティコントロールという新たな審査基準を提示した。また、同時に、そのような審査で基本法違反と判断される EU 法はドイツでは効力をもたないことを宣言した。ドイツ連邦憲法裁判所は、リスボン条約判決により EU 及び EU 司法裁判所にいわば牽制球のようなものを投げたと捉えられた。

欧州司法裁判所は、このような牽制球に対し、権限踰越とも捉えられかねない行為を慎むのではなく、2010 年 1 月 19 日の Kücükdeveci（Case C-555/07）事件[7]においてそれを続けた。同事件では、私人間で同じ当該指令 2000/78 が問題となったが、欧州司法裁判所は、ドイツ学説においてみられた多くの批判にひるむことなく、Mangold 事件判決を引用しつつ、一般原則としての年齢差別の禁止原則に依拠して、ドイツ国内法（民法 622 条）が EU 法に違反するためにドイツにおいて適用不可能であると判示した。

このような状況と並行して、BAG は、Mangold事件判決に依拠しつつ、労働契約に期限を付けたことは無効であるとした。そこで、異議申立人は、BAGの判決、間接的には欧州司法裁判所の Mangold 判決がその基本権を侵害したとして憲法異議を申し立てたのが本件である。本件では、ドイツ連邦憲法裁判所が、欧州司法裁判所が Kücükdeveci 事件判決を通じ投げ返したボールをどのように取り扱うのか、つまり Mangold 事件判決が欧州司法裁判所の権限踰越行為に当たると判示するか否かが注目された[8]。本件の意義は、問題点の指摘される欧州司法裁判所による Mangold 事件判決を目の前にしてドイツ連邦憲法裁判所がどのように権限踰越コントロールという手段を用いるのかを明確に示したことにある。

2 権限踰越コントロール

本件において連邦憲法裁判所は、マーストリヒト条約判決及びリスボン条約判決で同裁判所が判示してきた権限踰越コントロールを用いた。これまでの判例では、権限踰越コントロールの存在だけが示されてきたのが、本件では連邦憲法裁判所は具体的なEU機関の行為、ここでは欧州司法裁判所のMangold事件判決を権限踰越コントロールの際の基本姿勢並びに手続的及び実体的要件を明確にした上で審査した。基本姿勢として、権限踰越コントロールがEU法親和的かつ抑制的に行使されなければならないこと、手続的及び実体的要件として、事前に欧州司法裁判所の先決裁定を求めること、並びに権限の違反が十分に認められるという明確性及び侵害された権限が構造的に重要なものであることがなければならないことを明確にした。従って、EU機関の行為が権限踰越コントロール審査を受け基本法違反と判断され、ドイツ法秩序に適用されない事態は実質的には非常に限定されていると捉えることができる[9]。もっとも連邦憲法裁判所は、本件により権限踰越コントロールを放棄したのではなく、それを行う連邦憲法裁判所の権限、ひいては義務を確認した。よって今後も連邦憲法裁判所は、EU機関の行為が権限踰越にあたるという理由で訴訟を受理することになるが、本案で棄却される可能性が高いということになる[10]。

3 私人間効力について

Mangold判決を関する2つ目の問題は、私人間の訴訟において指令の効果を認めたとされる点である。連邦憲法裁判所は、欧州司法裁判所のこれまでの判例に言及しつつ、確かに私人間の指令の水平的直接効果については欧州司法裁判所が否定しているが、同時にEU法の用語でいうところの指令の付随的水平的効果[11]を認めてきていることを示した。連邦憲法裁判所は、このような効果を「消極的」効果(„negative" Wirkung)とカテゴリー化し、今回の欧州司法裁判所によるMangold判決で承認された指令の前効果(Vorwirkung)は、このカテゴリーの中のあらたな一形態と位置づけられるとした。その上で、そのような指令の「消極的」効果は、構成国の既存の法的義務を実施させることのみに寄与するものであり、権限付与原則を侵害する、構成国に対する新しい義務を創設するものではないとした。

4 法律上の裁判官により裁判を受ける権利

連邦憲法裁判所は、従来の判例通り、欧州司法裁判所は基本法101条1項2文の意味における法律上の裁判官であることを確認し、ドイツの裁判所がEU運営条約276条3項に基づく先決裁定手続において欧州司法裁判所に先決裁定を求める義務に違反した場合には、法律上の裁判官の剥奪を意味するとした[12]。

しかし、本件においては、EU法上の先決裁定を求める義務のすべての違反がすぐさま基本法101条1項2文の違反を構成するわけではないとした。すなわち、連邦憲法裁判所は、基本法の根底にある考えを慎重に評価する際にもはや納得がいかないように思われかつ明白に保持できない場合にのみ、管轄権規範に関する解釈及び適用に異議を唱えると述べ、先決裁定義務の監視裁判所としての任務を自ら制限した。このことは、連邦憲法裁判所がこれまでの判例とは異なりドイツの各連邦専門裁判所(例えば連邦行政裁判所)に先決裁定を求めるにあたっての裁量を認めたことを意味する。もっとも最終審の国内裁判所が先決裁定を求めなければならないという、EU運営条約267条3項に基づく義務は、ドイツ憲法上問題とされることは少なくなったとは言え、EU法上はそのまま残っている。

5 ドイツ連邦憲法裁判所とEU司法裁判所との関係

上述したMangold事件判決を受け、元ドイツ連邦憲法裁判所長官Roman Herzogは、2008年9月8日のFrankfurter Allgemeine Zeitungに「欧州裁判所を止めろ」という、題で寄稿した。Herzogは、

EU 司法裁判所の判例により構成国の権限が侵害されているとし、ドイツ連邦憲法裁判所が行き過ぎた EU 司法裁判所の判例をより厳格なコントロール下に服させなければならないという見解を提示した。

Mangold 事件判決を踏まえた、ドイツ連邦憲法裁判所の判決が本件の判決であり、その後、本判決を受けてだされたのが EU 司法裁判所による上述した Kücükdeveci 事件判決である。また、欧州中央銀行の行為に関する OMT をめぐる、ドイツ連邦憲法裁判所と EU 司法裁判所の攻防[13]、さらに、欧州逮捕状枠組決定をめぐる両者の綱引き[14]など、事項を変え、現在まで続いている。ただ、このような両者の対立が積極的な意味での対話につながっているとも捉えられる。

(1) Case C-144/04 Mangold v. Helm［2005］ECR I-9981（ECLI:EU:C:2005:709）；橋本陽子「年齢差別の成否と平等指令への国内法の強行的適合解釈義務―指令の水平的直接効果と同然の結果の達成」貿易と関税 Vol. 54 No. 9（2006 年）75-70 頁。

(2) OJ of the EU 2000 L303/16, Council Directive 2000/78/EC establishing a general framework for equal treatment in employment and occupation.

(3) 権限付与の原則は、権限に関する 3 原則の 1 つであり、EU 条約 5 条 2 項に定められている。要は、EU は、構成国により権限を付与されている範囲においてのみ行動できるということを意味する。

(4) Ex. Asterios Pliakos, "Who is the Ultimate Arbiter? The Battle over Judicial Supremacy in EU law", 36 *ELR* 2011, 109, 113.

(5) BVerfGE 123, 267〔本書 *61* 判例〕。拙稿「1 ドイツ連邦憲法裁判所による EU リスボン条約判決」同『EU 権限の判例研究』（信山社、2015 年）11-22 頁。

(6) BVerfGE 89, 155〔ド憲判 II *62* 判例〔西原博史〕〕。

(7) Case C-555/07 Kücükdeveci v. Swedex［2010］ECR I-365（ECLI:EU:C:2010:21）；橋本陽子「年齢差別禁止原則の水平的直接効果」貿易と関税 Vol. 58 No. 10 2010 年 87-83 頁。

(8) Ex. Lüder Gerken/ Volker Rieble/ Günter H Roth/ Torsten Stein/ Rudolf Streinz, *"Mangold" als ausbrechender Rechtsakt*, european law publisher, 2009.

(9) Mehrdad Payandeh, "Constitutional Review of EU law after Honeywell", *CMLRev.* 48, 2011, 9, 10.

(10) A.a.O., 25.

(11) Case C-194/94 CIA Security International SA［1996］ECR I-220 1（ECLI:EU:C:1996:172）；Case C-443/98 Unilever［2000］ECR I-7535（ECLI:EU:C:2000:496）.

(12) 連邦裁判所が欧州司法裁判所に先決裁定を求めなければ、まだ EU 法上権利を認められる可能性が残っている状態で、事件の判決が確定しまうことになってしまうから。拙稿「欧州司法裁判所に先決裁定を求める国内裁判所の義務」自治研究 81 巻 8 号（2005 年）130-137 頁。

(13) BVerfGE 134, 366（先決裁定を求める決定）；Case C-62/14 Gauweiler, ECLI:EU:C:2015:400（先決裁定）；BVerfGE 142, 123（先決裁定を受けた最終決定）。

(14) BVerfGE 140, 317; Joined Cases C-404/15 and C-659/15 Pál Aranyosi and Căldăraru, ECLI:EU:C:2016:198; BVerfG, 2 BvR 890/16 vom 6. September 2016 DÖV 2016, 1006.

286　Ⅱ　統治の原理と機関：GG23条〔欧州連合〕　　　　　　　　　　　　　　〔兼平麻渚生〕

---

63 EU法の国内実施法律に関する連邦憲法裁判所への移送と欧州司法裁判所への付託

兼平麻渚生

2011年10月4日連邦憲法裁判所第1法廷決定
連邦憲法裁判所判例集129巻186頁以下
BVerfGE 129, 186, Beschluss v. 4. 10. 2011

【事　実】

　ドイツでは、旧東独地域における民間企業の設備投資を振興するために、1996年投資助成法が制定され、旧東独諸州を特別助成指定区域として、同区域内での企業の動産償却経済財の調達・製造に対して投資税額控除を行うことが定められた。しかし欧州委員会は、これより以前の決定や文書において、農作物の加工・商品化のための設備投資については国家による助成を制限する方針を表明しており、ドイツの前記制度はこれに反する疑いがあった。そこで欧州委員会は1998年5月20日、ドイツに対し、欧州共同市場に適合しない助成法規定を、2ヵ月以内に改正又は廃止するよう求める決定を下した（以下、「98年決定」という）。

　これを受けてドイツの立法者は、1996年投資助成法に、「1998年9月3日以降に調達又は製造された経済財であって、1994年5月22日の欧州委員会決定［94/173/EG］の付録……第2号に挙げられているもの」は優遇措置の対象にならないとする、新たな規定（1996年投資助言法2条第2文4号。以下、「本件規定」という）を挿入した。これにより、1998年9月3日の基準日（連邦政府に98年決定が送達された日から2ヵ月を経過した日の翌日）以降に行われた農作物の加工・商品化のための設備投資は、税額控除の対象外となった。

　ザクセンアンハルト州財務裁判所（以下、「財務裁判所」という）における本件原訴訟の原告（旧東独州において製粉業を営む有限会社）は、1998年に行った設備投資についての税額控除を税務署に申請したところ、本件規定に基づき、基準日以降に実施された設備投資に対する税額控除を拒否された。これに対して原告は、基準日以降に実施された設備投資についても、基準日より前に拘束力のある投資決定が下されていたとして、こうした設備投資に対する税額控除を排除した本件規定の遡及効禁止違反を主張し、拒否された部分の税額控除を求める訴えを財務裁判所に提起した。

　財務裁判所は、本件規定が1998年9月28日（98年決定が連邦税務官報において公表された日）までにすでに拘束力ある投資決定の下されていた設備投資まで税額控除の対象から除外している限りで、法治国家的遡及効禁止に反すると考えた。そこで原訴訟を中止し、本件規定の基本法20条3項〔法治国家原理〕との適合性に関する具体的規範統制を求めて、連邦憲法裁判所に移送を行った。なお、財務裁判所は移送決定において、EC法（現EU法）の規定の解釈や委員会決定とより高次のEC法との適合性についての疑問があるわけではないと述べており、欧州司法裁判所への付託は行わなかった。

【判　旨】

　移送は不適法である。財務裁判所は、本件規定の根拠となるEC法の規準がドイツの立法者に対して拘束的であった〔実施裁量を残さないものであった〕のかを十分に解明しておらず、またこの点において、移送問題の「判決にとっての必要性（Entscheidungserheblichkeit）」を十分に説明していない。

　1　EUがEUの高権行使との関係で、基本法が

その時々に絶対的なものとして命じている基本権保護と本質的に同視しうる程度の実効的な基本権保護を一般的に保障している限りにおいて、連邦憲法裁判所はEU法のドイツ連邦共和国における適用可能性についてはもはや裁判権を行使せず、これを基本法上の基本権に照らして審査することもない。指令や決定をドイツ法化する国内法規定も、その指令や決定が実施裁量を残しておらず、強行〔拘束〕的な規準である限りにおいて、基本法上の基本権に照らして審査されることはない。

2 〔したがって〕EU法の規準のドイツの立法者に対する拘束性を解明するという専門裁判所の義務が、〔基本法101条1項第1文に基づく〕判決のための必要性の要件から導かれる。〔判決のための必要性の要件により、〕連邦憲法裁判所は〔原訴訟の〕判決のために必要な事柄のみを取り扱うべきであるから、専門裁判所が連邦憲法裁判所への移送を行う前提要件として、問われている憲法問題について〔そもそも〕憲法裁判所による決定が可能でなければならない。〔しかし〕連邦憲法裁判所がEUへの高権委譲に鑑みて、ドイツ国内実施法律の基本法に照らした審査を差し控えるような場合には、この前提要件は充たされない。その場合、連邦憲法裁判所への移送は原訴訟の解決に役立ちえない。

3 構成国立法者に対するEU法の実施裁量の問題を、場合によってはEU運営条約267条1項に基づく欧州司法裁判所への付託を通して解明する任務は、連邦憲法裁判所に優先して専門裁判所が負う。〔EU法上では最終審の裁判所にのみ欧州司法裁判所への付託が義務付けられているが、〕EU法が構成国に実施の裁量を残しているか否か、どの程度残しているかという点が不明瞭である場合には、下級審裁判所もまた——それを国内実施した法律について連邦憲法裁判所への移送を行う契機が成立している限りにおいて——欧州司法裁判所での先決裁定〔を仰ぐこと〕によって、EU法上の問題を解明することを義務付けられる。

このことは、〔下級審裁判所に欧州司法裁判所への付託の権限のみを認めている〕EU運営条約267条2項と抵触しない。本決定の論じる付託義務は、基本法100条1項第1文に基づく判決のための必要性の留保、すなわち国内の憲法訴訟法を根拠としているためである。

この付託義務は、国内の単純法律を解釈し、場合によってはEU法の国内単純法規定への影響を判断する権限及び任務が、連邦憲法裁判所との関係で専門裁判所にゆだねられていることと対応する。専門裁判所はこの〔権限及び任務の〕枠内で、EU法の規準の構成国立法者に対する拘束性をも解明し、必要な場合には欧州司法裁判所に付託を行わなければならない。

4 当裁判所の判例（BVerfGE 116, 202）によれば、原訴訟において判決にとって必要となる法規定についてEU法適合性と憲法適合性のいずれもが争われる場合、欧州司法裁判所への付託と連邦憲法裁判所への移送との間には、ドイツ憲法の見地からは原則として確固たる序列はない。したがって、EU法上も憲法上も〔当該規定について〕疑念を持つ裁判所は、どちらの中間手続を先に提起するかを、独自の目的適合性の考慮に基づいて決定してよい。しかしEU法の構成国立法者に対する拘束性という本件での問題は、連邦憲法裁判所の審査権の決定にかかわり、規範統制の適法性判断のために必然的に解明されなければならない先決問題であるため、上記判例とは事実関係が異なる。

5 具体的規範統制の枠内における判決にとっての必要性判断にあたっては、それが明らかに不当でない限り、原則として移送する専門裁判所の法的見解が基準となる。

しかしながらEU法の国内実施法律を対象とする移送の場合には、判決にとっての必要性の問題について、〔連邦憲法裁判所が〕専門裁判所の法的見解に対するコントロールをそこまで控えることは正当化されない。というのも、構成国立法者に対する

EU 法の拘束力の射程を決定することで同時に、憲法裁判所の審査の限界が決められることになるためである。自らの裁判権行使の前提要件を決定し、それにより、自らが基本法上の基本権に照らして国内法を審査するのかあるいは審査を放棄するのかという問題に答える権限は、専門裁判所ではなく連邦憲法裁判所に留保されねばならない。その限りで憲法裁判所には、〔通常〕より広範な審査権が認められる。

6 〔本件において〕移送問題の判決にとっての必要性に関する財政裁判所の説明は、基本法100条1項第1文の要請を充足していない。ドイツの立法者に対する委員会決定の拘束力の射程も、十分に説明されていない。財政裁判所は、ドイツの立法者には〔1998年9月28日までに〕すでに投資決定が下されていた場合の税額控除を適法とする実施裁量があったと考えたが、このような理解は、疑念の余地のないものとして成り立ちうるわけではない。〔したがって〕財政裁判所は、構成国の実施裁量の存否という本件において決定的な解釈問題を、欧州司法裁判所に付託しなければならなかった。

【解 説】

1 EU 法の絶対的優位と連邦憲法裁判所による審査の可能性

構成国間の国際的な合意に基づいて生まれた EU の構造は、連邦国家制とは異なり、連合と構成国の間に明確な序列関係の存しない状態で発展してきた。EU 法と各構成国の国内憲法との関係についても、いずれが上位法または下位法にあたるというような明文の抵触規定は現在に至るまで置かれていない[1]。

こうした実体法上の序列関係の欠如から、欧州司法裁判所と構成国の裁判所間でしばしば緊張が生じた。周知の通り欧州司法裁判所は EU 法の絶対的優位、つまり EU 法が構成国の国内憲法を含むあらゆる国内法に対して優位することを判例において宣言してきた[2]が、この原則は構成国において全面的に

受容されたわけではなかった。ドイツの連邦憲法裁判所も 1974 年の SolangeI 決定において、「EC 法が基本法の基本権カタログに匹敵するような成文の基本権カタログを含むほどに EC の統合過程が進まない限りは」、連邦憲法裁判所が EC 二次法を基本法上の基本権に照らして審査する権限を留保する、と判示した[3]。

さらに EU 二次法に基づく国内法についても、憲法裁判所による審査の可否が問題となった。たとえば EU 二次法の中でも、「指令」は構成国による国内実施措置によって初めて国内で効力を生じる。そこでその国内実施法律が EU の高権行使に由来するものとして欧州司法裁判所の審査にゆだねられるべきか、あるいはドイツの立法者の行為であることを理由に連邦憲法裁判所の審査対象となるのかという点も、EU の法統合の結果として問われることになる。

この点について連邦憲法裁判所は、2007 年の排出量取引決定[4]や 2010 年の通信履歴保存判決[5]により、「EU 法の実施裁量の有無」に応じて審査の可否を分けるアプローチを確立している。すなわち、指令が構成国の立法者に実施についての裁量を全く与えない拘束的な規定である場合、それを国内法に置き換えただけの立法者の行為は基本法の基本権に拘束されず、憲法裁判所の審査に服しない。反対に、指令が実施について裁量の余地を残している場合、それを国内法化する行為はドイツの立法者による独自の裁量行使にあたるため、憲法裁判所の審査権が及ぶ。また名宛人を直接拘束する「決定」も、本件のように名宛人たる構成国の国内立法によって実現される場合がある。この場合も指令の実施法律と同様に、実施裁量のない決定を国内法化した規定には憲法裁判所の審査権が及ばないとされる。

2 欧州司法裁判所への付託に関する国内専門裁判所の任務

本決定は、憲法裁判所の EU 法や国内実施法律に対する審査権をめぐる判例の以上の展開の一端に位置付けられる。前述の判例の帰結として、憲法裁判

所の審査の前提として EU 二次法の実施裁量の有無が問題となるところ、本決定は具体的規範統制手続においてこれを解明する任務がどの裁判所にゆだねられるのかを、基本法 100 条 1 項に定める「判決にとっての必要性」の要件[6]を根拠として初めて明らかにしたのである。

すなわち EU 二次法の実施裁量が構成国に残されていなかった場合には、それを国内実施した法律は前述の通り連邦憲法裁判所の審査に服しないため、当該国内実施法律を憲法裁判所へ移送しても、「判決にとっての必要性」の要件を充たさず不適法となってしまう。したがって本決定は、憲法裁判所への移送に先立って実施裁量の有無という EU 法の問題を解明し、また必要な場合には欧州司法裁判所への付託を自ら行うことが、国内専門裁判所の任務になるとした。

なお本決定の約三ヵ月前に下されたル・コルビュジェ決定[7]は、専門裁判所が欧州司法裁判所に付託することなく EU 二次法に実施裁量がなかったと判断し、それを前提として判決を下すことは、基本法上の基本権の意義及び射程の誤認となりうるとして、そのような専門裁判所の判決に対する憲法異議が提起された場合の憲法裁判所の審査権を認めた。本決定は、ル・コルビュジェ決定において強調された EU 二次法の実施裁量の解釈に関する専門裁判所の責任を、連邦憲法裁判所への移送との関係での専門裁判所の付託義務という点でも具体化したものといえる。

3 EU 法との関係における本決定の意義

以上のような本決定の結論を EU 法との関係で考察すると、第一に、本決定の認めた国内専門裁判所の欧州司法裁判所への付託義務は、最終審裁判所以外の国内下級審裁判所には付託の権限があるとするにとどまる EU 運営条約 267 条 2 項を超える点で、注目に値する。連邦憲法裁判所は、EU 法ではなく「判決にとっての必要性」の要件という国内憲法訴訟法から導かれている限りで、こうした下級審裁判

所の付託義務も正当化しうると解している。すなわちこの付託義務は EU 法ではなく、ドイツ基本法に基づいて認められるのである。このような根拠づけから、憲法裁判所が現時点において、EU 法と基本法の権利保護体系の融合を構想していることが指摘される[8]。

第二に、連邦憲法裁判所の欧州司法裁判所に対する「協働関係 (Kooperationsverhältnis)」という点でも、本決定は注目される。前述のように、EU 法に関する欧州司法裁判所と国内憲法裁判所の審査権の関係が法的に明白に解決されえない法状況の下で、これを事実上解決してきたのが、裁判所相互で展開された「協働関係」であった。たとえば連邦憲法裁判所は、Solange I 決定において理論上認めた EC 二次法に対する自らの審査可能性を、その後実際には行使せず[9]、現実には欧州司法裁判所との衝突を回避して協働関係を保っている[10]。

本決定の言及する判例でも、欧州司法裁判所への付託と連邦憲法裁判所への移送がいずれも可能である場合について、両者の先後関係は法的に確定されていなかった[11]。これに対し、一定の場合に憲法裁判所への移送に先立ち欧州司法裁判所への付託を行うよう国内専門裁判所に命じた本決定は、欧州司法裁判所の権限及び地位を尊重するものであり、「EU 法親和的」と評価されている[12]。特に付託を受けた欧州司法裁判所が EU 二次法の実施裁量の問題だけではなく EU 法の実体問題についても回答を与えた場合[13]、専門裁判所がこれに反してさらに憲法裁判所への移送を行う自由は小さくなるのであり、欧州司法裁判所と連邦憲法裁判所のどちらが先に審査権を行使するかという先後関係は、両者の権限配分にも大きく影響しうる[14]。

そもそも欧州司法裁判所への付託制度においては訴訟当事者が申立権を持たないため、その主導権は各構成国の国内裁判所が握っている。したがって先決裁定手続が実際に機能するか否かは、これらの裁判所による付託手続の利用状況に左右される部分も大きい[15]。本決定はこうした法状況の下、欧州司

裁判所への付託が連邦憲法裁判所への移送に先行すべき一定の場合があることを示し、EU の権利保護手続の国内司法制度における地位を一歩高めた点で、注目すべき決定である。なお、本決定を受けて財政裁判所から欧州司法裁判所への付託が行われ、2013年3月21日に先決裁定が下された[16]。この裁定において結論としては、基準日以前に拘束的な投資決定が下されていた設備投資について税額控除を認めるような実施裁量が、ドイツの立法者にはなかったことが明らかにされた。

(1) Vgl. Schlaich/Korioth, Das Bundesverfassungsgericht, 10. Aufl., 2015, Rn. 358.

(2) Case 6/64, Costa v. ENEL [1964] ECR 585.

(3) BVerfGE 37, 271, Beschluss v. 29. 5. 1974. またその後のマーストリヒト判決（BVerfGE 89, 155〔ド憲判 I **71** 判例〕やリスボン判決（BVerfGE 123, 267〔本書 **61** 判例〕では、連邦憲法裁判所による EU 二次法に対するいわゆる権限踰越審査(ultra-vires-Kontrolle)や憲法アイデンティティ審査（Identitätskontrolle）の可能性が認められている。

(4) BVerfGE 118, 79〔本書 **60** 判例〕.

(5) BVerfGE 125, 260〔本書 **41** 判例〕.

(6) Vgl. z B. Wolfgang Meyer, Art. 100, Rn. 27, in: von Münch/Kunig（Hrsg.), Grundgesetz-Kommentar, Bd. 2, 6. Aufl., 2012.

(7) BVerfGE 129, 78〔本書 **49** 判例〕.

(8) ただしこうした国内憲法による根拠付けについて、Max Foerster, JZ 2012, 517 f. は、EU 条約の解釈にかかわる問題として欧州司法裁判所に付託すべきだったと批判する。

(9) BVerfGE 73, 339〔ド憲判 I **70** 判例〕; BVerfGE 102, 147〔ド憲判Ⅲ **66** 判例〕.

(10) Vgl. Schlaich/Korioth, aaO., Rn. 360 a.

(11) BVerfGE 116, 202.

(12) Mattias Wendel, EuZW 2012, 215.

(13) Vgl. Wendel, aaO., 216.

(14) この点について、須網隆夫「国内裁判所による EU 法の違憲審査と先決裁定手続」貿易と関税 60 巻 1 号（2012 年）85 頁参照。

なお憲法異議手続の文脈においてではあるが、EU 機関の行為に対する連邦憲法裁判所の権限踰越審査は欧州司法裁判所に判断の機会が与えられた後でなければ実行しえないと判示した、2010 年のハネウェル決定（BVerfGE 126, 286〔本書 **62** 判例〕）にも、同様のことがいえる。

(15) なお加盟国の最終審裁判所にも例外的に付託に関する裁量が認められる場合がある点について、須網・前掲(15) 86 頁参照。

(16) Case C-129/12, Magdeburger Mühlenweke GmbH v. Finanzamt Magdeburg [2013].

64 欧州安定制度に関する仮処分判決

カール＝ フリードリッヒ・ レンツ	2012 年 9 月 12 日連邦憲法裁判所第 2 法廷判決 連邦憲法裁判所判例集 132 巻 195 頁以下 BVerfGE 132, 195, Urteil v. 12. 9. 2012

【事　実】

　本件判決は、仮処分申請に対する判断だが、実質的に本案判断となるため、相当長い文書である。筆者は判決全文の翻訳をインターネットで公表した[1]が、ここでは紙幅の関係から概略的な説明しかできない[2]。

　ドイツの 2014 年度国家予算の 64 ％を超える 1900 億 2480 万ユーロが本件訴訟で問題となり、連邦憲法裁判所史上、最大の金額だと思われる。この天文学的な金額が、ドイツ納税者負担で無責任財政政策により支払能力を失った他のユーロ採用 EU 加盟国に送金される制度が問題となった。

　1992 年 2 月 7 日署名の欧州連合条約[3]（マーストリヒト条約）は、ユーロを統一通貨として導入した。2014 年現在、ドイツを含む 18 か国が採用している。EU 加盟国（28 か国）の大半である。

　2010 年 4 月 23 日に、ユーロを採用している国の一つであるギリシャは、IMF・EU に対し、金融援助を要請した。その要請を受けて、ユーロを採用した国々は、ギリシャ相手に、EU 段階で調整された二か国間援助を与えた。ドイツでは、2010 年 5 月 7 日の「通貨同盟の金融安定に必要であるギリシャ共和国の支払能力を維持するための保障を引き受ける法律（通貨同盟金融安定法[4]）」が制定された。この法律は、後に連邦憲法裁判所の 2011 年 9 月 7 日判決[5]の対象となった。

　その後、欧州理事会は、暫定的な欧州安定制度（ユーロ救済傘）の整備を決定した。規則[6]に基づく欧州金融安定化ファシリティ制度（EFSM）およびユーロを採用した加盟国の国家間協定に基づく欧州金融安定機構（EFSF）は、その「ユーロ救済傘」の要素であった。

　ユーロ救済傘の整備に必要な国内法として、2010 年 5 月 22 日に「欧州安定制度における保障引き受けに関する法律（安定制度法[7]）が制定された。この法律も、後に連邦憲法裁判所の 2011 年 9 月 7 日判決[8]の対象となった。

　ギリシャは 2012 年 2 月 8 日に、更なる金融援助を要請した。この要請は、初めて「ユーロ救済傘」を予算に受け入れられた。ドイツ連邦議会は、2012 年 2 月 27 日に、本件金融援助を承認した[9]。

　「ユーロ救済傘」は暫定的な時限立法であったが、2010 年 10 月 29・30 日の欧州理事会は、「ユーロ通貨領域全体の財政安定確保のための常時危機仕組み」を設置することに合意した[10]。

　そのために、欧州理事会は 2010 年 12 月 16・17 日に、EU 運営条約 136 条に新 3 項を追加するように合意した。後に、以下の文言で、その改正が成立した。

　「ユーロを通貨にしている加盟国は、安定制度を設置できる。安定制度は、ユーロ通貨領域全体の安定を確保するために必要である場合に発動する。同制度の枠内における全ての財政援助は、厳格な条件のもとで行う。」

　その後、欧州安定制度条約（ESM 条約）の第一案が 2011 年 7 月 11 日に署名された。変更を加えられた第二案は、2012 年 2 月 2 日に署名された。

　本件条約は、欧州安定制度を国際金融機関として設立する（同条約 1 条）。ユーロ通貨領域全体および

加盟国の安定を確保するに不可欠である場合、欧州安定制度は、加盟国に対し、安定援助を与えることができる。但し、厳格で、援助の手段に適した条件のもとでの援助である（同条約12条）。

具体的に、以下の援助の形態が可能である。「予備的財政援助」（予備的な条件付き融資枠の設定など（同条約14条）、金融機関の救済を目的とする融資による財政援助（同条約15条）、一般的に加盟国への融資による財政援助（同条約16条）、加盟国が発行する国債を一次市場または二次市場で購入すること（同条約17、18条）。

援助融資に必要な予算を確保するために、欧州安定制度は、証券を発行することができるが、加盟国の融資も財源とする。加盟国のなかで最大の経済力を有するドイツの負担部分は、最大1900億2480万ユーロとされている。

欧州安定制度には理事会および常務理事会を置くが、その構成員は、職務のうえで知った情報について、守秘義務を負う。理事の職が終了した後にも、その守秘義務が存続する（条約34条）。

上記の条約について、ドイツ連邦議会およびドイツ連邦参議院は、2012年6月29日に、三分の二の多数決で承認した。

同じく2012年6月29日に、ドイツ連邦議会は、欧州安定制度に融資するための法律（安定制度融資法[11]）を承認した。この法律により、ドイツ連邦共和国は欧州安定制度への融資を最大1900億2480万ユーロまで負担する。この法律は更に、欧州安定制度関連案件がドイツ連邦議会の予算に関する総括責任（haushaltspolitische Gesamtverantwortung des Deutschen Bundestages）に関わる場合に、その責任は、連邦議会の全会により果たされる、と規定している（同法律4条1項）。

予算に関する総括責任に関わる場合、連邦政府は欧州安定制度に関する決定案に賛成する、または棄権することは、連邦議会の全会が承認した場合にのみ許される。当該承認がない限り、ドイツ代表は、決定案に反対しなければならない。連邦政府の代表

は、投票に参加しなければならない（同法律4条2項）。

これらの条約・法律に反対した国民が憲法異議を提起した。また、連邦議会で本件政策に反対した「Linke」（左翼）という会派が機関訴訟を提起した。

憲法異議の申立人は、本件制度が民主主義を空洞化し、それにより基本法38条が保障している選挙権が侵害される、と主張した。本件は統治の問題であるが、選挙権の侵害を武器に、統治問題についても憲法異議が可能である。

【判　旨】

申立人らは敗訴したが、条件付きの敗訴であるため、勝訴した要素もある。

1　実質的判断の必要

本件は仮処分についての判断である。その場合は原則として、実質的な判断を控える。しかし、本件のように国際条約が問題となる場合、それでは間に合わない。条約が批准された後では、申立人の権利を保障することができない。特に本件のように基本法79条3項が永久保障する基本法の基本原則が問題となる場合、事前の概略的な判断が必要である。

2　適 法 性

憲法異議は、基本法38条1項、20項1項2項（79条3項と関連して）から生じる権利の侵害を主張する限り、適法である。その他の主張は、不適法である。

申立人は充分に適切な形で、ドイツ連邦議会の永続的な予算管轄が侵害され、そのために基本法38条1項、20条1項2項（79条3項と関連して）から生じる申立人の権利が侵害されていることを主張している。

申立人が基本法14条1項の侵害を主張して、その理由として欧州安定制度条約およびその関連立法により、インフレの発生を憂慮している限り、当該主張は不適法である。連邦憲法裁判所が通貨の安定に対する消極的な効果を基準に、経済分野・金融政

策分野の措置を監督することは、通貨の安定が損なわれることが明白である場合に限って、考えられる。この基準で充分な事実は、申立人が主張していない。

機関訴訟の申立人がEU運営条約136条改正に関して基本法38条1項2文から生じる権利の侵害を主張する限り、不適法である。その他の主張は、適法である。

確かに、136条改正は簡略手続きで実施されたが、この簡略手続きの選択については、ドイツ連邦議会の管轄がない。

しかし、申立人は、連邦議会の会派として、連邦議会が予算に関する総括責任を放棄している点を主張できる。

3 判断基準

選挙権（基本法38条1項）は、基本権に類似する権利であり、国民の自己決定およびドイツで行使された国家権力への自由で平等な参加を保障している。その保障内容は、基本法20条1項2項の民主主義要請の原則を含む。基本法79条3項は、この原則を、憲法改正立法者の立ち入りからも保護している。

連邦議会は、予算に関する責任を他の主体に移転してはならない。連邦議会は、事前承認なく発生する、予測できない予算に関する負担につながる可能性があるような財政に影響を及ぼす仕組みに丸投げしてはならない。この「予算についての責任を放棄することに関する禁止」は、立法者の予算に関する権限を不当に制限するものではない。むしろ、その権限を維持することを目的としている。

予算自己決定権が民主主義に基づくので、連邦議会は、政府間・国家を超えて制定され、厳格な条件を伴うことなく、その効果において制限されていない保証・給付の自動的仕組みを承認できない。一度、その自動的仕組みが制定された後に、連邦議会の監督・参加から外れている場合である。

他国の意思決定について責任を負うことになるような永続的な国際法上の制度を設置してはならない。特にその効果が予測困難である場合には、そうであ

る。国際領域でも、EU領域でも、出費に影響を及ぼすすべての大規模の連帯救済措置は、個別的に連邦議会の承認を必要とする。

個別的な支払義務の引き受けに関する最高額制限を民主主義から導くことが可能である限り、明白に極端に限度を超えている場合にのみ問題となる。

4 当て嵌め

EU運営条約136条3項は、安定制度の設置を可能としているが、単独で上記基準を侵害するものではない。次の段階で実際に設置される時点で、初めて当該基準の侵害が問題となる。

立法者は1900億2480万ユーロ規模の支払義務により、予算主権の完全な空転は発生しない、と判断した。連邦憲法裁判所はこの判断を尊重しなければならない。連邦議会および連邦政府は公判において、欧州安定制度へのドイツの持ち分の提供によって、予測できるリスクが伴うが、欧州安定制度による金融救済の提供なしでは、予測できない程度の重大な結果が経済・社会全体におよぶおそれがある、と説明した。このような説明が明白に間違っているとは言えない。そのため、連邦憲法裁判所が自分の判断を立法者の判断に優先させることは許されない。

5 条件（申立人勝訴部分）

(1) 責任限定の疑問の絶対排除

場合によってドイツの承認なく1900億2480万ユーロ以上の責任が成立する欧州安定制度条約の解釈も可能である。この解釈を確実に排除することが、違憲判断を回避する条件である（合憲解釈）。条約を批准する際、ドイツ連邦共和国は、負担部分が絶対に1900億2480万ユーロを超えないことを留保しなければならない。

(2) 守秘義務の運用

欧州安定制度のドイツ代表は守秘義務を負うが、当該守秘義務は、連邦議会・連邦参議院に情報を提供することを妨げない。

守秘義務に関する欧州安定制度条約32条5項、

34 条および 35 条 1 項は、議会への情報提供に関する例外を明白に定めていない。守秘義務の目的からして、当該例外は解釈として当然に認めるべきであるが、逆の解釈も可能である。

そのため、ドイツ連邦共和国は条約を批准する際、議会への情報提供が可能である解釈の点を留保しなければならない。

【解　説】

1　他の判例との関係

⑴　2011 年判例

本件判決の基本的な判断基準は、本件で初めて出たものではない。2011 年 9 月 7 日判決[12]で既に示されていた。

2011 年判決も、本件と同様にドイツの納税者負担で他国の財政破綻を回避する仕組み（ユーロ救済傘）を問題とした。本件との相違点は、欧州安定制度が時限立法ではなく、永続的な制度である点に過ぎない。

本件判例の中心的な判断基準は「連邦議会の予算に関する総括責任」である。他国の判断についてドイツが自動的に責任を負う場合、将来の連邦議会が予算について自由に判断できなくなる。民主主義が空洞化される。その場合、基本法 38 条侵害も成立するので、個人も憲法異議の訴えで民主主義侵害を主張できる。この判断基準は、2011 年判例と本件判決で共通である。

⑵　本件本案判決

2014 年 3 月 18 日の本件についての本案判決[13]は、上記の条件が満たされたことを確認した上で、憲法異議・機関訴訟を棄却した。

⑶　欧州司法裁判所 Pringle 事件

欧州司法裁判所も、2012 年 11 月 27 日に、欧州安定制度条約について判断した。結論は、EU 法違反ではないというものだった[14]。本件制度は、EU 裁判所でも、承認されたことになる。

2　評　価

2010 年にギリシャを破綻させ、本件制度を整備

しないことが正解であった[15]。本件安定制度は、現実的にみてドイツから他国への送金を意味する。ユーロを導入する際に、他国の借金について責任を負わないという前提であったが、ドイツは今後、多くの他国の借金について、実質的に責任を負うことになった。

ドイツの税金を大量にギリシャに回したが、結局、ギリシャの破綻を回避できなかった。2015 年 6 月 30 日に、ギリシャが IMF への返済ができない遅滞状況になった[16]。

ドイツ国民の大半がギリシャ融資に反対しているが、当該救済は連邦議会で過半数の支持を得ている。遺憾であるが、違憲ではない。

⑴　Lenz, Bundesverfassungsgericht zum ESM auf Japanisch, 2013, http://k-lenz.de/esmkari.

⑵　詳しくは中西優実子「欧州安定メカニズム条約と財政規律条約のドイツ基本法との合憲性」貿易と関税 Vol. 61, No. 4（2013 年）107-100 参照。

⑶　BGBl 1992 II, S. 1253.

⑷　BGBl 2010 I, S. 537.

⑸　BVerfGE 129, 124. 村西良太「多国間の政策決定と議会留保」法政研究 80 巻 1 号（2013 年）1 頁以下参照。

⑹　規則 407/2010, ABl. EU Nr. L 118 vom 12. Mai 2010, S. 1.

⑺　BGBl 2010 I, S. 627.

⑻　BVerfGE 129, 124.

⑼　BTDrucks 17/8730.

⑽　EUCO 25/1/10 REV 1, Schlussfolgerungen, S. 2.

⑾　BTDrucks. 17/9048; 17/10125.

⑿　BVerfGE 129, 124.

⒀　BVerfGE 135, 317. カール゠フリードリッヒ・レンツ「欧州安定制度に関するドイツ連邦憲法裁判所の本案判決」自治研究 91 巻 8 号（2015 年）145 頁以下参照。

⒁　C-370/12. Weiß, Haberkamm, Der ESM vor dem EuGH — Widersprüchliche Wertungen in Karlsruhe und Luxemburg, EuZW 2013, 95; 中西優美子「欧州安定メカニズム（ESM）条約と EU 法の両立性」国際商事法務第 41 巻第 6 号（2013 年）936 頁以下参照。

⒂　Oppermann, "Euro-Rettung" und Europäisches Recht, NJW 2013, 6 参照。

⒃　Statement by the IMF on Greece, k-lenz.de/imf.

65 トルコ上空 AWACS 偵察飛行への派兵と議会留保

村西良太

2008 年 5 月 7 日連邦憲法裁判所第 2 法廷判決
連邦憲法裁判所判例集 121 巻 135 頁以下
BVerfGE 121, 135, Urteil v. 7. 5. 2008

【事　実】

　2003 年初頭、それまで長らく平和的な解決の努力が続けられてきたイラクの武装解除が暗礁に乗り上げ、米国主導の有志連合国による軍事攻撃の危機が高まりつつあった。かような緊張のなかで、北大西洋条約機構（NATO）の防衛計画委員会は、イラクによるミサイル攻撃や生物・化学兵器を用いた攻撃を抑止すべく、その隣国トルコに空中警戒管制機（AWACS）及び防空ミサイルシステム（PATRIOT）を配備することを決定した。このうち AWACS は 4 機が配備され、同年 2 月 26 日から 4 月 17 日までの間に、計 105 回にわたってトルコ空域の監視に従事した。

　この偵察飛行には、ドイツ連邦国防軍の兵士も参加していたところ、連邦政府はかかる派兵を、連邦議会の承認を得ないまま決定していた。これに対して、自由民主党（FDP）は激しく反発した。本件のような派兵決定には連邦議会の承認が不可欠との理解に基づき、連邦政府に所要の手続履践を求める決議案を連邦議会に提出し、同年 3 月にこれが否決されると、ただちに連邦憲法裁判所の判断を求めた。連邦政府に対して連邦議会の同意をすみやかに得るよう義務づける仮処分を、同裁判所は拒んだため（同年 3 月 25 日[1]）、FDP は本件訴訟の提起に至った。これは、連邦政府かぎりでの派兵決定によって、連邦議会の承認権が侵害されたことの確認を求める機関争訟である。

【判　旨】

　1　「請求には理由がある。被申立人（連邦政府）は 2003 年 2 月 26 日から 4 月 17 日までの……トルコ空域監視措置にドイツ兵を参加させることにつき、武装兵力の出動に対する憲法の防衛関連諸規定上（wehrverfassungsrechtlich）の議会留保に基づき、ドイツ連邦議会の承認を求めなければならなかった」。

　2　「憲法の防衛関連諸規定上の議会留保がもつ機能および意義に鑑みると、その射程は制限的に画定されてはならない。むしろ議会留保は、……疑わしい場合には連邦憲法裁判所によって、議会親和的に（parlamentsfreundlich）解釈されなければならない」。

　3　「基本法の下でドイツ連邦議会の形成的な（konstitutiv）承認に基づいてのみ許容される武装兵力の出動とは、ドイツの兵士が武装作戦に引き込まれる場合のことを指す」。「憲法の防衛関連諸規定上の議会留保にとって重要なことは、武装衝突がすでに戦闘の発生という意味で現実化したかどうかではない。その時々の出動を取り巻く情勢や個々の法的及び事実的状況に照らして、ドイツの兵士が武装衝突に引き込まれることが具体的に予見可能であり、それゆえドイツの兵士がすでに武装作戦に引き込まれていると言えるかどうかが、議会留保に服するかどうかの決め手なのである」。

　4　「兵力の出動に際して武装衝突に至りうるという単なる可能性では、議会留保に服させるうえで不十分である。……武装衝突に引き込まれる相当な

蓋然性が認められる場合にはじめて、議会の承認を要するドイツ兵の海外派遣となる」。こうした相当な蓋然性が肯定されるためには、「第一に、兵力の出動がその目的、具体的な政治的及び軍事的状況、さらには出動に際して与えられる諸権限（Einsatzbefugnisse）に照らして、武力の行使に至りうるということを示す十分に具体的な実際上の根拠が必要である」。「第二に、……武力行使の特別な近接性が必要である。それによれば、（武装衝突に）引き込まれることが直接的に予期されうる状況でなければならない。武力の行使が時間的にきわめて切迫している場合には、すでにこのこと自体をもって武装衝突に引き込まれる相当な蓋然性を根拠づけることができる」。「たとえば領土または特定の対象物を攻撃から護ることが任務となっているがゆえに、出動が本来的に軍事的色彩を帯び、かつ情勢をつぶさにみると戦闘行為への展開が直接的に差し迫っていると思われるときには、出動に参加する連邦国防軍の兵士が自らは武装していないものの、武装出動を遂行する統合された軍事システムの要員として活動する場合であっても、武装作戦に引き込まれていると言うことができる」。

5 「ドイツ兵が武装作戦に取り込まれているかどうかの問題は、裁判所によって完全に審査可能（voll überprüfbar）である。すなわち、連邦憲法裁判所による審査に服しない、またはきわめて限定的にしか服しない連邦政府の評価裁量または予測裁量は、ここでは認められない。そうした裁量の余地は、外交権の領域においては通常承認される。そうでなければ執行府の原則的な活動上の優位が実効性をもちえないからである。しかしながら、そうした決定裁量が実質的な憲法に従って存在しないときには、憲法裁判所による統制密度の機能法的限界の前提が欠けることになる。基本法は、防衛関連諸規定上の議会留保が及ぶかぎりで、外交権の領域における固有の共同決定権を連邦議会に与えているから、この領域においては、……執行府の固有の決定裁量はまっ

たく存しない」。

6 以上の基準によれば、本件トルコ空域監視飛行へのドイツ兵の参加は、「憲法の防衛関連諸規定上の議会留保に従ってドイツ連邦議会の承認を必要とする武装兵力の出動であった」。本件監視飛行は「具体的な状況に基づき起こりうると考えられたイラクとの軍事衝突と当初から特別な関連性を有して」おり、「イラクにおける戦闘行為の開始が一般的に予見されたことから、遅くとも 2003 年 3 月 18 日以降、NATO はそうした軍事衝突に真剣に備えていた」ことに鑑みると、「ドイツ兵は今にも武装衝突に発展しうるという明確な実際上の根拠が存する軍事出動に参加したことになる」。

【解 説】

1 諸外国との交際に関わる決定権（外交権）は、伝統的に執政府の権限に数えられてきたように見受けられる。このことは、軍事的要素が前面にあらわれる決定の場合に、いっそう当てはまるだろう。変転する情勢への敏速な対応が不可避的に求められることに照らせば、議会よりも執政府の方がその任に適していると考えられるためである。連邦憲法裁判所は、議会の承認なしに表明されたミサイル配備決定の基本法適合性が争われた 1984 年の判決において、まさにこのような考え方を披瀝した。すなわち、いかなる権限もその遂行に最適な構造を有する機関に配分されなければならず、かかる権力分立の要請に従うならば、外交権は一次的には連邦政府の権限と解されるべきだと言うのである。具体的には、「条約」の締結に連邦議会の承認を求める基本法 59 条 2 項は、議会にも外交権を割り振るという意味において例外的な規定であるから、この承認権を「条約」以外の外交活動にも拡張的に及ぼすことには慎重でなければならないと判示された[2]。

2 ところが、連邦憲法裁判所は 1994 年に、上述の外交権理解とは一見相容れない結論を提示した（以下「1994 年判決」という[3]）。ここで俎上に載せられ

たのは、連邦政府による複数の派兵決定の基本法適合性であり、その中には、ボスニア・ヘルツェゴヴィナ空域における AWACS 偵察飛行にドイツ連邦国防軍の兵士を搭乗させる決定が含まれていた。NATO の軍事活動の一環として行われたこの派兵決定は、連邦議会の同意を得ておらず、そのことの憲法上の適否が争われた。この問題に対して連邦憲法裁判所は、外交権は原則的に連邦政府に委ねられること、海外への派兵決定はそうした外交権に含まれることを従前どおり認めつつも、いわゆる議会留保を憲法上の要請として二重に肯んじた。すなわち、多国間安全保障条約の締結に対する承認権に加えて、当該条約の下での個別具体的な派兵決定に対する承認権を、基本法は連邦議会に与えていると言うのである[4]。こうした理解は本判決にそのまま引き継がれているところ、とりわけ問題となるのは、後者の承認権を支える論拠と、その射程である。以下、順に検討しよう。

3　第一に、連邦政府による個別具体的な派兵決定に連邦議会の承認が義務づけられる憲法上の根拠をみよう。この点について連邦憲法裁判所は、二つの論拠を提示してきた。一つは、1918 年——この年にそれまでプロイセン国王の専権とされていた宣戦講話の布告に連邦参議院および帝国議会の同意が義務づけられた——以来の伝統を持ち出す歴史的な論拠である。そしてもう一つは、現行基本法の諸条項によって紡ぎだされる実定的な論拠である。具体的には、防衛上の緊急事態の確定を議会に委ねる 115a 条 1 項、緊迫事態の確定を議会の権限と定める 80a 条 1 項がその代表的な規定であり、これらを体系的に捉えることによって、連邦国防軍を「議会の軍隊」（Parlamentsheer）として民主的法治国の秩序に組み込もうとする基本法の構想が浮かび上がると言うのである。こうした立論の成否について、学界では厳しい見方も少なくないと言われる。つまり、個別具体的な派兵の承認権を議会に留保する結論はともかく、それを裏づける理由は必ずしも説得的で

ないとの声が、学界では燻りつづけている[5]。本判決はそれでも、1994 年判決を明示的に引照し、そこで並べられた上述の論拠をそのまま援用した[6]。

4　第二に、議会留保に服する軍事的決定の範囲が注目に値する。本判決はこれを「武装兵力の出動」（Einsatz bewaffneter Streitkräfte）と定式化しているところ、この概念もまた、1994 年判決に遡ることができる。派兵決定に対する議会留保をはじめて認めたこの判決は、「議会関与の対象は武装兵力の出動である」と明快な等式を供する一方、非軍事的な援助業務にドイツ兵を派遣する場合を念頭に「兵士が武装作戦に引き込まれないかぎり」議会の承認は不要と述べていた。そしてこのことは、ちょうど本件トルコ空域監視措置と本判決との間に成立した「議会関与法」（Parlamentsbeteiligungsgesetz[7]）によって実定化された。その 2 条 1 項には、「武装作戦に引き込まれているか、または引き込まれることが予期されうる」場合を「武装兵力の出動」とする定義がはっきりと謳われ、これに続く同条 2 項には、人道的な支援業務への人員派遣をはじめ、上述の意味での「武装兵力の出動」に当たらない例が示されている。もっとも、何をもって「武装作戦に引き込まれた」と言えるのか、これだけでは判然とせず、議会関与法の成立にあたっても同様の議論が絶えなかった。すなわち、「武装兵力の出動」が「武装作戦に引き込まれること」という別の概念に置き換えられただけでは、いまだ議会による承認の要否を分けることはできない。かような問題意識に支えられ、「武装兵力の出動」ないし「武装作戦に引き込まれること」の指示内容を浮き彫りにしようと試みたくだり（判旨4）が、本判決の最大の要所なのである[8]。

5　連邦憲法裁判所はここで、「武装作戦」（bewaffnete Unternehmungen）とは別に「武装衝突」（bewaffnete Auseinandersetzungen）という新たな概念を持ちだし、この「武装衝突」に至りうる「相当な蓋然性」（qualifizierte Erwartung）が認められる場合に

はじめて、当該派兵が「武装兵力の出動」に当たること——つまり議会留保に服すること——を述べた。「武装衝突」は「武力行使（の応酬）」と同義であるところ、派遣された兵士が武器を使用しうるという「単なる可能性」だけでは、議会留保を作動させるに及ばないと言うのである。こうした判示を額面どおりに受け取るならば、連邦憲法裁判所は、議会留保の射程をきわめて限定的に画そうとしているようにみえる。けれども、そのような断定はあまりに早計というほかない。なぜなら、本判決によって明示的に議会留保の枠外へ放りだされたのは、非軍事的な人道支援活動に連邦国防軍の兵士を参与させる場合のみであり、派遣の対象となる活動が軍事的な目的に発していれば、兵士に武器を携行させることはそのまま「武装衝突」の「相当な蓋然性」を基礎づけるからである。本判決はさらに、派遣される兵士が武器を携えていなくても、この「相当な蓋然性」は肯定されうることを次のように述べた。すなわち、派兵が「本来的な軍事的性格」を帯び、かつ「戦闘行為への展開が直接的に差し迫っていることを示唆する具体的状況」があれば、兵士自身は武装していなくとも、議会の承認に服すべき「武装兵力の出動」に当たりうると言うのである。こうした判断にあたっての裁量の余地を連邦政府に対して否定する判示（判旨5）、そして議会親和的な権限配分を要求する判示（判旨2）をあわせて顧みるならば、本判決は、軍事決定をめぐる議会留保の強化を図るものと言えよう[9]。

6　AWACS は、それ自体としては武器を備えつけられておらず、レーダーを用いて偵察飛行を行うにとどまる。本件に即して言えば、トルコ領空の純粋に防衛的な巡視活動に従事するだけで、イラクに対する武力行使を直接的に支援することは予定されておらず、このことが連邦議会の承認を不要とみ

る連邦政府の主張の根拠となっていた。けれども他方で、戦闘機の誘導は AWACS の主たる任務に属するほか、無線で迎撃ミサイルと接続することも可能である。つまり、それ自身は武力行使の能力を欠いているとしても、偵察空域において異常を探知した場合には、必要な監視結果の伝達によって戦闘部隊の指揮に携わることが AWACS には求められているのである。本判決はここに「本来的な軍事的性格」を認め、搭乗を命じられる兵士自身は武装していないにもかかわらず、「武装兵力の出動」に当たることを肯定した。もっとも、当時の情勢を顧みるとき、トルコに対するイラクの攻撃やそれを機縁とする戦闘行為が直接的に差し迫っていたと言えるかどうか、即断するのはむずかしい。すでに述べた議会留保の論拠とあわせて、連邦憲法裁判所による説明の成否がなお争われている[10]。

(1)　BVerfGE 108, 34.

(2)　BVerfGE 68, 1 (85 ff.).

(3)　Vgl. Dieter Wiefelspütz, Der Auslandseinsatz der Bundeswehr und das Parlamentsbeteiligungsgesetz, 2008, S. 181 ff. あわせて参照、村西良太『執政機関としての議会』（有斐閣、2011 年）46-57 頁。

(4)　BVerfGE 90, 286 (381 ff.)〔ド憲判 II *57* 判例〕.

(5)　Vgl. Tobias Wagner, Parlamentsvorbehalt und Parlamentsbeteiligungsgesetz, 2010, S. 25-27. あわせて参照、村西良太「多国間の政策決定と議会留保」法政研究（九州大学）80 巻 1 号（2013 年）32-41 頁。

(6)　Vgl. Enrico Brissa, Bundeswehr und Bundestag, DÖV 2012, S. 138.

(7)　BGBl. I 2005, S. 775.

(8)　Vgl. Florian Schröder, Anmerkung, DVBl. 2008, S. 778 f. 邦語文献として参照、ハイケ・クリーガー（宮村教平訳）「ドイツにおける議会によるコントロール」松本和彦編『日独公法学の挑戦』（日本評論社、2014 年）103 頁。

(9)　Vgl. Christof Gramm, Die Stärkung des Parlaments in der Wehrverfassung, DVBl. 2009, S. 1476 f.

(10)　Vgl. Christian M. Burkiczak, AWACS II – In dubio pro Bundestag, NVwZ 2008, S. 754.

66 ゲマインデの営業税賦課率決定と自治体財政権

上代庸平

2010 年 1 月 27 日連邦憲法裁判所第 2 法廷決定
連邦憲法裁判所判例集 125 巻 141 頁以下
BVerfGE 125, 141, Beschluss v. 27. 1. 2010

【事　実】

　ゲマインデの固有税源である営業税については、連邦法律である営業税法が税率を全国共通に定める一方、法人所得に税率を乗じて求めた租税測定値に対して乗ずる賦課率は、各ゲマインデが定めることとされていた。

　しかし、この規定の下では、事業者の誘致を目的として賦課率をゼロ又は低率に設定するゲマインデが後を絶たず、このような税金逃れのための「課税オアシス」の増加が、ラントへの営業税納付金の欠損を招くばかりでなく、財政調整における不均衡を生じさせていた。

　そこで、2004 年の営業税法改正により、賦課率に 200 ％の下限が設けられた（16 条 4 項）が、この法改正に対して、法人の誘致目的で賦課率をゼロに設定していた二つのゲマインデが、従前のように低い賦課率を設定し、又は営業税を徴収しないこともできると主張して、自治体憲法異議を提起した。

　異議申立人の主張は、概ね次の二点である。第一に、改正営業税法の規定は、税率設定権を法律の枠内で自治体に賦与する基本法 106 条 6 項 2 文に違反し、また自治体財政調整はラントの権限に属するものであるから、営業税の賦課率下限の設定には連邦法律の規律は及ばない。第二に、ゲマインデに営業税の賦課率下限を義務づける改正営業税法の規定は、経済関連の税源に関するゲマインデの決定権に抵触する点において基本法 28 条 2 項 3 文に違反し、自治権を侵害する。

【判　旨】

　改正営業税法は、基本法に適合する。

1　連邦の租税立法権限

　賦課率下限を設定する連邦の立法に「基本法 72 条 2 項の要件が存在しているかどうかに関しては、主張可能性の審査が及ぶ」。

　「法的及び経済的統一の維持は、目的として極めて重要である」。法的統一の維持が、「連邦・諸州両者の利益に照らして甘受し得ない法の分散の防止をもたらす」ものであるのに対し、経済的統一の維持にとっては、「連邦領域における経済関係の制約や支障を排除することが重要である。賦課率下限規定により、『課税オアシス』の形成を予防し、営業税納付金における財政欠損防止の目的が追求される。」

　課税逃れのための事業者の所在地移転が起こると、租税負担が経済的に意味のないものとなるおそれがある。「ゲマインデに法的に認められている形成の余地によって誘導されたこれらの現象に対しては、連邦法律の規律をもってのみ、有効に対処しうる」。自治体の賦課率設定権の保障は、「国家全体の利益にとって許容されるべき差異の程度に対する制限が必要となる可能性を排除するものではない。法的及び経済的統一の要請は、限定された程度での一律化をも導くことができる。」

2　自治体財政権の憲法的保障と賦課率設定権

　自治体財政高権は、自己の責任に基づいて行う財政収入・財政支出を含み、自治体の自治行政保障の

構成要素である。「財政高権にはそのほかに、ゲマインデにその固有の権利に基づいて、任務の遂行の結果として発生する負担をその住民に賦課することができるとする課税・課徴高権が含まれている。」

しかし、営業税自体の存続は保障の対象ではなく、「ゲマインデの賦課率決定権は税目自体の削除からは保護されていなかった」。「基本法28条2項3文の後半も、土地税又は営業税自体に対する制度的保障を意味するものではない。ただこの規定は、基本法106条6項2文の内容以上に、ゲマインデに営業税の代替財源が維持されていなければ、財政力に応じた営業税は廃止されないということを保障する」。「自治体の財政自治は、営業利益税又は財政力を対象とするその他の税の存立の保障により保護されるべきであろう」。

3　自治体財政権の制限と審査基準

「自治体の自治行政権の一般的な保障は、法律の枠内においてのみ認められるものである。これによって立法者は、制限的な規定を設定する権限の余地を認められる」。

「基本法28条2項3文の文言は、賦課率決定権の範囲に基準設定の余地を認めたものではない。とりわけこの規定は、ゲマインデに賦課率をゼロに設定する権利を剥奪され得ないものとして保障するものではない」。「基本法106条6項2文によれば、保障されている賦課率決定権は立法による規律に服し、従って立法による制限にも服することになる」。「賦課率決定権が法律による具体化を必要とすることは、自明である」。

4　地方自治の制度的保障と核心領域保障

「自治体の自治行政の核心領域の画定に当たっては、自治行政の歴史的発展及び異なるいくつかの形式を考慮しなければならない。新たな規制が、これまでに類例が存在しないが故に許されないわけではない。むしろ、伝統的な制度の、将来における発展の継続は否定されるべきではない」。「基本法28条2項により保障される本質的な高権的権利は、国家がゲマインデに対して、その機能に適合した任務の遂行を保障するものであるが、それに含まれる財政高権は、その核心としてゲマインデに保護されていなければならない。高権的権利の核心領域は、それが廃止され、又は充分な行使の余地が認められずほとんど行使されないままになった場合に、侵害されることになる」。

5　自治体財政権への制約と賦課率決定権

「財政高権の特別な具体化として保護される賦課率設定権も、比例性に反して制限されてはならない」。「賦課率設定権はその核心において、立法に対して保護される。従って、制限は正当な目的の達成に適切かつ必要であり、更に比例性に適合していなければならない」。

(1)　立法者は、正当な目的を追求している。「営業税徴収義務の創設と賦課率下限の設定は、いずれも『課税オアシス』の予防及び営業税納付金における財政欠損の防止に仕える」。「『課税オアシス』の形成を予防すること、及び、事業者分布の国土全体への拡散の促進は、いずれも正当な立法目的であると認められる」。「全てのゲマインデに営業税負担金賦課がなされるという制度の基本を維持する目的も、全てのゲマインデが基本法106条5項による営業税負担金の調整として所得税収入の配分を受けることになっていることからして、正当である」。

(2)　営業税賦課率下限の設定は、正当な法律の目的の達成に適している。「『課税オアシス』形成の防止と営業税負担金の欠損の回避という所期の結果を、本件規定は少なくとも促進することが可能である」。

(3)　営業税賦課率下限の設定は、規律の目的のために必要である。課税の公平と欠損の回避のために、「本件規定と同様の適切でより緩やかな手段をとることが可能であったと認めることはできない」。

(4)　200％の賦課率下限は比例性に適合する。「ゲマインデは平均値である約390％よりもかなり低く抑えられた賦課率によってその他の不利な立場を調

整し、また事業者の定住をめぐる自治体間の競争に参加することが可能である」。

【解　説】

1　連邦と州の立法権限の競合

営業税はゲマインデの固有の税源であり、その賦課率の決定権もゲマインデに属するため、本来的には州の立法権限の対象となるが、全国的な課税の公平を考慮する必要があるため、基本法105条2項により、連邦の立法権限が競合する。

(1)　問題は、基本法72条2項における連邦の競合的立法権限の必須性である。この点、連邦憲法裁判所は、租税立法に関しては、連邦立法者の予測の優位を認め、主張可能性の審査を採用している。基本法72条2項の「法的及び経済的統一」を確保するための立法判断における予測が、方法論上の根拠及び論理一貫性に支えられて成立しうるかどうかが審査基準となる。

(2)　もっとも、連邦憲法裁判所は、租税・公課関係の競合的立法権限一般に主張可能性の審査を当てはめるわけではなく、当該立法の文言の類型性や公課の性質に鑑みつつ、競合的立法の可否を判断してきている[1]。

(3)　なお、2006年の基本法改正により72条2項の適用範囲は制限されることになった。ただ、主張可能性の審査による連邦の競合的立法権限の範囲の判断枠組みは、連邦立法者が、立法に際して当該事項を法律の対象事項とすることを正当に予測していたかどうかの判断基準として、引き続き用いられている[2]。

2　自治体財政権の保障と制限

自治体財政権は、自治体に対して制度的に保障される自治行政権の不可欠の要素である。基本法28条2項3文は、自治の財政的基盤及び税率決定権を含む租税財源が保障されることを明文化したものであり、基本法106条6項が、売上税に関する自治体の税率決定権を具体的に保障している。

(1)　制度的保障は、制度の核心部分に立法によって加えられる改変に対しては防禦的効力を有するものの、周縁部分に属する制度それ自体の廃止に対しては抵抗力をもたない。それゆえ、営業税自体の廃止に対しては防禦的効力を有しないことが指摘されている一方、営業税の廃止による自治体財政権の切り下げに対しては、一定の保障効果をもつとされている。これは、健全な自治体財政を実際に実現するための手段は数多く存在し、そのいずれを選択するかについては、立法者の広い裁量が作用することによる[3]。すなわち、自治体に対して講じられる財政措置のいかんは、制度的保障とは別個の問題として、経済財政の全体を考慮しうる立法者の決定に委ねられる。

(2)　本判決では、地方自治に対する制度的保障の核心部分の画定は、歴史的方法によることが説示されている。もっとも、「自治体による自治行政は、自治体財源の存在を前提とする」というテーゼが地方自治の歴史的表現形態として制度の核心部分となるとしても、それを実現するための具体的な形態までもが立法による侵害から一切保護され、容易に変更が許されないとすると、自治制度の運用や発展に不都合を生ずる。従って、立法者は、自治行政及びそれを支える自治体財政について形成の余地を有しつつ、全権限性と自己責任という核心部分には抵触しないように、周縁における財政保障の手段や程度の選択を行う責務を負うのである[4]。

(3)　連邦憲法裁判所は、自治体財政権が制度の核心部分に属することを認めつつ、自治体財政調整の具体的措置に関する判断[5]及び社会扶助事務のための自治体への給付金の補填範囲に関する判断[6]について、いずれも立法者の形成の余地を認める判断を示しているが、これらも同じ基底にたつものと評価しうる。

3　自治体財政権侵害の審査基準としての比例原則

次に、自治体財政権の確保のための立法者の形成余地を制限する枠組みが必要となる。この点につい

て、本判決は比例原則によることを明らかにしている。

　(1)　自治行政の制度的保障と比例原則の関係については、ラシュテーデ決定[7]がリーディングケースとされてきた。この決定において、連邦憲法裁判所は比例原則を地方自治には採用せず、ゲマインデ優先の憲法上の事務配分原理が妥当するとした。ここから、基本権に適用される比例原則と、自治権に適用される客観的権限配分原理とは区別されているとする評価がなされてきた。しかし、本判決は賦課率設定権の制限に対する審査基準として比例原則が妥当することを明らかにし、必要性・適合性・狭義の比例性の検討を行っている。

　(2)　本決定とラシュテーデ決定に共通する意義は、制度的保障の周縁部分についても、立法者はその形成又は制限に際して一定の憲法原則を考慮しなければならないことを明らかにした点にある。基本法28条2項の「法律の枠内」という文言は、立法者の形成の余地を認めたものではあるが、一方で、制度の核心部分が不可触であるのはもちろんのこと、その具体化形態を含む周縁部分に関しても、憲法原則による一定の制限が加えられることを前提としている[8]。

　(3)　両決定の相違は、法律による侵害の態様である。本決定の事案では、原則として自治体による賦課率設定は自由としつつ、財政欠損を招来するような賦課率の低率設定の場合には法律の留保を加える、という原則・例外関係が見られる。一方のラシュテーデ決定の事案は、権限そのものを法律により自治体から剥奪するものであり、極端な態様の制限事案である。本決定の事案においては賦課率設定権の配分のいかんではなく、それへの法律の留保がどこまで許されるかのみが問題となるから、比例原則による程度問題を考慮しうる。それに対してラシュテーデ決定の事案では、権限そのものを剥奪するのであるから、そこに程度問題は存在せず、そもそもの権限配分のいかんを問題とせざるを得ない。制限態様が極端である場合には、権限配分のような、文

言から明確な憲法的価値選択に基づく審査基準を与えた方が、より直截であろう。

　(4)　いずれにせよ本決定は、基本法28条2項により保障される自治権に対する法律の留保について、比例原則を明確に適用する判断の例として注目される。

　かねて指摘されていたように、基本権の議論を通じて発展してきた比例原則を、客観的に保障されるに留まる自治権の領域に持ち込むことには、いささか違和感がないではない。しかし、比例原則の根幹には法治国原理があり、これが自治行政の保障の基底をなすものでもある以上[9]、自治行政権の制限についての比例原則の適用可能性が一律に否定される謂われはないのではないかと思われる。

　実際、最近の州憲法裁判所の判断には、財源の獲得をめぐる自治体憲法異議において、比例原則を審査基準として援用する例が見られるようになっている[10]。

(1)　例えば BVerfGE 68, 319; BVerfGE 106, 62.

(2)　H. Jarass/B. Pieroth, Grundgesetz für die Bundesrepublik Deutschland Kommentar. 13. Aufl. 2014, Art. 72 Rdnr. 8 f., Art. 105. Rdnr. 25.

(3)　この手段となる広義の自治体財政調整は、立法による制度形成を必要とする M. Inhester, Kommunaler Finanzausgleich im Rahmen der Staatsverfassung, 1998, S. 25.

(4)　S. Mückl, Finanzverfassungsrechtlicher Schutz der kommunalen Selbstverwaltung, 1998, S. 77 f.

(5)　BVerfG 3. Kammer des Zweiten Senats, Beschluss vom 9. 3. 2007. = NVwZ-RR 2007, S. 435 ff.

(6)　BVerfGE 119, 331.

(7)　BVerfGE 79, 127 ＝ドイツ憲法判例研究会編『ドイツの憲法判例 II（第2版）』（信山社、2006年）378頁（白藤博行）〔ド憲判 II *59* 判例〕。

(8)　F. Schoch, Zur Situation der kommunalen Selbstverwaltung nach der Rastede Entscheidung des Bundesverfassungsgerichts, VerwArch. 1990, S. 31 ff.

(9)　H. Maurer, Verfassungsrechtliche Grundlagen der kommunalen Selbstverwaltung., DVBl. 1995, S. 1044.

(10)　z. B. NdsStGH Urteil vom 6. 12. 2007＝NordÖR 2008, 162 ff.

67 待機期間延長による官吏恩給の減額

三宅雄彦

2007 年 3 月 20 日連邦憲法裁判所第 2 法廷決定
連邦憲法裁判所判例集 117 巻 372 頁以下
BVerfGE 117, 372, Beschluss v. 20. 3. 2007

【事　実】

1　本決定の対象は、1999 年公布の、連邦及び諸ラントの官吏及び裁判官の恩給に関する法律（Gesetz über die Versorgung der Beamten und Richter in Bund und Ländern）、つまり、官吏恩給法（Beamtenversorgungsgesetz）5 条 3 項 1 文の、職業官僚制につき定めるドイツ基本法 33 条 5 項への適合性である。ところで官吏恩給法では、65 歳に生ずる恩給＝退職給与（Ruhegehalt）の内容は、基本給与（Grundgehalt）、家族手当（Familienzuschlag）、勤務収入（sonstige Dienstbezüge）、業績収入（Leistungsbezüge）から成り立つと規定するが（同 5 条 1 項）、本件ではこのうち基本給与の算定が問題となった。この基本給与は、報酬要素（Entgeltfaktor）と時間要素（Zeitfaktor）から算定されるというのだが、一方で時間要素とは当該官吏の官吏としての勤務期間、具体的には、1.875 に勤務年数を乗じて算出される退職給与率（Ruhegehaltssatz）のことを指す（最低は 35 %、最高は 75 %。その後の法改正で、この数字は 1.79375 に引下げられた）。他方で報償要素とは当該官吏の現役時代の俸給（Besoldung）のことを指している。その現役時代の俸給は、当該官吏の職務により決定されるのである。第 1 に、職種により俸給分類（Besoldungsordnung）が設定され（一般官吏 A、高級官吏 B、大学教員 W、裁判官・検察官 R）、第 2 に、職務により俸給段階（Besoldungsgruppe）が設定される（A2-16、B1-11、W1-3、R1-10）。即ち恩給額は、退職時の俸給に退職給与率を乗じて算出するのである（同 4 条 3 項）。

尤もどの時点を以て退職時の、即ち最終の職務とするかが問題となる。なぜなら、退職直前に任意に最終職務を設定できるとするならば、恩給増額目的の情実人事が横行し、遂には財政逼迫をもたらすだろうし、しかも、最終職務が官吏本人の官吏としての業績を示すとするなら、余りに短期間の職務の行使は彼の実績を反映するものとはならない。そこで、恩給の基礎となる退職職務の認定には、一定期間での職務行使を要求し、それに満たぬ場合は前職務を基準とするべきとなる。

この待機期間（Wartezeit）は、最初は 19 世紀のザクセンとビュルテンベルクで、後には 1937 年のドイツ官吏法 80 条 2 項でライヒで採用された。戦後において、この条項を引継いだ連邦官吏法 109 条 1 項があり、この 1953 年当時は 1 年だった待機期間が、1975 年法改正でやはり財政改革の問題もあり、2 年間へ延長されたという訳である。しかし、当時待機期間 2 年の本条項は、1982 年 7 月 7 日付けの連邦憲法裁判所第 2 法廷決定において、既に合憲と判断されていた。但し「期間を 2 年を超えて延長することは……もはや正当化できない」、2 年超は違

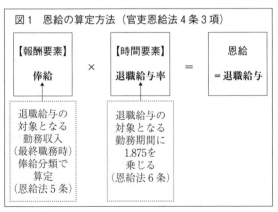

図 1　恩給の算定方法（官吏恩給法 4 条 3 項）

【報酬要素】　　　【時間要素】
俸給　　　×　退職給与率　＝　恩給
　　　　　　　　　　　　　　＝退職給与

退職給与の対象となる勤務収入（最終職務時）俸給分類で算定（恩給法 5 条）

退職給与の対象となる勤務期間に 1.875 を乗じる（恩給法 6 条）

憲の可能性があるが、2年以内ならよいと言うのだ（BVerfGE 61, 43, 61 f.）。

さて、1990年代後半から、恩給削減の動きが更に強まってくる。1996年には両独統一費用の増大の中、少子高齢化や高学歴化による人件費の高騰、高度成長期の採用人員の大量退職による恩給支出の膨大化を予測しつつ、恩給制度の改革を勧告する、第1次連邦政府恩給報告（Versorgungsbericht）が策定された。これを受け1998年には、恩給報告を実施する為の法律（Gesetz zur Umsetzung des Versorgungsberichts）、つまり恩給改革法（Versorgungsreformgesetz）が制定される。その際官吏恩給法も改正されるのである。本決定との関連では、第1に、待機期間が2年から3年に延長され、退職時の職務が3年未満の場合、前の職務が恩給算定の基礎とするとしたこと（同法5条3項1文）[1]、第2に、待機期間不足でもその職務を昇進前に行使していた場合その期間も待機期間に参入してよいとする例外規定（旧5条4項2文）を廃止したことが重要である[2]。

因みに、その後2006年の第1次連邦制改革＝基本法改正により、ラントの官吏と裁判官一般については連邦とラントの競合立法管轄に（基本法74条1項27号）、それらの昇進経路・俸給・恩給についてはラントの専属立法管轄に変更されており（同70条1項）、現行の連邦官吏恩給法にラントの官吏と裁判官に関する規定はない[3]。

更に言えば、財政問題や人口問題が急に好転する筈もなく、それ故、連邦政府は引続き、第2次（2001年）、第3次（2005年）、第4次（2009年）、第5次（2013年）と恩給報告を作製し、この恩給報告に基き、上記の如き退職給与率の引下げ（最高71.75％）、支給開始年齢の段階的な引上げ（67歳へ）等、本件のように、恩給支給額を減額させる方向で、恩給改革を実施している[4]。

2　本件は、メクレンブルク＝フォアポンメルン州の退職裁判官が提起した行政訴訟により移送された（VG Greifswald - 11. 10. 2004 - 6A 789/04）、具体的規範統制による訴訟である。原審原告は同州地区裁判所所長に2001年11月12日に就任、その後、2004年1月1日に定年により退職しているが、その際ラント俸給庁は、所長としての在職期間が2年2月にも満たぬことから、原審原告の俸給分類を前職を基準としてR1と判断した、だが原審原告は、官吏恩給法5条3項1文が基本法33条5項に違反し無効であり、故に裁判長相当R2を基準とするべきと主張した。

【判　旨】

1　官吏恩給法5条3項1文は、基本法33条5項に違反し無効である。

2　基本法33条5項は、職業官僚制の伝来的諸原則（hergebrachte Grundsätze）により、伝統的に拘束力あるものとして承継されてきた構造諸原理の核心状態（Kernbestand von Strukturprinzipien）を保障する（BVerfGE 8, 332, 342 f.; 114, 258, 281 f.）（S. 379 f.）。俸給及び恩給により官吏の適切な生計維持を確保するという、官吏扶養原理（Alimentationsprinzip）は、この職業官僚制の伝来的構造諸原理の一つであり（BVerfGE 8, 1, 14, 16; 76, 256, 298; 99, 300, 314）、そして俸給及び恩給による生計維持が適切であるかどうかは、官吏の人格（Person）ではなく、官吏が行使する職務（Amt）を尺度としなければならない（BVerfGE 11, 203, 210, 212; 14, 30, 31; 61, 43）（S. 380 f.）。故に恩給算定について、昇進による地位付与は業績・適正・能力の承認なのだから、官吏の最終的な職務を尺度としなければならない。この最終職務に基づく恩給の原則（Grundsatz der Versorgung aus dem letzten Amt）も、上記構造諸原理の一つである（BVerfGE 11, 203, 215 f.; 56, 146, 163 f.; 61 43, 57; 76, 256, 324 f.; 114, 258, 286）（S. 381 f.）。以上は、基本法33条2項による、官吏の能力や業績から昇級を行って、職務や責任から給与を段階づける、業績原則（Leistungsgrundsatz）からも要請される（BVerfGE 11, 203, 216; 76, 256, 324 f.）（S. 382）。

とはいえ、最終職務に基づく恩給の算定の原則は、

無制限ではない。即ち、最低1年間行使された職務のみを最終職務とする実務が嘗てあったが、この待機期間の設定は、恩給を増額する為の情実人事を阻止し、最終職務と言うに足る最低限度の勤務実績の要求でもある。他方で、この待機期間を任意に延長することが許されるのではない。伝統的な1年間の待機期間は、職務に適した恩給算定の原則という伝来的原則の修正とされる限りで、許容されるに過ぎないのである（S. 382-384）。

3　官吏恩給法5条3項1文による待機期間延長に十分な正当性はない。第1に、本件待機期間延長は最終職務に基づく恩給の原則に反する。3年の待機期間は官僚制の伝統である1年の待機期間の3倍であり、2年を超えた待機期間の延長は官僚制の伝来的原則に違反している（S. 384-386）。

第2に、本件待機期間延長は最終職務原則の唯一の修正では最早ない。昇進後の職務を全うするには3年間が必要という見解は適切でなく、そもそも官僚の全人格的奉仕の対価である恩給を減額すべきでない（S. 386-388）。

第3に、連邦政府などが挙げる本条項の立法趣旨にも正当性はない。1つ、財政状況や人口変化などの事情が恩給減額を求めるというが、元々経済状況や社会国家が最終職務の原則を制限することはないし、2つ、平均余命が拡大する以上待機期間も延長されるべきとするが、恩給を決めるのは現役活動期間だから、平均余命は関係ない筈だし、3つ、恩給制度改革は年金保障改革の思想を反映するべきとするが、元々後者には職業官僚制の伝来的諸原則なる憲法拘束が存在しない（S. 388-391）。

結局、待機期間の3年への延長は、最終職務に基づく恩給の原則を、即ち職業官僚制の核心状況を侵害するものであり、基本法に反する。

4　（法廷意見への反対は3名、そのうちオスターローとゲアハルトが反対意見を執筆。残り1名が誰かは不明。）

基本法33条5項の伝来的諸原則として扶養原理と業績原理があり、官僚制の核心領域であるこの両原理は、同一位階で並列関係にある。官吏の法的・経済的安全と独立を確保する扶養原理の具体化として、俸給と恩給の制度が、適性・能力・業績に適合して官吏を処遇する業績原理の具体化として、最終職務に基づく恩給の原則がある（S. 392-397）。

尤も立法者は、この拘束の下で、職業官僚制を継続発展させること（同改正33条5項）、広汎な形成の自由を行使することができる。恩給制度の長期的堅持を求める扶養原理と、従来の待機期間の維持を求める業績原理で、前者を優先する判断は形成余地の範囲にある（S. 398 f.）。

官吏恩給法5条3項1文は、この原則二つに違反するものではない。第1に、業績原理は、現役の勤務期間の長さを恩給給付額の多さに具体化せよとするが、ここ数十年間は俸給と恩給は高い水準にあり、昇級後3年を超えて退職する場合も多く、故に業績原理違反はない（S. 399-402）。第2に、扶養原理は、俸給や恩給制度の設計につき立法者へは広い決定余地を認めるが、82年判決以降は、退職後よりも若い時代の俸給を厚くする立法など、新たな立法事実故に扶養原理違反もない（S. 402-404）。

【解　説】

1　本決定は、官吏恩給の算定基準である現役時代の俸給の確定につき、退職時の職務が3年未満の場合、前の職務を算定の基礎とすること、つまり、待機期間を3年に延長することの合憲性を問うものである。但し職業官僚制に関わる基本法33条5項の解釈は従来通りである。つまり第1に、同条は、職業官僚制の制度的保障を規定するもので、その伝来的諸原則によりこの制度の核心部分を保護するということ、第2に、官吏とその家族を生涯、退職後も俸給や恩給により適切に扶養すべしとする扶養原理も、この伝来的諸原則の一つであること、第3に、扶養原理による最終職務に基づく恩給の原則も、官僚制の基礎の一つであり、立法者の配慮のみならず遵守が求められること。本決定自身も上記3項目全てが「確定判例（stetige Rechtsprechung）」であると

指摘している[5]。

 尤も、この確定判決が言及した筈の基本法はこの間改正されている。即ち2006年に、ラント官吏事項につき立法管轄権限を変更する第1次連邦制改革と同時に変更された、基本法33条5項のことで、この改正で公勤務法は、職業官吏制の伝来的諸原則を配慮しながら、「規律する（zu regeln）」のみならず「継続発展させる（fortzuentwickeln）」ことになったのである[6]。

 2　官吏恩給法5条3項1文への正反対の判断はどこから誕生したのか。多数意見と少数意見の間の、目についた相違点を幾つか列挙しよう。第1には、本条項への2006年における改正に対する評価である。官僚制の拡大発展はその構造変化を惹起せぬ限りで許されるとする法廷意見に対して（BVerfGE 117, 372, 379）、反対意見は、継続発展の文言が補充された以上、文言に反し配慮を超えた遵守を求める判例法理の見直しを示唆する（BVerfGE 117, 372, 395）。継続発展の文言を重視しない法廷意見と、重視する少数意見の対立[7]。第2には、憲法判断を直接に導く官僚制の原則の引用の仕方である。基本法33条5項上の伝来的諸原則から扶養原理を派生させた上で、主としてこの扶養原理から最終職務の原理を導出する法廷意見だが、反対意見は、同5項の制度的保障とは形式上は切れている同2項の業績原理から最終職務の原理を派生させて[8]、扶養原理と並列させる。扶養原理を中心に見る法廷意見と、他と並列させる少数意見の対立[9]。

 この憲法改正の評価と扶養原理の扱いという論点への評価の違いが、法廷意見の立法者の形象化余地を狭く見る見解と、少数意見の広く見る見解、故に違憲判断と合憲判断を帰結すると思われるのである[10]。

 3　ところで、ドイツ恩給改革は年金改革を契機に登場したといっても、本件でも今まで同様恩給と年金の間に明確な境界線が引かれている。即ち俸給と恩給は、官吏が行う特定の具体的業務への報酬

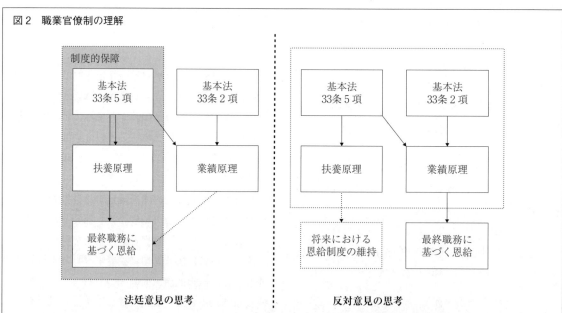

図2　職業官僚制の理解

法廷意見の思考　　　　　　　　　　　反対意見の思考

　　法廷意見の場合、最終職務に基づく恩給の原理は、扶養原理、延いては33条5項の伝来的諸原理に直接基礎づけられる。ということは、待機期間削減の問題は直接に職業官僚制の制度的保障の問題となる。他方で反対意見の場合、最終職務に基づく恩給の原理は、業績原理、即ち33条2項、延いては3条1項の平等原則に基礎づけられる。ということは、待機期間の問題は最早制度的保障の問いではなく、裁量統制の厳緩の問いとなる。

（Entgeld）ではなく、官吏が、その全人格を以て、その全人生を捧げ、勤務主＝国家へと仕えることへの対価（Gegenleistung）であり代償（Ausgleich）である、ということである。これも本決定の言及だが、だからこそ官吏の俸給や恩給を算定する際には、官吏の人格（Person）でなく、官吏の職務（Amt）に即して、金額が適切か否かを判断するべきなのであり、経済状況一般や生活水準一般の変化へと対応させるとしても、国民一般への職務の責任、国民一般への官僚制の意味に照らして、その給与が適切か否かを検討するべきなのである（BVerfGE 117, 372, 381 f.）[11]。職業官僚制を保護する特別の憲法規定を知らず、それ故民間企業と公共部門の年金とその改革を同次元で論じがちな我々、日本人には、しかも、職業官僚制の基盤となる制度的保障について、これを唯の客観的規範の集合であると割り切りがちな我々、日本人法学者には、ここに潜む、単なる形式的憲法法（Verfassungsrecht）の有無に留まらない、俸給と給与、恩給と年金を分かつ、本質的な実質的憲法（Verfassung）が見えにくくなっている。

　私見では、制度的保障の捉え方が、それ故に職業官僚制の捉え方が、本件の法廷意見と反対意見の結論を分けるように思われるのである。つまり、制度的保障を、何かを制度で保障するものと把握するのか、制度を何かで保障するものと把握するのか、との違いのことである。前者は、制度を客観法の集合と考え、官僚制は制度＝客観法により保障されると見る。この客観法には核心と周辺が区別されるのだが、所詮は唯の客観法である以上、限界に触れぬ限り改変は自由である[12]。後者は、制度は唯の客観法ではなく、官僚制＝制度が客観法により保障されると見る。このときたとい客観法＝憲法が改変されても、論理的には、制度＝官僚制自体の本質には変更が生ずることはない。後者から見れば、継続発展の文言を加える基本法改正は重大であり、且つ、官僚制に由来する扶養原理とそうでない業績原理との区別は重要でなく、だからこそ待機期間の延長は立法裁量の範囲内になる。前者から見れば、基本法の文言変更も官僚制の本質に変更を与えず、且つ、業績原理より官僚制原則から派生する扶養原理が重要であり、だからこそ法廷意見は、待機期間の延長を厳しく判断したのだろう。

(1) 官吏恩給法5条3項1文「官吏が、……その官吏がこの職務又は少なくとも同等の職務の勤務収入を退職前に少なくとも3年間受領していない場合、それより前に就いていた職務の収入のみを、退職給与の対象とする」。
(2) Vgl. Meyer, NVwZ 1998, S. 1246 ff.; Battis, NJW 1998, S. 2653.
(3) 連邦制改革一般について、服部高宏「連邦と州の立法権限の再編」阿部照哉先生喜寿記念『現代社会における国家と法』（成文堂、2007年）453-473頁。
(4) 恩給改革一般について、Ulrich Battis, Beamtenrecht, in: D. Ehlers/M. Fehling/H. Pünder (Hrsg.), Besonderes Verwaltungsrecht, Bd. 3, 2013, S. 1348-1350.
(5) Vgl. Morlok/Michael, Staatsorganisationsrecht, 2013, S. 353; Masing, Art. 33, in: Dreier (Hrsg.), Grundgesetz, Bd. 2, 2. Aufl., 2006, Rn. 82 ff.
(6) Sodann/Ziekow, Grundkurs Öffentliches Recht, 6. Aufl., 2014, S. 392.
(7) Vgl. Panzer, DÖV 2008, S. 707-715.
(8) 基本法33条2項の業績原理は平等原則から派生するとも言われる。Zippelius/Würtenberger, Deutsches Staatsrecht, 31. Aufl., 2005, S. 383.
(9) 地域手当の支給は基本法の保障する範囲でないとした、2007年3月6日の第2法廷判決でも、同様の対立を読み取ることができる。BVerfGE 117, 330, 344-356. Vgl. Kammradt, PersR, 2007, S. 191 ff.; Linder, ZBR 2007, S. 221 ff.
(10) Vgl. Leisner-Egensperger, ZBR 2008, S. 9-17; Linke, NVwZ 2007, S. 902-904.
(11) 人格発展と結びついた労働と人格遮断を要請する職務との違いから、官吏労働基本権の排除という問題が帰結するのであり、本決定でも、俸給と恩給の減額を財産権侵害として捉えることが禁じられるのだ。Zippelius/Würtenberger, a.a.O. (Anm. 8), S. 382 f. 参照、三宅雄彦「行政裁量と憲法構造」嶋崎健太郎編『憲法の規範力と行政』（信山社、2017年）37-61頁。Vgl. Detlef Merten, Das Berufsbeamtentum als Element deutscher Rechtsstaatlichkeit, in: Lüder (Hrsg.), Staat und Verwaltung, 1997, S. 145 ff.; Remmert, JZ 2005, S. 53 ff.
(12) 三宅雄彦「人権と制度」小山剛・山本龍彦・新井誠編『憲法のレシピ』（尚学社、2008年）230-237頁。

68 司法精神科病院の民営化の許容性

高橋雅人

2012 年 1 月 18 日連邦憲法裁判所第 2 法廷判決
連邦憲法裁判所判例集 130 巻 76 頁以下
BVerfGE 130, 76, Urteil v. 18. 10. 2012

【事　実】

　憲法異議申立人は、ヴィートス司法精神科病院に収容されていた。2007 年のヘッセン州措置執行法（以下「執行法」）改正により、この施設の運営は州立施設から公益的有限責任会社（ハイナ措置執行クリニック・ヴィートス）に移った。2008 年 4 月に、異議申立人は、この監護施設で突発性発作に襲われ、喚きながら強引に外出を試みたため、施設係員に力ずくで拘禁された。本件「措置執行」とは、施設における収容者の改善及び保安の措置を行うことである。

　本件異議申立人は、拘禁を行う権限が民間係員に委譲されていることについて憲法違反として提訴したが（ドイツ行刑法 109 条 1 項）、ラント裁判所も、上級ラント裁判所も異議申立てを理由なしとして却下した。異議申立人はこれらに対して、基本法 33 条 4 項違反と基本法 20 条 2 項の民主主義原理違反を主張し、憲法異議を申し立てた。すなわち、収容者を拘禁する措置は、自由権への介入であって、高権的権限の行使なので、官吏が行うべきであり、民間係員にはその権限がないという主張である。

【判　旨】

　異議を申立てられた各裁判所の諸決定は、異議申立人に対する拘禁が、措置執行施設の組織の点でも、係員の地位という点でも、憲法適合的な介入根拠に基づくので、憲法異議には理由がない。

1　適法な憲法異議
　異義申立人は、拘禁が基本権 2 条 2 項の人身の自由への介入に当たると主張するが、本件で関わるの

は一般的行為自由（基本法 2 条 1 項）である。すでに施設に収容されている者を、その施設内で拘束したところで、人身の自由に関わらないからである。誤った条文の指摘は、憲法異議を不適法にするわけではない。

　憲法異議は適法である。拘禁による異議申立人の基本権侵害が、基本法 33 条 4 項及び基本法 20 条 2 項に抵触しているゆえ正当化できないと主張でき、憲法異議は適法である。

2　基本法 33 条 4 項
(1)　適　用　範　囲
　執行法 5 条 3 項は、差し迫った緊急の場合に、民間係員に対し暫定的な特別保安措置命令の権限を与えているが、それは基本法に一致する。

　基本法 33 条 4 項によれば、高権的権限を行使する者は、資格と忠誠心をもち、法律に忠実である常勤の職業官吏に留保される。「作用留保」と呼ばれるが、それは、私法上の組織が行う高権的任務にも適用される。「執行法 5 条 3 項は狭義の基本権介入の権限を与え、それによって高権的権能の行使を授権している」ので、同法に基づく措置執行は、まさに「高権的権能の行使」に当たる。この権能は、授権された民間係員にも「常勤的任務」として委譲できる。ここで「常勤」とは、「任務委譲の継続性」がみられることであり、権能の行使の頻度とは関係がない。

　基本法 33 条 4 項の常勤的任務としての高権的権能の行使は、「原則」、職業官吏に委譲される。「原則」の文言から、「例外」がみとめられると解釈される。

〔高橋雅人〕

(2) 作用留保の「原則」と「例外」

第一に、許されない例外は、数量の点で、例外の事案が原則の事案よりも多くなる場合である。もっとも、この「原則」の規定は、たんに量の問題よりも、むしろ、質の問題が重要とされる。質の観点から「作用留保の確保という目的が、該当する高権的任務の確かな経験に基づく職業官吏による履行を要求せず、または、作用の特殊性の点で、原則事例とちがって得策だと思われる場合に例外が認められる」。経済性の観点も考慮される。非官吏による遂行が費用便益の点から明らかに合理的な場合は、例外の許容性について、考慮されねばならない。

(3) 福祉施設の民営化と係員

監護の業務を行う非官吏である係員に、特別保安措置の暫定的命令権限が与えられている（執行法5条3項）。この自由剥奪の執行権限は、「高権活動の核心領域に属す」。では、この非官吏の民間係員の基本権介入が、なぜ「作用留保の例外」としてみとめられるのか。

そもそも、民営化以前から、措置執行は非官吏の監護係員が行っていたが、それは質の低下にはいたっていない。民営化の結果について評価する際には、「高権的権能の核心部分について、その権能が職業官吏に留保されつづけた場合に、その権能の行使が、関係人の基本権を最も十分に保護するか」という点で考えねばならず、本件の場合、措置執行が、十分に法律に拘束され、民主的な責任という法律の枠内に服していることから、民営化された当該施設において、収容者の基本権が保護されている。

この施設の運営主体は、「民営化」された公益的有限会社であるとはいえ、執行法によれば、その民間施設の担い手は、ラントの福祉連盟の一つとして、「完全に公的な担い手」であり続けている（執行法2条3文）。したがって、この施設は私的な経済競争のなかに組み込まれていない。

その法的効果として、公的主体であるラント福祉連盟が、当該施設の設備を目的にかなった形で適切に保障しなければならない義務を負う（執行法2条5文）。それゆえ、当該施設の経営は、公営の場合と同様に保障される。民営化された施設では、精神科病院と措置執行施設が結合し、その連盟内での施設間の職員の研修・養成、運営に関する相互交流によって、措置執行の品質維持・向上に役立つという実体的な理由から民営化が正当化される。

3 民主主義の要請

監護を行う係員に保安措置の暫定的命令権限を付与した執行法5条3項は、高権的行為の民主的正当化の憲法上の要請に違反していない。

(1) 国家の民主的責任

決定の性質をもったあらゆる職務上の行為は民主主義原理による民主的正当化を要する。それは国民の意思に還元されねばならず、国民に対して責任を負わねばならない。

私人への委託の場合、議会統制の可能性が低減されてはならない。私人への委託によって、高権的任務遂行に関して国家が責任を逃れないようにするためである。したがって、適切な任務遂行を保障する責任を国家は負うのであり、その保障責任について、議会は観察義務を負う。民主的正当化は、議会がこの観察義務を引き受けている場合に維持される。

(2) 民主的正当化

決定にかかわる者の任命が、不断の正当化連鎖によって国民に還元される場合に人的に正当化され、他方、法律による拘束と政府の指示・指揮に拘束されることで事項的・内容的に正当化される。この二種の正当化は、「一方の綱の正当化が低下したら、他方の綱の正当化を強化することで補整されるという相互関係にあり、そのかぎりで全体として一定の正当化水準が獲得される。問題になっている決定が基本権にますます強烈に抵触するのであれば、正当化水準は一層の高さが求められる」。民主的正当化は、執行法において十分に保障されている。

まず、施設管理者・施設代表者・管理職にある医師は、公的団体の任命によるラント福祉団体の職員として人的に正当化されているし、さらに施設管理者については、ヘッセン州社会大臣とラント福祉団体が一致した場合にのみ任命されるという要件が加重されている。その他の従業員については、管理者によって任命されるが、管理者は、自己の管轄範囲

での職位任命の委託契約に基づいて人事提案権が与えられているので、人的正当化連関のなかにある。また民間の係員は、施設内で施設管理者の同意があってはじめて従事することができるので、この点は正当化を補充する。

業務遂行も、責任ある公的な担い手の包括的な指揮権と結びついた法律に拘束されるので、事項的・内容的に正当化される。措置執行クリニックの実質的な担い手であるラント福祉連盟は、所管省の専門監督に服し、私法上の有限責任会社である措置執行施設は、公的担い手の広範な統制の下にある。

施設管理者は、公法の諸規定に服し、専門監督指揮権に服す。そのうえで、管理者は民間係員に対する専門的な指揮権が与えられる（委託契約5条2項）。このことから、基本権介入を直接行うあらゆる執行は、個々の係員にまで及ぶ不断の指揮連関のなかにある。

私人への委託の場合、受託者が必要な監督に服すが、本件では、専門監督は一般的指揮権を用いて行われ、その指揮または法律に従わない場合は、個別的指揮権によって行われる（執行法3条2項）。

以上から、人的及び事項的・内容的正当化の点で、十分な正当化の水準に達している。

【解　説】

ドイツでは、精神病患者が違法行為を行った場合、総合的な診断に従った裁判所の命令により、当該行為者は処罰されず、司法精神科病院または禁絶施設に収容される（刑法63条）。身体的な強制の行使という国家任務の核心領域の民営化が、どの程度可能か、80年代より議論されてきた。そのなかで本判決が、問題把握の枠組を提示している。ここでは、国家の保障責任が追求されていること、そして、民営化の許容性に対する審査が、基本法33条4項の「作用留保」に重点を置いたことが特徴的である。

1　作用留保の例外

本件ヴィートス・クリニックの会社の持分は、ラント福祉連盟（公法上の団体という法形式の地方自治体の一団体）が5％もち、残りの95％は、ラント福祉連盟の100％出資する有限会社がもつ。したがって、

当該施設は「民営化」とはいえ、ラント福祉連盟という公的な団体の支配下に置かれている。かかる施設内で、民間係員による収容者の拘禁が、基本法33条4項の高権的権能の作用留保、及び同法20条2項の民主主義要請に違反しているかが問われた。

作用留保の「例外」を許容する要件として、当法廷は主に質的観点を挙げ、例外が許される場合があるとする。そして、執行法によって、措置執行クリニックの私的担い手が、直接または間接に完全に公的主体であり続けている点に注目した。こうして、異議申立人の基本法2条1項の一般的行為自由への介入は、基本法33条4項違反ではないと正当化された。

2　憲法異議の適法性

通説によれば、基本法33条4項の作用留保は、主観法上の内容をもたない。しかし当判決では、異議申立人が、基本法33条4項違反から基本法2条1項の基本権侵害が正当化できないと主張したことにつき、拘禁を合法としたことで基本法2条1項の基本権に抵触し、それとの関係で基本法33条4項との抵触が問題となるということから、この主張は適法と判断された。

3　判決の射程

本件は、措置執行一般に関する民営化の可能性と限界について判断を示したかのように見える。たとえば、次のような評釈が見られる。

国家の権力独占という国家論の問題について、この判決が、「国家論のカテゴリーを、該当する基本法の規定を使って扱えるようにしている」と見る。それによれば、「憲法は、何が正当な権力であり、誰がその権力を実際に行使することが許されるのかについて決定する国家の決定権・実行権を改めて構成する」のだという。この考え方に立てば、結局重要なのは、誰が行うかというよりも、国家が最終的な「リザーブ（留保）権」をもっているということだという。したがって、当判決の意義について、①直接的な身体的強制の行使に関する国家任務の民営化の条件と限界を示し、②特定の条件下で原則的に

形式的民営化を許容し、③国家論上の国家の権力独占の問題を、作用留保と民主主義原理によって法律構成することに成功し、④基本法の規範を、民営化や国家の保障責任という現代的なカテゴリーと結びつけた、と述べるのである[1]。

また、この判決が将来の任務の民営化に広範な影響を与えていると読む者もある。それによれば、行刑の民営化について完全に可能性を開き、最終的に民営化の目的合理性だけで、民営化の限界を判断することになっているとする。それゆえ基本法33条4項の作用留保は浸食され、結果的に例外に対する量的・質的要請も重要な意味をもたなくなるとして、広範な民営化を許容したとして批判的に見ている[2]。

しかし、当判決は、一般化を許さないように判決の射程を極めて限定しているのではないだろうか。

公的団体に責任が留保されている本件では、民営化の議論一般として扱えるほど典型的な民営化ではない。そもそも、措置執行における民営化は、民営化を許されない高権活動の核心領域にあたるのか、あるいは、この民営化は、基本法33条4項の「作用留保」の点で、許容される例外となるのか。

これについて、判決は、作用留保の適用可能性の問題について判断を示している。判例・学説では基本法33条4項は、任務の担い手の公法・私法の組織形式に関係なく適用されるが、本判決でも、私法上の組織形式による高権的権能の行使について、同条項が適用された。そして、高権的権能の行使が「作用留保」の「例外」となるのかについて審査された。

基本法33条4項の高権的権限の行使は「原則」、職業官吏に委譲される場合は例外がみとめられる。職業官吏は最低限の配備が制度的に確保されているので、量的な点で例外となることは許されない。文言上「公務員に委譲するのを原則とする」とあるので、少なくとも公行政との結びつきが示されている。これについては、質的な基準で議論する。作用留保の目的は、質的に、忠誠心をもった法律に忠実なやり方で職業官吏によって任務遂行を保障することである。

措置執行を作用留保の例外とすることができるかについて、執行法5条3項を審査した。そもそも、この例外が可能かどうかは争いがある。というのも、基本権介入は権力独占をしている国家（権力）だけが許されるはずだからだ。たとえば、措置執行に対して国家による包括的な監督があったとしても、それは事後的な対応にすぎないため、作用留保の例外はみとめられないという有力な見解が学説にある[3]。

したがって、当法廷は、「例外」を許容するために必要な実体的理由を【判旨】2(3)のように挙げる。ここで挙げられた「例外」を正当化するのに必要な理由は、民営化の可能性を拡げるほどの一般的な性質をもつだろうか。そもそも、判決が質的な観点から検証した際に、民営化可能な「核心領域の任務」に何が該当するのか、どの程度のものなのかを全く議論していない。そして、裁判所は、作用留保の例外には説得的な理由が必要だというものの、具体的な包摂の際に、正当化根拠の例外の性質の要請を低下させてしまっている。さらに、措置執行の質を低下させずに、基本権を十分に保護するために必要とされる要件が多様に検討されていることからすれば、結果的に、民営化の対象をかなり限定的に捉えているということではないだろうか[4]。

(1) Christian Waldhoff, Anmerkung, JZ 2012, S. 685.
(2) Marc Andrè Wiegand, Die Beleihung Privater im Kernbereich hoheitlicher Aufgabenwahrnehmung, DVBl 2012, S. 1139 f.
(3) Willenbruch/Bischoff, Verfassungsrechtliche Zulässigkeit der Privatisierung des Maßregelvollzugs, NJW 2006, S. 1777.
(4) Sabrina Schönrock, Privatisierung im Maßregelvollzug, NVwZ 2012, S. 1014 も、執行施設の民営化は経営上意味があると考えてはならないし、この判決が他の基本権領域に対する民営化を公認したわけではないということにも注意すべきという。

69 ヘッセン州教授給与違憲判決事件

松原光宏

2012 年 2 月 14 日連邦憲法裁判所第 2 法廷判決
連邦憲法裁判所判例集 130 巻 263 頁以下
BVerfGE 130, 263, Urteil v. 14. 2. 2012

【事　実】

1　大学服務法改革最終報告書 (2000) により、競争をもたらしうる、業績指向の柔軟な大学教授報酬が提案された。報告に基づく法案が作成され、教授給与改革法が可決された (2002 年 2 月)。同法 1 条により連邦給与法改正、その重点は同条 7 号 (連邦給与法 32 条〜35 条改正) にある。連邦給与規則 W に基づき、①定額の基本給 (連邦給与法 32 条。添付 II により俸給グループ W1-3 を、添付 IV によりその基本給額を規律、W2 = 3,724.00 €, W3 = 4,522.00 €) 及び②可変的な業績受給 (同法 33 条。研究・教授等における特別な業績等を理由とする) からなる、教授報酬が導入された (基本給額については連邦給与・年金調整法 2003/2004 による増額。W2 = 3,890.03 € /W3 = 4,723.61 €、2004/08/01)。業績受給については連邦及び州に広範な裁量が認められ、特に州法による充填が必要とされる。旧連邦給与規則 C によれば (俸給グループ C1-C4)、招聘・招聘拒絶交渉に基づく手当等が C4 教授については認められるものの、就業年数 (15 段階) を基準に評価される基本給中心の報酬構造であった。

2　ヘッセン州では大学教授職は W2 又は W3 として扱うことが明記され (州給与法 2a 条 1 項、2004)、業績受給の詳細については、学問芸術省・法規命令に授権された (同法 2a 条 3 項)。法規命令により業績受給の条件一覧が規定され (大学業績給に関する法規命令 2 条、2005)、①招聘及び招聘辞退交渉 (同 3 条)、②「研究及び教授」等における特別な業績 (表彰及び研究評価、公表物、学問及び研究への国際的取組み等を基

準＝研究の場合、同 4 条)、③大学自治又は大学管理業務の枠内における、職務又は特別な任務遂行 (同 5 条) 等を理由とした業績受給、④その決定権限 (教授の業績受給は Präsidium により決定、同 7 条) 等が定められた。マールブルク大学では、命令に従い「業績受給、研究及び教授手当の配分に関する指針」が制定され (2005)、右の①〜③を理由とする業績受給付与・評価手続が整備された (指針 2 条)。同指針・添付 2 によれば、職務に対する業績受給については、月額、上限 300 € (副学部長の場合) 〜上限 2,500 € (学長) と定められ、特別な業績を理由とした業績受給については (5 段階)、月額、上限 400 € (第 1) 〜上限 2,500 € (第 5) と規定された。

3　連邦制度改革に基づき、公務員給与及び年金に関する競合的立法権限 (旧基本法 74a 条 1 項) が廃止された (2006)。基本法 74 条 1 項 27 号によれば、「給与及び年金」を除き、競合的管轄権 (同法 72 条 1 項＝連邦が権限行使しない限り州が保有) が認められる。連邦給与法は引き続き妥当するが、州法により代替可能となった (基本法 125a 条 1 項)。ヘッセン州では州給与・年金調整法 (2007/2008) により基本給増額が行われ、連邦給与規則 W は州給与規則 W により代替された。例えば 2010 年 3 月 1 日の増額調整により、W2 = 4,176.45 €、W3 = 5,071.42 €とされた。

4　官吏としてマールブルク大学 W2 教授に任用 (2005/5) された原告は、基本給 (3,890.03 €)・招聘に伴う業績受給 (毎月 23.72 €) に鑑み、自己への扶養は公務からみて適切な給与を支払うことへの憲法上の要請を満たしていないと考え、確認を求め州を

〔松原光宏〕

相手に出訴した。ギーセン行政裁は手続中止（2010/10/07）、連憲裁に移送した。

【判　旨】

「2003/2004 連邦給与・年金調整法 3 条 2 号に対する付録 27・3 号の文言における、連邦給与法 32 条 2 項に対する添付 IV・3 号（連邦給与規則 W・基本給額）は、立法者が給与グループ W2 の基本給額を、公務からみて適切な扶養原則に合致した額に決定しない限り、基本法 33 条 5 項に適合しない。a）ヘッセン州給与・年金調整法 4 条 1 項（2007）に対する付録 1・3 号、b）同州給与・年金調整法及び給与法規定改正法律（2008）の文言における、同州給与・年金調整法 4 条 1 項に対する付録 1・3 号、c）同州給与・年金調整法（2009）1 条 2 項に対する付録 1・3 号、d）同州給与・年金調整法（2009/2010）2 条 2 項に対する付録 8・3 号は、立法者が、給与グループ W2 の基本給額を、公務からみて適切な扶養原則に合致した額に決定しない限り、基本法 33 条 5 項に適合しない」。憲法に適合した規律は遅くとも 2013 年 1 月 1 日付け効力をもって行われる。

1　移送は適法である。決定対象は基本給額の調整を受けた連邦及び州の給与規則 W（2005/12 〜 2010/10）である。

2　教授給与の新たな規律は基本法 33 条 5 項の基準により評価される。公共の役務に関する法は、職業的官吏制度の伝統的諸原則に配慮しつつ規律され、継続的に発展する必要がある。立法者は伝統的諸原則の一つである扶養原則を配慮・尊重しなければならない。同項は立法者への規律委託及び職業的官吏制度の制度的保障を含み、その主観的な法的地位が関わる場合には、官吏の基本権類似権利を基礎づける。①扶養原則の内容は多様な決定因子からなる。「所属長は扶養原則により、官吏及びその家族を適切に終身扶養したうえ、職務上の地位、公務と結びつけられた責任、及び公共にとっての職業的官吏制度の重要性を基準に、一般的な経済・財政事情

及び一般的生活水準の展開に応じ、当該官吏に適切な生計費を支給するよう義務づけられる」。立法者はその際、官吏関係の魅力、公務の名声、並びに公務を扱う者に要請される職業訓練及び要求に配慮する必要がある。②扶養が地位に結びつくことにより、受給額は公務がもつ多様な価値に対応しつつ段階づけられる。「公務からみての適切性」は他の官吏グループの給与・年金との関係から規定される。③平均を上回る能力を有する者にとっての魅力を保持すべく、「比較可能な、比肩しうる職業訓練に基づいて手に入る、公共の役務外の活動により獲得される収入との関係」からも適切性は規定される。

3　立法者には基本法 33 条 5 項に基づく義務を具体化する際に広範な裁量が認められる。①広範な裁量には「事物への明白な違反という基準に限定される、抑制的統制」が対応する。実体的統制は、結果的に「官吏に付与される受給が、明白に不十分かどうか」という問題に留まる。②立法者の形成自由は、公務の評価及びそれに伴う給与法上の段階付けに関わる、システム転換の形式を備えた、給与についての新たな構造的規律をも含む。

4　扶養原則の内容形成に際しては「給与上、新たな業績の要素を導入すること及び既存のそれを修正すること」の双方共、形成に関する広範な裁量により原則的にカバーされる。①業績原理（Leistungsprinzip）は、扶養原則同様、職業的官吏制度の伝統的諸原則に属する。②もとより給与法における業績原理の間接的実現は、「官吏の個別的業績に直接左右される給与の構成部分」の投入を排除しない。業績をより強く考慮することは立法上許容される。

5　もっともシステム転換は無制限に可能なわけではない。立法裁量は基本法 33 条 5 項の扶養原則にその制限を見いだす。①基本法 5 条 3 項 1 文は価値決定的な客観的原則規範を定め、「大学において、自由な学問が可能であり危険にさらされることなく遂行」されることを求める。業績評価は、それが学

問的に適切に内容形成されると共に、学問的に適切な手続により行われる限りにおいてのみ許容される。②業績受給が扶養不足の補償となるためには、「公務の担い手全てに対しアクセス可能であり、かつ十分に恒常化されていなければならない」。このことは例えば、業績受給付与基準が立法者により十分明確に形成されていること、個々の教授が、明確に定義された、予測及び実現可能な要件の下、業績受給付与を求める出訴可能な法的請求権をもつ場合に妥当する。付与の要件及び基準、手続並びに権限が、学問の観点からみて適切に内容形成される必要がある。

　6　W2給与は「公務からみて適切な扶養」に関し求められる要請に合致しない。付与された給与は明らかに不十分である。連邦・州給与規則W共、基本給額は不適切、この扶養不足は業績受給によっても補填されない。①基本給は「地位、公務に結びつけられた責任及び公共にとっての職業的官吏制度の重要性に照らし、適切といえる生計費の支給を可能にするために」十分ではない。立法者は「しかるべき能力のある者にとっての教授職の魅力確保、この公職に対する社会における名声、必要となる職業訓練、その責任及びその要求」を十分に考慮していない。これはその他の給与グループの基本給額及び公共の役務以外から得られる収入との比較から明らかである。②給与規則Aとの対比から、W2の基本給額が「明らかに不適切である」ことが示される。その基本給額が、職業訓練、責任及び要請といった扶養法上の決定因子に適っていないことは明白である。③公共の役務以外の比較グループとの対置は「他の官吏グループとの給与比較に基づく、明らかな不適切さという確認を裏付ける」。④この不適切さは業績受給により解消されない。「可変的な業績受給は、公務の担い手全てにとってアクセス可能であり、かつ十分に恒常化されていなければならない」が、今回、明らかに妥当しない。⑤創設された給与水準は「判断に関するその広範な裁量を考慮し

てもなお、公務からみて適切な扶養の原則に反する」。（M. ゲルハルト裁判官反対意見が続く）。

【解　説】

　職務年数を基準とする基本給中心の大学教授報酬（給与規則C）は、研究・教育の質向上を標榜する、定額基本給＋可変的業績受給からなるシステム（同規則W）に転換された（連邦給与法32/33条、新任には2005年1月1日以降妥当、任命済教授には選択）。基本給額については連邦法による増額、業績受給の詳細については特に州による規律を予定していたところ、連邦制度改革により官吏給与規律が州権限（州給与年金調整法等）とされ、法制度は複雑な様相を呈した。もとより争点が「官吏としての大学教授」報酬の公務からみての適切性であることは不変、本件は、扶養不足を理由としたW2教授の訴をうけたギーセン行政裁が、事件を連憲裁に移送したものである[1]。行政裁によれば移送対象は基本給額のみだが、連憲裁により、問題解決にとり重要である限り業績受給も審査対象とされた。

　1　連憲裁によれば、教授給与についてシステム転換を図ること、新たな業績の要素を加味することも立法裁量の広範性によりカバーされる。立法者には公共の役務に関する法を継続発展させる義務があり（基本法33条5項）、「明白な違反」が統制基準として適切とされる。但し憲法上、職業的官吏制度の伝統的諸原則、特に「扶養原則」への配慮が要請される[2]。同原則は、公共にとっての公務の価値及び重要性、責任並びに職務上の地位を基準に、官吏及びその家族の終身扶養を命じており、経験は知識増加を生むという観点から職務年数も基準となる。公務＝基準とされる以上、他の官吏グループとの比較は扶養の適切性を判断する物差しとなりうる。比較可能な職業訓練が必要とされる私企業における収入についてもまた、重要な物差しとされた。この他、「（研究・教育・自治の担い手である）大学教授としての官吏」も重要争点の一つであり、とりわけ学問の自

由（基本法5条3項1文）に依拠した、業績評価への憲法上の要請も導かれた（五①）[3]。

2 連憲裁によれば、基本給は扶養不足、業績受給も不足補填するものではなく、W2教授基本給を定める連邦・州給与規則共、「明白な違反」基準によっても基本法33条5項違反（無効宣言なし）とされた。①他の官吏グループ・私企業との比較は、扶養不足判断の際の物差だが、前者については（学問修業を前提とする）給与グループAとの比較、後者については（大学卒業資格をもつ）指導的地位にある従業員グループとの比較が行われた（後者の場合、連邦統計局資料によれば比較対象のうちW2教授よりも収入が下回る者は僅か二割）。②連憲裁は、アクセス可能性及び恒常性を基準に業績受給による補填の余地がないと断じた。受給権欠如、受給枠がある以上、トップクラスの教授は格別、教授一般には業績向上による受給見込のないこと等が論拠とされている。

3 従来、業績原理は、公務の重要性等を基準とした扶養の適切性判断を要求、「伝統的諸原則」の一部をなす。今回新たに打ち出された官吏の個別業績を基準とする原理は、これと性質を異にする（四②）。純粋に個別業績を基準とする給与制は扶養原則に抵触する恐れがあるが[4]、連憲裁によれば、裁量の広範性によりカバー可能、但し基本給との関わりから、扶養性欠如が問題視された。法改正の方向としては、基本給昇給、業績受給権承認による補填、„entbeamtet（非官吏化）" 等が候補だが、ヘッセン州では2013年1月1日以降、二本立てを前提としつつ、経験年数（五段階）を基準とする基本給（W2教授の場合、最低430.80€昇給）が導入された。期日以前の業績受給については基本給昇給分削減が定められている[5]。

(1) 評釈として、C. D. Classen, Anmerkung, JZ 2012, S. 465 ff.; F. Hufen, Grundrechte und Hochschulrecht: Besoldung der Professoren, Jus 2013, 91 ff.; U. Quapp, Verfassungswidrigkeit der W2-Besoldung in Hessen, DVBl 2012, S. 428 ff.

(2) Jarass/Pieroth, GG, 10. Aufl., Art. 33, Rn. 47.

(3) C. Bäcker, Wissenschaft als Amt, in: AöR (2010), S. 78 ff.; BVerfGE 122, 89（リューデマン決定〔本書 **35** 判例〕）。ベッカーは基本法33条5項・5条3項の解釈論統合（Verbindungskonstruktion）を試みる。

(4) Budjarek, Spielräume einer Neuregelung der Professorenbesoldung, DÖV 2012, S. 467.

(5) E. Gawel, Konsumptionsregeln bei der Neuordnung der W-Besoldung: Formen und Auswirkungen, DÖV 2013, S. 285 ff. 州法の綱要については大学同盟サイト（www.hochschulverband.de）も参照。

70 ドイツ連邦議会議員法 2005 年改正の合憲性
―― 議員職の中心化規律と副業・副収入の透明性規律 ――

2007 年 7 月 4 日連邦憲法裁判所第 2 法廷判決

前硲大志　　連邦憲法裁判所判例集 118 巻 277 頁以下

BVerfGE 118, 277, Urteil v. 4. 7. 2007

【事　実】

　相次ぐ議員の副収入スキャンダルに対する批判を受けて、2005 年、第 26 次議員法改正法律（BGBl. 2005 I , S. 2482）とこれに伴い改正された連邦議会議事規則附則 1（BGBl. 2005 I , S. 2512. 以下「行為規範」）およびその施行規則（BGBl. 2006 I , S. 10. 以下「施行規則」）によって、議員職〔Mandat〕の行使を連邦議会議員の活動の中心とする「中心化規律」（議員法 44a 条 1 項 1 文）や、議員の副業・副収入の広範な届出・公開義務および届出義務違反に対する制裁を定める「透明性規律」（議員法 44a 条 4 項、44b 条、行為規範 1 条、3 条および 8 条、施行規則）などが導入された[1]。

　これに対して、計 9 名の連邦議会議員が、計 4 件の機関争訟を申し立てた。申立人らは、これらの規律が、基本法 38 条 1 項 2 文および 48 条 2 項による連邦議会議員の権利ならびに職業の自由（基本法 12 条）および情報自己決定権（基本法 2 条 1 項、1 条 1 項）を侵害することなどを主張した。本判決は、これらの申立てを併合したうえ、棄却した。

【判　旨】

1　中心化規律について（C.）

　8 名の裁判官全員が結論において合憲と判断した。ただし、Hassemer ら 4 名の裁判官は憲法適合的解釈を施した上で、合憲判断を下した。

（1）Broß, Osterloh, Lübbe-Wolff, Gerhardt の見解（C.I.）

（i）議員職の自由

　基本法 38 条 1 項による議員の代表者たる地位に

は、義務も結びついている。この義務の射程は、議会の代表能力および機能性を維持するという要請によって規定され、また限界づけられる。議員の自由裁量に属するのは、代表「するか否か」ではなく、「如何に」代表するかにすぎない。

（ii）議員の独立性

　基本法 48 条 3 項 1 文は、議員の独立性が議員に与えられる報酬によって十分に保障される、という点から出発している。基本法 38 条 1 項 2 文の定める議員の独立性については、選挙人による決定によらずにもたらされる利害関係者の影響からの独立性が特に重要である。

（iii）中心化規律について

　基本法 38 条 3 項の権限を用いて、議員職の行使を活動の中心としつつ（議員法 44a 条 1 項 1 文）、この義務づけにもかかわらず副業は許されたままである（議員法 44a 条 1 項 2 文）という意味において、憲法上の議員像を描き出すことは許される。

（2）Hassemer、Di Fabio、Mellinghoff、Landau の見解（C.II.）

（i）議員職の自由

　議員法は、自由委任という憲法上の原則（基本法 38 条 1 項 2 文）を具体化するが、自由委任の原則という基準は立法者の形成余地を限定する。

　自由委任は代表民主制と直接に結びついており、その結びつきから、国家と社会のはざまに立つ議員の特別な地位が帰結される。議員の基本権的な自由保障の妥当領域は、官吏ほどには限定されていない。関係する基本権の保障思想や価値も、基本法 38 条 1 項 2 文の枠内で引き合いに出されうる。

〔前硲大志〕

公の職務としての議員職は、義務とも結びつけられている。議員は特に、議員職を実際に行使する義務を負う。他方、議員職行使の態様と範囲については、法的規律から免れて単に政治領域に委ねられている。

(ii) 基本法 48 条 2 項

基本法 48 条 2 項による議席の引受・行使の妨害禁止が目指すのは、議員職と職業とを相互に結びつける機会を議員に与えることである。基本法 48 条は、議員活動と職業との共存をまさに前提としている。

(iii) 憲法適合的解釈

それゆえ、議員法 44a 条 1 項 1 文は、憲法適合的に解釈すれば、「秩序に適合した」一切の議員職行使のコントロールや、副業の時間的制約のための根拠としては理解されえない。

2 透明性規律について (D.)

Broß ら 4 名の裁判官が合憲、Hassemer ら 4 名の裁判官が違憲と判断している。

(1) Broß、Osterloh、Lübbe-Wolff、Gerhardt の見解 (D. I.)

(i) 透明化の利益の優越性

議員の利害結合と経済的従属性に関して国民が知っていることにより、連邦議会とその構成員が独立して全国民を代表する能力が保障され、そして、こうした能力ひいては議会民主制への市民の信頼も保障される。

基本法 38 条 1 項 2 文は、同条 3 項に基づく立法に際して、私人としての議員の正当な利益を適切に顧慮することを求める。もっとも、職業活動という外部に向けられた領域から生ずる情報を秘密にしておく議員の利益は、ありうべき利害結合の認識可能性についての公的な利益に比して、原則として劣後する。

(ii) 届 出 義 務

立法者が一般的な届出義務を基礎づけるには、議員職の独立性を阻害する抽象的な危険で足りる。あ

る活動について収受される総額をもって届出義務の基礎とすることは、目的不適合でも不相当でもない。所得の届出に際して肝心なのは、議員の経済的能力ではなく、ありうべき利害結合の認識可能性である。

(iii) 公開義務

本件の公開義務は、議員の議員職行使への評価が選挙人に委ねられており、選挙人はその評価のために重要な情報を自由に用いることができなくてはならない、という点で原則として正当化される。

(iv) 3 段階モデル[2]

副収入が、議員歳費の半額以下 (Stufe 1)、歳費額以下 (Stufe 2)、あるいはそれを超える (Stufe 3) という情報提供も、議員の独立性を阻害する利害結合を示唆するのに有用な手段の一つである。

(v) 届出義務違反に対する制裁

届出義務は政治過程が機能する条件であり、この種の義務は法的に構成されていなくてはならず、場合によっては制裁を用いることで、貫徹されなくてはならない。

(2) Hassemer、Di Fabio、Mellinghoff、Landau の見解 (D. II.)

十分な法治国家的保障なく広い範囲で議員の収入を公衆に明かす本件の透明性規律は、基本法 38 条 1 項 2 文と相容れえない。

(i) 自由委任

議員職と並ぶ可能な限り広範な議員の自由は、議員職の自由の本質的な構成部分である。副業の行使についての国家による介入は、同時に、議員職の自由そのものへの介入でもある。

基本権的視角も、基本法 38 条 1 項 2 文による議員職の自由の枠内で、補完として意義を有しうる。

議員の自由は、職務上の義務を行使する中での自由である。こうした自由こそが、議員を官吏と明確に区別する。議員は、基本法 38 条 1 項によって自由と平等を特に保障されている。

(ii) 自由委任への介入

包括的な副業・副収入の公表義務は、基本法 38 条 1 項 2 文の自由委任への介入である。介入強度の

評価に際しては、些細な事実についてさえもこれを公表することによって晒しあげる効果が生じうることを無視できない。

(iii) 調整の必要性

議会の機能性や、議会の廉潔性および議会が政治的信任に値することは、原則として議員職の自由への制約を正当化しうる法益である。

透明性はアンビバレントな概念である。絶対的な透明性の要請は、法治国的民主制の確かな保障に欠けるならば、却って救いの無さを示すものである。

議会の機能性を用いた論拠づけや、議会が政治的信任に値することを用いた論拠づけも、アンビバレントである。一方では、基本法38条1項2文に従って自由な議員のみが、議会が機能性を維持し、市民が議会の廉潔性への信頼を保持するという目標に貢献する。他方、これらの目標からは、議員の自由を制約する基準も引き出されうる。

以上から、議会の機能性および廉潔性への信頼という目標設定と議員職の自由への影響との間で、関係する基本権を補完的に顧慮して、憲法に適合する調整がなされなくてはならない。

(iv) 憲法に適合する調整の欠缺

財産収受についての裸の情報は多様な観点において誤った推論を導きかねず、この誤った推論は議員を不当な圧力の下に置く。

本件の公開義務によって、議員は「ガラス張りの」人間となる。公表の義務は原則として情報自己決定権への介入、そしてここでの文脈では職業の自由への介入にもなるであろう。

公表が正当とされるのは、議員の利害結合や従属性の危険を指し示すことに実際に適した情報が対象である場合に限られる。利害衝突の存在を示す具体的な端緒がない場合にまで議員の活動・所得が公の議論の対象とされることとなる公表システムは、基本法38条1項2文および48条2項1文と相容れない。

(v) 届出義務違反に対する制裁

届出義務違反への制裁は、届出義務それ自体が憲法に適合している場合にのみ、そしてその限りで、基本法と相容れうるにすぎない。それゆえ、本件の制裁システムは違憲である。

【解　説】

(以下、単に頁数のみを記載する場合、BVerfGE 118における頁数を指す。)

1　本判決について[3]

本判決は、上記「中心化規律」・「透明性規律」の合憲性が争われたものであり、議員と社会との関係をどのように規律づけるかという、議会民主制における重要な問題を取り扱ったものである。

本判決は申立てを棄却したが、法廷内部では、Broßら4裁判官とHassemerら4裁判官との間で見解の相違がある（以下、前者を「法廷意見」、後者を「個別意見」という）。

判決書において両意見は独立に併記されており、形式面からして既に対立の深さがうかがえる（参照、連邦憲法裁判所法30条2項1文後段）[4]。そして、内容面においても、両者の見解は対照的である。以下では両意見の対立構造を概観する。

2　法廷意見と個別意見の相違

両意見とも、議会の代表能力および機能性という観点から、議員職の自由に限界があり、議員職を実際に行使する義務があることを肯定する（S. 325, 345）。また、議員職行使の態様や範囲については、専ら選挙人に対する責任において政治の領域に委ねられる[5]、とする点も共通する（S. 336 f., 345 f.）。

しかし、法廷意見と個別意見には議会観に相違があると考えられ、そうした相違から、議員の位置づけ、および議員の私的利益への評価に違いが生じているように思われる。

(1)　議会観について

法廷意見の議会観によれば、議会の代表能力および機能性は、議員が議会において、選挙プロセスを経ていない社会的利益集団の影響から独立して（S. 330 f.）、職務を実際に行使することによって（S. 324）

もたらされる。

他方、個別意見の議会観によれば、議会の代表能力および機能性は、個々の議員の社会への具体的な根づきを通じて、議会における多元的なスペクトルが生じ（S. 378）、また社会において形成される選挙人意思を受容・媒介することによって（S. 340）もたらされる。

(2) 議員の位置づけについて

議員について、議員職の担当者としての地位と私人としての地位とが峻別されず、二重の地位が認められることは両意見に共通する（S. 354, 379）。しかし、上記の議会観の相違に即して、力点の置き方、さらには議員の独立性（基本法38条1項）の理解に差がある。

法廷意見では、議員が議会において公の職務を行使する存在であることに力点が置かれる（S. 324 f.）。そうして、議員の独立性については、選挙人による決定によらずにもたらされる利益集団からの経済的影響に対する独立性が特に重視される（S. 330 f.）。

他方、個別意見では、議員が社会に根づいた存在であることに力点が置かれる（S. 378 f.）。そうして、議員の独立性については、副業こそが議員の政治的独立性を支えるものであり、副業を許すことにより、再選などを意識して政党・利益集団・メディアの抱く期待を過度に顧慮する必要がなくなる、とされる（S. 345）。さらに、個別意見は、基本法48条2項1文について、議員職と職業とを相互に結びつける機会を与えるものとして積極的に解する（S. 347 f.）が、かかる解釈も議員の社会への根づきを重視する見解の帰結といえよう。

(3) 議員の私的利益への評価について

こうした相違は、基本法38条3項に基づいて議員の権利・義務が構築[6]される際に、議員の私的利益がどの程度顧慮されるべきかを左右する。

法廷意見は、議員の憲法上の権利・義務を定めるに際して、個人権的観点よりも議会法的・機能的観点が——機能性および代表能力ある議会の必要性に従って——原理的に優位にある（S. 328）という理解

に立つ。これは、議員について公の職務を行使する存在であることに重きを置いた帰結とみることができよう。

他方、個別意見は、少なくとも法廷意見の述べるような優位性には言及せず、議員職の自由を補強するものとして職業の自由および情報自己決定権をも引き合いに出す（S. 393 ff.）[7]。これは、議員が社会に根づいた存在であるべきことに重きを置いた帰結とみることができよう。

(4) 歳費判決との関係について

本判決では、議員について、私の領域からの収入の意義が問題とされた。これに対し、歳費判決（BVerfGE 40, 296）[8]では、議員歳費という国庫からの収入の意義が問題とされた。議員の上記二重の地位に鑑みれば、両判決は表・裏の関係にあるといえる。実際、本判決では法廷意見・個別意見のいずれも、歳費判決を多く参照指示している。もっとも、両意見における歳費判決の用い方は対照的である。

歳費判決では、理論上の指摘として、「議員は、自身の任務をおろそかにすることになる限界を超えてまで」、議会、会派・政党および選挙区における「自身の活動を自らの裁量によって制限する自由を、理論上は有している」（BVerfGE 40, 296 [312]）と述べられる一方で、事実認識としては、今日では議員職が片手間ではこなせないものであり、高度に複雑化した経済・産業社会における民主制は議員について「その人の全てを要求する」（BVerfGE 40, 296 [313]）と述べられた。

法廷意見は、「議員の自由裁量に属するのは、代表『するか否か』ではなく、『如何に』代表するかにすぎない」[9]（S. 326）と述べる際に、歳費判決のこうした事実認識まで参照する[10]。こうした事実認識は、議員が議会において公の職務を行使する存在であることに力点を置く法廷意見の立場を少なくとも補強するものであろう。

他方、個別意見は、法廷意見と同様に「議員は特に議員職を実際に行使する義務を負う」（S. 345）と述べるものの、その際、歳費判決の上記の事実認識

を参照していない[11]。そして、歳費判決の上記の理論上の指摘を引用しながら、議員職が実際に行使される際の態様と範囲について、それらが法的規律から免れていることを強調する (S. 345 f.)。

また、個別意見は、歳費判決が議員職行使の時間的重点化への法的帰結を導くものでなかった点を強調した上で、副業のない議員や稼得機会を著しく制限される議員について、副業を営む議員と「同じように」その独立性を強化する方向に進路をとったものとして、歳費判決を理解している (S. 343 f.)。ここにも、副業を営む議員を議員像の範型とする個別意見の立場が垣間見える。

以上のように、両意見における歳費判決の用い方の相違にも、議員の位置づけの違いが反映されているように思われる。

(5) 本判決は、いわゆる「政治とカネ」に関する規律をはじめとして、議員と社会との関係をどのように規律づけるべきかという問題への回答が、それぞれの背後にどのような議会観を置くかに左右されることを、アクチュアルな形で示したものと評価できる。そして、日本国憲法 43 条 1 項は、基本法 38 条 1 項 2 文と同様に、議員が「全国民を代表する」としており、この規定を手がかりに議員の自由委任について論じられてきた日本においても、以上にみた対立構造は成立しうるものであろう。本判決は、日本における規律を考えるうえでも参照に値するといえる。

(1) 経緯や新制度について参照、古賀豪「ドイツ連邦議会議員のための行為規範の改正」外国の立法 229 号 (2006 年) 114 頁。

(2) 2013 年改正によって、現在は 10 段階である (行為規範 3 条、BGBl. 2013 I , S. 1644)。

(3) 本判決についての詳細は、拙稿「判批」阪大法学 65 巻 3 号 (2015 年) 177 頁以下を参照。

(4) Vgl. S. Roßner, Offenlegungspflichten für die Nebeneinkünfte von Bundestagsabgeordneten, MIP 2007, S. 55.

(5) 原告代理人の一人である Ch. Waldhoff は、こうした規範化可能なものの限界を強調する。Vgl. Ch. Waldhoff, Das missverstandene Mandat, ZParl 2006, S. 256.

(6) Vgl. Ch. Möllers, Das freie Mandat in der demokratischen Repräsentation, Jura 2008, S. 941.

(7) 本件は機関争訟によるものであり、基本権を持ち出すことについては、憲法異議との住み分けの問題もあろう。Vgl. Schlaich/Korioth, Das Bundesverfassungsgericht, 9. Aufl. 2012, Rn. 91.

(8) 参照、ド憲判 I 87 判例〔岡田俊幸〕、本秀紀『現代政党国家の危機と再生』(日本評論社、1996 年) 第三章第三節第二款。

(9) H. H. von Arnim, Nebeneinkünfte von Bundestagsabgeordneten, DÖV 2007, S. 900 は、法廷意見のこの判示をもって、歳費判決の理論上の指摘からの「転向」とみる。

(10) J. Linck, Verfestigung des Leitbilds vom Berufsabgeordneten durch das BVerfG, NJW 2008, S. 24 f. は、議員についての事実上の著しい時間的要求から「憲法規範上のモデル像」を推論することに疑問を呈する。

(11) もっとも、こうした事実認識それ自体は否定されていない (S. 348)。

71 連邦議会解散後における選挙審査抗告の可否

2009 年 1 月 15 日連邦憲法裁判所第 2 法廷決定
連邦憲法裁判所判例集 122 巻 304 頁以下
BVerfGE 122, 304, Beschluss v. 15. 1. 2009

森　保憲

【事　実】

2002 年 9 月 22 日に行われた第 15 回連邦議会選挙の有効性について、抗告人は、基本法 41 条 1 項に基づき、2002 年 11 月 22 日に、連邦議会に選挙審査を申し立てた。その理由は多岐にわたるが、概ね以下のようなものである。

① 選挙法が憲法自体のなかに規定されていないことが、全体として憲法に違反する

② 基本法 38 条 2 項に規定される選挙権の年齢制限が、選挙法の原則に違反する

③ 5％阻止条項、超過議席、ラント候補者名簿の名簿順位の拘束性および比例選挙と選挙区選挙との結合などの現行選挙制度が選挙法の原則に違反する

④ いわゆる「ベルリンの第 2 投票[1]」は、選挙における平等原則に違反する

⑤ 選挙に先立つ連邦政府の諸行為や FDP の選挙広告への違法な資金援助が、選挙権者の意思形成に重大な影響力を与えたことが、選挙の瑕疵にあたる

⑥ CDU による選挙戦のためのデータ利用は違法で、選挙の瑕疵にあたる

連邦議会は、2003 年 11 月 6 日に、この審査の申立てには明らかに理由がないとして、選挙審査の申立てを却下し、これに対して抗告人は、2004 年 1 月 5 日に、基本法 41 条 2 項に基づき連邦憲法裁判所に選挙審査抗告を申し立て、申立ての理由として選挙審査において主張した理由を繰り返した。

2005 年 7 月 21 日に、連邦大統領は、基本法 68 条に従って、連邦首相の提案に基づき連邦議会を解散し、2005 年 9 月 18 日、第 16 回連邦議会選挙が行われた。これによって、選挙審査抗告はその対象を失ったが、抗告人は抗告手続を継続した。

【判　旨】

この選挙審査抗告は、すでに解決済みである。

1　選挙審査抗告の目的

選挙審査手続は、連邦議会の適法な構成の保障を目的とするもので、連邦議会が解散され、新たな議会が構成されているので、選挙審査抗告の判断は第 15 期連邦議会の適法な構成には効力をもたず、この限りでその対象を失っている。

2　選挙審査抗告の可否

（しかし）連邦憲法裁判所は、連邦議会の解散や通常の任期満了の後でもなお、適法な選挙審査抗告のなかで提起された選挙法規範の違憲の主張および重要な選挙法上の疑義問題を審査する権限を失わない。

(1)　選挙審査抗告が提起されるかどうかは、抗告人各々の自由な判断に委ねられており、連邦憲法裁判所は職権で活動することはできないが、（いったん選挙審査抗告が提起されれば）客観的手続のその後の経過については連邦憲法裁判所が判断し、その判断は公的利益が存するか否かに依る。

(2)　（連邦議会議員の）任期終了後には、起こり得る選挙の瑕疵が、個々の事例を越えて根本的に重要な意味をもつ場合に限り、選挙法規範の憲法適合性および現行選挙法の適用に関して連邦憲法裁判所の判断を求める公的利益が存するということができる。

(i)　選挙の準備や実施の厳格な法的規律、およびそれらの諸規定の適用の統制は、あらゆる民主的正当化の出発点としてのドイツ連邦議会選挙の意義にも、また基本法 38 条による選挙権および被選挙権

の保障にも合致する。

(ii) 連邦憲法裁判所は、選挙審査抗告において、連邦議会の選挙審査の決定を、形式的観点において、および実定法の諸規定が適切に適用されているかどうかについて審査するだけでなく、適用された選挙法が憲法に適合しているかどうかも審査する。最終の、また通常唯一の審級として、適用された選挙法規範の間接的な規範統制を行うのである。

(iii) 選挙法の規定は、（連邦議会議員の）当該任期を越えて、立法者によって改正されるか、連邦憲法裁判所によって無効または違憲と宣告されるまで効力を有するので、選挙審査抗告を通じて行われる憲法裁判所の間接的な規範統制の継続は、（連邦議会議員の）任期終了後も公的利益の下にある。個別の事例を越えて根本的に重要な意味をもつその他の選挙法上の疑義問題についても同様である。

(3)（一方）実体判断を求める公的利益は、選挙審査抗告が当初から不適法の場合には存在しない。この場合には、任期満了前であっても実体判断は行われない。さらに、連邦憲法裁判所が、問題とされる規定の合憲性もしくは違憲性、または抗告人が提起した疑義問題についてすでに宣言し、抗告人が異なる判断の契機を与えうる観点を提示しない場合、当該規定の改正によって問題となっている瑕疵が治癒し、または当該規定が、連邦憲法裁判所がすでに違憲と確定した諸規範と密接な実体的関係にある場合、もしくはドイツ連邦議会が、選挙審査手続において抗告人が主張する選挙規範違反をすでに確定している場合には、実体判断を求める公的利益が消滅する。

3 抗告人の主張に対する判断

抗告人の選挙審査抗告は、以下の理由から解決済みである。公的利益は、実体に関する判断を下すことなく手続を終了することの妨げにはならない。

(1) 連邦憲法裁判所法23条1項は、一般的な手続規定として選挙審査抗告にも適用され、適法な抗告理由には、議席配分に影響を与える選挙の瑕疵がどこにあったかを明らかにしうる事実説明が必要とされる。瑕疵の可能性の単なる示唆や、裏付けのない瑕疵の推測だけでは不十分である。職権調査の原則によって、抗告人は、抗告理由の実質的説明から

免れるわけではない。

(i) 抗告人は、選挙権の年齢制限の違憲を主張する（主張②）が、概括的な主張はいわゆる最低要件を充たしていない。基本法38条2項に規定される年齢制限は、同条1項の選挙諸原則と同じランクで規定されているので、それらを基準に判定されるべきではない。

(ii) 抗告人は、連邦政府が選挙に先立って行った新聞・雑誌の折込広告、選挙前の世論調査、FDPの広告への違法な資金援助等による選挙瑕疵を主張する（主張⑤）が、抗告理由やこれに必要な証拠方法が十分に示されていない。

(2) 抗告人は、超過議席の発生や、いわゆる「ベルリンの第2投票」が、選挙の平等に違反すると主張するが（主張③、④）、2008年7月3日の第2法廷の判断（BVerfGE 121, 266）により、選挙審査抗告を遂行する公的利益が存しない。

(i) 抗告人によって違憲と主張された（超過議席に関する）諸規定は、連邦憲法裁判所が、他の理由によって違憲と宣告している。

(ii) いわゆる「ベルリン第2投票」が選挙の平等の原則に違反するという主張は、連邦憲法裁判所によって、いわゆる「負の投票価値」に関する判決において違憲とされた諸規定と実質的な関係にある。これは、今後立法者が選挙法規定をどう形成するか次第であり、もはや実体判断の必要はない。

(3) 抗告人は、CDUによる選挙戦目的での違法なデータ利用を問題にしているが（主張⑥）、ドイツ連邦議会が、すでに選挙審査手続において違法と確定しているため、実体判断の公的利益は存在しない。

(4) 抗告人のその他の主張は、連邦憲法裁判所がすでにその合憲性を確定した選挙規範、あるいは判断を下した選挙法上の疑義に関するものである。抗告人は、これらに関して別の判断の契機を与えるような観点を提示していない。

(i) 抗告人が問題とした比例選挙と選挙区選挙との結合（主張③）は、連邦憲法裁判所が確立した判例において承認し、2008年7月3日の判決（BVerfGE 121, 266 [296]）においても再確認された。比例選挙が「拘束」名簿に従って行われる限り、憲法上の疑義も存在しない。

〔森　保憲〕

(ii)　憲法自体に規定されていないという理由から選挙法全体が憲法違反であるとする抗告人の主張（主張①）は、同様に連邦憲法裁判所の確立した判例によって退けられる。憲法制定者は、選挙制度及びその執行が憲法によって規定されることを意識的に断念し、選挙法の立法者によって補充されるよう、実質的意味の憲法を開いたまま残している。

(iii)　連邦憲法裁判所は、違憲と主張されている５％阻止条項（主張③）を、再三合憲と判断している。

(iv)　抗告人は、連邦政府の欺罔行為による許されない選挙への影響を主張するが、（選挙への影響の）許容性の憲法上の基準は、連邦憲法裁判所の判例（BVerfGE 103, 111 [132f.]）において明確にされている。政府構成員の選挙戦での発言は、任期終了後はもはや評価の必要はない。

【解　説】

1　本決定の論点

基本法41条1項1文は、「選挙審査は、連邦議会の責務である」と規定し、選挙の有効性に疑義のある有権者は、連邦議会にその審査を申し立てることができる[2]。この申立てについての連邦議会の判断に対しては、さらに連邦憲法裁判所への抗告[3]が認められている（同条2項）。本件は、2002年9月に行われた第15回連邦議会選挙の有効性が争われた選挙審査抗告である。

本件では、抗告人が当該選挙の有効性についてさまざまな主張を展開しているが、本件の主要な論点は、抗告人の主張の内容それ自体にあるのではなく、選挙審査抗告中に連邦議会が解散され、新たな連邦議会が構成された場合、すなわち当該選挙によって選出された連邦議会議員が、連邦議会の解散によってその地位を失ってしまった場合になお、連邦憲法裁判所が争われている選挙の有効性を判断することができるか、という点にある。

2　連邦議会解散後の選挙審査抗告の可否

(1)　この手続に主観的権利保障機能を認める見解も散見される[4]が、通説的見解[5]では、この手続は、連邦議会の適法な構成の保障を目的とする客観的手続であると考えられており、連邦憲法裁判所の判例も従来この見解に従っている[6]。それゆえ、連邦憲法裁判所は、「選挙審査抗告の終結によって、実体判断の余地がなくなる[7]」、「選挙の際の抗告人の主観的権利の侵害は手続の終結にかかわらず判断の契機となる、との抗告人の主張は却下される[8]」、といった判断を下し、主観的権利の侵害を理由とする実体判断や手続の継続を否定してきている。

他方、連邦憲法裁判所は、「抗告人による選挙審査抗告の取り下げ後も、選挙法上の疑義の解明という公的利益を考慮して、判断の権限を維持する[9]」と判示し、この手続の性格ゆえに、抗告人の主張とは関係なく判断の権限をもち続けるとしてきた。

しかし、連邦議会の解散や任期満了によって議員が地位を失い、選挙審査抗告の審査の対象自体が消滅してしまった場合に、それでもなお連邦憲法裁判所が選挙審査抗告を継続しうるか否かについては、これまで明確な判断は示されていなかった。

(2)　本件において、連邦憲法裁判所は、選挙審査抗告において、「任期終了後には、起こり得る選挙の瑕疵が、個々の事例を越えて根本的に重要な意味をもつ場合に限り、選挙法規範の憲法適合性および現行選挙法の適用に関して連邦憲法裁判所の判決を求める公的利益が存するということができる」と判示し、この問題に明確な判断を示してしる。本決定において連邦憲法裁判所は、選挙審査抗告手続が「連邦議会の適法な構成を保障を目的とするもの」であり、連邦議会の解散によって選挙審査抗告手続は「その対象を失った」としながらも、「適法な選挙審査抗告のなかで提起された選挙法規範の憲法適合性および重要な選挙法上の疑義問題を審査する権限を失わない」と判示したのである。その理由として示されるのは、選挙法の諸規定が「立法者によって改正されるか、連邦憲法裁判所によって無効または違憲と宣告されるまで効力を有する」という点であり、この点に連邦憲法裁判所が判断を下す「公的利益」を見出しているのである。

ただ、連邦憲法裁判所は、議会の解散や任期満了後の選挙審査抗告の判断権限を無限定に認めたわけではなく、いくつかの限定が付されている。

第一に、判断権限は「起こり得る選挙の瑕疵が、個々の事例を越えて根本的に重要な意味をもつ場

合」に限られている。具体的にどういった場合がこれにあたるかについて本決定では何ら示されてはいないが、選挙法の規定等の不備によって選挙の度に同様の瑕疵が繰り返し生じるような場合が想定されているものと考えられる。

さらに、「選挙審査抗告が当初から不適法の場合」、「連邦憲法裁判所が、すでに別の文脈において問題とされる規定の合憲性もしくは違憲性または抗告人が提起した疑義問題について宣告し、抗告人が異なる判断の契機を与えうる観点を提示しない場合」、「規定の改正によって問題となっている瑕疵が治癒した場合、または規定が、連邦憲法裁判所がすでに違憲と確定した諸規範と密接な実体的関係にある場合」、「ドイツ連邦議会が、選挙審査手続において抗告人が主張する選挙規範違反をすでに確定している場合」にも、判断権限を維持する公的利益が否定される。これらは至極当然の限定であるが、選挙審査における連邦憲法裁判所の受動性や、判断の重複の回避などが配慮されたものであろう。

(3) 本件において、連邦憲法裁判所は、抗告人の主張の一部について不適法とし、またその他について選挙審査抗告を継続する公的利益が存しない、として手続を終結した。

3 本決定の意義

本決定の意義は、連邦議会の解散や任期満了によって選挙審査の対象が失われた後であっても、「公的利益」が存すれば連邦憲法裁判所の判断権が失われないことを、連邦憲法裁判所自身が明確にした点にあろう。選挙審査抗告の客観的性格や、連邦憲法裁判所の憲法保障機能を考慮すれば、このような判断は決して違和感のあるものではない。また、連邦議会の解散や任期満了によって手続が終結し、選挙法規範の違憲性や選挙の違法性が解消されないままに選挙が繰り返されることの回避という現実的な問題も考慮されたのではないかと思われる。

憲法裁判の制度に根本的な相違があるため単純な比較はできないが、本決定はわが国の問題にも示唆的である。公職選挙法 204 条に基づいて提起される議員定数不均衡訴訟について、解散や任期満了によって当該選挙の効力を争う利益が一斉に消滅して

しまった場合に裁判所の判断権がどうなるかについて判断した事例は未だない[10]が、そのような事情が生じた場合、わが国の裁判所はどう判断すべきであろうか[11]。本決定は、公選法 204 条に基づく訴訟の客観的性格から、訴えの利益の消滅後も裁判所の判断権を肯定する理論構成の可能性を探るための契機を提供しうるものである。

(1) 「ベルリンの第 2 投票」については、加藤一彦「ドイツ連邦選挙法改革と憲法裁判──ドイツ連邦憲法裁判所の二つの判決を契機に」現代法学 23 = 24 合併号 (2013 年) 83 頁を参照。

(2) 本稿では、この手続を選挙審査または選挙審査手続としている。連邦議会における選挙審査 (手続) について詳細は、畑尻剛 = 工藤達朗編『ドイツの憲法裁判──連邦憲法裁判所の組織・手続・権限 (第 2 版)』(中央大学出版部、2013 年) 499 頁 (執筆：山本悦夫) を参照。

(3) 本稿では、この抗告手続を選挙審査抗告としている。連邦憲法裁判所における選挙 (審査) 抗告について詳細は、畑尻 = 工藤編・前掲書注(2) 499 頁以下 (執筆：山本悦夫) を参照。

(4) たとえば Puttler, DÖV 2001, 849 (852 f.); H. H. Klein, in: Maunz/Dürig, GG, 2004, Art. 41 Rdnr. 90. など。

(5) たとえば Schlaich/Korioth, Das Bundesverfassungsgericht, 9. Aufl., 2012, Rdnr. 343; Umbach/Clemens/Dollinger, BVerfGG, 2. Aufl., 2005, §48 Rdnrn. 35 f. など。

(6) BVerfGE 1, 430 [433]; 103, 111 [134] 〔ド憲判 III **68** 判例〕.

(7) BVerfGE 22, 277 [280 f.].

(8) BVerfGE 34, 201 [203].

(9) BVerfGE 89, 291 [299].

(10) 衆議院小選挙区の定数不均衡訴訟の係争中に、当該選挙区から選出された議員が辞職した事例では、最高裁は、訴えの利益が消滅したとして訴えを却下している (最三小判平成 17 年 7 月 19 日民集 59 巻 6 号 1817 頁)。この事例は、個々の選挙区の問題で当該選挙に関する訴訟がすべて打ち切りになるわけではなく、解散や任期満了の場合と同視することはできないが、この判例から、解散や任期満了の場合にも訴えの利益の消滅による却下判決が下される可能性は推測できる。

(11) すべての訴えが一斉に却下されれば、違法状態が解消しないまま選挙が繰り返され、同様の訴訟が繰り返し提起されることになる。これは、訴訟経済上も問題があろう。

72 連邦議会選挙におけるコンピューター制御の投票機導入の違憲性

2009 年 3 月 3 日連邦憲法裁判所第 2 法廷判決

浮田　徹　　連邦憲法裁判所判例集 123 巻 39 頁以下

BVerfGE 123, 39, Urteil v. 3. 3. 2009

【事　実】

2005 年のドイツ連邦議会選挙では、Hessen などの 5 州 200 万人の有権者がコンピューター制御の投票機を利用して投票を行った。ここで導入された投票システムは、オランダ Nedap 社製のコンピューター制御の投票機を中核としていた。投票機はマイクロプロセッサーとソフトウェアプログラムにより制御されており、投じられた票は電子メモリに蓄積され、投票終了後、投票機ごとに電気的に集計される。ドイツでは、1961 年、1975 年の連邦投票機令の改正に基づき、手作業より合理的な集計方法として電気で作動する「集計機」を導入してきたが、これは調達、メンテナンス等を考慮すればわずかな時間の節約になる程度のものであった。本件コンピューター制御の投票機は、これらの欠点を踏まえた上で導入されている。

本件の投票機は、1993 年に改正された連邦選挙法、1999 年に改正された連邦投票機令によって導入が可能となった。連邦選挙法 35 条 1 項は「投票および票の集計を容易にするため、投票用紙および投票箱に代えて、投票機を用いることができる」と規定する。連邦投票機令は、「電気で作用する」「コンピューター制御」の投票機の使用を可能とするよう改正され、機械の認証、使用のための要件などが定められた。本件投票機については、申請に基づき、連邦内務省が投票機の個体識別、技術的構造、作動などの要件について審査し構造認証を行い、その後、2005 年の連邦議会選挙における使用が許可されている。

二名の抗告人は、選挙審査が却下されたため、連邦選挙法および連邦投票機令、使用された投票機の認可および使用の許可が憲法に適合しないこと、連邦議会選挙の結果が無効であることなどを主張して連邦憲法裁判所に対し選挙審査抗告を提起した。

【判　旨】

1　連邦投票機令は、憲法の基本原則である選挙の公開性 (Öffentlichkeit der Wahl) にふさわしい監視を保障しない限りにおいて基本法 20 条 1 項および 2 項と結びついた基本法 38 条と一致しない。2005 年連邦議会選挙における使用も同様である。

2　(基本法に合致する電子投票機) 投票機の導入においては、選挙結果の算出の本質的な段階については、信頼しうる形で、特別の専門知識を必要としない事後的な検証が可能でなければならない。これに対し、用いられた投票機は、票の受理および投票結果の集計について、外部からの、情報技術的専門知識のない状態での人の手による検証が不可能といえる。また投票機のソフトウェアの欠陥の判別は非常に困難である。一般にはごく例外的といえる不正な操作・選挙瑕疵は、コンピューター制御の投票機を用いる場合には比較的少ない労力によって、すべての票に対しても影響を与えることが可能である。この選挙瑕疵の射程は広く、選挙の公開性を確保するためには特別の予防措置が必要となる。具体的には、投票後の票がもっぱら電子メモリにのみ保存されていることが問題である。例えば電気的な票の把握に加えそれぞれの選挙人が自分の投票を確認することのできる紙の印刷記録を蓄積するような機械であれば検証は可能である。ただ、その他の具体的な検証

可能性についてここで決定する必要はない。

また、公権力による導入前の認証段階でのセキュリティの確認、さらには関心を持つ市民による投票機の検査手続あるいは認証手続への参加、検査報告書の公開、ソフトウェアのソースコードを含む指標の公開も、投票前の手続に関係するにすぎず、監視可能性の不足を補えていない。

3 （選挙の公開性と憲法上の他の利益）選挙の公開性の原則には、憲法上の他の利益との衝突が考えられるが、コンピューター制御の投票機の導入に関し、投票行為および結果算出の監視可能性の広範な制限を正当化しうる、対抗する憲法上の原理は見当たらない。

コンピューター制御の投票機の導入は、従来の選挙において起こりうる無意識の投票用紙の誤記入、意図しない無効投票、故意ではない集計ミスあるいは不適切な選挙人意思の解釈などを排除するという目的を持つ限りにおいては、平等選挙の実現に寄与する。しかしこれによって、選挙プロセスのすべての検証可能性の放棄が正当化されるわけではない。そもそも本件投票機では、操作のミスは完全に排除されない。

また選挙の公開性は、秘密選挙の原則とは緊張関係にない。歴史的にみれば、公開投票の排除においてそれは存在した。しかし、自由選挙および秘密選挙が明記された基本法の下では、公開性は投票行為そのものにはあてはまらない。選挙人が、自らが秘密に投じた票が後の集計の基盤として偽りなく把握されているかどうか、また実際に結果に組み込まれたかどうかに対する監視を可能にする予防措置は、秘密選挙の原則と矛盾せず、監視の制限は正当化されない。

また、基本法39条2項の選挙後30日以内の集会のために、適切な期間内に代表者の正確な構成を明らかにするという利益は、選挙手続の整備において考慮されるべき視点である。しかし、投票機の導入前も選挙の結果は適切に算出されていたのであって、電子投票機の導入における選挙の公開性のための十分な予防措置の制限は憲法上の利益を形成しない。

4 （連邦選挙法35条の合憲性）コンピューター制御の投票機の導入をどのレベルの規範（法令）で規制すべきかについては、議会の留保および法規命令の権限付与に関する基本法80条1項2文に従って決定される。投票機の導入に関し、基本的な条件に関する決定は議会に留保されている。そしてまた、電気的に制御された投票機は、単なる機械的な投票機とは異なり絶え間ない技術的発展の影響下にあって、迅速な法的適応を実現する必要があるため、その規制が連邦内務省に委ねられている。この意味では、詳細な規定を設けていない連邦選挙法35条は憲法に違反しない。

またそもそも、連邦選挙法35条が「投票用紙と投票箱の代わり」として投票機の使用を許容すること自体は憲法上の問題を生じない。35条は、選挙の公開性を充足するような、他の検証の仕組みを備えた投票機を排除しない。公開性の要求は、連邦選挙法35条ではなく憲法から直接もたらされ、命令権者を拘束している。

5 （連邦投票機令の合憲性）連邦投票機令は、基本法20条1項および2項と結びついた基本法38条から導かれる選挙の公開性に反しているため違憲である。選挙の公開性は、コンピューター制御の投票機の導入において、投じた票が偽りなく把握され結果に組み込まれるという投票と結果の算出の本質的な段階が、信頼しうる形で特別の専門知識なく検証可能であることを求める。連邦投票機令は、そのための具体的な内容および手続についての要求を含んでおらず、それゆえ憲法に適合しない。

6 （実際に使用された投票機）2005年連邦議会選挙において用いられた投票機は、票がもっぱらメモリ上でのみ把握され、選挙人、開票を監視する市民、選挙委員が、投じられた票が偽りなく把握されているかを検証できない。また投票機による結果の算出についてもその本質的な段階については検証が不可能である。投票機には十分な検証のための機能が備わっておらず、市民による検証は排除されている。このような投票機は憲法に適合しない。

7 （選挙結果の無効）確認された選挙瑕疵は、当該選挙区における選挙の再施行には繋がらない。コンピューター制御の投票機の使用における誤作動や不正な操作によって異なる結果が生み出されたことを示唆するものは何もなく、その瑕疵の影響は、議会の存立維持の利益を上回らない。

【解　説】

1　本判決の意義

本件は、連邦議会選挙におけるコンピューター制御の投票機の導入のための連邦投票機令およびそれに基づく実際の使用が違憲とされた事例である。本判決の後、三度の連邦議会選挙において投票機が用いられていないことを考慮すれば、いわゆるeデモクラシーの進展に関する重要な判決だといえる。ただここでは、許容される投票機の性能などにつき詳細な検討が加えられたわけではなく、また一般的なコンピューター制御の投票機の使用そのものは違憲とされていない。本判決で注目すべき点は、とりわけ投票用紙を用いる選挙においては問題にならなかったが、特に情報通信技術の発展に伴うコンピューター制御の投票機の導入において考慮されるべき憲法上の原則、すなわち選挙の公開性が指摘されたことである。

2　選挙の公開性

連邦憲法裁判所は、違憲性の審査において「選挙の公開性」原則を用いた。一般に選挙については、「普通・直接・自由・平等・秘密」の各原則が基本法38条によって保障されるが、公開性については明文の保障はない。ただ、公開性の原則は、基本法20条1項、2項と結びついた38条から導かれ、候補者の推薦、投票、選挙結果の算定などの選挙の手続においてあてはまると考えられている[1]。また本判決では、民主主義原理、共和制原理、法治国家原理にもその根拠が求められている。そして、この公開性の原則は、電子投票という新技術の導入に伴って重要な役割を果たすことになった[2]。すなわち、投じられた票が、瑕疵や不正な操作なく集計され、選挙人の意思が正確に反映された結果に結びつくと

いうことは、国民の選挙に対する信頼を確保し、民主的政治的意思形成の基本的な前提となるのである。これには、選挙の各段階における検証可能性が不可欠であって、この検証は、共和制原理からすれば国民自身の事柄であって、国民の手になければならない。このようにして形成される代表者は、国家権力行使の透明性とコントロール可能性という法治国家原理にも合致するという[3]。

ここで選挙の公開性が求めているのは、選挙の経過に対する検証の可能性が一般の国民に「開かれた」状態にあるということである。具体的には、選挙人が、投じた票が確実に記録され、集計においてどのように分類され計上されたか、そして結果の確定において実際にそこに組み込まれたかどうかについて、信頼できる形で検証できるということが求められる。ただ実際には、選挙のすべての段階が市民に開かれていなければならないわけではなく[4]、主要な部分において信頼性が確保できれば十分と考えられている。

これを充足させるための手続は、第一次的に立法府の課題である。基本法38条3項は選挙の基本原則の遵守を規定する権限を立法者に与え、そして義務づける。技術的安全性、導入の決定、そのための詳細な条件の確定は法律の範囲内で法規命令の形で規定することができる[5]。

3　選挙の公開性と秘密選挙

選挙の公開性は、他の憲法上の利益、特に他の選挙の原則によって制限されうる。とりわけ、秘密選挙の原則との衝突が想定されるが、秘密選挙が憲法上の利益として明文化された以上、そもそも選挙の公開性との衝突はありえない。すなわち、選挙の公開性は、投票そのものだけでなく事前の意思形成、事後の制裁の排除なども含めた秘密選挙の原則と衝突しない領域に妥当するものである。そしてまたこの意味で秘密選挙の原則も選挙の公開性の原則の制限を正当化しないのである[6]。

4　コンピューター制御の投票機と選挙の公開性

（1）選挙の公開性は、これまでの投票用紙を用い

る選挙においては問題とならなかった。特別の配慮が必要となった要因は、情報通信技術の発展に伴うeデモクラシーや電子選挙（die elektronische Wahl）の導入にある。その概念は広く、多様な形態が考えられるが、その目的は一般に、選挙権行使における障壁を低くし、投票と集計における誤りを回避することにある。この意味でeデモクラシー／電子選挙は、普通選挙、自由選挙、平等選挙に寄与する。ただ、投票の電子化という点に着目した場合には、電子記録の不正な操作とその際の影響の大きさ、票の蓄積および集計プロセスのブラックボックス化が懸念され、投票の匿名性の保障という点にとどまらず、投票の秘密と密接に関連する自由選挙の原則が侵害されるおそれが指摘されることになる。それゆえここでは、投じられた票の完全性と手続の信頼性が重要である。そこで連邦憲法裁判所は、投票機の使用における投票から集計にかけての検証可能性の確保が重要だとしたのである。

（2）　本件で問題になった投票機は、いわゆる電子投票機の中では機能が限定されたものであって、他の方法で記録を残す仕組みがないなど、トラブルの有無に関わらず検証そのものが困難である[7]。この点からすれば本件投票機は、そもそも投票から結果の確定までの基本的な段階が一般市民に開かれているとはいえず、選挙の公開性を充足することはできない。

（3）　連邦憲法裁判所は、連邦投票機令が、選挙の公開性を充足できない投票機の導入を防げない点で憲法に違反するとした。ただ、「投票用紙と投票箱の代わりとして」の投票機の導入を規定する連邦選挙法35条は合憲としており、コンピューター制御の電子投票のシステム自体は憲法に適合する余地が残されている。連邦憲法裁判所の挙げる一例（判旨二）はまさにそれを示しており、具体的に許容される投票機の問題は開かれたままである[8]。

本判決以降投票機は使用されていないが　これを情報通信技術の進展に対する不信や敵対と評価するべきではない。ここでは、新しい技術の導入に際して特に注意すべき選挙の公開性という憲法上の利益が指摘されたことが重要である。この制限は効率性だけでは正当化できない。ここでは、選挙手続の電子化の領域における選挙の公開性によるコントロールの新しい形態のための、立法者および命令制定権者への新たな措置への要求であると理解する必要があるといえよう[9]。

5　選挙の有効性

本判決は連邦投票機令と投票機を違憲と判断したが選挙結果は有効とした。ただここでは、投票機を用いることによる選挙結果への影響そのものが検証できないことが問題となっている。影響の不確かさゆえに議会存立の維持の利益が優先すると判断している部分については若干の検討の余地があるようにも思われる[10]。

(1)　Klein, in: Maunz/Dürig, Grundgesetz-Kommentar 74. EL Mai 2015, Art. 38 Rdnr. 113 f.

(2)　vgl. Münch/Kunig, Grundgesetz Kommentar, Band 1, 6. Aufl., Art. 38, Rn. 72.

(3)　Vgl. BVerfGE 123, 39（68 ff.）.

(4)　Vgl. Münch/Künig, a. a. O., Art. 38, Rn. 72b.

(5)　Vgl. Magiera, in: Sachs, GG 5. Aufl. 2009, Art 38 Rn. 114.

(6)　Vgl. Münch/Kunig, a. a. O., Art. 38, Rn. 72d.

(7)　ここで用いられたDRE（直接記録方式電子投票：Direct Recording Electronic）方式の投票機は、検証やトラブル時に問題が生じる可能性が高く、電子記録とは別に記録を紙で残す投票確認用監査証跡紙（VVPAT = Voter Verified Paper Audit Trail）の機能を付けるなどの要請がなされることが多い。ちなみに同時期、Nedap社の別の投票機に関し、アイルランドではVVPAT機能がないことを理由として、オランダではそれに加えてセキュリティの問題が指摘され使用されなかった（湯淺墾道「各国の電子投票制度」九州国際大学法学論集14巻3号（2008年）21頁以下参照）。また、日本における電子投票の導入とその問題については拙稿「選挙人におけるコンピューター制御の電子投票機の導入」自治研90巻5号（2014年）142頁以下も参照。

(8)　Vgl. Will, NVwZ 2009, 700（701 f.）; Schiedermair, JZ 2009, 572; Pauland/Rolfsen, Jura 2010, 677; Sachs, JuS 2009, 747.

(9)　Vgl. Münch/Kunig, a. a. O., Art. 38, Rn. 72 f.

(10)　その他文献として、vgl. Anika D Luch, BayVBl 2015, 253 f.; Maria Henning, DÖV 2012, 789 f.

73 追加選挙と本選挙の暫定的な選挙結果公表による情報格差の合憲性

2009 年 4 月 21 日連邦憲法裁判所第 2 法廷決定
連邦憲法裁判所判例集 124 巻 1 頁以下
BVerfGE 124, 1, Beschluss v. 21. 4. 2009

大岩慎太郎

【事　実】

1　第 16 回ドイツ連邦議会選挙 (2005 年 9 月 18 日) の公認候補者名簿承認後、本選挙実施前に 160 選挙区 (ドレスデン 1 区) における NPD の選挙区候補者が死亡した。候補者の死亡をうけて、当該選挙区における選挙が中止され、旧連邦選挙法 43 条[1]に基づき追加選挙 (Nachwahl)[2]の実施が決定された (実施日は 2005 年 10 月 2 日)。本選挙日の翌日に 1 回目の暫定的な公式結果が公表された (各政党に配分される議席数は、ドレスデン 1 区の選挙結果を除いて算出された)。

本選挙の暫定結果の公表によって、① CDU がザクセン州において 3 つの超過議席を獲得、②追加選挙により、CDU が第 2 票を 41225 票以上獲得すれば、ノルトライン＝ヴェストファーレン州における 1 議席がザクセン州へ移動する、③仮に、上記②のような形で CDU のザクセン州に配分される議席が 1 議席増えたとしても、ザクセン州において超過議席を獲得していたため、ザクセン州における議席数は増加せず、逆に、ノルトライン＝ヴェストファーレン州の州候補者名簿から 1 議席を失う結果となるということ (CDU は連邦全体でみたとき 1 議席を失う) が明らかとなった。

本選挙の暫定結果の公表によって、いわゆる「負の投票価値」の発生が報じられ、CDU は自らの支持者に対して第 2 票を他党へ投じるよう、また、CDU 以外の政党は支持者に対して第 2 票を CDU へ投じるように呼びかけた。

追加選挙実施後当日中に、連邦選挙管理委員長によってドレスデン 1 区における選挙結果を算入した

「第 16 回ドイツ連邦議会選挙の暫定的な結果」[3]が公表された。

2　この 2005 年連邦議会選挙について、本件抗告人[4]が選挙審査を申し立て、その中で、ドレスデン 1 区の有権者は本選挙日に投票した有権者と異なる情報基盤のうえで投票しており、異なる投票価値をもつであろうこと、さらに、追加選挙が本選挙の暫定的な選挙結果の公表により、もはや「同一の基礎の上で」執り行われていないために、旧連邦選挙法 43 条 3 項および平等選挙原則に違反すると、加えて、追加選挙前の本選挙の結果の公表を通じて普通ないし秘密選挙原則も侵害されると訴えた。

この選挙審査を連邦議会が棄却し、それに対して抗告人は、これまでの申し立て事項に選挙機関を通じた選挙権規範の解釈の問題を加えて連邦憲法裁判所に選挙審査抗告 (基本法 41 条、連邦憲法裁判所法 13 条 3 号、48 条) を行った。

【判　旨】

本件選挙審査抗告は棄却する。

1　ドレスデン 1 区にて NPD の選挙区候補者が公認候補者名簿承認後、投票日前に死亡したことによって、旧連邦選挙法 43 条 1 項 2 号に応じた追加選挙のための諸前提が満たされ、追加選挙は、連邦選挙規則 82 条と結びついた旧連邦選挙法 43 条 2 項、3 項の遵守のもとで適正に実施された。

連邦選挙法と連邦選挙規則の文言から、全選挙領域のための暫定的な選挙結果の算出および公表が本選挙後ではなく、追加選挙後に行われるべきである

ということは読み取り得ない。

2 旧連邦選挙法43条1項2号、2項、3項は、基本法38条1項1文に基づく平等選挙原則と一致する。

基本法38条1項1文における平等選挙原則は、すべての国民が選挙権、被選挙権を形式的に可能な限り平等な方法で行使することを要求し、さらに、自由主義的、民主主義的根本秩序の本質的根拠の1つといえる。この平等選挙原則は、各有権者のもつ票が平等な数的価値と法的結果機会をもたなければならないことを意味し、すべての有権者は投票をすることによって選挙結果への平等な影響力をもつべきである。この結果機会の平等は多数選挙と比例選挙とで異なった形で作用する。多数選挙の場合には、すべての票の平等な数的価値を超えて、選挙の際、すべての有権者が可能な限り平等な選挙区基盤に基づき、そして、そのことからおおよそ平等な票の重さをもって選挙に関与することを意味する。比例選挙の場合には、各有権者がその票によって国民代表の構成への平等な影響力をもたなければならないということを意味する（いわゆる、結果価値の平等）。

基本法は、38条1項、2項のなかで単にドイツ連邦議会選挙に関する選挙原則を規定しているだけで、選挙制度の具体的な形成は38条3項に応じて立法者に任されている。そして、この選挙制度の具体的形成の際、異なった取扱いというものは平等原則との関係で禁止されているわけではなく、平等選挙原則は、異なった取扱いについて立法者に狭く限定された裁量の余地を残す。この異なった取扱いの正当化のためには、「やむをえない」とされる根拠を必要とし、その他、平等選挙に匹敵し、重要とされる正当な憲法上の理由によってもまた正当化され得る。そして、異なった規律は正当な目的を達成するために適切で必要なものでなければならない。

平等選挙原則は、選挙の際の政党と選挙候補者の機会均等を求める権利と密接に関連している。この権利について憲法上、各政党と選挙候補者に原則的

に選挙戦と選挙手続の中での平等な機会を、そして、それとともに投票のための競争の中での平等な機会を保障することが要求されている。

連邦選挙法と連邦選挙規則の現行規定は、追加選挙の際、それが本選挙日に実施できない場合には、追加選挙に参加する権利をもつ市民が本選挙の暫定的ないし不完全な選挙結果を知ることになる。それゆえ、選挙結果を知った選挙人は、選挙決定を戦略的な観点のもとで行うことができるといえる。しかし、戦略的な選挙決定というものは、原則上、民主制国家における成熟した市民の国家の意思形成への正当な関与である。少なくとも、追加選挙は一般に認められ慣例にしたがった制度である。

3 基本法上保障されている普通選挙原則、政党と選挙候補者の機会均等と選挙の公開性は、平等選挙とともに憲法上のランクにあり、平等選挙についての異なった取扱いを正当化し得る。

普通選挙原則との関係でいえば、追加選挙は、それが実施される選挙区における有権者に対して、追加選挙を実施することによって初めて選挙への参加を可能にし、それによって普通選挙原則を実現するといえる。基本法は、例えば郵便投票のように、立法者に可能な限りすべての有権者が選挙権を行使できるようにするということを満たすために、他の選挙原則を制限することを可能としている。

選挙の公開性の原則は、立法者に市民による選挙の公的コントロールを認めるやり方で選挙手続を作り上げることを義務づけている。選挙結果の算出と確定もこのような選挙の公開性の下にある。このようなコントロールは、本選挙の結果が追加選挙後初めて算出される場合には、相当に困難であり、また、投票箱を長期にわたりしっかり保管することを公開性にとって有効にあとづけるやり方で監視することも著しく困難であろう。

本選挙と追加選挙との間に選挙運動をするための十分な機会を保障し、この機会がすべての政党に等しく開かれているため、選挙候補者と政党の機会均

等の原則は侵害されていない。

　本選挙後に暫定的な結果を確定し、これを追加選挙実施以前に連邦選挙管理委員長によって公表することは、自由選挙原則の侵害にはならない。

　追加選挙前の本選挙の暫定的な結果の公表によって、秘密選挙原則は侵害されていない。

【解　説】

　1　(1)本決定は、「負の投票価値」[5]が顕在化した2005年ドイツ連邦議会選挙に関する選挙審査抗告の1つである。2008年7月3日の第2法廷の違憲判決（BVerfGE 121, 266）は、負の投票価値を生じる選挙制度自体を対象としたが[6]、本件ではドレスデン1区における追加選挙の際の追加選挙有権者と一般的有権者との間に生じた情報の格差が選挙原則に違反するかどうかを問題とし、追加選挙それ自体の合憲性を検討している[7]。

　(2)①まず、本決定では、多くの先例に拠りながら憲法の平等原則が要求する判断枠組みを示している[8]。これによれば基本法は、38条1項および2項において連邦議会選挙に関する選挙原則を定めるとともに、3項において選挙制度の具体的な形成を立法者に委ねている。そして異なった取扱いについても立法者に狭く限定された裁量の余地を残している。この異なった取扱いが正当化されるためには、「やむをえない」とされる理由を必要とするが、それが不可避または不可欠であることまで要求されておらず、その他の平等選挙に匹敵し、重要とされる正当な憲法上の理由によってもまた正当化されるとしている。そして、異なった規律は正当な目的を達成するために適切で必要なものでなければならないとされる。すなわち、「ここでは、目的の憲法的正当性、規律の適合性、必要性、法益の均衡が要求されている」が、「これは、一般的平等条項における『新定式』、平等原則における比例原則の枠組と類似の構造を持つものといえる」[9]。

　②本決定では、平等選挙に匹敵し得る重要な憲法上の理由として、普通選挙原則、政党および候補者

の機会均等、選挙の公開性[10]があげられ、これらを根拠に、平等選挙の下でも異なった取扱いが正当化されるとしている。追加選挙は、それが実施されることによってはじめて、追加選挙有権者が選挙権を実質的に行使できるようになるため、本件の場合のような一般的な有権者と追加選挙有権者の情報格差を理由として追加選挙を違憲としてしまうと追加選挙有権者の選挙参加を保障することが難しくなってしまう。また、本件のような情報格差を生じない形での事後的・補充的意味合いをもつ選挙は不可能であり、新たな制度を構築する必要があるが、現状、候補者が死亡した際の選挙制度についてすべての選挙原則を制限することなく作りあげるのは不可能だといえるだろう。例えば、本選挙の終了後に実施される暫定的な選挙結果の公表を追加選挙後にしたとしても、メディアによる出口調査とその結果の公表があり、実質的には追加選挙有権者と一般的な有権者との情報格差はなくならず、平等選挙原則の問題が生じることとなる。結局のところ、本決定の中でも触れられているように、郵便投票などは投票時での郵便投票をする有権者と一般的有権者との間の情報格差を受け入れなければならないような制度になっており、普通選挙原則確保のために平等選挙原則を制限する形をとらざるを得ないのである。

　したがって、追加選挙有権者の選挙権を実施的に保障する（普通選挙原則を確保する）ためには、追加選挙有権者と一般的有権者との間に生じる一定程度の情報格差（平等選挙原則の制限）は、それが結果に影響を与えるような戦略的投票をひき起こすとしても、甘受すべきものということになる。それは、戦略的な選挙決定は原則として、「民主制国家における成熟した市民の国家の意思形成への正当な関与である」からである。

　2　日本の選挙制度では、候補者が公示日以降、投票日前に死亡した場合にドイツのように候補者が死亡した選挙区での選挙を取りやめ、その後、追加選挙を実施するという形ではなく、追加での立候補

を認める形－「補充立候補」－をとっている（公職選挙法86条の4第5項）。補充立候補の基本的な考え方は以下の通りである。それは、選挙期間中に候補者が死亡したときは、選挙の実質的な競争性に疑義が生じ、実質的な競争性を欠いたまま選挙が行われる場合には、有権者の意思が必ずしも適切に反映されないおそれがあるため、選挙期間中に候補者が死亡したときには、選挙そのものをやり直すこととはせずに、補充立候補を認めることにより、選挙の同一性を維持したまま選挙の競争性を回復し、選挙を行うというものである。選挙期間中に候補者が死亡等したときに、直ちに当該選挙を中止し、選挙そのものをやり直すようなドイツの追加選挙と同じ、あるいは似た形での対処の仕方も考えられるが、日本においては、当選人が決まらない不安定な状態を早期に解消するため、できるだけ当初予定された選挙期日に選挙を行うことが適当であると考え、さらに、選挙のやり直しに伴う有権者、候補者、選挙管理執行機関の負担が大きいことから追加選挙のような形をとるのではなく、補充立候補という形をとっている[11]。

ドイツと日本とどちらの方法が良いかは選挙制度の違いもあり、単純比較できる問題ではない。日本の補充立候補の場合には、補充立候補が認められるのが投票日の3日前[12]ということもあり、例えば、投票日の2日前や前日に死亡した際に補充立候補は認められず、また、郵便投票や期日前投票によって死亡した候補者に投じられた票は無効票として扱われてしまうなどの問題がある。

(1) 2005年の連邦議会選挙後、本決定までの間に連邦選挙法の改正が行われたため、ここでは、2005年選挙に適用された連邦選挙法第17次改正版を「旧選挙法」とする。旧連邦選挙法43条は、1条1項「追加選挙は、以下の場合に実施される」、1号「ある選

区およびある投票区において選挙が実施されなかった場合」、2号「選挙区候補者が選挙区公認候補者名簿の承認後、選挙の前に死亡した場合」、2項「追加選挙は、本選挙の日の後、1項1号の場合においては遅くとも3週間、1項2号の場合においては遅くとも6週間以内に実施しなければならない。追加選挙日については州選挙管理委員長が決定する」、3項「追加選挙は、本選挙と同一の規定にしたがって、また、同一の基礎の上で実施される」と定める。

(2) Nachwahl については、補充選挙や補充投票または追加投票等さまざまな訳があてられているが、ここでは「本選挙を補充するために追加的に実施される選挙」＝「追加選挙」という訳語をあてることにする。

(3) 160選挙区（ドレスデン1区）における追加選挙の結果、CDU は41225票を下回る38208票の第2票を獲得し、連邦全体で1議席を失うことはなく、また、ザクセン州での3つの超過議席を維持した。

(4) 本件抗告人は、1973年4月9日に生まれ、1991年4月9日以降選挙権を持つ、つまり、連邦議会選挙時点で選挙人としての資格を有する者である。

(5) 「負の投票価値」については、BVerfGE 131, 316〔本書 *78* 判例〕参照。

(6) 山口和人「ドイツの選挙制度改革」レファレンス737号（2012年）36頁以下、河島太朗・渡辺富久子「[ドイツ] 連邦選挙法の改正」外国の立法249-2号（2011年）参照。

(7) 追加選挙については、W. Schreiber, Bundeswahlgesetz, 9. Aufl, 2013, §43 参照。

(8) 平等選挙原則については、BVerfGE 95, 335〔ド憲判Ⅲ *69* 判例〕の353頁以下、BVerfGE 121, 266 の295頁以下等参照。

(9) 土屋武「平等選挙原則のドグマーティク・断章──ドイツの判例・学説を中心に」法学新報130巻1・2号（2013年）300頁以下参照。

(10) 選挙の公開性について、第6の選挙原則とするかどうかには争いがあるが、判例上の基本的な考え方については BVerfGE 123, 39〔本書 *72* 判例〕参照。

(11) 補充立候補制度については、補充立候補制度等のあり方に関する研究会「補充立候補制度等のあり方に関する研究会報告書」選挙時報56巻12号（2007年）38頁以下、選挙制度研究会『実務と研修のためのわかりやすい公職選挙法［第十四次改訂版］』（ぎょうせい、2007年）150頁以下参照。

(12) 町村議会議員の選挙については、選挙の期日2日前まで補充立候補が認められる。

74 諜報部局による連邦議会議員の情報収集についての議員の質問権

2009 年 7 月 1 日連邦憲法裁判所第 2 法廷決定

毛利　透　　連邦憲法裁判所判例集 124 巻 161 頁以下

BVerfGE 124, 161, Beschluss v. 1. 7. 2009

【事　実】

本件は、連邦議会の緑の党会派および同党所属議員 4 人が連邦政府に対して申し立てた機関争訟である。問題となったのは、申立人らが連邦の諜報部局[1]の連邦議会議員に対する監視活動について行った 2 件の小質問（Kleine Anfrage）への連邦政府による回答の不十分さであった。ドイツ連邦議会職務規則によれば、小質問は「特に指定された分野についての情報」を連邦政府に求めるものであり、会派または総議員の 5 ％以上の人数の議員からのみ提出できる（75 条 3 項、76 条 1 項、104 条）。

最初の小質問は、2006 年 6 月 13 日に提出された（BTDrucks 16/1808）。そこでは、連邦秘密部局による連邦議会議員についての情報の収集・保存・第三者への提供に関する情報提供などが求められており、この質問に秘密保護の理由で答えられない場合には、その秘密保護の理由を示すことも求められていた。

連邦政府は、情報収集などについての質問には直接応答せず、以下のように答えた（BTDrucks 16/2098）。「連邦政府は、その他、連邦の諜報部局の秘密保持を必要とする事柄については、原則として、そのために予定されたドイツ連邦議会の特別の委員会でのみ発言する」。さらに秘密保護の理由についての質問には、「諜報部局の活動能力や任務達成が危険にさらされる」ことを挙げた。なお、この政府回答中にある議会の特別の委員会とは、諜報活動監視のために設置されている議会統制委員会のことである。本委員会は、議会統制委員会法に基づく組織であるが、その後、2009 年に新設された基本法 45d 条に

より、基本法上の根拠づけを得ることになった。同法は、連邦政府に諜報部局の活動について同委員会に対する情報提供義務を課している（ただし、やむを得ない場合に拒否を認める規定もある）が（4-6 条）、委員会の審議は非公開で行われ、さらに構成員には守秘義務が課せられている（一部の情報については、出席委員の 3 分の 2 以上の同意で守秘義務の解除が可能、10 条）（本法は 2009 年に全面改正されており、ここで挙げた条数は現行法のもの。内容は旧法とほぼ同じである。）。

申立人らはこれに満足せず、同年 8 月 1 日に新たな小質問を提出した（BTDrucks 16/2342）。申立人らはまず、連邦政府は連邦議会議員からの質問に対し、秘密保持の必要がある事項についてであっても原則として回答義務があるはずであり、例外的に回答を拒絶する場合には十分な理由づけが必要であるのに、連邦政府はそれを怠っているとの政府批判を述べた。そして、第 1 被選期から第 16 被選期（当時）までについて、個別に、連邦議会議員についての情報収集などの有無や、秘密保護を理由として回答を拒絶する場合にはその理由づけを尋ねている。

これに対し連邦政府は、すでに前回の回答で十分説明したとの立場を示した上で、申立人らの批判は受け入れられないと反論した（BTDrucks 16/2412）。

申立人らは連邦憲法裁判所に対し、連邦政府が両回答により、申立人らおよび連邦議会の、基本法 38 条 1 項 2 文および 20 条 2 項 2 文に由来する権利を侵害したとの確認などを求める機関争訟を提起した。

【判　旨】

申立人らの権利侵害を確認。

1　「以下のことは、連邦憲法裁判所の判例で明らかにされており、当事者間にも争いがない。すなわち、基本法38条1項2文と20条2項2文からドイツ連邦議会の連邦政府に対する質問権・情報請求権が導かれ、個々の議員および議員の集団としての会派は、ドイツ連邦議会職務規則の中で内容形成された基準に従い、その権利に参画すること、そしてその権利には原則として連邦政府の回答義務が対応することである」。むろん、連邦政府の回答義務にも限界はある。

2　被申立人は、自らが秘密保持の必要があると判断する諜報部局の活動については、議会統制委員会でのみ発言するという態度をとっている。しかし、議会統制委員会法は、議会に諜報活動統制の追加的道具を与えるものであって、議会の他の情報請求権を排除する趣旨で制定されたものではない。

3　「ドイツ連邦議会の情報請求を満たすという連邦政府の基本的な憲法上の義務から、求められた情報を拒絶するには理由を示す必要があるという帰結が導かれる」。連邦議会議員の情報収集などについての質問で、諜報部局の「活動態様、戦略、手法、認識状況についての詳細」が明らかになるのか、自明ではない。「被申立人は、上述の質問についての自身の立場について、跡づけ可能で説得的な理由を述べていない。一括して、質問への回答によって諜報部局の活動を逆推論することが可能となり、その活動能力や任務達成が危険にさらされると理由づけることは、情報拒絶を跡づけうるものとしうる具体的な主張をなんら含んでいない」。

4　さらに、被申立人は、本件で「諜報部局の秘密保持の利益と議会の解明利益との衡量が必要な、センシティブな領域」が問題となっていることを考慮に入れていない。「諜報部局による議員の観察は、

その独立性（基本法38条1項2文）の観点や当該政党の政治的意思形成への協力（基本法21条）の観点から、そしてそれらにより民主的意思形成プロセス全体にとって、重大な危険を内包している。これに関する議会の情報要求は高い価値をもつ。秘密保護がこれに対抗する重要性をもつものとして貫徹するためには、特別の理由づけが必要である。本件では、それは欠けている」。

【解　説】

1　議員の質問権の憲法上の根拠

(1)　本決定は、連邦議会職務規則の認める小質問による連邦政府への情報請求権が、連邦議会議員の基本法上の権利であると認めている。しかし、そのような解釈はどのようにして導きうるのか。そもそも、本決定中では、この権利の根拠条文自体がはっきりしない。

決定主文は、「申立人らとドイツ連邦議会の、基本法38条1項2文および20条2項2文に由来する権利」と述べている（BVerfGE 124, 161 [162]）。しかし、決定理由中では、「基本法20条2項2文と結びついた基本法38条1項から導かれる、議員の質問権」という表現（[185]）や、「基本法38条1項2文に由来する申立人らの権利、および基本法20条2項2文に由来する連邦議会の権利」という表現（[188]）が見られる。連邦議会の政府に対する質問権は20条2項2文だけで導けるが、個々の議員の質問権は、直接には、この規定の趣旨を汲んで解釈された38条1項2文を根拠にするということか。ところが、問題となる権利を最も詳しく定式化した、上述【判旨】1での引用箇所では、基本法38条1項2文と20条2項2文から連邦議会の質問権が導かれ、それに個々の議員や会派が参画する、という定式化がなされているのである（[188]）。

これらを整合的に理解するならば、最後の定式化で両条文は、議会の権利を先行詞とする関係代名詞節で続く、個々の議員や会派の参画の叙述をも含めた根拠条文として挙げられているのであろう。精確

な権利確定においてこのような慎重かつ複雑な叙述法がとられたのは、おそらく、小質問を個々の議員の憲法上の権利だと正面から認めると、連邦議会職務規則上の質問権者の限定が憲法上の権利の制約ということになってしまうからであろう。連邦憲法裁判所は、小質問が単に職務規則上認められた権限だとは言いたくなかったが、他方で実際の職務規則の定めを憲法問題にすることも避けようとした。そのために、基本法は、個々の議員が議会の中で、職務規則による「内容形成」に従って行使できるものとしての質問権を保障しているのだ、という位置づけがなされたのであろう。

(2) ただ、基本法38条1項2文は議員の自由委任規定、20条2項2文は権力分立規定であって、議員から政府に対する質問権とは、内容的にいかにも遠い。なぜこれらが質問権の根拠規定になるのだろうか。

本決定は、質問権の憲法上の評価について、両当事者間に争いがないと述べる。しかし、被申立人は38条1項から議員の質問権が導けるという解釈に留保をつけている（[176-78]）。

本決定はまた、それはすでに判例で確定済みだと述べる。しかし、【判旨】1の箇所に列挙されている多くの判例の中に、議員の質問権の限界が争訟の対象となっている事例は一つもない。いくつかの判決の理由中で、確かに議員の質問権の憲法上の保障は認められているものの、根拠となる基本法条文は特定されていない。また、列挙の中にあるBVerfGE 70, 324 [355]〔ド憲判 I *82*判例〕は、確かに議員の情報への権利を述べるが、これは議会内でのある委員会からの緑の党排除の合憲性を争った事例であり、議会内での個々の議員の権利保障の文脈での叙述である。判例上、基本法38条1項2文（と20条2項2文）から議員の政府への質問権が導かれると決着済みであるとは、到底思えない。

本決定が、解決済みだと言って新しい基本法解釈を提示したことは、否定できないと思われる。

(3) では、学説はこの問題についてどのように論じてきたのだろうか。かつては、議員の質問権については、むしろ連邦政府構成員に議会への出席を求められるとする基本法43条1項を根拠にする学説が多かった[2]。政府統制権の一環ということなら、こちらの方が説得的なように思うのだが、近年では、むしろ38条1項に根拠を求める学説が増加しているようである[3]。その理由としては、質問権は必ずしも政府構成員の出席を要求しないという形態の相違に加えて、43条の出席要求権は、議会が全体としての意思で示す要求であるのに対し、質問権は少数派である議員（集団）のなせるものであることなどが挙げられる。38条1項に根拠を求める積極的理由としては、連邦憲法裁判所の判例（特に上述のBVerfGE 70, 324 [355]）を参照しつつ、議員が職務を遂行するには情報を有しないといけないから、質問権は議員の憲法上の地位から導かれる、と述べられている。

しかし、同判決は上述のとおり、議会内での情報共有をめぐる少数会派の差別的扱いをめぐるものであった。各議員が全国民の代表であることから、議会内での情報をめぐる差別扱いの禁止は出てくるかもしれないが、政府への質問権まで出てくるのかは疑わしい[4]。連邦憲法裁判所は、基本法20条2項2文から議会の権限としての政府への質問権を導き、その権限への参加権として議員の質問権を位置づけることで、この難点の突破を図ったのだと理解することが可能であろう[5][6]。

2 諜報部局による連邦議会議員の監視についての回答義務

本決定の意義は、諜報部局の活動についても、議員の質問権との関係では政府の秘密保持必要性についての判断権が尊重されるわけではなく、連邦憲法裁判所の慎重な審査に服するということを示したことにある。ただ、本決定は理由づけ不足というかたちで争訟を処理したため、憲法上、連邦政府は当該質問に答える必要があったのかどうかについては明確な態度を示していない。その意味では、連邦憲法

裁判所の姿勢にも遠慮が見られると言えよう。

　本決定は、政府の回答に理由づけが不足しているとしたうえで、さらにダメ押しのように、連邦議会議員監視の危険性からして、本件の場合には特に強い理由づけ義務が課されるのだと述べている。ただし、ここでも、連邦議会議員監視の危険性が、その活動についての質問への回答拒絶可能範囲を狭めるのではなく、回答拒絶への理由づけの程度を高めるにとどまっていることには注意が必要である。もちろん、このような要求は間接的に、回答を拒絶できる実体的な範囲を狭める効果をもつであろうが。実際、本決定を受けて連邦政府は補足回答を行っており、そこではかなり具体的な情報提供がなされている（BTDrucks 16/14159, 14160[7]）。

(1)　連邦の諜報部局（Nachrichtendienste. 批判的ニュアンスをこめて秘密部局（Geheimdienste）と呼ばれることもある。）とは、連邦憲法擁護庁（Bundesamt für Verfassungsschutz）、連邦情報局（Bundesnachrichtendienst）、軍事保安局（Militärischer Abschirmdienst）の３組織を指す。

(2)　Konrad Hesse, Grundzüge des Verfassungsrechts (20. Aufl. 1995), Rn. 590; Klaus Stern, Das Staatsrecht der Bundesrepublik Deutschland, Bd. II (1980), S. 55 f.

(3)　Schröder, in: BK-GG, Art. 43, Rn. 1 - 10; Achterberg/Schulte, in: v. Mangoldt/Klein/Starck (Hg.), GG (6.Aufl. 2010), Art. 43, Rn. 4 - 8; Morlok, in: Dreier (Hg.), GG (2. Aufl. 2006), Art. 38, Rn. 150 und Art. 43, Rn.12; Christoph Brüning, Der informierte Abgeordnete, Der Staat 43 (2004), S. 511, 519 f.

(4)　Christian Teuber, Parlamentarische Informationsrechte (2007), S. 167 - 69.

(5)　この構成にあたっては、申立人らの代理人を務めた Christoph Möllers の立論が影響したと思われる（vgl. BVerfGE 124, 161［171 - 73］）。なお、20条2項2文から議会の政府統制権が導けるという論理もドイツの学界で共有されているものではない。この点でも、メラースの権力分立論が影響を与えたと推測される。Vgl. Christoph Möllers, Gewaltengliederung (2005), insb. S. 112 - 21. 毛利透『統治構造の憲法論』（岩波書店、2014 年）175 - 76 頁参照。一般には、基本法20条2項1文の国民主権原理を使う方が論証しやすいであろう。Vgl. Christoph Gusy, Parlamentarische Kontrolle der Nachrichtendienste im demokratischen Rechtsstaat, ZRP 2008, S. 36.

(6)　なお、ドイツ連邦議会の情報請求権について一般に、スヴェン・ヘルシャイト（柴田尭史訳）「ドイツ連邦議会の情報権」松本和彦編『日独公法学の挑戦』（日本評論社、2014 年）129 頁参照。

(7)　2013 年に連邦憲法裁判所は、連邦議会議員に対する諜報部局の監視活動が厳格な比例性に従うことを求める決定を出している（ラメロフ事件、BVerfGE 134, 141）。

75 人口比例に基づく議席配分規定の合憲性
—— 選挙区割りにおける未成年者（ドイツ人非有権者）の算入 ——

2012 年 1 月 31 日連邦憲法裁判所第 2 法廷決定
永田秀樹　　連邦憲法裁判所判例集 130 巻 212 頁以下
BVerfGE 130, 212, Beschluss v. 31. 1. 2012

【事　実】

1　ドイツの連邦議会の小選挙区 299 の区割りは連邦選挙法 3 条により規定されている。そこでは、大要、各州における選挙区の数は可能な限り人口数に比例しなければならないこと、州間の配分において端数が生じたときは四捨五入して整数とし、選択肢が複数生じるときはくじで決めること、州の境界を越えて選挙区を設けてはならず、市町村の境界もできるだけ維持すること、1 選挙区の人口数は全選挙区の全人口数の平均に近づけるものとし、平均の上下 15 ％を超えてはならず、25 ％を超えたときは、区画を改正しなければならないこと、人口数の調査においては外国人は含めないが、未成年者など選挙権を有しないとされているドイツ人は人口数に算入すること、が定められている。

選挙区割りは立法者の任務であるが、連邦大統領によって設置される常設の選挙区割委員会[1]が、絶えず人口変動を監視し、必要ならば改正案を用意することになっている。

2　本件は、2009 年 9 月 27 日に実施された第 17 回連邦議会選挙の結果が無効であるとする選挙審査訴願（基本法 41 条 2 項、連邦憲法裁判所法 13 条 3 項および 48 条 1 項）である。

訴願提起者は、連邦選挙法 3 条 1 項の規定は有権者数ではなく人口数を基準としているので、有権者の平等を保障する基本法 38 条 1 項[2]に違反すること、有権者の比率は州ごとにも選挙区ごとにも異なっており、そのために 1 議席を獲得するのに必要な票数

が選挙区によって異なること、算定の基礎が不当であるから第 1 投票の平等な結果価値（Erfolgswert）が保障されていないこと等を主張して連邦議会に対して異議を申し立てた。

3　これに対してドイツ連邦議会は、2011 年 2 月 10 日の決議において選挙の異議申立てを以下のような理由で、理由がないとして棄却した。

(1)　ドイツ人の人口を基礎にする選挙区の配分は連邦選挙法 3 条に適合している。選挙法規定の合憲性審査は連邦憲法裁判所に留保されている。

(2)　各選挙区の割り当ては連邦選挙法 3 条 1 項 1 文 3 号によれば、ドイツ人の人口を基準としている。改正が義務とされている限界値の 25 ％に達したことはこれまでない。連邦議会は、努力義務規定の限界（Soll-Grenze）である 15 ％を超えたときでも、選挙区の継続性の原則も考慮しながら、次の連邦議会選挙で 25 ％の危険が迫らない限り、裁量の枠内で改正を行わないできた。

(3)　連邦選挙法第 18 次改正において、ザクセン州を 16 (16.448)、ザクセンアンハルト州を 9 (9.542) に切り下げ、バーデン＝ヴュルテンベルク州を 38 (37.714)、ニーダーザクセン州を 30 (29.685) に切り上げたのは、すべての考慮要素の中でも選挙の平等の原則を重視したものである。ザクセンアンハルト州は、今後も人口の減少が見込まれる。

(4)　選挙管理者に各選挙区の人口および有権者の統計データを広報する義務は存在しない。各有権者は、選挙前に選挙区の配分について、知ることが可能である。

4 この決定に対して訴願提起者は、2011年3月29日に選挙審査訴願を連邦憲法裁判所に提起して、次のような主張を行った。

(1) ドイツ人の人口に基づく選挙区割りは基本法38条1項に違反する。各選挙区における有権者の比率は異なるから、有権者の票の重みが歪曲されている。連邦憲法裁判所はその点について合憲だとは判断していない。代表民主制の思想からすれば議員は全国民の代表であるが、実際には国民の一部である有権者によって選挙されている。直接議席（小選挙区）に必要な票数が各選挙区によって著しい開きがあるのは選挙の平等に反する。

(2) およそ5分の1の選挙区が上下15％を超えていることは立法者の裁量を踰越する。人口の最も多い選挙区の価値は最も少ない地域の60％ないし65％である。また区割りにおいては連邦選挙法にはない基準である選挙区の継続性や地域の特殊性、代表民主制を考慮すべきではない。

(3) ザクセン州とザクセンアンハルト州に負担を課す区割りの変更においても有権者を基準にしなければならない。有権者を基準に計算し直すとザクセン州は17、ザクセンアンハルト州は10となり、16ないし9に削減することは正当化されない。仮に人口を基準にしてもザクセンアンハルト州の選挙区の削減は正当化されない。なぜならば、9.542ならば小数点以下が0.5を下回らないからである。

(4) データの公開は必要である。

【判　旨】

1(1) 連邦審査議会は、選挙審査訴願には理由がないと以下のように主張している。

(i) 連邦憲法裁判所は過去これまで法律の規則について異論を述べたことはなく、連邦行政裁判所も州の憲法裁判所も、住民の数に基づく配分を許容してきた。連邦参議院の議員の配分も住民数を基準としている（基本法51条2項）。

(ii) 有権者数とドイツ人人口の比率はほぼ比例している。ドイツの連邦議会の改革委員会は1997年

に未成年者の連邦平均からの州の乖離について5％までは有権者による配分は必要でないとした。現在、配分の基礎を変更する必要はない。

(iii) 人口を基礎とすることは代表民主制の原則と適合する。議員は全国民の代表であって有権者だけの代表ではない。議員が有権者でない者を代表するのは選挙権を行使しなかった者や、配分において考慮されなかった者を代表するのと同じである。外国人には選挙権が与えられていない。しかし、それは不平等扱いではない。立法者は、ドイツ人の人口の代わりに有権者を基礎とすることも禁じられていないが、だからといって、そうすることが義務でもない。

(iv) さらに、有権者の比率は、1票の重みにおけるたくさんある考慮要素の中の1つに過ぎない。投票率と無効票も、それと並ぶ要素である。人口比の平均からの乖離の許容性や地理的な事情もある（連邦選挙法3条1項1文1、4、5号）。また訴願提起者の依拠する統計は外国人や無国籍者も含むのでドイツ人の非有権者の数を導くことはできない。

(2) 統計局長官によれば、旧州（西）と新州（東）の差は小さくなっており、2008年12月31日では平均からの乖離は5％の差もない。多いところと少ないところの格差は6.3％である。

(3) 訴願提起者が選挙の公開原則違反を主張している点は不適法である。なぜならば、情報公開は議席配分に影響を与えないからである。

2 基本法の選挙原則違反や選挙法違反が議席に影響があるときに訴願に理由がある。連邦憲法裁判所は、連邦議会と異なり、選挙法の基準となる規定を最適に行使したかどうかを審査する義務はない。

(1) 38条1項は普通、直接、平等、秘密選挙を定める。平等からは、各有権者の票が同一の数的価値と同一の法的結果機会（Erfolgschance）をもたねばならないことが導かれる。選挙の平等は多数代表選挙〔小選挙制〕においては、選挙人が可能な限り同じ大きさの選挙区で投票し、同じ投票価値をもって

国家機関の創造に参加することを要求する。

第1票が同一の結果機会を持つかどうかは、事実上の状態によって決まる。しかし、同一の結果機会を保障しなければならないからといって無効票まで考慮する必要はない。絶えず選挙区の配分を審査し直し必要に応じて是正することは立法者の義務である。

(2) 選挙の平等原則は絶対的な差別禁止規定ではない。しかし、立法者の裁量の余地は少ない。

(3) 裁量の行使に際しては、選挙の平等と制度の一貫性を守り、構造上矛盾のないものでなければならない。

(4) 基本法38条1項1文に根拠づけられた選挙の平等は原則として有権者数を基礎とする選挙区割りを命じている。

連邦憲法裁判所は、これまで未成年者の数を考慮することが許されるか、どういう条件ならば許されるかという問題について詳しく論じたことはなかった。人口を基準とすることは審査に付されなかった。

平等の要請は、有権者間にも妥当することを要求する。多数代表選挙においては選挙権の平等は、同一の数的価値を有するだけでなく国家機関創設過程においてできるだけ同一の結果機会をもって参加することを要求する。したがって立法者は、すべての選挙参加者の機会均等を保障するような算定基準をもたなければならない。すなわち、立法者は、すべての選挙区が同数の有権者数をもつように配慮しなければならない。

しかし、算定基準としてドイツ人の人口を参照すること（Heranziehung）は、未成年者の割合が地域的に大きい差がないときには、選挙の平等違反にはならない。人口と有権者数との間の乖離が小さくないときに初めて選挙区割りの改正が必要になる。第17回連邦議会選挙では問題がないが将来は分からない。

1990年から1995年のデータによると、未成年者の割合は新州（東）では減少しつつあり、旧州（西）では増加しつつあることを確認したが、連邦議会の改革委員会は問題がないとした。それ以降は検討されていない。

しかし、無視できない地域間格差が生じている。未成年者の人口に占める割合は連邦平均が16.9％であり、平均からの最大の乖離は、ザクセンアンハルト州でマイナス4.6％である。最大と最小の格差は6.3％である。これは立法者にとって許容範囲にある。州ではなく選挙区単位で調べると様相が違ってくる。第33選挙区（クロッペンブルクーフェヒタ）で22.9％であるのに対して第71選挙区（デッサウーヴィッテンベルク）では11.5％である。したがって、最大と最小の格差は11.4％である。これは州間格差を大きく超えている。しかし、未成年者比率は、単独でそれだけを取り出して評価すべきものではなく、3条1項1文3号の許容限度と結びつけて評価すべきものである。選挙区の有権者数で比べなくてはならない。

第227選挙区（デッゲンドルフ）は、＋25.6％で3条1項1文3号後半部に違反している。また、第51選挙区（ブレーメンI）は＋23.2％（人口比ならば＋20.4％）であり、第70選挙区（マグデブルク）は＋22.3％（人口比ならば＋16.0％）である。そのほか12の選挙区が、人口比ならば前半部の「べき（Soll）」規定の15％内にあるにもかかわらず、有権者比だと上下15％の限界を超えている。

この事実は地域を越えて非有権者が均一に存在するという仮定を揺るがすものであるがいまだ第17議会の選挙の平等原則違反を根拠づけるものではない。連邦議会の改革委員会は、州間比較によって次のような結論に達した。未成年者の割合は、連邦平均からの乖離は－4.3％から＋3.6％にすぎず受容できると判断した。

委員会がもとにしたデータは1995年のものだが、それでも連邦の平均18.9％よりはいずれも高かった。ザクセン州が＋0.6％、メクレンブルク＝フォアポンメルン州が＋3.6％だった。しかし2008年12月31日では逆に部分的には平均よりも明らかに低く、ザクセンアンハルト州が12.3％、ブランデ

ンブルク州が 13.2％である。連邦平均が 16.9％で
あるから、乖離は－4.6％から－3.7％である。格
差が委員会報告に基づいて立法者が決めた枠を逸脱
していないという事情に変わりはない。

　しかしながら、選挙区数の調査のために、未成年
者が全連邦レベルで均一だという仮定は、引き継い
ではならない。たしかに該当する選挙区は少なく、
算定基準の違いが重大な変化をもたらしはしなかっ
たが、選挙の平等に対する潜在的な侵害は無視して
いいものではない。

　もしも立法者が有権者数を基準として区割りをし
ていたならば、第 1 票の可能な限りの平等を考えれ
ば、選挙区の変更をせざるを得なかっただろう。し
かしそのことを顧慮しなかったことは選挙の瑕疵で
はない。第 17 議会ではわずかな事例が該当する。
第 22 区のデッゲンドルフが平均からの乖離が 25％
をわずかに超えているだけであり、その他 14 の選
挙区では平均からの乖離が 15％から 25％の間で
あった。全 299 選挙区のうちその他の選挙区では、
人口比の場合と変わらない。

　しかし、立法者には未成年者の割合を考慮に入れ
ることが求められる。人口の変動の傾向を見ながら
州間および選挙区間の比較を考慮しなければならな
い。州間の重大な不平等をもたらすときには連邦選
挙法 3 条 1 項 1 文 3 号後半部を改正するかどうかを
審査しなければならない。未成年者の平均からの限
界を超える乖離が 2、3 の選挙区にとどまるときは、
これまでの視点すなわち議員の地域的つながり、歴
史的に形成されてきた行政区域、選挙区の区域の広
さのある程度の継続性（BVerfGE 95, 335 [364]〔ド憲判
Ⅲ *69* 判例]）を区割りにおいて考慮することができる。

　2　「べき（Soll）」規定に反するというだけでは
審査できない。訴願提起者は、人口比で 5 分の 1 が
15％を超えれば選挙の瑕疵があるというが、それ
は瑕疵にあたらない。2002 年以来増加していると
いうことも根拠にならない。

　選挙区の継続性や地域的特性は法律に明記されて

いないというが、それを考慮することが不当なこと
ではないということは区割り規定の基礎にあり、判
例によっても正当化される（BVerfGE 95, 335 [364]）。

　3　選挙区の州への帰属（州の境界を越えて選挙
区を作らないということ）は選挙の瑕疵にはならな
い。

【解　説】

　1　日本と異なり、連邦選挙法が定める格差の基
準自体は連邦議会によって遵守されてきたので定数
配分の不均衡問題が争われたことは近年なかったが、
本事件では訴願提起者が、連邦選挙法が有権者では
なく（ドイツ人の）の人口数を基礎としていることが、
そもそも比較の基準として誤っていて、有権者数で
比較するならば、25％を超えているところが存在
していると問題提起した点に新しさがあった。

　連邦憲法裁判所は、訴願提起者の主張を受けいれ
て、38 条 1 項の平等原則は、有権者相互間の投票
の結果価値の平等を要請していることを認める解釈
をとったが、他方で、38 条の解釈において「全国
民の代表」的民主主義観にも理解も示し、未成年者
のドイツ人人口に占める割合に地域的に著しい差が
生じていなければ、ドイツ人の人口を基礎にするこ
とが平等権侵害に結びつくとはいえず、人口と有権
者との間に軽視できない乖離が生じたときに初めて
選挙区割りの改正が立法者の義務となるという妥協
的な判断を示した。

　結論的に違憲と判断しなかったのは、立法者は連
邦選挙法 3 条 1 項でみずから設定した基準をこれま
でよく守ってきたという事情や、未成年者の人口に
占める比率の地域間格差がこれまで問題にされてこ
なかったという事情、第 17 回連邦議会選挙におい
て有権者比だと平均からの乖離上下 15％を超えて
いるところは 15 選挙区だけであり、平均からの乖
離上下 25％を超えているところは 1 選挙区にすぎ
ないという事情などを考慮したためである。

　他方で、立法者は将来、選挙区割りにおいて、州

〔永田秀樹〕

間および各選挙区間において未成年者の比率を考慮に入れることが求められるとしたのは、有権者ベースで選挙区割りの改訂を義務づける新たな法改正に取り組むことが望ましいことを示唆したともいえる。許容説といっても良かろう。実際には、今までのところ、連邦選挙法3条の基準の見直しは行われていない。

2　日本でも「衆議院議員選挙区画審議会設置法」3条によれば「各選挙区の人口の均衡を図り、各選挙区の人口…のうち、その最も多いものを最も少ないもので除して得た数が二以上とならないようにすることを基本とし」となっていて、有権者数ではなく、国勢調査やそれに準じる人口調査に基づいて選挙区の区割りを行うことになっている。人口を基準とすること自体の問題性についてはほとんど議論されてこなかった。

しかし、最高裁は中選挙区制時代の最初の違憲判決[3]において、憲法14条は「各選挙人」の投票の価値の平等を要求しているという解釈をとり、「具体的に、どのように選挙区を区分し、そのそれぞれに幾人の議員を配分するかを決定するについては、各選挙区の選挙人数又は人口数（厳密には選挙人数を基準とすべきものと考えられるけれども、選挙人数と人口数とはおおむね比例するとみてよいから、人口数を基準とすることも許されるというべきである。それ故、以下においては、専ら人口数を基準として論ずることとする。）…」と述べているから、日本でも「選挙人数」と「人口数」とが比例しなくなったときには、人口による選挙区割りが平等かどうかが問われることになろう。

(1)　政府の統計局長官、連邦行政裁判所裁判官1人、その他5人の委員で構成される（連邦選挙法3条2項）。
(2)　「ドイツ連邦議会の議員は、普通、直接、自由、平等、秘密の選挙により選出される。議員は、国民全体の代表者であって、委任および指示に拘束されず、かつ自己の良心にのみ従う。」
(3)　最大判1976（S51).4.14民集30巻3号223頁。

76 議員の委員会審議参与権

棟居快行

2012 年 2 月 28 日連邦憲法裁判所第 2 法廷判決
連邦憲法裁判所判例集 130 巻 318 頁以下
BVerfGE 130, 318, Urteil v. 28. 2. 2012

【事　実】

1　2011 年 9 月 7 日 連 邦 憲 法 裁 判 所 判 決 (BVerfGE 129, 124) はユーロ救済のための欧州金融安定化ファシリティ (EFSF = 2012 年 10 月に成立の欧州安定メカニズム (EMS) の前身) の枠内における保証引受法 (Das Gesetz zur Übernahme von Gewährleistungen im Rahmen eines europäischen Stabilisierungsmechanismus) (安定メカニズム法 Stabilisierungsmechanismusgesetz-StabMechG) (2010 年 5 月 22 日 (BGBl I S.627)) につき、予算委員会の事前承認を保証引受けに際して原則として必須の要件とする[1]という憲法適合的解釈を打ち出した。これを受けて行われた法改正 (2011 年 10 月 9 日 (BGBl I S. 1992) は、下記のように、判決が合憲とみなしたはずの「やむを得ない場合」の予算委員会の事後同意の規定を含め、事実上常に特別専門小委員会による事前同意を要する仕組みへと抜本的に改める大がかりなものであった。同判決は前述のように、予算委員会の事前同意を原則として必須とするという厳格な立場を打ち出したが、それにより事前同意が不要となる「やむをえない場合」の認定も連邦政府の言いなりでなく客観性が要求され、「予算委員会の事前同意」の機会が従来よりも増えてしまう。しかし、41 名という委員数をかかえる予算委員会では、ユーロ救済にあたって肝心の緊急性・機密性の要請に対応できないと連邦議会 (の政権与党) が懸念した結果、いわば憲法裁判所の注文を超えるこのような法改正がなされたものと考えられる。

2　同法には、新たに以下の規定などが付加された。(3 条 1 項) 予算政策上の全体責任 (haushaltspolitische Gesamtverantwortung) にかかる決定には連邦議会の事前同意を要するとする「議会留保」。(同 3 項 1 文)「特別の緊急性 (Eilbedürftigkeit) または機密性 (Vertraulichkeit) が認められる場合、…連邦議会の関与権は、…連邦議会によって立法期ごとに選任されるところの、予算委員会の委員〔からなる「安定メカニズム法 3 条 3 項特別専門小委員会」〕によって行使される。」とする、特別専門小委員会 (「9 人委員会」と呼ばれた。) への議決権の委譲。(同項 2 文) すべての会派が少なくとも 1 名の委員を任命でき、多数党が委員会でも多数を維持する「多数関係 (Mehrheitsprinzip)」が維持される範囲内での、できるだけ少人数であるべきこと。(同項 3 文)〔関係国や関係機関の合意で決定される信用不安の〕伝染の防止のための緊急措置の場合には、「特別の緊急性ないし機密性が通例 (regelmäßig) として存在する」ものとし、さらに (同項 4 文)「それ以外のすべての場合にも、連邦政府はある業務の特別の緊急性ないし機密性を主張することができる」とし、政府が緊急性・機密性の存在についての判断権を「通例の推定 (Regelvermutung)」として確保。(5 条 7 項) 連邦政府による報告義務の、「特別の機密性」が認められる場合を条件とする、この特別専門小委員会に対する報告への限定。

　これらの新規定は、当該委員会 (発足時から 9 人であったため「9 人委員会」と呼ばれた。その後の FDP の消滅により 7 名となった。) に対し、本来であれば予算委員会の議を経て本会議の 581 名 (当時) の議員が決定

すべき事項の、最終的議決権を与えた。この密室の少人数の委員会が、ドイツのユーロ救済の最終的決定権を担うこととなった。

3 ところが、本会議ないし予算委員会の権限を特別専門小委員会に委譲し、一般の議員の決定への参与権や情報権を制約する場合には、厳格な比例原則によるべきであるところ、この新規定やその下での運用は厳格審査に耐えるものではなかった。緊急性・機密性を必ずしも要しない1次市場である国債等の発行市場における保証引受と、緊急性・機密性が通常要求される2次市場である流通市場でのそれらの買い入れとが、区別されずに共に「通例の推定」で特別専門小委員会の決定権に委ねられていた。また、実際の9人委員会の運用は、委員の会派割当てに際して用いられた計算方式によれば4ポストとなるCDU/CSUが、1ポストのはずのFDPにポストを譲り、その結果議席数では53も上回るSPDとFDPが同じ2ポストとなっていた。同委員会は、本会議に代置（plenarersetzend）して最終的決定を下す重要な委員会であるのに、委員会には本会議の会派構成が鏡像のように正確に反映されるべきであるという「鏡像原則」が、そもそも本法には規定されていなかった（3条3項参照）。さらに、連邦政府からの報告が、個々の議員の報告〔取得〕権を損なう形で当該委員会に独占的に与えられる仕組みとなっていた（5条7項）。そこで、これらの新規定が、基本法38条1項2文が保障する議員たる地位を損なうとして、SPDに属する連邦議会議員2名が提起した機関訴訟が本件訴訟である。

4 本件では、本件機関訴訟の判決が下されるまで当該特別専門小委員会が議決権を行使することを禁止する仮の差止命令が、2011年10月27日の連邦憲法裁判所第2法廷決定（BVerfGE 129, 284）により下されている。本判決も、2011年9月7日判決と同様に、法令違憲とはせず、違憲となる適用場面を明示する憲法適合的解釈を下した。具体的には、特別専門小委員会が一般の議員の参与権を排除して

最終的議決権を行使しうるのは、緊急の必要性と機密性とが認められうる流通市場に限定され、発行市場の場合にはそのような緊急の必要性・機密性とが一般には認められないから、特別専門小委員会の権限には服さない、という憲法適合的解釈（合憲限定解釈）がとられなければならない、としたのである。その結果、発行市場における保証引受けの最終的決定権は、特別専門小委員会でなく予算委員会で行われることになる[2]。

5 本判決を受けて2012年5月23日付で再び法改正がなされ（BGBl I S.1166）、件の法3条3項に鏡像原則が明記された[3]。なお、ESFSの後継であり恒久的な仕組みであるESM（欧州安定メカニズム）のために制定された欧州安定メカニズム金融法（ESM-Finanzierungsgesetz）（ESMFinG）（2012年9月13日成立、2014年11月29日改正）も、議会留保（Parlamentsvorbehalt）や特別専門小委員会（Sondergremium）につき、欧州安定メカニズム法と同様の規定を置いている。また、連邦議会の同じ特別専門小委員会が両法をともに所管している。

【判　旨】

1 判決主文のうち、主な内容的な判示は以下のとおりである。

「2010年3月22日欧州安定メカニズムの枠組における保証引受け法（安定メカニズム法 StabMechG）（Bundesgesetzblatt I Seite 627）の2011年10月9日欧州安定メカニズムの枠組における保証引受け法改正法」（Bundesgesetzblatt I Seite 1992）3条3項は、当該条文が欧州金融安定化ファシリティが〔本来機密性が高い〕2次市場〔＝流通市場〕において締結する〔ユーロ加盟国の〕国債の買い入れに限定して適用されるのでない場合には〔＝機密性が高いとはいえないところの1次市場である発行市場においても適用される場合には〕、申立人の基本法38条1項2文に基づく権利を侵害する。」

2 判決要旨は次のようにまとめられている。

(1) 「ドイツ連邦議会は、その代表機能を原則としてそのすべての議員の協働を通じた全体性において実現するのであり、個々の議員や議員集団や議会内多数派を通じてではない。連邦議会の予算権ならびに予算政策上の全体責任は、原則として本会議における審議と議決を通じて果たされる。」

(2) 「基本法38条1項2文において確固として保障されている代表民主制の原理は、すべての議員に対してその委任の行使に際しての自由を保障するだけでなく、すべての国民の代表者としての地位の平等をも保障している。議員としての地位について〔特別専門小委員会の委員とその他の議員で〕区分を設けることは、その正当化のために、選挙権の平等の原則から生じる要請に対応した、憲法により正当化され議員の平等との間で均衡のとれる重みを有するところの、特別の理由を必要とする。」

(3) 「決定権限が〔最終的〕議決権を有する委員会に移されることにより、議員が予算政策上の全体責任における参与（Mitwirkung）から排除されることになるとすれば、それは憲法レベルのランクに位置づけられる他の法益の保護のためであり、かつ、比例性の原則を厳格に遵守する場合にのみ合憲である。」

【解　説】

1　プレスリリースによる判例の要約

この判決に際しては、内容が欧州安定メカニズムにかかわるためか、分かりやすいプレス発表がなされているので（Bundesverfassungsgericht のサイトに掲載）、その一部を以下に紹介する（番号や要約は筆者によるもの）。

Ⅰ. 審　査　基　準

(1) （連邦議会の予算政策上の全体責任を果たす場としての本会議）「連邦議会は、その代表機能を基本的にはすべての議員の参加による全体性を通じて発揮するのであって、個々の議員や議員集団や議会内多数派を通じてではない。連邦議会の予算権と予算政策上の全体責任は、基本的には、本会議における審議ならびに議決によって実現される。この原則は、国際間、欧州諸国間の義務の保証についての授権の観点からは、政府間の統治作用のシステムにおいても妥当する。」

(2) （基本法の代表民主制から個々の議員の平等が導かれる）「議員の権利の形成および制約の出発点ならびに基礎は、すべての議員の連邦議会の決定への参与の原則である。基本法38条1項2文に込められた代表民主制の原則は、すべての議員に対して全国民の代理人としての地位の平等を保障しているのである。」

(3) （比例原則の厳格な適用）「それゆえ議員の地位に差異を設ける場合には、その正統化のために、憲法によって正当化され、議員の平等と均衡のとれた重要性を有するところの、特別の理由を必要とする。議決権を有する〔特別専門小〕委員会に決定権限が委譲されることによって、議員が予算政策上の全体責任への参加から疎外されてしまうことになるのであれば、それは他の憲法レベルの法益の保護を目的とし、比例原則を厳格に遵守する場合にのみ許されるのである。」

(4) （委員会構成における鏡像原則）「議員の地位に伴う権利（Statusrechte）に対する比例原則違反の侵害を避けるためには、さらに、鏡像原則（Grundsatz der Spiegelbildlichkeit）が遵守される必要もある。」

(5) （一般議員の情報権）「加えて、〔専門〕委員会の委員でない議員に対しては、情報ならびに報告の〔取得の〕可能性が、絶対に必要なやむを得ない程度以上に制約されてはならない。」

Ⅱ. 当　て　は　め

以上の基準に従えば、申立ての大半は理由がある。

（憲法適合的解釈）「法3条3項は、特別専門小委員会が EFSF が2次的市場で行う国債の購入の問題のみを取扱うわけではない場合には、申立人が有する38条1項2文から生じる議員の権利を侵害するものである。…」

2　若干のコメント

ユーロ救済のための保証引受は、将来のドイツ連邦共和国とドイツ国民に重大な影響を及ぼす可能性があり、とりわけ連邦議会が予算議決にあたり、国政全体を見据えた予算政策上の「全体責任」を果たすためには、前出の 2011 年 9 月 7 日判決が咎めたように、連邦政府の判断による連邦議会予算委員会の「事前同意」の努力義務だけでは不十分であった。そこで、国防軍の域外派遣についての AWACS 事件判決（1994 年 7 月 12 日 = BVerfGE 90, 286〔ド憲判 II *57* 判例〕）やリスボン条約をめぐる議会の関与権についてのリスボン判決（2009 年 6 月 30 日 = BVerfGE 123, 267〔本書 *61* 判例〕）などと同様に、連邦議会による個別事案ごとの直接的な決定を要請する「議会留保」の考え方が、9 月 7 日判決でユーロ救済施策についても憲法上の要請とされた。

ところが、それぞれが国民代表として会派を問わず同等の情報権や議事・議決への参与権を有するべき議員から成る連邦議会は、選挙制度の妥当性はもとより、議事の公開性や会派の強さ（議員数）の議事への反映を、政治的意思決定の正統性基盤とする。すると、少人数の専門性を有する非公開の特別専門小委員会に本会議の議決権そのものを委譲することは、議会の組織体としての自己組織権を強調しても、それを正当化するためには相当の理由を必要とする。また、当該特別専門小委員会の構成自体も、小会派にも 1 名の委員を認めつつ、なるべく本会議と同じ比率の会派構成をとるべきことになる。他方で、議会が実際に機能しうるための能力（機能能力）を発揮するためには、その自己組織権という議会の自律権を行使し、これまでも本会議での議決のために委員会を多用してきた役割分業の伝統にも即しながら、事柄の緊急性・機密性ゆえに本会議はもとより予算委員会ですらない、ごく小規模の特別専門小委員会への最終的判断の委譲も肯定されうる。このような相反しうる二つの要請をともに満たすためには、当該委員会の構成や権限はどうあるべきか。本判決はこの「連立方程式」の解を、議員の権利の制約に際しては比例原則により、議会の機能能力の実現といった対立利益との間での厳格な衡量を要求し、さらに当該の特別専門小委員会の委員の構成にも本会議の会派構成の縮図（「鏡像」）たるべきことを求める、といった形で提示したものである。

本判決の立場は、「統制委員会判決」（連邦憲法裁判所第 2 法廷 1986 年 1 月 14 日判決 = BVerfGE 70, 324〔ド憲判 I *82* 判例〔本秀紀〕〕）におけるベッケンフェルデ裁判官の反対意見の、「個々の議員はすべて、全国民の代表である（基本法 38 条 1 項 2 文）…。したがって、個々の議員はすべて、その国民の代表者であるという地位のおかげで、連邦議会の議事ならびに議決に参与する資格を有している。…彼らの属している政治集団や、彼らが議会内多数派か少数派かによって、議員に階層（Klasse）などあるわけないのである。…ここで採用した法的構成にしたがえば、一定の予算査定を秘密裡に活動する小規模の専門小委員会に委譲することは、連邦議会の予算案に対する審議の放棄を意味するものではなく、審議の〔場所の〕移し替えにすぎないのである。…秘密保護に求められる確実化は、（まずもって）すべての議員の参加という原則に立脚して追求されるべきであり、この原則を犠牲にして追求されるべきものではない。」、という見解に相当に近いもののように思われる。

ユーロ救済のような機微な外交・経済政策と、予算議決権という議会による古典的な行政統制とが交錯する領域で、議会がどのように機能すべきか、機能しうるのか、という問題は、本件の特殊さを超えた一般性を有しており、本件の審査基準や当てはめは示唆に富むものを多く含んでいよう。

(1)　本稿全体にわたり参照、村西良太「多国間の政策決定と議会留保——ユーロ圏債務超過国への緊急融資とドイツ連邦議会の財政責任」法政研究（九州大学）80 巻 1 号 1 頁以下、同「議会の中の権力分立——グローバル化に伴うその変容可能性について」松本和彦編『日独公法学の挑戦——グローバル化社会の公法』（日本評論社、2014 年）111 頁以下。

(2)　本文中に述べたように、連邦憲法裁判所 2011 年 9 月 7 日判決（BVerfGE 129, 124）によって、個別の救

済決定ごとの議会留保が憲法上の要請とされたが、議会による同意が本会議でなく予算委員会レベルで足りることにつき、同判決は「特に異議を挟むことなく矛を収めた」(村西・前掲注(1)松本編119頁)。本判決は、この判決を受けて権限を独占的に授与された特別専門小委員会に発行市場での排他的同意権まで認めるべきでないとするものであるが、その結果、2011年の判決に戻り、発行市場については本会議もしくは予算委員会での決定に委ねられることとなった。なお、流通市場に役割を限定された特別専門小委員会では、第18立法期 (2013年10月―) においては2014年1月30日付でCDU/CSUが3名、SPDが2名、Linkeが1名、Bündnis 90/Die Grünenが1名の計7名の委員が選任されている。専門小委員会に対しても鏡像原則に基づく会派構成の再現を要求する本判決に対しては、国民代表議会の組織編成における自由を認めず、むしろ人民意思に基づく直接民主制的決定を議会において現出させようとするものという批判もなされている。 Vgl. M. Nettesheim, Verfassungsrecht und Politik in der Staatsschuldenkrise, NJW 2012, S. 1411.

(3) この間の経緯は、連邦議会の資料 https://www.bundestag.de/blob/279442/7491ed1f2654ca49c5bc57e49280b930/chronik_17_wp-data.pdf にもまとめられている。本判決の内容紹介は同じ資料のシリーズ https://www.bundestag.de/blob/192338/d5eda8f235f241be872ce5647c8ddae1/efsf-sondergremium-data.pdf にある。

77 在外ドイツ人の選挙権制限の違憲性

2012 年 7 月 4 日連邦憲法裁判所第 2 法廷決定
連邦憲法裁判所判例集 132 巻 39 頁以下
BVerfGE 132, 39, Beschluss v. 4. 7 2012.

林　　知更

【事　実】

1　X1、X2 はともに、ドイツからベルギーに移住した両親の子として、1982 年にベルギーでドイツ国籍保持者として出生した。両人はともに、その後現在まで、連続して 3 ヶ月ドイツに居住したことがない。両人は 2009 年のドイツ連邦議会選挙において、両親のドイツでの最終居住地の選挙人名簿に自らを登載するよう請求したが、ともに退けられた。

X1、X2 は、選挙人名簿への登載拒否の根拠とされた連邦選挙法 12 条 2 項 1 文がボン基本法に違反しており、2009 年連邦議会選挙が無効であると主張して、連邦議会に異議を申し立てた（選挙審査 (Wahlprüfung)。参照、基本法 41 条 1 項、選挙審査法）。連邦議会は 2011 年 2 月 10 日決定で、異議を理由のないものとして退けた。これに対して両人が同年 3 月 15 日に連邦憲法裁判所に選挙審査抗告 (Wahlprüfungsbeschwerde) を申し立てたのが本件である（参照、基本法 41 条 2 項、93 条 1 項 5 号、連邦憲法裁判所法 13 条 3 号、48 条）。

2　主要な争点とされたのは、選挙権の要件を定めた連邦選挙法 12 条 2 項 1 文（当時。以下同じ）が基本法 38 条 1 項に違反するか否かである。

まず、同法 12 条 1 項は、選挙権の積極的要件を次のように定める。

12 条 1 項　基本法 116 条 1 項の意味におけるドイツ人で、選挙期日に以下の要件を満たす者は、選挙権を有する。

1．満 18 歳に達していること。

2．少なくとも 3 ヶ月前からドイツ連邦共和国内に住居を有すること、またはその他の形で日常滞在していること。

3．13 条によって選挙権から排除されていないこと。

このうち本件と関係するのは、第 2 号の定める最低 3 ヶ月の居住要件である。もっとも、これに対しては 12 条 2 項 1 文で以下のような例外が定められている。

12 条 2 項　基本法 116 条 1 項の意味のドイツ人で、選挙期日にドイツ連邦共和国外に生活する者も、1949 年 5 月 23 日以降に、その転出まで少なくとも 3 ヶ月連続してドイツ連邦共和国に住居を有し、またはその他の形で日常滞在していたことがあれば、他の要件を満たした場合には選挙権を有する。……

X1、X2 は過去に 3 ヶ月連続してドイツに居住したことがないため、この例外規定にも該当せず、選挙権を認められなかった。

3　ところで、かような選挙法の定めは、次のような歴史的背景を有している。選挙権をドイツ国内居住者に限定するという原則自体が古くから確立していたのに対して、これに対する例外規定はこれまで段階を追って拡張されてきた。当初は、ドイツでの公法上の勤務関係に基づいて外国で活動しており、このためドイツ連邦共和国と密接に結びついている者とその家族に対してのみ在外選挙権が認められていた（以下、「段階 I」と呼ぶ）。これに対して 1985 年 3 月 8 日選挙法改正 (BGBl I S.521) は、その国外転出

348　Ⅱ　統治の原理と機関：GG38条1項〔連邦議会の選挙・選挙権・議員の地位〕　　　〔林　知更〕

前に最低3ヶ月連続してドイツに居住したことのある者には、国外転出から10年が経過していない限りで選挙権を認めることとした。また、欧州評議会加盟国に滞在する者については、この10年の期限も要求しないものとした（同、「段階Ⅱ」）。1998年4月20日選挙法改正（BGBl I S.706）は、欧州評議会非加盟国に滞在する者に関するこの10年の期限を25年に引き上げた（同、「段階Ⅲ」）。最後に、2008年3月17日改正（BGBl I S.394）は、欧州評議会加盟国滞在者と非加盟国滞在者との区別を廃棄し、国外転出からの期限自体を撤廃した（同、「段階Ⅳ」）。

　　4　本件でX1、X2は、12条1項との関係で選挙権の要件を大幅に緩和しつつも、なお過去に最低3ヶ月連続してドイツに居住したことを要求するこの段階Ⅳの規定（12条2項1文）が、普通選挙原則（基本法38条1項）に反する選挙権の違憲な制限に当たる旨を主張した。

【判　旨】

　2008年3月17日改正による連邦選挙法12条2項1文は、基本法38条1項1文に違反し無効である。その他の選挙無効の主張は棄却する。

　1(1)　普通選挙原則は公民の平等を保障する。同原則は、平等選挙原則と同様、厳格かつ形式的な平等として理解されなければならない。

　(2)　普通選挙原則はあらゆる区別を絶対的に禁止するものではないが、立法者には選挙権・被選挙権の制約については狭く限定された裁量しか認められない。制約が正当化されるか否かは厳格な基準で審査される。制約が正当化されるには、憲法によって正統化され、普通選挙と少なくとも同等の重みを持つ根拠が必要である。

　(3)(i)　憲法上正統な目的と普通選挙とを調整するのは原則として立法者の任務である。連邦憲法裁判所は立法者の裁量を尊重し、その限界が踏み越えられたか否かのみを審査する。問題の規定が、選挙法の形成に際して許容される立法目的に関わる限り、

裁判所は当該規定がかかる目的を達成する上で不適合であるか、目的の達成に必要な限度を超えている場合にのみ、普通選挙原則への抵触を確認することができる。

　(ii)　立法者は選挙権の形成に際して、選挙法の意義や民主的平等の厳格性によって課された価値評価の限界の範囲内で、単純化と類型化を行う権限を有する。選挙法は、租税法や社会保障法と並んで、大量の事例を処理するために類型化による規律を行うことが許された法領域に当たる。但し立法者は、かかる一般化を行うに際して、可能な限り広範な現実観察に基づき、典型的な事例を基準としなければならず、とりわけ選挙法においては抽象的に考案された事例ではなく政治的現実を志向しなければならない。

　(iii)　選挙法の規律に対する憲法上の正当化が新たな発展によって疑問視されるに至った場合（例えば、前提とされていた現実上・規範上の基礎が変化したり、規範定立の際の予測が誤りであることが明らかになった場合など）には、立法者は当該規定を審査し、必要な場合には改正する義務を負う。在外ドイツ人の選挙権もまた、その時々の法的・事実的な大枠となる条件を無視して評価することはできない。

　(4)　普通選挙原則の適用領域で区別の正当化根拠に含まれるのは、国民の政治的意思形成の際の統合過程としての選挙の性格を確保するという目的や、国民代表が機能しうる能力を保障することである。いわゆる選挙のコミュニケーション機能の確保は、この前者に属する。民主政は治者と被治者との間の自由で開かれたコミュニケーションを前提としており、選挙のみでなく議会と社会的諸勢力の間の恒常的な対話も民主的秩序の正統性にとって同等に重要である。かような背景に照らせば、選挙権からの排除が憲法上正当化されるのは、ある一定の人間集団が、国民と国家機関との間のコミュニケーション過程に十分な程度に参加することができない場合である。

2 (1) 連邦選挙法 12 条 2 項 1 文は、かつてドイツに最低 3 ヶ月連続して居住したことがあるか否かによって、在外ドイツ人の間で選挙権に関する取り扱いの区別を行うものである。

(2)(ⅰ) この普通選挙原則の侵害は十分な根拠によって正当化されているとは言えない。本件規定を正当化する目的として問題となりうるのは、選挙のコミュニケーション機能の確保だが、選挙法 12 条 2 項 1 文の類型化は、この際に立法者に認められた形成余地を踰越している。①在外ドイツ人がこのコミュニケーション過程に参加しうるためには、単に外国からドイツ国内の政治的・経済的・社会的・文化的事象について情報を獲得しうるのみでは足りず、自ら直接に連邦共和国の政治システムと慣れ親しんでいることが必要だと立法者は評価している。かような立法者の評価自体には憲法上の問題はない。②しかしながら、この立法目的は過去に 3 ヶ月ドイツに居住したことを要求するのみでは達成されない。まだ未成熟で理解力の足りない年齢でドイツに居住した者や、遠い昔にドイツから転出したためにその経験が現在のドイツの政治的状況と乖離している者にも、選挙権が与えられことになるからである。③加えてこの規定は、もはやドイツと何の関係も有しない在外ドイツ人を選挙から排除する上では立法目的に適合的だが、ドイツ国内に 3 ヶ月居住したことがないものの、ドイツの政治状況に慣れ親しんでおりこれに影響を受ける在外ドイツ人（例えばドイツとの国境近くに住みドイツで働いている越境者や、ドイツの団体・政党その他の組織に加わることでドイツの政治的・社会的過程に参加している者など）をも選挙権から排除する限りで、立法目的と一致していない。

(ⅱ) 在外有権者が特定の選挙区に集中して、当該選挙区の有権者の構成を大きく変えてしまうことを防ぐという根拠もまた、本件規定を正当化しない。本件規定はかかる目的にとって適合的でも必要でもない。

3 以上の理由で連邦選挙法 12 条 2 項 1 文は基本法 38 条 1 項 1 文に違反し無効だが、この違法は連邦議会の構成に実質的な影響を与えないので、2009 年連邦議会選挙自体は無効とならない。

なお、本判決には Lübbe-Wolff 裁判官の反対意見が付されている。

【解 説】

1 連邦憲法裁判所はこれまで複数の機会に在外ドイツ人の選挙権について判断を求められてきた。①1956 年 5 月 3 日第 1 法廷判決（BVerfGE 5, 2）は、居住要件の喪失によって選挙権・被選挙権が失われることを理由に、東ベルリンに移住した連邦議会議員の議席喪失を認めた。②1973 年 10 月 23 日第 2 法廷決定（BVerfGE 36, 139）は、居住要件とその例外規定（段階Ⅰ）の合憲性を認めた。③1981 年 10 月 7 日第 2 法廷決定（BVerfGE 58, 202）は、ドイツの公務員のみに在外選挙権を認めた例外規定（段階Ⅰ）の合憲性を認め、欧州共同体の公務員である申立人の請求を退けた。④1990 年 11 月 2 日第 2 法廷第 3 部会決定（2 BvR 1266/90, NJW 1991, S. 689）は、東西ドイツ統一後の最初の連邦議会選挙に際して、居住要件と例外規定（段階Ⅱ）の合憲性を認めた。

従って、この領域における法発展の流れを一言で言えば、立法は在外ドイツ人の選挙権を数次の法改正を通して拡大してきたし、連邦憲法裁判所もここになお残る居住要件に基づく制約を概ね好意的に判断してきた、と見ることができる。こうした中、在外選挙権の範囲を更に拡大する 2008 年の法改正（段階Ⅳ）に対して連邦憲法裁判所が突如として下した本件の違憲判断は、ある種の驚きをもって受け止められることになった[1]。

2 では、本件と上記先例との間の判断の違いを生み出した原因は何なのか。第一に、当然考えられるのは、本件の判断対象である段階Ⅳの例外規定が過去の判断対象（段階Ⅰ、Ⅱ）と異なる点である。本件は、以前の制約のうちある部分を撤廃し、他の部分を残存させる現行規定が、趣旨の一貫性を喪失し

ている点を問題視したものと理解することも可能かもしれない。第二に、規定の背後に存する社会的現実が、情報技術の発達や人の移動の増大などによって以前と大きく変化している、という要因も考えられる。もっともこの点は、判断枠組みの提示の際に意識されるものの（判旨1（3）(iii)）、具体的な論証過程の中で決定的な役割を果たすわけではなく、議論の背景を提供するにとどまる。第三に、やはり無視しえないのは、憲法裁判所の考え方自体が変化しているのではないか、という問題であろう。Lübbe-Wolff 裁判官の反対意見は主にこの点を問うものであるように見える。実際、ごく外形的に見ても、先例の合憲判断が比較的簡略であるのに対して、本件では議論の精度が大幅に高められている。そこで、ここに考え方の変化が存するとしたら、それが意味するものは何か、が問題となる。

　3　本件で注目される第一の点は、憲法裁判所が自覚的に特定の民主政理論を援用することで事案の解決を導いている点である。こうした思考の端緒は既に先例④でも示されているが、本件はこれを全面的に展開することになった。民主政を国民と国家機関との間のコミュニケーション過程として捉える考え方自体は、例えば政党法など他の領域でも既に見られるところである（例えば参照、BVerfGE 85, 264〔ド憲判 I *67* 判例〕）。本件は、民主的な政治過程がいかに機能するかに関するかかる理論を、そもそも誰が民主政に参加する資格を有するか、というメンバーシップの画定の問題に用いるものであり、その適切性についてはいくらか検討の余地が残る（Lübbe-Wolff 裁判官はこの点とりわけ批判的である）。憲法解釈の基礎に置かれるべき民主政理論をめぐっては、とりわけ外国人参政権事件（BVerfGE 83, 37〔ド憲判 II *51* 判例〕）

以降議論が蓄積しており、本件もこれに若干の思考の素材を付け加えるものであると言える。

　第二に、本件の判断枠組みは、在外ドイツ人を二種のカテゴリーに分け区別することの正当性を問う点で、平等原則審査の枠組みに則っている[2]。その判断の要点は、本件区別が立法目的との関係で一面では過小包摂（判旨2（2）(i)②）に、他面では過大包摂に陥っている（判旨2（2）(i)③）、と要約しうる。先例と比べて精密化・厳格化されたかかる判断手法が、法改正によって生じた斉一性の欠損を焙り出した、と見ることもできよう。但しこれに対しては、立法者の判断余地を過剰に制約しているとの批判も存在している（Lübbe-Wolff 裁判官）。

　4　なお、連邦憲法裁判所の本決定を受け、連邦議会は 2013 年 4 月 27 日連邦選挙法改正（BGBl I S. 962）で 12 条 2 項 1 文を次のように改めた。

12 条 2 項　基本法 116 条 1 項の意味のドイツ人で、選挙期日にドイツ連邦共和国外に生活する者も、以下の各号のいずれかに該当する限り、その他の要件を満たした場合には選挙権を有する。

　1．満 14 歳に達した後、少なくとも 3 ヶ月連続してドイツ連邦共和国に住居を有し、またはその他の形で日常滞在していたことがあり、この滞在から 25 年以上を経ていないこと

　2．他の理由に基づき、自ら直接にドイツ連邦共和国の政治状況を熟知し、またこれによって影響を受けること

(1)　なお、本件評釈として以下のものを参照、Martin Morlok/Alexandra Bäcker, MIP 2013, S. 5 ff.; Michael Sachs, JuS 2013, S. 376 ff.; Thomas Felten, DÖV 2013, S. 466 ff.
(2)　Vgl. Sachs, a.a.O.

78 議席配分規定における「負の投票価値」の効果と超過議席
── 連邦選挙法6条1項一部違憲無効判決 ──

2012年7月25日連邦憲法裁判所第2法廷判決

土屋　武　連邦憲法裁判所判例集131巻316頁以下

BVerfGE 131, 316, Urteil v. 7. 25. 2012

【事　実】

2008年に連邦憲法裁判所は、2005年に行われた選挙の基礎とされた連邦選挙法6条4項・5項と結びついた7条3項2文を平等選挙原則および直接選挙原則に反するとして違憲とし、立法者に対して2011年6月30日までに合憲の規律を行う義務を課した（BVerfGE 121, 266）。連邦議会での審議の結果、下記3点を中心に改正を行った。①議席数の配分方式について、各州の選挙人数に応じて各州に議席を配分したうえで（上位配分・州への配分）、州の議席数から各政党の州名簿の得票に応じて各政党の州名簿に議席数を配分する（下位配分・州名簿への配分）方式に変更した。また新たに②州名簿に議席を配分する際、議席配分に影響を与えなかった残余票を連邦レベルで集計し、連邦平均で1議席獲得に必要な票数を超えた場合に、議席を配分する追加議席条項、③連邦の第2票総数の過半数を獲得したにもかかわらず総議席数の半数以下しか獲得していない場合、その政党に対して半数を超えるまでさらに議席を配分する多数確保条項を導入した。この改正に対し、連邦選挙法6条の合憲性を争い、SPDと90年連合・緑の党が規範統制、機関訴訟を提起し、また憲法異議が提起された。裁判所は、連邦選挙法6条の一部が違憲であると判断した。

【判　旨】

1　選挙制度形成とその限界

選挙制度の確定と具体的形成は、比例代表制か多数代表制か混合型かの選択も含め、原則として立法者に自由がある。立法者の形成自由の限界として、平等選挙原則から数的価値の平等に加え結果機会の平等が導かれ、多数選挙制では選挙区の人口比例が、比例代表制では結果価値の平等も求められる。

平等選挙原則の形式的性格からすれば、立法者の形成余地は限定的であり、取扱いの差異は客観的に正当化される特別の理由を必要とし、「その規律が当該目標の達成にふさわしくない、または当該目標の達成に必要な程度を逸脱している場合」に平等原則違反となる。政党の機会均等の原則も、立法者の形成自由を限界づける。

2　選挙人数に基づく州への議席配分（法6条1項1文）の合憲性

上位配分として州に議席配分を行うことについては、これによって議員の全国民の代表としての性格や選挙による統一的な代表機関の創設という性格が失われるわけではないため、代表原理（基本法20条2項、38条1項）には反しない。また人口が少ない州では、議席獲得に5％を超える得票を要するため、5％を超える事実上の阻止効果が引き起こされうるが、連邦国家原理によって正当化することができる。「選挙人数」に基づく議席配分は、民主的代表との関連では疑義はない。

もっとも、先例（BVerfGE 121, 266）によれば、①議席配分手続により、負の投票価値の効果（第2票の増加により当該政党の連邦議会議席が失われる、または第2票の減少により当該政党の議席が増大する現象）が発生する場合、民主的選挙の意義と目的に反する。②投票と結果の作用連関が矛盾する場合、平等選挙・政党

の機会均等に抵触するのみならず、直接選挙原則にも違反する。投票が立候補者の勝敗にどのように影響を及ぼしうるかを、選挙人が認識できないからである。③法律の規定が、そのような効果を「まれで不可避的な例外的事例」において惹起するだけにとどまらないような場合、当該規定は憲法と一致し得ない。

現行制度について考えると、まず、負の投票価値の効果は、それが具体的に予測・計画することができず、一人ひとりの選挙人はほとんど影響を与ええないという理由では憲法上受忍できない。また、現制度の下では、負の投票価値の効果がまれで無視できるような例外的事例でのみ発生するにとどまらない。ある政党の州名簿が第2票を獲得（喪失）し、同党の議席配分には変更がないが、州の選挙人数が増加（減少）するため州の議席が1議席増加（減少）した場合に、①この増加議席を他の政党の州名簿が獲得するか、またはその議席が他州自党の州名簿から奪われたものであるとき、②あるいはこの減少議席が、同州他党のものであったか、その議席を他州自党が獲得したときには、そのような効果が発生しうる。現行制度でも、従来と同規模の負の投票価値の効果が生じたであろうとの選挙数学的分析が存在し、連邦議会・連邦政府の代理人も疑義を示していない。また、州の議席数算出のために選挙人数〔投票者数〕ではなく住民数または有権者数を用いれば、投票者数の増減による州への議席配分の変動は生じないため、上記のような負の投票価値の効果の発生は阻止できる。これにより選挙人数による場合によりも結果価値の差異は生じるが、負の投票価値の発生に比べれば深刻なものではない。

3　追加議席の合憲性

残余票にのみさらに議席獲得の機会を認めるのは、投票の不平等取扱いであり、政党の機会均等を制約する。

下位区分による比例性喪失を連邦レベルでの比例調整により阻止し、結果価値の差異を調整するという立法者の目的は正当である。しかし、端数の切り上げについて考慮していないため、追加議席は結果価値の平等をもたらしていない。また、追加議席は事実上の阻止効果の有無にかかわらないため、州への下位分割により小州に生じる事実上の阻止効果を補償するという目標によっても正当化されない。事実上の阻止効果が高い州名簿に優先して議席が配分されるわけでもなく、超過議席による結果価値のゆがみを調整するものでもない。それゆえ、追加議席も違憲である。

4　超過議席の合憲性

連邦議会の選挙制度について、人物選挙と結びついた比例代表選挙とするが（法1条1項2文）、基本的性格は比例代表制である。

議会議席の構成は、通常は第2票のみが影響を与えることができるが、超過議席の発生により、第2票だけでなく第1票も影響を与えることになる。この効果は、超過が発生する政党の選挙区候補者に投票した場合にのみ発生するため、結果価値に不平等が生じる。また、超過議席を得た政党は、獲得しなかった政党よりも第2票が少ないことになり、政党の機会均等を制約する。

超過議席は、多数派確保機能や連邦制の考慮によってではなく、比例代表選挙の枠内で人物選挙の可能性を認め、これによって議員と選挙人の結びつきを強化し、政党の支配的地位を矯正するという人物選挙と結びついた比例代表選挙が持つ特別の関心によって正当化されうる。この関心と比例性の緊張は、立法者の形成余地の範囲内で調整されるのであり、一定の範囲内で超過議席は認められる。

もっとも、超過議席の無調整配分と結びついた投票の結果価値の差異は、立法者のコンセプト内にとどまらなければならず、比例代表制という基本性格が廃棄されるほど超過議席が発生するものであってはならない。

無調整超過議席の限界について、97年の判決では5％条項とパラレルに、総議席数の5％を指針と

した。しかし5％条項の正当性は議会の機能性にあり、平等選挙や機会均等と関連がない以上、これには準拠できない。

もっとも、総議員数の5％以上で形成できる会派は、政治的意思形成の重要なファクターであり、議会空間において数多くの任務を果たしている。超過議席の数が会派を形成するに必要な数にまで達するとすれば、議会において独立の政治勢力に相応する重要性を獲得することになる。立法者が第1票による名簿議席の配分への影響を阻止しようとしていること、また追加議席が超過議席の最小化を求めていることを背景にすれば、次の場合には、違憲となる。すなわち、「超過議席数が、会派形成に必要な議員数のおよそ半数を超える場合」である。この数が「裁判官による規範具体化行為として完全には根拠づけることができないことを意識している」。が、基準がないことにより選挙審査手続において議会が解散されるリスクを最小化する任務を、裁判所は負っている。

超過議席はドイツ統一後増加傾向であり、2009年の連邦議会選挙では最高の24議席の超過議席が発生した。この増加傾向からの転換は近い将来には期待できない。超過議席の成立原因として、ア）州内での人口の少ない選挙区の増大、イ）選挙区での非有権者率が平均以上に高い、ウ）投票率が平均を下回る、エ）州での無効の第2票数が平均を超える、オ）第1票と第2票で投票先を変えるなどにより、ある党の獲得した直接議席の数が第2票の結果と合致しない、カ）4党制から5党制への移行などがあげられる。

立法者は上述の状況に鑑みて、憲法上、超過議席に関して選挙権の平等および機会均等の維持のため、措置を講じなければならない。立法者は、一時的な事情まで顧慮しなければならないわけではなく、観察された展開が固定化する傾向があるかに着目することができる。97年判決で問題となった統一ドイツ最初の選挙では、その後の展開の観察を立法者に認めることができるが、当時の状況とは異なり、政

治的関係が持続的に変容し、それに基づきより大きな数の超過議席の発生の予測がはっきりと認識されることになった。

5　その他の規定の合憲性

多数確保条項は負の投票価値を発生させないように解釈でき、空白議席ではそのような効果が発生しないため、違憲とはいえない。

6　判決の方式

法6条1項1文および6条2a項は違憲無効とする。法6条5項は、補完規定により合憲となる可能性があるので、違憲の確認にとどめる。旧規定には違憲判決が下されており、復活しないため、現段階では連邦議会選挙の議席配分手続の規律は存在しない。

【解　説】

本判決は、「負の投票価値」の効果に着目して議席配分規定を平等選挙・直接選挙原則違反として無効とするとともに、1997年には合憲判断とされた超過議席についても違憲と判断して、大きな衝撃を与えた。平等選挙原則に関する一般論[1]その他は省略し、以下では負の投票価値の効果、超過議席の問題を中心に検討する。

1　「負の投票価値」の合憲性

(1)　「負の投票価値」の効果と2008年判決

「負の投票価値」の効果とは、第2票の増加（減少）により当該政党の連邦議会議席が失われる（増大する）現象を指す[2]。この効果については、超過議席の合憲性が争われた1997年の連邦憲法裁判所の判決の申立人も指摘しており[3]、以前から認識されていたが、2005年連邦議会選挙における追加選挙において問題が顕在化した[4]。ドレスデン第1区の選挙区候補者が投票日の11日前に死亡したため、本選挙の14日後に同区のみ追加選挙を行うことになった。本選挙終了により他の選挙区の選挙結果は

すでに明らかとなっており、ザクセン州の CDU は
すでに超過議席を獲得していた。当時の連邦選挙法
は、議席配分方式が 2011 年改正前とは異なり、上
位配分では州名簿の総体を連邦名簿として擬制した
うえで、各政党に連邦レベルで議席配分がなされる
連邦比例の方式、下位配分では各州名簿に基づき、
連邦レベルでの政党の議席から州名簿に議席の配分
が行われる州比例の方式を採用していた。この方式
の下では、同区において CDU に投じられる第 2 票
が過大に増加すると、連邦比例の議席配分はそのま
まで他州から名簿議席を奪い、ザクセン州の超過議
席数が減少し、結果として総議席数の低下が生じう
ることが判明した。そのため、第 2 票について
CDU は他党に投票を求め、他党は CDU に投票を
求める戦略的投票行動の要求が起こった。

2008 年の判決は、当時の議席配分規定がもたら
すこのような負の投票価値の効果が投票価値の平等
を顕著な形で制約するとして、平等選挙原則・直接
選挙原則に違反するとした[5]。2008 年判決は、当時
の規定では、選挙の憲法的評価に当たって無視でき
るような例外事例にとどまらず、超過議席が生じる
州において、下位配分につき非常に多くの残余票が
存在するため、わずかな票で同州の議席がさらにも
う一議席増加し、それにより同党の別の州の議席が
減少する場合に常に負の投票価値の効果が発生する
とした。そして平等選挙の制約について、連邦比例
の制度が有している価値によってもやむにやまれぬ
理由として正当化することはできず、また超過議席
による結果価値の不平等が改善されることによって
も正当化できず、さらに人物要素を加味した比例代
表制がもたらす必然的な効果であるともいえないと
した。

(2) 本判決における「負の投票価値」

本判決は、基本的には 2008 年判決に依拠して、
「まれで不可避的な例外的事例」にとどまらない場
合にのみ「負の投票価値」の効果が発生しうる議席
配分規定を違憲とするとした。負の投票価値の効果
が発生しないことは結果価値の平等によって要求さ

れるのかも問題であるが、本判決との関連では、改
正法の下での負の投票価値の効果の発生が「まれで
不可避的な例外的事例」にとどまらないといえるか
が特に議論となった。これは、「まれで不可避的な
例外的事例」の解釈と現行制度における負の投票価
値の効果の発生に関する評価の問題にかかわる。

改正法について支持する見解からは、①議席配分
が従来の〈連邦比例—州比例〉から〈州への配分—
州名簿への配分〉へと変更され、投票者数に基づく
ことにより、第 2 票の増減が州名簿の議席の増減に
影響を与えることは原則として避けられる[6]、②連
邦議会では、CDU/CSU も現行制度でも負の投票価
値の効果の発生の可能性を否定してはいないが、具
体的な政治的現実を踏まえれば、蓋然性のない連鎖
である[7]として、まれで不可避的な例外的事例に当
たらないとしていた。改正法を違憲とする立場は、
結果価値の不平等については立法裁量の余地が狭い
ことを指摘する[8]。判決は、まれで不可避的な例外
的事例にとどまらないかどうかを踏み込んで判断し
ている。選挙制度の形成において立法者の判断をど
の程度尊重すべきか、政治的現実をどの程度踏まえ
るべきかに関する論者の立場により、裁判所の判断
の評価は異なろう。

2 無調整超過議席の合憲性

ドイツの選挙制度の特徴の一つである超過議席
(選挙区で獲得した議席が政党の州名簿への議席配分数を超え
る場合に、その差分だけ議席数を増やす仕組み)の合憲性
については、これまで激しい議論がなされてきた。

合憲説は大きく 2 つの立場に分かれる。第一は、
現行の選挙制度を比例代表制と解して、首尾一貫性
の観点から結果価値の平等が要請されるとしつつ、
超過議席による結果価値の不平等は、人物選挙の要
素を加味した点などを考慮すれば、一定範囲で正当
化できるという立場である。もう一つは、現行の選
挙制度を比例代表制と多数代表制の混合型であると
解し、超過議席の問題は多数代表制の部分がもたら
す問題であるため、結果価値の平等の要請は及ばず、

平等選挙原則には反しないとする立場である[9]。また、超過議席の多数派形成作用や連邦制的考慮も挙げられることがある。

違憲説は、結果価値の平等を重視し、無調整超過議席は正当化できないとする[10]。①負の投票価値の効果の発生は、超過議席の存在に大きく依存している。②超過議席は2重の投票価値を生むことになり、直接代表の議席が多数派形成に決定的に作用することもありうる。③人物選挙の要素から、超過議席が無調整でよいとする根拠は導けない。④第1票も実際には人物的要素よりも党派的基準によって投票されている、などが理由である。なお、違憲説も、結果価値の平等につき、現行選挙制度が比例代表制であることから要請されるとする立場と、現行の選挙制度が混合型であるとしても、憲法上の要請としてそれが導かれるとする立場に分かれる[11]。

1997年の連邦憲法裁判所の判決では、4対4と同数のため合憲とした[12]。判決は合憲説の第一の立場を採用し、超過議席は5％条項を基準に、5％を限界とした（現議席数（598議席）を基準とすれば、約30議席）。

本判決は、先例に沿って、現行選挙制度の基本コンセプトを比例代表制であるとし、比例代表制の採用により要請される結果価値の平等に反しないかどうかを検討している[13]。そして人物選挙の要素から超過議席の存在自体は容認したが、超過議席の上限については97年判決の立場を採用せず、議会における会派の重要性に着目し、会派形成に必要な議席数の半数、おおよそ15議席として、97年判決よりも上限を限定した。97年判決に比して選挙制度の基本コンセプトから要請される結果価値の平等を重視しているといえる。

超過議席の上限設定につき、裁判所が自ら「完全には基礎づけられない」と宣言した点は注目される。立法裁量の限界としての超過議席の上限を連邦憲法裁判所が憲法上の根拠なく、いわば恣意的に設定したとも受け取られうるからである。選挙法に関する

暫定規定を置くことと比べれば立法者の形成自由は確保されており、また全員一致の判断であることには意義があるとして、これを支持する見解もある[14]。しかし、裁判所による政治的行為であるとして、裁判権の限界を超え、政治的形成の余地を奪ってしまうことを批判する立場もある[15]。また、領域は異なるが、ハルツⅣ判決では、立法者に対し、立法について十分な根拠づけを求め、用いた方法と計算方式について追検証可能な形で明らかにするよう義務づけていたことと本判決は果たして整合的か、疑問の余地がある[16]。

(1) W. Schreiber, BWahlG, 9 Aufl. 2013, S. 156 ff.

(2) BVerfGE 121, 266. 同判決と負の投票価値については、T. Wolf, Das negative Stimmgewicht als wahlgleichheltswidriger Effekt, 2016 および河島太朗「ドイツの小選挙区比例代表併用制におけるいわゆる負の投票価値（Negative Stimmgewicht）について」『憲法の基底と憲法論 高見勝利先生古稀記念』（信山社、2015年）1049頁以下が詳しい。

(3) Vgl. BVerfGE 95, 335 (343)〔ド憲判Ⅲ *69* 判例〕.

(4) 追加選挙については、BVerfGE124, 1〔本書 *73* 判例〕。

(5) BVerfGE 121, 266 (298 ff.).

(6) B. Grzeszick, in: ders./H. Lang, Wahlrecht als materielles Verfassungsrecht, 2012, S. 92.

(7) BT-Drucks. 17/6290 S. 9. A. Guckelberger, JA 2012, S. 641 (645).

(8) H. Holste, NVwZ 2012, S. 8 (11).

(9) V. M. Haug, ZParl 43 (2012), S. 658 (673).

(10) Vgl. etwa H. Meyer, in: Isensee/Kirchhof, HdbStR III, 3. Aufl. 2005; C. Möllers, RuP 2012, S. 1 (7); J. Behnke, ZParl 43 (2012), S. 675 ff.

(11) Möllers (Anm. 10), S. 8.

(12) BVerfGE 95, 335〔ド憲判Ⅲ *69* 判例〕.

(13) 2011年改正の対象ではない超過議席の合憲性を本件で争うことについて、裁判所は、①改正法により6条の非改正部分も新たな意味を獲得していること、②合憲判決の後、事実状況（超過議席成立に関する事実的基礎の変容）および法状況について重大な変更があること、などを理由に、適法としている。

(14) Morlok, NVwZ 2012, S. 1116.

(15) Haug (Anm. 9), S. 671 f.

(16) H. Lang, Wahlrecht und Bundesverfassungsgericht, 2014, S. 72.

79 連邦議会調査委員会による情報提出要請の連邦政府による拒否の合憲性
—— 連邦情報局（BND）調査委員会事件 ——

柴田尭史

2009 年 6 月 17 日連邦憲法裁判所第 2 法廷決定
連邦憲法裁判所判例集 124 巻 78 頁以下
BVerfGE 124, 78, Beschluss v. 17. 6. 2009

【事　実】

　2004 年以降、ドイツ・メディアが、イラク戦争などに関するアメリカの中央情報局（CIA）とドイツの連邦情報局（Bundesnachrichtendienst 以下、BND）の活動を連日報道し、2005 年にはそれが一層頻繁になった。2005 年に、この問題は、連邦議会の本会議と所管の専門委員会で取り上げられると同時に、議会統制委員会（Parlamentarisches Kontrollgremium）でも検討された。そして、2006 年 2 月 20 日に、連邦政府は、最終報告書「イラク戦争、および対国際テロ戦争に関連する過程」を提出した（同報告書は、議会統制委員会で検討され、2 月 24 日付で連邦議会によって一部公表された〔BTDrucks 16/800〕）。この一連の事態について、同報告書で未解明の問題、さらなる検討・評価、および望まれる帰結の解明を求めて、FDP、DIE LINKE、Bündnis 90/Die Grünen の連邦議会の 3 会派が、基本法 44 条に基づいて調査委員会の設置を提案し、2006 年 4 月 7 日に本会議において設置が決議された（委員会の構成は、CDU/CSU、SPD から各 4 名、上記 3 会派から各 1 名の計 11 名である）。調査委員会は、証拠提供議決（Beweisbeschluss）によって、① CIA の活動、在外米軍基地内のテロ容疑者収容施設の実態、ならびに BND の活動について連邦政府が有する文書の提出、および②連邦政府の官吏、BND の職員への証人喚問を要請した（調査付託〔Untersuchungsauftrag〕は、2006 年 10 月 27 日、2007 年 7 月 6 日に補充された）。しかし、連邦政府は、安全保障会議に関する文書やその関係者への証人の発言内容が「執行府が自己で責任を負う核心領域」や「連邦とラントの安寧（国家の安寧）」に該当するとの理由のみで、繰り返し①について文書の提出を拒否し、②について証人への証言許可を制限した。連邦政府が調査委員会の権限を侵害したとして、上記 3 会派、および当調査委員会委員 3 名からなる特別少数者（qualifizierte Minderheit）が、連邦憲法裁判所に機関訴訟を提起した。

【判　旨】

　「基本法 44 条に基づく申立ては、大部分において理由がある。被申立人は、基本法 44 条の情報請求権を許されない方法で縮減した。」（S. 114.）

1　調査権の限界

　「議会の調査委員会の証拠取調権（Beweiserhebungsrecht）は、その限界が法律〔調査委員会法〕によって規律されているときでも、憲法に根拠を有する限界に服する。」（S. 118）

（1）　調　査　付　託

　「第一に、証拠取調権は、設置決議において特定されなければならない調査付託によって限定される。調査付託自体は、議会のコントロール権限の枠組みを守らなければならず、十分明確に特定されていなければならない。……調査付託の十分な特定性の要請は、議会の調査権の意味と目的、法治国原理と権力分立原理、ならびに連邦議会の補助機関たる調査委員会の位置づけから生じる。連邦議会は、調査手続の主としてその枠組みを自ら画定しなければならず、この課題を委員会に委任してはならない。」（S. 118 f.）

(2) 権力分立、特に「執行府が自己で責任を負う核心領域」

「調査委員会に情報提供を差し控える理由は、権力分立原則から生じうる。」

「議会と国民に対する政府の責任は、執行府が自己で責任を負う核心領域を必然的に前提としている。この核心領域は、議会の調査委員会によっても原則として探求されない発案、審議、および活動の領域を含んでいる。この核心領域には政府の意思形成それ自体が属する。……それゆえ、政府が単独権限に含まれる決定を行うにあたって、〔調査委員会への〕情報提供が第三者による共同統治になりうる場合には、議会の情報提供の要求に答える政府の義務は通常存在しない。この可能性は、決定がまだなされていない限りで、政府による決定の準備作業の領域に由来する情報に通常存在する。それゆえ、議会のコントロール権限は、すでに終了した過程にのみ原則として及ぶ。この権限は、執行内部の交渉と決定の準備に介入する権能を包括しない。」「政府による決定の準備作業の段階に由来する情報に議会が事後にアクセスすること（Zugriff）にも、権力分立原則は限界を引く。終了した過程であったとしても、政府は、執行府が自己で負う責任の核心領域に由来する、秘密にされなければならない事実を伝える義務がない、という事例もありうる。無制約の——それぞれの決定プロセスの終了後にはじめて投入される——議会の情報請求権は、特に萎縮的な事前の影響によって、権力分立原理が政府に割り当てているその自立的な作用を侵害するのである。もっとも、権力分立原則は、政府の強い位置づけに鑑みて、議会によるコントロールが実効的でありうるような基本法の解釈を要請している。このこと〔議会によるコントロール〕は、政府による決定の準備作業の領域に由来する、それに必要とされる情報がそれぞれの過程が終了した後であったとしても議会に閉ざされたままであるならば、そう〔実効的〕ではないのである。……調査委員会の証拠取調権が、執行府が自由意思で提供する政府活動に関する情報へのアクセスを手

に入れるだけなら、証拠取調権は空洞化する。」「それゆえ、終了した過程に関する議会の情報権は、所管省庁内部の準備的な意思形成とそれらの間での調整を含めた、政府の意思形成の領域に由来する文書が問題であるとしても、原則としてつねに除外されているわけではない。議会によるアクセスには、政府内部の意思形成の領域に由来する情報も原則として服する。それゆえ、終了した過程であるならば、調査委員会に対しては、政府の意思形成の領域にかかわっている、という概括的な（pauschal）摘示は情報提供を控えることを正当化できない。そのような情報の交付が政府の機能性と自己責任を侵害することが予期されうるのかは、その都度の状況を考慮してのみ確定されうる。ここで対立する利益を衡量する必要性は、議会のコントロール権の根拠、かつ限界である権力分立原則の二重の機能に対応する。」意思形成のプロセスについて説明する、政府による決定の準備作業の領域に由来する情報については、政府と議会の利益が対立する。しかし、「特に大きい重みが、政府内部のありうる法違反や〔それと〕比肩しうる不正を白日の下に晒すことが重要である限りで、議会の情報への利益に認められる。」(S. 120 ff.)

(3) 「国家の安寧」

「議会の調査委員会の証拠取調権のさらなる限界は、連邦やラントの安寧（国家の安寧）である。国家の安寧は、秘匿の必要な情報が知れ渡ることによって危険にさらされうる。」

「……調査委員会法が明確にしているのは、文書を提出し、証言許可を付与する連邦政府の義務がただ憲法上の限界にだけ服することである。どの限界を憲法が議会の調査権に引いているのか、という問いは、憲法の構造における調査権の意義を考慮することで答えられうる。このことは、国家の安寧への危険という概念を解釈し、適用することにも妥当する。それからすると、証人の証言や文書の提出が国家の安寧を危険にさらすのか、という問いに答えるためには、第一に次のことが考慮されなければなら

ない。すなわち、調査委員会における情報の取り扱いが独自の秘密保護規定に服していること、および国家の安寧が、連邦政府だけではなく、連邦議会と連邦政府ともに委ねられていることである。議会とその機関は、国家の安寧を保護するために情報が秘匿されなければならない範囲に属する部外者として取り扱われえない。それゆえ、国家の安寧を援用することは、両方で職務上の秘密が知れ渡ることに対する実効的な予防措置が取られていたならば、ドイツ連邦議会に対して通常考慮に値しない。……この憲法の状況とこの手続の機会に鑑みれば、きわめて特別な状況の下でしか、連邦やラントの安寧を援用して調査委員会に文書の提出を控える理由は見出されえないといってもよい。」「〔調査委員会法14条1項4号、15条、16条、および18条2項〕の規定に鑑みると、情報の秘密保持の必要性と知れ渡った場合に差し迫る国家の安寧の危険を援用することは、文書の提出を拒否する権利を根拠づけない。同様に、このような援用は、証言許可の制限もそれほど支持しない。」(S. 123 ff.)

(4) 基 本 権

「……議会の調査委員会は、基本法1条3項にしたがって基本権を尊重しなければならない。基本権は、証拠取調権の制限になる。」刑事訴訟法の規定は、原則として議会による調査の場合にも、証拠の取調べと結びつけられうる基本権介入のための十分な根拠である。「その際、事例に関連付けられた適用においても、比例原則は考慮されなければならない。そうすると、証拠の取調べにあたって頻繁に牴触するであろう情報自己決定権は、公共（Allgemeinheit）という優越する利益において、かつ比例原則を考慮することでのみ制約されることが許される。この制約は、公益を保護するために必要不可欠であるよりも広く及ぶことは許されない。」調査委員会の証拠取調権と基本権上のデータ保護は、「憲法のレヴェルで対立し、具体的な事例において、両者ができる限りそれぞれの効力を展開するように相互に整序されなければならない。」衡量においては、証

拠の取調べの公開の排除の可否および秘密保持のためのその他の予防措置の要否を審査しなければならない。「このときいずれにせよ、議会民主制における公開性原理の意義も考慮されなければならない。基本法44条1項が保障しているように、まさに議会の調査手続にとって、特に不正調査の場合、公開性原理には特別な位置づけが認められる。」(S. 125 f.)

(5) 権 限 濫 用

「最後に、基本法44条2項による権限は、権限濫用という限界を有する。例えば証拠提出動議は、それらが明らかに遅滞に役立つ場合には、却下されうる。」(S. 128)

2 証拠提出の拒否、および証言許可の制限に関する理由付け

「連邦政府は、憲法上の根拠から調査委員会に証拠方法の提出を差し控える権利を自らのために主張するが、憲法から理由付ける義務に服する。憲法上の根拠を概括的に援用することは、議会の調査権に限界を引くが、決して十分ではない。情報提供拒否権の前提が存在することは、単に決まり文句によって（formelhaft）ではなく、立証する形で（substantiiert）説明されなければならない。それゆえ、情報提供申請が調査付託との関連がなく却下されなければならない場合、いずれにせよ付託の射程に関して意見の相違がある場合、一方で要請された情報の内容に、他方で調査付託の内容に関連付けられる理由付けが必要である。執行府の自己責任の核心領域に接触することを一般的に摘示することも、十分ではない。連邦政府の課題であるのは、どのような根拠から要請された証拠方法が執行府の核心領域に分類されうるのか、そしてなぜそれらの証拠方法が場合によっては過程の終了後いまだに調査委員会に交付できないのか、を調査委員会に検証可能な形で説明することである。国家の安寧という利益を援用しつつ情報の提供を拒否するときにも、まったく同じことが妥当する。連邦政府は、証拠方法の秘密保持の必要性を援用するならば、差し控えられた情報の性

質、秘密保持の必要性、および連邦政府の見解によれば存在する秘密保持の必要性の程度について、委員会に詳細かつ包括的に通知しなければならない。情報が第三者の基本権を保護するために差し控えられるべきときも、同断である。拒否決定の立証された形での理由付けは、（憲法）裁判所によるコントロールに関しても必要不可欠な基礎であり、そうでなければ、このコントロールは連邦政府に広範に委ねられることになってしまう。」(S. 128 f.)

【解　説】

基本法44条に基づく調査委員会を規律する法律は、たびたび議論になったもののその時々の政治的な抵抗感から成立しなかったが[1]、ようやく2001年に制定された[2]。本決定は、本法律制定後、連邦レヴェルで議会の調査委員会が本格的に問題となった事例である。

本決定における連邦憲法裁判所の判断のうち、①連邦議会の調査権、特に証拠取調権の限界[3]、および②文書の提出拒否の際の理由付けの2点に限定し、解説することとする。

（1）　連邦議会の調査権の限界

連邦憲法裁判所は、調査権、特に証拠取調権の限界として5つの事項、①調査付託、②権力分立、特に核心領域、③国家の安寧、④基本権保護、および⑤権限の濫用を挙げている。このうち、①から④は、調査委員会をめぐるリーディングケースであるフリック調査委員会事件判決[4]が定式化したものである[5]（さらに、調査権の限界としての基本権は、その後のノイエ・ハイマート調査委員会事件決定において深化した）[6]。これらの限界に対して、⑤の権限濫用という限界は、近年新たに追加されたものである[7]。もっとも、⑤を考慮するかどうかについて見解が分かれている[8]。その理由としては、後述する「理由付け義務」を詳説している本決定のC. II. の部分が、⑤に言及していないからと考えられる。

（2）　提出拒否と証言許可の制限に関する理由付け

本件における連邦政府の主張によれば、「概括的な」理由付けによる提出拒否や証言許可の制限はこれまで実務上なされてきたとして、BND調査委員会への文書提出の拒否などにも妥当する[9]。しかし、連邦憲法裁判所は、それを認めず、「立証する形で」理由付けなければならないとする。このような「包括的な理由付け義務」[9]は、「執行府の核心領域」や「国家の安寧」といった理由として説得力があるため直ちに承認されそうな調査権の限界に対して、歯止めとして機能するものである。それゆえ、本決定が提示したこのような「理由付け義務」の意義は、ドイツの議会・行政実務において重大である[11],[12]。

（3）　日本法への示唆

我が国の特定秘密保護法10条1項1号イは、国政調査権と参議院調査会について規定している。同号の「行政機関の長〔が〕、……特定秘密を提供する」要件は、「我が国の安全保障に著しい支障を及ぼすおそれがないと認めたとき」とされる。今後、行政機関の長は、特定秘密の提出拒否についてどこまで理由を付記するのか、が問題となろう。その際、理由付けの程度の問題は国政調査権と参議院調査会の実効性にとって重大である。本決定はこのことを日本に示唆している。

(1)　調査委員会法の制定をめぐる経緯については、Christian Waldhoff/Klaus Ferdinand Gärditz (Hrsg.), PUAG, 2015, S. 11 ff.

(2)　調査委員会法については、以下のものを参照。渡辺富久子「ドイツ連邦議会による政府の統制——調査委員会を中心に」外国の立法255号（2013年）88頁以下。ドイツにおける議会による情報機関の統制については、渡邉斉志「ドイツにおける議会による情報機関の統制」外国の立法230号（2006年）124頁以下。

(3)　紙幅の関係で省略せざるをえないが、本決定において、連邦憲法裁判所は調査権の意義から議論を始めている。その内容は、フリック調査委員会判決（BVerfGE 67, 100〔ド憲判I 85判例〔岩間昭道〕〕）を踏襲しているが、単なる引き写しではなく、本決定は、「調査権の核心には、文書提出を求める権利が属する。政府の責任領域における文書の提出請求権は、単に基本法44条3項による共助の権利から生じるのではない。それは、基本法44条1項1文から生じるコントロール権と基本法44条2項1文による証拠取調権の

構成部分である。」と説示し、文書提出を求める権利を、3項の共助からではなく、1項と関連付けることで導出する。この点を指摘するものとして、Paul J. Glauben/Lars Brocker, Das Recht der parlamentarischen Untersuchungsausschuesse in Bund und Ländern - Ein Handbuch mit Kommentar zum PUAG, 3. Aufl., 2016, S. 255.

(4) BVerfGE 67, 100.

(5) Christian Bumke/Andreas Voßkuhle, Casebook Verfassungsrecht, 7. Aufl., 2015, S. 527 は、本決定を「フリック調査委員会判決（BVerfGE 67, 100）から出発し、連邦憲法裁判所は、調査委員会の証拠取調権の原則と限界を精密化した」と本判決を位置づける。

(6) BVerfGE 77, 1〔ド憲判 I *86* 判例［山本悦夫］〕.

(7) BVerfGE 110, 1.

(8) ①から⑤すべてを限界とするものとして、Michael Sachs, Inhalt und Grenzen des Informationsanspruchs von Untersuchungsausschüssen, BVerfG, Beschluss vom 17. 6. 2009, 2 BvE 3/07, JuS 2009, S. 1040 ff.; Bumke/Voßkuhle（Anm. 5）, S. 529. それに対して、根拠は明記されていないが、①から④のみを調査権の限界とするものとしては、Heinrich Amadeus Wolff, Unzureichende Erfüllung der Beweisbeschlüsse des BND-Untersuchungsausschusses durch die Bundesregierung, JA 2010, S. 77 ff.; Steffi Menzenbach/Kristin Rohleder, Die Entscheidung des Bundesverfassungsgerichts zum BND-Untersuchungsausschuss, 2009, S. 2（http://webarchiv.bundestag.de/cgi/show.php?fileToLoad=2588&id=1205）.

(9) BVerfGE 124, 78（100, 141）.

(10) Bumke/Voßkuhle（Anm. 5）, S. 529.

(11) Sachs（Anm. 8）, S. 1041; Wolff（Anm. 8）, S. 78.

(12) 本決定の提示した「理由付け義務」は、その後の判例では、調査委員会だけでなく、議員（ひいては議会）の情報権にも広がっている。調査委員会に関しては、NdsStGH, Urteil v. 24. 10. 2014 - 7/13, StGH 7/13, juris Rn. 91 ff.; BVerfGE 143, 101. 議員や議会の情報権については、VerfGH Berlin, Urteil v. 14. 7. 2010 - 57/08 -, DVBl. 2010, S. 966 ff.（970）. 特にニーダーザクセン国事裁判所は、本判決から非常に強い影響を受けており、注目に値する。

80 トーネード偵察機アフガニスタン派遣と連邦議会

水島朝穂
2007 年 7 月 3 日連邦憲法裁判所第 2 法廷判決
連邦憲法裁判所判例集 118 巻 244 頁以下
BVerfGE 118, 244, Urteil v. 3. 7. 2007

【事　実】

1　2001 年「9.11」後の 12 月 20 日、国連安全保障理事会は、決議 1386 を出して、アフガニスタン暫定行政機構を支援するため、国際治安支援部隊（ISAF）の設置を承認した。翌 21 日、ドイツ連邦政府は、ISAF への連邦軍の参加に関する連邦議会の同意を要請した。その根拠は安保理決議 1386 と基本法 24 条 2 項にいう「相互的集団安全保障制度（System gegenseitiger kollektiver Sicherheit）」である。

2003 年 8 月、北大西洋条約機構（NATO）が ISAF の指揮を受任。カブールとその周辺地域に限定された ISAF は、やがて安保理決議 1510（2003 年）によってアフガニスタン全土に拡大され、2006 年 10 月までに深刻な治安状況になっている南部から東部で活動することになった。これらの地域では、米合衆国とこれを支援する諸国が「不朽の自由作戦（Operation Enduring Freedom）」を展開していた。この作戦は、2001 年 10 月のタリバン政権に対する軍事攻撃開始以来の、「9.11」に報復する米国の戦いである。派遣地域の拡大によって、ISAF の出動地域はこの「不朽の自由作戦」と重なり合うことになる。この ISAF の作戦計画は、ISAF 作戦の実行または ISAF 部隊の安全のために必要な限りで、「不朽の自由作戦」への「偵察結果の限定的な提供」を予定していた。国連憲章第 7 章に基づき、安保理は ISAF に対し、繰り返しこの作戦への協力を要請した。

2006 年 11 月にリガ〔ラトビアの首都〕で行われた NATO 首脳会談で、「包括的政治指針（Comprehensive Political Guidance）」が合意された。そこでは移り変わる脅威を前にして、防衛同盟の将来の方針を枠付け、安全保障の組織間での協力と、軍事力の構築および改編の問題といった一般的問題も議論された。

2007 年 2 月 8 日、連邦政府は、ISAF への拡大された参加（空からの監視と偵察を追加）について、ドイツ連邦議会の同意を求めた。空からの監視と偵察には「トーネード RECCE」型の偵察機が予定された。連邦議会はこの政府の申請について 3 月 9 日に同意した。4 月 2 日、アフガニスタンに偵察機が配備され、同月 15 日から飛行が始まった。

2007 年 3 月 20 日、連邦議会の民主社会党／左翼党（PDS/Die Linke）は、連邦政府が、NATO の本来的な構造から逸脱し、同意法律によって画定した授権枠組みから外れ、ISAF に関与することによって、基本法 59 条 2 項の連邦議会の権限を侵害したと主張して、機関争訟を提起した。

2　原告（2 つの会派）は、① 連邦議会の会派として当事者適格があり、申立て期間（連邦憲法裁判所法 64 条 3 項）も確保されているなどの手続的観点から申立てが許されること、② 基本法 59 条 2 項による連邦議会の参加権が侵害されていることについて、一方で、ISAF 派遣の拡大が、NATO 条約の改定なしには許されない、欧州地域の軍事的安全措置とは直接関係のないアフガニスタンの安全のためであり、他方で、基本法 24 条 2 項が同盟を厳格に平和維持のためとしているのに、ISAF 派遣の拡大が NATO 条約の統合プログラムを逸脱するものであることから、申立てには理由があるとした。

これに対して連邦政府は、① 申立て期間が守られておらず、また ISAF 派遣への参加はすでに行われており、偵察機派遣は付随的な移動行為にすぎず、また NATO が平和要請に反するという主張は連邦議会の権限ではなく機関争訟になじまないので、申

立ては許されないこと、②NATOの統合プログラムからの逸脱は存在せず、基本法24条により平和維持のために確定されたNATOの目的規定からの離反もないから、連邦議会の権限の侵害は存在せず、申立てには理由がないとした。

なお、口頭弁論では、ISAF派遣や偵察機の活動などの個別論点について、連邦軍総監（陸軍大将）が意見を聴取された。

【判　旨】

主文：申立ては棄却される。

理由：

1　申立ては適法である（zulässig）。原告は連邦議会の会派として機関争訟において当事者適格を有する。原告は、連邦政府に対して連邦議会に帰属する権限を行使することができる。

原告は、本件措置により、基本法上与えられたドイツ連邦議会の権限が侵害されていると主張するのに十分な理由がある。このことは、NATO条約が、連邦政府の参加のもと、その統合プログラムを超えて、基本法59条2項を侵害するほどにさらに自己形成を続けているという主張[1]に関しても、連邦政府が、もはや平和維持に奉仕しないというほどのNATOのさらなる展開に関与したという主張[2]に関しても、妥当する。この2つの主張は機関争訟において適法であり、ここでは結論的に述べられている。

原告の主張[1]の対象について十分に挙証されていない。申立ての対象〔NATOの具体的な活動や決定〕についても、申立て期間（6ヵ月以内）との関係でも問題がある。主張[2]により、原告は連邦政府のISAF支援のための偵察機派遣の決定を批判するが、そこに機関争訟の対象となりうる具体的措置が存する。

連邦の政治的諸関係を規律する条約は、基本法59条2項1文によれば、連邦法律の形で立法府の同意を必要とする。条約の同意によって、連邦議会と連邦参議院は、条約に基づく連邦共和国の拘束の範囲を決定し、国民に対する政治的責任を爾後、継続的に負う。したがって、条約の基本的事項から逸脱すれば、立法府の同意法律でこれを補うことはできない。その後、連邦政府が、与えられた権限を超

えて条約を展開するならば、外交権への連邦議会の関与権が侵害される。

基本法24条2項にいう、相互的集団安全保障制度の基礎を形づくる国際法上の条約のさらなる展開には、さらなる限界が設けられる。基本法24条2項によれば、「連邦は、平和を維持するために、相互的集団安全保障制度に加入することができる」。したがって、憲法上、かかる安全保障制度への編入や持続的な参加は、平和維持の留保の下に置かれる。本来24条2項の要請に照応する制度を平和維持に奉仕しない制度へと転換することは、憲法上禁止されており、同意法律の内容で補うことはできない。

2　申立てには理由がない。ドイツ連邦議会は、基本法24条2項と結びついた59条2項1文の権限を侵害されていない。

（1）アフガニスタンでNATOが主導しているISAF出動は、欧州・大西洋領域の安全に資する。このISAF出動は、NATO条約の統合プログラムのなかで活動しており、ドイツ連邦議会が、この条約への同意法律の方法で責任を負う。

ａ）NATO条約の統合プログラムの核心としての地域的な関係とは、はじめから、NATOの軍事出動は条約締結国域内に限定されなければならない、という意味ではない。外部からの軍事攻撃に対する共同防衛という多国間体制としてのNATOの目的によって、同盟域外、つまり攻撃を行う国家の領域への防御的軍事出動もはじめから含意している。その限りで、攻撃に対する軍事的防衛とならんで、それと物理的かつ時間的に結びついた、攻撃を行っている国への補完的な危機対応出動（Krisenreaktionseinsatz）もまた、なおNATO条約の地域的限定に照応している。

ｂ）NATOがその地域的関連の枠組みから逸脱することは、アフガニスタンへのISAF出動では見られなかった。なぜなら、この出動は明らかに、アフガニスタンの治安だけでなく、欧州・大西洋地域の将来的な攻撃からの安全にも資するものだからである。ISAF出動は、はじめから、タリバン、アルカイダ、その他の平和を脅かす集団を阻止し、アフガニスタンの文民による復興を可能にし、かつ維持

する目的をもっている。欧州・大西洋同盟の安全保障利益は、アフガニスタンの安定した国家機構によって、将来的に攻撃的・平和攪乱的な政治が生まれないことで維持されることになろう。それは、この国家の固有の積極的な行為によってであれ、国家領域におけるテロ的傾向との関係での沈黙的不作為であれ、である。NATO枠内の責任は、文民によるアフガニスタンの復興が欧州・大西洋領域における固有の安全保障に直接寄与する、ということから出発することになるだろう。

(2) アフガニスタンへのISAF出動には、実際に出動し、リガ首脳会議で出動に関して確認されたように、平和維持目的規定（基本法24条2項）からNATOが構造的に離反したことに対する根拠が提示されなかった。NATOの性質は、アフガニスタンへのISAF出動と、そこでの「不朽の自由作戦」との協力を通じて、明らかに変わらなかった。ISAFと「不朽の自由作戦」は、異なる目的設定、異なる法的根拠、そして明確に隔てられた責任領域をもっている。「不朽の自由作戦」が、主として直接的なテロとの闘いを目的とする一方、ISAFは、文民による国家再興の基礎を作るためのアフガニスタンでの治安維持を目的としている。アフガニスタンの安全を高めるべき2つの出動の間の協力によって、この法的な区別と事実上の区別とが帳消しにされることはなかった。戦闘と一体化された出動という表現ができないことは、すでにトーネード偵察機を派遣する連邦政府の決定で明らかになっている。この決定に従って、トーネード機の偵察活動が行われるものとされており、近接航空支援の能力は予定されておらず、かつ偵察機は自己防衛目的のためにのみ武装している。「不朽の自由作戦」への偵察結果の提供（Weitergabe）に関していえば、これは、先述のNATOのISAF作戦計画の基礎にかかわる決定にしたがって、「ISAF作戦の必要な遂行またはISAF部隊の安全のために必要である場合」だけ考慮される。

【解　説】

1　90年代初頭にはじまるドイツ連邦軍の「外国出動（Auslandseinsatz）」は、NATO加盟国以外に派遣されることが多いので、「NATO域外派兵（out

of area)」とも呼ばれた。冷戦後、連邦軍は「国防（国土防衛）軍」としての規模と内容を維持する正当性を喪失し、軍の存続のためには「国防（国益防衛）軍」への任務転換は不可避だった。国土防衛にとどまらない「拡張された安全保障任務（Erweiterte Sicherheitsaufgaben）」は、連邦軍の性格を「出動する軍隊（Einsatzarmee）」へと変え、「外国出動」が常態化していく[1]。だが、これは、長年にわたる政府の基本法87a条〔防衛以外の任務については、基本法上列挙された活動に限定〕の解釈と緊張関係に立つものだった。その点を問題にして、92年から93年にかけて、アドリア海へのフリゲート艦派遣、ボスニア上空での早期警戒管制機（AWACS）への空軍将校の派遣、第二次国連ソマリア活動（UNOSOM II）への陸軍部隊の派遣について、連邦議会の複数会派から機関争訟が提起された。申立ての主な理由は、「NATO域外」への連邦軍の戦闘出動（Kampfeinsatz）は、基本法87a条により根拠づけることはできないということ、また、連邦政府だけの判断でそれが行われ、連邦議会の参加権（59条2項）が侵害されたというものである。連邦憲法裁判所は、1993年4月8日のボスニア上空のAWACS派遣の判決（仮命令発給の否定）を経て[2]、1994年7月12日の判決により、これに一つの決着をつけた[3]。

判決は、基本法24条2項に、「外国出動」を根拠づける憲法上の一般条項としての位置づけを与えた。その論理は、(1)集団的自衛権に基づく同盟〔NATO〕も、厳密に平和維持を義務づけられている限りにおいて、同条にいう「相互的集団安全保障制度」と評価しうること、(2)武装した軍隊のいかなる出動にも、連邦議会の事前の、構成的（権限創設的）(konstitutiv)同意が必要であること、である。(1)についていえば、国連の集団安全保障と、仮想敵をもつ集団的自衛権システムであるNATOとは原理的には相容れず、後者が「相互的集団安全保障制度」に包含され得るかについては、これに否定的にみる見解も存する。それによれば、基本法の「平和要請（Friedensgebot）」は前文、26条1項、2項、23条、24条からなるが、連邦憲法裁判所は94年判決によって、基本法の規範構造・規範内容からの著しい離反を生じた。そして、集団安全保障と集団的防衛権は根本的に矛盾す

るとして、24条2項にNATO型の集団的自衛権システムを含むことに否定的評価を加えるのである[4]。

いずれにせよ、94年判決により、NATOの基本法適合性は揺るがないものの、今後、拡大版NATOが基本法24条2項と適合しなくなる可能性は否定できない。これとは対照的に、(2)の論点について判決は、軍隊に対する議会の統制（「議会留保〔Parlamentsvorbehalt〕」）という観点から高く評価されている[5]。外交権を、執行権と立法権の「複合的または混合的権力」と捉える立場からは、軍隊の出動の決定に議会が実質的に関与する「議会留保」のかたちが生まれたことは、対外政策、安全保障政策の「脱議会化」の傾向に対抗する点で意味がある[6]。憲法上、軍事力行使に厳しい規範的制約が加えられ（Wehrverfassung）、かつ基本法59条2項によって、軍の運用について議会同意が義務づけられ、議会の会派がそれに基づいて訴訟を起こし、憲法裁判所が軍の派遣について判断するという仕組みは、他の民主主義国に例を見ない、「民主的奇抜性（Absonderlichkeit）」と評される所以である[7]。

1995年6月30日、ドイツ連邦議会は、第2次大戦後初めて、ボスニアへの「戦闘出動」を承認する議決を行った。爾後、外国での武力行使の可能性のある出動には連邦議会の同意を必要とするという運用が定着し、1999年3月のコソボ紛争におけるNATO軍のユーゴ「空爆」への参加についても、NATOの新戦略に関連しても、さらには、トルコ上空で活動するAWACSへの空軍将校の派遣についても、この「議会留保」の枠組みは維持され[8]、外国領域へのテロ対策のための出動にも適用されることになった[9]。だが、この仕組みの空洞化（「弱化した議会留保」）が始まっていることも看過できない[10]。

2　実は、連邦憲法裁判所の94年判決が出された、まさに当日（7月12日）、連邦国防省は「連邦軍の一層の発展のための構想的指針」を出した。そこでは、新しい任務、特に「潜在的攻撃者の防御のために迅速・集中的出動」という要請に応える「危機対応部隊（Krisensaktionskräfte）」の編制などが明確にされていた[11]。1992年に出され、2003年と2011年に改定された「防衛政策の指針（Verteidigungspolitische

Richtlinien)」に沿うものである。そのコンセプトは、「死活的な安全保障利益」概念を軸に、連邦軍の運用を、伝統的な「国土」防衛から、地域紛争や危機抑止にシフトしていくものである。2002年12月の連邦国防相、Peter Struckの言葉を借りれば、「ドイツの安全保障はヒンドゥークシュでも防衛される」（„Die Sicherheit Deutschlands wird auch am Hindukusch verteidigt"）ということになる。なお、ヒンドゥークシュとは、パミール高原から続く南アジアの大山脈で、アフガニスタンが含まれる。

3　そのアフガニスタンのISAF派遣に関わる本判決は、94年判決の延長線上にあるとともに、1999年のユーゴ判決から2003年のAWACSトルコ派遣判決等、一連の関係判例の展開を踏まえつつ、安全保障政策の具体的内容にかなり踏み込む判断を示している。まず本判決は、機関争訟における実体法的統制基準の問題として、議会の関与なしにNATOの活動の拡大に政府が参加することに注意をうながす側面をもつ。その意味で、条約のさらなる展開の限界として、同意法律が重要となる[12]。

他方で、判決は、ISAFと「不朽の自由作戦」が重なりあうことを認めつつも、ドイツ空軍トーネード機が得た情報を米軍に提供することについて、軍事的な機能や効果を厳密に検証することなく肯定的に認定している。トーネードECRは電子戦闘偵察型で、地上30センチまでの目標を識別でき、その情報に基づき米軍のF16などが攻撃を行うわけで、偵察情報の提供の法的評価が問われるところである[13]。さらに、NATOが新たな安全保障環境への対応を理由に活動を拡張していくことについて、94年判決以来、憲法上の「限界の転移（Grenzverschiebungen）」が進み、連邦政府に実質的な「白紙委任（Carte blanche）」が与えられているとする評価に鑑みると[14]、本判決が、NATO新戦略における「拡張された安全保障任務」や、欧州・大西洋領域からグローバル安全保障への転換を、驚くほどおおらかに、かつ肯定的に認定していることは問題であろう。これにより、「外国出動」は、議会の単純過半数の同意さえあれば、空間的にも、内容的にも限界はほとんどなくなることが危惧されるからである。

なお、94年判決が要求していた立法的手当てが、2005年3月に議会関与法（Parlamentsbeteiligungsgesetz）の制定により実現した[15]。ただ、いかなる出動形態が「議会留保」に服するのかという問題が残っており、「人道援助」などの名目の活動には議会同意は不要という運用が定着している（例えば、「イスラム国」(IS)と戦うクルド人武装組織の訓練のための空挺部隊員派遣は、議会同意なし［2014年9月］）。

4 さて、本判決の1年後、2008年5月7日、トルコ上空で偵察・監視活動にあたるNATO軍AWACSへのドイツ空軍将校の派遣について、連邦憲法裁判所は、憲法上要求される議会同意を欠くとする判決を出した[16]。今度は自由民主党（FDP）の機関争訟である。そこでは、94年判決の議会同意が再確認されるとともに、「連邦政府の同盟政策的な行動の自由」を限定し、「同盟体制の政治的動態性（Dynamik）のゆえに、武装した軍隊の出動に対してより大きな責任が国民の代表機関の手に存するということが重要となる」としつつ、「議会留保は、疑わしきは議会親和的（parlamentsfreundlich）に解釈されるべきである」とした。この点は、「議会留保」の強化という点で、一定の前進と評価できるだろう。

アフガンでのISAFの活動は2014年12月をもって終了した（13年間でドイツ軍人は延べ5000人が派遣され、56人が「戦死」）。だが、現在、アフガニスタンにはNATOの新しいミッションが展開され、現地軍の教育・訓練を名目に12000人が駐留している（うち980人はドイツ軍人）。「完全撤退」とはほど遠く、むしろ「転進」とでもいうべき展開といえよう。

2015年12月4日、「イスラム国」(IS)の跳梁に対して、連邦議会は、トーネード機を使ったシリアへの戦闘出動に同意した。

(1) Vgl. Stephan Böckenförde/Sven Bernhard Gareis (Hrsg.), Deutsche Sicherheitspolitik, 2009, S. 103-116.

(2) BVerfGE 88, 173〔ド憲判 I *89*判例［水島朝穂］〕.

(3) BVerfGE 90, 286〔ド憲判 II *57*判例［山内敏弘］〕、水島朝穂「日独における「特別の道」（Sonderweg）からの離陸——1994年7月と2014年7月」日本ドイツ学会編『ドイツ研究』50号（2016年3月）7-19頁。

(4) Dieter Deiseroth, Das Friedensgebot des Grundgesetzes, in: Vorgänge 2010, Nr. 1, 103-115; ders., Das Friedensgebot des Grundgesetzes und der UN-Charta und die Bundeswehr?, in: http://ialana. de/files/pdf/arbeitsfelder/.

(5) Vgl. Martin Limpert, Auslandseinsatz der Bundeswehr, 2002, S. 45-110.

(6) Michael Bothe, Die parlamentarische Kontrolle von Auslandseinsätzen der Streitkräfte, in: Friedhelm Hufen (Hrsg.), Verfassungen zwischen Recht und Politik. Fest. f. H. -P. Schneider, 2008, S. 181 f.

(7) Martin Baumbach, Parlamentsrechte als demokratische Absonderlichkeit, KJ 2008, 436-443. なお、94年判決の「議会留保」につき、村西良太「多国間の政策決定と議会留保」法政研究80巻1号（2013年）1-59頁参照。

(8) コソボ出動について、BVerfGE 100, 266; NATO戦略構想に関連して、BVerfGE 104, 151; トルコ上空へのAWACS出動について、BVerfGE 108, 34.

(9) Vgl. Jan Thiele, Auslandseinsätze der Bundeswehr zur Bekämpfung des internationalen Terrorismus, 2011, S. 351.

(10) Norman Peach, Juristischer Dietrich, in: http://norman-paech.de/.

(11) Bundesministerium für Verteidigung (Hrsg.), Konzeptionelle Leitlinien zur Weiterentwicklung der Bundeswehr, 12.7. 1994；詳しくは、vgl. Per-Olof Busch, Konfliktbewältigungsstrategien in der Ausbildung der Bundeswehr (＝SOWI-Arbeitspapier, Nr. 104), 1997. 水島朝穂「安全保障と憲法・憲法学」法学セミナー625号（2007年）10頁参照。

(12) Dietrich Murswiek, Die Fortentwicklung völkerrechtlicher Verträge: verfassungsrechtliche Grenzen und Kontrolle im Organstreit, NVwZ 2007, 1130-1135.

(13) 水島朝穂「何のための「戦死」か——アフガン戦争9年目の現実」(http://www.asaho.com/jpn/bkno/2010/0118.html)。

(14) 以下の叙述は、vgl. Robert Christian van Ooyen, Das Bundesverfassungsgericht als außenpolitischer Akteur — von der „Out-of-Area-Entscheidung" zum „Tornado-Einsatz", RuP 2008, 75-86.

(15) Dieter Wiefelspütz, Das Parlamentsherr, 2005, S. 330-406.

(16) BVerfGE 121, 135〔本書 *65*判例〕; 水島朝穂「ドイツでも海外派遣に「違憲判決」」(http://www.asaho.com/jpn/bkno/2008/0609.html)。

81 テロ攻撃撃退のための軍隊出動についての合同部決定
── 「航空安全法」合同部決定 ──

2012 年 7 月 3 日連邦憲法裁判所合同部決定

小野寺邦広　　連邦憲法裁判所判例集 132 巻 1 頁以下

BVerfGE 132, 1, Beschluss v. 3. 7. 2012

【事　実】

2001 年 9 月 11 日のアメリカ同時多発テロを受けて、2005 年 1 月にドイツではテロリストにハイジャックされた航空機が自爆テロの道具として用いられる場合にこれを撃墜することを認める航空安全法が制定された。これに対して、同法の違憲・無効を主張して 2 つの申立てが連邦憲法裁判所に提起された。1 つが、第 1 法廷への憲法異議申立てである。同法廷は同法第 14 条 3 項を 2006 年 2 月 15 日の判決において違憲・無効とした（「航空安全法 I」判決）（BVerfGE 115, 118〔本書 *16* 判例〕）。もう 1 つが 2005 年 4 月 28 日のバイエルン州・ヘッセン州両政府による第 2 法廷への抽象的規範統制の申立て（「航空安全法 II」）である。両政府は同法第 13 条から 15 条の違憲・無効を主張していた（後に第 16 条の違憲・無効も追加）が第 14 条 3 項についてはその後取り下げた。

この裁判で第 2 法廷は、「航空安全法 I」判決における第 1 法廷の法見解中以下の 3 つについて異なる見解をとろうとした。そこで、第 2 法廷は、連邦憲法裁判所規則第 48 条 2 項に基づき、2010 年 5 月 19 日の決定（2 BvF 1/05）をもって、以下の法見解を維持するか第 1 法廷に問い合わせた。

① 航空安全法第 13 条、14 条 1 項、2 項及び 4 項並びに 15 条のための立法権限の基本法上の根拠は、旧第 73 条 1 号又は 6 号（現行第 73 条 1 項 1 号又は 6 号）ではなく、第 35 条 2 項 2 文及び 3 項である（BVerfGE 115, 118〔140 f.〕）〈移送問題 1〉。

② 基本法第 35 条 2 項 2 文及び 3 項は、特殊軍事的兵器により武装した軍隊の出動を許していない（BVerfGE 115, 118〔146 ff., 150 f.〕）〈移送問題 2〉。

③ 航空安全法第 13 条 3 項 2 文及び 3 文は基本法第 35 条 3 項の場合についても連邦国防大臣の緊急事態権限を認めている限りにおいて基本法第 35 条 3 項 1 文に反する（BVerfGE 115, 118〔149 f.〕）〈移送問題 3〉。

第 1 法廷は 2010 年 10 月 12 日の決定により自己の見解を維持すると回答した。そこで第 2 法廷は、2011 年 5 月 3 日の決定により合同部の招集を求めた。

【判　旨】

1　合同部招集要件について

(1)　「合同部の招集（連邦憲法裁判所法第 16 条）は、ある法廷が他の法廷の裁判における根本的法見解と異なる法見解を採ろうとするときに命じられる（vgl. BVerfGE 4, 27〔28〕; 77, 84〔104〕; 96, 375〔404〕〔ド憲判 III *1* 判例〕; 112, 1〔23〕; 112, 50〔63〕）。」(S.3) 法見解の根本性は「裁判に表れている具体的思考過程によればその法見解を無視した場合裁判の結論が変わるとき（BVerfGE 96, 375〔404〕）」(S. 3) に肯定される。

(2)　本件の様に「裁判の結論がそれぞれ独立して根拠となる可能性がある複数の法見解に依拠しており、他の法廷がそのすべてから離れようとしている場合には前述の基準に照らして、一つ一つの法見解を個別に審査して根本性を否定することはできない（連邦財政裁判所の判例統一のための移送手続についての 1977 年 7 月 22 日連邦財政裁判所決定、連邦財政裁判所判例集第 123 巻 112 頁要旨 4 参照）。」(S. 4)「法見解のいずれについても、他の法見解と関連させた場合単独では根本性が否定され、その結果、裁判の結論を支える理由づけがすべて奪われる結果となる考察方法」(S. 4 f.) は判例の不統一を解消する機会を合同部から奪

うことになるので間違っている（vgl. S. 4 f.）。

2 移送問題1について

航空安全法第13条、14条1項、2項及び4項並びに第15条のための立法権限は、基本法第35条2項3文ではなく、航空交通について連邦に専属的立法権を与えている旧基本法第73条6号（現行第73条1項6号）から「付属的権限」として生じる（S. 5）。

3 移送問題2について

「基本法第35条2項2文及び3項は、基本法のこれらの規定による軍隊出動の際における、特殊軍事的兵器の使用を排除していないが、出動は特に基本法第87a条4項により国内に軍隊を出動させるために課されている厳しい制約がかいくぐられないような厳格な要件の下でのみ許される。」（S. 9）

(1) 「国防の場合以外、基本法第87a条によれば軍隊は基本法が明文で許している場合に限り出動できる。この規定の制限機能は、軍隊の国内出動についての基本法の諸規定の解釈に際して条文に厳格に忠実であることにより守られる（vgl. BVerfGE 90, 286〔356 f.〕〔ド憲判 II **57** 判例〕; 115, 118〔142〕; BVerwGE 127, 1〔12 f.〕)。」（S. 9）

そこで、「第1法廷は基本法第35条の場合の軍隊出動は当該州の危険防御権により警察が使用でき又は使用することが許される手段」（S. 10）に限定されるとした。しかし、合同部はこれに賛成しない。（vgl. S. 10）

(2) 第1法廷の解釈は、基本法第35条2項2文及び3項の文言からも、基本法の体系性からも必然的解釈ではない。同条項では「軍隊の実力と設備」（2項2文）、「軍隊の部隊」（3項1文）という文言が用いられている。また、「救助」（2項2文）、「支援」（3項1文）の方法・手段を限定する文言もない。第87a条4項1文でも「支援」という文言が用いられているが、これには特殊軍事的兵器も含まれると解釈されている。2つの条文が原案では1つの条文であったことを考えれば、文言の同一性は立法者が両者に異なる意味を与えることを全く意図していなかったことを示唆している。さらに、「有効に対処する」（3項1文）という文言も特殊軍事的兵器の使

用が排除されていないことの根拠となる。

立法資料の全体的考察も憲法改正者がそのような限定を意図していたという想定を強いるものではない。たしかに、立法過程の参加者の一部が軍隊の使用できる武器を州の警察法により可能なものに限定することを意図していたとする手がかりは発見できる。「しかし、全体としては、ある見解が憲法改正者の明確な意思であるという想定を支える明確な像は全く明らかにならない。」（S. 12）（vgl. S. 10 ff.）

(3) 「基本法第87a条4項は歴史上の経験…から国内対立を克服するための軍隊の出動を特に厳しい制限の下に置いた。」（S. 16）このことは、基本法第35条の枠内における特殊軍事的兵器の使用にも妥当する（vgl. S. 16）。

(i) 基本法第35条2項2文及び同3項1文において「自然災害」と「特別重大事故」という文言が並列的に用いられていることから、後者は「災害的次元の事故のみを意味する（BVerfGE 115, 118〔143〕)」ことが明らかになる（vgl. S. 17）。ある州が自己の警察力により制御できないからといって、その状況が「特別重大事故」となるわけではない。「むしろ、特別重大事故とは、異常な例外事態なのである。」（S. 17）

(ii) このことは、「意図的に引き起こされた」ということと矛盾しない。しかし、「…基本法第35条2項、3項による攻撃者制圧のための軍隊出動は基本法第87a条4項の場合とは異なる性質の例外状況においてのみ可能である。よって、デモを行っている集団からの又はそのような集団による人や物に対する危機は軍隊の出動を正当化する基本法第35条の意味における特別重大事故では決してない。」（S. 18）

(iii) 事故は、既に存在していなければならない。しかし、「このことは損害もすでに発生していなければならないことを意味するわけではない（BVerfGE 115, 118〔144 f.〕)。確かに損害はまだ発生していないが、事故の進行はすでに始まっており壊滅的損害が発生する危険が切迫している場合にも要件は満たされる。……このことは適宜に対処しなければ、短時間でほぼ確実に損害が発生する場合に妥当する

(BVerfGE 115, 118〔145〕)。しかし、大惨事の前段階において軍隊を出動させることは許されない。」(S. 18 f.)

(iv) そのうえ、「特殊軍事的防護手段としての軍隊の出動はそのような危機状況においても最後の手段としてのみ許される。」(S. 19)

4 移送問題3について

「基本法第35条3項1文による軍隊の出動は、緊急時においても合議体としての連邦政府の決定によってのみ許される。」(S. 21) 基本法第35条3項1文は「連邦政府」という文言を用いている。また、同条には、緊急事態に連邦政府の決定権を連邦大臣に授権する規定もない。軍に関する規定の解釈は条文に忠実でなければならない。「したがって、目的論的憲法解釈により欠缺を補充し、自覚的にそして体系性をも考慮して選ばれた明示的文言から離れることは禁止される。」(S. 23) それ故、緊急事態や保護義務を根拠として連邦国防大臣の決定権を導き出すことは許されない (vgl. S. 23)。

Gaier 裁判官の反対意見(移送問題2についてのみ反対)

連邦憲法裁判所は、「代理憲法改正者」(S. 24) の役割を果たし、軍と警察の分離という「国家の基本原理」、「この国の遺伝子」(S. 26) を変更した。多数意見の文理解釈を検討する必要はない。というのも、制定史、体系解釈により問題の措置の違憲性を証明できるからである (vgl. S. 27)。また、多数意見が示した要件 (3(3) (iii)) は、不明確で主観的な評価を入れる余地が広く濫用の歯止めにならない (vgl. S. 36 f.)。テロ攻撃撃退のため新たに可能となることは「限りなくゼロに近い。」(S. 37)。ハイジャック機撃墜が人間の尊厳、生命権の侵害であり許されないとの第1法廷見解は維持されており、また、軍出動決定権を合議体としての連邦政府に限定することは迅速な対処を困難にするからである (vgl. S. 37 ff.)。

【解 説】

1 本決定の連邦憲法裁判所法上の意義 本決定は連邦憲法裁判所法第16条1項による合同部 (Plenum: 第1法廷、第2法廷のすべての裁判官からなる機関であり「総会」と訳されることもある) 決定である[1]。あ

る裁判において一方の法廷が他方の法廷の先例と異なる法見解を採ろうとする場合、合同部が招集されどちらを連憲裁の見解とするか決められる。その後、裁判が再開され合同部決定に従って判決が下される。本件では、「航空安全法Ⅱ」を担当した第2法廷が「航空安全法Ⅰ」判決で示された第1法廷の3つの法見解と異なる見解を採ろうとしたため合同部が招集された。合同部は移送問題1、2については第2法廷の、3については第1法廷の法見解を採用した[2]。なお、ハイジャック機撃墜が乗員・乗客の人間の尊厳、生命権の否定になり違憲との見解は移送問題となっていないため先例として維持されている。

ところで、それぞれ単独で根本性を認めうる複数の法見解が移送対象になる場合、「裁判の結論が変わるか」(本件の場合、「航空安全法第14条3項は基本法第87a条2項及び第35条2項、3項並びに基本法第1条1項1文と結合した第2条1項1文に適合せず無効」という第1法廷判決主文が変わるか) という基準の適用方法が問題となる。というのも、他の法見解の存在を理由とすれば、すべての法見解の根本性が否定されかねないからである (本件の場合、法見解③の根本性が問題となった)。合同部はこのような結果をもたらす考察方法を、判例統一という制度趣旨に反するとして否定し、連邦財政裁判所の先例と同じ立場を採ることを明らかにした (判旨1(2)参照)。

合同部決定の実例は極めて少なく本決定を含めて5例しかないこと[3]、過去の決定と異なり基本法の実体法上の基本原則にかかわる決定であることとともに、複数の法見解が問題となる場合の合同部招集義務判定基準について判断が示されたことも本決定の連邦憲法裁判所法上の意義である。

2 本決定の基本法上の意義ないし問題点 本決定の基本法上の最大の意義ないし問題点は、厳格な要件 (判旨3(3)・4) を課したうえではあるが基本法第35条2項、3項 (災害・特別重大事故出動) が国内におけるテロ攻撃に対する特殊軍事的兵器を装備した軍隊投入の根拠となることを認めたことである (判旨3(1)(2))[4]。

基本法は、軍隊が国内政治の道具として濫用され

た過去に鑑みて、軍は対外防衛、警察は国内治安維持と役割を峻別し軍隊の国内出動を基本法明文規定がある場合に厳しく限定している（基本法第87a条2項）（「軍・警察分離原則」）。すなわち、基本法第87a条3項（防衛出動）、同条4項（国内緊急事態出動）、第35条2項、3項（災害・特別重大事故出動）の3つである。しかし、9.11はテロ攻撃への警察力による対処の限界を明らかにした。では、これらは特殊軍事的兵器で武装した軍隊投入の根拠となるか。前2つは伝統的意味での戦争を前提としているなどのことから、根拠とならない。そこで、基本法第35条2項、3項が問題となる。航空安全法の立法者は同条項を根拠とした。しかし、通説は、同条項による軍の活動は州の支援であり使用しうる手段も州の警察法の枠内でのそれに限られるとしている。第1法廷もこの見解を採り、問題を否定した（判旨3(1)参照）[5]。

けれども、これでは、テロ攻撃に十分対処できない。そこで、連邦政府は基本法を改正しようとした。しかし、Gaier裁判官によれば、連邦政府案が「空からのテロ」、「海からのテロ」に限定せず「特別重大事故」全般において特殊軍事的兵器の使用を認めるものであったため成功しなかった（vgl. S. 26）。今回、合同部は第1法廷の先例を変更した[6]。合同部は9.11以降の安全保障をめぐる現実の変化に適応するために解釈により憲法の意味を変更したのである[7]。これは憲法「解釈」なのか[8]。それとも、Gaier裁判官が批判するように「連邦政府が3年前に……実現できなかったことを行った。」（S. 26）、すなわち憲法「改正」なのか[9]。

わが国では、集団的自衛権行使を可能とする政府の憲法解釈が「解釈改憲」と批判された。本決定が憲法「改正」であるとすると、ドイツでは「憲法の番人」自身が「解釈改憲」を行ったことになる[10]。いずれにせよ、本決定は、憲法裁判と民主主義、憲法解釈方法論、憲法変遷論など我が国の問題研究にとっても興味深い。

(1) この制度について詳しくは、畑尻剛＝工藤達朗編

『ドイツの憲法裁判（第2版）』（中央大学出版部、2013年）119頁（小野寺邦広執筆）参照。

(2) 合同部決定後、2013年3月20日に第2法廷は軍隊出動についての連邦政府の決定権を緊急時に連邦国防大臣に授権する航空安全法第13条3項2文、3文を違憲・無効とする判決を下した（「航空安全法II」判決）（vgl. BVerfGE 133, 241）。この判決について詳しくは、松浦一夫『立憲主義と安全保障法制』（三和書籍、2016年）409頁。また、ここでは合同部決定も詳しく紹介されている。

(3) 前掲注(1)参照。なお、判旨1(1)であげられている先例中合同部決定は先頭のもののみ。

(4) これらの要件は、「航空安全法I」判決に由来する。そのため、合同部は第1法廷と第2法廷の「中間の道」を進んだと評されている。Vgl. Michael Sachs, JuS 2013, S. 283 ff. (S. 283 f.).

(5) 以上詳しくは、松浦・前掲注(2)343頁、369頁、山中倫太郎「ドイツ基本法と大規模災害」比較憲法学研究（No. 24）2012年31頁。なお、通説も外国軍隊による攻撃に匹敵する場合には国防として基本法第87a条1項が根拠となることは認めるようである。この点について、Friedrich Schoch, Jura 2013, S. 255 ff. (S. 262) 参照。

(6) 先例変更の背景には、「航空安全法I」判決以降の裁判官の大幅な「世代交代」がある。ちなみに本決定で唯一人反対意見を述べたGaier裁判官は同判決のメンバーであった唯一の裁判官であった。Vgl. Robert Chr. van Ooyen, Recht und Politik 2013, S. 26 ff. (S. 29 Anm. 14).

(7) もっとも、対テロ効果については厳格な要件の故に疑問視されている。Vgl. Ulrich Fastenrath, JZ 2012, S. 1119 ff. (S. 1130 f.); Dieter Wiefelspütz, NZWehrr 2013 Heft 1, S. 1 ff. (S. 17); Schoch, (N.5), S. 264 f., 266. また、決定の射程が「空からのテロ」に限定されるため問題解決の出発点にとどまるとの指摘もある。Vgl. Bernd Walter, NZWehrr 2013 S. 221 ff. (S. 231); Schoch, (N.5), S. 266 f. いずれも移送問題2についての合同部決定支持者。

(8) Vgl. Wiefelspütz, (N.7), S. 13; Walter, (N.7), S. 221 ff. (S. 230, 233).

(9) van Ooyenは「無血憲法改正」と批判している。Vgl. van Ooyen, (N.6), S. 28. 同旨の批判としてKathrin Bünnigmann, DVBl. 2013, S. 621 ff. (S. 626); Manuel Ladiges, NVwZ 2012, S. 1225 ff.。なお、移送問題1を巡る議論については、Jannis Broscheit, DÖV 2013, S. 802 ff. 参照。

(10) このような見方として、解釈改憲という手法には批判的であるが、松浦・前掲注(2)438頁。

82 連邦憲法裁判所裁判官の間接選出の合憲性

2012 年 6 月 19 日連邦憲法裁判所第 2 法廷決定
岡田俊幸　連邦憲法裁判所判例集 131 巻 230 頁以下
BVerfGE 131, 230, Beschluss v. 19. 6. 2012

【事　実】

本件選挙審査抗告の抗告人は、当初、2009 年の欧州議会議員選挙において同選挙に適用されていた 5 ％阻止条項は違憲であり、同選挙は無効であると主張していたが、連邦憲法裁判所が、2011 年 11 月 9 日の判決において、5 ％阻止条項は違憲であると判断した（BVerfGE 129, 300〔本書 *59* 判例〕）後は、ドイツにおける再選挙を、予備的にドイツに割り当てられた議席の再配分を求めた。これに加えて、抗告人は、連邦議会の選任する連邦憲法裁判所裁判官が連邦議会の設置した選挙委員会によって選出されるという間接選出方式が基本法 94 条 1 項 2 文に反すると主張した。これに対して連邦憲法裁判所は、「連邦憲法裁判所法 6 条に基づくドイツ連邦議会による連邦憲法裁判官の間接選出は合憲である」（判決要旨）と判示した。なお、連邦憲法裁判所は、再選挙及び議席の再配分に関する抗告人の主張も斥けた。

【判　旨】

1　「基本法 94 条 1 項 2 文に基づき、連邦憲法裁判所の構成員は、それぞれ半数ずつ、連邦議会及び連邦参議院によって選出される。この規定は、選出方法を定めるものではなく、むしろ――司法に関する諸条項（基本法 92 条以下）において全体としてそうであるように――立法者による形成を意図している。連邦憲法裁判所法 6 条の選出規定に基づき、連邦議会が選任する連邦憲法裁判所裁判官は、3 分の 2 の多数をもって（連邦憲法裁判所法 6 条 5 項）、連邦議会の委員会によって（連邦憲法裁判所法 6 条 1 項、2 項）選出されるが、この選出規定が基礎としているのは、基本法 94 条 1 項 2 文は、法律による選出手続の具体化について未決定にしており、選出決定は必ずしも本会議においてなされなければならないわけではないという点でも未決定にしている、という見解である。この解釈は、憲法改正立法者によっても確認されている。憲法改正立法者は、間接選出の適法性に対して繰り返しなされてきた批判……をきっかけとして、何度も行われた基本法 92 条乃至 94 条の改正に際して、とくに基本法への憲法異議の挿入（BGBl Ⅰ 1969 S. 97）に際して修正を加えることをしなかった。」

2　「連邦憲法裁判所も、すでに初期に、リヒャルト・トーマ教授の法的鑑定意見書に関するその所見（JöR n.F. Bd. 6, 1957, S. 194［202 Fn. 26]）において、基本法 94 条 1 項 2 文に基づく具体化任務の未決定性について述べ、立法者が規定した間接選出は合憲であると判断した。この見解は、一貫して両法廷の判例の基礎になっている。万一疑念があるとしたら、連邦憲法裁判所は、連邦議会によって選任された連邦憲法裁判官ツァイトラー博士の再選に関する 1975 年 12 月 3 日の第 2 法廷の裁判（BVerfGE 40, 356）において、それを表明しなければならなかった。……同じことは、連邦憲法裁判官ヘンシェル博士の選出に関する第 1 法廷の裁判についても当てはまる（BVerfGE 65, 152）。……」

3（ i ）「連邦憲法裁判所法 6 条に基づく委員会への裁判官選出の委譲は、ドイツ連邦議会の代表機能にも反しない。ドイツ連邦議会は、代表機能を、原則としてその総体として、つまり、すべての議会構成員が関与することによって、行使する。このことは、すべての議員の同等の関与権を前提とするものであり、議会が行う選挙に関与する権利もこれに属

〔岡田俊幸〕

する（BVerfGE 130, 318 [342]〔本書 **76** 判例〕）。連邦憲法裁判所裁判官の間接選出によって、選出委員会に属していないすべての議員はその関与権を制約されている。」

(ii)「議員が、議決する委員会への決定権能の委譲によって議会の決定過程への関与から排除される限り、決定権限の委譲による議員の排除は、憲法ランクを有する他の法益を保護するためのもので、かつ、比例原則を厳格に遵守している場合にのみ許される。これには、憲法によって正当化され、かつ、議員の平等に匹敵し得る重要性を有する特別の根拠が必要である。事項の秘密性の保持は、この種の根拠となり得る（BVerfGE, 130, 318 [352 f., 359]）。さらに、鏡像性（Spiegelbildlichkeit）の原則が遵守されなければならない。同原則は、委員会が本会議の構成をその具体的な、会派によって刻印されている形態において写し取ることを求める。加えて、関与していない議員に対する情報提供及び報告の可能性をどうしても必要な程度を越えて制限することは許されない（BVerfGE, 130, 318 [353 ff., 364 f.]）。」

(iii)「その構成員が守秘義務に服する（連邦憲法裁判所法 6 条 4 項）選出委員会への連邦憲法裁判官選出の委譲は、その正当化根拠を、裁判所の名声及びその独立に対する信頼を強固にし、これによってその機能遂行能力を確保するというはっきりと分かる立法者の目的に見出す。かりに連邦議会における連邦憲法裁判所の構成員の選出が秘密性を保持した仕方で行われないとすれば、連邦憲法裁判所が機能喪失を被る可能性がある、という評価は、立法者が異なる様式の裁判官選出を規定することを妨げる、という意味において必要であるとは言えないかもしれない。しかし、立法者の追求するこの関心事は、本会議における連邦憲法裁判所裁判官の選出を放棄して、3 分の 2 の多数をもって決定し（連邦憲法裁判所法 6 条 5 項参照）、その討論が秘密とされている選挙人会に席を譲ることを正当化するには十分な憲法上の重要性を有する。」

(iv)「憲法上の疑念は、連邦憲法裁判所法 6 条 2 項において規律されている、選出委員会の委員選出のための手続についても存しない。規定されているのは、ドント式に基づく最高商数表の適用である。立

法者は、鏡像性を確保するために、原則として、この手続に依拠することが許される（BVerfGE, 130, 318 [354 f.]）のであり、なぜここで別のものが通用し得るのかは明らかではない。」

【解　説】

1　基本法 94 条 1 項 2 文は、「連邦憲法裁判所の構成員は、それぞれ半数ずつ、連邦議会及び連邦参議院によって選出される。」と簡潔に規定しているにすぎない。連邦議会及び連邦参議院による選出方法については、連邦憲法裁判所法が憲法の規定を具体化している。連邦議会が選任する裁判官は、間接選出方式により選出される（連邦憲法裁判所法 6 条 1 項）。連邦議会は、比例選挙の原則に従い、12 人の連邦議会議員によって構成される選出委員会を選出し（2 項）、同委員会において、8 票以上の投票を得た者が裁判官に選出される（5 項）。選出委員会の委員は、選出委員会における活動を通じて知り得た候補者の個人的事情、並びに選出委員会においてこれについてなされた討論、及び票決に関し守秘義務を負う（4 項）。これに対して、連邦参議院が選任する裁判官は、連邦参議院の投票数の 3 分の 2 をもって選出される（連邦憲法裁判所法 7 条）。基本法 94 条 1 項 2 文は、「連邦議会」が連邦憲法裁判所裁判官を選出すると規定しており、連邦憲法裁判所法 6 条が裁判官選出の決定権限を選出委員会に委譲していることは違憲ではないか、という指摘は、すでに 60 年以上前の連邦憲法裁判所法の制定過程においてもなされていた[1]。その後の学説においても、連邦憲法裁判所法 6 条違憲説は繰り返し唱えられてきた。本決定の意義は、連邦憲法裁判所法 6 条に基づく連邦憲法裁判所裁判官の間接選出の合憲性という 60 年以上の長きにわたり議論され続けてきた論点について連邦憲法裁判所が初めて判断を示した点にある。

2　最近の学説において連邦憲法裁判所法 6 条違憲説は有力である。例えば、2008 年に連邦憲法裁判所副長官に就任し、2010 年以降長官の職にあって、本件決定にも関与したフォスクーレ裁判官も、研究者（1999 年以降フライブルク大学教授）として執筆した基本法 94 条の註釈において、連邦憲法裁判所法 6

条は違憲であると書いている。以下、違憲説の一つの例として、フォスクーレの見解を訳出する。「憲法は自らいくつかの箇所（例えば、42条3項、43条1項及び2項、46条1項を参照）において連邦議会と委員会を書き分けているので、94条1項2文は、議員の全体会議に裁判官の選出を留保しようとするものであるという以外には解することはできない。これに加えて、議会の広範囲な権限委譲は、たとえ議会の部分に対するものであっても、この決定の重要性に、そして、これによって『作用に相応しい民主的正当性』の要求に反する。個々の議員は、単に、会派によって作成された、選出委員会の構成員に関する名簿に投票することができるにすぎず、このような権限委譲は、個々の議員の影響力を不適法に減少させる、というだけではない。こうした権限委譲は、あらゆる形態の公共的議論及び選出の透明性をも阻害するのである。」[2]

3　連邦憲法裁判所は、本決定において、間接選出は合憲であると判断し、長年の論争に一応の決着を付けたのであるが、議論の蓄積に見合った説得的な解釈論を示したわけではない。連邦憲法裁判所は、[判旨]1において、94条1項2文は、連邦議会本会議によって直接に選出するのか、選出委員会により間接的に選出するのか、についての選択を立法者に委ねていると述べるが、その理由は明らかではない。基本法94条1項2文が間接選出を許容していると解する根拠として従来から挙げられてきたのは、「基本法28条及び38条の文言」との比較である。すなわち、基本法28条及び38条は直接選挙を明文で求めているが、このことから逆に、明文で定められている場合以外は間接選挙を行うことができると解することができるので、基本法94条1項2文は間接選出を排除するものではない、というのである[3]。しかし、このような考え方は本決定において言及されていない。また、連邦憲法裁判所は、[判旨]1において、憲法改正立法者の単なる「無為」を合憲の理由として挙げているようにも見えるが、こうした論証には疑問が出されている。かりにこのような考え方を一般化すると、違憲と非難されている状態が長期間継続している場合にこの状態が憲法改正によって対処されなければ、これが免罪されたものと評価されざるを得なくなる、というのである[4]。

4　[判旨]2において言及されている「リヒャルト・トーマ教授の法的鑑定意見書に関する所見」について若干の説明をしておく。トーマは、1953年に作成した「連邦憲法裁判所の地位に関する法的鑑定意見書」において、連邦憲法裁判所法6条は「もともと違憲である」と主張した。トーマによると、連邦憲法裁判所法6条が連邦議会から連邦憲法裁判所裁判官選出の権利を剥奪し、この権利を選挙人の合議体に委譲することは、基本法94条に反するし、また、会派に所属していない議員の権利を完全に剥奪している点においても基本法に反する[5]。これに対して連邦憲法裁判所は、上記「所見」において、「基本法は選出方法を規律しておらず、これによって必然的に、直接選出を定めるのか、それとも間接選出を定めるのかについて、立法者に委ねている」ことを理由として、トーマの見解を不適切であると批判した[6]。上記「所見」は基本法94条1項2文に関する詳細な解釈論を示しているわけではなく、本決定における理由付けの不備を補うものではない。

5　さらに、連邦憲法裁判所は、[判旨]3において、まず、連邦議会議員の権利が制約されていることを確認し（[判旨]3(i)）、その制約の許容性を判断する枠組みを示した（[判旨]3(ii)）上で、この判断枠組みに従って連邦憲法裁判所法6条の合憲性を検討している（（[判旨]3(iii)及び(iv)）。本決定で用いられた判断枠組みは、2012年2月28日連邦憲法裁判所第二法廷判決（BVerfGE, 130, 318〔本書 **76** 判例〕）において構築されたものである。この判決は、欧州金融安定化ファシリティ（EFSF）の措置に関連する連邦議会の決定権限を、特に緊急の必要性がある場合又は特に秘密である場合、予算委員会委員の中から連邦議会が選出した委員によって構成される特別委員会に委譲することを規定した安定メカニズム法3条3項（当時）が基本法38条1項2文に基づく議員の権利を侵害すると判断したものである。同判決は、特別委員会への権限委譲を正当化する「特別の要緊急性及び秘密性」の内実を綿密かつ詳細に検討しつつ違憲判断を示している点で特徴的である。これに対

して、〔判旨〕3（ⅲ）における連邦憲法裁判所法6条を正当化する根拠に関する説示は極めて簡単で、かつ断定的なものにとどまり[7]、上記判決と際立った対照をなしている[8]。

　6　本決定は、皮肉なことに、これまで緑の党などの改革案[9]に対して現行法を擁護してきた与党議員の間に連邦憲法裁判所裁判官の選出方法についての立法政策上の議論を誘発した。キリスト教民主同盟／社会同盟（CDU/CSU）所属の連邦議会議長ラムマートは、この判決を受けて、将来は連邦議会本会議が直接的に選出すべきであると主張した。連邦憲法裁判所は、ユーロ救済のための立法に関連して、「重大な影響を与える決定」は、その民主的正当性を保障し、公共的な議論を可能にするために、原則として本会議で下されなければならないことを強く求めたが、連邦憲法裁判所は、疑いなく、ドイツ国内を越えて欧州統合のプロセスにおいても著しい重要性を有しているのであるから、連邦憲法裁判所の裁判官も公開の会議で連邦議会本会議によって選出するのがより説得的であろう、というのである[10]。そして、2014年3月には、CDU/CSUと社会民主党（SPD）の両会派が、連邦議会が連邦憲法裁判所裁判官を直接選出するように法改正を行うこと（なお、選出委員会は候補者を選考し、本会議に候補者の提案を行うものとし、候補者が党派的動機をもった人物論争によって傷付けられるのを回避するために、本会議における討議手続は行わないものとされている。）に合意したと報道された[11]。連邦憲法裁判所法改正に向けての今後の動きが注目される。

〔付記：2014年10月脱稿。なお、2015年6月24日に連邦憲法裁判所法6条を改正する第9次連邦憲法裁判所法改正法が公布され（BGBl. I S. 973）、同月30日に発効し、連邦議会が選任する裁判官の選出手続は直接選出の方式に改められた。本稿において説明又は引用されている連邦憲法裁判所法6条は改正前のものであることに注意していただきたい。〕

　(1)　選出委員会による間接選出という現行法の考え方は、ドイツ社会民主党が1949年12月14日に連邦議会に提出した連邦憲法裁判所法草案（BT-Drs. 328/1）に由来する。これに対して、政府案（第6条）は、連邦

議会本会議による選出を規定していた。政府案の理由においては、「連邦憲法裁判所の構成員の選出は、連邦議会が（連邦参議院と同様に）基本法に従って自らこれを実施しなければならない。連邦議会は、この権利及びこの義務を委譲することはできない。」と述べられていた（BT-Drs. 788/1, S. 24 f.）。

　(2)　*Andreas Voßkuhle*, in: v. Mangoldt/Klein/Starck, GG Ⅲ, 6. Aufl. (2010), Art. 94 Ⅰ Rdnr. 10.

　(3)　*Adolf Arndt*, Das Bundesverfassungsgericht, DVBl. 1951, S. 297 (298).

　(4)　*Michael Sachs*, Entscheidungsbesprechung, JuS 2013, S. 285 (286).

　(5)　*Richard Thoma*, Rechtsgutachten betreffend die Stellung des Bundesverfassungsgerichts, JöR, N. F. Bd. 6, 1957, S. 161 (188).

　(6)　Bemerkungen des Bundesverfassungsgerichts zu dem Rechtsgutachten von Professor Richard Thoma, JöR, N. F. Bd. 6, 1957, S. 195 (202 Fn. 26).

　(7)　この説示に対して、*Christine Landfried*, Sollen Bundesverfassungsrichter vom Plenum gewählt werden?, ZRP 2012, S. 191 は、次のように批判する。「選出委員会における審議の秘密性から憲法裁判所に対する信頼を推論することは、私の考えでは誤謬である。裁判官の選考及び選出に関して何でもかんでも秘密にすることは、信頼に寄与するものではなく、むしろ、その時々の選出の理由についての憶測を呼ぶ」。連邦憲法裁判所裁判官の選出の場合、「選出された者に対する信頼を促進するのは開放性と公開性である」。また、*Dieter Wiefelspütz*, Die Bundesverfassungsrichter werden vom Deutschen Bundestag direkt gewählt!, DÖV 2012, S. 961 (969) も、「憲法裁判官を連邦議会本会議によって討議手続を経ないで直接に選出することは、選出委員会によって間接的に選出することに負けず劣らず、裁判所の名声とその独立に対する信頼を確保する。」と指摘する。

　(8)　*Marc André Wiegand*, Eine vertrauliche Angelegenheit?, RuP 2013, S. 11 (15 f.) は、両者の相違を「憲法伝統」に求める。すなわち、古典的な議会法としての予算法は、これに関連する制約が議会主義そのものに対する攻撃と評価されるほど議会主義の歴史において中心的であるに対して、議会による憲法裁判官の選出は議会の権能の伝来的な中核要素には属さない。このことが、委員会への権限委譲について、憲法裁判官の選出の場合には予算法と同じ厳格な基準を用いない根拠となる、と。

　(9)　岡田俊幸「ドイツ連邦憲法裁判所裁判官の選出手続の改革をめぐる議論について(1)」和光経済33巻2・3号（2001年）55頁以下を参照。

　(10)　*Norbert Lammert*, Erste Wahl?, FAZ vom 17. 10. 2012. 三宅雄彦「連邦憲法裁判所をめぐる法と人事——ドイツの場合」法律時報86巻8号（2014年）25頁以下も参照。

　(11)　Die Welt vom 23. 3. 2014 などの報道による。

83 ラント間財政調整における連邦財政原理

上代庸平

2006 年 10 月 19 日連邦憲法裁判所第 2 法廷決定
連邦憲法裁判所判例集 116 巻 327 頁以下
BVerfGE 116, 327, Urteil v. 19. 10. 2006

【事　実】

　本件は、連邦とラントとの関係における財政調整に関して、その根拠である連邦財政調整法及び同法の補充法律である東西連帯継続法（以下、両法をまとめて「財政調整法」とする）が基本法に適合するかどうかについての抽象的な規範統制事件である。

　会計年度における応急補充交付金の交付は、1999年の「ラント間財政調整並びに連邦補充交付金に関する一般基準設定法（以下、「基準法」）」に基づいて行われていた。基準法は、財政困窮状態にあるラントに対し、財政の再建を目的として、財政基盤が脆弱なラントに対して連邦が応急補充交付金を交付する旨を定めていた（12 条 5 項）。特別応急補充交付金の交付要件である「例外的な財政上の緊急状態」（12 条 4 項）は、基本法 107 条 2 項 3 文にいう「補充割当金」の交付要件[1]と同様に解釈されるものとされていた。

　ベルリン州の財政は、東西統一に伴う長期的な経済の冷え込みや税収の低迷に見舞われ、2002 年には公債費支出比率が州全体の平均値の 3 倍近くに達していたため、同州は連邦に対し、2002 会計年度以降の応急補充交付金の交付を申請したが、2003年 4 月、連邦政府は、同州の財政状況は未だ基準法の定める「例外的な財政上の緊急状態」とは言えず、連邦補充交付金の補充性要件を満たしていないことを理由として、同州に対する財政調整法に基づく応急補充交付金の交付を行わない旨の決定を行った。

　この不交付決定に対して、ベルリン州政府が基本法 93 条 1 項 2 号に基づく抽象的規範統制を提起したのが本件である。その趣旨は、財政調整法の規定が、連邦によるラント財政への補充割当金の給付を規定する基本法 107 条 2 項 3 文及び連邦財政調整に

における公平取扱の原則に適合しないというものであった。

【判　旨】

　財政調整法の規定は、ベルリン州が、2002 年以降において、財政健全化を目的とする応急補充交付金を交付されない限りにおいて、基本法に適合する。

1　連邦補充交付金の趣旨

　「基本法 107 条 2 項 2 文に基づく補充割当金としての連邦補充交付金は、連邦国家における財政収入配分のための多層システムの構成部分である。この交付金は、連邦及び諸ラントが、憲法により配分された任務を、自己責任に基づき独立して遂行することを、財政的に可能にすることを目的として、配分される」。「この交付金は、厳格な最終手段原則（Ultima-Ratio Prinzip）に服する」。すなわちこの交付金は「例外的な財政上の緊急状態」に限って正当化されうるものであり、「ラントの財政状態が他のラントとの比較における相対的な財政危機に陥った場合（相対的緊急状態）のみならず、ラントに憲法上割り当てられる任務がもはや遂行し得なくなる恐れが生じ、かつ財政支援なしには打開することのできない極端な財政困窮が生じる場合（絶対的緊急状態）にも、憲法上要請され、かつ正当化されうる」。

2　連邦財政における財政調整

　連邦とラントの財政は相互に独立であって、「憲法上の任務配分と結びついた支出負担の適切な考慮のもとで確保される財源の範囲内で、それぞれがその財政をまかなわなければならない」。もっとも、連邦の財政とラントの財政は相互に関連し合うもの

でもあることから、基本法では「財政収入配分を段階的に規定し、それぞれの段階において配分と調整の目的が定められる」。

その第1段階は、基本法106条が規定する、連邦とラント総体（財政主体としての自治体を含む）との垂直的税源配分である。同条は、連邦帰属税源、ラント帰属税源及び共同税源を明記するとともに、共同税源の配分原則や負担調整の方法を定めており、「ラント総体に適用される、本質的な財政支出と財政需要に向けられた要素を含むものである」。

第2段階は、基本法107条1項が規定する、ラント間の水平的税源配分である。同項は、偏在しやすい所得税や売上税については、「住民一人当たりの平均に照らした補充取得分」を規定し、その他の税についても地域的の収入の限定及びその配分の方法や範囲についての立法による調整を認めることで、各ラント自らの財源確保にその租税調達力を反映するとともに、水平的な調整効果を及ぼすことを趣旨としている。

第3段階は、基本法107条2項1文が規定する、同条1項による一次的な税源配分の結果を補正するための水平的財政調整であるが、「この調整の目的は、ラント間の財政上の公平の実現ではなく、ラント相互関係を含む相互連関確保の連邦国家原理を、各ラントの独立性と財政上の自己責任の確保と両立させつつ、実現することにある」。従って、ラントの財政力の序列に変更を加え、その序列を逆転させるような財政調整は、この趣旨に合致しない。

最後の第4段階は、基本法107条2項3文が規定する補充割当金である。「財政力の脆弱なラントに対して、その一般的な財政需要を補う目的で、連邦がその財源から交付金を与える」ものであるが、その構成要件は「収入ではなく、当該ラントの財政収入と支出負担との関係を基準とする。このことは、連邦補充交付金を与えるに当たって、連邦は各ラントの特別の負担についても考慮しなければならないことを意味する」。もっとも、基本法の明確な規定がないことから、連邦補充交付金の交付は連邦の裁量に依拠することになるが、「連邦補充交付金はあくまで補充的措置であり、水平的財政調整の代用又は延長の措置と見なされてはならないことが留意さ

れなければならない」。一般補充交付金は、前段階までの水平的財政調整の基準の範囲において与えられるものであるため、立法者は「平準化禁止」と、全てのラントに対する取扱の公平原則を遵守しなければならない。また、各ラントの特別の負担に対する交付金については、当該特別の負担に交付金を与えることが正当化されうる根拠と限度が明らかにされていなければならない。

3　連邦補充交付金の要件

「危機に瀕しているラントの財政を健全化する目的をも有する連邦補充交付金の制度は、原則として憲法上の考慮に基づいて運用される」が、基本法107条2項3文にいう補充割当金の構成要件である「財政力の脆弱性」の意義が問題となる。同項に言う「ラントの『財政力の脆弱性』は、任務と結びついており、ラントの財政収入とその一般的及び特別な支出負担との関係性に依拠する」。この支出負担はすなわち任務の負担と見なしうるから、「財政力の脆弱性」とは、水平的財政調整により配分された財源では、ラントが憲法上割り当てられた任務を遂行し得ない状況を意味する。

たしかに、「連邦国家原理は、それ自体として連邦とラントとの間における独自の財政憲法原理を根拠付けるものではないが、万一の場合には、現行憲法に根拠のある権限の行使を義務づけうる」のであり、ラントが財政上の措置のあらゆる可能性を尽くした上での補充割当金の保障は、連邦国家原理によって基礎付けられる。

4　連邦補充交付金に関する審査基準

「厳格な最終手段原則は、連邦国家における財政困窮に対する補充割当金の交付義務及びその要請の限定を伴い、ラントがそのとりうる措置を全て尽くしていることを要求する」。すなわち、補充割当金によるラント財政救済の憲法上の正当化は、「ラントが財政危機の解決のために自らなしうる全ての解決の可能性を尽くし、連邦の援助が唯一の打開策となっていることが前提であり、その限りでラントが主張立証責任を負う」。この審査における「連邦憲法裁判所の任務は、明白な誤りを含む当事者の評価

を排斥し、補充割当金の要請のための根拠が明白になっているか否かの判断を行うことである」。

5　ベルリンの財政状況と連邦補充交付金の要件

「ベルリン州は連邦国家上の財政危機事態と評価できる状況にはなく、明白に『例外的な財政上の緊急状態』にあるとは認められない。データにより立証された数値によれば、ベルリン州の財政は厳しい状況にあると評価されうるにとどまり、また同州には、その厳しい財政状況を自力で打開しうる可能性がなお残っている。」

【解　説】

1　連邦財政の原則と財政調整

本判決は、連邦国家の財政面からの具体的実現のあり方と財政憲法原理の構造を明確にした判決として、重要な意義を有するものである。

(1)　垂直的権限配分のしくみである連邦制が成立する大前提として、連邦とラントの財政は相互に独立し、互いに影響してはならない（基本法104a条1項、同5項及び109条1項）。従って、連邦とラントの財政収入・支出の交錯はその例外であり、厳格な財政憲法上の規律に服して行われなければならない。連邦財政上の牽連性原則（104a条2項）、連邦法律の因果性（104a条3・4項）、連邦による財政援助（104b条）、徴税権と取得分の配分（105～106b条、108条）などは、その財政憲法的規律規定と位置づけられるものである[2]。本判決は、107条が規定するラント間財政調整について、相互の財政主体の独立性を前提とした上での補充的な機能を有するものとして、厳格な「最終手段原則」に服するものと位置づけ、その連邦財政原理における例外的性格を強調している。

(2)　もっとも、この財政調整に当たっても、特定の場合にどの程度までの例外が許容されうるのかについては、各条文の要件を個別に解釈するだけでは導き出すことができないため、本判決では、連邦財政とラント財政との関係性に応じて許される例外の程度を、4つの段階に区分している。この4つの段階は、①垂直的税源配分（106条）、②水平的税源配分（107条1項）、③水平的財政調整（107条2項1文）、及④補充割当金の交付（107条2項3文）で構成され、

後の段階ほど例外的性格を強くもつ制度になるように配列されている。本判決は、後の段階の措置は前の段階の措置の代用や延長として用いられてはならないとし、補充性を満たす場合に限って後の段階の措置が正当化されうることを特に指摘している。この点からも、最終段階に位置する補充割当金の交付が、前段階までの措置を最終的に補充するための厳格な「最終手段原則」に服していなければならないことが説明できる。

2　財政力の脆弱性と連邦補充交付金

連邦国家は、連邦とラントがそれぞれその権限を十分に行使しうる状況にあることによって十全に機能することができるため、財政上の原因によってその機能が妨げられることを防ぐために、連邦財政原理による何らかの対策が制度化されていなければならない。

(1)　本判決では、連邦国家の機能にラント財政の脆弱性が悪影響を及ぼしうる事態を「例外的な財政上の緊急状態」とし、「相対的緊急状態」と「絶対的緊急状態」にこれを区分している。あるラントの機能が、他のラントとの比較の上での財政力の脆弱性により不全となることによって連邦国家の均整的機能が妨げられる「相対的緊急状態」はともかく、特定のラントが何らかの原因で財政危機に陥る「絶対的緊急状態」は自己責任であるとの見方もあり得るが、本判決はこの両者をいずれも「緊急状態」であるとしている。財政憲法原理はあくまで連邦国家の機能を基準とするものであって、特定のラントが憲法上それに割り当てられた任務を遂行し得ない事態が生じた場合には連邦国家の機能が害されることは明白であることから、結果としては相対的緊急状態と絶対的緊急状態には、補充割当金交付の要件としての区別の実益はないことになる（なお、この区別が交付金の算定額に影響することは否定されていない）[3]。

(2)　このラント間財政調整は、連邦が管掌するラント間財政調整勘定に、連邦及び各ラントからの繰入金を計上し、それを財政調整法の基準により配分するしくみであるため、それによってラント毎に損得が生じる。そのため、ラント間財政調整における負担と配分の基準は常に問題となっており、いくつ

かは連邦憲法裁判所における事件にも発展している[4]。連邦憲法裁判所は、1999年の判決[5]において、ラント間の取扱の公平原則と平準化禁止（Nivellierungsverbot；ラント間の財政力の序列に変更を来たすような調整を行ってはならない）の原則が財政調整一般に妥当すると判示し、財政力について「等しいものは等しく、等しくないものは等しくなく」扱うべきものとする配慮を示しているが[6]、本判決では、補充割当金には特にこの要請が強く作用することが指摘されている。補充割当金は、前の段階までの措置とは異なって連邦が特定のラントのみに財源を直接交付する制度であることから、そのさじ加減によっては、特定のラントのみに利益を与え、又はラントの財政力較差を完全になくし、さらには逆転させることすら理論的には可能である。しかし、このような強すぎる調整効果を財政調整制度にもたせることは、特に財政上の原則としての平準化禁止に抵触することになるし、ひいては、ラント間に財政力の較差があることを前提としつつその緩和を図るという財政調整制度自体の制度趣旨や公平原則にも反するものとされよう。

3　財政調整に関する違憲審査基準

このように、ラント間財政調整における補充割当金は、厳格な財政憲法原理に覊束される制度として存在しているが、本判決において連邦憲法裁判所が採用した違憲審査基準は明白性の統制である。各ラントの財政運営のいかんはやはり財政運営上の裁量に属する問題であること、また、最終手段原則における「全ての解決の可能性を尽くしたか否か」の評価が極めて論争的で政策的・経済的な判断余地を広汎に含むことから、統制密度は結局低いものにとどまらざるを得ない。ラントの側からすれば、自らとり得る裁量の余地に関する消極的事実の立証を求められていることになるが、これは通常は極めて困難であろう。本判決でも、ベルリン州が厳しい財政状況にあることは債務残高比率等の数値から認定されつつも、それが連邦国家全体の中での任務負担に直接の影響を及ぼすまでのものではないこと、優良遊休資産の処分や民営化等、首都でもあるベルリン州にはなお財政政策上の裁量が残されていることから、明白に財政危機状態にあるとは言えないと判断されている。

4　連邦財政改革の方向性：財政規律条項と補充割当金

この判決の前後の2006年、2009年及び2017年の基本法改正によって、各ラントには起債制限が課せられ、原則として2020年以降の均衡財政の実現が義務づけられた（109条3項）。この財政規律条項は、財政力の脆弱なラントへの財政健全化支援交付金の規定を含み、ベルリン州は2020年までその交付対象とされた（143d条）。財政力における脆弱性が解決されれば、補充割当金の制度とそれに関する本判決の射程が縮減していくことを予想する向きもある[7]。もっとも、ラント間の財政格差の問題が完全に解決することはあり得ない以上、本判決が示した財政調整の段階構造とラント相互の財政関係に妥当する財政憲法原則に関する判示は、今後の連邦国家財政の行方を占う上で重要な意味を持ち続けることになると思われる。とりわけ、2017年改正によって挿入され、連邦国家の財政原則の再構成を規定する143f条に関する議論の方向性とも関連して、参照すべき意義のある判決であろう。

(1)　ここにいう補充割当金とは、連邦がその資金の中から、給付能力の小さいラントに対し、その一般的な財政上の需要を補充するための割当金として交付する財源である。財政調整法上の連邦補充交付金や東西連帯継続法上の応急補充交付金はその制度化の例である。U. Häde, Finanzausgleich, 1996. S. 243.

(2)　U. Häde, Das Ende der Solidarität zwischen den Ländern? : Der Streit um den Länderfinanzausgleich, LKV 2011, 1 (2 f.).

(3)　P. Selmer, Das Bundesstaatsprinzip — ein regulärer Rettungsanker für alle Länder in extremer Haushaltsnot?, NordÖR 2006, 221 (224).

(4)　BVerfGE 1, 117; 72, 330; 86, 148; 101, 158.

(5)　BVerfGE 101, 158. この判決は、連邦憲法裁判所がラント間財政調整についての包括的な基準を示したもので、その後の基準法における財政調整基準の根拠となったことから、「基準決定」（Maßstäben Entscheidung）と呼ばれる。

(6)　BVerfGE 101, 158 (222, 224).

(7)　実際に、143d条2項及び4項は「例外的な財政危機事態」における補充割当金と財政強化支援交付金の併給を明文で排除している。

84 日曜・祝日の保護
――ベルリン・アドヴェント日曜日判決――

武市周作
2009 年 12 月 1 日連邦憲法裁判所第 1 法廷判決
連邦憲法裁判所判例集 125 巻 39 頁以下
BVerfGE 125, 39, Urteil v. 1. 12. 2009

【事　実】

　本判決は、ベルリン゠ブランデンブルク゠シュレージェン・オーバーラウジッツ福音主義教会と、ベルリン大司教区が、ベルリン州の開店法規定の違憲性について連邦憲法裁判所に申し立てた憲法異議に対して下されたものである。

　ドイツでは 1956 年に連邦法として閉店法（Ladenschlussgesetz）が制定され、店舗の開店可能時間は月曜日から金曜日の 7 時から 18 時 30 分、土曜日の 7 時から 14 時に限定されていた。その後、同法は改正され、営業時間の拡張が行われてきたが、日曜・祝日は相変わらず原則として開店が禁止されていた。政府等の処分によって年間 4 日間の日曜・祝日の開店は認められていたものの、第 1 礼拝の時間は避けられなければならず、12 月の日曜・祝日はすべて例外なく禁止されていた。その後、2006 年のいわゆる第一次連邦制改革において、連邦の競合的立法権限を定める基本法 74 条 1 項 11 号から、閉店時間に関する規律が除かれ、店舗の開店時間についてはラント権限に移行した。現在ではバイエルンを除くすべてのラントが同様の法律をもつ。

　ベルリン開店法は 2006 年に制定され、翌年第一次改正がなされた。それによれば、ベルリンの店舗は、平日について 24 時間開店可能となったが、日曜・祝日は原則として閉店が維持されている。しかし、以下の年間 10 日間の日曜・祝日も開店が認められた。すなわち、①アドヴェント日曜日の 4 日間について 13 時から 20 時まで、②ラント政府の処分による年間 4 日間、③事前の届出による企業の記念

日や祭りのために年間 2 日間について 13 時から 20 時まで、である。また、催事への客に対するサービスや、新聞・雑誌やパンなどの一部商品、ガソリンスタンド・駅・空港などの一部場所については例外として日曜・祝日にも開店が認められている。

　異議申立人は、ヴァイマル憲法 137 条 5 項と結びついた基本法 140 条による公法上認められた宗教団体である。異議申立人は、ベルリン開店法 3 条 1 項 2 段（アドヴェント日曜日の 13 時から 20 時までの開店を認める）、同法 4 条 1 項 4 号（食料品、嗜好品販売についてアドヴェント日曜日の 7 時から 14 時までの開店を認める）、6 条 1 項および 2 項（ラント政府による日曜・祝日開店の一般処分、特別の催事のためのさらなる開店の許可）および罰則規定、さらにこれらの諸規定から生じる効果が、基本法 140 条およびヴァイマル憲法 139 条と結びついた基本法 4 条 1 項および 2 項を侵害すると主張した。

【判　旨】

　連邦憲法裁判所は、同法が 4 日間すべてのアドヴェント日曜日について開店を許可している点で、憲法との不一致を宣言した（異議申立権とヴァイマル憲法 139 条と結びついた基本法 140 条による基本法 4 条 1 項および 2 項の具体化については 5 対 3 に分かれ、ヴァイマル憲法 139 条と結びついた基本法 140 条の要求については全員一致での結論である）。

1　憲法異議申立は許容される。

　(1)　憲法異議が従来憲法裁判所によって判断されていない憲法上の問題で、憲法異議の対象となりう

る権利の承認を当初から排除するものではない問題を提起する場合には、基本権侵害の可能性は存在する。このことは、本件では、基本権保護を具体化し強化するという意味でヴァイマル憲法139条と結びついた基本法140条の客観法的保護が場合によっては基本法4条1項および2項の基本権に作用するという問題に関してあてはまる。

　従来の判例では、宗教共同体が憲法異議によってヴァイマル憲法139条の憲法上の日曜・祝日保護を援用すること、基本権の保護内容がヴァイマル憲法139条によって具体化かつ強化されること、労働休息と精神的高揚の可能性の保障を基本権規範の保護内容規定に組み込むべきことの可否と程度についていまだ決定されていない。したがって、法律によって日曜・祝日に開店を拡張する場合には、ヴァイマル憲法139条と結びついた基本法140条の保障によって具体化される異議申立人の基本法4条1項および2項の基本権侵害はありうる。そのことについて異議申立人は自らの利益侵害を十分に説明している。

　(2)　本件訴えは、憲法異議申立手続以外に実効的な権利保護は存在しないため、また、専門裁判所における有効な権利救済が期待できないため、「裁判で争う途を果たしていること（憲法異議の補充性の原則）」に反しない。

2　憲法異議は部分的に理由がある。

　開店法の保護コンセプトは、基本法4条1項および2項から導かれるラント立法者の保護義務に対して、基本法140条と結びついたヴァイマル憲法139条による具体化の点で、十分に対応しておらず、保護義務に違反し、基本法4条1項および2項を侵害する。

　(a)　宗教の自由においても、防御権的な機能に限定されず、宗教的確信の積極的な実現と自律的人格の世界観的・宗教的領域での実現のための保護義務が、国家に対して課される。

　(b)　日曜・祝日保護は、憲法上の評価として、基本法4条1項および2項の保護内容の解釈と規律に影響を与え、それゆえ立法者の基本権保護義務の具体化においても配慮されなければならない。ヴァイマル憲法139条を含む教会諸条項は、基本権あるいは基本権と同等の権利ではないが、機能的に宗教の自由の要求と実現を目指しており、基本法と有機的に関連して、国家と教会の間の基本的関係を規定する。基本法4条1項および2項から導かれる基本権自体は、キリスト教との関連性が明示されているわけではないが、労働休息と精神的高揚の日の保障に対しても妥当する。ヴァイマル憲法139条は、その制定過程、教会条項における体系的関連性、目的の点で、宗教的・キリスト教的意味に加えて、世俗的・社会的意味も有する。すなわち、毎週一定間隔で繰り返される労働休息によって、社会国家原理を具体化しており、この点で、宗教の自由の実現だけでなく、婚姻と家族の保護（基本法6条）、結社の自由（基本法9条1項）、身体の不可侵（基本法2条2項）、さらには民主主義への参画にも資する。また、経済効率に対する限界として、人間の尊厳との特別の関連性がある。なお、日曜日保護の具体化は国家の世界観的・宗教的中立義務と対立することはない。憲法自体が、日曜・祝日の保護を国家の特別な保護委託の下に置き、これによってキリスト教的・西洋的伝統に結びついた評価を行っているからである。

　3　立法者は、日曜・祝日保護の最低限度の要求を下回る場合、基本法4条1項および2項から導かれる保護義務に違反する。

　(1)　日曜・祝日における休息と労働は、原則例外関係にある。例外は、より高いあるいは同価値の法益の維持を目的とし、いずれにしても立法者は日曜・祝日保護の十分なレベルを維持しなければならない。保護の手段・範囲については、法律による形成が必要である。日曜・祝日の保護は宗教的・世界観的意味内容に限定されず、世俗化された社会においては、個人的な休養や沈思、回復、娯楽といった世俗的目標の追求も目指している。それには週七日

〔武市周作〕

というリズムで訪れる日曜日がとりわけ重要である。

(2) 日曜・祝日の休息保障のための法律上の保護コンセプトは、日曜・祝日は原則として休日とするという明白な形でなされなければならない。販売店側の売上利益や、顧客が日常的にショッピングをする利益は、日曜・祝日における労働休息や精神的高揚といった憲法上直接基礎づけられる保護の例外を正当化するには基本的に十分とはいえない。原則・例外関係を踏まえれば、日曜・祝日が長い時間労働に解放される場合には、特別の重要性をもった正当化事由が存在しなければならない。

4 ベルリン開店法の保護コンセプトは、最低限度の保護水準については本質的部分において十分に実効的とはいえず、その限りで保護目標に達していないことが明らかである。

(1) 保護義務の名宛人であるラント立法者が採った保護措置は、本質的部分において保護に必要な最低水準を欠いている。すなわち、日曜・祝日の開店は、店の従業員や顧客に対して労働や活動をもたらし、休息と精神的高揚を求める人々に影響を与える。また、平日24時間の開店を認めたことで、日曜・祝日の労働休息はさらに重要な意義をもつこととなった。さらに、この24時間営業や、日曜・祝日に開店可能な店舗の例外規定を設けたことによって、アドヴェント日曜日のクリスマスのための買い物も含めて、客の需要を充足するためという論拠にも意味はなくなった。同法が日曜・祝日の開店を認めることによって、給油所やドライブイン、空港・駅の売店などの店舗やオンライン販売業者に対する優遇措置が緩和されるという抗弁も、日曜・祝日の休息に対する侵害を相対化するものではない。憲法上は、優遇措置への参加を求める請求権は基本的に認められない。

労働時間法による個々の販売員に対する保護は、個人の保護にすぎず、開店法の諸規定がもたらす公に対する効果には影響がない。

(2) アドヴェント日曜日に条件なく七時間にわたる開店を認める規定は、十分な必要性がなく、必要最低限度の保護水準を下回っており、基本法4条1項および2項から導かれる異議申立人の基本権に反する。一般処分に基づいたさらなる4日間の日曜・祝日の一括した開店可能性は、限定的解釈によって憲法と矛盾しない。また、憲法異議によって攻撃されるその他の規定は、憲法上命じられる最低限度の保護を侵害しないし、憲法上異議を唱えられない。

(3) アドヴェント日曜日の開店規定は、日曜日の休息が通常であるという要求に応えていない。この規定は、強度の侵害に対して十分な根拠を与えず、また、日曜日保護の憲法上の水準には適切には対応していない。

(4) 公共の利益のために、例外的に一般処分によってさらなる4日間の日曜・祝日に、限定された販売所の開店を認めうる規定については、ベルリン住民と観光客の利益のための特別な事柄のために付加的に開店時間を許容すべきである。そして、開店を認める時間を13時から20時までに限定するという解釈をすることによって憲法適合的となる。

【解 説】

1 法律による日曜・祝日の保護（以下、「日曜日保護」）は歴史的に相当に古く、今日の基本法も——基本法140条が「この基本法の構成部分である」としたヴァイマル憲法139条において——それを継いでいる[1]。日曜日保護はキリスト教の安息日に淵源があることはいうまでもない。ヴァイマル憲法139条の成立過程を踏まえれば、同規定は宗教的意味だけではなく、労働者保護という世俗的・社会的な意味も重要な役割を担ってきた。このことは「労働休息及び精神的高揚のための日」という文言にも表れている。それでもなお、本判決も、ヴァイマル教会条項が基本法4条が保障する信仰の自由の実現に向けられていることを認める。このように、社会に刻印されたことが宗教的意味をもつという点で、十字架決定（BVerfGE 93, 1〔ド憲判Ⅱ *16* 判例〕）にも通じる問題状況がこの事案にはある[2]。

本件で問題となったベルリン開店法（Ladenöffnungsgesetz）は、平日の24時間営業とアドヴェント日曜日の開店を認めたところに大きな特徴がある。本判決が憲法違反であるとしたのは、このアドヴェント日曜日の開店規定である（【事実】①）。これに対して、②については、開店時間を制限する限定解釈をすることで合憲となると判断し、③などの規定については憲法上問題ないと判断している。

2 日曜日保護に関する憲法異議について、本判決が許容性を認めたことが注目される。ただし、許容性について5対3で意見が分かれていることは指摘しておく。

ヴァイマル憲法139条が客観憲法であり、そこから直接基本権を導出することができないことは、通説・判例の認めるところである[3]。通常、客観憲法違反を主張するだけでは憲法異議は認められないが、本判決は、ヴァイマル憲法139条と基本法4条とを結びつけて、憲法上基礎づけられた基本権（「日曜日基本権」）侵害の可能性を認めた[4]。先にみたようにヴァイマル憲法139条の保護委託は宗教的淵源をもち、その点で基本法4条の繋がりについて肯定されたことになる[5]。両条項の関連性について判断したのは、本判決が初めてのことであるが、憲法異議の許容性について4条が援用されたのは当事者の性質・主張に依るものであろう[6]。

本判決によると、基本権保護の具体化と強化という点で客観憲法が基本権に影響を与える可能性があれば基本権の問題として憲法異議の途が開かれることになる。これによって連邦憲法裁判所は客観憲法の判断について広範な活動領域を獲得したと批判されうる[7]。

本判決は宗教的中立性との問題はないと判断する。ヴァイマル憲法139条は、中立的な国家においては、特殊教会的な事柄に限定されず、世俗的な意味でも理解されなければならない。同条の成立過程を踏まえれば、どちらか一方だけで捉えることは困難であろう。許容性の判断においては基本法4条に基づい

たヴァイマル憲法139条違反を問題としたが、保護義務違反の判断においてその世俗的意味について援用されている。そもそも、ここでいう宗教的中立性は、一切の宗教的意味を排除するものではなく、厳格な分離とは一線を画して理解されるべきとする指摘もある[8]。また、判旨で、聖書から安息日に関する節がいくつも引用されているが、連邦憲法裁判所にその内容について解釈する権限はない。このようなことを認めれば宗教的なものがそのまま憲法命題となるおそれがある[9]。なお、本件ではキリスト教会が当事者であったが、他の宗教団体でも同様の問題は生じうる。

3 本件では、アドヴェントの日曜日がすべて開店可能にする規定について、立法者の保護義務違反と判断されている。

ヴァイマル憲法139条は立法による具体化が必要である。本判決は、この具体化にあたって基本法4条1項および2項から導かれる保護義務を課し、「当該規律や措置が、要請される保護目的を達成するのに明白に適合的でなく又は全く不十分である場合や、保護目的を大きく下回る場合には」保護義務違反となるとした（過少保護の禁止）。

同規定は、信仰の自由の実現だけを保護するものではなく、世俗的・社会的な意味をもつ。判決では、統一的な休日が一定のリズムで置かれることは、身体・精神的回復の点から身体の不可侵（基本法2条2項）、統一的な労働休息が設けられることによる婚姻と家族の保護（基本法6条1項）、政党や労働組合といった諸団体の活動の点から結社の自由（基本法9条1項）、さらには人間の尊厳や民主主義への参画形成にも有益であることを指摘する。日曜日の休日と労働は、原則・例外関係にあり、例外を認めるためには重要な目的がなければならない。本判決では、店側の売上利益や客側の購買といった経済的利益の追求という目的は、例外を正当化することは認めなかった。しかし、ヴァイマル憲法139条制定時の社会状況とは大きく異なる今日、インターネット販売

や例外的に開店が認められた店舗の販売手法の多様化などを脇に置いて、この原則がどこまで貫けるのかは疑問が残る。

　他にも、本判決は、肉体的・精神的な回復と「労働休息」には相互に関連性があることは言及するものの、「精神的高揚」については詳しくしておらず、なぜ開店が精神的高揚を奪うことになるのかについては明確ではない[10]。例えば、ショッピングによる精神的高揚が認められるかどうかは判断していない。あるいは、宗教的意味に基づいて、礼拝などのための保護を重視するとしても、開店時間を制限すれば足りるのではないか。

　本判決は、ベルリンの首都としての役割からアドヴェント日曜日の開店を求める主張についても退けている。しかし、そもそも連邦制改革が閉店時間についてラントに立法権限を移行させたことは、各ラントの事情に応じた判断を求めるためではなかったか。また、保護義務の実現については立法者に広い裁量が認められることを踏まえれば、ショッピングを含めた観光地が集中する首都としての機能やベルリン住民の生活・家族状況、現実の宗教分布に基づいて判断するのは立法者の判断に委ねられることではないだろうか[11]。

4　本判決はアドヴェントの「すべての日曜日」を開店可能にしたことが保護義務違反であるとしているにすぎず、「そのうちいくつかの日曜日」の開店が可能かは明確ではない。日曜日保護の具体的な範囲・程度については明確ではない。本判決が下された後、ベルリン開店法は改正され、アドヴェント日曜日の開店を認める条文は削除された[12]。しかし、運用上アドヴェント日曜日のうち２日間の開店を認

めており、これが許容されるかは本判決からは明らかではない。

(1)　Wolfgang Mosbacher, Sonntagsschutz und Ladenschluß, 2007, S. 28 ff.; Christian Hufen, Der Ausgleich verfassungsrechtlich geschützter Interessen bei der Ausgestaltung des Sonn- und Feiertagsschutzes, 2014, S. 35 f.

(2)　Hinnerk Wißmann/David Heuer, »Hirten der Verfassung «?―Das BVerfG, die Kirchen und der Sonntagsschutz, Jura 2011, S. 221.

(3)　BVerfG, NJW 1995, 3378; Wißmann/Heuer（Anm. 2）, S. 215.

(4)　Wolfgang Mosbacher, Das neue Sonntagsgrundrecht―am Beispiel des Ladenschlusses, NVwZ 2010, S. 538 は、いくつかの上級行政裁判所ではすでに国家教会条約における日曜日条項から主観的権利を導いていることを指摘する。OVG Greifswald, NJW 1999, S. 945; OVG Schleswig, Beschl. v. 25. 11. 2005-3MR 2/05.

(5)　Wißmann/Heuer（Anm. 2）, S. 220.

(6)　例えば、労働者からの異議申立てとなれば、また状況は異なろう。

(7)　Wißmann/Heuer（Anm. 2）, S. 221.

(8)　以上、Mosbacher（Anm. 4）, S. 539.

(9)　Claus Dieter Classen, Anmerkung, JZ 2010, S. 144.

(10)　これらの概念については、Peter Häberle, Der Sonntag als Verfassungsprinzip, 2. Aufl. 2006, S. 74 ff.; Mosbacher（Anm. 1）, S. 308 ff.

(11)　以上の批判について、Classen（Anm. 9）, S. 145.

(12)　同法改正は以下の通りである。①３条１項のアドヴェント日曜日の開店条項を削除、②ラント政府が日曜・祝日開店について一般処分で認める条項について、４日間から８日間に増加した（６条１項）。このため日曜・祝日の開店可能日数は改正前と変わらないが、③連続する２週にわたっての日曜・祝日の開店は認められないとしているため（６条３項）、アドヴェント日曜日の２日間が開店可能となる。ただし、規定上はアドヴェント日曜日については触れていないため、運用上アドヴェント日曜日の開店を認めているということになる。また、限定解釈がなされた７条の例外についても13時から20時までという制限を置いた。

〔附　録〕

Anhang

① 基本用語集 …〔川又伸彦・高橋雅人・上代庸平・土屋武・千國亮介・高田倫子・兼平麻渚生〕

② 連邦憲法裁判所関係文献 ……………………………………〔畑尻剛・土屋武〕

③ 連邦憲法裁判所裁判官一覧表および変遷表 ………………………〔川又伸彦〕

④ 連邦憲法裁判所の事案受理件数一覧表（1951年～2017年）………………〔川又伸彦〕

⑤ 連邦憲法裁判所の事案処理件数一覧表（1951年～2017年）………………〔川又伸彦〕

⑥ 現代ドイツ公法学者系譜図（I～IV）……………………〔資料提供 Nomos Verlag〕

⑦ ドイツの裁判権と出訴経路の概観図 ………………………………〔編集委員会〕

⑧ 連邦首相の選任手続 ……………………………………………〔宮村教平〕

⑨ 立法過程の概観 ………………………………………………〔服部高宏〕

① 基本用語集

〔川又伸彦・髙橋雅人・上代庸平・土屋武・千國亮介・髙田倫子・兼平麻渚生〕

1 憲法裁判の基礎

Fachgerichtsbarkeit 専門裁判権. 憲法裁判権以外の裁判権を指し、基本法95条1項に規定された5系列の裁判所によって行使される。通常裁判権は民事、刑事事件を管轄する。労働裁判権は労働問題に関する事件を管轄する。行政裁判権は執行権に関する事件を管轄する。特別の行政裁判権としての財政裁判権は連邦法律に基づく公課に関する公法上の事件を管轄し、同様に特別の行政裁判権である社会裁判権は社会保障法に関する事件を管轄する。[髙橋]

Staatsgerichtsbarkeit 国事裁判権. ヴァイマル憲法では同108条により設置された裁判所を指す。常設の裁判所ではなく、事件ごとに組織された。州内部での憲法争訟、州相互間および州とライヒ間の争議についての管轄権を有した。国事裁判所を構成する裁判官はライヒ裁判所と上級行政裁判所の裁判官によって構成されており、国法上は自立した地位を確保していなかった。戦後の連邦憲法裁判所では国法上の地位、権限、手続が基本法に定められた。憲法裁判権が憲法問題に関する裁判手続きによる解決を意味するとすれば、国事裁判権もそれに相当するが、連邦憲法裁判所のような基本権保障についての権限を有していない点で両裁判所は決定的に異なる。現在でも州によっては州の憲法裁判所を Staatsgerichtshof と呼んでいる。[髙橋]

Europäischer Gerichtshof (***EuGH***) 欧州司法裁判所. EU 法の秩序を維持するために EU に設置されている裁判所。所在地はルクセンブルク。EU 各加盟国から1人ずつ選ばれた裁判官によって構成され、11 名の法務官（Advocates General）によって補佐される。法務官は、判決の前段階で公平かつ独立の立場から理由を付した意見を公に提示する任務を負う。個人にも広く提訴権が認められ、訴訟類型としては、取消訴訟、義務不履行訴訟、不作為の違法確認訴訟、損害賠償請求訴訟、そして先決裁定手続などがある。連邦憲法裁判所は、1974 年のいわゆる Solange I 決定で、基本法上の基本権の審査権が憲法裁判所にあると判示したが、1986 年の Solange II 決定では、基本法における基本権保護と同等かそれ以上の水準を維持していることを条件として、欧州司法裁判所が基本権に関する審査権を有するとし、1993 年のマーストリヒト決定では、この任務分担が維持されたと一般に理解されている。[髙橋] →欧州連合（*Europäische Union*）/ 先決裁定手続（*Vorabentscheidungsverfahren*）

Europäischer Gerichtshof für Menschenrechte (***EGMR***) 欧州人権裁判所. 1950 年の欧州人権条約の解釈、適用及び実施のために設置された裁判所。所在地はストラスブール。1998 年の第 11 議定書の発効までは人権委員会と同裁判所という 2 層システムになっていたが、両者が統合されて現在は単一の常設裁判所となっている。事案の選別を行う 3 人の裁判官からなる委員会と 7 人の裁判官からなる小法廷とが 1 つの部を構成している。部は 5 つあり、小法廷の判

断で 17 人の裁判官よりなる大法廷に回付される。締約国による人権条約上の権利侵害を被ったと主張する個人、条約違反を主張する締約国が直接提訴できる。人権裁判所の判決に締約国は従わねばならず、各締約国は、それに従って国内の法解釈や行政判断を整え、または法律改正を行う必要がある。［高橋］ →欧州人権条約（Europäische Menschenrechtskonvention）

Selbstbeschränkung des BVerfG　自己抑制原則．　法と政治の区別を前提に、憲法裁判所は他の憲法機関に保障されている自由な政治形成の余地を開いておくべきであるとする原則。同様に法と政治の区別を前提とする憲法裁判権の限界理論として「政治問題の法理」があるが、ドイツでは、憲法が基準となる限り問題の政治性を理由に憲法判断の不行使は認められないとして「政治問題の法理」は否定されている。これに対して、自己抑制原則は、問題の政治性を理由に憲法判断を行わないことは許されないが、基準となる憲法規範の内容の解釈が困難な場合などに、憲法裁判権は政治部門の判断を最大限尊重すべきとする。憲法裁判所は 1973 年の基本条約判決においてこの原則を確認した。憲法裁判権の自己抑制の手法として、法律の合憲解釈

や、警告判決・違憲確認判決などがある。もっとも、学説においては、憲法裁判権の限界画定の手法としてこの原則は役立たないと批判されるようになり、1980 年代以降、限界画定手法として「機能法的アプローチ」が有力となっている。［高橋］ →機能法的アプローチ（Funktionell-rechtlicher Ansatz）

Funktionell-rechtlicher Ansatz　機能法的アプローチ．　他の国家機関に対する憲法裁判権の限界を、基本法の権限秩序・機能配分の中で探求する思考態度。このアプローチは、憲法裁判権に、どのような事例にも妥当する一義的で確固とした限界を引くことはできないとして、個々の事例群ごとに連邦憲法裁判所の統制機能に適した多段階的な限界を引こうとする。具体的にはたとえば、実態に応じて異なる多段階な審査密度の使い分けとしてあらわれる。ただし、連邦憲法裁判所で用いられる様々な審査密度が、機能法的アプローチによって得られた段階づけなのか、あるいは実体法的な配分によるものかについては議論がある。［高橋］ →基本権制限の 3 段階審査（Drei-Stufen(Schritt)-Prüfung von Grundrechtsbeschränkung）

2　連邦憲法裁判所の地位と組織

Verfassungsorgan　憲法機関．　形式的意味では、憲法（基本法）にその設置と権限が明記された国家の機関。実質的意味では、その機能において国家の形成・統一に資する機関、その存在いかんによって憲法の性質が変わるほど重要な機関とされる。連邦憲法裁判所はその発足当時、1952 年のライプホルツ裁判官の「地位報告」に基づく同年の連邦憲法裁判所の覚書（「連邦憲法裁判所の地位」）を通して、自らを明確に憲法機関と位置づけることにより、連邦大統領、連邦議会、連邦参議院、連邦政府と同格の地位を得

ようとした。現在では連邦憲法裁判所が憲法機関であるとの主張は通説となっている。［高橋］

Richter des BVerfG　連邦憲法裁判所裁判官．各法廷それぞれ 8 人、計 16 人で構成される。各法廷 8 人のうち 3 人は最上級の連邦裁判所の裁判官に 3 年以上在職した者から任命され、その他の裁判官は、年齢 40 歳以上、連邦の議会の被選挙権を有し、職業裁判官としての資格を有している者から任命される。所属する法廷以外の法廷の職務には関与しない。任期は 12 年、再任は認められていない。兼職は原則禁止されてい

388 基本用語集

るが、例外的に大学の法律学の教員との兼業のみが認められる。選出は、連邦議会と連邦参議院が各法廷それぞれにつき、半数ずつ行う。選出は、連邦参議院では総会により、連邦議会では12人の選任委員会の提案に基づいて本会議で行われる。いずれにおいても、投票数の3分の2の多数を必要とする。［高橋］　→法廷（Senat）

Senat 法廷.　連邦憲法裁判所には2つの法廷が設置されている。相互に独立・対等の裁判機関である各法廷は、それぞれ8人の裁判官により構成される。長官と副長官がそれぞれ別の法廷に所属し、各法廷の長となる。各裁判官が（長官と副長官を含め）他の法廷の職務を代行することがあるが、移籍はできない。各法廷の評議の定足数は6人であり、評決数は、連邦憲法裁判所法に定めた重要事項に関して法定裁判官数の3分の2、その他の場合は出席裁判官の過半数である。当初、各法廷の権限配分は、第1法廷が憲法異議と規範統制の基本権部、第2法廷が連邦機関争訟と連邦ラント間争議等の国事裁判部となっていたが、その後第1法廷への過重負担が問題となり、現在では、第2法廷にも、一定の規範統制および憲法異議に関する権限が配分されている。申立ての管轄に疑いがある場合は、長官・副長官と各法廷より2名ずつ選出された裁判官から成る「6人委員会」が決定する。［高橋］

Plenum 合同部.　すべての裁判官（16人）によって構成される憲法裁判所の機関。その最重要な権限は、法問題について2つの法廷の見解

が異なる場合、その法問題について決定することである（連邦憲法裁判所の裁判の統一性の確保）。その他の権限として、規則制定権、後任裁判官候補の推薦権、各法廷への権限配分変更権、裁判官の罷免・停職の審理・決定権、予算の作成権、裁判官の地位および労働条件に関する問題の審議権などがある。少なくとも春と秋に各1回は招集されなければならない。その他必要に応じて長官が招集し、副長官、委員会または3人以上の裁判官が議題を提示して招集を求めた場合にも招集される。法廷間で異なる法見解の統一のために招集された例は過去4回ある。［高橋］

Kammer 部会.　憲法異議の受理審査を行う機関。各部会は各法廷の3人の裁判官により構成され、各法廷に3つの部会が設置されている。憲法異議の不受理決定、憲法異議の認容判決または認容決定、これらに付随する裁判、例えば、濫訴料の賦課決定や仮命令、一定の場合に具体的規範統制における不適法な移送の却下の権限が与えられている。部会が認容裁判を行うのは、「基本権を実現するために望ましい場合」、「異議申立人に特に重大な不利益が発生する場合」という受理要件が満たされており、先例に照らすと基本権侵害の主張に明らかに理由がある場合のみであり、新しい憲法問題の判断権は法廷に留保されている。部会の決定は全員一致で行われる。［高橋］　→受理手続（Annahmeverfahren）

3　連邦憲法裁判所の手続原理

Antragserfordernis 申立ての要件.　連邦憲法裁判所へのすべての手続の申立ては、書面によること、理由を付した訴状でなされること、必要な証拠方法を記載することを要する。憲法異議の場合には、侵害された権利及び侵害してい

る機関ないし行政庁の作為・不作為を明記しなければならない（連邦憲法裁判所法23条）。［高橋］

Ablehnung eines Richters 裁判官忌避.　不公平な裁判をするおそれがある連邦憲法裁判所の

裁判官は、口頭弁論の開始までに忌避が申立てられた場合、その理由を付して忌避される（連邦憲法裁判所法 19 条）。憲法裁判所が裁判官の忌避申立てを理由あると宣言した場合は、他の法廷からくじによって裁判官を補充する。忌避の事由として法は「予断の疑い（Besorgnis der Befangenheit）」のみを挙げるが、判例上は、状況を合理的に判断して裁判所の構成に疑いをもちうる事情があるという客観的要件を求めている（BVerfGE 73, 330）。なお、忌避されていない裁判官が自ら予断の疑いがあるとする場合は、回避（Selbstablehnung）することができる。［高橋］

Ausschluss eines Richters　裁判官除斥.　連邦憲法裁判所の裁判官が、事件の関係人であるとき、関係人の配偶者であるかかつて配偶者であったとき、または裁判官が関係人の直系の血族若しくは姻族、または 3 親等内の傍系血族若しくは 2 親等内の傍系姻族であるとき、裁判官が当該事件に職務上関与したことがあるとき除斥される（連邦憲法裁判所法 18 条）。ただし、裁判官が、事件の重要な論点に関して、別の事件で裁判官として意見を述べているような場合や、学問上の意見を述べている場合は除斥事由とはならない。除斥の裁判は手続の管轄に応じて法廷または部会で行う。除斥された場合は、原則として裁判官の補充は行われない。［高橋］

Sondervotum　少数意見.　多数意見に対する少数意見を指す。1970 年の連邦憲法裁判所法の改正により導入された。多数意見と異なる意見（abweichende Meinung）を主張した場合、少数意見として裁判官の名前とともに判例集に付記することができる。その他、評決の割合を示すにとどめることもできる。少数意見には法的拘束力はないが、その機能は、立法における問題点を立法者に提示し、また法発見過程を開放的にすることにあるとされる。［高橋］

Einstweilige Anordnung　仮命令.　本案判決が出されるまで、問題となる行政行為、刑事手続を暫定的に停止させ、あるいは法令の執行を暫定的に停止させること。形式的要件として、連邦憲法裁判所が本案判決に権限を有することと、その争訟を対象としている手続が係争中か、係争する可能性のあることが挙げられる。実質的要件として、「重大な不利益を防止するため」、「急迫する暴力を阻止するため」あるいは「他の重要な理由から」公共の福祉のため緊急に要請されることが挙げられる（連邦憲法裁判所法 32 条 1 項）。仮命令の発給権限は、本案について権限のある法廷が有する。仮命令は、本案判決が下された時点で効力を失う。時間的効力は 6 カ月であるが、3 分の 2 の多数によりこれを更新できる。［高橋］

4　連邦憲法裁判所の権限

Verfassungsbeschwerde　憲法異議〔憲法訴願〕　公権力によって自己の基本権を侵害された者が、連邦憲法裁判所にその救済を求めるための特別な権利救済手続。この手続は、個人の基本権の保護という主観的機能のみならず、憲法原則を保護し、その解釈と継続的形成に寄与するという客観的機能をも有する。そのため連邦憲法裁判所は、適法な憲法異議に依拠して、申立人の主張や利益に限定されることなく、公権力の行為に関するあらゆる観点からの審査を行い、また客観的な意義のある問題について解明することができる。反面、基本権侵害の程度が軽微であれば、憲法異議を不適法ないし不受理として救済しないこともありうる。憲法異議の本案の審査は、基本法の基本権規定を基準として、いわゆる 3 段階審査の枠組みによって行われる。

390 基本用語集

〔上代〕 →基本権制限の3段階審査（Drei-
Stufen(Schritt)-Prüfung von Grundrechts-
beschränkung）

Subsidiarität der Verfassungsbeschwerde 憲
法異議の補完性〔補充性〕. 憲法異議の手段を
選択することが許されるのは、通常の手続法上
の救済可能性を尽くした上でなお基本権侵害を
阻止する必要がある場合に限られる。この場合
に、憲法裁判権が他の専門裁判権に対して補完
的に作用する性質を、憲法異議の補完性と言う。
そのため、他の出訴の方法を尽くしていること
は、憲法異議の適法要件である。この要件は、
専門裁判所の審級構造における判断を確保し、
連邦憲法裁判所の超上告審化を防止するととも
に、争点の明確化によって連邦憲法裁判所の事
件選択権を保障することを趣旨とする。ただし、
この要件を満たさない憲法異議が一般的意義を
有し、あるいは専門裁判所への出訴をまつことで
申立人に重大かつ不可避の不利益が発生すると
きは、例外的に適法性が認められることがある。
なお、具体的規範統制において裁判にとっての
必要性が認められるときにのみ移送がなされて
憲法裁判権の審査権が及ぶことや、憲法異議に
おける補完性を含めた概念として、広い意味で
憲法裁判の補完性（Subsidiarität der Ver-
fassungsgerichtsbarkeit）ということがある。
〔上代〕

Annahmeverfahren 受理手続. 連邦憲法裁判
所の過重負担の弊害を是正するために、連邦憲
法裁判所の裁判に値する憲法異議を略式手続に
よって選別する事前審査手続。この手続は、個
人の憲法異議のほか、自治体の憲法異議をもそ
の対象とする。この手続では、申立ての適法性
や理由の有無とは関係なく、その申立ての憲法
保障・憲法の継続的形成にとっての重要性（客
観的意義）および申立人の基本権にとっての重
大な不利益（主観的意義）のみが審査される。

アメリカの裁量上告制度（サーシオレーライ）
とは異なり、連邦憲法裁判所法93ｂ条2項の要
件を満たしたときには受理が義務づけられてい
る。逆に、要件を満たさない憲法異議は、裁判
に値しないことになるため、適法であっても受
理されない。つまり、憲法異議は、裁判のため
には受理を要するのである。受理手続は、裁判
に先立つ事前手続であって裁判の一環を成す手
続ではないため、この手続の結果としての不受
理決定は訴訟判決・本案判決ではない。〔上代〕
→部会（Kammer）

Zulässigkeit 適法性. 憲法異議に対する本案判
決の要件である。憲法異議が不適法の場合には、
裁判所は本案審査に入ることなく、これを却下
する。適法性は、主体・対象・方法に関して問
題となる。まず主体について、申立人は基本権
享有能力を有している必要があり、また単独ま
たは代理人を通して有効に訴訟を追行しうるこ
とを要する。次に、憲法異議は、公権力による
基本権侵害を対象とするものでなければならな
い。基本権は国の立法・執行および裁判権を直
接的に拘束しているため、ドイツの全ての公権
力による行為が対象となる。そして公権力によ
る基本権侵害は、申立人自身にとって現在かつ
直接の侵害でなければならない。さらに憲法異
議は、法律で定める方式または期間が遵守され
ない場合および実質的確定力によってもはや争
えなくなっている場合にも不適法となる。〔上
代〕 →かかわり〔侵害性〕〔該当性〕（Betroffen-
heit）

Betroffenheit かかわり〔侵害性〕〔該当性〕 こ
れは、連邦憲法裁判所の判例によって憲法異議
申立人に課せられた手続要件である。異議申立
人は、公権力が自分自身の基本権に直接、現在
かかわっていること、すなわち、自分自身のか
かわり（Selbstbetroffenheit）、現在のかかわ
り（gegenwärtige Betroffenheit）、直接のか

かわり（unmittelbare Betroffenheit）という、3要件（Betroffenheitstrias）を満たす申立てをしなければならない。この3要件は、もともとは法律に対する憲法異議について求められたが、今日では憲法異議一般について必要であるとされている。これらは手続要件であるから、かかわりが認められたとしてもそれが直ちに基本権に対する不当な侵害が認められたことにはならない。Selbstbetroffenheit は、異議申立人自身の基本権にかかわっていることを求める。法律に対する憲法異議では、原則として法律の定める規律の対象（名宛人）でなければならない。個別具体的な公権力の直接の名宛人でない第三者について、判例は、人格権的基本権が問題となっているときや基本権介入の程度が強度であると認められるときに、この要件を緩やかに解する傾向にある。Gegenwärtige Betroffenheit は、かかわりについての時間的要素であり、公権力の行為が現に（aktuell）基本権とかかわっていることを要求する。これは、すでにそしてなお（schon und noch）かかわっていることを意味し、すでにかかわりが消滅し、あるいは将来のいずれかの時点で仮想的に（virtuell）かかわりうるということでは不十分である。ただし、法律に対する憲法異議においては、例外的に「法律が、名宛人に対して後に修正することのできない決定を現在において強制しているとき、または法律を執行してしまった後では修正をすることができないような裁量を認めているとき」は、この要件をクリアできるとされている。また、深刻に受け止めるべき基本権侵害の危険があるときも憲法異議は適法であるとされている。Unmittelbare Betroffenheit は、実際には法律に対する憲法異議で問題とされる。そして、法がその貫徹のために、必然的にあるいは実務上、執行機関の意思に基づく個別の執行行為を前提にしているときは、この要件を満たさないとされている。ただし、行政行為がなされる前に決定的な判断をすることを法律が求めているときは、執行がなくともこの要件をクリアできるとされている。［川又］

Abstrakte Normenkontrolle 抽象的規範統制.
一定の連邦もしくは州の機関が、連邦法律・州法律が基本法と一致しないと考える場合に、連邦憲法裁判所に審査を申し立てる手続。①連邦政府、州政府または連邦議会構成員の3分の1の申立てによる、連邦法・州法が基本法と形式上もしくは実質上一致するかどうか、または州法がその他の連邦法と一致するかどうかに関する意見の相違または疑義がある場合の審査と、②連邦参議院、州政府または州議会の申立てによる、法律が基本法72条2項における連邦の競合的立法権限発生の要件を満たすか否かの審査が設けられている。後者は特に権限統制手続とも呼ばれる。この手続は、憲法の優位の確保と憲法の客観的な保護を目的とする客観的手続であり、規範相互の一致・不一致を純粋な対象とするため、対審構造をもたない。この手続における裁判は、法規範の公布時点に遡及してその有効・無効を確定する宣言的効力を有する。［上代］

Konkrete Normenkontrolle 具体的規範統制.
連邦憲法裁判所が、専門裁判所の移送に基づいて法律の憲法適合性を判断する手続。専門裁判所は、裁判で適用するべき法律の違憲性を確信し、これが判決に影響する場合に、手続を中断した上で憲法適合性の問題を連邦憲法裁判所に移送し、判断を求める。この手続での連邦憲法裁判所は純粋な憲法審であり、移送された規範の憲法適合性のみを判断する。憲法との不適合を確定したときは、原則として、その規範の違憲無効を宣言する。この手続は、連邦および州の立法者意思を個々の裁判所が無視することを防ぎ、憲法判断を一元化して法的混乱および法

的不安定性を回避することを目的とする。なお、州法の基本法違反や州法律の連邦法律違反のときにも、同様の手続がとられる。［上代］ →移送（Vorlage）

Richterliches Prüfungsrecht 裁判官の審査権.

Verwerfungsmonopol des BVerfG 法律廃棄権限の連邦憲法裁判所への集中. 一般に、憲法解釈および憲法の適用は憲法裁判所の裁判官だけに許される権限ではなく、専門裁判所の裁判官も憲法に関する審査権を有する。しかし、具体的規範統制における憲法判断の一元化の観点から、法律の廃棄権限は一般の裁判所から排除されている。そのため専門裁判所は、適用法律の憲法不適合を確信する場合に、その問題を憲法裁判所に移送して判断を求める判断をなしうるのみとなる。その結果として、法律を廃棄する権限は連邦憲法裁判所に集中している。なお適用法律が州法律である場合の廃棄権限は、原則として州の憲法裁判所に属する。また、基本法制定以前に制定された法律については移送の対象とならないため、その廃棄権限は専門裁判所の裁判官も有するとされ、連邦憲法裁判所に集中していない。［上代］ →具体的規範統制（Konkrete Normenkontrolle）／→移送（Vorlage）

Vorlage 移送〔提示〕 具体的規範統制において、基本法100条1項の要件がある場合に、裁判所が、憲法問題に関する裁判を連邦憲法裁判所に求める手続である。すべての裁判所は、審級に関わりなく直接に連邦憲法裁判所の裁判を求めることができ、その間、移送裁判所の訴訟手続は中止される。移送裁判所の裁判に必要となっている（判決にとっての必要性）、①既に公布された、②形式的意味における、③基本法制定以後に制定された法律が、移送の対象となる。移送は決定の形式で行われ、移送裁判所はその決定理由の中で、訴訟の対象事実と法規の無効に関する考察を示す。この対象の限定と理由の付

記は移送の適法要件である。なお、移送は裁判所の権限であると同時に義務でもあるため、裁判所が法律の憲法違反または連邦法違反の確信をもったときは、移送を行わなければならない。［上代］ →判決にとっての必要性（Entscheidungserheblichkeit）

Entscheidungserheblichkeit 判決にとっての必要性. 具体的規範統制手続きにおける移送の適法要件のひとつ。基本法100条1項によれば、判決の際にその効力が問題となる法律のみが移送の対象となりうる。そのため、移送が適法であるためには、移送裁判所にとって、この問題が裁判によって事件を解決するという本来的任務に付随しており、かつその問題の解決が判決をするのに必要であることが示されていなければならない。この要件を満たすためには、問題となる規範の有効・無効により判決が異なりうる事実および理由を、移送裁判所が明確に示す必要がある。この移送要件は、規範統制の具体性を確保するためのものであり、連邦憲法裁判所の審査および憲法判断の範囲を、裁判所に係属中の手続の対象に限定する意味を有している。［上代］ →移送（Vorlage）

Organstreit 機関争訟. 連邦最高機関の権利および義務に関する紛争、または、基本法もしくは連邦最高機関の規則によって固有の権利を与えられた他の関係機関（たとえば連邦議会の会派）の権利および義務に関する紛争に対する裁判手続。この制度は、憲法の客観的保護に仕え、連邦制の権力分立的な構造の維持と、各国家機関の憲法尊重擁護義務の遵守の確保を目的とする。この手続は国家機関の憲法上の権限を対象とするものに限られ、それ以外のものは行政裁判権に服する。連邦憲法裁判所は、国家機関の権利義務に関連したある措置に関して、基本法に対する違反の有無の確認のみを行い、国家機関に何らの作為または不作為を義務付けない。

違憲状態の解消の方法は各機関の裁量に委ねられているためである。[上代]

Bund-Länder-Streitigkeit〔Föderative Streitigkeit〕 連邦と州および州相互間の争訟. 連邦と州との間、および州相互間における権利義務関係、特に権限の帰属および権限行使の適法性に関する紛争に対する裁判手続である。この手続は、中央集権化を防止し、権力分立構造としての連邦制を維持するとともに州の独立および自律を強化することを目的とする。①連邦および州の憲法上の権利および義務に関する意見の相違（基本法93条1項3号）、②連邦と州との間のその他の公法上の争訟、③州相互間の公法上の争訟、④州内部における公法上の争訟（基本法93条1項4号）の4つの手続から成る。機関争訟とは異なり、連邦憲法裁判所は、ある措置の中止・取消・実施または受忍、または給付義務を裁判の内容として命じることができる。[上代]

Kommunale Verfassungsbeschwerde 自治体の憲法異議. ゲマインデ（市町村）およびゲマインデ連合が、連邦および州の法律による自治権の侵害を理由として申し立てる憲法異議。連邦の憲法裁判権の補完性の観点から、連邦憲法裁判所に対する自治体の憲法異議は、州の憲法裁判所に異議を申し立てることができない場合に限られる。自治体の憲法異議は、自治権の制度的保障の主観的救済要求手段としての具体化であり、個人の憲法異議など他の法的救済手段とは区別された固有の性格を有する。自治権侵害の有無の判断に際しては、当該事項に関する連邦の立法権限の有無に関する権限関係と、憲法上の自治権の制度的保障像に法律の内容が適合しているかについての実体関係とが審査される。[上代]

Anklageverfahren gegen den Bundespräsidenten 連邦大統領に対する訴追手続. 連邦大統領が基本法または連邦法律に対する故意の違反行為を行った場合、連邦議会と連邦参議院は、連邦憲法裁判所に対してその訴追を請求することができる。この手続の目的は憲法保障であり、民事・刑事責任の追及ではない。そのためこの手続は、連邦大統領の職務上の重大な違反行為のみを対象とし、その進行は連邦大統領の辞職・任期満了などの事情に影響を受けない。連邦憲法裁判所は、連邦大統領の違反行為に関する責任の有無を判決で確認するが、有責の確認には法廷の法定裁判官数の3分の2の多数決が必要である。有責を確認したときは、連邦憲法裁判所は裁量によって連邦大統領の職の喪失を宣言することができるが、有責の確認のみの場合、その効果は連邦大統領の判断に委ねられる。[上代]

Richteranklagen 裁判官に対する訴追. 裁判官が職務の内外において基本法の諸原則または州の憲法的秩序に違反した場合、連邦議会の請求によって、連邦憲法裁判所が当該裁判官を訴追する手続。この制度は裁判官の特別な憲法忠誠義務を要求するものであり、一般の刑事法・懲戒法上の措置とは区別された特別な手段である。手続の対象は連邦の最上級裁判所などの連邦の裁判官であるが、連邦憲法裁判所裁判官および参審制の素人裁判官には及ばない。この手続は一定の条件の下で、州の裁判官もその対象とする。連邦憲法裁判所は、判決によって当該裁判官の転職・退職または罷免を命じることができるが、当該裁判官に不利益な判決には法廷の法定裁判官数の3分の2の多数決が必要である。不利益な判決については、申立てによる再審が認められる。[上代]

Grundrechtsverwirkung 基本権の喪失. 自由で民主的な基本秩序を攻撃するために、憲法が保障する特定の基本権を濫用した者について、その保護を失わせる手続である。この手続は、

394 基本用語集

民主主義の侵害に対する予防的憲法保障制度であり、闘う民主制のあらわれである。この手続は、連邦議会・連邦政府および州政府の申立てによって開始し、連邦憲法裁判所は、判決によって基本権の喪失とその程度を宣告する。喪失の判決には法廷の法定裁判官数の3分の2の多数決が必要である。喪失の判決は形成的作用を有し、被告は喪失した基本権を判決の範囲内で利用できなくなるが、法の保護の外に置かれるわけではない。連邦憲法裁判所は喪失の判決に期限を付すことができ、また喪失中の被告からの公民権の剥奪あるいは被告となった法人の解散を命じることができる。なお、これまで3件の申立があったが、喪失が宣告されたことはない。[上代]
→闘う民主制（Streitbare Demokratie）

Parteiverbotsverfahren 政党禁止手続. 目的または支持者の行動からして、自由で民主的な基本秩序を侵害しもしくは除去し、または連邦共和国の存立を危うくすることを目指す政党に対する、違憲確認手続。この手続は、組織化された憲法の敵対者からの予防的憲法保障の制度である。手続は連邦議会・連邦参議院・連邦政府および州政府の申立てにより開始され、連邦憲法裁判所は判決で当該政党の違憲を確認する。違憲確認には法廷の法定裁判官数の3分の2の多数決が必要である。違憲確認は形成的作用を有し、判決により当該政党は基本法21条1項の意味における政党の地位および特権を失う。違

憲確認は、政党の法的・組織的に独立した一部分に限定することができるが、一部に対する違憲確認の申立ては認められない。違憲確認には、政党またはその独立部分の解散および代替組織結成禁止の宣告が伴っていなければならない。違憲確認が宣言された例として、社会主義ライヒ党、共産党がある。なお、政党に至らない団体は内務省が解散を命じることができるのであり、裁判によらなければ禁止されないことは、政党の特権とされている。[上代] →政党（Politische Partei）

Wahlprüfungsbeschwerde 選挙審査抗告. 連邦議会は、選挙の有効性および連邦議会議員の資格喪失について審査を行うが、この審査に対する抗告を連邦憲法裁判所に提起する手続。この手続は、主観的な選挙権・被選挙権の保護ではなく、客観的な選挙法の保護を目的とするため、連邦憲法裁判所は、連邦議会の決定に関して、あらゆる憲法上の観点から審査を行う。抗告に理由がある場合には連邦議会の決定を破棄し、改めて選挙の有効性および議員の資格に関して決定する。ただし選挙を無効とするためには、選挙に重大な瑕疵があることが必要である。この選挙無効は、選挙の特定の部分および段階に限定することもできる。なおこの手続では選挙法律に関する審査は付随的にのみ行うことができ、その無効を宣言することはできない。[上代]

5　判決形式

Entscheidung/ Beschluss/ Urteil 裁判〔判決（広義）〕／決定／判決（狭義）. 連邦憲法裁判所の裁判（Entscheidung）は、口頭弁論に基づいて下される判決（Urteil）と、口頭弁論に基づかず、書面手続に基づいて下される決定（Beschluss）に区別される（連邦憲法裁判所法25条2項）。両者の区別は形式的なものであっ

て、その法的効力に関して違いはない。判決は、他の訴訟法と同じく、審理を終結するか否かに応じて終局判決（Endentscheidung）と中間判決（Zwischenentscheidung）に区別され、終局判決は審理の終結範囲によって全部判決（einheitliche Entscheidung）と一部判決（Teilentscheidung）に区別される。さらに、

本案判決（Sachentscheidung）と訴訟判決（Prozessentscheidung）に区別される。また判決は、その内容および効果にしたがって、ある法状態を確認する確認判決（Feststellungsentscheidung）、被告に給付をなすよう判決する給付判決（Leistungsentscheidung）、法状態を直接に形成する形成判決（Gestaltungsentscheidung）に区別される。[土屋]

Nichtigerklärung verfassungswidriger Normen 違憲規範の無効宣言. 連邦憲法裁判所は、審査した規範が憲法に違反するとした場合に、当該規範を無効と宣言する。この判決手法は、連邦憲法裁判所法において明文の規定が置かれており（78条1項、82条1項、95条3項1文）、規範が違憲である場合の効果として原則的なものとされている。無効宣言によって、当該規範は規範の制定の当初から無効（von Anfang an nichtig）であるとされる。しかし、無効とされる規範に基づいて行われていた執行行為のうち、法的安定性の観点から、原則的に、もはや取り消すことができないものについては無効とはされない（79条2項）。[土屋]

Unvereinbarkeitserklärung verfassungswidrigen Normen 違憲規範の不一致宣言

Verfassungswidrigfeststellung 違憲確認判決. 当該規範が無効であるとすることなく、それが違憲であることのみを宣言する判決類型。連邦憲法裁判所は、違憲無効宣言から生じる立法者の形成自由の侵害や法的空白を回避するため、当初は法律上の授権なくこの判決手法を用いてきた。不一致宣言という手法は1970年の改正法律によって連邦憲法裁判所法に明文化された（31条2項2文・3文、79条1項）が、不一致宣言の法的効果については規定されておらず、連邦憲法裁判所はさまざまに判示している。不一致が宣言された規範はもはや適用できず、新

たな立法まで具体的事件を扱っている裁判所の手続を中止しなければならないとされるのが通常であるが、そのほかに経過期間は当該規範の継続的適用を認めるものなどがある。[土屋]

Appelentscheidung 警告判決. 連邦憲法裁判所が判決時点では審査対象の法律が「なお」憲法に適合する、あるいは「なお」違憲であるとすることはできないとしながらも、立法者に対し、より憲法に適合する状態を創出し、あるいは将来の違憲状態へ転化を避けるための活動を促す判決類型であり、合憲判決の一類型である。警告判決では、立法者に対して更なる監視や改善が求められ、改善のための期限が設定される場合もある。なお、立法者への警告は通常、法的な義務づけを与えるものではないとされる。[土屋]

Verfassungskonforme Auslegung von Gesetzen 法律の憲法適合的解釈〔合憲解釈〕 ある法律が複数の解釈を許す場合において、そのうちのある解釈をとれば当該法律は違憲となり、他の解釈をとれば合憲となる場合に、憲法に適合する解釈を採用すること、すなわち違憲の帰結に至るような解釈を排除すること。憲法適合的解釈の根拠としては、法秩序の統一性、合憲性の推定の原則（民主的立法者に対する裁判官の敬譲）が挙げられる。そのため、連邦憲法裁判所のみならず、専門裁判所もまた、具体的規範統制手続の移送を行う前にこの解釈を試みなければならないとされる。もっとも、憲法適合的解釈には限界があり、法律の文言に反するような意味を与えてはならず、立法者の定めた目的が根本的に変更されてはならない。なお、連邦憲法裁判所による専門裁判所の通常法律解釈の審査においては、基本権の趣旨・精神をより貫徹させようとする「憲法に方向づけられた解釈（verfassungsorientierte Auslegung）」が

396　基本用語集

用いられているとも指摘されている。[土屋]

6　判決の効力

Gesetzeskraft　法律としての効力.　連邦憲法裁判所の判決は「法律としての効力を有する」(連邦憲法裁判所法31条2項)。法律としての効力とは、判決の拘束力の主観的範囲を拡張して、憲法裁判所による判決がすべての私人に対して効力を有することを意味するとされている。31条2項では、法律としての効力を有する判決は、抽象的規範統制、具体的規範統制、国際法の原則が連邦法の構成部分であるかに関する判決、法の連邦法としての効力に関する判決、憲法異議で法律を合憲、違憲、無効と宣言する判決である。同項では、主文は連邦官報に公示されると規定されており、判決のうち法律としての効力を有するのは主文のみである。[土屋]

Bindungswirkung　拘束力.　連邦憲法裁判所の判決は、「連邦及び州の憲法機関、並びにすべての裁判所及び行政庁を拘束する」(連邦憲法裁判所法31条1項)。拘束力とは、申立人や被申立人などの関係人ではなく、国家機関が憲法裁判所の判決の遵守と実施を義務づけられることを意味する。拘束力は、すべての国家機関に及ぶが、連邦憲法裁判所自身は含まれず、また、判決後の事実関係の変化によりその効力を失うことがあるとされる。主文のみならず主文の判断を支える理由中判断(tragende Gründe)にも拘束力が認められるかについては争いがある。[土屋]

Rechtskraft　確定力.　判決の確定力には、形式的確定力(formelle Rechtskraft)と実質的確定力(既判力)(materielle Rechtskraft)の2つがある。形式的確定力とは、判決の不可争力、すなわち、通常の上訴手続によっては判決の取消変更を求めて争うことができないことをいう。実質的確定力とは、形式的確定力を有する判決

に当事者が当該事件手続の内部を超えて拘束され、他の裁判所は別の手続ですでに判断された訴訟物について新たに判断することができないことをいう。いずれも明文は存在しないが、連邦憲法裁判所の判決についても認められている。実質的確定力を有するのは、基本的には主文のみである。実質的確定力は当該判決が下された時点を基準とするが、判決後に判決にとって重要な事実が変更した場合には実質的確定力は及ばない。[土屋]

Unwiderruflichkeit　裁判の変更禁止効.　裁判所は自らが下した判決に拘束されること、すなわち、当該判決を裁判所自身が変更しまたは撤回することが原則として禁じられること。手続内的拘束力(innerprozessuale Bindung)という言葉が用いられることもある。連邦憲法裁判所法には、このような効力を認める規定は存在しないが、通常の判決と同様にこの効力が認められるものとされている。なお連邦憲法裁判所法には規定がないが、判決の更正と補充は、民事訴訟法および行政裁判所法の類推により認められている。[土屋]

Normwiederholungsverbot　違憲法律の再立法禁止(規範反覆禁止).　立法者が憲法裁判所により違憲無効と判断された法律と同一または類似の内容を有する新たな法律を再度制定することが禁じられること。この効力が、拘束力または実質的確定力(既判力)に基づいて、認められるかについては争いがある。連邦憲法裁判所においても、再立法を許容する第1法廷と許容しない第2法廷とで判断が分かれている。再立法が問題となった事例として、1992年の妊婦および家族扶助法による刑法の堕胎罪規定の改正や、1995年の公立学校におけるキリスト磔刑像

事件判決後のバイエルン州議会の対応などがある。［土屋］　→拘束力（Bindungswirkung）／確定力（Rechtskraft）

7　基本権論・審査基準ほか

Ausstrahlungswirkung der Grundrechte　基本権の照射効.　基本権が、法秩序全体の客観的原理として、すべての法領域とりわけ私人間の法関係（民事法）にも及ぼす影響力のこと。基本権が防禦権（Abwehrrecht）としてだけでなく客観的法（objektives Recht）としての側面を有していることから導かれる。連邦憲法裁判所は、この考え方を1958年のリュート判決において本格的に打ち出した。［千國］

Drittwirkung der Grundrechte　基本権の第三者効力.　基本権が、国家と個人（私人）との関係を規律するのみならず、私人間の関係も規律するとする考え方。これに関しては、直接規律するとする説（直接効力説）や、あくまで民事法（特に一般条項）を媒介させて間接的に基本権の効力が及ぶとする説（間接効力説）、そもそもこの考え方を否定する説（無効力説）など、大きく見解が分かれているが、一般的には間接効力説が採られている。同説において、民事法の一般条項を媒介させて基本権の効力を及ぼすことを説明する際に用いられる概念が、基本権の照射効である。［千國］　→基本権の照射効（Ausstrahlungswirkung der Grundrechte）

Drei-Stufen*(*Schritt*)*-Prüfung von Grundrechtsbeschränkung　基本権制限の3段階審査.　基本権がある国家行為（行政行為や法律など）によって侵害されたか否かの判断、すなわち、ある国家行為が基本権を侵害するものとして違憲か否かの判断は、①その国家行為の規制対象が「保護領域」に該当するか、②その国家行為が「介入」に該当するか、③その介入が憲法上「正当化」されるか、を3段階で審査する枠組み。

③の正当化の要件は複数あり、大きくは形式的正当化要件と実質的正当化要件に分けられ、正当化されるためにはその双方を満たさなければならない。前者に分類される主な要件は、法律の留保原則であり、後者では主に、比例原則である。［千國］　→法律の留保（Vorbehalt des Gesetzes, Gesetzesvorbehalt）／→比例原則（Verhältnismäßigkeitsgrundsatz）

Schutzbereich　保護領域.　基本権が保護（保障）する生活領域（行為・自由の領域）。基本権制限の3段階審査における第1段階の要件であり、国家がどの基本権に対して介入するのか、当該基本権を侵害する国家行為とは何かを決定するための要件。当該基本権の保護領域に属さない行為・自由は、その基本権により保護されていないので、保護領域に該当しない行為・自由を規制対象とする国家行為は当該基本権との関係では違憲とはなりえない。［千國］　→基本権制限の3段階審査（Drei-Stufen（Schritt）- Prüfung von Grundrechtsbeschränkung）

Eingriff　介入.　基本権制限の3段階審査における第2段階の要件。規制対象が保護領域に該当している場合、次にその国家行為が介入に該当するかが審査される。

本来、介入は、①意図的で、②直接的な、③法的な、④命令、と定義され、当該国家行為が、該当する基本権の制約を意図し、かつ、その制約が直接的で、しかも単なる事実行為ではなく法的効果を伴い、制約を受ける者の承諾なき権力的命令であってはじめて、その国家行為は基本権に介入している、と判断される。

しかし近年、基本権保障の強化の観点から、なるべく多くの国家行為を憲法上の審査にかけ

るべく、介入の概念を広く解釈する傾向にある。基本権の保護領域に対する制約的効果を有する国家行為を介入とみなし、たとえば、国家組織の内部行為や手続法の形成、給付行為、租税や補助金を通じての響導的作用、計画や契約、さらに事実行為としての行政活動（行政指導や情報提供）なども基本権制約的効果を持つ行為として介入としての性格が問われるようになっている。［千國］ →基本権制限の３段階審査（Drei-Stufen（Schritt)- Prüfung von Grundrechts-beschränkung）

Vorbehalt des Gesetzes, Gesetzesvorbehalt 法律の留保. 基本権への介入は法律の根拠に基づいていなければならないとする原則。言い換えれば、法律の根拠に基づいていることが介入の正当化要件であるとする原則。一方では、法律によりさえすれば基本権に介入でき、憲法上の基本権保障をからまわりさせるという基本権保障にとってのマイナスの意味を持つが、他方では、国民を代表する議会により政府の恣意的な基本権への介入をコントロールするプラスの意味も持つ。

基本法においては、単に「法律によってまたは法律の根拠に基づいてのみ制限できる」と規定されている基本権（単なる法律の留保を伴う基本権）もあれば、一定の条件に限り法律の根拠に基づいて制限できる旨規定されている基本権（特別の法律の留保を伴う基本権）もある。それらの場合、介入の正当化のためには、該当する基本権の規定にそった法律の存在が必要となる。ただし、それらの留保規定を欠く基本権（法律の留保を伴わない基本権）の場合には介入が一切禁止されるわけではなく、他の基本権や憲法価値の保護のために、当該基本権への介入が正当化される場合があり、その介入にはやはり法律の根拠が必要とされている。

介入の根拠となる法律が存在しているとしても（法律の留保原則の充足）、その法律が基本権に適合しているかどうかも問題であり（実質的要件）、これについては主に比例原則を用いて判断される。［千國］ →比例原則（Verhält-nismäßigkeitsgrundsatz）

Verhältnismäßigkeitsgrundsatz 比例原則. ある法律（あるいはその他の国家行為）の規制手段が、①それ自体正当な目的達成にとって適合的であり、②その中で、国家および市民にとって負担・侵害度の比較的少ないものでなければならず、③介入（失われる利益）と目的（得られる利益）とが均衡していなければ、正当化されないとする原則。基本権への介入のもっとも重要な正当化要件である。①を適合性、②を不可欠性（必要性）、③を狭義の比例性と呼ぶ。利益衡量の原則とされている。

①においては、介入手段が介入目的にとって適合的かどうか、つまり、介入目的を達成するための手段として、当該介入手段が実際に役に立つかどうかが審査される。

②においては、介入手段が介入目的を達成するのに必要か、つまり、介入目的達成のためには、その手段しかないのか、他にもっと緩やかな手段がないのかどうかが審査される。

③においては、介入によって得られる利益（国家が保護しようとしている利益）と介入によって失われる利益（介入によって毀損される基本権法益）の比較衡量が求められ、両者の均衡を審査し、得られる利益に比べて、失われる利益があまりに大きい場合には、この審査をパスしない。連邦憲法裁判所の判断においてはとくに③が重視されている。［千國］ →介入（Ein-griff）

Schutzpflicht der Grundrechte 基本権保護義務. 国家（S）が、要保護者（P１）の基本権を、侵害者（P２）による基本権侵害から保護すべき義務を負う、とする理論。基本権の客観的法規

範としての側面や基本法1条1項などがその根拠とされている。この理論は、連邦憲法裁判所の1975年の第1次堕胎判決ではじめて明確な形であらわれた。

近年、基本権の第三者効力を説明する場合においても、基本権保護義務を用いる見解が有力になっている。すなわち、基本権の効力は国家機関のひとつである裁判所を拘束し、裁判所は私法関係におけるP1を保護する解釈をすべきだと考えられることから、第三者効力も基本権保護義務の一類型として説明されうるのである。連邦憲法裁判所も1990年の代理商決定においてこの考え方を採った。[千國]

Übermaßverbot 過剰侵害禁止. ／***Untermaßverbot*** 過少保護禁止. 過剰侵害禁止とは、国家は個人の基本権に過剰に介入（つまり侵害）してはならないとする原則をいう。基本権制限の3段階審査における比例原則に対応する。これは、基本権の防禦権としての側面からの要請である。

過少保護禁止とは、基本権の客観的法規範としての側面などを根拠として、国家は要保護者（P1）の基本権を侵害者（P2）による基本権侵害から保護すべき義務を負っているところ、P1を保護する国家の措置が不十分（過少）であってはならないとする原則をいう。基本権保護義務の形成過程で、過剰侵害禁止との対比でこの用語が用いられるようになった。ここにも、比例原則と同じ要素（適合性、不可欠性、狭義の比例性）がある程度見出されるものの、過剰侵害禁止（比例原則）と比べて、保護措置の場合は手段が複数想定できるなど国家の裁量の余地が広くならざるをえないため、審査基準としては未だ十分に確立されていない。

両原則から、国家（とりわけ立法者）は、P2の基本権を侵害していないと判断される範囲内で（過剰侵害禁止＝上限）、P1の基本権を保護する措置が過少と判断されない程度の（過少保護禁止＝下限）保護措置をとることが求められる。[千國] →比例原則（Verhältnismäßigkeitsgrundsatz）／→介入（Eingriff）／→基本権保護義務（Schutzpflicht der Grundrechte）

Willkürverbot 恣意の禁止. 基本法3条1項の一般的平等原則違反の審査についての判断準則。本質的に等しいものは等しく、等しくないものはその特性に応じて異なって取り扱わなければならないとされるにもかかわらず、立法者が恣意的に、等しいものを異なって、あるいは異なっているものを等しく取り扱った場合には平等原則に反し違憲となる。[千國] →新定式（Neue Formel）

Neue Formel 新定式. 連邦憲法裁判所、とくに第1法廷が基本法3条1項の一般的平等原則違反に関する審査において、従来の「恣意の禁止」に加えて用いるようになった定式。人のグループの間の別扱いには、別扱いを正当化するような性質と比重を有する相違がなければならないとする。これによれば、別扱いの程度とその正当化根拠との比例性が求められる。これは、恣意の禁止と比べ厳格な審査とされる。民事訴訟での攻撃防禦手段の別扱いに関する1980年の判決で採用され、1993年の性同一性障害者決定において確立された。[川又] →恣意の禁止（Willkürverbot）

Kontrolldichte（***Drei-Stufen-Lehre***） 審査密度〔3段階説〕 審査密度の3段階説とは、連邦憲法裁判所が立法府の判断に対し自らの憲法判断に基づいて統制（審査）する際、その統制の厳格度（密度）は、①明白性の審査、②主張可能性の審査、③厳格な内容審査、の3つに分類されるとする考え方をいう。連邦憲法裁判所自らが1979年の共同決定判決において、それまでの先例を挙げながら示した。

400　基本用語集

①明白性の審査とは、立法者が裁量の限界を明白に踰越している場合に違憲とする審査方法をいう。1973年の基本条約判決のような高度に政治部門の政策的判断が尊重されるケースに適用されているとされる。

②主張可能性の審査とは、立法者が立法の判断を行なう際の予測が、その当時として最大限利用可能な認識手段に基づいているということが、是認（主張）可能なら合憲とする審査方法をいう。裁判所よりも立法府に情報や能力を期待される経済的自由などにかかわる事例に用いられる傾向があるとされる。

③厳格な内容審査とは、立法者の予測の内容に踏み込み、すなわち、憲法裁判所自らの予測と比較しながら立法事実などを詳細に検討する審査方法をいう。この審査方法は、1958年の薬局判決などのように、問題となっている基本権が、生命や身体の安全・衣食住などきわめて重要な法益を保護するのである場合などに選択される傾向にある。

なお、審査密度の3段階説は、過剰侵害禁止だけでなく過少保護禁止の審査にも用いられているが、審査密度の選択の一貫性に欠けるなどの疑問も学説上提起されている。〔千國〕　→過剰侵害禁止（Übermaßverbot）／→過少保護禁止（Untermaßverbot）

Evidenzkontrolle　明白性の審査.　／**Vertretbarkeitskontrolle**　主張可能性の審査.　／**Intensivierte inhaltliche Kontrolle**　厳格な内容審査.
→審査密度〔3段階説〕）(Kontrolldichte〔Drei-Stufen-Lehre〕)

Hecksche Formel　ヘックの定式.　判決に対する憲法異議における、専門裁判所の判決に対する連邦憲法裁判所の審査範囲についての基準であり、これによれば「憲法固有の領域」（spezifisches Verfassungsrecht）の問題についてのみ審査が及ぶ。つまり、憲法固有の領域の問題が提起されることが、憲法異議の手続要件である。この定式は、確立した判例として今日でも踏襲されている。もっとも、第1法廷は、この決定を先例としてはいるが「憲法固有の領域」という表現は用いなくなっているという指摘がある。この定式は、1964年のいわゆる特許決定（Patent-Beschluss BVerfGE 18, 85）で示されたもので、この事件の主任裁判官であった Karl Heck にちなんでこのように呼ばれる。〔川又〕→憲法固有の領域、特殊憲法（Spezifisches Verfassungsrecht）

Spezifisches Verfassungsrecht　憲法固有の領域、特殊憲法.　判決に対する憲法異議における連邦憲法裁判所の審査範囲の基準、ヘックの定式（Hecksche Formel）で示された概念である。これが意味するのは、通常法律（einfaches Recht）と区別された憲法であって、憲法のなかの特別の一部ではない。そして、憲法固有の領域への介入のために連邦憲法裁判所の審査権が及ぶのは、専門裁判所の判決に「基本権の意義、とりわけ保護領域についての基本的に正しくない見解に基づく、しかも実質的に具体的事件に一定の重要性を有する解釈の誤りがあるとき」である（BVerfGE 18, 85）。連邦憲法裁判所は、その後の判例で基本権侵害の強度と審査範囲・密度とを比例させ、最も侵害の程度が強いときには、民事裁判所による法的判断はもちろん、事実認定についてまで、自ら判断することができるとしている。〔川又〕　→ヘックの定式（Hecksche Formel）

8　統治機構

Subsidialitätsprinzip　補完性原理.　補完性原理は、個人・社会集団と国家的単一体・国家組

織との関係において、あるいは後者の相互関係において、近年では特に欧州連合と加盟国との関係において、より小さな単位への権限移譲を要請する。カトリック社会教説に起源をもつこの原理が、憲法的地位を有するか否かは、長年争われてきた。しかし、それはヨーロッパ法において法の一般原則として承認され（EU条約5条など）、1992年の改正によって基本法23条1項にも明文化された。同条によれば、高権の移譲に関与する国家機関は、移譲される任務が連邦、ラント、市町村レベルのみならず、超国家的レベルも含めたいずれにおいてより適切に果たされ得るかの審査を義務付けられる。もっとも、この原理が基本法の他の領域に妥当するかは、未だ明確ではない。そこで前提とされる諸単位の上下関係への階層化に対しては、批判も少なくない。いずれにせよ、それは権限分配に関する包括的原理であるとは見なされていない。［高田］

Ausschließliche（konkurrierende）Gesetzgebungskompetenz 連邦の専属的（競合的）立法権限. 連邦制をとるドイツでは、連邦とラントに立法権限が分割されている。それは、立法の内容に従って、ラントの立法権限、連邦の専属的立法権限、連邦の競合的立法権限の3つに区分される。まず、基本法が連邦に権限を与えていない限りで、ラントが原則として立法権を持つ（基本法70条）。これに対して、連邦の専属的立法の領域では、連邦のみが立法を行う（同71条）。競合的立法の領域では、連邦法が優先され、連邦が立法を行わない限りで、ラントが立法権を有する。但し、一部の事項については、連邦法が必要な場合にのみ、連邦による立法が可能である（同72条1、2項、連邦法の優位）。基本法73条および74条が連邦の立法権限の広範なカタログを規定し、また競合的立法の多くを連邦が定めていることから、ラント法の実際の範囲は限定的である。2006年の基本法改正によって、か

つての連邦の大綱的立法権限は競合的立法権限に移されたが、それらについては連邦法とラント法のその時々の後法が優先される（同72条3項、後法優位）。［高田］

Finanzausgleich 財政調整. 基本法は租税立法権と租税収入権とを分離し、106条および107条において財政調整を、すなわち連邦、ラント、市町村の間の租税収入の配分および再配分を、4段階において規定する。第1段階では垂直的な税目の配分が、つまり各税目の連邦税、ラント税、連邦とラントの共同租税、市町村税への配分がなされる。税収の7割を占める所得税、法人税、売上税は、市町村の取得分を除いて共同租税とされ、前2者の配分率は基本法によって、後者の配分率は連邦法律、すなわち財政調整法によって定められる。第2段階では、水平的な税収の配分が、つまりラント全体の税収および取得分の各ラントへの配分がなされる。その際には各ラントの収入が基礎とされ、その自立性と平等が重視される。これに対して、続く諸段階では連帯の観点から再配分がなされる。すなわち、財政調整法によって、第3段階ではラント間の収入格差の調整が、第4段階では更に連邦の割当金による補充が行われる。［高田］

Politische Partei 政党. 基本法は、政党に関する特別の規定を置き、それを通常の結社から区別した。つまり、政党はヴァイマル憲法下における民主制崩壊の一因となったことから、基本法21条を頂点とする政党法制（特に1967年の政党法）は、政党を民主制における不可欠の構成要素と見なし、それに特権を付与すると同時に、特別の義務を課した。例えば、政党は政党禁止手続により解散させられる一方で、その判断は連邦憲法裁判所に委ねられ、通常の結社の解散よりも厳格な手続が採られる（政党特権（Parteienprivileg））。また、政党には、党内民主制や、その資金と財産の透明化が義務付けられている。

402 基本用語集

かつて、連邦憲法裁判所は、ライプホルツの影響の下に、政党を「憲法機関（Verfassungsorgan）」と位置付けたが、政党は第一次的には私法上の団体であり、憲法的地位の過度の強調は誤解を招くと批判され、この表現は、学説及びその後の判例に受け入れられなかった。但し、政党が、憲法訴訟上の意味における憲法機関として機関争訟を提起し得ることに、異論はない。［高田］　→政党禁止手続（Parteiverbotsverfahren）

Streitbare Demokratie　闘う民主制.　闘う民主制とは、憲法の敵に対する防禦機能を備えた民主制を指し、しばしば「自由の敵に自由なし」とも表現される。基本法は、価値相対的なヴァイマル憲法と異なり、「自由で民主的な基本秩序」を擁護するべく、一定の基本権を濫用する者の当該基本権の喪失（基本法18条）や、憲法敵対的な政党および結社の禁止（同21条2項、9条2項）といった自由の制限を認めている。もっとも、闘う民主制の機能は、時代と共に著しく変化してきた。それは、ナチズムの克服から反共主義、体制叛乱分子の排除、DDRの不法の克服の議論を経て、近年ではテロ対策の文脈にも登場している。また、その手法も、上記の憲法上の措置のほか、法律上の集会禁止、公務員の就業禁止、憲法擁護機関による監視など、多様化している。国家の安全性への要求が高まる一方で、とりわけ行政機関が特定の組織または人物を憲法敵対的であると見なし、直接・間接に影響力を行使することへの批判も少なくない。［高田］

Unmittelbare Demokratie/Volksinitiative　直接民主制.／国民発案.　基本法20条2項によれば、国家権力は選挙及び「投票」において国民により行使される。もっとも、国民投票に関するそれ以上の定めは存在せず、連邦領域の新編成についてラントの住民投票が規定されるにとどまる（基本法29条）。議会評議会（parlamentarischer Rat）がヴァイマル期の反省から直接民主制を拒絶し、基本法は代表民主制を原則としていること、また、基本法には、国民投票法を規律するよう立法者に委託する規定も無いことから、法律による国民投票の導入は許されず、基本法改正が必要との見解が有力である。かつて、1991年に設置された憲法調査合同委員会において、国民発案、国民請願、および国民表決の基本法への導入が提案されたが、賛否が分かれ、採択に必要な3分の2の多数を得られなかった。これに対して、ほとんどのラント憲法は、住民投票の規定を持ち、ラント議会の解散、法律の制定、憲法改正等への住民の直接的関与が認められている。［高田］

Vertrauensschutz/Rückwirkung　信頼保護.／遡及効.　基本法103条2項によれば、刑罰法規の遡及的適用は禁止されている。しかし、その他の場合において、授益的法律に遡及効禁止は妥当せず、負担的法律であっても遡及効は全く許されないわけではない。この問題は、特に税法に関して争われてきた。連邦憲法裁判所は、既に行われた過去に属する要件に介入する真正の遡及的法律については、法治国家原則に含まれる法的安定性および信頼保護の要請に反し、原則として憲法違反であると判断した。もっとも、一定の法状態に対する信頼が事態に即して正当化されないときには、例外的に遡及効が許される。これに対して、完結していない現在の事実に対して将来に向かって影響を及ぼすだけの不真正の遡及的法律は、原則として憲法違反ではないとされている。しかし、ここでも一定の場合には、信頼を保護すべき程度と公共の福祉に対する立法者の関心の意義との間で衡量がなされ、前者が優位するときには遡及効は許されない。［高田］

Bundeswehr　連邦軍.　基本法の制定当初、軍隊は予定されていなかった。しかし、1954年及び1956年の再軍備のための基本法改正、並びに

1968 年の緊急事態憲法の挿入によって、連邦軍が設置され、諸々の任務を付与された。他方で、連邦軍は、民主的統制の下に置かれ、議会責任を負う国防大臣への命令権・司令権の付与、予算案における軍隊の数字上の勢力及び組織の大綱の明確化、連邦議会の国防委員会および国防受託者の制度等が規定されている。防衛目的以外の軍の出動は基本法上限定されているため、東西対立後の安全保障政策の変化は、様々な問題を惹起している。第 1 に、集団安全保障の枠組みにおける連邦軍の海外派兵である。連邦憲法裁判所は、その根拠を基本法 24 条 2 項に見出す一方で、連邦議会の事前の同意を要求した（BVerfGE 90, 286）。第 2 に、テロ対策のための連邦軍の国内出動である。同裁判所は、連邦軍にハイジャック機撃墜を認める航空安全法の規定を、国内出動の憲法的制限に違反すると判断した（BVerfGE 115, 118）。[高田]

9　欧州連合

***Europäische Union**（**EU**）* 欧州連合（英：European Union）。 構成国間で締結された条約に基づく、欧州統合のための国際組織。2018 年 7 月 1 日現在、28 か国から構成されている。

EU は、1950 年代に発足した欧州石炭鉄鋼共同体（独：EGKS、英：ECSC）、欧州原子力共同体（EURATOM）および欧州経済共同体（独：EWG、英：EEC）を基礎とする。これらの共同体は経済の分野に限定した超国家的統合をめざしたが、その後より広い意味での欧州統合をめざす動きが生まれた。その結果 1993 年発効のマーストリヒト条約では、超国家的な統合方式をとる既存の三共同体（欧州経済共同体は欧州共同体（Europäische Gemeinschaft（EG）、European Community（EC））に改称）を第一の柱、構成国の政府間協力を基礎とする共通外交・安全保障政策および司法・内務協力を第二・第三の柱とする、三本柱構造の EU が設立された。また同条約により EU 市民権の概念が導入され、EU 構成国の国籍を有するすべての個人は、EU 市民の地位を与えられることになった。

なお、その後 2009 年発効のリスボン条約で三本柱構造は廃止され、EU 法秩序は現在では一本化されている（ただし現在も、以前の第二の柱に相当する事項では政府間協力が用いられている）。[兼平]

Europäisches Parlament 欧州議会（英：European Parliament）。 EU における立法機関のひとつ。欧州議会は、欧州石炭鉄鋼共同体下の欧州総会として発足した当初は諮問機関にすぎず、そのメンバーも構成国の国内議会から派遣された議員から構成されていた。しかし 1976 年に直接普通選挙が導入され、民主的正当性を獲得したことから、その権限はしだいに拡大されていった。リスボン条約による改正で、現在では、欧州議会は理事会と並び、立法における決定権限を付与されている。EU はこうした欧州議会の権限拡大により、欧州統合における決定が構成国国民によって直接正当化されていないという「民主主義の赤字」問題の解決を図ってきたとされる。

欧州議会議員選挙は 5 年に一度行われ、EU 市民が選挙権および被選挙権を有する。選挙で選ばれた欧州議会は EU 市民の利益を代表して、立法における決定権限を行使する。この他欧州議会には、予算権限や欧州委員会の監督などの権限が付与されている。[兼平]

Rat der Europäischen Union 理事会（英：Council of the European Union）。 EU における立法機関のひとつ。各構成国の閣僚級の代表から構成され、各構成国の利益を代表、調整する。（閣僚級としているのは、たとえばドイツでは、理事会の議題の管轄が州に属する場合に、連邦の大

臣ではなく、州の代表を送るためである。）欧州議会とともに立法における決定権限および予算権限を行使する他、共通外交・安全保障政策その他の政策の決定および調整、国際条約の締結などの権限を付与されている。

理事会の運営を担う議長国は、半年ごとの輪番制により各構成国が交代で務める。また会合は分野ごとに行われるため、それぞれ編成が異なる。理事会における決定は、かつては事実上全会一致によることが慣行となっていたが、現在では、EU条約16条4項に定められた特定多数決によることが原則とされている。特定多数決には、構成国数だけでなく人口比が一定以上であることが必要とされ、大国と小国の影響力のバランスが取られている。[兼平]

Europäische Kommission 欧州委員会（英：European Commission）. EUにおける政策執行機関。委員長、EU外交・安全保障上級代表を兼任する副委員長、各構成国から一人ずつ任命される委員から構成される。委員会は構成国の利益ではなくEUの一般的利益を促進するため、委員には各国の政府や機関からの独立が義務付けられている。委員会にはEU立法のための法案の提出、EU法の遵守の監督、予算案の作成や予算執行、EUを対外的に代表する権限などが付与されている。

欧州委員会は直接選挙によって選出されるわけではないが、欧州議会の監督に服することによって、間接的に民主的正当性を得ている。すなわち委員長は、欧州首脳理事会の提案に基づき欧州議会の多数決によって選出される。また委員会の委員は、理事会が委員長との合意により採択した候補者リストに基づき、委員長および副委員長と一体として欧州議会の同意投票に服する。委員の任期は五年である。[兼平]

Europäischer Rat 欧州首脳理事会（英：European Council）. EUの政策の基本方針を決定する機関。構成国の国家元首または政府の長、欧州首脳理事会の議長、欧州委員会の委員長から構成される。またEU外交・安全保障上級代表も、その会議に出席する。欧州首脳理事会は立法権限を持たないが、EUの発展に必要な刺激を与え、その一般的な政治方針及び優先順位を定める。

構成国の首脳会議の慣行は1960年代から始まり、1974年から定例化していたが、1986年署名の単一欧州議定書において、それが欧州首脳理事会として初めて条約上承認された。さらにリスボン条約では、欧州首脳理事会がEUの主要機関と正式に位置づけられるに至っている。また同条約では欧州首脳理事会の議長職が創設され、それまで各構成国が半年ごとの輪番制により務めていた議長が常任の職となった。議長の任期は二年半で、一回の再選が可能である。欧州首脳理事会は議長により招集され、半年ごとに二回開催される他、必要に応じて臨時招集される。[兼平]

Prinzip der begrenzten Einzelermächtigung/ Subsidiaritätsprinzip/Verhältnismäßigkeitsprinzip 個別授権（権限付与）の原則（英：principle of conferral）./ 補完性原則（英：principle of subsidiarity）./ 比例性原則（英：principle of proportionality）. EUの権限行使について規律する三つの基本原則（EU条約5条1項）。個別授権（権限付与）の原則により、EUは基本条約（EU条約およびEU運営条約）において構成国から移譲された権限の範囲内でのみ行動する（EU条約5条2項）。すなわちEUは、自ら権限を生み出す権限（Kompetenz-Kompetenz）は持たないとされる。

また移譲された権限の範囲内であっても、EUの権限行使は補完性原則および比例性原則に適合していなければならない。すなわち補完性原則により、EUはその排他的権限に属さない分野

においては、構成国によっては十分に行動の目的を達成することができず、EU レベルによる方が目的をより良く達成できる場合にのみ権限を行使する（EU 条約 5 条 3 項）。また比例性原則により、EU の行動の内容及び形式は、基本条約の目的を達成するために必要な範囲を超えてはならないとされる（EU 条約 5 条 4 項）。[兼平]

Primärrecht/Sekundärrecht（abgeleitetes Recht） EU 第一次法および第二次法（派生法）（英：primary law, secondary law）. 構成国の法令から独立した法秩序を形成する EU 法の法源は、EU の基本条約を中心とする第一次法、第一次法に基づいて EU の諸機関が採択する第二次法、EU 司法裁判所の判例などに分かれる。第一次法として最も重要な条約は、EU 条約（独：EUV、英：TEU）および EU 運営条約（独：AEUV、英：TFEU）である。また、EU 基本権憲章は、EU 条約及び EU 運営条約と同一の法的価値を有する（EU 条約 6 条 1 項）。

　第二次法（派生法）には、様々な類型が含まれる（EU 運営条約 288 条）。そのうち規則（Verordnung, regulation）は、一般的かつ抽象的な規定でありすべての点で法的拘束力を有することから、実質的には法律に類似している。規則は構成国による国内法化措置を必要とせず、すべての構成国で直接適用可能である。これに対して指令（Richtlinie, directive）は原則として、構成国による国内実施を通して初めて構成国内で適用可能となる。すなわち指令は、達成すべき結果についてのみ名宛人たる構成国を拘束し、そのための形式や手段の選択は構成国の裁量に委ねている。また決定（Beschluss, decision）はすべての点において拘束力を有するが、特定の名宛人に対する決定の場合は、その者に対してのみ拘束力を有する。勧告（Empfehlung, recommendation）および意見（Stellungnahme, opinion）は、拘束力を持たない。[兼平]

Allgemeine Rechtsgrundsätze des Unionsrechts 法の一般原則（英：general principles of EU law）. EU（EC）法の欠缺を埋めるために、構成国の法に共通の一般原則や EU（EC）基本条約、国際法から導かれてきた不文の法源。EU 司法裁判所は、EU 基本条約の解釈及び適用において法の遵守を確保するよう求められていること（EU 条約 19 条 1 項）から、成文法である条約を超えて法の一般原則に依拠することができると解される。法の一般原則は EU 第一次法に分類することができ、EU 司法裁判所はこれを EU 法の解釈に用いるほか、法の一般原則に反する EU 立法を取消訴訟において無効と判断することがある。

　EU 司法裁判所は「構成国の法に共通の一般原則」として、すべての構成国で適用されているものに限らず、EU 法制度に最も適合的な法原則を選択している。欧州司法裁判所が確立してきた法の一般原則のうち特に重要なものとして、基本権保護、差別禁止、法的安定性の他、EU の権限行使を規律する補完性原則および比例性原則がある。[兼平]

unmittelbare Wirkung（Anwendbarkeit）des Unionsrechts EU 法の直接効果（英：direct effect）. EU 第一次法や第二次法の規定が構成国に対して義務を課すだけでなく、個人の権利義務を直接に創設するという効果。直接効果を有する EU 法規定は、構成国国民が自国の裁判所において援用することができるとされる。

　欧州司法裁判所の判例は、基本条約・規則・決定等について、その義務内容が、国家の側でさらなる立法措置を要しないという無条件かつ十分明確である限りにおいて、直接効果を認めている。また指令についても、規定が無条件かつ十分明確であり、構成国が所定の期限までに国内実施の義務を履行しなかった場合は、私人が構成国に対して国内裁判所において当該指令を

援用できるとして、私人と構成国という上下関係の主体の間での垂直的直接効果を肯定する。ただし指令の拘束的性質は名宛人たる構成国との関係でしか存在せず、指令そのものは私人に対して義務を課すことはできないとして、対等な地位の主体である私人間における水平的直接効果は否定されている。

なお直接効果と区別されうる概念として、直接適用可能性（unmittelbare Geltung）がある。規則のように構成国による国内法化措置を必要とせず、ただちに構成国法に組み入れられるEU法規定は、直接適用可能であるとされる。[兼平]

Vorrang des Unionsrechts　EU法の優位（英：primacy of EU law）．　EU法に直接効果が認められる結果、国内裁判所で援用されるEU法が構成国国内法に抵触する場合にどう解決するか、という問題が生じる。これについて欧州司法裁判所は判例において、EU法の独自性や実効性維持のために、EU法が国内法に優越するというEU法の優位の原則を認めている。またEU二次法を含むあらゆるEU法が構成国の憲法を含むあらゆる国内法に優越するという、EU法の絶対的優位の原則も判例上認められている。

ただしEU法の優位の原則は、構成国において全面的に受容されたわけではない。またこの原則の条文化が図られたこともあるが、リスボン条約では条約上での条文化は見送られている。

なおEU法の優位の原則はEU法の適用の優位（Anwendungsvorrang）を意味し、効力の優位（Geltungsvorrang）は意味しないとされる。したがって、EU法と国内法が抵触する場合にはEU法が優先的に適用されるが、当該国内法規定が無効となるわけではない。[兼平]

Vorabentscheidungsverfahren　先決裁定手続（英：preliminary rulings）．　EUの司法機関であるEU司法裁判所（Gerichtshof der Europäischen Union, the Court of Justice of the European Union：一般裁判所、専門裁判所、欧州司法裁判所の総称）は、基本条約の解釈や、EU機関等の行為の効力及び解釈について、先決裁定を下す管轄権を有する（EU運営条約267条1項）。すなわち国内裁判所での訴訟において上記のEU法問題が浮上した場合、当該国内裁判所は、その点についての決定が国内訴訟での判決のために必要と考えるならば手続を中断し、当該EU法問題についてEU司法裁判所に先決裁定を求めることになる。この付託（Vorlage）は、国内の最終審でない裁判所は権利として行うことができるが（EU運営条約267条2項）、最終審裁判所は義務として行わなければならない（同条3項）。EU司法裁判所の先決裁定が下されると、国内裁判所は手続を再開し、先決裁定に従って判決を下す。

先決裁定手続は、EU法の統一的適用の確保に資するとされる。すなわち国内裁判所が、国内法秩序に組み込まれるEU法の解釈・適用にあたってEU法問題を付託することにより、EU司法裁判所の側ではEU法の公権的解釈を示す機会を確保することができる。[兼平]　→欧州司法裁判所（Europäischer Gerichtshof）

Charta der Grundrechte der Europäischen Union（**GRCh**）　EU基本権憲章（英：Charter of Fundamental Rights of the European Union）．　EUの枠内における基本権保障について包括的に定める、EU独自の基本権憲章。前文と54か条から成る。当初経済の分野に限定されていた欧州統合の枠内では、基本権を保障する規範は存在しなかった。しかし統合の発展につれて、加盟国の視点からはEUにおける基本権保障が求められるようになった。これに対して欧州司法裁判所は、構成国に共通の憲法的伝統から生じる基本権（法の一般原則としての基本権）や欧州人権条約に言及することにより判例上基本権保障を図っていたが、EU基本権憲章の起草によっ

て初めて基本権カタログの法典化が実現した。同憲章は2000年のニース欧州首脳理事会で採択され、当初は法的拘束力をもたないとされたものの、リスボン条約により、EU条約及びEU運営条約と同一の法的価値を有すると位置づけられるに至った（EU条約6条1項）。EU基本権憲章はEUの機関・組織と、EU法の執行に関する限りで構成国を拘束する（憲章51条1項）。［兼平］

Europäische Menschenrechtskonvention（EMRK） 欧州人権条約（英：European Convention on Human Rights）. 1950年にローマで調印され、1953年に発効した欧州の人権条約。伝統的な自由権を中心とする基本権保護を定めている。欧州人権条約は欧州評議会（Europarat, Council of Europe）によって作成され、これを適用するための司法機関として欧州人権裁判所が設置された。

EUの全構成国は欧州人権条約に加盟しており、また欧州人権条約により保障される基本権は、法の一般原則として欧州司法裁判所の判例上でも尊重されてきた。そのためEU自体として欧州人権条約に加盟することが論じられるようになり、リスボン条約ではEUが欧州人権条約に加盟することが明示的に義務付けられている（EU条約6条2項）。［兼平］　→欧州人権裁判所（Europäischer Gerichtshof für Menschenrechte）

②　連邦憲法裁判所関係文献

〔畑尻剛・土屋武〕

　ここでは、憲法裁判所の基礎理論、連邦憲法裁判所の地位、組織、手続、権限などに関する文献を集めた。したがって個々の判決の分析、基本権ドグマーティクについての文献は除いた。

〈著　書〉

　山田晟『ドイツ法概論Ⅰ』有斐閣（初版 1949 年・新版 72 年・3 版 1985 年）

　山田晟『ドイツ法概論Ⅱ』有斐閣（初版 1949 年・新版 73 年・3 版 1987 年）

　清水望『西ドイツの政治機構 —— ボン基本法体制の成立とその展開』（成文堂、1969 年）

　桜田勝義『司法と裁判官』（現代評論社、1971 年）

　和田英夫『大陸型違憲審査制』（有斐閣、1979 年）

　林田和博『憲法保障制度論 —— 公法論文選』（九州大学出版会、1985 年）

　川添利幸『憲法保障の理論』（尚学社、1986 年）

　田上穣治『改訂　西ドイツの憲法裁判』（信山社、1988 年）

　畑尻剛『憲法裁判研究序説』（尚学社、1988 年）

　樋口陽一・栗城壽夫『憲法と裁判』（第 2 部「違憲審査制」〔栗城壽夫執筆部分〕）（法律文化社、1988 年）

　千葉勝美＝孝橋宏＝豊澤佳弘・司法研修所編「欧米諸国の憲法裁判制度について —— 米国、西ドイツ及びフランスにおける憲法裁判制度の機能と歴史的、政治的背景」司法研究報告書 43 輯 1 号（司法研修所、1989 年）156 頁以下

　古野豊秋『違憲の憲法解釈』（尚学社、1990 年）

　佐々木雅寿『現代における違憲審査権の性格』（有斐閣、1995 年）

　野中俊彦『憲法訴訟の原理と技術』（有斐閣、1995 年）

　宇都宮純一『憲法裁判権の理論』（信山社、1996 年）

　田口精一『法治国原理の展開（田口精一著作集 2）』（信山社、1999 年）

　ドイツ憲法判例研究会編（編集代表：栗城壽夫＝戸波江二＝根森健）『ドイツの最新憲法判例』（信山社、1999 年）

　林屋礼二『憲法訴訟の手続理論』（信山社、1999 年）

　工藤達朗編『ドイツの憲法裁判 —— 連邦憲法裁判所の組織・手続・権限』（中央大学出版部、2002 年）

　ドイツ憲法判例研究会編（編集代表：栗城壽夫＝戸波江二＝根森健）『ドイツの憲法判例（第 2 版）』（信山社、2003 年）

　ドイツ憲法判例研究会編（編集代表：栗城壽夫＝戸波江二＝畑尻剛）『憲法裁判の国際的発展』（信山社、2004 年）

　宍戸常寿『憲法裁判権の動態』（弘文堂、2005 年）

　ドイツ憲法判例研究会編（編集代表：栗城壽夫＝戸波江二＝石村修）『ドイツの憲法判例Ⅱ（第 2 版）』（信山社、2006 年）

　ドイツ憲法判例研究会編（編集代表：栗城壽夫＝戸波江二＝嶋崎健太郎）『ドイツの憲法判例Ⅲ』（信山社、2008 年）

　工藤達朗『憲法学研究』（尚学社、2009 年）

　ドイツ憲法判例研究会編（編集代表：戸波江二＝畑尻剛）『講座　憲法の規範力第 2 巻　憲法の規範力と

憲法裁判』（信山社、2013 年）

畑尻剛＝工藤達朗編『ドイツの憲法裁判（第 2 版）── 連邦憲法裁判所の組織・手続・権限』（中央大学出版部、2013 年）

初宿正典『日独比較憲法学研究の論点』（成文堂、2015 年）

古野豊秋『違憲の憲法理論と解釈』（尚学社、2016 年）

〈翻訳書〉

ベルンハルト・ヴォルフ／田口精一訳『憲資・権 12 号：ドイツ連邦憲法裁判所および州憲法裁判所の判例に関する報告 ── 基本権と公共の福祉をテーマとして』（憲法調査会、1959 年）

エルンスト・フリーゼンハーン／廣田健次訳『西ドイツ憲法裁判論』（有信堂、1972 年）

マウロ・カペレッティ／谷口安平・佐藤幸治訳『現代憲法裁判論』（有斐閣、1974 年）

ルイ・ファヴォルー／山元一訳『憲法裁判所』（敬文堂、1999 年）

ユッタ・リンバッハ／青柳幸一・栗城壽夫訳『国民の名において ── 裁判官の職務倫理』（風行社、2001 年）

ホルスト・ゼッカー／生天目忠夫訳『概観ドイツ連邦憲法裁判所』（信山社、2002 年）

初宿正典＝須賀博志［編訳］『原典対訳　連邦憲法裁判所法』（成文堂、2003 年）

マティアス・イェシュテット、オリヴァー・レプシウス、クリストフ・メラース、クリストフ・シェーンベルガー／鈴木秀美＝高田篤＝棟居快行＝松本和彦監訳『越境する司法 ── ドイツ連邦憲法裁判所の光と影』（風行社、2014 年）

ペーター・ヘーベルレ／畑尻剛＝土屋武編訳『多元主義における憲法裁判 ── P・ヘーベルレの憲法裁判論』（中央大学出版部、2014 年）

〈論　文〉

覚道豊治「ドイツにおける裁判所の法律審査権についての諸問題」阪大法学 3 号（1952 年）20 頁以下

覚道豊治「西ドイツ連邦憲法裁判所」阪大法学 5 号（1952 年）105 頁以下

川崎由雄「西ドイツの『連邦憲法裁判所法』」レファレンス 18 号（1952 年）78 頁以下

川北洋太郎「西ドイツ基本法における違憲立法審査権」学習院大学政経学部研究年報 1 号（1953 年）55 頁以下

田口精一「裁判による憲法保障への期待」法学研究 28 巻 4 号（1955 年）1 頁以下→『法治国家原理の展開』所収

林田和博　「憲法裁判所論」公法研究 12 号（1955 年）1 頁以下

小木員一「連邦憲法裁判所に関する法律の改正法訳」自由と正義 9 巻 2 号（1958 年）巻末 3 頁以下

土屋正三「西ドイツの憲法裁判所と違憲法令」レファレンス 103 号（1959 年）1 頁以下

手島孝「政党禁止に関する憲法裁判制度について」法政研究 25 巻 2 ── 4 号（1959 年）357 頁以下→『憲法学の開拓線』（三省堂、1985 年）所収

池田政章「ドイツ型憲法裁判の系譜と特質（1〜3）」國家學會雑誌 73 巻 6 号（1960 年）51 頁以下、73 巻 8 号（1960 年）38 頁以下、74 巻 1・2 号（1960 年）1 頁以下

林田和博「ヨーロッパの憲法裁判所（憲法調査会第 1 委員会小委員会第 5 会議（1960 年 12 月 21 日）における参考人としての講演）」『憲法調査会第 1 委員会小委員会第 5 会会議議事録』（1960 年）1 頁以下

清水望「ボン基本法のもとにおける違憲審査制について」早稲田政治経済学雑誌 166 号（1960 年）41

頁以下→『ドイツの政治機構』所収

田口精一「ドイツ憲法裁判所初期の判例」公法研究 22 号（1960 年）166 頁以下→『法治国家原理の展開』所収

小林悦夫「西ドイツにおける選挙審査手続（1-5）」選挙 14 巻 6 号 39 頁以下、7 号 29 頁以下、8 号 27 頁以下、9 号 37 頁以下、10 号（1961 年）37 頁以下

清水望「西ドイツの連邦憲法裁判所——その権限と組織について」早稲田政治経済学雑誌 168 号（1961 年）149 頁以下→『西ドイツの政治機構』所収

川添利幸「西ドイツにおける憲法訴願 Verfassungbeschwerde 制度の本質」公法研究 24 号（1962 年）150 頁以下　→『憲法保障の理論』所収

清水望「憲法裁判権と連邦国家」早稲田政治経済学雑誌 177 号（1962 年）319 頁以下→『西ドイツの政治機構』所収

覚道豊治「ドイツの最高裁判所」憲法研究所編『最高裁判所に関する研究』（憲法研究所出版部、1963 年）126 頁以下

清水望「西ドイツの憲法訴願について」早稲田政治経済学雑誌 182 号（1963 年）25 頁以下→『西ドイツの政治機構』所収

林田和博「憲法訴願序説」法政研究 29 巻 1・2・3 号（1963 年）191 頁以下→『憲法保障制度論』所収

林屋礼二「西ドイツにおける違憲判決の効力」法律時報 35 巻 11 号（1963 年）49 頁以下　→『憲法訴訟の手続理論』所収→『憲法訴訟の手続理論』所収

田中舘照橘 「西独の連邦憲法裁判所の制度的側面」時の法令 499 号（1964 年）39 頁以下

覚道豊治「憲法裁判の理念と機能」『岩波講座現代法 3——現代の立法』（岩波書店、1965 年）335 頁以下

清水望「憲法保障と憲法裁判」公法研究 27 号（1965 年）102 頁以下→『西ドイツの政治機構』所収

田中舘照橘「憲法裁判所裁判官の意見の表示の問題——イタリア・西ドイツ」時の法令 541 号（1965 年）47 頁以下

林屋礼二「憲法訴訟における裁判の拘束力と民事訴訟における裁判の既判力」学習院大学法学部研究年報 2 号（1965 年）27 頁以下→『憲法訴訟の手続理論』所収

山内敏弘 「西ドイツ連邦憲法裁判所における法令審査の効力（1）（2）」一橋論叢 53 巻 3 号（1965 年）91 頁以下、54 巻 2 号（1965 年）105 頁以下

覚道豊治「憲法訴訟の当事者適格」京都大学憲法研究会編『世界各国の憲法制度 大石義雄博士還暦記念論文集』（有信堂、1966 年）355 頁以下

山内敏弘「立法の不作為に対する憲法訴願——社会的法治国家・西独における新しい訴の形態」一橋研究 13 号（1966 年）1 頁以下

山田作之助「ドイツ（西独）最高裁判所、憲法裁判所訪問記」ジュリスト 341 号（1966 年）72 頁以下

野中俊彦「憲法裁判における仮処分——西ドイツ連邦憲法裁判所の仮命令」金沢法学 14 巻 1 号（1968 年）1 頁以下

野中俊彦「西ドイツ連邦憲法裁判所の仮処分命令判決例」金沢法学 14 巻 2 号（1969 年）123 頁以下

野中俊彦「西ドイツ連邦憲法裁判所の人的構成」金沢大学法文学部論集法律篇 17 号（1969 年）33 頁以下

山田晟「ドイツ連邦憲法裁判所の 17 年」小山昇＝中島一郎編『裁判法の諸問題（上）兼子博士還暦記念』（有斐閣、1969 年）55 頁以下

阿部照哉「憲法裁判と政治——ドイツの憲法裁判を中心に」法学論叢 88 巻 1・2・3 号（1970 年）63

頁以下

覚道豊治「違憲法律の効力」阪大法学 72・73 号（1970 年）1 頁以下

桜田勝義「諸国における少数意見制」法政理論 2 巻 1・2 号（1970 年）84 頁以下

廣田健次「西ドイツにおける憲法裁判の概念及び発展」法学紀要 11・12 号（1970 年）89 頁以下

阿部照哉「法律の合憲解釈とその限界」法学論叢 90 巻 1・2・3 号（1971 年）99 頁以下　→『基本的
　人権の法理』（有斐閣、1976 年）所収

野中俊彦「憲法裁判官の選出方法（1-3）」金沢法学 16 巻 1・2 号（1971 年）103 頁以下、17 巻 1 号
　（1972 年）28 頁以下、2 号 34 頁以下

桜田勝義　「少数意見論序説（1-3）」判例タイムズ 275 号（1972 年）2 頁以下、277 号 2 頁以下、282
　号 2 頁以下

長尾一紘「立法府の不作為に対する憲法訴願 —— 西ドイツにおける理論と実践」法学新報 79 巻 1 号
　（1972 年）111 頁以下

渡辺重範「憲法裁判と政治過程 —— 西ドイツ戦後憲法史序説」早稲田政治公法研究創刊号（1972 年）
　97 頁以下

桜田勝義「西ドイツ連邦憲法裁判所における少数意見制の成立過程」東北 37 巻 1 号（1973 年）1 頁以下

広沢民生「『西ドイツ』における憲法解釈の位相」早稲田大学法研論集 9 号（1973 年）177 頁以下

野中俊彦「憲法裁判（ドイツ法）」公法研究 38 号（1976 年）149 頁以下　→『憲法訴訟の原理と技術』
　所収

和田英夫「大陸型違憲審査制の系譜と問題点（1-2）」法律論叢 49 巻 2 号（1976 年）1 頁以下、3 = 4
　号（1979 年）59 頁以下→『大陸型違憲審査制』所収

和田英夫　「アメリカ違憲審査制のヨーロッパ的対応」下山瑛二＝高柳信一＝和田英夫編『アメリカ
　憲法の現代的課題 2』（東京大学出版会、1976 年）133 頁以下

和田英夫「憲法保障機関としての裁判所 —— 西独とイタリアの憲法裁判所を中心として」和田英夫＝
　小林三衛＝小林孝輔編『現代の裁判と裁判官 —— 関誠一教授追悼記念論文集』（ぺりかん社、1976 年）
　73 頁以下

野中俊彦「西ドイツにおける違憲判決の効力」雄川一郎編『公法の理論（上）田中二郎先生古稀記念』
　（有斐閣、1977 年）126 頁→『憲法訴訟の原理と技術』所収

阿部照哉「憲法訴訟における事実認定と予測のコントロール」広岡隆＝高田敏＝室井力編集代表『現
　代行政と法の支配 杉村敏正先生還暦記念』（有斐閣、1978 年）447 頁以下

永田秀樹「西ドイツ連邦憲法裁判所成立過程の研究」法学論叢 104 巻 2 号（1978 年）56 頁以下

仲地博「ペーター・バドウラ『連邦憲法裁判所から見た憲法・国家・社会』（紹介）」琉大法学 23 号
　（1978 年）25 頁以下

牧野忠則「西ドイツ連邦憲法裁判所の自己抑制の態度 —— 基本条約をめぐる諸判決の中に現われた
　judicial self-restraint」北大法学論集 29 巻 2 号（1978 年）131 頁以下

和田英夫「西ドイツ連邦憲法裁判所に関するバドウラ教授の所見」判例時報 881 号（1978 年）3 頁以下

和田英夫「西ドイツの政治過程のなかの憲法裁判所 —— シュタークの紹介によせて」法律論叢 50 巻
　6 号（1978 年）91 頁以下

和田英夫、廣田健次「ライプホルツ『西ドイツ連邦憲法裁判所の地位』の紹介によせて —— 翻訳と解
　説」日本法学 44 巻 1 号（1978 年）39 頁以下

阿部照哉「憲法訴願制度の一考察」法学論叢 106 巻 3 号（1979 年）1 頁以下

412 連邦憲法裁判所関係文献

古野豊秋「オーストリアの憲法裁判所 —— H・ケルゼンにおける法理論と現実の制度」馬屋原教授古稀記念論文集刊行会編『刑事法学の諸課題 馬屋原成男教授古稀記念』（八千代出版、1979 年）259 頁以下→『違憲の憲法解釈』所収

和田英夫「西ドイツの憲法裁判と憲法政治（1-2）」法学論叢 51 巻 2 = 3 号 1 頁以下、4 = 5 = 6 号（1979 年）105 頁以下→『大陸型違憲審査制』所収

阿部照哉「西ドイツにおける違憲確認判決の効力」『今村成和先生退官記念・公法と経済法の諸問題（上）』（有斐閣、1981 年）197 頁以下

永田秀樹「西ドイツにおける法律の憲法判断の方法」大分大学経済論集 33 巻 3 号（1981 年）86 頁以下

畑尻剛「西ドイツにおける違憲法律の効力の理論と実際 —— 違憲性確認判決を手がかりとして」法学新報 88 巻 3・4 号（1981 年）137 頁以下→『憲法裁判研究序説』所収

古野豊秋「オーストリアにおける具体的規範統制制度の成立について」比較法雑誌 14 巻 3 号（1981 年）1 頁以下→『違憲の憲法解釈』所収

光田督良「西ドイツにおける具体的規範統制の由来」比較法雑誌 15 巻 2 号（1981 年）75 頁以下

阿部照哉「ドイツの憲法裁判における司法の自己抑制について」法学論叢 110 巻 4・5・6 号（1982 年）60 頁以下

古野豊秋「オーストリアの具体的規範統制制度における一般の裁判所の手続」比較法雑誌 15 巻 4 号（1982 年）117 頁以下→『違憲の憲法解釈』所収

工藤達朗・嶋崎健太郎「西ドイツの具体的規範統制の現実的機能」比較法雑誌 16 巻 3 号（1983 年）25 頁以下

初宿正典「フランクフルト憲法におけるライヒ裁判所の管轄権 —— とくに憲法訴願制度に着目して」社会科学論集 22 号（1982 年）221 頁以下→『日独比較憲法学研究の論点』所収

高見勝利「ハンス・ケルゼンと憲法裁判制度」公法研究 44 号（1982 年）69 頁以下

永田秀樹「西ドイツにおける憲法訴訟の手続原則」大分大学経済論集 34 巻 3 号（1982 年）25 頁以下

永田秀樹「連邦憲法裁判所の地位、組織および裁判官の選任」大分大学経済論集 33 巻 5 号（1982 年）383 頁以下

畑尻剛「西ドイツにおける違憲法律の効力 —— 連邦憲法裁判所法 79 条改正問題を中心として」中央大学大学院研究年報 11 号 I（1982 年）183 頁以下→『憲法裁判研究序説』所収

畑尻剛「西ドイツの具体的規範統制における一般の裁判所の手続」比較法雑誌 15 巻 4 号（1982 年）145 頁以下→『憲法裁判研究序説』所収

畑尻剛「西ドイツの具体的規範統制における連邦憲法裁判所の手続」比較法雑誌 16 巻 1 号（1982 年）69 頁以下→『憲法裁判研究序説』所収

廣田健次「西ドイツ連邦憲法裁判所の権限」法学紀要 23 巻（1982 年）179 頁以下

藤田晴子「西独の連邦憲法裁判所の特徴」レファレンス 374 号（1982 年）56 頁以下

有澤知子「西ドイツ連邦憲法裁判所における具体的規範統制と新しい判決形式 —— 西ドイツおよびオーストリアにおける憲法裁判制度の比較法的研究」比較法雑誌 16 巻 4 号（1983 年）71 頁以下

工藤達朗「連邦憲法裁判所の判決の効力 —— 西ドイツにおける具体的規範統制の現実的機能」比較法雑誌 16 巻 3 号（1983 年）25 頁以下

笹田栄司「ドイツにおける立法不作為理論の展開」九大法学 45 号（1983 年）1 頁以下

嶋崎健太郎「具体的規範統制手続の運用とその諸問題 —— 西ドイツにおける具体的規範統制の現実的機能」比較法雑誌 16 巻 3 号（1983 年）50 頁以下

大越康夫「西ドイツ連邦憲法裁判所成立過程の一考察 —— 基本法制定会議本委員会の討議を中心にして」社会科学討究 29 巻 3 号（1984 年）37 頁以下

大越康夫「西ドイツ連邦憲法裁判所裁判官の選任」社会科学討究 30 巻 3 号（1985 年）137 頁以下

憲法裁判研究会「西ドイツおよびオーストリアにおける具体的規範統制制度 —— その総括と展望」比較法雑誌 19 巻 3 号（1985 年）79 頁以下

高見勝利「立法府の予測に対する裁判的統制について —— 西ドイツにおける判例・学説を素材に」芦部信喜先生還暦記念論文集刊行会編『憲法訴訟と人権の理論 芦部信喜先生還暦記念論文集』（有斐閣、1985 年）35 頁以下

山内敏弘「西ドイツの憲法裁判と改革立法 —— 司法的自己抑制論に関連して（上・中・下①）」法律時報 57 巻 6 号 4 頁以下、8 号 72 頁以下、10 号（1985 年）102 頁以下

大越康夫「西ドイツ連邦憲法裁判所における少数意見」社会科学討究 33 巻 1 号（1987 年）277 頁以下

高見勝利「西ドイツの憲法裁判 —— 憲法訴訟手続を中心に」芦部信喜編『講座憲法訴訟 1 巻』（有斐閣、1987 年）97 頁以下

手塚和男「西ドイツ連邦憲法裁判所第 1 部と第 2 部の管轄について」法学 50 巻 7 号（1987 年）199 頁以下

永田秀樹「西ドイツにおける憲法裁判と政治（1-2）」大分大学経済論集 38 巻 6 号 59 頁以下、39 巻 2 号（1987 年）81 頁以下

田上穣治「西ドイツ憲法の規範統制」一橋論叢 100 巻 4 号（1988 年）527 頁以下

永田秀樹「〔ドイツ〕連邦憲法裁判所法および連邦憲法裁判所規則（資料）（1 ～ 2）」大分大学経済論集 40 巻 1 号 78 頁以下、40 巻 2 号（1988 年）88 頁以下

永田秀樹「西独連邦憲法裁判所の政治的機能」法の科学 15 号（1987 年）77 頁以下

名雪健二「西ドイツ連邦憲法裁判所の規範審査における決定のヴァリエイション」比較法（東洋大学）25 号（1988 年）63 頁以下

名雪健二「西ドイツ連邦憲法裁判所の地位および組織」東洋法学 32 巻 1 号（1988 年）143 頁以下

名雪健二「西ドイツ連邦憲法裁判所の権限としての具体的規範審査」東洋法学 31 巻 1・2 合併号（1988 年）249 頁以下

憲法裁判研究会「憲法異議手続における連邦憲法裁判所の過重負担とその解消策 —— 連邦憲法裁判所法第五次改正を中心に」比較法雑誌 23 巻 1 号（1989 年）57 頁以下

嶋崎健太郎「憲法裁判の Vorwirkung —— 西ドイツ連邦憲法裁判所の機能の一側面」群馬法専紀要 3 号（1989 年）45 頁以下

名雪健二「西ドイツ連邦憲法裁判所の訴訟手続における諸原則」東洋法学 32 巻 2 号（1989 年）249 頁以下

永田秀樹「西ヨーロッパの憲法裁判と人権保障 —— 具体的規範統制と憲法訴願の比較法的検討」佐藤幸治＝初宿正典編『人権の現代的諸相』（有斐閣、1990 年）252 頁以下

宮地基「西ドイツ連邦憲法裁判所による規範統制判決の展開と機能 ——『違憲宣言判決』および『警告判決』をめぐって」神戸法学雑誌 39 巻 4 号（1990 年）939 頁以下

永田秀樹「西ドイツ連邦憲法裁判所の政治的機能（特集　ドイツ司法　比較法的検証の旅 —— 第 24 回司法制度研究集会のために）」法と民主主義 261 号（1991 年）36 頁以下

渡辺康行「ドイツ連邦憲法裁判所の憲法解釈方法」新正幸＝鈴木法日児編『憲法制定と変動の法理　菅野喜八郎先生還暦記念』（木鐸社、1991 年）517 頁以下

414　連邦憲法裁判所関係文献

岡田俊幸「立法者の予測に対する裁判的統制——1970 年代（旧西）ドイツにおける学説・判例の検討」法学政治学論究 14 号（1992 年）67 頁以下

川又伸彦「ドイツ連邦憲法裁判所の性格と裁判官像——連邦憲法裁判所法第 3 条第 2 項をめぐって」法学新報 98 巻 9・10 号（1992 年）137 頁以下

山岸喜久治「ドイツ連邦共和国における政党禁止の法理」早稲田法学 67 巻 3 号（1992 年）81 頁以下

岡田俊幸「ドイツ連邦憲法裁判所調査官の制度と実務」法と民主主義 277 号（1993 年）36 頁以下

柏崎敏義「大陸型違憲審査制度——西ドイツとスイスについて」憲法理論研究会編『違憲審査制の研究』（敬文堂、1993 年）223 頁以下

中川一郎「連邦憲法裁判所法（1‐3）71 年 2 月 3 日付け新法文」シュトイエル 372 号 21 頁以下、373 号 50 頁以下、374 号（1993 年）21 頁以下

名雪健二「ドイツ連邦憲法裁判所の抽象的規範審査手続」東洋法学 37 巻 1 号（1993 年）157 頁以下

寺島壽一「憲法抗告における適法要件の構造（1）——ドイツ連邦共和国の制度とその展開」北大法学論集 45 巻 4 号（1994 年）1 頁以下

戸波江二「ドイツ連邦憲法裁判所の現状とその後」ジュリスト 1037 号（1994 年）53 頁以下

永田秀樹「適用違憲の法理」ジュリスト 1037 号（1994 年）212 頁以下

栗城壽夫「ドイツの政治と憲法裁判所」ドイツ研究 21 号（1995 年）54 頁以下

高田篤「戦後ドイツの憲法観と日本におけるドイツ憲法研究」樋口陽一編『講座・憲法学（別巻）戦後憲法・憲法学と内外の環境』（日本評論社、1995 年）41 頁以下

真鶴俊喜「ドイツの憲法裁判における立法の不作為（1‐3）」上智法学論集 39 巻 1 号（1995 年）305 頁以下、40 巻 1 号 189 頁以下 43 巻 2 号（1999 年）157 頁以下

阿部照哉「ドイツ憲法裁判の限界」阿部照哉＝高田敏編『現代違憲審査論 覚道豊治先生古稀記念論文集』（法律文化社、1996 年）171 頁以下

憲法裁判研究会「連邦憲法裁判所の過重負担解消への新たな試み——1993 年の連邦憲法裁判所法改正をめぐって」比較法雑誌 30 巻 3 号（1996 年）47 頁以下

渡辺康行「概観：ドイツ連邦憲法裁判所とドイツの憲法政治」栗城壽夫＝戸波江二＝根森健編『ドイツの憲法判例』（信山社、1996 年）5 頁以下

川又伸彦「憲法裁判における法律審の事実審査——ドイツ連邦憲法裁判所の判例を中心に」法学新報 103 巻 2・3 号（1997 年）547 頁以下

畑尻剛「批判にさらされるドイツの連邦憲法裁判所（上・下）」ジュリスト 1106 号（1997 年）74 頁以下、1107 号（1997 年）79 頁以下

畑尻剛「具体的規範統制再論——最近の憲法裁判所論との関連で」法学新報 103 巻 2・3 号（1997 年）495 頁以下

光田督良「具体的規範統制における Entscheidungserheblichkeit の意義と問題性」法学新報 103 巻 2・3 号（1997 年）525 頁以下

高澤弘明「ドイツ連邦憲法裁判所の地位と組織」東洋大学大学院紀要 34 号（1998 年）108 頁以下

永田秀樹「ヨーロッパの憲法裁判所と日本の憲法裁判所構想」法律時報 70 巻 1 号（1998 年）36 頁以下

憲法裁判研究会「ドイツ連邦憲法裁判所規則（試訳）」比較法雑誌 33 巻 3 号（1999 年）195 頁以下

合原理映「立法者に対する法改正の義務づけ——ドイツ連邦憲法裁判所における改善義務論」阪大法学 49 巻 1 号（1999 年）269 頁以下

初宿正典「最高裁判所裁判官の定年制——ドイツにおける議論とも関連させつつ」佐藤幸治＝清永敬

次編『憲法裁判と行政訴訟 園部逸夫先生古稀記念』（有斐閣、1999 年）85 頁以下　→『日独比較憲法学研究の論点』（成文堂、2015 年）に所収

服部高宏「法と政治の力学と憲法裁判 —— ドイツ連邦憲法裁判所批判を手がかりに」井上達夫＝松浦好治＝嶋津格編『法の臨界［1］法的思考の再定位』（東京大学出版会、1999 年）103 頁以下

渡辺康行「憲法裁判官としてのベッケンフェルデ」法律時報 72 巻 9 号（2000 年）64 頁以下

岡田俊幸「ドイツ連邦憲法裁判所裁判官の選出手続の改革をめぐる議論について（1 - 2・完）」和光経済 33 巻 2・3 号（2001 年）55 頁以下、日本大学法科大学院法務研究 14 号（2017 年）1 頁以下

川又伸彦「憲法裁判と司法事実」法学新報 108 巻 3 号（2001 年）305 頁以下

大島和佳子「ドイツ『真実の言葉』を求めて —— 連邦憲法裁判所の司法補助官の実務を中心に」世界の司法 3 号（2002 年）104 頁以下

岡田俊幸「ドイツにおける『憲法裁判権の限界』論」憲法理論研究会編『法の支配の現代的課題』（敬文堂、2002 年）51 頁以下

宍戸常寿「憲法裁判権の動態 —— ドイツ憲法研究ノート（1 - 6・完）」国家学会雑誌 115 巻 3・4 号（2002 年）1 頁以下、11・12 号 58 頁以下、116 巻 7・8 号（2003 年）1 頁以下、9・10 号 43 頁以下、11・12 号 87 頁以下、117 巻 3・4 号（2004 年）73 頁以下→『憲法裁判権の動態』所収

渡辺中「憲法秩序および政治過程における連邦憲法裁判所 —— シュターク教授のテーゼによせて〈資料〉」国士舘法学 34 号（2002 年）81 頁以下

川又伸彦「ドイツ連邦憲法裁判所による司法事実審査について —— 最近の判例の動向を中心に」樋口陽一＝上村貞美＝戸波江二編集代表『日独憲法学の創造力（下）栗城壽夫先生古稀記念』（信山社、2003 年）271 頁以下

高澤弘明「ドイツ基本法 100 条 1 項における具体的規範審査手続」憲法研究 35 号（2003 年）1 頁以下

畑尻剛「ペーター・ヘーベルレの憲法裁判論 —— 憲法裁判論と憲法原理論・憲法解釈方法論との交錯」樋口ほか編集代表・同上 231 頁以下

光田督良「『関係人』概念を通してみるドイツの連邦憲法裁判所」樋口ほか編集代表・同上 295 頁以下

宮地基「憲法裁判における『訴えの利益』—— ドイツ憲法異議訴訟における権利保護の必要性概念を手がかりとして」樋口ほか編集代表・同上 323 頁以下

太田匡彦「ドイツ連邦憲法裁判所における民主政的正統化（demokratische Legitimation）思考の展開 —— BVerfGE 93, 37 まで」藤田宙晴＝高橋和之編『憲法論集 樋口陽一先生古稀記念』（創文社、2004 年）315 頁以下

栗城壽夫「第 1 版はしがき・第 2 版はしがき」ドイツ憲法判例研究会編（編集代表：栗城壽夫＝戸波江二＝根森健）『ドイツの憲法判例（第 2 版）』（信山社、2004 年）vii 頁以下

合原理映「立法者に対する法改正の義務づけ：改善義務に関するドイツの学説の考察」阪大法学 53 巻 6 号（2004 年）153 頁以下

高澤弘明「ドイツ連邦憲法裁判所の具体的規範審査手続における決定にとっての重要性」東洋大学大学院紀要 40 号（2004 年）178 頁以下

永田秀樹「憲法裁判と議会との関係 —— 法と政治のはざまの憲法裁判・日独の比較による考察」ドイツ憲法判例研究会編『憲法裁判の国際的発展』（信山社、2004 年）199 頁以下

鵜澤剛「憲法訴訟における判決の効力に関する比較法的考察（2・完）」立教大学大学院法学研究 32 号（2005 年）57 頁以下

川又伸彦「適正な事実認定についての憲法論的一考察」日本大学法科大学院法務研究創刊号（2005 年）

5頁以下

初宿正典「ドイツの連邦憲法裁判所」比較憲法学研究 17 号（2005 年）29 頁以下

高澤弘明「ドイツ連邦憲法裁判所の決定の効力 —— ドイツ連邦憲法裁判所法 31 条 1 項を中心として」東洋大学大学院紀要 41 号（2005 年）177 頁以下

毛利透「『法治国家』から『法の支配』へ —— ドイツ憲法裁判の機能変化についての一仮説」法学論叢 156 巻 5・6 号（2005 年）330 頁以下

秋田智子「ドイツ連邦憲法裁判所・裁判（抽象的規範統制）傍聴記 —— 世界の司法 82」判例タイムズ 1198 号（2006 年）86 頁以下

栗城壽夫「はしがき」ドイツ憲法判例研究研究会（編集代表：栗城壽夫＝戸波江二＝石村修）『ドイツの憲法判例 II（第 2 版）』（2006 年）v 頁以下

栗城壽夫「概観 II：1985 〜 1995 年のドイツの憲法判例の特色―統治機構」ドイツ憲法判例研究研究会（編集代表：栗城壽夫＝戸波江二＝石村修）『ドイツの憲法判例 II（第 2 版）』（2006 年）15 頁以下

戸波江二「概観 II：1985 〜 1995 年のドイツの憲法判例の特色―人権」ドイツ憲法判例研究研究会（編集代表：栗城壽夫＝戸波江二＝石村修）『ドイツの憲法判例 II（第 2 版）』（2006 年）3 頁以下

川又伸彦「司法審査における事件の『具体性』について —— ドイツにおける法律に対する憲法異議を手がかりに」日本大学法科大学院法務研究 3 号（2007 年）15 頁以下

名雪健二「ドイツ連邦憲法裁判所の権限：憲法擁護手続と選挙審査手続」日本法学 72 巻 2 号（2007 年）3 頁以下

名雪健二「ドイツ連邦憲法裁判所の権限：機関争訟手続」東洋法学 51 巻 1 号（2007 年）1 頁以下

山岸喜久治「憲法擁護の中核＝ドイツ連邦憲法裁判所の法律審査：国家機関による審査請求に応じて」宮城学院女子大学研究論文集 107 号（2007 年）61 頁以下

渡辺暁彦「憲法裁判所制度の諸相 —— 韓国とドイツの制度比較を通して」ジュリスコンサルタス 16 号（2007 年）437 頁以下

渡辺暁彦「比較対照表 —— ドイツ連邦憲法裁判所と韓国憲法裁判所」ジュリスコンサルタス 16 号（2007 年）451 頁以下

栗城壽夫「はしがき」ドイツ憲法判例研究研究会（編集代表：栗城壽夫＝戸波江二＝嶋崎健太郎）『ドイツの憲法判例 III』（2008 年）v 頁以下

杉山幸一「憲法裁判機関としての最高裁判所について —— ドイツ連邦憲法裁判所との比較において」法学研究年報（日本大学大学院）38 号（2008 年）1 頁以下

高澤弘明「ドイツ連邦憲法裁判所の抽象的規範審査手続」憲法研究 40 号（2008 年）35 頁以下

玉蟲由樹「ドイツの憲法裁判制：その『法と政治』」九州法学会会報 2007 年度号（2008 年）116 頁以下

名雪健二「ドイツ連邦憲法裁判所の権限 —— 連邦争訟」東洋法学 52 巻 1 号（2008 年）1 頁以下

小野寺邦広「ドイツ『連邦憲法裁判所の過重負担解消委員会』報告書（1998 年）について —— サーシオレイライ導入の試みとその挫折〈研究〉」比較法雑誌 43 巻 3 号（2009 年）199 頁以下

宍戸常寿「司法審査 —— 『部分無効の法理』をめぐって」法律時報 81 巻 1 号（2009 年）78 頁以下

名雪健二「ドイツ連邦憲法裁判所の権限：基本法 100 条 2 項による手続」東洋法学 53 巻 2 号（2009 年）47 頁以下

名雪健二「ドイツ連邦憲法裁判所の決定の言渡し」比較法制研究 33 号（2010 年）25 頁以下

畑尻剛「違憲判断の具体的処理方法 —— 違憲確認判決を中心に」中央ロー・ジャーナル 7 巻 1 号（2010 年）65 頁以下

光田督良「ここ数年における連邦憲法裁判所法の改正とその注目点〈研究〉」比較法雑誌44巻2号（2010年）277頁以下

岡田俊幸「法的見解の表明を理由とする裁判官の忌避 —— ドイツ連邦憲法裁判所裁判官の場合」日本大学法科大学院法務研究9号（2012年）1頁以下

入井凡乃「立法者の予測と事後的是正義務 —— ドイツ連邦憲法裁判所判例を中心に」法学政治学論究96号（2013年）343頁以下

宇都宮純一「憲法裁判権の諸相」ドイツ憲法判例研究会編（編集代表：戸波江二、畑尻剛）『講座 憲法の規範力第2巻 憲法の規範力と憲法裁判』（信山社、2013年）39頁以下

川又伸彦「憲法異議と憲法の規範力 —— 判決に対する憲法異議についての最近のドイツ連邦憲法裁判所の判例を中心に」ドイツ憲法判例研究会編・同上285頁

工藤達朗「憲法裁判の二重機能」ドイツ憲法判例研究会編・同上319頁

土屋武「議論による代表としての憲法裁判所 —— R. アレクシーによる憲法裁判の民主的正統化論をめぐる論争を中心に」ドイツ憲法判例研究会編・同上15頁以下

山岸喜久治「国家機関相互の紛争に対する憲法裁判的解決：ドイツにおける機関争訟制度の意義」宮城學院女子大學研究論文集116号（2013年）1頁以下

入井凡乃「事後的是正義務と新規律義務」法学政治学論究101号（2014年）103頁以下

三宅雄彦「連邦憲法裁判所をめぐる法と人事 —— ドイツの場合」法律時報86巻8号（2014年）25頁以下

山本真敬「ドイツ連邦憲法裁判所における主張可能性の統制（Vertretbarkeitskontrolle）に関する一考察（1-2・完）共同決定法判決における定式化まで」早稲田大学大学院法研論集151号（2014年）383頁以下、155号（2015年）301頁以下

笹田栄司「ドイツ連邦憲法裁判所における調査官の役割」北大法学論集66巻2号（2015年）143頁以下

渡辺富久子「連邦憲法裁判所裁判官選出方法の変更」外国の立法265-1号（2015年）31頁以下

實原隆志「ドイツ（シンポジウム 憲法適合的解釈についての比較法的検討）」比較法研究78号（2016年）63頁以下

柴田憲司「ドイツ連邦憲法裁判所の少数意見制」大林啓吾＝見平典編『最高裁の少数意見』（成文堂、2016年）225頁以下

畑尻剛「憲法の規範力と憲法裁判 —— ドイツの連邦憲法裁判所に対する世論調査を素材として」法学新報123巻5・6号（2016年）731頁以下

櫻井智章「代替立法者としての憲法裁判所」川﨑政司＝大沢秀介編『現代統治機構の動態と展開 —— 法形成をめぐる政治と法』（尚学社、2016年）209頁以下

安章浩「西ドイツにおける近代立憲主義確立の政治過程 —— 三権の立憲主義的統制機関としての連邦憲法裁判所の活動を中心に」尚美学園大学総合政策論集22号（2016年）57頁以下

川又伸彦「緊急事態憲法と憲法裁判 —— ドイツ憲法異議手続きの制定史を素材に」工藤達朗＝西原博史＝鈴木秀美＝小山剛＝毛利透＝三宅雄彦＝斎藤一久編『憲法学の創造的展開（下）戸波江二先生古稀記念』（信山社、2017年）433頁以下

實原隆志「国法学と実務の近さを批判する純粋法学的言説について」工藤ほか編・同上151頁以下

初宿正典「具体的規範統制手続の《抽象性》 —— 移送手続に関する若干の覚書き」日本法学82巻3号（2017年）343頁以下

高田篤「ドイツ連邦憲法裁判所の『自己言及』」法律時報89巻5号（2017年）32頁以下

中西優美子「ドイツ連邦憲法裁判所と EU 司法裁判所間の対話の発展」工藤ほか編・同上 73 頁以下。

根森健「ドイツ連邦憲法裁判所裁判官選任手続と民主的正当性——ヘーレートの公聴会制度の導入論を素材に」工藤ほか編・同上 549 頁以下

畑尻剛「憲法裁判における『制度』とその『運用』——比較憲法の対象としてのドイツ連邦憲法裁判所が教えるもの」工藤ほか編・同上 391 頁以下

大西楠・テア「難民危機後のドイツ・デモクラシー——民主的正当性と連邦憲法裁判所」宮島喬ほか編『ヨーロッパ・デモクラシー——危機と転換』(岩波書店、2018 年) 25 頁以下

中嶋直木「ドイツにおける地方自治体憲法異議の制定過程」早稲田法学 93 巻 3 号 (2018 年) 127 頁以下

栗島智明「ドイツ憲法学の新潮流——《理論》としての憲法学の復権?」法学政治学論究 117 号 (2018 年) 33 頁以下

山本真敬「ドイツ連邦憲法裁判所における『主張可能性の統制 (Vertretbarkeitskontrolle)』の展開:第 2 次堕胎判決まで」早稲田法学 93 巻 2 号 (2018 年) 125 頁以下

〈翻 訳〉

ゲルハルト・ライプホルツ／大串兎代夫訳「ボン基本法における民主法治国の憲法裁判権」名城法学 5 巻 1 号 (1955 年) 104 頁以下

ヨゼフ・ヴィントリヒ／影山日出弥訳「憲法裁判権の任務・本質・限界」愛知大学法経論 30 号 (1960 年) 233 頁以下

アルブレヒト・ヴァグナー／最高裁判所事務総局仮訳「ドイツ連邦共和国憲法裁判所の成立、組織、権限」法曹時報 16 巻 5 号 (1964 年) 37 頁以下

ギュンター・ヴィルムス／最高裁判所事務総局仮訳「ドイツ連邦共和国憲法裁判所十年の歩み」法曹時報 16 巻 5 号 (1964 年) 30 頁以下

ヘルムート・エングラー／最高裁判所事務総局仮訳「ドイツ連邦共和国憲法裁判所の裁判官」法曹時報 16 巻 5 号 (1964 年) 62 頁以下

ゲルハルト・ライプホルツ／小林直樹訳「ドイツ連邦共和国の憲法裁判所と政治に対する司法的判断」國家學會雑誌 79 巻 11・12 号 (1966 年) 1 頁以下

ゲルハルト・ミュラー／村上淳一訳「ドイツ連邦共和国における憲法裁判権」法曹時報 21 巻 3 号 (1969 年) 1 頁以下

ルペルト・ショルツ／河合義和訳「ドイツ連邦共和国法体系における憲法裁判権」法学紀要 19 号 (1977 年) 484 頁以下

オットー・バッホフ／石川敏行訳「立法者としての裁判官」比較法雑誌 12 巻 1 号 (1978 年) 83 頁

コンラート・ヘッセ／岩間昭道訳「ドイツ連邦共和国における憲法裁判権の任務と限界」自治研究 55 巻 12 号 (1979 年) 3 頁以下

コンラート・ヘッセ／永田秀樹訳「ドイツ連邦共和国における憲法裁判の課題と限界」法学論叢 107 巻 2 号 (1980 年) 83 頁以下

ヴォルフガング・グラーフ・ヴィッツトゥム／牧野忠則訳「憲法異議の受理に際して行なわれる予備審査手続」北大法学論集 37 巻 3 号 (1987 年) 119 頁以下

ハインリヒ・ショラー／初宿正典訳「ドイツ連邦共和国における憲法裁判制度」自治研究 63 巻 6 号 (1987 年) 95 頁以下

ゴットハルト・ヴェールマン／憲法裁判研究会訳「連邦憲法裁判所の諸改革」比較法雑誌 22 巻 2 号

（1988 年）153 頁以下

クラウス・シュライヒ／名雪健二訳「ドイツ連邦憲法裁判所論（1-10・完）」(1) 比較法（東洋大学）27 号 96 頁、(2) 東洋法学 34 巻 1 号（1990 年）101 頁以下、(3) 比較法 30 号（1993 年）67 頁以下、(4) 東洋法学 37 巻 2 号 237 頁以下、(5) 比較法 31 号 135 頁以下、(6) 東洋法学 38 巻 1 号（1994 年）309 頁以下、(7) 東洋法学 39 巻 1 号（1995 年）135 頁以下、(8) 東洋法学 39 巻 2 号 189 頁以下、(9) 比較法 34 号（1996 年）147 頁以下、(10) 東洋法学 40 巻 2 号（1997 年）83 頁以下

フランツ＝ヨゼフ・パイネ／畑尻剛訳「規範統制と立憲主義体制」城西経済学会誌 24 巻 2・3 号（1990 年）75 頁以下

ユルゲン・キューリンク／阿部泰隆・木佐茂男訳「ドイツにおける行政訴訟と憲法訴訟（連邦憲法裁判所判事に聞く（1-3・完）」法律時報 64 巻 3 号（1992 年）6 頁以下、64 巻 5 号 54 頁以下、64 巻 6 号 72 頁以下

ユルゲン・キューリンク／岡田俊幸訳「ドイツ連邦憲法裁判所」法と民主主義 264 号（1992 年）4 頁以下

コンラート・ヘッセ／（聞き手）樋口陽一「コンラート・ヘッセ氏に聞く──ドイツの違憲審査制」ジュリスト 1037 号（1994 年）114 頁以下

ヨーゼフ・イーゼンゼー／名雪健二ほか訳「連邦憲法裁判所において、州、政党、会派の強制的連帯感はあるか：連邦争訟および機関争訟における手続き参加権限の制限について」経営研究（山梨学院大学）5 号（1996 年）79 頁以下

クラウス・シュテルン／小山剛訳「ドイツにおける憲法裁判制度」名城法学 46 巻 3 号（1997 年）1 頁以下

ヨアヒム・ブアマイスター／小山剛訳「立法者および専門裁判所に対する連邦憲法裁判所の審査権の限界〈特別講演〉」名城法学 47 巻 1 号（1997 年）1 頁

エルンスト＝ヴォルフガング・ベッケンフェルデ／古野豊秋訳「憲法裁判権の構造問題・組織・正当性」初宿正典編訳『現代国家と憲法・自由・民主制』（風行社、1999 年）191 頁以下

ヨーゼフ・イーゼンゼー／名雪健二訳「連邦憲法裁判所よ、いずこへ（1-2）」東洋法学 43 巻 1 号（1999 年）138 頁以下、44 巻 1 号（2000 年）197 頁以下→ヨーゼフ・イーゼンゼー／栗城壽夫＝嶋崎健太郎＝戸波江二編訳『保護義務としての基本権』（信山社、2003 年）所収

ホルスト・ゼッカー／生天目忠夫訳「ドイツ連邦憲法裁判所〈改訂版追補訳〉」宮崎産業経営大学法学論集 12 巻 1・2 号（2000 年）69 頁以下

ユッタ・リンバッハ／青柳幸一訳「［論説］ドイツ連邦憲法裁判所の 50 年」ジュリスト 1212 号（2001 年）56 頁以下

ペーター・ヘーベルレ／畑尻剛訳「立憲国家における制度化された憲法裁判」P・ヘーベルレ／井上典之＝畑尻剛編訳『文化科学の観点からみた立憲国家──1999 年日本における講演』（尚学社、2002 年）165 頁以下

ユッタ・リンバッハ／井上典之訳「憲法の優位か、議会主権か？」自治研究 78 巻 6 号（2002 年）3 頁以下

ユッタ・リンバッハ／青柳幸一訳「ドイツ連邦憲法裁判所の 50 年」Waseda Proceedings of Comparative Law 4 号（2002 年）161 頁以下

アルプレヒト・ヴェーバー／玉蟲由樹訳「憲法裁判の類型」ドイツ憲法判例研究会編（編集代表：栗城壽夫＝戸波江二＝畑尻剛）『憲法裁判の国際的発展』（信山社、2004 年）63 頁以下

420　連邦憲法裁判所関係文献

クリスティアン・シュターク／光田督良訳「権力分立と憲法裁判」ドイツ憲法判例研究会編・同上
15頁以下

ヴェルナー・ホイン／岡田俊幸訳「憲法裁判所裁判官の選出」ドイツ憲法判例研究会編・同上151頁
以下

ペーター・ヘーベルレ／畑尻剛・土屋武訳「憲法裁判をめぐって」比較法雑誌40巻3号（2006年）
49頁以下　→『多元主義における憲法裁判』所収

フィリップ・クーニヒ／岡田俊幸訳「連邦憲法裁判所の最新判例からみた基本法と国際秩序との関
係」比較法学40巻3号（2007年）111頁以下

ライナー・ヴァール／鈴木秀美訳「ヨーロッパおよび世界におけるドイツ連邦憲法裁判所」ノモス
22号（2008年）1頁以下

アルブレヒト・ヴェーバー／杉原周治訳「連邦憲法裁判所 ── その基礎と最近の発展」比較法学41
巻3号（2008年）57頁以下

クヌート・ヴォルフガング・ネル／浅岡慶太訳「裁判理由の拘束力について：ドイツ連邦憲法裁判所
を例として」桐蔭法学15巻2号（2009年）109頁以下

ハンス・D・ヤラス／工藤達朗訳「連邦憲法裁判所と法秩序の憲法化、とくに基本権の意義の拡大に
ついて」ハンス・D・ヤラス／松原光宏編訳『現代ドイツ・ヨーロッパ基本権論：ヤーラス教授日
本講演録・日本比較法翻訳叢書（61）』（中央大学出版部、2011年）1頁以下

ハンス＝ウーヴェ・エーリヒセン／工藤達朗訳「ドイツにおける憲法異議による基本権保護」比較法
雑誌46巻2号（2012年）52頁以下

トーマス・オッパーマン／赤坂正浩訳「連邦憲法裁判所と国法学」立教法学87号（2013年）166頁以下

ヘルゲ・ゾーダン／太田航平訳「国家と憲法裁判権」比較法雑誌47巻3号（2013年）47頁以下

ルペルト・ショルツ／倉田原志訳「憲法と政治の間における憲法裁判権：ドイツ連邦憲法裁判所を例
として」市川正人＝大久保史郎＝斉藤浩＝渡辺千原編『日本の最高裁判所：判決と人・制度の考
察』（日本評論社、2015年）371頁以下

トーマス・ヴュルテンベルガー著／畑尻剛編訳「憲法の規範力と憲法の最適な現実化の枠条件」トー
マス・ヴュルテンベルガー／畑尻剛編訳『トーマス・ヴュルテンベルガー論文集・国家と憲法の正
統化について』（中央大学出版部、2016年）117頁以下

ディートリッヒ・ムルスヴィーク／畑尻剛訳「憲法を保護する憲法上の行為義務」ディートリッヒ・
ムルスヴィーク／畑尻剛編訳『ディートリッヒ・ムルスヴィーク論文集：基本権・環境法・国際
法』（中央大学出版部、2017年）455頁以下

ゲルトルーデ・リュッベ＝ヴォルフ／松本尚子訳「ドイツ連邦憲法裁判所はどのようにして機能して
いるのか」上智法学論集60巻3・4号（2017年）347頁以下

（1）第1法廷　　*421*

③　連邦憲法裁判所裁判官一覧表および変遷表

〔川又伸彦〕

③－1　連邦憲法裁判所裁判官一覧表

（1）第1法廷

氏　　　名	前　　　職	生年月日	任命年月日	退官年月日	備　　考
Prof. Dr. Dr. *Höpker-Aschoff,* Hermann	連邦議会議員	1883. 1. 31	1951. 9. 7	1954. 1. 15	長官（初代）在職中死亡
Dr. *Scheffler,* Erna*	裁判官	1893. 9. 21	同上	1963. 8. 31	
Dr. *Heiland,* Gerhard	裁判官	1894. 2. 8	同上	1961. 8. 22	在職中死亡
Dr. *Scholtissek,* Herbert	弁護士州議会議員	1900. 9. 19	同上	1967. 8. 31	
Prof. Dr. *Drath,* Martin	大学教授	1902. 11. 12	同上	1963. 8. 31	
Prof. Dr. *Stein,* Erwin	州大臣裁判官	1903. 3. 7	同上	1971. 12. 8	
Wessel Franz,	裁判官	1903. 6. 6	同上	1958. 9. 10	在職中死亡
Dr. h. c. *Ritterspach,* Theodor	行政官	1904. 2. 27	同上	1975. 11. 7	
Lehmann, Joachim	行政官	1909. 6. 7	同上	1963. 8. 31	
Prof. Dr. *Zweigert,* Konrad	大学教授	1911. 1. 22	同上	1956. 10. 11	
Zweigert, Kurt	裁判官	1886. 8. 18	1951. 9. 13	1952. 2. 14	ベルリン行政裁判所長官となり退職
Ellinghaus, Wilhelm	弁護士州議会議員	1888. 6. 27	同上	1955. 10. 12	
Prof. Dr. *Wintrich,* Josef	裁判官	1891. 2. 15	1954. 3. 23	1958. 10. 19	長官（第2代）在職中死亡
Dr. *Heck,* Karl	裁判官	1896. 11. 18	1954. 4. 2	1965. 2. 9	

Prof. Dr. *Kutscher*, Hans	連邦参議院事務局長	1911.12.14	1955.10.12	1956.8.31	以後、第2法廷へ移籍（→第2法廷）
Prof. Dr. Dr. h. c. *Müller*, Gebhard	州首相	1900.4.17	1959.1.8	1971.12.8	長官（第3代）
Dr. *Berger*, Hugo	裁判官	1897.9.24	1959.1.8	1967.8.11	
Dr. *Haager*, Karl	裁判官	1911.2.25	1962.5.9	1979.5.7	
Dr. h. c. *Rupp-v. Brünneck*, Wiltraut*	行政官	1912.8.7	1963.9.1	1977.8.18	在職中死亡
Prof. Dr. *Böhmer*, Werner	裁判官	1915.3.11	1965.2.10	1983.7.5	
Prof. Dr. *Zeidler*, Wolfgang	行政官	1924.9.2	1967.8.11	1970.5.31	連邦行政裁判所長官となり退職のちに第2法廷に復帰（→第2法廷）
Prof. Dr. *Brox*, Hans	大学教授	1920.8.9	1967.9.1	1975.11.7	
Dr. Dr. h. c. *Simon*, Helmut	裁判官	1922.1.1	1970.6.15	1987.11.16	
Prof. Dr. *Benda*, Ernst	弁護士 連邦議会議員 連邦大臣	1925.1.15	1971.12.8	1983.12.20	長官（第4代）
Prof. Dr. *Faller*, Hans-Joachim	裁判官	1915.5.17	1971.12.8	1983.7.19	
Prof. Dr. Dr. h. c. *Hesse*, Konrad	大学教授	1919.1.29	1975.11.7	1987.7.16	
Prof. Dr. *Katzenstein*, Dietrich	行政官	1923.3.19	1975.11.7	1987.11.16	
Dr. *Niemeyer*, Gisela*	裁判官	1923.9.25	1977.11.2	1989.11.28	
Prof. Dr. *Heuß-ner*, Hermann	裁判官	1926.3.2	1979.5.7	1989.6.15	健康上の理由で依願免
Niedermaier, Franz	裁判官	1925.5.13	1983.7.5	1986.4.5	在職中死亡

(1) 第1法廷　*423*

Prof. Dr. *Henschel,* Johann Friedrich	弁護士	1931. 6 . 10	1983. 7 . 19	1995. 7 . 18	94. 9 . 29 より副長官
Prof. Dr. *Herzog,* Roman	州大臣 州議会議員 大学教授	1934. 4 . 5	1983. 12. 20	1994. 6 . 30	副長官 87. 11. 16 より長官（第6代） 連邦大統領となり退職
Dr. *Seidl,* Otto	裁判官	1931. 12. 11	1986. 6 . 10	1998. 2 . 27	
Prof. Dr. LL. M. *Grimm,* Dieter	大学教授	1937. 5 . 11	1987. 7 . 16	1999. 12. 16	
Prof. Dr. *Söllner,* Alfred	大学教授	1930. 2 . 5	1987. 11. 16	1995. 10. 13	
Prof. Dr. *Dieterich,* Thomas	裁判官	1934. 6 . 19	1987. 11. 16	1994. 2 . 4	
Dr. *Kühling,* Jürgen	裁判官	1934. 4 . 27	1989. 7 . 12	2001. 1 . 23	
Seibert, Helga*	行政官	1939. 1 . 7	1989. 11. 28	1998. 9 . 28	健康上の理由で依願免
Jaeger, Renate*	裁判官	1940. 12. 30	1994. 3 . 24	2004. 10. 29	
Dr. *Haas,* Evelyn*	裁判官	1949. 4 . 7	1994. 9 . 14	2006. 10. 2	
Dr. *Hömig,* Dieter	裁判官	1938. 3 . 15	1995. 10. 13	2006. 4 . 25	
Prof. Dr. *Steiner,* Udo	大学教授	1939. 9 . 16	1995. 10. 13	2007. 10. 1	
Prof. Dr. *Papier,* Hans-Jürgen	大学教授	1943. 7 . 6	1998. 2 . 27	2010. 3 . 16	副長官 2002. 4 . 10 より長官（第8代）
Dr. *Hohmann -Dennhardt,* Christine*	州大臣	1950. 4 . 30	1999. 1 . 11	2011. 2 . 1	
Prof. Dr. *Hoffmann-Riem,* Wolfgang	大学教授	1940. 3 . 4	1999. 12. 16	2008. 4 . 2	
Prof. Dr. *Bryde,* Brun-Otto	大学教授	1943. 1 . 12	2001. 1 . 23	2011. 2 . 1	

Dr. *Gaier*, Reinhard	裁判官	1954. 4 . 3	2004. 10. 29	2016. 11. 8	
Prof. Dr. *Eichberger*, Michal	裁判官	1953. 6 . 23	2006. 4 . 25	2018. 7 . 16	
Schluckebier, Wilhelm	裁判官	1949. 11. 3	2006. 10. 2	2017. 12. 1	
Prof. Dr. *Kirchhof*, Ferdinand	大学教授	1950. 6 . 21	2007. 10. 1		2010. 3 . 16 より 副長官
Prof. Dr. *Masing*, Johannes	大学教授	1959. 1 . 9	2008. 4 . 2		
Prof. Dr. *Paulus*, Andreas, L.	大学教授	1968. 8 . 30	2010. 3 . 16		
Prof. Dr. Dr. h. c. LL. M. *Baer*, Susanne*	大学教授	1964. 2 . 16	2011. 2 . 2		
Prof. Dr. *Britz*, Gabriele*	大学教授	1968. 10. 1	同上		
Dr. *Ott*, Yvonne*	裁判官	1963. 5 . 25	2016. 11. 8		
Dr. *Christ*, Josef	裁判官	1956	2017. 12. 1		
Prof. Dr. *Radtke*, Henning	大学教授 裁判官	1962. 5 . 9	2018. 7 . 16		

(2) 第2法廷

Dr. *Katz*, Rudolf	州大臣	1895. 9 . 30	1951. 9 . 7	1961. 7 . 23	副長官 在職中死亡
Dr. *Fröhlich*, Georg	裁判官	1884. 3 . 20	同　上	1956. 8 . 31	
Wolff, Bernhard	裁判官	1886. 9 . 1	同　上	同　上	
Prof. Dr. *Roediger*, Conrad Frederick	大学講師 外交官	1887. 2 . 4	同　上	同　上	
Dr. Klaas, Walter	検察官	1895. 7 . 25	同　上	1963. 8 . 31	
Henneka, Anton Alfred	裁判官	1900. 6 . 8	同　上	1968. 12. 20	
Prof. Dr. Dr. *Leibholz*, Gerhard	大学教授	1901. 11. 15	同　上	1971. 12. 8	

(2) 第2法廷　425

Prof. Dr. Dr. h. c *Friesenhahn*, Ernst	大学教授	1901. 12. 26	同　上	1963. 8 . 31	
Prof. Dr. *Rupp*, Hans	裁判官	1907. 8 . 30	同　上	1975. 11. 7	
Prof. Dr. *Geiger*, Willi	裁判官	1909. 5 . 22	同　上	1977. 11. 2	
Leusser, Claus	行政官	1909. 10. 21	同　上	1952. 1 . 18	連邦におけるバ イエルン州代表 となり退職
Dr. *Federer*, Julius	裁判官	1911. 5 . 8	同　上	1967. 8 . 31	
Prof. Dr. Schunck, Egon	裁判官	1890. 12. 11	1952. 9 . 13	1963. 8 . 31	
Prof. Dr. *Kutscher*, Hans	連邦参議院 事務局長	1911. 12. 14	1956. 9 . 1	1970. 10. 25	欧州司法裁判所 裁判官となり退 職
Wagner, Friedrich Wilhelm	連邦議会 議員	1894. 2 . 28	1961. 12. 19	1967. 10. 18	副長官
Geller, Gregor	行政官	1903. 7 . 8	1963. 9 . 1	1971. 12. 8	
Dr. v. *Schlabrendorff*, Fabian	弁護士	1907. 7 . 1	1967. 9 . 1	1975. 11. 7	
Seuffert, Walter	弁護士 連邦議会及 びヨーロッ パ議会議員	1907. 2 . 4	1967. 10. 18	1975. 11. 7	副長官
Dr. *Rinck*, Hans-Justus	裁判官	1918. 9 . 5	1968. 12. 20	1986. 10. 8	
Wand, Walter Rudi	連邦憲法裁 判所事務長	1928. 9 . 7	1970. 10. 26	1983. 12. 20	
Prof. *Hirsch*, Martin	弁護士 連邦議会 議員	1913. 1 . 6	1971. 12. 8	1981. 7 . 6	
Prof. Dr. *Rottmann*, Joachim	行政官	1925. 10. 22	1971. 12. 8	1983. 12. 20	

Prof. Dr. *Zeidler*, Wolfgang	連邦行政裁判所長官	1924. 9 . 2	1975. 11. 7	1987. 11. 16	副長官 83. 12. 20 より長官（第5代）
Prof. Dr. Dr. h. c. *Niebler*, Engelbert	行政官	1921. 8 . 13	同　上	同　上	
Prof. Dr. *Steinberger*, Helmut	大学教授	1931. 12. 18	同　上	同　上	
Träger, Ernst	裁判官	1926. 1 . 29	1977. 11. 2	1989. 11. 28	
Prof. Dr. *Mahrenholz*, Ernst Gottfried	弁護士 州議会議員	1929. 6 . 18	1981. 7 . 6	1994. 3 . 24	副長官
Prof. Dr. Dr. *Böckenförde*, Ernst-Wolfgang	大学教授	1930. 9 . 19	1983. 12. 20	1996. 5 . 3	
Prof. Dr. *Klein*, Hans Hugo	連邦議会議員 大学教授	1936. 8 . 5	同　上	1996. 5 . 3	
Dr. *Graßhof*, Karin*	裁判官	1937. 6 . 25	1986. 10. 8	1998. 10. 15	
Kruis, Konrad	行政官	1930. 5 . 11	1987. 11. 16	1998. 9 . 28	
Dr. *Franßen*, Everhardt	裁判官	1937. 10. 1	1987. 11. 16	1991. 6 . 30	連邦行政裁判所長官となり退職
Prof. Dr. *Kirchhof*, Paul	大学教授	1943. 2 . 21	1987. 11. 16	1999. 12. 16	
Winter, Klaus	裁判官	1936. 5 . 29	1989. 11. 28	2000. 10. 10	在職中死亡
Sommer, Bertold	裁判官	1937. 9 . 13	1991. 7 . 12	2003. 7 . 31	
Prof. Dr. *Limbach*, Jutta*	大学教授 州大臣	1934. 3 . 27	1994. 3 . 24	2002. 4 . 10	副長官 94. 9 . 14 より長官（第7代）
Dr. *Jentsch*, Hans-Joachim	弁護士	1937. 9 . 20	1996. 5 . 3	2005. 9 . 28	
Prof. Dr. *Hassemer*, Winfried	大学教授	1940. 2 . 17	1996. 5 . 3	2008. 5 . 7	2002. 4 . 10 より副長官
Prof. Dr. Dr. h. c. *Broß*, Siegfried	裁判官	1946. 7 . 18	1998. 9 . 28	2010. 11. 16	

(2) 第2法廷　　**427**

Prof. Dr. *Osterloh*, Lerke*	大学教授	1944. 9 . 29	1998. 10. 15	2010. 11. 16	
Prof. Dr. Dr. *Di Fabio*, Udo	大学教授	1954. 3 . 26	1999. 12. 16	2011. 12. 19	
Mellinghoff, Rudolf	連邦財政裁判所裁判官	1954. 11. 25	2001. 1 . 23	2011. 10. 31	
Prof. Dr. *Lübbe-Wolff*, Gertrude*	大学教授	1953. 1 . 31	2002. 4 . 10	2014. 6 . 2	
Dr. *Gerhardt*, Michael	裁判官	1948. 4 . 2	2003. 7 . 31	2014. 7 . 15	
Prof. *Landau*, Herbert	行政官	1948. 4 . 26	2005. 10. 1	2016. 7 . 20	
Prof. Dr. Dr. h. c. *Voßkuhle*, Andreas	大学教授	1963. 12. 21	2008. 5 . 7		2010. 3 . 16 より長官
Prof. Dr. *Huber*, Peter M.	大学教授 州大臣	1959. 1 . 21	2010. 11. 16		
Hermanns, Monika*	裁判官	1959. 3 . 6	同上		
Müller, Peter	州首相	1955. 9 . 25	2011. 12. 19		
Dr. *Kessal-Wulf*, Sibylle*	裁判官	1958. 11. 25	同上		
Prof. Dr. M.C.L. *König*, Doris*	大学教授	1957. 6 . 25	2014. 6 . 2		
Dr. *Maidowski*, Ulrich	裁判官	1958. 10. 13	2014. 7 . 15		
Prof. Dr. *Langenfeld*, Christine*	大学教授	1962. 8 . 16	2016. 7 . 20		

連邦憲法裁判所の内部資料 Die Mitglieder des Bundesverfassungsgerichts などをもとに作成。イタリック体が氏を、また氏名の後の「＊」は女性を表す。前職は、原則として連邦憲法裁判所裁判官となる直前の職であり、出身・経歴等を網羅するものではない。(2018 年 9 月現在)

428　連邦憲法裁判所裁判官一覧表および変遷表

③-2　連邦憲法裁判所裁判官の変遷表

(1)　第1法廷

Höpker-Aschoff → **Wintrich** → **Müller** → **Benda** → **Herzog** → Haas → Schluckebier →
Christ

Zweigert（Kurt）→ Heck → Böhmer → Niedermaier → Seidl → **Papier** → Paulus

Heiland → Haager → Heußner → Kühling → Bryde → Baer

Scholtissek → Brox → Katzenstein → Söllner → Steiner → Kirchhof（Ferdinand）

Wessel → Berger → Zeidler（Wolfgang）→ Simon → Dieterich → Jaeger → Gaier →
Ott

Scheffler → Rupp-v.Brünneck → Niemeyer → Seibert → Hohmann-Dennhardt → Britz

Stein → Faller → Henschel → Hömig → Eichberger → Radtke

Ritterspach → Hesse → Grimm → Hoffmann-Riem → Masing

Drath（〜63）

Lehmann（〜63）

Zweigert（Konrad）（〜56）

Ellinghaus → Kutscher（〜56）

(2)　第2法廷

Katz → Wagner → Seuffert → Steinberger → Kirchhof（Paul）→ Di Fabio → Müller

Henneka → Rinck → Graßhof → Osterloh → Hermanns

Wolff → Kutscher → Wand → Klein → Jentsch → Landau → Langenfeld

Klaas → Geller → Rottmann → Böckenförde → Hassemer → **Voßkuhle**

Leibholz → Hirsch → Mahrenholz → **Limbach** → Lübbe-Wolff → König

Federer → v. Schlabrendorff → Niebler → Kruis → Broß → Huber

Rupp → **Zeidler**（Wolfgang）→ Franßen → Sommer → Gerhardt → Maidowski

Geiger → Träger → Winter → Mellinghoff → Kessal-Wulf

Leusser → Schunck（〜63）

Friesenhahn（〜63）

Fröhlich（〜56）

Roediger（〜56）

＊連邦憲法裁判所の内部資料 Die Mitglieder des Bundesverfassungsgerichts および同裁判所の
Präsidialrat であった Dr. Gotthard Wöhrmann 氏の協力により作成。太字は長官経験者を表す。
（2018年9月現在）

(2) 第 2 法廷　　**429**

ドイツ連邦憲法裁判所裁判官

（2018 年 9 月現在）

(1) 第 1 法廷

Vizepräsident
Prof. Dr. Ferdinand Kirchhof

Prof. Dr. Johannes Masing

Prof. Dr. Andreas L. Paulus

Prof. Dr. Susanne Baer, LL.M

Prof. Dr. Gabriele Britz

Dr. Yvonne Ott

Dr. Josef Christ

Prof. Dr. Henning Radtke

(2) 第 2 法廷

Präsident
Prof. Dr. Dr. h.c. Andreas Voßkuhle

Prof. Dr. Peter M. Huber

Monika Hermanns

Peter Müller

Dr. Sibylle Kessal-Wulf

Prof. Dr. Doris König, M.C.L.

Dr. Ulrich Maidowski

Prof. Dr. Christine Langenfeld

④ 連邦憲法裁判所の事案受理件数一覧表（1951年〜2017年）

〔川又伸彦〕

受理件数（1984年以降は年次別）　　Eingänge

手続の種類 Verfahrensart	事件記録 符号 AZ	〜1993	1994	1995	1996	1997	1998	1999	2000	2001
基本権の喪失（GG18条） Verwirkung von Grundrechten	BvA	4	—	—	—	—	—	—	—	—
政党の違憲性（GG21条2項） Verfassungswidrigkeit von Parteien	BvB	5	—	—	—	—	—	—	—	3
選挙・議員資格審査（GG41条2項） Wahl- und Mandatsprüfung	BvC	89	—	—	28	—	—	21	6	—
大統領弾劾（GG61条） Präsidentenanklage	BvD	—								
機関争訟（GG93条1項1号） Organstreit	BvE	99	8	5	2	4	4	6	2	2
抽象的規範統制（GG93条1項2号） Abstrakte Normenkontrolle	BvF	122	2	2	2	3	6	3	1	4
連邦・州間の争訟（GG93条1項3号および84条4項2文） Bund-Länder-Streit	BvG	26	—	4	1	2	—	—	2	2
その他の公法上の争訟（GG93条1項4号） Andere öffentlich-rechtliche Streitigkeiten	BvH	68	1	2	1	—	1	—	—	—
裁判官に対する訴追（GG98条2項および5項） Richteranklage	BvJ	—	—	—	—	—	—	—	—	—
州内における憲法争訟（GG99条） Verfassungsstreitigkeiten innerhalb eines Landes	BvK	13	1	2	—	1	3	—	1	1
具体的規範統制（GG100条1項） konkrete Normenkontrolle	BvL	2,846	55	54	43	45	38	40	26	27
国際法の審査（GG100条2項） Nachprüfung von Völkerrecht	BvM	12	—	—	—	1	1	1	—	—
州憲法裁判所からの移送（GG100条3項） Vorlagen von Landesverfassungsgerichten	BvN	7	—	1	—	—	—	—	—	—
連邦法としての法の存続（GG126条） Fortgelten von Recht als Bundesrecht	BvO	151	—	—	—	—	—	—	—	—
その他の連邦法律によって付与された事件（GG93条2項）—1971年から登録— Sonst. durch Bundesgesetz zugewiesene Fälle	BvP	3	1	2	—	—	—	—	—	—
仮命令（連邦憲法裁判所法32条）および—1971年まで—その他の手続 Einstw. Anordnung und—bis1970—sonstige Verfahren	BvQ	685	62	72	52	60	54	85	88	98
憲法異議（GG93条1項4a号・4b号） Verfassungsbeschwerden	BvR	91,813	5,194	5,766	5,117	4,962	4,676	4,729	4,705	4,483
合同部事件（連邦憲法裁判所法16条） Plenarsachen	PBvU	2	—	1	—	—	—	—	—	—
全手続の総数 Summe aller Verfahren		95,945*	5,324	5,911	5,246	5,078	4,783	4,885	4,831	4,620

＊早い時期の合同部事件（3件）は、1971年まで「Q」——その他の手続——に算入されていた。

受理件数　*431*

2002	2003	2004	2005	2006	2007	2008	2009	2010	2011	2012	2013	2014	2015	2016	2017	合　計 gesamt
—	—	—	—	—	—	—	—	—	—	—	—	—	—	—	—	4
—	—	—	—	—	—	—	—	—	—	—	1	—	—	—	—	9
—	7	12	3	6	11	1	1	16	17	—	12	70	20	—	7	327
—	—	—	—	—	—	—	—	—	—	—	—	—	—	—	—	—
3	1	3	10	5	6	6	2	3	9	14	14	4	7	6	1	226
3	4	1	8	1	1	—	2	—	7	3	3	—	2	—	—	180
2	—	2	3	—	—	—	—	1	—	—	—	1	—	—	—	46
—	—	1	—	—	—	—	—	—	—	—	—	—	—	—	—	74
—	—	—	—	—	—	—	—	—	—	—	—	—	—	—	—	—
1	1	1	—	—	1	—	—	—	—	—	—	—	—	—	—	26
36	15	25	26	74	27	33	47	19	35	28	18	41	12	17	29	3,656
—	9	—	—	3	1	—	—	—	—	—	—	—	—	—	—	28
—	—	—	—	—	—	—	—	—	—	—	—	—	—	—	—	8
—	—	—	—	—	—	—	—	—	—	—	—	—	—	—	—	151
—	—	—	—	—	—	—	—	—	—	—	—	—	1	—	—	7
123	108	110	88	108	102	93	148	132	103	84	161	89	110	121	161	3,096
4,523	5,055	5,434	4,967	5,918	6,005	6,245	6,308	6,251	6,036	5,818	6,477	6,606	5,739	5,610	5,784	224,221
1	—	—	—	—	—	—	—	—	1	—	—	—	—	—	—	5
4,692	5,200	5,589	5,105	6,115	6,154	6,378	6,508	6,422	6,208	5,947	6,686	6,811	5,891	5,754	5,982	232,089

432

⑤ 連邦憲法裁判所の事案処理件数一覧表 （1951年〜2017年）

〔川又伸彦〕

(1) 処理件数 （法廷または部会の裁判（＝判決・決定）によるもの） Erledigungen （Senats-/

手続の種類 Verfahrensart	事件記録符号AZ	～1993	1994	1995	1996	1997	1998	1999	2000	2001
基本権の喪失 （GG18条） Verwirkung von Grundrechten	BvA	2	—	—	1	—	—	—	—	—
政党の違憲性 （GG21条2項） Verfassungswidrigkeit von Parteien	BvB	2	—	2	—	—	—	—	—	—
選挙・議員資格審査 （GG41条2項） Wahl- und Mandatsprüfung	BvC	73	—	—	—	12	8	—	17	10
大統領弾劾 （GG61条） Präsidentenanklage	BvD	—	—	—	—	—	—	—	—	—
機関争訟 （GG93条1項1号） Organstreit	BvE	48	3	2	1	2	2	2	1	7
抽象的規範統制 （GG93条1項2号） Abstrakte Normenkontrolle	BvF	68	—	3	1	3	2	4	—	2
連邦・州間の争訟 （GG93条1項3号および84条4項2文） Bund-Länder-Streit	BvG	13	1	2	1	1	—	1	1	1
その他の公法上の争訟 （GG93条1項4号） Andere öffentlich-rechtliche Streitigkeiten	BvH	28	3	1	—	1	1	1	2	—
裁判官に対する訴追（GG98条2項および5項） Richteranklage	BvJ	—	—	—	—	—	—	—	—	—
州内における憲法争訟 （GG99条） Verfassungsstreitigkeiten innerhalb eines Landes	BvK	10	—	—	—	1	1	1	1	2
具体的規範統制 （GG100条1項） konkrete Normenkontrolle	BvL	923 8	8 20	6 8	7 13	5 13	15 9	8 16	4 25	4 8
国際法の審査 （GG100条2項） Nachprüfung von Völkerrecht	BvM	6	—	—	—	—	—	1	—	—
州憲法裁判所からの移送 （GG100条3項） Vorlagen von Landesverfassungsgerichten	BvN	4	—	—	—	—	1	—	—	—
連邦法としての法の存続 （GG126条） Fortgelten von Recht als Bundesrecht	BvO	19	—	—	—	—	—	—	—	—
その他の連邦法律によって付与された事件 （GG93条2項）—1971年から登録— Sonst, durch Bundesgesetz zugewiesene Fälle	BvP	2	—	—	—	2	1	—	—	—
仮命令 （連邦憲法裁判所法32条） および—1971年まで—その他の手続 Einstw, Anordnung und—bis1970—sonstige Verfahren	BvQ	461	46	47	29	38	39	68	67	90
憲法異議 （GG93条1項4a号・4b号） Verfassungsbeschwerden	BvR	3,728 72,249	22 4,768	13 4,600	18 4,684	20 4,476	29 4,480	15 4,774	10 4,755	11 4,460
合同部事件 （連邦憲法裁判所法16条） Plenarsachen	PBvU	2	—	1	—	—	—	—	—	—
全手続の総数 Summe aller Verfahren		77,646	4,871	4,684	4,755	4,575	4,588	4,891	4,883	4,595

処理件数（法定または部会の裁判（＝判決・決定)によるもの）

Kammerentscheidungen）

2002	2003	2004	2005	2006	2007	2008	2009	2010	2011	2012	2013	2014	2015	2016	2017	合計 gesamt
—	—	—	—	—	—	—	—	—	—	—	—	—	—	—	—	3
—	1	—	—	—	—	—	—	—	—	—	—	—	—	—	1	6
—	—	1	12	—	5	6	10	4	13	12	13	3	18	46	17	280
—	—	—	—	—	—	—	—	—	—	—	—	—	—	—	—	
4	—	4	8	—	3	2	4	2	2	5	2	12	8	5	4	133
6	2	2	3	2	3	3	1	3	1	2	1	3	1	—	1	117
3	1	—	—	1	—	—	—	—	1	—	—	—	—	—	1	28
—	—	1	—	—	—	—	—	—	—	—	—	—	—	—	—	38
—	—	—	—	—	—	—	—	—	—	—	—	—	—	—	—	—
—	1	1	1	—	1	1	—	—	—	—	—	—	—	—	—	21
8	6	6	6	5	5	10	5	11	1	13	4	11	3	6	6	1,086
11	10	8	8	13	7	8	16	10	7	10	5	10	3	5	5	256
—	—	—	—	1	4	1	—	—	—	—	—	—	—	—	—	13
—	—	—	—	—	—	—	—	—	—	—	—	—	—	—	—	5
—	—	—	—	—	—	—	—	—	—	—	—	—	—	—	—	19
—	—	—	—	—	—	—	—	—	—	—	—	—	—	—	—	5
97	93	101	69	102	79	85	128	113	95	73	105	83	100	116	152	2,476
13	21	27	24	15	14	10	14	14	16	8	12	10	12	13	8	4,097
4,335	4,413	5,213	4,687	5,767	5,905	5,731	5,783	5,897	5,597	5,176	5,975	6,076	5,653	5,654	5,168	196,276
—	1	—	—	—	—	—	—	—	—	1	—	—	—	—	—	5
4,477	4,549	5,364	4,818	5,906	6,026	5,857	5,961	6,054	5,733	5,300	6,117	6,208	5,798	58,451	5,363	204,876

(2) 処理件数（その他の方法によるもの：たとえば併合手続等）

Erledigungen（auf sonstige Weise: z. B. mitentschiedene Verfahren etc.）

手続の種類 Verfahrensart	事件記録 符号 AZ	～1993	1994	1995	1996	1997	1998	1999	2000	2001
基本権の喪失（GG18条） Verwirkung von Grundrechten	BvA	—	—	—	1	—	—	—	—	—
政党の違憲性（GG21条2項） Verfassungswidrigkeit von Parteien	BvB	—	—	1	—	—	—	—	—	—
選挙・議員資格審査（GG41条2項） Wahl- und Mandatsprüfung	BvC	16	—	—	—	8	—	—	—	—
大統領弾劾（GG61条） Präsidentenanklage	BvD	—								
機関争訟（GG93条1項1号） Organstreit	BvE	39	7	3	1	—	1	6	—	2
抽象的規範統制（GG93条1項2号） Abstrakte Normenkontrolle	BvF	41	—	4	1	—	—	4	—	1
連邦・州間の争訟（GG93条1項3号およ び84条4項2文） Bund-Länder-Streit	BvG	10	—	—	—	1	—	1	1	—
その他の公法上の争訟（GG93条1項4号） Andere öffentlich-rechtliche Streitigkeiten	BvH	27	1	1	3	1	1	1	1	—
裁判官に対する訴追（GG98条2項および5項） Richteranklage	BvJ	—								
州内における憲法争訟（GG99条） Verfassungsstreitigkeiten innerhalb eines Landes	BvK	2	—	—	—	—	—	1	2	—
具体的規範統制（GG100条1項） konkrete Normenkontrolle	BvL	1,724	106	28	15	14	29	42	28	6
国際法の審査（GG100条2項） Nachprüfung von Völkerrecht	BvM	6	—	—	—	—	—	1	1	—
州憲法裁判所からの移送（GG100条3項） Vorlagen von Landesverfassungsgerichten	BvN	3								
連邦法としての法の存続（GG126条） Fortgelten von Recht als Bundesrecht	BvO	132	—	—	—	—	—	—	—	—
その他の連邦法律によって付与された事 件（GG93条2項）—1971年から登録— Sonst. durch Bundesgesetz zugewiesene Fälle	BvP	1	—	—	—	—	—	—	—	—
仮命令（連邦憲法裁判所法32条）および— 1971年まで—その他の手続 Einstw. Anordnung und—bis1970—sonstige Verfahren	BvQ	215	24	20	23	21	19	14	18	16
憲法異議（GG93条1項4a号・4b号） Verfassungsbeschwerden	BvR	13,643	317	323	395	386	361	246	307	194
合同部事件（連邦憲法裁判所法16条） Plenarsachen	PBvU	—								
全手続の総数 Summe aller Verfahren		15,859*	455	380	439	431	411	316	358	219

＊早い時期の合同部事件（3件）は、1971年まで「Q」——その他の手続——に算入されていた。

2002	2003	2004	2005	2006	2007	2008	2009	2010	2011	2012	2013	2014	2015	2016	2017	合　計 gesamt
—	—	—	—	—	—	—	—	—	—	—	—	—	—	—	—	1
—	2	—	—	—	—	—	—	—	—	—	—	—	—	—	—	3
—	—	2	—	—		—	1	3	2	2	—	—	5	2	—	41
—	—	—	—	—	—	—	—	—	—	—	—	—	—	—	—	
—	1	1	2	—	3	1	1	2	1	1	1	10	1	1	—	85
1	—	—	1	—	—	—	—	—	1	1	—	2	—	—	1	58
—	1	—	—	2	—	—	1	—	1	—	—	—	—	—	—	18
—	—	—	—	—	—	—	—	—	—	—	—	—	—	—	—	36
—	—	—	—	—	—	—	—	—	—	—	—	—	—	—	—	—
—	—	—	—	—	—	—	—	—	—	—	—	—	—	—	—	5
19	18	6	14	54	10	20	15	21	13	11	9	11	11	8	6	2,238
—	—	—	—	—	7	—	—	—	—	—	—	—	—	—	—	15
—	—	—	—	—	—	—	—	—	—	—	—	—	—	—	—	3
—	—	—	—	—	—	—	—	—	—	—	—	—	—	—	—	132
—	—	—	—	—	—	—	—	—	—	—	—	—	—	—	—	1
17	20	11	16	9	22	7	16	17	14	12	12	44	12	6	9	613
201	144	228	209	203	256	349	254	247	301	278	382	314	306	319	280	20,443
—	—	—	—	—	—	—	—	—	—	—	—	—	—	—	—	13
238	186	248	242	268	298	377	288	290	333	305	404	381	335	336	296	23,705

⑥-1 現代ドイツ公法学者系譜図 I

〈1999年5月13日現在*〉
（逝去者については2007年3月現在）

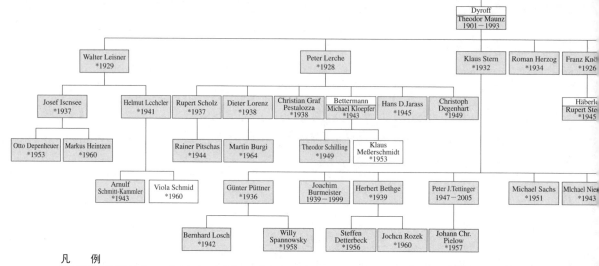

凡例

─── 教授資格取得手続において主査となった者とそのもとで教授資格を取得した者との関係をあらわす。
教授資格取得者の名前の上にもう1つ名前が記されている場合には、資格取得者がその者によっても実質的な影響を受けたことをあらわしている。

─・─ （教授資格取得手続を経ずに教授となった場合の）、学位取得についての指導者・被指導者の関係をあらわす。
学位取得者の名前の上にもう1つ名前が記されている場合には、学位取得者がその者によっても実質的な影響を受けたことをあらわしている。

……… 形式的な師弟関係よりも強い実質的な師弟関係をあらわしている（教授資格取得手続における主査は資格取得者の名前の上のもう1つの名前によって示されている）。あるいは、教授資格取得手続における公法分野の審査委員（たいていの場合副査）と資格取得者との関係をあらわしている（別の指導者、すなわち、公法分野の人でないか、あるいはドイツ人でない指導者は資格取得者の名前の上のもう1つの名前によって示されている）。

─‥─ 学位取得手続における指導者が教授資格取得における指導者と異なっている場合をあらわしている。教授資格取得は資格取得者の名前の上のもう1つの名前の者の指導のもとで行われている。

▨ 淡いグレー地の枠内に書かれた氏名は、1949年（再建）以降のVDStRLのメンバー。

▨ 濃いグレー地の枠内に書かれた氏名は、1933年（活動休止）以前にだけVDStRLのメンバーであったもの。

□ 無地の枠内に書かれた氏名は、この調査実施時期までにはまだ（ないしは、もはや）VDStRLのメンバーでなかったもの。

＊注 この系譜図は、2000年10月4～6日にライプツィヒで開催されたドイツ公法学会（VDtSTRL: die Vereinigung der Deutschen Staatsrechtslehrer: 1922年10月13日設立、1949年10月21日再建）の第60回大会で提供されたノモス出版社製のものである。ヘルムート・シュルツェ=フィーリッツ（Helmuth Schulze-Fielitz）教授（Würzburg大学）の着想と調査によるものであり、ニコラス・ヨルダン（Nicolas Jordan）とイングリート・レェックマン（Ingrid Löckmann）が構成を担当した。元々は、シュルツェ=フィーリッツ教授の指導教授にあたるペーター・ヘーベルレ（Peter Häberle）教授の65才の誕生日（1999年5月13日）を記念して行われたコロキウムの会場でパネルとして展示されたものである〔NomosVerlag 資料提供〕。なお、本系譜図は、『ドイツの憲法判例III』に掲載したものを再掲した。

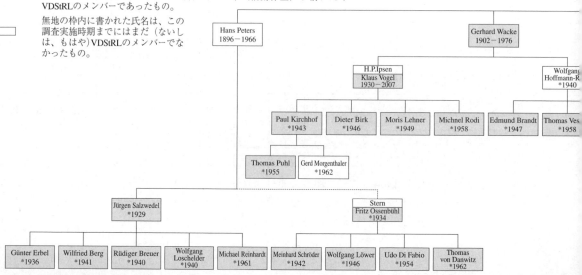

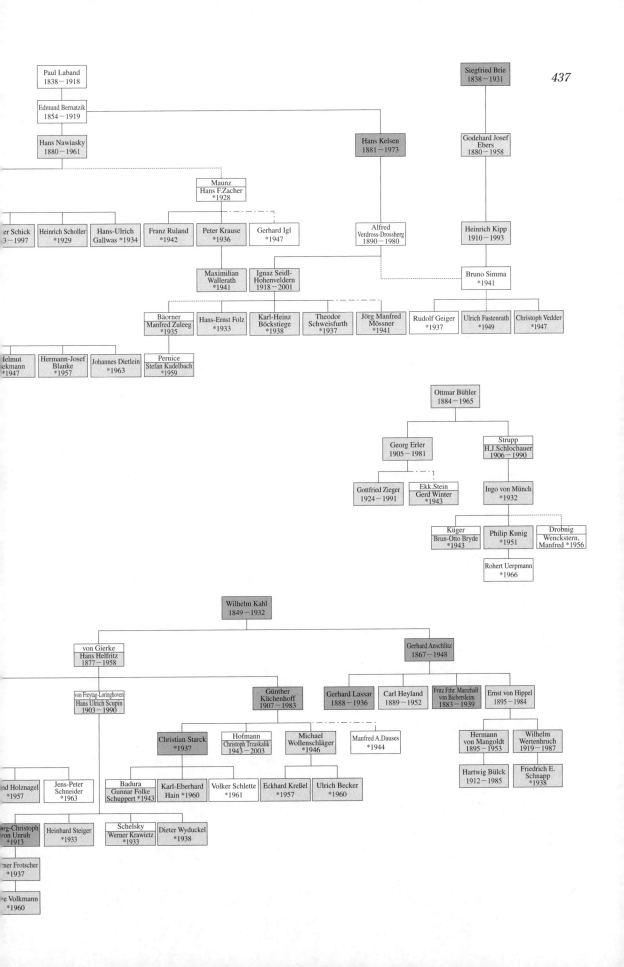

⑥-2　現代ドイツ公法学者系譜図　Ⅱ

〈1999年5月13日現在〉

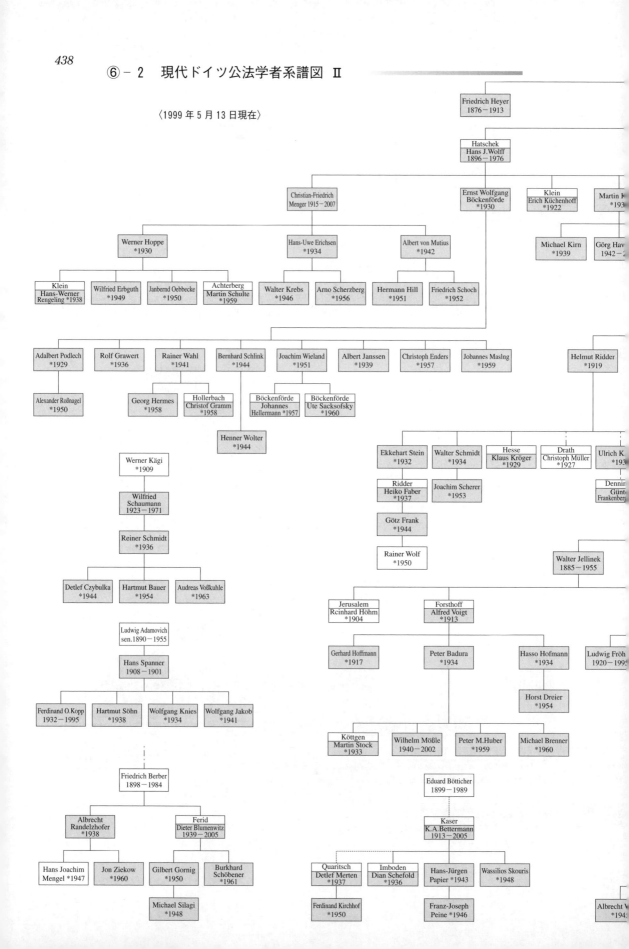

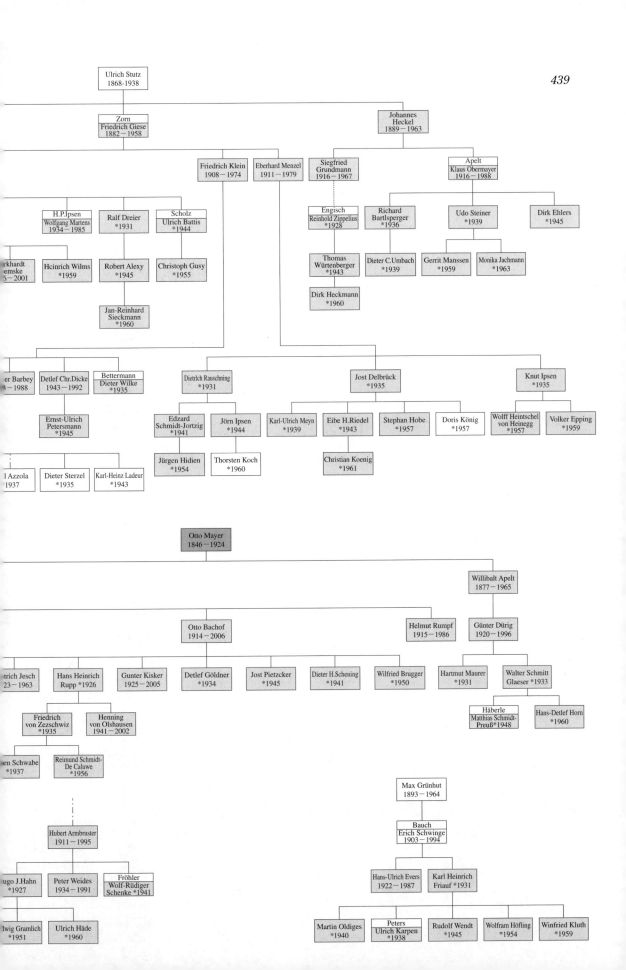
439

⑥-3　現代ドイツ公法学者系譜図　Ⅲ

〈1999年5月13日現在〉

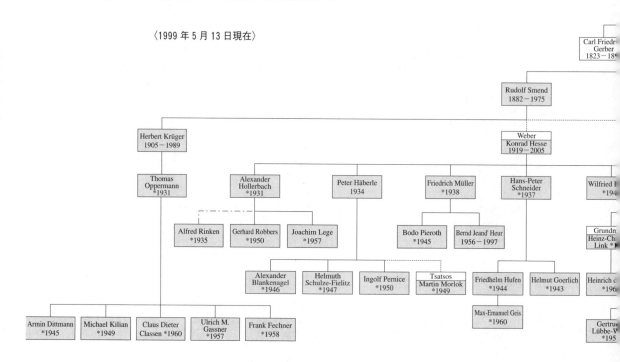

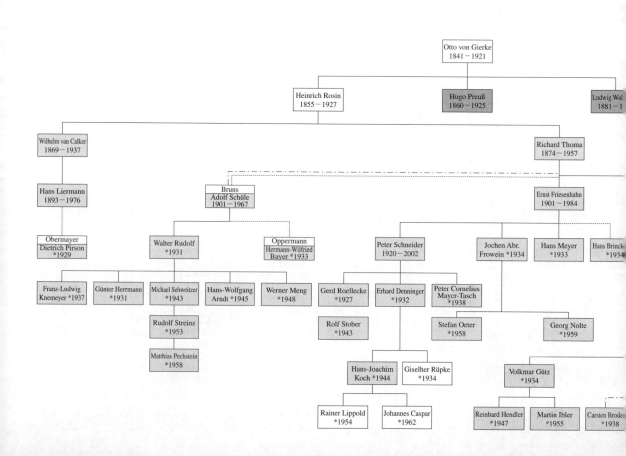

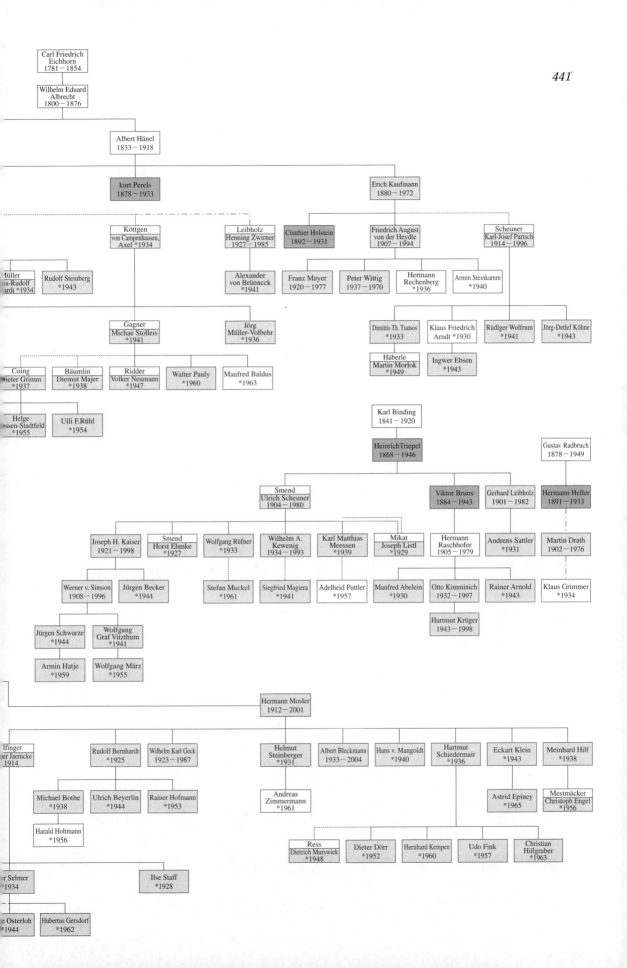

⑥-4　現代ドイツ公法学者系譜図 Ⅳ

〈1999年5月13日現在〉

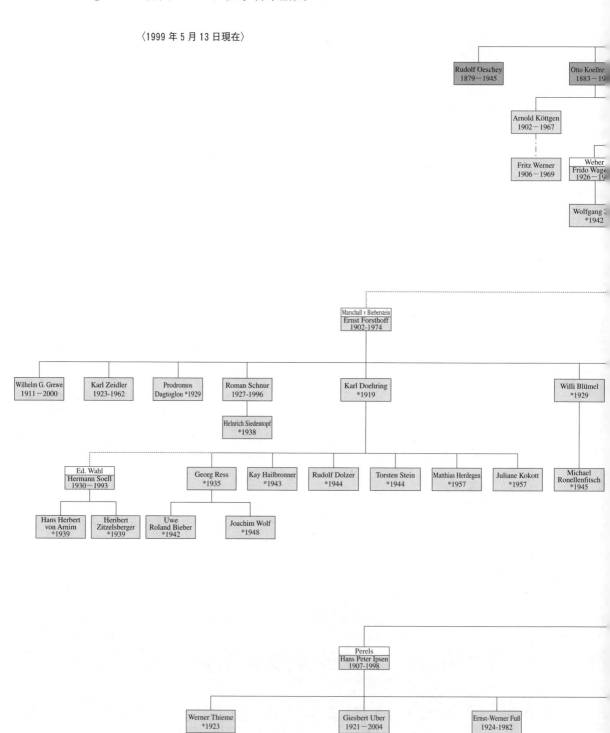

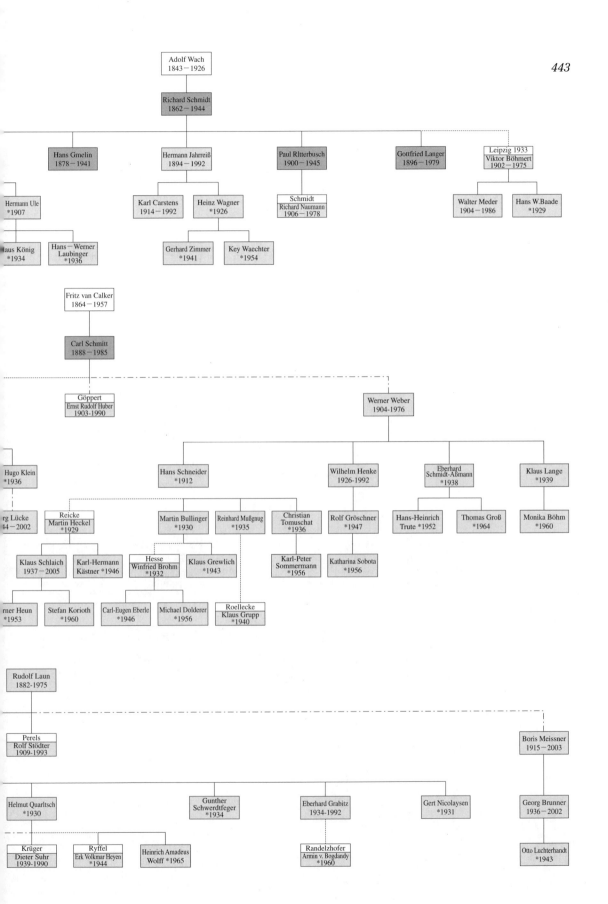

⑦ ドイツの裁判権と出訴経路の概観図

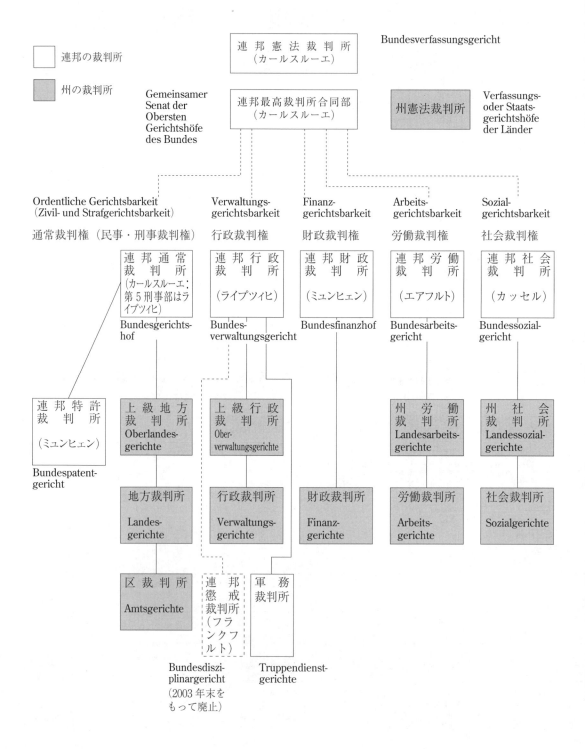

⑧ 連邦首相の選任手続

〔宮村教平〕

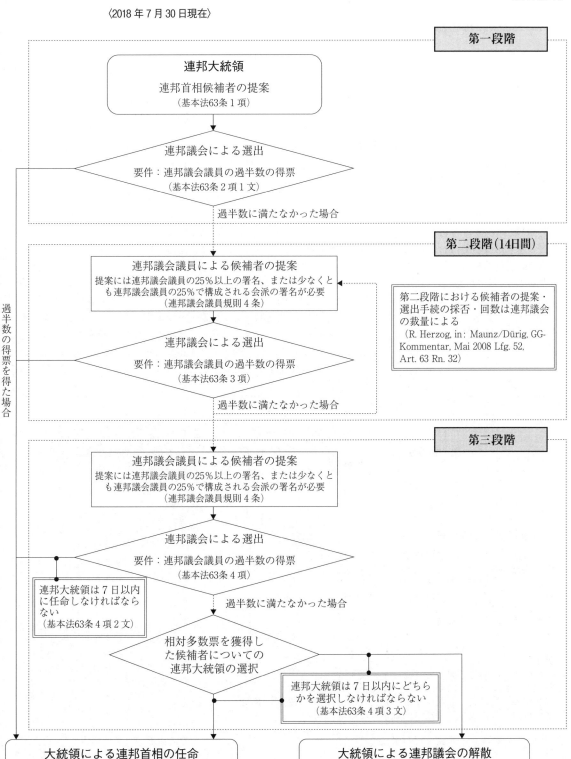

⑨ 立法過程の概観

〔服部高宏〕

(1) 法律の発案権

連邦議会	連邦政府	連邦参議院
基本法76条1項の「連邦議会の中から」という文言は、連邦議会議員による法律案提出を意味する。連邦議会議員が法律案を提出するには、1つの会派または会派構成に必要な最少人数（全議員の5％の数）以上の署名が必要である。連邦議会議員は、直接に連邦議会議長に法律案の発議をすることができ、この発議は、議院運営委員会を経由し、直接に本会議の議事日程に掲載される。複数会派が合同で法律案を発議する場合も多い。	連邦政府提出の法律案は、まず連邦参議院へ送付され(1)、連邦参議院はこれにつき6週間以内に意見を付すことができる(2)。連邦参議院は重要な理由で9週間に期限延長を要求できる。連邦首相は、法案に連邦参議院の意見とそれに対する政府の反論を添え、連邦議会議長に送付する(3)。特に急を要する法律案については、連邦参議院の意見が到着する前であっても、連邦政府は3週間後に、9週間に期限延長された場合には6週間後に、連邦議会に法律案を送付できる（連邦参議院の意見は後から提出される）。	法律案は政府に送付され(1)、連邦政府はこの法律案に対し6週間以内に意見を付し、連邦議会に転送しなければならない。この期間は、連邦政府が重要な理由で期間延長を求めるときは9週間、連邦参議院が特に急を要するとする法律案の場合には3週間、これら双方の要求がある場合には6週間となる(2)。連邦参議院が提出する法律案はたいてい1つまたは複数の州の発案であったものが、連邦参議院の委員会で審議された後、連邦参議院本会議にて参議院提出法律案として議決されたものである。

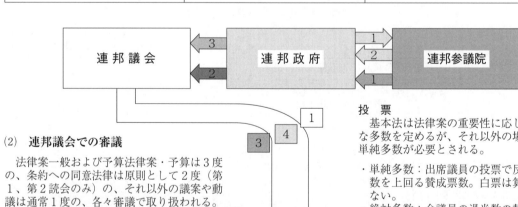

(2) 連邦議会での審議

法律案一般および予算法律案・予算は3度の、条約への同意法律は原則として2度（第1、第2読会のみ）の、それ以外の議案や動議は通常1度の、各々審議で取り扱われる。

連邦議会で可決された法律は、連邦議会議長が連邦参議院、連邦首相・主務連邦大臣に送付する。

第1読会

法律案の政治的必要性と目標設定に関する一般的な討論を行うためのもの。審議終了時に法律案は委員会、通例は1つの委員会を主務委員会とし、複数の委員会に審議のため付託される。政治的に大きな問題とならない法律改正などの場合、討議を行わずに委員会に付託することも多い。

投票

基本法は法律案の重要性に応じ様々な多数を定めるが、それ以外の場合は単純多数が必要とされる。

・単純多数：出席議員の投票で反対票数を上回る賛成票数。白票は算入しない。
・絶対多数：全議員の過半数の賛成票数。
・出席議員の3分の2の多数：連邦参議院が連邦議会の議決した法律案にその票決の3分の2の多数で異議を出した場合に、それを覆すのに必要な多数要件の一つ。
・全議員の3分の2の多数：基本法改正の場合。

投票は挙手か起立で行われ、第3読会での最終採決では起立で行う。多数の有無が疑わしいときは、再入場採決

立法過程の概観　447

委員会審議
　委員会では法律案が専門的かつ集中的に審議される。委員会審議は原則として非公開で行われる。委員会で行われた修正が、形を整えられて、第2読会のため本会議に提出される。

第2読会
　修正された法律案を含む主務委員会の議決勧告が基礎。法律案の各規定について一般的討議がなされ、各議員から提出された修正動議についての採決ののち、各規定につき採決（一括採決も可）。

第3読会
　修正の議決がなかったときは、第2読会後直ちに開催。それ以外は、議員が印刷された修正版の法文を受け取り1日が経過した後に開催。第3読会での修正動議は5％の数の議員の賛成が必要で、第2読会でなされた修正に関するものに限る。最後に法律案全体について採決を行う。

連邦参議院
　「異議法律」は、連邦参議院の同意を要しないが、連邦参議院は、両院調整委員会を招集し、その手続の終了後、連邦議会の議決した法律に対し異議を申立てることができる。
　「同意法律」は、連邦参議院の同意があるときにのみ効力を生じうる。州の収入・支出や州の行政管轄に係る法律等がそれに該当する。

方式（一旦議場外に出た議員が賛成・反対・白票の3つの扉のいずれかから再入場するのを数える方法）で行う。1つの会派または出席議員のうち5％以上の者の要求があれば、記名投票を行う。

　両院調整委員会は、連邦議会と連邦参議院が同意しうる合意案を作成するものとする。これには、会派勢力に比例して選ばれた16人の連邦議会議員と、16人の連邦参議院構成員（各州1人。議事にあたり、州政府の指示に拘束されない。）が所属する。会議は非公開で開催される。
　「異議法律」の場合、連邦参議院が招集を求めた両院調整委員会で協議案が成立しなかったとき、またはこれを連邦議会が否決したときは、連邦参議院は連邦議会が議決した法律に対し異議を申し立てることができる。
　連邦議会は、この異議を議員の過半数をもって斥けることができる。
　連邦参議院がその異議を3分の2の多数で議決したときは、連邦議会は投票の3分の2、かつ議員総数の過半数の多数がなければ異議を却下できない。
　「同意法律」の場合、連邦参議院が自ら招集を要求した両院調整委員会の協議案に同意しようとしないときは、連邦議会と連邦政府は、両院調整委員会に再び判断を求めることができる。この場合に合意案が成立しないときは、当該法律案は廃案となる。

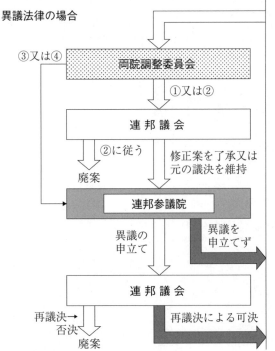
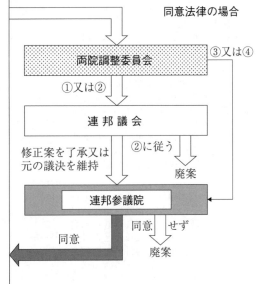

＊①〜④については、次頁の「協議手続」を参照

448　立法過程の概観

(a) 両院調整委員会の招集：
異議法律について、連邦参議院は、連邦議会による法律の議決の通知の到着後3週間以内に、両院調整委員会の招集を求めることができる（連邦参議院が両院調整委員会の招集を求めなければ、法律は成立する）。連邦参議院は、法律の議決に対して異議を申し立てたい場合には、その前に両院調整委員会の招集を申し立てなければならない。
(b) 両院調整委員会：
・①又は②の場合：両院調整委員会案を連邦議会に送付
・③又は④の場合：連邦議会が議決した元の法律を連邦参議院に送付（(d)へ）
(c) 連邦議会（①又は②の場合）：
討論なしに両院調整委員会案について採決。修正動議は不可。（※を参照）
(d) 連邦参議院：
連邦議会の議決した法律に対して、協議手続終了後2週間以内に、
・異議を申立てない場合：法律が成立
・異議を申立てた場合：異議を連邦議会に送付（(e)へ）
(e) 連邦議会：
連邦参議院の異議は、票決の過半数によるときは、連邦議会全議員の過半数の多数で、票決の3分の2の多数によるときは、連邦議会出席議員の3分の2の多数でかつ全議員の過半数の多数で、各々斥けられる。必要多数が得られないと廃案。

副　署
以上の過程を経て成立した法律は、連邦首相および主務連邦大臣によって連署がなされる。これにより彼らは、当該法律に対して政治的責任を負う。

認　証
次いで、法律は、連邦大統領に送付される。連邦大統領は、形式・実体の両面で、当該法律が基本法のいかなる規定にも違反しないかを審査する権限を持つ。憲法上の疑義が存在しない場合は、連邦大統領は法律に署名する。以上により、法律は認証される。

公　布
認証された法律は、官報において公布される。そのことにより、当該法律は法律に記載された施行日をもって発効する。日付が明記されないときは、官報発行日の翌日から14日目に発効する。

協議手続

両院調整委員会の協議手続の結果として、以下の4つの場合があり得る。
①連邦議会が可決した法律を修正することで合意
②連邦議会の議決を破棄することで合意
③連邦議会の議決を追認することで合意
④合意案の不成立

(a) 両院調整委員会の招集：
同意法律について、連邦参議院は、連邦議会による法律の議決の通知の到着後3週間以内に、両院調整委員会の招集を求めることができる。また、連邦参議院および連邦政府も、その招集を求めることができる（連邦参議院が両院調整委員会の招集を求めずに法律への同意を拒もうとする場合等）。
(b) 両院調整委員会：
・①又は②の場合：両院調整委員会案を連邦議会に送付
・③又は④の場合：連邦議会が議決した元の法律を連邦参議院に送付（(d)へ）
(c) 連邦議会（①or②の場合）：
討論なしに両院調整委員会案について採決。修正動議は不可。（※を参照）
(d) 連邦参議院：
法律（両院調整委員会案の結果のものも含む）に対し
・同意する：法律が成立。
・同意しない：法律案は廃案に。

※①の場合において、両院調整委員会の修正案が可決されれば、その当該修正案が連邦参議院に送付される。
　①又は②の場合において、両院調整委員会案が否決されれば、連邦議会が議決した元の法律が連邦参議院に送付される。
　②の場合において、両院調整委員会案が可決されれば、元の法律案は廃案となる。

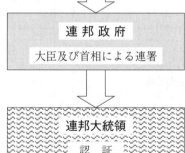

449

判 例 索 引

〔土屋武・高橋雅人・鈴木秀美〕

＊本索引は、『ドイツの憲法判例Ⅰ～Ⅳ』で解説されている連邦憲法裁判所及びオーストリア憲法裁判所の判例、並びに本書の解説の中で言及されている連邦憲法裁判所、欧州人権裁判所及び欧州司法裁判所の判例索引である。

＊「本書で解説・言及されている判例の項目番号」欄の数字は、本書の項目番号である。ボールド体の数字は、その項目番号の判例が本書で解説されていることを示している。なお、「H」は、その項目番号の判例が、巻頭論文「制度とその運用─手続の概観」（畑尻剛執筆）で言及されていることを示している。

＊「『ドイツの憲法判例Ⅰ～Ⅳ』で解説されている判例の項目番号」欄では、その判例が『ドイツの憲法判例Ⅰ〔第2版〕』、『同Ⅱ〔第2版〕』、『同Ⅲ』又は本書で解説されていることを示してある。例えば、「Ⅲ32」は、『ドイツの憲法判例Ⅲ』の項目番号32で解説されていることを示している。また、自治研究に解説が掲載されている場合、その巻数と号数を示してある。「91-8」は、自治研究91巻8号で解説されていることを示している。

＊連邦憲法裁判所の判例は、連邦憲法裁判所判例集（BVerfGE）の登載順に並べてある。なお、同判例集の収録の順序は、それぞれの判決・決定の言い渡し日の順序には必ずしも対応していない。欧州人権裁判所及び欧州司法裁判所の判例は、日付順に並べてある。

＊法廷の判決・決定と区別するため、部会決定・予備審査委員会決定については「判決通称等」欄に「*」マークを付してある。「公式判例集巻・頁等」欄の「K」は、その部会決定が、連邦憲法裁判所部会判例集（BVerfGK）に登載されていることを示している。例えば、「K10, 330」は、同判例集10巻330頁に登載されていることを示している。

＊連邦憲法裁判所判例集・部会判例集に不（未）登載の判例については、「公式判例集巻・頁等」欄で、当該判例が掲載されている雑誌（NJW 等）の掲載年・掲載頁を、日付の近い連邦憲法裁判所判例集登載判例の近くに表記してある。

＊「判例の通称等」欄では、各判例について、一般的に通用している名称又は事件内容を示してある。これらについては、ベルン大学（スイス）の Prof. Dr. Axel Tschentscher によって編集され、インターネットで公開されている連邦憲法裁判所判例データベース（http://www.servat.unibe.ch/dfr/dfr_bverfg.html）等を参考とした。

＊本索引は、『ドイツの憲法判例Ⅲ』（三宅雄彦作成）の様式を踏襲している。

公式判例集の巻, 頁等	年月日	判例の通称等	『ドイツの憲法判例Ⅰ～Ⅳ』で解説されている判例の項目番号	本書で解説・言及されている判例の項目番号
1, 14	1951.10.23	南西ドイツ諸州判決	Ⅰ76	
1, 117	1952.2.20	州間財政調整		83
1, 167	1952.3.20	オッフェンバッハ判決（基本法131条施行法と自治体の自治権）	Ⅰ74	
1, 184	1952.3.20	警察命令事件（具体的規範統制手続の対象）	Ⅰ91	
1, 208	1952.4.5	シュレスヴィヒ＝ホルシュタイン州議会選挙7.5％阻止条項違憲判決	Ⅰ11	59
1, 264	1952.4.30	煙突掃除夫法の合憲性		56
1, 430	1952.9.18	提訴期間を徒過した選挙抗告		71
2, 1	1952.10.23	社会主義ライヒ党違憲判決		H
2, 237	1953.4.24	抵当保全法改正の遡及効		56

公式判例集の巻，頁等	年月日	判例の通称等	『ドイツの憲法判例Ⅰ〜Ⅳ』で解説されている判例の項目番号	本書で解説・言及されている判例の項目番号
3，383	1954.6.3	比例代表の集計単位としての連邦全体		59
4，7	1954.7.20	投資助成判決	Ⅰ3	
4，27	1954.7.20	政党の出訴権		81
4，31	1954.8.11	第1次5％阻止条項判決		59
4，142	1955.1.25	混合型選挙制度		59
4，375	1956.2.6	地域重点政党に対する優遇		59
5，2	1956.5.3	被選挙権と居住要件		77
5，77	1956.6.13	無所属選挙人集団決定		59
5，85	1956.8.17	ドイツ共産党（KPD）違憲判決	Ⅰ68	
6，32	1957.1.16	エルフェス判決	Ⅰ4	
6，55	1957.1.17	夫婦合算課税違憲決定	Ⅰ33	25
6，84	1957.1.23	第2次5％阻止条項判決	Ⅰ79	59
6，99	1957.1.23	5％阻止条項と政党の機会均等		59
6，104	1957.1.23	第1次自治体選挙阻止条項判決		59
6，121	1957.1.23	政党による比例代表名簿提出のための最低得票数		59
7，198	1958.1.15	リュート判決（映画ボイコットの呼びかけ）	Ⅰ24	29
7，320	1958.3.10	裸体主義教育事件（親の教育権と「有害図書」規制）	Ⅰ36	
7，377	1958.6.11	薬局判決	Ⅰ44	44，46
8，1	1958.6.11	物価騰貴による官吏に対する報酬加算		69
8，51	1958.6.24	第1次政党財政援助判決	Ⅰ12	
8，104	1958.7.30	連邦国防軍核武装に関する住民アンケート	Ⅰ59	
8，332	1958.12.2	官吏に対する待命規定		69
9，268	1959.4.27	ブレーメン職員代表法事件（州公務員の共同決定権）	Ⅰ72	
10，59	1959.7.29	最終決定権判決（親権における父の最終決定権）	Ⅰ13	11
10，89	1959.7.29	エルフト組合事件（公法上の組合への強制加入と結社の自由）	Ⅰ41	
11，139	1960.5.31	費用法		56
11，203	1960.6.14	最終職務に基づく恩給の例外規定の違憲性		69
12，45	1960.12.20	第1次良心的兵役拒否事件	Ⅰ22	

公式判例集 の巻, 頁等	年月日	判例の通称等	『ドイツの憲法判例 I〜IV』で解説されている判例の項目番号	本書で解説・言及されている判例の項目番号
12, 113	1961.1.25	シュミット／シュピーゲル事件（意見表明の自由と個人的名誉保護）	I 28	
12, 205	1961.2.28	第1次放送判決（連邦によるテレビ会社設立の合憲性）	I 77	
13, 261	1961.12.19	遡及課税事件		56, 58
14, 30	1962.2.27	連邦警察法上の補償請求権の限定		69
15, 313	1963.3.14	遡及的に利益をもたらす税法上の規定の制限		58
16, 130	1963.5.22	第2次選挙区割事件	I 80	
18, 85	1964.6.10	特許決定（判決に対する憲法異議と連邦憲法裁判所の審査範囲）	I 90	
19, 150	1965.11.3	一般戦後処理法判決		58
20, 56	1966.7.19	第2次政党財政援助判決	I 64	
20, 162	1964.6.10	シュピーゲル判決（国家秘密と報道の自由）	I 25	31
21, 362	1967.5.2	社会保険保険者事件（公法上の法人の基本権享有主体性）	I 55	
22, 180	1967.7.18	青少年援助判決	I 60	
22, 277	1967.7.25	立法期終了後の選挙審査		71
24, 367	1968.12.18	ハンブルク堤防整備法判決（法律による公用収用と正当な補償）	I 50	
25, 167	1969.1.29	非嫡出子決定	I 37	
25, 256	1969.2.26	ブリンクフューア決定（私人によるボイコットの呼びかけとプレスの自由の保護）	I 26	
25, 371	1969.5.7	ライン製鋼所法と個別事例法の禁止	I 54	
26, 1	1969.5.13	営業税		21
29, 413	1970.12.15	帝国生産団判決		58
30, 1	1970.12.15	盗聴判決	I 42	
30, 173	1971.2.24	メフィスト決定（芸術の自由の憲法的統制）	I 30	34

_452_ 判例索引

公式判例集の巻，頁等	年月日	判例の通称等	『ドイツの憲法判例Ⅰ〜Ⅳ』で解説されている判例の項目番号	本書で解説・言及されている判例の項目番号
32，98	1971.10.19	福音主義兄弟団事件（信教の自由に基づく治療拒否と刑事訴追）	Ⅰ17	
33，1	1971.3.14	拘禁者の基本権	Ⅰ43	39
33，125	1972.5.9	専門医決定（医師会規程による専門医制度規律と職業の自由）		
33，303	1972.7.18	大学定数制判決	Ⅰ48	
34，52	1972.10.10	ヘッセン裁判官法と法律上の授権	Ⅰ73	
34，165	1972.12.6	進路指導学年制判決（国家の学校監督権と親の教育権）	Ⅰ38	
34，201	1973.1.17	議会解散による選挙審査抗告の処理		71
34，238	1973.1.31	録音テープ判決（捜査上の秘密録音テープの使用）		57
34，269	1973.2.14	ソラヤ決定（裁判官による法形成とその限界）	Ⅰ63	
35，79	1973.5.29	大学判決（学問の自由と大学の自治）	Ⅰ32	
35，202	1973.6.5	第1次レーバッハ判決（放送による犯罪報道と人格権）	Ⅰ29	1，39
35，366	1973.7.17	法廷十字架事件	Ⅰ18	
35，382	1973.7.18	外国人退去強制即時執行違憲決定	Ⅰ57	
36，1	1973.7.31	基本条約判決（東西ドイツ関係の基礎に関する条約とドイツの国家的統一性）	Ⅰ69	
36，139	1973.10.23	在外ドイツ人の選挙権		77
36，146	1973.11.14	性共同体の婚姻禁止		11
37，217	1974.5.21	国籍の異なる両親と子供の国籍（国籍法事件）	Ⅰ16	
37，271	1974.5.29	第1次Solange判決		60，63
39，1	1975.2.25	第1次堕胎判決	Ⅰ8	
39，96	1975.3.4	都市建設促進法判決（都市建設促進のための州への財政援助）	Ⅰ93	
39，334	1975.5.22	過激派決定（試補就任要件としての憲法忠誠）	Ⅰ78	
40，296	1975.11.5	議員歳費判決（ザールラント州議会議員の兼職禁止と収入減補償）	Ⅰ87	70

判 例 索 引　　*453*

公式判例集の巻，頁等	年月日	判例の通称等	『ドイツの憲法判例Ⅰ～Ⅳ』で解説されている判例の項目番号	本書で解説・言及されている判例の項目番号
40，356	1975.12.3	ツァイドラー決定（ツァイドラーの連邦憲法裁判所裁判官への2回目の任命）		82
41，29	1975.12.17	宗派混合学校事件	Ⅰ19	
42，312	1976.9.21	教会職務に関する教会法規定		35
44，125	1977.3.2	政府広報活動判決	Ⅰ65	
44，197	1977.3.2	連邦軍内における意見表明の自由	Ⅰ53	
44，308	1977.5.10	議決能力事件（連邦議会議事規則と議院の自律権）	Ⅰ84	
44，353	1977.5.24	薬物中毒相談所の記録差押命令		57
45，142	1977.6.8	遡及的命令制定の授権		58
45，187	1977.6.21	終身自由刑判決	Ⅰ1	1
46，160	1977.10.16	シュライヤー決定（人間の尊厳と国家の保護義務）	Ⅰ2	
46，224	1977.10.25	営業税と平等原則		21
47，46	1977.12.21	性教育決定	Ⅰ39	11
47，198	1978.2.14	選挙運動放送事件（政党選挙放送についての放送局の審査権）	Ⅰ66	
48，1	1978.2.15	公布時の法律議決の修正		58
49，89	1978.8.8	カルカー決定（高速増殖炉型原発設置許可と原子力法の合憲性）	Ⅰ61	
49，286	1978.10.11	第1次性転換法（トランスセクシュアル法）事件（Transsexuelle I）		12，13，14
50，177	1979.1.17	被用者年金保険新規律法2条§9a 第2項の合憲性		58
50，290	1979.3.1	共同決定判決	Ⅰ49	
51，97	1979.4.3	強制執行のための住居の捜索と裁判官留保	Ⅰ48	
51，222	1979.5.22	第3次5％阻止条項判決		59
52，223	1979.10.16	学校祈祷事件	Ⅰ20	
52，369	1979.11.13	ノルトライン＝ヴェストファーレン州家事労働日法違憲決定	Ⅰ15	
53，30	1979.12.20	ミュールハイム＝ケルリッヒ原発判決	Ⅰ9	51

454 判例索引

公式判例集の巻, 頁等	年月日	判例の通称等	『ドイツの憲法判例 I 〜 IV』で解説されている判例の項目番号	本書で解説・言及されている判例の項目番号
53, 257	1980.2.28	第 1 次年金調整判決		48
54, 148	1980.6.3	エップラー事件（一般的人格権の性質と保護領域）	I 6	
54, 301	1980.6.18	税理士の簿記特権		44
55, 134	1980.10.21	期限つき苛酷条項違憲決定（離婚に関する苛酷条項と婚姻・家族の保護）	I 34	
56, 54	1981.1.14	航空機騒音決定	I 10	
56, 146	1981.2.4	裁判官の新俸給法への移行		67
56, 298	1980.10.7	航空機騒音防止事件（騒音防止区域設定の法規命令と自治体の計画高権）	I 75	
57, 250	1981.5.26	秘密捜査員決定（秘密捜査員である証人の保護と被告人の公正手続請求権）	I 92	55
57, 295	1981.6.16	第 3 次放送判決（FRAG 判決）	I 27	
58, 81	1981.7.1	脱落期間判決（雇用保険の脱落期間）		48
58, 202	1981.10.7	在外 EC 公務員の選挙権		77
58, 300	1981.7.15	砂利採取事件	I 51	
60, 123	1982.3.16	Junge Transsexuelle（若年トランスセクシュアルの身分法上の性別変更の制限）		11, 12, 13
60, 253	1982.4.20	庇護関係の行政訴訟において訴訟代理人の責任を本人に帰属させる規定の合憲性	I 58	
60, 374	1982.6.8	アーベライン事件（議会における議員の発言の自由）	I 81	
61, 43	1982.7.7	官吏恩給法 5 条 3 項違憲判決		67
61, 82	1982.7.8	ザスバッハ決定（原子力発電所建設に対する市町村の異議申立て）	I 56	
62, 1	1983.2.16	連邦議会解散訴訟	I 88	
63, 343	1983.3.22	1970年 9 月11日ドイツ＝オーストリア間の法的共助条約の合憲性		58
64, 261	1983.6.28	終身刑の執行猶予		1
65, 1	1983.12.15	国勢調査判決	I 7	3, 5, 8, 9, 41, 42

判 例 索 引　*455*

公式判例集の巻，頁等	年月日	判例の通称等	『ドイツの憲法判例Ⅰ～Ⅳ』で解説されている判例の項目番号	本書で解説・言及されている判例の項目番号
65，152	1983.10.11	ヘンシェル決定（ヘンシェルの連邦憲法裁判所裁判官への選任）		82
65，196	1983.10.19	共済基金に対する労働者の扶養請求権		58
（NJW 1984，1293）	1984.3.19	*チューリッヒ・スプレー団事件（落書の「芸術の自由」該当性と強制送還の合憲性）	Ⅱ26	
67，1	1984.4.10	大学（Hochschule）の教授の退職年齢引き下げ		58
67，100	1984.7.17	フリック調査委員会判決（国政調査権と守秘義務）	Ⅰ85	79
68，1	1984.12.18	ミサイル配備決定		65
68，319	1984.12.12	連邦医師法の医師の報酬規定と連邦の立法権限		66
69，1	1985.4.24	兵役拒否新規制法（KDVNG）事件	Ⅰ23	
69，315	1985.5.14	ブロックドルフ原発反対集会	Ⅰ40	37，38
70，138	1985.6.4	教会の自己決定権と労働者の忠誠義務	Ⅰ21	
70，297	1985.10.8	精神病院収容の継続		1
70，324	1986.1.14	統制委員会判決（議会内会派の機会均等）	Ⅰ82	74，76
71，108	1985.10.23	反核バッジ事件（意見表明の自由と類推の禁止）	Ⅱ71	
72，105	1986.4.24	終身刑		1
72，175	1986.5.13	住居扶助決定		52
72，200	1986.5.14	所得税法決定（所得税法の遡及効）	Ⅰ62	56，58
72，302	1986.6.12	登記法1980年改正法1・2条の遡及効規定		58
72，330	1986.6.24	第1次財政調整判決		83
73，261	1986.4.23	社会計画労働協約準拠指示条項事件（私的自治に基づく労使間での「社会計画」の策定と基本権の第三者効力）	Ⅰ5	
73，301	1986.7.1	国家と結合した職業としての測量技師		46
73，339	1986.10.22	第2次Solange判決	Ⅰ70	41，49，60，63

456　判 例 索 引

公式判例集の巻, 頁等	年月日	判例の通称等	『ドイツの憲法判例 I〜IV』で解説されている判例の項目番号	本書で解説・言及されている判例の項目番号
74，163	1987.1.28	職員保険法事件（老齢年金上の男女不平等処遇）	I 14	
75，108	1987.4.8	芸術家社会保険法決定	II 65	
75，369	1987.6.3	シュトラウス風刺画事件（芸術の自由と人間の尊厳）	II 27	
76，1	1987.5.12	移民による家族の呼び寄せ		44
76，171	1987.7.14	弁護士の身分指針（バスチーユ判決）	II 39	43
76，256	1987.9.30	年金保険年金の官吏恩給額への算定		69
77，1	1987.10.1	ノイエ・ハイマート判決（連邦議会調査委員会）	I 86	79
77，84	1987.10.6	労働者引渡決定		81
78，38	1988.3.8	夫の姓の優先適用	I 35	15
78，179	1988.5.10	治療師法施行令国籍条項違憲決定	I 47	
78，214	1988.5.31	外国生活者の所得税の扶養控除		5，19
（NJW 1989，93）	1988.6.6	*リューベック事件（裁判官の意見表明の自由とその限界）	II 69	
78，249	1988.6.8	無資格者への社会的住居提供		52
79，51	1988.10.12	養育権訴訟（子どもの引渡し手続と里親・里子の基本権）	II 32	
79，127	1988.11.23	ラシュテーデ決定（ラシュテーデ市の自治権）	II 59	66
79，256	1989.1.31	自己の出自を知る権利	II 3	10
80，1	1989.3.14	医師国家試験再試験		44
80，81	1989.4.18	第1次成人養子縁組決定	II 33	11
80，124	1989.6.6	郵便新聞業務決定（国家によるプレス助成の合憲性）	II 18	
80，137	1989.6.6	森林での乗馬の自由	II 2	
80，188	1989.6.13	ヴュッペザール事件（無所属の連邦議会議員の地位と権利）	I 83	
80，315	1989.7.10	タミル人決定（庇護権と「政治難民」）	I 52	
80，367	1989.9.14	日記決定（刑事手続における個人的手記の利用）	II 1	57
81，242	1990.2.7	代理商決定（職業の自由と私法関係）	II 40	
81，278	1990.3.7	連邦国旗侮辱事件（芸術の自由の行使と国旗の冒瀆）	I 31	

判 例 索 引　　*457*

公式判例集の巻, 頁等	年月日	判例の通称等	『ドイツの憲法判例Ⅰ～Ⅳ』で解説されている判例の項目番号	本書で解説・言及されている判例の項目番号
82, 1	1990.4.3	ヒトラー・Tシャツ事件	Ⅱ28	
82, 60	1990.5.29	所得に応じた児童手当の削減と最低生活費非課税の原則決定	Ⅱ31	53
82, 159	1990.5.31	販売促進基金事件（農業・林業・食品業販売促進基金法による特別公課の合憲性）	Ⅱ66	
82, 322	1990.9.29	第1回統一ドイツ連邦議会選挙		59
83, 37	1990.10.31	シュレスヴィヒ＝ホルシュタイン州の自治体における外国人選挙権	Ⅱ58	
83, 60	1990.10.31	ハンブルク市の区議会の外国人選挙権	Ⅱ51	77
(NJW 1991, 689)	1990.11.2	*選挙権に関する居住要件と例外規定の合憲性		77
83, 130	1990.11.27	「ヨゼフィーネ・ムッツェンバッハ」事件（「風害図書」規制と芸術表現の自由）	Ⅱ29	34
83, 182	1991.1.9	恩給特権		19
83, 201	1991.1.9	新法制定後の旧鉱業法上の先買権の行使と所有権の保障	Ⅱ44	
83, 216	1991.1.23	ヤジード教徒事件（庇護申請における政治的迫害の概念）	Ⅱ48	
83, 238	1991.2.5	第6次放送判決	Ⅱ20	
83, 341	1991.2.5	バハイ教団事件	Ⅱ17	
84, 9	1991.3.5	婚氏事件（婚氏未決定の場合の夫の姓の優先適用）	Ⅱ12	15
84, 34	1991.4.17	法曹資格試験の成績評価と司法審査の在り方	Ⅱ49	
84, 90	1991.4.23	「土地改革」判決（ドイツ再統一と1949年以前の収用に対する補償）	Ⅰ94	
84, 133	1991.4.24	待機旋回飛行判決（統一条約による旧東ドイツの公務員関係の停止・終了）	Ⅱ41	
84, 168	1991.5.7	婚外子に対する親としての配慮権	Ⅱ34	
84, 212	1991.6.26	公務員の争議行為と団結の自由		2
84, 239	1991.6.27	資本収益税判決（徴税手続における平等取扱）	Ⅱ9	6, 21
84, 304	1991.7.16	PDS/左派名簿事件（会派の数的要件を満たさない議員団の法的地位）	Ⅱ63	

公式判例集の巻, 頁等	年月日	判例の通称等	『ドイツの憲法判例Ⅰ〜Ⅳ』で解説されている判例の項目番号	本書で解説・言及されている判例の項目番号
85, 1	1991.10.9	バイヤー社株主事件（名誉毀損的表現と真実性の証明）	Ⅱ19	
85, 69	1991.10.23	緊急の集会	Ⅱ36	37
85, 191	1992.1.28	夜間労働禁止事件（女性労働者の夜間労働禁止）	Ⅱ13	27
85, 264	1992.4.9	第6次政党財政援助判決	Ⅰ67, Ⅱ54	77
85, 386	1992.3.25	迷惑電話逆探知事件	Ⅱ38	
86, 90	1992.5.12	区域再編成の合憲性	Ⅱ60	
86, 148	1992.5.27	第2次財政調整判決		83
86, 288	1992.6.2	終身自由刑停止決定	Ⅲ61	1
86, 390	1992.8.4	堕胎罪改正法発効停止の仮命令	Ⅱ68	
87, 181	1992.10.6	第7次放送判決（ヘッセンドライ決定）	Ⅱ21	
87, 209	1992.10.20	「悪魔の舞踏」事件（暴力描写と類推的処罰および検閲の禁止）	Ⅱ23	
87, 273	1992.11.3	連邦弁護士手数料法事件	Ⅱ53	
87, 287	1992.11.4	弁護士の兼業規制	Ⅱ42	43
88, 17	1992.12.2	ベッケンフェルデ決定（連邦憲法裁判所法19条3項に基づく裁判官の回避）	Ⅱ70	
88, 87	1993.1.26	第2次性転換（トランスセクシュアル）決定（性同一性障害者の氏変更制限）	Ⅱ8	11,12, 13, 14
88, 103	1993.3.2	公務員の争議行為と国家の対抗措置	Ⅱ37	
88, 118	1993.3.2	欠席判決に対する異議申立て期限の不遵守		19
88, 173	1993.4.8	AWACS仮命令判決（連邦軍のNATO域外派遣）	Ⅰ89, Ⅱ67	80
88, 203	1993.5.28	第2次堕胎判決	Ⅱ7	
88, 366	1993.5.25	種馬の血統台帳への登録	Ⅱ45	
89, 1	1993.5.26	賃借人所有権事件	Ⅱ46	
89, 69	1991.10.23	緊急集会決定	Ⅱ36	
89, 155	1993.10.12	マーストリヒト判決（EU創設条約の合憲性）	Ⅰ71, Ⅱ62	61, 62, 63
89, 214	1993.10.19	連帯保証決定（民事裁判所による保証契約の内容統制と基本権規定の私人間効力）	Ⅱ6	
89, 243	1993.10.20	政党の候補者選出手続に関する選挙審査抗告	Ⅱ64	

公式判例集 の巻，頁等	年月日	判例の通称等	『ドイツの憲法判 例Ⅰ〜Ⅳ』で解説 されている判例 の項目番号	本書で解説・言 及されている判 例の項目番号
89，276	1993.11.16	民法611a事件（求職の際の性別による差別禁止）	Ⅱ14	
89，291	1993.11.23	選挙審査抗告における連邦憲法裁判所の審査範囲		71
90，1	1994.1.11	青少年有害図書指定と学問の自由および意見表明の自由	Ⅱ30	
90，60	1994.2.22	第1次放送受信料判決		33
90，107	1994.3.9	バイエルン・ヴァルドルフ学校事件（私立学校の自由と国家の保護・助成義務）	Ⅱ35	
90，145	1994.3.9	ハシシ（Cannabis）決定	Ⅱ4	
90，241	1994.4.13	「アウシュヴィッツの嘘」規制と意見表明・集会の自由	Ⅱ24	
90，286	1994.7.12	AWACS判決（連邦軍のNATO域外派遣）	Ⅱ57	65，76，80，81
91，125	1994.7.14	ホーネッカー事件（法廷内のテレビ撮影）	Ⅱ22	32
91，148	1994.10.11	文書による持ち回り手続での法規命令制定の瑕疵		52
91，186	1994.10.11	石炭料判決（租税と原因者負担金の概念区別）	Ⅱ73	
91，228	1994.10.26	男女同権委員の選任義務と地方自治体の組織高権	Ⅱ61	
91，389	1995.1.10	社会給付減額のための類型化と一般的平等原則	Ⅱ10	
92，1	1995.1.10	第2次座り込みデモ決定	Ⅱ72	57
92，53	1995.1.11	社会保険料算定決定（1回払いの労働報酬のための社会保険料と平等原則）	Ⅱ11	
92，91	1995.1.24	消防活動負担金事件（男性のみに消防奉仕活動・消防活動負担金を義務づける州法の合憲性）	Ⅱ15	27
92，191	1995.3.7	集会における身元陳述拒否を理由とする罰金判決と情報の自己決定権	Ⅱ5	
92，203	1995.3.22	テレビ指令判決	Ⅱ56	
92，277	1995.5.15	旧東ドイツのスパイの処罰・訴追可能性	Ⅱ52	
93，1	1995.5.16	十字架決定（公立学校における磔刑像）	Ⅱ16	84

460 判 例 索 引

公式判例集の巻, 頁等	年月日	判例の通称等	『ドイツの憲法判例Ⅰ〜Ⅳ』で解説されている判例の項目番号	本書で解説・言及されている判例の項目番号
93, 37	1995.5.24	シュレスヴィヒ＝ホルシュタイン州共同決定決定		2
93, 99	1995.6.20	「今のところ」決定		19
93, 121	1995.6.22	第2次（課税対象）統一価格決定	Ⅱ47	19, 47
93, 165	1995.6.22	不動産取得税の徴収		19
93, 213	1995.8.9	旧東ドイツ弁護士事件（旧東ドイツ国家公安機関への非公式協力と弁護士許可撤回）	Ⅱ43	
93, 266	1995.10.10	「兵士は殺人者だ」事件	Ⅱ25	
93, 319	1995.11.7	水資源の保全と取水付加金制度	Ⅱ74	
93, 386	1996.1.31	軍人の超過外地勤務手当支給の合憲性	Ⅲ13	
94, 1	1996.2.13	ドイツ人間死協会（DGHS）事件（ビラによる批判的発言の使用差止め判決に対する憲法異議）	Ⅲ23	
94, 49	1996.5.15	庇護権における「安全な第三国」要件	Ⅲ59	
94, 315	1996.5.13	アウシュヴィッツ強制労働労賃賠償請求事件	Ⅲ76	
94, 372	1996.5.22	薬剤師の宣伝禁止	Ⅲ44	
(NJW 1996, 2221)	1996.6.21	*ドイツ語正書法改革の合憲性（1）	Ⅲ5	
95, 1	1996.7.17	シュテンダール南回り決定（法律による鉄道路線計画決定及び公用収用の合憲性）	Ⅲ58	
(DVBl 1996, 1369)	1996.7.30	*特殊学校への転校処分と障害者の不利益処遇禁止（1）	Ⅲ18	
95, 64	1996.10.15	家賃拘束決定（公的貸付を受けた住居の家賃制限の遡及的経過規定）	Ⅲ54	58
95, 96	1996.10.24	「壁の射手」事件（旧東ドイツからの逃走者を射殺した兵士に対する遡及処罰）	Ⅲ82	
95, 143	1996.11.12	旧東ドイツ在住外国人の老齢年金給付請求	Ⅲ14	
(EuGRZ 1997, 380)	1997.1.8	*EU市民の住民投票への参加の合憲性	Ⅲ17	
95, 173	1997.1.22	タバコ製品の包装への警告表示義務	Ⅲ45	
95, 322	1997.4.8	裁判所における合議体の構成と「法律上の裁判官」の保障	Ⅲ79	

判例索引　*461*

公式判例集の巻，頁等	年月日	判例の通称等	『ドイツの憲法判例Ⅰ～Ⅳ』で解説されている判例の項目番号	本書で解説・言及されている判例の項目番号
95，335	1997.4.10	第2次超過議席判決	Ⅲ69	73，75，78
95，408	1997.4.10	基本議席条項判決（阻止条項の例外たる基本議席）	Ⅲ70	59
96，10	1997.4.10	庇護申請者の在留許可の限定		44
96，56	1997.5.6	父子関係情報決定（婚外子の父を知る権利）	Ⅲ8	11
96，264	1997.9.17	議事規則上の会派要件を満たさない議員集団の法的地位	Ⅲ71	
96，288	1997.10.8	特殊学校への転校処分と障害者の不利益処遇禁止（2）	Ⅲ19	
96，375	1997.10.15	「損害としての子」決定	Ⅲ1	2，81
97，12	1997.10.29	特許手数料の監督		44
（NJW 1998，1386）	1997.11.12	*トーク・ショーにおける風刺的表現	Ⅲ25	
97，67	1997.12.3	船舶建造契約決定（商船特別減価償却による控除の変更と遡及）	Ⅲ60	58
97，125	1998.1.14	カロリーヌ第1事件（プレスの自由と反論文・訂正文掲載請求権）	Ⅲ28	30
97，228	1998.2.17	短時間ニュース報道権事件	Ⅲ29	
97，350	1998.3.31	ユーロ導入の合憲性	Ⅲ65	
97，391	1998.3.24	自らの名前を名乗ることと意見表明の自由、一般的人格権	Ⅲ26	
98，1	1998.4.8	女性官吏年金受給資格規制と平等原則	Ⅲ15	
98，49	1998.4.8	弁護士公証人と公認会計士の連盟の禁止		46
98，106	1998.5.7	条例による使い捨て包装容器への課税	Ⅲ46	
（NJW 1998，3264）	1998.5.26	*大気汚染に起因する森林被害の補償請求	Ⅲ55	
98，169	1998.7.1	拘禁者の低廉な労働報酬	Ⅲ52	
98，218	1998.7.14	ドイツ語正書法改革の合憲性（2）	Ⅲ6，Ⅲ86	29
98，265	1998.10.27	バイエルン妊婦援助補充法判決（中絶専門医による妊娠中絶の制限と職業の自由）	Ⅲ47	
99，1	1998.7.16	バイエルンの市町村選挙における選挙原則違反	Ⅲ67	
（NJW 1999，858）	1998.10.14	*臓器移植法の憲法異議不受理決定	Ⅲ11	

判例索引

公式判例集の巻, 頁等	年月日	判例の通称等	『ドイツの憲法判例Ⅰ～Ⅳ』で解説されている判例の項目番号	本書で解説・言及されている判例の項目番号
99, 145	1998.10.29	両親による子の争奪と子の福祉	Ⅲ36	
99, 185	1998.11.10	ヘルンバイン決定（一般的人格権と意見表明の自由）	Ⅲ24	
99, 246	1998.11.10	児童控除と最低生活費を上回る課税	Ⅲ34	
99, 300	1998.11.24	3人以上の子のいる官吏に対する扶養手当		69
（EuGRZ 1999, 242）	1999.1.28	*臓器移植法の憲法異議不受理決定	Ⅲ11	
（NJW 1999, 3403）	1999.2.18	*臓器移植法の憲法異議不受理決定	Ⅲ11	
100, 226	1999.3.2	史跡保護法決定（財産権の制約と調整義務）	Ⅲ56	
100, 249	1999.3.2	連邦委託行政における一般的行政規則の発布権限	Ⅲ78	
100, 266	1999.3.25	コソボ出動		80
100, 313	1999.7.14	第1次遠隔通信監視判決（戦略的監視）	Ⅲ42	5, 7, 8, 42, 44
101, 1	1999.7.6	産卵鶏飼育命令（産卵鶏のケージ内飼育）	Ⅲ77	51
（NJW 1999, 3399）	1999.8.11	*臓器移植法の合憲性	Ⅲ11	
101, 158	1999.11.11	第3次財政調整判決		83
101, 239	1999.11.23	期日規律決定（旧東独時代に剥奪された財産回復）		58
101, 275	1999.12.7	脱走判決（旧東独脱走兵の復権手続）	Ⅲ61	55
101, 297	1999.12.7	自宅労働費用の所得税控除（法案審議合同協議会の権限の範囲）		52
101, 361	1999.12.15	カロリーヌ第2事件（カロリーヌ王女の私生活の写真公表とプレスの自由）	Ⅲ27	30
102, 1	2000.2.18	有害廃棄物汚染地の浄化に対する所有者の状態責任の限界	Ⅲ57	
102, 147	2000.6.7	バナナ市場規則決定（EU規則の違憲審査）	Ⅲ66	63
（NJW 2001, 598）	2000.6.29	*『ゲルマニア3』事件（芸術の自由と著作権）	Ⅲ31	
102, 197	2000.7.19	カジノ判決	Ⅱ51	45
102, 224	2000.7.21	役職手当判決（会派・委員会の役職と特別手当）	Ⅲ72	

判例索引 *463*

公式判例集の巻，頁等	年月日	判例の通称等	『ドイツの憲法判例Ⅰ〜Ⅳ』で解説されている判例の項目番号	本書で解説・言及されている判例の項目番号
(NJW 2000, 2890)	2000.7.21	*法廷カメラ取材を認める仮命令		32
102, 347	2000.12.12	ベネトン・ショック広告事件	Ⅲ22	
102, 370	2000.12.19	「エホバの証人」判決（宗教団体への公法上の社団の地位付与の要件）	Ⅲ84	
103, 21	2000.12.14	刑事手続における DNA 鑑定と情報自己決定権	Ⅲ9	
(NJW 2001, 1267)	2001.1.9	*ヨーロッパ司法裁判所に先決裁定を求める国内裁判所の義務	Ⅲ80	
103, 44	2001.1.24	法廷内でのテレビ撮影	Ⅲ30	32
103, 89	2001.2.6	扶養請求権放棄契約事件（夫婦財産契約における契約の自由とその限界）	Ⅲ40	
103, 111	2001.2.8	ヘッセン州選挙審査判決	Ⅲ68	71
(NJW 2001, 2069)	2001.3.24	極右集会禁止差止めの仮命令		29
103, 242	2001.4.3	家族介護判決（社会保険費算定における教育費の考慮）	Ⅲ35	
103, 293	2001.4.3	休暇算定		44
(NJW 2001, 2957)	2001.4.5	*故人の尊厳の保護	Ⅲ2	
104, 151	2001.11.22	NATO 新戦略構想		80
104, 305	2001.12.11	ブランデンブルク州の宗教代替教育（L-E-R）に関する和解	Ⅲ85	
104, 337	2002.1.15	屠殺判決（イスラム式屠殺の禁止）	Ⅲ48	51
104, 373	2002.1.30	複合氏の排斥	Ⅲ19	15
(NJW 2002, 1638)	2002.2.28	*高周波電磁場による健康危殆化と国家の保護義務	Ⅲ12	
105, 185	2002.3.28	携帯電話用周波数免許の落札収入の配分	Ⅲ83	
(NJW 2002, 2378)	2002.6.20	*自動車免許の剥奪と基本権	Ⅲ4	
105, 252	2002.6.26	グリコール決定（市場競争に影響ある情報の国による公表）	Ⅲ49	28
105, 279	2002.6.26	オショー決定（政府の情報提供活動における〈警告〉と信教の自由の保障）	Ⅲ20	28
105, 313	2002.7.17	生活パートナーシップ法合憲判決	Ⅲ32	14, 23

464 判例索引

公式判例集の巻，頁等	年月日	判例の通称等	『ドイツの憲法判例Ⅰ～Ⅳ』で解説されている判例の項目番号	本書で解説・言及されている判例の項目番号
106, 28	2002.10.9	相手方の同意のない通話傍聴に基づく証言の証拠能力	Ⅲ7	
106, 62	2002.10.24	高齢者介護法決定		66
106, 310	2002.12.18	連邦参議院における法律案の議決の手続的瑕疵	Ⅲ73	
107, 150	2003.1.29	婚外子に対する父母の配慮宣言と親による配慮権	Ⅲ38	
107, 286	2003.3.11	第2次地方議会選挙阻止条項判決		59
107, 299	2003.3.12	刑事訴追を目的とした携帯電話監視		3
107, 395	2003.4.30	裁判官からの権利保護	Ⅲ81	19
108, 34	2003.3.25	トルコ上空へのAWACS出動		65, 80
108, 82	2003.4.9	生物学上の父親		10
108, 150	2003.7.3	弁護士連盟変更における職業の自由		46
108, 282	2003.9.24	第1次イスラム・スカーフ事件	Ⅲ21	
(K 2, 290)	2004.2.5	*守秘義務違反の嫌疑による裁判官に対する捜索令状発布をGG103条1項侵害として破棄した事件		3
109, 38	2004.2.18	再婚時の夫婦姓の選択制限	Ⅲ10	15
109, 133	2004.2.5	終身の保安拘禁判決（性犯罪等危険犯罪撲滅法）	Ⅲ3	1, 18, 58
109, 256	2004.2.18	再婚時の「夫婦氏」の選択の制限	Ⅲ10	
109, 279	2004.3.3	「大盗聴」判決（住居の盗聴）	Ⅲ53	57
110, 33	2004.3.3	税関刑事庁による郵便物とテレコミュニケーションの監視		5
110, 94	2004.3.9	投機税		6
110, 141	2004.3.16	闘犬判決（危険犬の輸入・繁殖の禁止）	Ⅲ50	51
110, 274	2004.4.20	環境税（エコ税）の合憲性	Ⅲ16	
111, 147	2004.6.23	ドイツ国家民主党（NPD）州支部集会の禁止	Ⅲ41	25
111, 160	2004.7.6	連邦児童手当に関する在留資格制限違憲決定		26, 27
111, 176	2004.7.6	連邦育児手当に関する在留資格制限違憲決定		26, 27
111, 226	2004.7.27	第5次大学大綱法改正法違憲判決	Ⅲ75	

公式判例集の巻，頁等	年月日	判例の通称等	『ドイツの憲法判例Ⅰ～Ⅳ』で解説されている判例の項目番号	本書で解説・言及されている判例の項目番号
111，307	2004.10.14	Görgülü 事件（ヨーロッパ人権裁判所の「正当な評価」決定）	Ⅲ37	
112，1	2004.10.26	ソ連占領地区における補償なき土地収用の合憲性		81
112，50	2004.11.9	婚外子の親の被害者補償法に基づく遺族扶助の適用除外	Ⅲ33	81
（NJW 2005，965）	2005.2.1	*雑誌編集部に対する捜索が違憲とされた事件		31
（K 5，74）	2005.2.4	*基本法10条の保護の射程が時間上拡大された事件		3
112，284	2005.3.22	口座情報データ自動呼出し		6
112，304	2005.4.12	自動車の位置監視システムの合憲性	Ⅲ62	
113，29	2005.4.12	弁護士事務所における電子データの差押え		57
113，63	2005.5.24	ユンゲ・フライハイト事件（憲法擁護庁報告とプレスの自由）	Ⅳ28	28
113，88	2005.6.7	親の扶養		2
113，273	2005.7.18	欧州逮捕状判決	Ⅲ63	19
113，348	2005.7.27	ニーダーザクセン州遠隔通信監視判決	Ⅲ43	9
114，121	2005.8.25	第3次連邦議会解散事件	Ⅲ74	
114，258	2005.9.27	退職官吏の恩給水準の引き下げ		58，67
114，357	2005.10.25	子どもの在留許可に関する両親の別異取扱い		27
115，1	2005.12.6	第3次性転換法（トランスセクシュアル法）事件（Transsexuelle Ⅲ）		13，14
115，25	2005.12.6	健康保険による重篤患者のための高額医療手術の費用償還	Ⅲ64	
115，81	2006.1.17	栽培植物調整支払金事件	Ⅳ50	50
115，97	2006.1.18	所得税・営業税と「五公五民原則」	Ⅳ47	47
115，118	2006.2.15	航空安全法判決	Ⅳ16	9，16，81
115，166	2006.3.2	接続データの保護	Ⅳ3	3，40
（NJW 2006，2684）	2006.3.16	*違憲的に収集された証拠の利用可能性		57
115，205	2006.3.14	法廷における営業の秘密の保護		19
115，276	2006.3.28	国営スポーツくじ法決定		45，53
115，320	2006.4.4	ラスター捜査判決	Ⅳ4	4，41
116，1	2006.5.23	破産管財人の選任		19

公式判例集の巻，頁等	年月日	判例の通称等	『ドイツの憲法判例Ⅰ〜Ⅳ』で解説されている判例の項目番号	本書で解説・言及されている判例の項目番号
116，69	2006.5.31	少年刑の執行と法律の根拠の必要性	Ⅳ39	39
116，96	2006.6.13	年金制度に編入されたドイツ系帰還民の年金額削減と年金期待権	Ⅳ48	48，58
116，135	2006.6.13	委託発注法と司法付与請求権	Ⅳ19	19
（K8，313）	2006.6.29	*電子メール差押の仮命令		40
116，202	2006.7.11	ベルリン州公共委託発注法に基づく労働協約遵守宣言		63
116，243	2006.7.18	第4次性転換法（トランスセクシュアル法）判決（性転換法と在留外国人性転換者）	Ⅳ12	12，13
116，327	2006.10.19	ラント間財政調整における連邦財政原理	Ⅳ83	83
117，1	2006.11.7	相続税法違憲決定		20
117，71	2006.11.8	終身刑の仮釈放		1
117，126	2006.12.5	装鉄法一部違憲無効判決		44，51
117，202	2007.2.13	子の出自を知る父の権利	Ⅳ10	10
（K10，330）	2007.2.23	*レーゲンスブルク監視カメラ決定	Ⅳ5	5
117，244	2007.2.27	キケロ判決	Ⅳ31	25，31
117，272	2007.2.27	就業当初の年金法上の評価		48
117，330	2007.3.6	官吏に対する地域手当と業績主義		67
（K10，365）	2007.3.9	*シュレスヴィヒ＝ホルシュタイン財政調整法改正と自治体自治		66
117，372	2007.3.20	待機期間延長による官吏恩給の減額	Ⅳ67	67
118，79	2007.3.13	排出量取引事件	Ⅳ60	49，51，60，63
118，168	2007.6.13	開設されている口座に関する基本データの憲法上の保護	Ⅳ6	6
118，244	2007.7.3	トーネード偵察機アフガニスタン派遣と連邦議会	Ⅳ80	80
118，277	2007.7.4	ドイツ連邦議会議員法2005年改正の合憲性	Ⅳ70	70
119，1	2007.6.13	エスラ決定	Ⅳ34	34
119，59	2007.7.3	装蹄法	Ⅳ44	44
119，181	2007.9.11	第2次放送受信料判決	Ⅳ33	33
119，309	2007.12.19	法廷でのテレビカメラ取材制限	Ⅳ32	32
119，331	2007.12.20	社会法典第2編の管轄規定と自治権の保障		66

公式判例集の巻, 頁等	年月日	判例の通称等	『ドイツの憲法判例I〜IV』で解説されている判例の項目番号	本書で解説・言及されている判例の項目番号
(NVwZ 2008, 670)	2007.12.27	*外国法人の基本権享有主体性		49
120, 56	2008.1.15	法案審議合同委員会の権限の範囲	IV52	52
120, 82	2008.2.13	シュレスヴィヒ＝ホルシュタイン州地方選挙5%阻止条項違憲判決		59
120, 180	2008.2.26	カロリーヌ第3事件	IV30	30
120, 224	2008.2.26	近親相姦処罰規定（刑法173条2項2文）	IV11	11
120, 274	2008.2.27	コンピュータ基本権	IV9	7, 8, 9, 42
120, 378	2008.3.11	ドイツ版「Nシステム」の合憲性	IV7	5, 7
121, 135	2008.5.7	トルコ上空AWACS偵察飛行への派兵と議会留保	IV65	65, 80
121, 266	2008.7.3	連邦議会選挙における負の投票価値		71, 73, 78
121, 317	2008.8.30	禁煙法判決	IV45	H, 45, 53
121, 1	2008.3.11	通信履歴保存義務仮命令		41
121, 175	2008.5.27	第5次性転換法（トランスセクシュアル法）決定		14
122, 89	2008.10.28	リューデマン決定	IV35	35, 69
122, 120	2008.10.28	通信履歴保存		7
122, 151	2008.11.11	45年保険料納付者の優遇早期年金受給の際の給付額引き下げ		48
122, 220	2008.12.9	首尾一貫性の要請と平等原則（通勤費税額控除）	IV22	21, 22, 53
122, 248	2009.1.15	責問制限禁止原則の放棄と裁判官による法発見の限界	IV55	55
122, 304	2009.1.15	連邦議会解散後における選挙抗告の可否	IV71	71
122, 342	2009.2.17	バイエルン集会法・仮命令	IV37	37
122, 374	2009.2.18	2009年再生エネルギー法上の発電業者の仮命令の申立て		58
123, 39	2009.3.3	連邦議会選挙におけるコンピューター制御の投票機導入の違憲性	IV72	72, 73
123, 90	2009.5.5	多重氏	IV15	15
123, 186	2009.6.10	民間健康保険における基本保険料率		58
123, 267	2009.6.30	リスボン条約判決	IV61	61, 62, 63, 76

468 判 例 索 引

公式判例集の巻, 頁等	年月日	判例の通称等	『ドイツの憲法判例Ⅰ～Ⅳ』で解説されている判例の項目番号	本書で解説・言及されている判例の項目番号
124, 1	2009.4.21	追加選挙と本選挙の暫定的な選挙結果公表による情報格差の合憲性	Ⅳ73	73, 78
124, 43	2009.6.16	Eメールの押収	Ⅳ40	3, 40
124, 78	2009.6.17	連邦情報局（BND）調査委員会事件	Ⅳ79	79
124, 161	2009.7.1	諜報部局による連邦議会議員の情報収集についての議員の質問権	Ⅳ74	74
124, 199	2009.7.7	遺族扶助における生活パートナーの排除と一般平等原則	Ⅳ23	23, 24, 25
124, 300	2009.11.4	ヴンジーデル決定（意見表明の自由における一般的法律の留保とその限界）	Ⅳ29	29
125, 39	2009.12.1	ベルリン・アドヴェント日曜日判決	Ⅳ84	H, 84
125, 104	2009.12.8	Koch-Steinbrück リスト事件		52
125, 141	2010.1.27	ゲマインデの営業税賦課率決定と自治体財政権	Ⅳ66	66
125, 175	2010.2.9	ハルツⅣ（Harz Ⅳ）判決（人間の尊厳と最低限度の生活保障）	Ⅳ53	1, 53, 54
125, 260	2010.3.2	通信履歴保存義務と通信の秘密	Ⅳ41	8, 41, 42, 49, 63
126, 77	2010.5.4	航空安全法に関する連邦参議院の同意の必要性		16
126, 286	2010.7.6	Honeywell 事件（EU機関の行為に対する権限踰越コントロール）	Ⅳ62	H, 61, 62
126, 369	2010.7.21	外国人年金法に基づく難民の年金請求権の切り下げ		58
126, 400	2010.7.21	相続・贈与税事件		25
127, 1	2010.7.7	租税放棄の遡及効と信頼保護原則	Ⅳ56	56, 58
127, 31	2010.7.7	所得税法における遡及効		56
127, 61	2010.7.7	譲渡所得の遡及課税		56
127, 293	2010.10.12	産卵鶏飼育の命令違憲決定	Ⅳ51	51
128, 1	2010.11.24	遺伝子工学法	Ⅳ36	36
128, 90	2010.12.7	失業扶助廃止の合憲性		53
（NJW 2011, 1859）	2010.12.10	*放送局編集部に対する捜索が違憲とされた事件		31

判例索引 *469*

公式判例集の巻, 頁等	年月日	判例の通称等	『ドイツの憲法判例Ⅰ～Ⅳ』で解説されている判例の項目番号	本書で解説・言及されている判例の項目番号
128, 129	2011.1.11	性同一性障害者に戸籍法上の登録要件として外科手術を求める規定の違憲性	Ⅳ14	13, 14
128, 193	2011.11.25	三分割法事件（裁判官の法形成の限界と法解釈方法）	Ⅳ2	2
128, 226	2011.2.22	フランクフルト飛行場集会規制	Ⅳ38	38
128, 282	2011.3.23	保安処分執行中の強制治療	Ⅳ17	17
128, 326	2011.5.4	保安拘禁の遡及的延長	Ⅳ18	H, 18
129, 78	2011.7.19	ル・コルビュジェ決定（EU 域内の法人の基本法上の基本権享有主体性）	Ⅳ49	49, 63
129, 124	2011.9.7	通貨同盟金融安定化法		H, 64, 76
129, 186	2011.10.4	EU 法の国内実施法律に関する連邦憲法裁判所への移送と欧州司法裁判所への付託	Ⅳ63	49, 63
129, 208	2010.10.12	電話通信傍受に関するテレコミュニケーション改正法		8
129, 269	2011.10.12	バーデン＝ヴュルテンベルク州法に基づく保安処分執行中の強制治療		17
129, 284	2010.10.27	ユーロ救済傘に関する仮命令		76
（NJW 2011, 366）	2010.10.30	*相続税法改革		20
129, 300	2011.11.9	欧州議会選挙法 5 ％阻止条項判決	Ⅳ59	53, 59
130, 1	2011.12.7	違法収集個人情報の刑事裁判での証拠利用	Ⅳ57	57
130, 151	2012.1.24	通信サービスの利用者データの保存義務と「アクセス・コード」の提供義務	Ⅳ42	3, 8, 42
130, 212	2012.1.31	人口比例に基づく議席配分規定の合憲性	Ⅳ75	75
130, 240	2012.2.7	バイエルン州教育手当事件（育児手当における外国人除外条項）	Ⅳ26	26
130, 263	2012.2.14	ヘッセン州教授給与違憲判決	Ⅳ69	69
130, 318	2012.2.28	議員の委員会審議参与権	Ⅳ76	76, 82
（NVwZ 2012, 818）	2012.3.21	*改正バイエルン集会法		37
131, 20	2012.5.2	官吏恩給法の法律解釈の遡及的変更	Ⅳ58	58

公式判例集の巻, 頁等	年月日	判例の通称等	『ドイツの憲法判例Ⅰ〜Ⅳ』で解説されている判例の項目番号	本書で解説・言及されている判例の項目番号
131, 230	2012.6.19	連邦憲法裁判所裁判官の間接選出の合憲性	Ⅳ82	82
131, 239	2012.6.19	官吏の生活パートナーシップ		23, 25
131, 268	2012.6.20	留保付き保安拘禁の合憲性		18
131, 316	2012.7.25	連邦選挙法6条1項一部違憲無効判決	Ⅳ78	73, 78
132, 1	2012.7.3	「航空安全法」合同部決定	Ⅳ81	8, 16, 81
132, 39	2012.7.4	在外ドイツ人の選挙権制限の違憲性	Ⅳ77	H, 77
132, 72	2012.7.10	外国籍保有者の連邦親支給金等の支給除外	Ⅳ27	27
132, 134	2012.7.18	庇護申請者の生活保護に関する違憲判決	Ⅳ54	H, 53, 54
132, 195	2012.9.12	欧州安定制度に関する仮処分判決	Ⅳ64	64
133, 277	2013.4.24	反テロデータファイル法	Ⅳ8	8
133, 59	2013.2.19	生活パートナーシップ関係の下での継養子の可否	Ⅳ24	23, 24, 25
133, 112	2013.2.20	ザクセン州法に基づく保安処分執行中の強制治療		17
133, 241	2013.3.20	第2次航空安全法判決		81
133, 377	2013.5.7	配偶者分割課税と登録生活パートナーに対する差別	Ⅳ25	23, 25
134, 33	2013.7.11	治療収容法		18
134, 141	2013.9.17	ラメロフ事件		74
134, 366	2014.1.14	欧州中央銀行のOMTプログラムに関する欧州司法裁判所への移送決定		62
135, 1	2013.12.17	租税法の遡及的明確化		56, 58
135, 259	2014.2.26	欧州議会選挙3％阻止条項違憲判決	93-7	59
135, 317	2014.3.18	欧州安定制度の合憲性	91-8	H, 64
138, 136	2014.12.17	相続税の経営財産の特権	92-7	20
138, 377	2015.2.24	外観上の父親による母親に対する説明請求権	92-6	2
(NJW 2015, 2175)	2015.4.17	*法廷での写真撮影についての憲法異議が不適法とされた事件		32
(NJW 2015, 3430)	2015.7.13	*ベルリーナー・モルゲンポスト事件	93-5	31

公式判例集の巻, 頁等	年月日	判例の通称等	『ドイツの憲法判例Ⅰ～Ⅳ』で解説されている判例の項目番号	本書で解説・言及されている判例の項目番号
140, 65	2015.7.21	未就学児育児手当導入に関する連邦の立法権限		26
140, 317	2015.12.15	欧州逮捕状枠組決定に関する欧州司法裁判所への移送決定	93-1	62
142, 123	2016.6.21	欧州中央銀行の OMT プログラムの合憲性	93-6	H, 62
142, 313	2016.7.26	世話法上の矯正処遇と国家の基本権保護義務	93-10	H
(DÖV 2016, 1006)	2016.9.6	*欧州逮捕状枠組決定の合憲性		62
143, 101	2016.10.13	連邦政府保有の NSA（アメリカ国家安全保障局）監視リストの連邦議会調査委員会への提出義務		79
144, 20	2017.1.17	NPD 政党禁止訴訟		H
(NJW 2017, 3288)	2017.8.17	*法廷でのカメラ取材制限		32

◆ オーストリア憲法裁判所の判決

VfSlg. 12023	1989.3.16	在外オーストリア人の選挙権における国内居住要件	Ⅱ75	
VfSlg. 15234	1998.6.25	正書法改革訴訟	Ⅱ86	

◆ 欧州人権裁判所の判決

Nr. 13343/87	1992.3.25	B. v. France		12
Nr. 28957/95	2002.7.11	Goodwin v. The United Kingdom		12
Nr. 59320/00		von Hannover v. Deutschland		30
Nr. 43546/02	2008.1.22	E. B. v. France		24
Nr. 19359/04	2009.12.17	M. v. Deutschland		18, 30
Nr. 30141/04	2010.6.24	Schalk and Kopf v. Austria		24
Nr. 40660/08	2012.2.7	von Hannover v. Deutschland (Nr. 2)		30
Nr. 39954/08	2012.2.7	Axel Springer AG v. Deutschland		30

Nr. 43547/08	2012.4.12	Stübing v. Deutschland	11
Nr. 19010/07	2013.2.19	X. and Others v. Austria	24
Nr. 8772/10	2013.9.19	von Hannover v. Deutschland (Nr. 3)	30

◆ 欧州司法裁判所の判決

Case 6/64	1964.7.15	Costa v. ENEL	63
Case 314/85	1987.10.22	Foto-Frost v. Hauptzollamt Lübeck-Ost	60
Case C-194/94	1996.4.30	CIA Security International SA v. Signalson SA and Securitel SPRL	62
Joined Cases C-10/97 to C-22/97	1998.10.22	Ministero delle Finanze v. InCO,GE'90 and others	60
Case C-443/98	2000.9.26	Unilever 事件（Unilever Italia SpA v. Central Food SpA）	62
Case C-144/04	2005.11.22	Mangold 事件（Mangold v. Helm）	62
Case C-456/06	2008.4.17	著作権指令4条1項事件（Peek & Cloppenburg KG v. Cassina SpA）	49
Case C-555/07	2010.1.19	Kücükdeveci 事件（Kücükdeveci v. Swedex）	62
Case C-54/08	2011.5.24	公証人の国籍要件事件（Commission v. Germany）	46
Case C-370/12	2012.11.27	Pringle 事件（Pringle v. Irland）	64
Case C-129/12	2013.3.21	投資助成法上の設備投資に対する税額控除の適用除外に対する先決裁定（Magdeburger Mühlenweke GmbH v. Finanzamt Magdeburg）	63
Joined Case C-293/12 and C-594/12	2014.4.8	通信履歴保存義務指令無効事件	41
Case C-62/14	2015.6.16	欧州中央銀行の OMT プログラムに関する先決裁定(Gauweiler v. Deutscher Bundestag)	62
Joined Cases C-404/15 and C-659/15	2016.4.5	欧州逮捕状枠組決定に関する先決裁定（Pál Aranyosi and Robert Căldăraru v. Generalstaatsanwaltschaft Bremen）	62

基本法条文索引

〔斎藤一久・松本奈津希・村山美樹・山本和弘〕

* 条文に対応する数字は、本書『ドイツの憲法判例Ⅳ』の見出し（項目）番号を表す。
* 条文には、参考のために内容見出しをつけた。内容見出しは、原則として高田敏・初宿正典編訳『ドイツ憲法集』（信山社、1994 年〔第 7 版・2017 年〕）に拠った。

基本法条文	本書(項目)番号
前文	80
1 条 1 項（人間の尊厳）	1，2，4，5，7，8，9，10，11，12，13，14，15，16，37，38，40，41，42，53，54，55，57，70，81
1 条 3 項（基本権の拘束力）	79
2 条 1 項（人格の自由な発展）	1，2，3，4，7，8，9，10，11，12，13，14，15，24，28，32，37，41，42，47，55，61，62，68，70，81
2 条 2 項（生命および身体を害されない権利）	1，9，14，16，17，18，36，45，55，57，68，84
3 条 1 項（法の前の平等）	12，15，19，22，23，24，25，26，27，43，45，47，50，53，55，58，59，60
3 条 2 項（男女同権）	12，15，25
3 条 3 項（差別的取扱いの禁止）	12，25，26，27
4 条（信仰・良心の自由）	28，35，84
5 条 1 項（意見表明の自由・プレスの自由）	28，29，30，31，32，33，38
5 条 2 項（表現の自由の限界）	29，31
5 条 3 項（芸術・学問・研究・教授の自由）	34，35，36，69
6 条 1 項（婚姻・家族の保護）	10，11，13，15，23，24，25，26，84
6 条 2 項（子どもの育成および教育）	24，26
7 条 3 項（宗教教育）	35
8 条（集会の自由）	37，38
9 条 1 項（結社の自由）	84
10 条（信書・郵便等の秘密）	3，8，9，40，41，57
12 条 1 項（職業の自由・教育場所の自由な選択）	15，28，36，43，44，45，46，47，60，62，70
13 条 1 項（住居の不可侵）	3，8，9，57
14 条 1 項（所有権・相続権）	36，47，48，49，53，60，64
14 条 2 項（所有権の制限）	47
18 条（基本権の喪失）	29
19 条 1 項（基本権の制限）	9
19 条 3 項（法人の基本権享有主体性）	49
19 条 4 項（出訴の途の保障）	9，19，31，47，50，55，60
20 条 1 項（民主的・社会的連邦国家）	33，53，54，61，64，72
20 条 2 項（国民主権）	2，52，55，61，68，72，74，78
20 条 3 項（憲法および法律への拘束）	18，19，20，32，43，47，53，55，56，57，58，62，63
20a 条（環境保護・動物保護）	36，44，51，60

474 基本法条文索引

21条（政党の憲法的地位）	59, 74
23条（欧州連合のための諸原則）	49, 60, 61, 82
24条（主権の移譲、集団的安全保障）	80
26条（侵略戦争の禁止）	80
28条（州および市町村の憲法秩序）	21, 66, 81
33条2項（公務就任における平等）	67
33条3項（市民権と公民権の平等）	35
33条4項・5項（公務員制度）	46, 58, 67, 68, 69
35条（連邦および州の法律上および職務上の援助、災害救助）	16, 81
38条1項（連邦議会選挙の諸原則、自由委任の原則）	52, 61, 64, 70, 71, 73, 74, 75, 76, 77, 78, 82
38条2項（選挙権・被選挙権）	71, 73
38条3項（選挙の詳細に関する連邦法律への委任）	70, 72, 73
39条2項（連邦議会の招集）	72
41条（選挙審査）	71, 73, 75, 77
42条（議事の公開）	52, 82
43条（連邦政府・連邦参議院の構成員の会議への出席・発言権）	52, 74, 82
44条（調査委員会）	79
45d条（議会統制委員会）	74
46条1項（議員の刑事免責）	82
48条2項（職務行使の自由）	70
50条（連邦参議院の権能）	52
51条（連邦参議院の構成）	75
59条2項（条約締結権）	65, 80
68条（信任決議案、連邦議会の解散）	71
70条（州の立法権とその限界）	45
72条（連邦の競合的立法権限の範囲）	66
73条（連邦の専属的立法権限のカタログ）	9, 81
74条（連邦の競合的立法権限のカタログ）	39, 44, 69, 84
76条（法律案の提出）	52
77条（立法手続、法案審議合同協議会）	52
79条3項（基本法改正の限界）	61, 64
80条1項（法規命令）	72
80a条（緊迫状態における法律の規定の適用）	65
82条2項（法律および法規命令の施行）	56
87a条（軍隊の設置、出動、任務）	16, 80, 81
92条（裁判機関）	82
93条（連邦憲法裁判所の管轄権）	61, 77, 83
94条（連邦憲法裁判所の構成および組織）	50, 82
97条（裁判官の独立）	55
100条1項（具体的規範統制）	11, 20, 21, 48, 60
101条1項（裁判を受ける権利）	49, 62, 63
103条2項（遡及処罰の禁止）	18, 57
104条（自由剥奪の際の権利保護）	1, 18
104a条（連邦と州の経費負担、財政援助）	83
104b条（連邦による財政援助）	83
106条（税収入の配分）	20, 21, 66
107条（州間の財政調整）	83
109条（連邦と州の財政運営上の原則）	83

115a 条（防衛緊急事態の定義およびその確定）　　　　65
116 条（ドイツ人の概念、国籍の回復）　　　　48, 77
140 条（国家と宗教に関するヴァイマル憲法の規定の効力）　　　　84, 35
143f 条（財政調整法の効力）　　　　83

邦語事項索引

〔斎藤一久・松本奈津希・村山美樹・山本和弘〕

＊数字は本書の見出し（項目）番号を示す。「H」は巻頭の「制度とその運用——手続の概観」（畑尻剛執筆）
　を示し、基本用語は「用語」と省略し、基本用語集の項目番号を付記している。
＊事項名、ドイツ語訳とも、必ずしも「定訳」を意味するものではない。

あ	IP アドレス	IP-Adresse	42
い	EC裁判所	Gerichtshof der Europäischen Gemeinschaft	60
	EC条約	EG-Vertrag	60, 61
	EC指令	EG-Richtlinie	36
	EU	Europäische Union	H, 41, 59, 60, 61, 62, 63, 64, 用語 9
	EU基本権憲章	Charta der Grundrechte der Europäischen Union	23, 用語 9
	EU司法裁判所	Gerichtshof der Europäische Union	41, 60, 62, 用語 9
	EU指令の前効果	Vorwirkung der EU-Richtlinie	62
	EU第一次法	Primärrecht	用語 9
	EU第二次法	Sekundärrecht（abgeleitetes Recht）	用語 9
	EUへの高権移譲	Übertragung von Hoheitsrechten auf die Europäische Union	61
	EU法の直接効果	unmittelbare Wirkung（Anwendbarkeit）des Unionsrechts	用語 9
	EU法の優位	Vorrang des Unionsrechts	49, 60, 62, 用語 9
	EU立法に対する違憲審査	Prüfung von EU-Recht	41
	je-desto 公式	Je-desto-Formel	7, 34
	意見（EU）	Stellungnahme	用語 9
	違憲確認（判決）	Verfassungswidrigfeststellung	H, 24, 27, 39, 45, 50, 51, 53, 用語 5
	違憲規範の不一致宣言	Unvereinbarkeitserklärung verfassungswidriger Normen	用語 5
	違憲規範の無効宣言	Nichtigerklärung verfassungswidriger Normen	H, 27, 51, 53, 54, 59, 78, 用語 5
	意見聴取	Anhörung	51
	意見表明の自由	Meinungsfreiheit	8, 28, 29
	違憲法律の再立法禁止	Normwiederholungsverbot	用語 6
	違憲無効	→違憲規範の無効宣言	
	萎縮効果	Einschüchterungseffekt	3, 8, 37
	移　送	Vorlage	H, 用語 4
	遺族年金	Hinterbliebenenrente	23
	移染規定	Abfärberegelung	21
	委託発注	Vergabe	19
	一人会社	Einzelunternehmen	21
	一部判決	Teilentscheidung	用語 5
	一定割合報酬	Streitanteilsvergütung	43

	一般的行為自由／一般的自由権	allgemeine Handlungsfreiheit	39, 68
	一般的人格権	allgemeines Persönlichkeitsrecht	5, 9, 10, 11, 13, 14, 15, 28, 32, 34, 46, 55, 57
	一般的平等原則	allgemeiner Gleichheitssatz	21, 22, 23, 26, 27, 45, 47, 50, 58, 60
	一般的法律	allgemeines Gesetz	28, 29, 30
	一般平等待遇法	Allgemeines Gleichbehandlungsgesetz	26
	遺伝子組換え生物	gentechnisch veränderter Organismus	36
	遺伝子工学法	Gentechnikgesetz	36
	違法収集（個人）情報	rechtswidrig erhobene（personenbezoge）Information	57
え	営業経営	Gewerbebetrieb	21
	営業収益税	Gewerbeertragsteuer	21
	営業税	Gewerbesteuer	21, 66
	ＡＷＡＣＳ（早期警戒管制機）	airborne warning and control system	65, 76, 80
	Ｎシステム（自動車ナンバーの自動読み取り）	automatisierte Erfassung von Kraftfahrzeugkennzeichen	5, 7
	遠隔コミュニケーション	Telekommunikation	3
お	欧州安定メカニズム／制度／ESM	Europäischer Stabilitätsmechanismus	64, 76, 82
	欧州委員会	Europäische Kommission	46, 49, 60, 63, 用語9
	欧州議会	Europäischer Parlament	41, 用語9
	欧州議会議員選挙法	Europawahlgesetz	59
	欧州共同体	Europäische Gemeinschaft	59, 60, 61, 77
	欧州金融安定化ファシリティ	Europäische Finanzstabilisierungsfazilität	76, 82
	欧州司法裁判所	Europäischer Gerichtshof	8, 30, 41, 46, 49, 51, 60, 62, 63, 用語1, 用語9
	欧州首脳理事会	Europäischer Rat	用語9
	欧州人権裁判所	Europäischer Gerichtshof für Menschenrechte	11, 12, 18, 23, 24, 30, 49, 用語1, 用語9
	欧州人権条約	Europäische Menschenrechtskonvention	11, 12, 18, 24, 30, 60, 用語9
	欧州評議会	Europarat	39, 77, 用語9
	欧州理事会	Rat der Europäischen Union	59, 64, 用語9
	欧州連合	→ EU	
	応能負担	Leistungsfähigkeit	20, 21
	親子関係	Elternschaft（Elternbeziehung）	10, 14, 24, 26
	親手当	Elterngeld	27
	親の監護権（養育権）	Erziehungsrecht der Eltern	26
	親の権利	Elternrecht	24, 26
	オンライン監視／オンライン捜索	Online-Durchsuchung	6, 7, 9, 42
か	外交権	auswärtige Gewalt	65, 80
	外国人	Ausländer	12, 26, 27, 28, 48, 53, 54, 75
	該当性	→かかわり	
	介　入	Eingriff	4, 17, 28, 35, 39, 用語7
	かかわり	Betroffenheit	用語4
	確認訴訟	Feststellungsklage	50
	学問の自由	Wissenschaftsfreiheit	35, 36
	過剰侵害（介入）禁止	Übermaßverbot	5, 11, 36, 40, 47, 48, 用語7
	過少保護禁止	Untermaßverbot	用語7

478　邦語事項索引

家族	Familie	2, 10, 11, 15, 23, 24, 25, 26, 27, 32, 48, 54, 61, 67, 69, 77, 84
仮命令	einstweilige Anordung	H, 37, 64, 用語3
勧告（EU 法）	Empfehlung	39, 用語9
監視カメラ	Überwachungskamera	5
間接差別	mittelbare Diskriminierung	27
（連邦憲法裁判所裁判官の）間接選出	indirekte Wahl（der Richter des Bundesverfassungsgerichts）	H, 82
間接的制約	mittelbarer Eingriff	28
官吏（公務員）	Beamte	58, 67, 68, 69
官吏恩給法	Beamtenversorgungsgesetz	58, 67

き

基因原則	Veranlassungsprinzip	22
議員の監視	Überwachung von Abgeordneten	74
議員の独立性	Unabhängigkeit der Abgeordneten	70
議会の機能性	Funktionsfähigkeit des Parlaments	70, 78
議会の質問権	parlamentarisches Fragerecht	74
議会評議会	parlamentarischer Rat	35, 用語8
議会留保	Parlamentsvorbehalt	65, 76, 80
機関争訟	Organstreit	H, 用語4
基礎リスク	Basisrisiko	36
機能法的アプローチ	funktionell-rechtlicher Ansatz	用語1
規範の明確性（・特定性）の原則	Gebot der Normenklarheit（und -bestimmtheit）	1, 3, 5, 6, 7, 8, 9
基本権享有主体性	Grundrechtsfähigkeit	49
基本権制限の３段階審査	Drei-Stufen（Schritt）-Prüfung von Grundrechtsbeschränkung	用語7
基本権の照射効	Ausstrahlungswirkung der Grundrechte	用語7
基本権の喪失	Grundrechtsverwirkung	H, 用語4
基本権の第三者効力	Drittwirkung der Grundrechte	38, 用語7
忌 避	→裁判官忌避	
客観法	objektives Recht	31, 51, 67, 84, 用語7
教 会	Kirche	35, 84
行政裁判権	Verwaltungsgerichtsbarkeit	用語1
強制治療	Zwangsbehandlung	17
業績原則	Leistungsgrundsatz	67, 69
鏡像性の原則	Grundsatz der Spiegelbildlichkeit	76, 82
協働関係	Kooperationsverhältnis	63
距離命令	Abstandsgebot	18
近親相姦	Inzest	11
金融制度法	Kreditwesengesetz	6

く

| 具体的規範統制 | Normenkontrollverfahren | H, 用語4 |
| 具体的な危険 | konkrete Gefahr | 4, 9, 36, 38 |

け

警告判決	Appellentscheidung	H, 39, 用語5
刑事訴訟法	Strafprozessordnung/Strafprozessrecht	1, 3, 31, 32, 40, 41, 42, 55, 57, 79
芸術の自由	Kunstfreiheit	34
形成の自由	Gestaltungsfreiheit	10, 15, 22, 24, 39, 48, 53
形成の余地	Gestaltungsspielraum	11, 12, 21, 24, 39, 45, 48, 51, 53, 55, 59, 66, 67, 70, 77, 78 用語1
契約の自由	Vertragsfreiheit	43, 62
継養子	Sukzessivadoption	23, 24

邦語事項索引　*479*

決定（EU法）	Beschluss	用語9
決定（連邦憲法裁判所）	Beschluss	用語5
ゲマインデ／自治体／市町村	Gemeinde	H, 5, 21, 47, 52, 59, 66, 68, 75, 83, 用語4, 用語8
厳格な内容審査	intensivierte inhaltliche Kontrolle	用語7
権限踰越統制（コントロール）	ultra vires Kontrolle	61, 62
権限を生み出す権限	Kompetenz-Kompetenz	用語9
現在の危険	gegenwärtige Gefahr	4, 7, 8, 16
現代史の領域からの肖像	Bildnisse aus dem Bereiche der Zeitgeschichte	30
憲法アイデンティティ／憲法の同一性	Verfassungsidentität	61, 62, 63
憲法異議	Verfassungsbeschwerde	H, 用語4
憲法異議の補完性／補充性	Subsidiarität der Verfassungsbeschwerde	50, 84, 用語4
憲法機関	Verfassungsorgan	H, 用語2
憲法固有の領域	spezifisches Verfassungsrecht	用語7
（法律の）憲法適合的解釈／合憲解釈／合憲限定解釈	verfassungskonforme Auslegung von Gesetzen	1, 8, 17, 18, 50, 64, 70, 76, 用語1, 用語5
憲法適合的な体系転換	verfassungskonformer Systemwechsel	22
憲法擁護庁	Verfassungsschutzbehörde	9, 28
公共調達	öffentliche Beschaffung	19
公共の平穏	öffentliche Friede	29
公共放送	öffentlich-rechtlicher Rundfunk	32, 33
公共放送資金需要調査委員会	Kommission zur Überprüfung und Ermittlung des Finanzbedarfs der Rundfunkanstalten	33
公勤務	öffentlicher Dienst	46, 67
航空安全法	Luftsicherheitsgesetz	H, 9, 16, 81, 用語8
航空機の撃墜	Abschuss von Luftfahrzeug	16
口座基本データ	Kontostammdaten	6
「拘束式」候補者名簿	„starre" Liste	59, 71
（判決／先例の）拘束力	Bindungswirkung der Entscheidung	47, 用語6
合同部	Plenum	H, 81, 用語2
公的利益／公共的利益	öffentliches Interesse	13, 29, 38, 55, 71
公平な手続きを求める権利	Recht auf ein faires Verfahren	57
衡量瑕疵	Abwägungsfehler	51
効力の優位	Geltungsvorrang	60, 用語9
国事裁判権	Staatsgerichtsbarkeit	用語1
国勢調査判決	Volkszählungsurteil	3, 5, 7, 9, 41
国籍	Staatsangehörigkeit	12, 26, 27, 49, 54, 61, 75, 77, 用語9
国籍主義	Staatsangehörigkeitsprinzip	12
国民（国家）社会主義	Nationalsozialismus	29
国民発案	Volksinitiative	用語8
五公五民原則	Halbteilungsgrundsatz	47
国家と結合した職業	staatlich gebundener Beruf	46
国家の安寧	Staatswohl	79
国家の宗教的・世界観的中立性	religiös-weltanschauliche Neutralität des Staates	35
国家目標規定	Staatszielbestimmung	51
個別授権（権限付与）の原則	Prinzip der begrenzten Einzelermächtigung	61, 用語9
婚姻	Ehe	2, 11, 12, 13, 14, 15, 23, 24, 25

こ

	婚姻および家族の保護	Schutz von Ehe und Familie	11, 23, 25, 27, 84
	混合企業	gemischtwirtschaftliche Unternehmen	38
	コンピュータ基本権	Computer-Grundrecht	9
さ	最終手段原則	Ultima-Ratio Prinzip	83
	財 政	Finanz	21, 22, 26, 48, 61, 64, 83
	財政調整	Finanzausgleich	H, 66, 83, 用語 8
	最低限度の生活	Existenzminimum	53, 54
	裁判官忌避	Ablehnung eines Richters	25, 用語 3
	裁判官除斥	Ausschließung eines Richters	用語 3
	裁判官に対する訴追	Richteranklagen	H, 用語 4
	裁判官による法発見	richterliche Rechtsfindung	55, 用語 3
	裁判官の審査権	richterliches Prüfungsrecht	H, 用語 4
	裁判官の法形成／継続的形成	richterliche Rechtsfortbildung	2, 46, 55, 用語 4
	裁判の公開	Gerichtsöffentlichkeit	32
	裁判の変更禁止効	Unwiderruflichkeit	用語 6
	差押え	Beschlagnahme	3, 31, 40
	作用留保	Funktionsvorbehalt	68
	3 段階審査理論	→基本権制限の 3 段階審査	
	三分割法	Dreiteilungsmethode	2
し	恣意(の)禁止	Willkürverbot	21, 24, 26, 45, 用語 7
	自営業者	Selbständige	21
	ジェンダー	Gender	27
	指揮権	Weisungsrecht	46
	事業用資産	Betriebsvermögen	20
	資金需要確定	Bedarfsfeststellung	33
	資金需要申告	Finanzbedarfsanmeldung	33
	自己同一性創出機能	identitätsstiftende Funktion	15
	(連邦憲法裁判所の)自己抑制原則	Selbstbeschränkung des BVerfG	用語 1
	自治体の憲法異議	Kommunalverfassungsbeschwerde	H, 用語 4
	実効的権利保護	effektiver Rechtsschutz/wirksamer Rechtsschutz	19, 31, 47, 50, 55
	執行命令	Vollstreckungsanordnung	H
	(EU 法の)実施裁量	Umsetzungsspielraum	49, 63
	司法付与請求権	Justizgewährungsanspruch	19
	社会国家原理	Sozialstaatsprinzip	10, 39, 48, 53, 54, 84
	社会裁判権	Sozialgerichtsbarkeit	用語 1
	社会法典／社会保障法典	Sozialgesetzbuch	23, 27, 53, 54
	社会保険	Sozialversicherung	23, 48
	自由委任	freies Mandat	70, 74
	集会の自由	Versammlungsfreiheit	H, 37, 38, 61
	宗教共同体の自己決定権	Selbstbestimmungsrecht der Religionsgemeinschaft	35
	終局判決	Endentscheidung	用語 5
	終身自由刑（無期刑）	lebenslange Freiheitsstrafe	1
	自由心証主義	Grundsatz der freien Beweiswürdigung	57
	主張可能性の審査	Vertretbarkeitskontrolle	55, 66, 用語 7
	受動喫煙	Passivrauchen	45
	首尾一貫性の原則	Prinzip der Folgerichtigkeit/Folgerichtigkeitsgebot	21, 22, 45, 53, 78

受理手続	Annahmeverfahren	用語 4
純所得	Nettoeinkommen	22
(EU指令の)消極的効果	negative Wirkung	62
証拠(利用)禁止	Beweisverbot	57
証拠取調権	Beweiserhebungsrecht	79
小質問	Kleine Anfrage	74
少数意見	Sondervotum	用語 3
少年行刑	Jugendstrafvollzug	39
情報機関	Geheimdienst	8
情報技術システム	informationstechnisches System	9
情報自己決定権	informationelles Selbstbestimmungsrecht	3, 4, 5, 6, 7, 8, 9, 10, 36, 37, 41, 70, 79
情報の分離原則	informationelles Trennungsprinzip	8
剰余共同体	Zugewinngemeinschaft	25
職業官僚制／職業官吏制	Berufsbeamtentum	46, 58, 68, 69
職業に対する主観的参入要件	subjektive Berufszulassungsvoraussetzung	44
職業の自由	Berufsfreiheit	28, 36, 43, 44, 45, 46, 47, 70
所得税	Einkommensteuer	6, 21, 22, 25, 47, 52, 56, 66, 用語 8
指令（EU法）	Richtlinie	26, 36, 41, 60, 62, 63, 用語 9
指令の国内法化・実施	innerstaatliche Umsetzung von Richtlinien	60, 62
侵害性	→かかわり	
人格権	Persönlichkeitsrecht	5, 10, 15, 30, 32, 34
神学部	theologische Fakultät	35
親 権	Elternrecht	10, 26
信仰の自由	Glaubensfreiheit	28, 35, 84
審査密度	Kontrolldichte	36, 46, 55, 用語 7
信書・郵便の秘密	Brief- und Postgeheimnis	39
人身の自由	Freiheit der Person	1, 18, 68
真正遡及効	echte Rückwirkung	56, 58
人的会社	Personengesellschaft	21
人的集団の不平等取扱い	ungleiche Behandlung von Personengruppen	23, 25, 26, 45, 60
人的純額主義	subjektives Nettoprinzip	22
信頼保護	Vertrauensschutz	18, 19, 48, 53, 55, 56, 58, 62, 用語 8
せ　生活共同体	Lebensgemeinschaft	13, 14, 23, 24, 25
生活パートナーシップ	Lebenspartnerschaft	13, 14, 23, 24, 25
性的アイデンティティ／性別のアイデンティティ	Geschlechtsidentität	12, 13, 14, 24
性的指向	sexuelle Ausrichtung/sexuelle Orientierung	13, 14, 23, 25, 26
性的自己決定	sexuelle Selbstbestimmung	11, 13, 14
性転換法／トランスセクシャル法	Transsexuellengesetz	12, 13, 14
政 党	politische Partei	2, 6, 28, 59, 70, 73, 74, 77, 78, 84, 用語 4, 用語 8
政党禁止手続	Parteiverbotsverfahren	H, 用語 4
政党の特権	Parteienprivileg	用語 8
政党の機会均等	Chancengleichheit der politischen Parteien	59, 78
性別適合手術	geschlechtsanpassende Operation	14
生命権	Lebensrecht	11, 16, 51, 81
責任の特別の重大性	besondere Schwere der Schuld	1
責問制限	Rügeverkümmerung	2, 55
接続データ	Verbindungsdaten	3
世話人	Betreuer	17

選挙区割り	Wahlkreiseinteilung	75
選挙権	Wahlrecht	61, 75, 77, 78
選挙原則	Wahlgrundsätze	71, 72, 73, 75, 77, 78
選挙審査	Wahlprüfung	H, 59, 71, 72, 73, 77, 78, 用語4
選挙審査抗告／訴願	Wahlprüfungsbeschwerde	H, 71, 用語4
選挙の公開性	Öffentlichkeit der Wahl	72, 73
選挙(権)の平等／平等選挙	Wahl (rechts) gleichheit	59, 64, 72, 73, 75, 78
先決裁定	Vorabentscheidung	8, 41, 49, 60, 62, 63, 用語1, 用語9
専属的立法権限	→連邦の専属的立法権限	
全部判決	einheitliche Entscheidung	用語5
専門委員会	Gremium	74, 76, 79
専門裁判権	Fachgerichtsbarkeit	用語1
そ 相互的集団安全保障制度	System gegenseitiger kollektiver Sicherheit	80
捜査手続	Ermittlungsverfahren	3, 31, 40
相続・贈与税法	Erbschaftsteuer- und Schenkungssteuergesetz	20
装蹄法	Hufbeschlagsgesetz	44
遡及効	Rückwirkung	53, 54, 58, 62, 63, 用語8
(刑罰法規の) 遡及適用禁止	strafrechtliches Rückwirkungsverbot	18, 用語8
阻止条項	Sperrklausel	59, 71, 78, 82
訴訟判決	Prozessentscheidung	用語5
租税貸借対照表価格	Steuerbilanzwert	20
租税負担能力／負担能力	Leistungsfähigkeit	20, 21, 22
租税法	Steuerrecht	6, 20, 21, 22, 56, 77
Solange I 判決(決定)	Solange I	60, 63, 用語1
Solange II 判決(決定)	Solange II	41, 60, 用語1
た 対価原則	Äquivalenzprinzip	21
(ドイツ連邦議会の)代表機能	Repräsentationsfunktion (des Deutschen Bundestages)	76, 82
多重氏	Mehrfachnamen	15
闘う民主制／戦う民主制	wehrhafte Demokratie	H, 28, 29, 用語4, 用語8
(職業規制審査の)段階理論／段階説	Stufentheorie／Stufenlehre	44
単純化	Vereinfachung	22, 25, 77
ち 中間判決	Zwischenentscheidung	用語5
抽象的規範統制	abstrakte Normenkontrolle	H, 81, 83, 用語4
中心化規律	Mittelpunktregelung	70
父親の子の出自を知る権利	Recht des rechtlichen Vaters auf Kenntnis der Abstammung des Kindes	10
地方自治(行政)	kommunale Selbstverwaltung	66
超過議席	Überhangmandat	71, 73, 78
調査付託	Untersuchungsauftrag	79
諜報部局／情報機関	Nachrichtendienste	8, 9, 74, 79
(EU 法の)直接適用可能性	unmittelbare Geltung	60, 用語9
直接民主制	unmittelbare Demokratie	用語8
著作権	Urheberrecht	41, 49
治療収用法	Therapieunterbringungsgesetz	18
つ 追加選挙	Nachwahl	73, 78
通勤費	Fahrtaufwendungen	22
通勤費控除否認原則	Werkstorprinzip	22
通信の秘密	Fernmeldegeheimnis	3, 9, 40, 41, 42

	通信履歴保存義務	Vorratsdatenspeicherung	41
て	DNA 鑑定	DNA-Gutachten	10
	適法性	Zulässigkeit	用語 4
	適用拡張	Anwendungserweiterung	49
	（EU 法の）適用の優位	→ EU 法の優位	
	テロ	Terror	4, 8, 9, 16, 79, 80, 81
	テロ対策データファイル	Antiterrordatei	8
	電子投票	e-Voting	72
	（職業官僚制の）伝来的諸原則／伝統的諸原則	hergebrachte Grundsätze	46, 67, 69
と	ドイツ系帰還民・帰還者	Aussiedler	48, 54
	ドイツ連邦共和国の歴史的アイデンティティ	historische Identität der Bundesrepublik Deutschland	29
	統一価格	Einheitswert	20
	統合責任	Integrationsverantwortung	61
	投資助成法	Investitionszulagengesetz	63
	同性愛者	Homosexuelle	13, 14, 24, 25
	道徳観念	Moralvorstellung	11
	動物保護	Tierschutz	44, 51
	透明性規律	Transparenzregelung	70
な	内容形成	Ausgestaltung	13, 22, 23, 24, 25, 33, 39, 45, 53, 55, 69, 74
	NATO	Nordatlantikpakt-Organisation（North Atlantic Treaty Organization）	65, 80
	難　民	Flüchtling	12, 27, 48, 54
に	日曜日の保護	Sonntagsschutz	84
	人間の尊厳	Menschenwürde	1, 16, 28, 29, 34, 39, 40, 53, 54, 57, 81, 84
ね	年　金	Rente	23, 25, 48, 58, 69
	年金期待権	Rentenanwartschaft	48
	年金保険	Rentenversicherung	48
は	配偶者分割課税	Ehegattensplitting	23, 25
	判　決	Urteil	H, 用語 5
	判決にとっての必要性	Entscheidungserheblichkeit	H, 63, 用語 4
	反差別法／差別禁止法	→ 一般平等待遇法	
	（著作権法の）頒布権	Verbreitungsrecht	49
ひ	（婚姻夫婦と）比較可能であること	Ehepartnern vergleichbar	23, 25
	（立法の）非議会化／脱議会化	Entparlamentarisierung	52, 80
	非喫煙者保護法	Nichtraucherschutzgesetz	45
	庇護権	Asylrecht	12, 54
	庇護申請者給付法	Asylbewerberleistungsgesetz	54
	必要経費	Werbungskosten	22
	ビデオ監視	Videoüberwachung	5
	秘密選挙	geheime Wahl	72, 73, 75
	（諜報部局の）秘密保持の必要性	Geheimhaltungsbedürftigkeit der Nachrichtendienste	74
	平等原則	Gleichheitsgrundsatz	20, 21, 22, 23, 24, 25, 26, 27, 43, 45, 47, 51, 53, 58, 59, 60, 67, 71, 73, 75, 77, 78
	平等選挙	Wahlgleichheit	59, 72, 73, 75, 78
	開かれた審議	Beratungsoffenheit	51

484 邦語事項索引

開かれたフォーラム	öffentliches Forum	38
ビラの配布	Verteilen von Flugblättern	38
比例原則／比例性の原則	Grundsatz der Verhältnismäßigkeit/Verhältnismäßigkeitsgrundsatz	

1, 3, 4, 5, 6, 9, 11, 13, 15, 16, 17, 18, 21, 25, 28, 29, 31, 32, 35, 36, 38, 39, 40, 43, 45, 46, 47, 48, 51, 57, 58, 66, 73, 76, 79, 82, 用語 7, 用語 9

比例選挙	Verhältniswahl	59, 71, 73, 78
比例代表制という基本性格	Grundcharakter der Verhältniswahl	78
ふ 部 会	Kammer	H, 用語 2
父子鑑定	Abstammungsgutachten	10
不真正遡及効	unechte Rückwirkung	56, 58
武装兵力（軍隊）の出動	Einsatz bewaffneter Streitkräfte	16, 65, 80, 81, 用語 8
付 託	Vorlage	8, 41, 49, 63, 用語 9
付託義務	Vorlagepflicht	63
物的純額主義	objektives Nettoprinzip	22
不動産保有価格	Grundbesitzwert	20
負の投票価値	negatives Stimmgewicht	71, 73, 78
扶養原理	Alimentationsprinzip	67, 69
フラポート株式会社	Fraport AG	38
プレスの自由	Pressefreiheit	28, 30, 31, 32
へ 閉店法	Ladenschlussgesetz	84
平和要請	Friedensgebot	80
ヘックの定式	Hecksche Formel	用語 7
弁護士報酬法	Rechtsanwaltsvergütungsgesetz	43
ほ 保安拘禁	Sicherungsverwahrung	1, 18, 30
保安処分	Maßregel	1, 17
法案提出権	Gesetzesinitiativrecht	52
法規命令	Rechtsverordnung	50
防御権（防禦権）	Abwehrrecht	9, 53, 84, 用語 7
放送受信料	Rundfunkgebühren	33
放送の自由	Rundfunkfreiheit	32, 33
法治国家（法治国）	Rechtsstaat	1, 5, 29, 32, 39, 46, 47, 48, 55, 58, 65, 70
法治国家原理（法治国原理）／法治主義	Rechtsstaatsprinzip	1, 2, 3, 19, 22, 33, 39, 43, 53, 55, 56, 58, 63, 70, 72, 79, 用語 8
法 廷	Senat	H, 用語 2
法廷カメラ取材	Foto- und Filmaufnahmen im Sitzungssaal	32
法廷警察権	sitzungspolizeiliche Anordnung	32
報道の自由	Freiheit der Berichterstattung	32
（EU の）法の一般原則	allgemeine Rechtsgrundsätze	60, 用語 8, 用語 9
法の解釈方法	Methoden der Gesetzesauslegung	2, 81
法律憲法異議／法律に対する憲法異議	Gesetzesverfassungsbeschwerde	H, 16, 44, 用語 4
法律上の裁判官	gesetzlicher Richter	49, 62
法律としての効力	Gesetzeskraft	用語 6
法律の留保	Vorbehalt des Gesetzes	16, 28, 34, 38, 39, 46, 57, 66, 用語 7
法律廃棄権限の連邦憲法裁判所への集中	Verwerfungsmonopol des BVerfG	H, 用語 4
補完性／補充性	→憲法異議の補完性／補充性	
補完性原則	Subsidiaritätsprinzip	61, 用語 8, 用語 9
保護義務	Schutzpflicht	10, 16, 24, 26, 36, 38, 39, 51, 84, 用語 7
保護領域	Schutzbereich	3, 4, 8, 10, 11, 17, 28, 29, 32,

			35, 38, 40, 44, 45, 47, 53, 用語7
	本案判決	Sachentscheidung	用語5
ま	マーストリヒト判決	Maastricht-Urteil	61, 62, 63, 用語1
	Mangold 判決	Mangold-Entscheidung	62
み	民営化	Privatisierung	38, 41, 58, 68, 83
	民主主義／民主制／民主政	Demokratie	22, 28, 37, 55, 58, 59, 61, 64, 68, 70, 72, 73, 77, 84
め	明白性の審査（統制・コントロール）	Evidenzkontrolle	53, 54, 83, 用語7
	メディアの自由	Medienfreiheit	31
も	申立ての要件	Antragserfordernis	用語3
	目的拘束原則	Grundsatz der Zweckbindung	8
や	扼殺的効果	erdrosselnde Wirkung	47
よ	養 子	Adoption	11, 23, 24
	（連邦議会の）予算権	Budgetrecht	76
	予算政策上の全体責任／予算に関する総括責任	haushaltpotitische Gesamtverantwortung	64, 76
ら	ラスター捜査	Rasterfahndung	4, 7
り	リスボン条約	Vertrag von Lissabon	61, 62, 76, 用語9
る	類型化	Typisierung	21, 22, 25, 77
	類型化の余地	Typisierungsspielraum	21
	類推解釈禁止	Analogieverbot	57
れ	連邦議会	Bundestag	H, 52, 59, 61, 64, 65, 70, 71, 72, 73, 74, 75, 76, 77, 78, 79, 80, 82
	連邦議会の解散	Auflösung des Bundestages	71, 78
	連邦機関争訟	Bundesorganstreit	H
	連邦行政裁判所	Bundesverwaltungsgericht	29, 41, 50, 58, 75
	連邦軍	→連邦国防軍	
	連邦刑事庁／連邦刑事局	Bundeskriminalamt	4, 9, 31
	連邦憲法裁判所裁判官	Richter des Bundesverfassungsgerichts	H, 82, 用語2
	連邦国防軍	Bundeswehr	32, 65, 76, 80, 用語8
	連邦国家的争訟	→連邦と州および州相互間争訟	
	連邦財政裁判所	Bundesfinanzhof	20, 21, 22, 25, 47, 52, 56, 81
	連邦参議院	Bundesrat	H, 16, 42, 51, 52, 56, 61, 64, 80, 82
	連邦社会裁判所	Bundessozialgericht	27, 48
	連邦制改革	Föderalismusreform	9, 67, 69, 84
	連邦大統領に対する訴追手続	Anklageverfahren gegen den Bundespräsidenten	H, 用語4
	連邦通信法	Telekommunikationsgesetz	42
	連邦と州および州相互間争訟	Bund-Länder-Streitigkeit/föderative Streitigkeit	H, 用語4
	連邦の競合的立法権限	konkurrierende Gesetzgebungskompetenz	66, 69, 84, 用語8
	連邦の専属的立法権限	ausschließliche Gesetzgebungskompetenz	81, 用語8
	連邦弁護士法	Bundesrechtsanwaltsordnung	43
	連邦補充交付金	Bundesergänzungszuweisungen	83
ろ	労働裁判権	Arbeitsgerichtsbarkeit	用語1

独語事項索引

〔斎藤一久・松本奈津希・村山美樹・山本和弘〕

＊数字は本書の見出し（項目）番号を示す。「H」は巻頭の「制度とその運用──手続の概観」（畑尻剛執筆）
　を示し、基本用語は「用語」と省略し、基本用語集の項目番号を付記している。
＊事項名、ドイツ語訳とも、必ずしも「定訳」を意味するものではない。

A	Abfärberegelung	移染規定	21
	Ablehnung	忌　避	25
	Ablehnung eines Richters	裁判官忌避	25, 用語 3
	Abschuss von Luftfahrzeug	航空機の撃墜	16
	Abstammungsgutachten	父子鑑定	10
	Abstandsgebot	距離命令	18
	abstrakte Normenkontrolle	抽象的規範統制	H, 81, 83, 用語 4
	Abwägungsfehler	衡量瑕疵	51
	Abwehrrecht	防御権（防禦権）	9, 53, 84, 用語 7
	Adoption	養　子	11, 23, 24
	airborne warning and control system	AWACS（早期警戒管制機）	65, 76, 80
	Alimentationsprinzip	扶養原理	67, 69
	allgemeine Handlungsfreiheit	一般的行為自由／一般的自由権	39, 68
	allgemeine Rechtsgrundsätze	（EU の）法の一般原則	60, 用語 8, 用語 9
	allgemeiner Gleichheitssatz	一般的平等原則	21, 22, 23, 26, 27, 45, 47, 50, 58, 60, 67
	allgemeines Gesetz	一般的法律	28, 29, 30, 31
	Allgemeines Gleichbehandlungsgesetz	一般平等待遇法	26
	allgemeines Persönlichkeitsrecht	一般的人格権	5, 9, 10, 11, 13, 14, 15, 28, 32, 34, 46, 55, 57
	Analogieverbot	類推解釈禁止	57
	Anhörung	意見聴取	51
	Anklageverfahren gegen den Bundespräsidenten	連邦大統領に対する訴追手続	H, 用語 4
	Annahmeverfahren	受理手続	用語 4
	Antidiskriminierungsgesetz	一般平等待遇法(反差別法／差別禁止法)	26
	Antiterrordatei	テロ対策データファイル	8
	Antragserfordernis	申立ての要件	用語 3
	Anwendungserweiterung	適用拡張	49
	Anwendungsvorrang	EU 法の優位	用語 9
	Appellentscheidung	警告判決	39, 語 5
	Äquivalenzprinzip	対価原則	21
	Arbeitsgerichtsbarkeit	労働裁判権	用語 1
	Asylbewerberleistungsgesetz	庇護申請者給付法	54

独語事項索引　*487*

	Asylrecht	庇護権	12, 54
	Auflösung des Bundestages	連邦議会の解散	71, 78
	Ausgestaltung	内容形成	13, 22, 23, 24, 25, 33, 39, 45, 53, 55, 69, 74
	Ausländer	外国人	12, 26, 27, 28, 48, 53, 54, 75
	ausschließliche Gesetzgebungskompetenz	連邦の専属的立法権限（専属的立法権限）	81, 用語 8
	Ausschließung eines Richters	裁判官除斥	用語 3
	Aussiedler	ドイツ系帰還民・帰還者	48, 54
	Ausstrahlungswirkung der Grundrechte	基本権の照射効	用語 7
	auswärtige Gewalt	外交権	65, 80
	automatisierte Erfassung von Kraftfahrzeugkennzeichen	N システム（自動車ナンバーの自動読み取り）	5, 7
B	Basisrisiko	基礎リスク	36
	Beamte	官吏（公務員）	58, 67, 68, 69
	Beamtenversorgungsgesetz	官吏恩給法	58, 67
	Bedarfsfeststellung	資金需要確定	33
	Beratungsoffenheit	開かれた審議	51
	Berufsbeamtentum	職業官僚制／職業官吏制	46, 58, 68, 69
	Berufsfreiheit	職業の自由	28, 36, 43, 44, 45, 46, 47, 70
	Beschlagnahme	差押え	3, 31, 40
	Beschluss	決定（連邦憲法裁判所）	用語 5
	Beschluss	決定（EU 法）	用語 9
	besondere Schwere der Schuld	責任の特別の重大性	1
	Betreuer	世話人	17
	Betriebsvermögen	事業用資産	20
	Betroffenheit	かかわり（該当性、侵害性）	用語 4
	Beweiserhebungsrecht	証拠取調権	79
	Beweisverbot	証拠(利用)禁止	57
	Bildnisse aus dem Bereiche der Zeitgeschichte	現代史の領域からの肖像	30
	Bindungswirkung der Entscheidung	（判決／先例の）拘束力	47, 用語 6
	Brief- und Postgeheimnis	信書・郵便の秘密	39
	Budgetrecht	（連邦議会の）予算権	76
	Bundesergänzungszuweisungen	連邦補充交付金	83
	Bundesfinanzhof	連邦財政裁判所	20, 21, 22, 25, 47, 52, 56, 81
	Bundeskriminalamt	連邦刑事庁／連邦刑事局	4, 9, 31
	Bundesorganstreit	連邦機関争訟	H
	Bundesrat	連邦参議院	16, 42, 51, 52, 56, 61, 64, 80, 82
	Bundesrechtsanwaltsordnung	連邦弁護士法	43
	Bundessozialgericht	連邦社会裁判所	27, 48
	Bundestag	連邦議会	52, 59, 61, 64, 65, 70, 71, 72, 73, 74, 75, 76, 77, 78, 79, 80, 82
	Bundesverwaltungsgericht	連邦行政裁判所	29, 41, 50, 58, 75
	Bundeswehr	連邦国防軍（連邦軍）	32, 65, 76, 80, 用語 8
	Bund-Länder-Streitigkeit/föderative Streitigkeit	連邦と州および州相互間争訟（連邦国家的争訟）	H, 用語 4
C	Chancengleichheit der politischen Parteien	政党の機会均等	59, 78
	Charta der Grundrechte der Europäischen Union	EU 基本権憲章	23, 用語 9
	Computer-Grundrecht	コンピュータ基本権	9
D	Demokratie	民主主義／民主制／民主政	22, 28, 37, 55, 58,

独語事項索引

		59, 61, 64, 68, 70, 72, 73, 77, 84
DNA-Gutachten	DNA 鑑定	10
Drei-Stufen（Schritt）- Prüfung von Grundrechtsbeschränkung	基本権制限の3段階審査（3段階審査理論）	用語7
Dreiteilungsmethode	三分割法	2
Drittwirkung der Grundrechte	基本権の第三者効力	38, 用語7
echte Rückwirkung	真正遡及効	56, 58
effektiver Rechtsschutz/wirksamer Rechtsschutz	実効的権利保護	19, 31, 47, 50, 55
EG-Richtlinie	EC 指令	36
EG-Vertrag	EC 条約	60, 61
Ehe	婚　姻	2, 11, 12, 13, 14, 15, 23, 24, 25
Ehegattensplitting	配偶者分割課税	23, 25
Ehepartnern vergleichbar	（婚姻夫婦と）比較可能であること	23, 25
Eingriff	介　入	4, 17, 28, 35, 39, 用語7
einheitliche Entscheidung	全部判決	用語5
Einheitswert	統一価格	20
Einkommensteuer	所得税	6, 21, 22, 25, 47, 52, 56, 66, 用語8
Einsatz bewaffneter Streitkräfte	武装兵力（軍隊）の出動	16, 64, 65, 80, 81, 用語8
Einschüchterungseffekt	萎縮効果	3, 8, 37
einstweilige Anordung	仮命令	H, 37, 64, 用語3
Einzelunternehmen	一人会社	21
Elterngeld	親手当	27
Elternrecht	親　権	10, 26
Elternrecht	親の権利	24, 26
Elternschaft（Elternbeziehung）	親子関係	10, 14, 24, 26
Empfehlung	勧告（EU 法）	39, 用語9
Endentscheidung	終局判決	用語5
Entparlamentarisierung	（立法の）非議会化／脱議会化	52, 80
Entscheidungserheblichkeit	判決にとっての必要性	H, 63, 用語4
Erbschaftsteuer- und Schenkungssteuergesetz	相続・贈与税法	20
erdrosselnde Wirkung	扼殺的効果	47
Ermittlungsverfahren	捜査手続	3, 31, 40
Erziehungsrecht der Eltern	親の監護権（養育権）	26
Europäische Finanzstabilisierungsfazilität	欧州金融安定化ファシリティ	76, 82
Europäische Gemeinschaft	欧州共同体	59, 61, 77
Europäische Kommission	欧州委員会	46, 49, 60, 63, 用語9
Europäische Menschenrechtskonvention	欧州人権条約	11, 12, 18, 24, 30, 60, 用語9
Europäische Union	EU（欧州連合）	41, 59, 60, 61, 62, 63, 64, 用語9
Europäischer Gerichtshof	欧州司法裁判所（EU司法裁判所）	8, 30, 41, 46, 49, 51, 60, 62, 63, 用語1, 用語9
Europäischer Gerichtshof für Menschenrechte	欧州人権裁判所	11, 12, 18, 23, 24, 30, 49, 用語9
Europäischer Parlament	欧州議会	41, 59, 用語9
Europäischer Rat	欧州首脳理事会	用語9
Europäischer Stabilitätsmechanismus	欧州安定メカニズム／制度／ESM	64, 76, 82

E

独語事項索引　*489*

Europarat	欧州評議会	39, 77, 用語 9
Europawahlgesetz	欧州議会議員選挙法	59
Evidenzkontrolle	明白性の審査（統制・コントロール）	53, 54, 83, 用語 7
e-Voting	電子投票	72
Existenzminimum	最低限度の生活	53, 54
F　Fachgerichtsbarkeit	専門裁判権	用語 1
Fahrtaufwendungen	通勤費	22
Familie	家　族	2, 10, 11, 15, 23, 24, 25, 26, 27, 32, 48, 54, 61, 67, 69, 77, 84
Fernmeldegeheimnis	通信の秘密	3, 9, 40, 41, 42
Feststellungsklage	確認訴訟	50
Finanz	財　政	21, 22, 26, 48, 61, 64, 83
Finanzausgleich	財政調整	H, 66, 83
Finanzbedarfsanmeldung	資金需要申告	33
Flüchtling	難　民	12, 27, 48, 54
Föderalismusreform	連邦制改革	9, 67, 69, 84
Foto- und Filmaufnahmen im Sitzungssaal	法廷カメラ取材	32
Fraport AG	フラポート株式会社	38
freies Mandat	自由委任	70, 74
Freiheit der Berichterstattung	報道の自由	32
Freiheit der Person	人身の自由	1, 18, 68
Friedensgebot	平和要請	80
funktionell-rechtlicher Ansatz	機能法的アプローチ	用語 1
Funktionsfähigkeit des Parlaments	議会の機能性	70, 78
Funktionsvorbehalt	作用留保	68
G　Gebot der Normenklarheit　(und -bestimmt-heit)	規範の明確性（・特定性）の原則	1, 3, 5, 6, 7, 8, 9
gegenwärtige Gefahr	現在の危険	4, 7, 8, 16
Geheimdienst	情報機関	8
geheime Wahl	秘密選挙	72, 73, 75
Geheimhaltungsbedürftigkeit der Nachrichtendienste	（諜報部局の）秘密保持の必要性	74
Geltungsvorrang	効力の優位	60, 用語 9
Gemeinde	ゲマインデ／自治体／市町村	H, 5, 21, 47, 52, 59, 66, 68, 75, 83, 用語 4, 用語 8
gemischtwirtschaftliche Unternehmen	混合企業	38
Gender	ジェンダー	27
Gentechnikgesetz	遺伝子工学法	36
gentechnisch veränderter Organismus	遺伝子組換え生物	36
Gerichtshof der Europäischen Gemeinschaft	EC 裁判所	60
Gerichtshof der Europäischen Union	EU 司法裁判所	41, 60, 62, 用語 9
Gerichtsöffentlichkeit	裁判の公開	32
geschlechtsanpassende Operation	性別適合手術	14
Geschlechtsidentität	性的アイデンティティ／性別のアイデンティティ	12, 13, 14, 24
Gesetzesinitiativrecht	法案提出権	52
Gesetzeskraft	法律としての効力	用語 6
Gesetzesverfassungsbeschwerde	法律憲法異議／法律に対する憲法異議	H, 16, 44, 用語 4
gesetzlicher Richter	法律上の裁判官	49, 62

490 独語事項索引

Gestaltungsfreiheit	形成の自由	10, 15, 22, 24, 39, 48, 53
Gestaltungsspielraum	形成の余地	11, 12, 21, 24, 39, 45, 48, 51, 53, 55, 59, 66, 67, 70, 77, 78, 用語1
Gewerbebetrieb	営業経営	21
Gewerbeertragsteuer	営業収益税	21
Gewerbesteuer	営業税	21, 66
Glaubensfreiheit	信仰の自由	28, 35, 84
Gleichheitsgrundsatz	平等原則	20, 21, 22, 23, 24, 25, 26, 27, 43, 45, 47, 51, 53, 58, 59, 60, 67, 71, 73, 75, 77, 78
Gremium	専門委員会	74, 76, 79
Grundbesitzwert	不動産保有価格	20
Grundcharakter der Verhältniswahl	比例代表制という基本性格	78
Grundrechtsfähigkeit	基本権享有主体性	49
Grundrechtsverwirkung	基本権の喪失	H, 用語4
Grundsatz der freien Beweiswürdigung	自由心証主義	57
Grundsatz der Spiegelbildlichkeit	鏡像性の原則	76, 82
Grundsatz der Verhältnismäßigkeit/Verhältnismäßigkeitsgrundsatz	比例原則／比例性の原則	1, 3, 4, 5, 6, 9, 11, 13, 15, 16, 17, 18, 21, 25, 28, 29, 31, 32, 35, 36, 38, 39, 40, 43, 45, 46, 47, 48, 51, 57, 58, 66, 73, 76, 79, 82, 用語7, 用語9
Grundsatz der Zweckbindung	目的拘束原則	8
H Halbteilungsgrundsatz	五公五民原則	47
haushaltpotitische Gesamtverantwortung	予算政策上の全体責任／予算に関する総括責任	64, 76
Hecksche Formel	ヘックの定式	用語7
hergebrachte Grundsätze	(職業官僚制の)伝来的諸原則／伝統的諸原則	46, 67, 69
Hinterbliebenenrente	遺族年金	23
historische Identität der Bundesrepublik Deutschland	ドイツ連邦共和国の歴史的アイデンティティ	29
Homosexuelle	同性愛者	13, 14, 24, 25
Hufbeschlagsgesetz	装蹄法	44
I identitätsstiftende Funktion	自己同一性創出機能	15
indirekte Wahl (der Richter des Bundesverfassungsgerichts)	(連邦憲法裁判所裁判官の)間接選出	H, 82
informationelles Selbstbestimmungsrecht	情報自己決定権	3, 4, 5, 6, 7, 8, 9, 10, 36, 37, 41, 70, 79
informationelles Trennungsprinzip	情報の分離原則	8
informationstechnisches System	情報技術システム	9
innerstaatliche Umsetzung von Richtlinien	指令の国内法化・実施	60, 62
Integrationsverantwortung	統合責任	61
intensivierte inhaltliche Kontrolle	厳格な内容審査	用語7
Investitionszulagengesetz	投資助成法	63
Inzest	近親相姦	11
IP-Adresse	IP アドレス	42
J Je-desto-Formel	je-desto 公式	7, 34
Jugendstrafvollzug	少年行刑	39
Justizgewährungsanspruch	司法付与請求権	19
K Kammer	部　会	H, 用語2
Kirche	教　会	35, 84
Kleine Anfrage	小質問	74

独語事項索引　　*491*

Kommission zur Überprüfung und Ermittlung des Finanzbedarfs der Rundfunkanstalten	公共放送資金需要調査委員会	33
kommunale Selbstverwaltung	地方自治（行政）	66
Kommunalverfassungsbeschwerde	自治体の憲法異議	H, 用語 4
Kompetenz-Kompetenz	権限を生み出す権限	用語 9
konkrete Gefahr	具体的な危険	4, 9, 36, 38
konkurrierende Gesetzgebungskompetenz	連邦の競合的立法権限	66, 69, 84, 用語 8
Kontostammdaten	口座基本データ	6
Kontrolldichte	審査密度	36, 46, 55, 用語 7
Kooperationsverhältnis	協働関係	63
Kreditwesengesetz	金融制度法	6
Kunstfreiheit	芸術の自由	34
L　Ladenschlussgesetz	閉店法	84
Lebensgemeinschaft	生活共同体	13, 14, 23, 24, 25
lebenslange Freiheitsstrafe	終身自由刑（無期刑）	1
Lebenspartnerschaft	生活パートナーシップ	13, 14, 23, 24, 25
Lebensrecht	生命権	11, 16, 51, 81
Leistungsfähigkeit	応能負担	20, 21
Leistungsfähigkeit	租税負担能力／負担能力	20, 21, 22
Leistungsgrundsatz	業績原則	67, 69
Luftsicherheitsgesetz	航空安全法	H, 9, 16, 81, 用語 8
M　Maastricht-Urteil	マーストリヒト判決	4, 61, 62, 用語 1
Mangold-Entscheidung	Mangold 判決	62
Maßregel	保安処分	1, 17
Medienfreiheit	メディアの自由	31
Mehrfachnamen	多重氏	15
Meinungsfreiheit	意見表明の自由	8, 28, 29
Menschenwürde	人間の尊厳	1, 16, 28, 29, 34, 39, 40, 53, 54, 57, 81, 84
Methoden der Gesetzesauslegung	法の解釈方法	2, 81
mittelbare Diskriminierung	間接差別	27
mittelbarer Eingriff	間接的制約	28
Mittelpunktregelung	中心化規律	70
Moralvorstellung	道徳観念	11
N　Nachrichtendienste	諜報部局／情報機関	8, 9, 74, 79
Nachwahl	追加選挙	73, 78
Nationalsozialismus	国民(国家)社会主義	29
negative Wirkung	(EU 指令の)消極的効果	62
negatives Stimmgewicht	負の投票価値	71, 73, 78
Nettoeinkommen	純所得	22
Nichtigerklärung verfassungswidriger Normen	違憲規範の無効宣言（違憲無効）	H, 27, 51, 53, 54, 59, 78, 用語 5
Nichtraucherschutzgesetz	非喫煙者保護法	45
Nordatlantikpakt-Organisation（North Atlantic Treaty Organization）	NATO	65, 80
Normenkontrollverfahren	具体的規範統制	H, 用語 4
Normwiederholungsverbot	違憲法律の再立法禁止	用語 6
O　objektives Nettoprinzip	物的純額主義	22
objektives Recht	客観法	31, 51, 67, 84, 用語 7
öffentliche Beschaffung	公共調達	19
öffentliches Forum	開かれたフォーラム	38

492　独語事項索引

	öffentliche Friede	公共の平穏	29
	öffentlicher Dienst	公勤務	46, 67
	öffentliches Interesse	公的利益／公共的利益	13, 29, 38, 55, 71
	Öffentlichkeit der Wahl	選挙の公開性	72, 73
	öffentlich-rechtlicher Rundfunk	公共放送	32, 33
	Online-Durchsuchung	オンライン監視／オンライン捜索	6, 7, 9, 42
	Organstreit	機関争訟	H, 用語4
P	parlamentarischer Rat	議会評議会	35, 用語8
	parlamentarisches Fragerecht	議会の質問権	74
	Parlamentsvorbehalt	議会留保	65, 76, 80
	Parteienprivileg	政党の特権	用語8
	Parteiverbotsverfahren	政党禁止手続	H, 用語4
	Passivrauchen	受動喫煙	45
	Personengesellschaft	人的会社	21
	Persönlichkeitsrecht	人格権	5, 10, 15, 30, 32, 34
	Plenum	合同部	H, 81, 用語2
	politische Partei	政党 2, 6, 28, 59, 70, 73, 74, 77, 78, 84, 用語4, 用語8
	Pressefreiheit	プレスの自由	28, 30, 31, 32
	Primärrecht	EU 第一次法	用語9
	Prinzip der begrenzten Einzelermächtigung	個別授権（権限付与）の原則	61, 用語9
	Prinzip der Folgerichtigkeit/Folgerichtigkeitsgebot	首尾一貫性の原則	21, 22, 45, 53, 75, 78
	Privatisierung	民営化	38, 41, 58, 68, 83
	Prozessentscheidung	訴訟判決	用語5
	Prüfung von EU-Recht	EU 立法に対する違憲審査	41
R	Rasterfahndung	ラスター捜査	4, 7
	Rat der Europäischen Union	欧州理事会	59, 64, 用語9
	Recht auf ein faires Verfahren	公平な手続きを求める権利	57
	Recht des rechtlichen Vaters auf Kenntnis der Abstammung des Kindes	父親の子の出自を知る権利	10
	Rechtsanwaltsvergütungsgesetz	弁護士報酬法	43
	Rechtsstaat	法治国家（法治国）	1, 5, 29, 32, 39, 46, 47, 48, 55, 58, 65, 70
	Rechtsstaatsprinzip	法治国家原理（法治国原理）／法治主義 1, 2, 3, 19, 22, 33, 39, 43, 53, 55, 56, 58, 63, 70, 72, 79, 用語8
	Rechtsverordnung	法規命令	50
	rechtswidrig erhobene (personenbezoge) Information	違法収集（個人）情報	57
	religiös-weltanschauliche Neutralität des Staates	国家の宗教的・世界観的中立性	35
	Rente	年金	23, 25, 48, 58, 69
	Rentenanwartschaft	年金期待権	48
	Rentenversicherung	年金保険	48
	Repräsentationsfunktion (des Deutschen Bundestages)	（ドイツ連邦議会の）代表機能	76, 82
	Richter des Bundesverfassungsgerichts	連邦憲法裁判所裁判官	H, 82, 用語2
	Richteranklagen	裁判官に対する訴追	H, 用語4
	richterliche Rechtsfindung	裁判官による法発見	55, 用語3
	richterliche Rechtsfortbildung	裁判官の法形成／継続的形成	2, 46, 55, 用語4

独語事項索引　　*493*

richterliches Prüfungsrecht	裁判官の審査権	H, 用語 4
Richtlinie	指令（EU 法）	26, 36, 41, 60, 62, 63, 用語 9
Rückwirkung	遡及効	53, 54, 58, 62, 63, 用語 8
Rügeverkümmerung	責問制限	2, 55
Rundfunkfreiheit	放送の自由	32, 33
Rundfunkgebühren	放送受信料	33
S Sachentscheidung	本案判決	用語 5
Schutz von Ehe und Familie	婚姻および家族の保護	11, 23, 25, 27, 84
Schutzbereich	保護領域	3, 4, 8, 10, 11, 17, 28, 29, 32, 35, 38, 40, 44, 45, 47, 53, 用語 7
Schutzpflicht	保護義務	10, 16, 24, 26, 36, 38, 39, 51, 84, 用語 7
Sekundärrecht（abgeleitetes Recht）	EU 二次法	用語 9
Selbständige	自営業者	21
Selbstbeschränkung des BVerfG	（連邦憲法裁判所の）自己抑制原則	用語 1
Selbstbestimmungsrecht der Religionsgemeinschaft	宗教共同体の自己決定権	35
Senat	法　廷	H, 用語 2
sexuelle Ausrichtung/sexuelle Orientierung	性的指向	13, 14, 23, 25, 26
sexuelle Selbstbestimmung	性的自己決定	11, 13, 14
Sicherungsverwahrung	保安拘禁	1, 18, 30
sitzungspolizeiliche Anordnung	法廷警察権	32
Solange I	Solange I 判決（決定）	60, 63, 用語 1
Solange II	Solange II 判決（決定）	41, 60, 用語 1
Sondervotum	少数意見	用語 3
Sonntagsschutz	日曜日の保護	84
Sozialgerichtsbarkeit	社会裁判権	用語 1
Sozialgesetzbuch	社会法典／社会保障法典	23, 27, 53, 54
Sozialstaatsprinzip	社会国家原理	10, 39, 48, 53, 54, 67, 84
Sozialversicherung	社会保険	23, 48
Sperrklausel	阻止条項	59, 71, 78, 82
spezifisches Verfassungsrecht	憲法固有の領域	用語 7
staatlich gebundener Beruf	国家と結合した職業	46
Staatsangehörigkeit	国　籍	12, 26, 27, 49, 54, 61, 75, 77, 用語 9
Staatsangehörigkeitsprinzip	国籍主義	12
Staatsgerichtsbarkeit	国事裁判権	用語 1
Staatswohl	国家の安寧	79
Staatszielbestimmung	国家目標規定	51
„starre“ Liste	「拘束式」候補者名簿	59, 71
Stellungnahme	意見（EU）	用語 9
Steuerbilanzwert	租税貸借対照表価格	20
Steuerrecht	租税法	6, 20, 21, 22, 56, 77
Strafprozessordnung/Strafprozessrecht	刑事訴訟法	1, 3, 31, 32, 40, 41, 42, 55, 57, 79
strafrechtliches Rückwirkungsverbot	（刑罰法規の）遡及適用禁止	18, 用語 8
Streitanteilsvergütung	一定割合報酬	43
Stufentheorie／Stufenlehre	（職業規制審査の）段階理論／段階説	44
subjektive Berufszulassungsvoraussetzung	職業に対する主観的参入要件	44
subjektives Nettoprinzip	人的純額主義	22
Subsidiarität der Verfassungsbeschwerde	憲法異議の補完性／補充性	50, 84, 用語 4
Subsidiaritätsprinzip	補完性原則	61, 用語 8, 用語 9

494 独語事項索引

	Sukzessivadoption	継養子	23, 24
	System gegenseitiger kollektiver Sicherheit	相互的集団安全保障制度	80
T	Teilentscheidung	一部判決	用語 5
	Telekommunikation	遠隔コミュニケーション	3
	Telekommunikationsgesetz	連邦通信法	42
	Terror	テロ	4, 8, 9, 16, 79, 80, 81
	theologische Fakultät	神学部	35
	Therapieunterbringungsgesetz	治療収用法	18
	Tierschutz	動物保護	44, 51
	Transparenzregelung	透明性規律	70
	Transsexuellengesetz	性転換法／トランスセクシャル法	12, 13, 14
	Typisierung	類型化	4, 21, 22, 25, 39, 77
	Typisierungsspielraum	類型化の余地	21
U	Überhangmandat	超過議席	71, 73, 78
	Übermaßverbot	過剰侵害(介入)禁止	5, 11, 36, 40, 47, 48, 用語 7
	Übertragung von Hoheitsrechten auf die Europäische Union	EUへの高権移譲	61
	Überwachung von Abgeordneten	議員の監視	74
	Überwachungskamera	監視カメラ	5
	Ultima-Ratio Prinzip	最終手段原則	83
	ultra vires Kontrolle	権限踰越統制（コントロール）	61, 62
	Umsetzungsspielraum	(EU法の)実施裁量	49, 63
	Unabhängigkeit der Abgeordneten	議員の独立性	70
	unechte Rückwirkung	不真正遡及効	56, 58
	ungleiche Behandlung von Personengruppen	人的集団の不平等取扱い	23, 25, 26, 45, 60
	unmittelbare Demokratie	直接民主制	用語 8
	unmittelbare Geltung	(EU法の)直接適用可能性	60, 用語 9
	unmittelbare Wirkung（Anwendbarkeit）des Unionsrechts	EU法の直接効果	用語 9
	Untermaßverbot	過少保護禁止	用語 7
	Untersuchungsauftrag	調査付託	79
	Unvereinbarkeitserklärung verfassungswidriger Normen	違憲規範の不一致宣言	H, 用語 5
	Unwiderruflichkeit	裁判の変更禁止効	用語 6
	Urheberrecht	著作権	41, 49
	Urteil	判決	H, 用語 5
V	Veranlassungsprinzip	基因原則	22
	Verbindungsdaten	接続データ	3
	Verbreitungsrecht	(著作権法の)頒布権	49
	Vereinfachung	単純化	22, 25, 77
	Verfassungsbeschwerde	憲法異議	H, 用語 4
	Verfassungsidentität	憲法アイデンティティ／憲法の同一性	61, 62, 63
	verfassungskonforme Auslegung von Gesetzen	(法律の)憲法適合的解釈／合憲解釈／合憲限定解釈	1, 8, 17, 18, 50, 64, 70, 76, 用語 1, 用語 5
	verfassungskonformer Systemwechsel	憲法適合的な体系転換	22
	Verfassungsorgan	憲法機関	H, 用語 2
	Verfassungsschutzbehörde	憲法擁護庁	9, 28
	Verfassungswidrigfeststellung	違憲確認(判決)	H, 24, 27, 39, 45, 50, 51, 53, 用語 5
	Vergabe	委託発注	19

独語事項索引　*495*

Verhältniswahl	比例選挙	59, 71, 73, 78
Versammlungsfreiheit	集会の自由	H, 37, 38, 61
Verteilen von Flugblättern	ビラの配布	38
Vertrag von Lissabon	リスボン条約	6, 61, 62, 63, 76, 用語 9
Vertragsfreiheit	契約の自由	43, 62
Vertrauensschutz	信頼保護	18, 19, 48, 53, 56, 58, 62, 用語 8
Vertretbarkeitskontrolle	主張可能性の審査	55, 66, 用語 7
Verwaltungsgerichtsbarkeit	行政裁判権	用語 1
Verwerfungsmonopol des BVerfG	法律廃棄権限の連邦憲法裁 判所への集中	用語 4
Videoüberwachung	ビデオ監視	5
Volksinitiative	国民発案	用語 8
Volkszählungsurteil	国勢調査判決	3, 5, 7, 9, 41
Vollstreckungsanordnung	執行命令	H
Vorabentscheidung	先決裁定	8, 41, 49, 60, 62, 63, 用語 1, 用語 9
Vorbehalt des Gesetzes	法律の留保	16, 28, 34, 38, 39, 46, 57, 66, 用語 7
Vorlage	付　託	8, 41, 49, 63, 用語 9
Vorlage	移　送	H, 用語 4
Vorlagepflicht	付託義務	63
Vorrang des Unionsrechts	EU 法の優位	49, 60, 62, 用語 9
Vorratsdatenspeicherung	通信履歴保存義務	41
Vorwirkung der EU-Richtlinie	EU 指令の前効果	62
W Wahl（rechts）gleichheit	選挙（権）の平等／平等選挙	59, 64, 72, 73, 75, 78
Wahlgleichheit	平等選挙	59, 72, 73, 75, 78
Wahlgrundsätze	選挙原則	H, 59, 71, 72, 73, 75, 77, 78
Wahlkreiseinteilung	選挙区割り	75
Wahlprüfung	選挙審査	71, 72, 73, 77, 78, 用語 4
Wahlprüfungsbeschwerde	選挙審査抗告／訴願	H, 71, 用語 4
Wahlrecht	選挙権	61, 75, 77, 78
wehrhafte Demokratie	闘う民主制／戦う民主制	H, 28, 29, 用語 4, 用語 8
Weisungsrecht	指揮権	46
Werbungskosten	必要経費	22
Werkstorprinzip	通勤費控除否認原則	22
Willkürverbot	恣意（の）禁止	21, 24, 26, 45, 用語 7
Wissenschaftsfreiheit	学問の自由	35, 36
Z Zugewinngemeinschaft	剰余共同体	25
Zulässigkeit	適法性	用語 4
Zwangsbehandlung	強制治療	17
Zwischenentscheidung	中間判決	用語 5
	監視カメラ	5

〈初 出 一 覧〉

＊本書の判例解説は、自治研究において連載中の「ドイツ憲法判例研究」で紹介しているものを除き、すべて本書が初出である。
＊自治研究を初出とする判例解説においても、加筆・削除その他の修正が施されている。
＊末尾のボールドの数字は、本書での項目番号を意味する。

・西土彰一郎「接続データの保護」自治研究 90 巻 9 号（2014 年）143 頁 **3**
・實原隆志「金融機関の顧客データの税務当局による秘密裏の照会・取得」自治研究 89 巻 8 号（2013 年）136 頁 **6**
・實原隆志「ドイツ版『N システム』の合憲性」自治研究 86 巻 12 号（2010 年）149 頁 **7**
・入井凡乃「対テロデータファイル法による情報機関・警察の情報共有と自己決定権」自治研究 90 巻 6 号（2014 年）119 頁 **8**
・武市周作「血縁の兄弟姉妹間の近親姦の合憲性」自治研究 86 巻 5 号（2010 年）153 頁 **11**
・春名麻季「性転換法による婚姻解消要件と一般的人格権・婚姻の保護」90 巻 2 号（2014 年）126 頁 **13**
・平松毅「性同一性障害者に戸籍法上の登録要件として外科手術を求める規定の違憲性」自治研究 89 巻 9 号（2013 年）152 頁 **14**
・太田航平「委託発注法と司法付与請求権」91 巻 6 号（2015 年）133 頁 **19**
・春名麻季「生活パートナー関係下での継養子の可否」自治研究 92 巻 5 号（2016 年）146 頁 **24**
・松原光宏「配偶者分割課税と登録生活パートナーに対する差別」自治研究 91 巻 3 号（2015 年）155 頁 **25**
・難波岳穂「育児手当における外国人除外条項の合憲性――バイエルン州育児手当事件」自治研究 91 巻 2 号（2015 年）143 頁 **26**
・土屋武「ヴンジーデル決定」自治研究 92 巻 1 号（2016 年）144 頁 **29**
・鈴木秀美「キケロ判決」自治研究 90 巻 8 号（2014 年）146 頁 **31**
・千國亮介「信仰からの離脱を理由とする神学部の大学教員の配置換えの違憲性――リューデマン決定」自治研究 88 巻 1 号（2012 年）144 頁 **35**
・玉蟲由樹「遺伝子工学法の合憲性」自治研究 91 巻 4 号（2015 年）154 頁 **36**
・石村修「フランクフルト飛行場集会規制」自治研究 89 巻 10 号（2013 年）137 頁 **38**
・宮地基「プロバイダのメールサーバ上にある電子メールの差押と通信の秘密」自治研究 90 巻 11 号（2014 年）154 頁 **40**
・カール＝フリードリッヒ・レンツ「通信履歴保存義務を定める EU 法および国内法に対する違憲判決」自治研究 88 巻 9 号（2012 年）154 頁 **41**
・實原隆志「通信サービスの利用者データを保存・提供させる手続の合憲性」自治研究 90 巻 10 号（2014 年）148 頁 **42**
・畑尻剛「所得税・営業税と『五公五民原則（Halbteilungsgrundsatz)』」自治研究 91 巻 11 号（2015 年）142 頁 **47**
・藤井康博「国家目標規定と動物保護委員会（審議会）意見聴取手続――産卵鶏飼育の命令違憲決定」自治研究 91 巻 5 号（2015 年）143 頁 **51**
・松原有里「租税法規の遡及効と信頼保護原則」自治研究 90 巻 12 号（2014 年）153 頁 **56**
・門田孝「欧州統合に対する憲法的統制――リスボン条約判決――」自治研究 91 巻 1 号（2015 年）142 頁 **61**
・中西優美子「ドイツ連邦憲法裁判所による EU 機関の行為に対する権限踰越コントロール」自治研究 89 巻 4 号（2013 年）148 頁 **62**
・兼平麻渚生「EU 法の国内実施法律に関する連邦憲法裁判所への移送と欧州司法裁判所への付託」自治研究 90 巻 3 号（2014 年）141 頁 **63**
・上代庸平「ゲマインデの営業税負荷率決定と自治体財政権」自治研究 90 巻 1 号（2014 年）131 頁 **66**
・三宅雄彦「待機期間延長による官吏恩給の減額」自治研究 92 巻 4 号（2016 年）150 頁 **67**
・高橋雅人「州から公益的有限責任会社に移管された精神科病院における拘禁を伴う公権的権能の行使と憲法異議」自治研究 89 巻 12 号（2013 年）129 頁 **68**
・浮田徹「選挙におけるコンピュータ制御の電子投票機の導入」自治研究 90 巻 5 号（2014 年）142 頁 **72**
・大岩慎太郎「追加選挙と本選挙の暫定的な選挙結果公表による情報格差の合憲性」自治研究 92 巻 2 号（2016 年）151 頁 **73**
・棟居快行「議員の委員会審議参与権」自治研究 91 巻 10 号（2015 年）142 頁 **76**
・土屋武「連邦選挙法六条一項一部違憲無効判決」自治研究 92 巻 9 号（2016 年）153 頁 **78**
・武市周作「日曜・祝日の保護――ベルリン・アドヴェント日曜日判決」自治研究 91 巻 9 号（2015 年）151 頁 **84**

──────── シリーズ既刊 ────────

ドイツの憲法判例Ⅰ（第2版）

ドイツの憲法判例Ⅱ（第2版）

ドイツの憲法判例Ⅲ

ドイツの憲法判例Ⅳ

　（続　刊）

───────────────────────

ドイツの憲法判例Ⅳ

────────────────────────────

2018（平成30）年10月30日　第1版第1刷発行

3350-0101 P520-Y8800-012-080-020

編　集	ドイツ憲法判例研究会	
	鈴　木　秀　美	
編集代表	畑　尻　　　剛	
	宮　地　　　基	
発 行 者	今　井　　　貴	
発 行 所	信山社出版株式会社	

　　　　　〒113-0033　東京都文京区本郷6-2-9-102

　　　　［営業］電　話 03（3818）1019
　　　　　　　　ＦＡＸ 03（3811）3580

　　　　［編集］電　話 03（3818）1099
　　　　　　　　ＦＡＸ 03（3818）0344

Printed in Japan

────────────────────────────

Ⓒドイツ憲法判例研究会、2018. 印刷・製本／亜細亜印刷・渋谷文泉閣

ISBN978-4-7972-3350-6 C3332

3350-012-080-020

NDC 分類 323. 802 a005　ドイツ公法・憲法

19世紀ドイツ憲法理論の研究
　栗城壽夫 著

日独憲法学の創造力　上巻　栗城壽夫先生古稀記念
　編集代表 樋口陽一・上村貞美・戸波江二

日独憲法学の創造力　下巻　栗城壽夫先生古稀記念
　編集代表 樋口陽一・上村貞美・戸波江二

先端科学技術と人権　　ドイツ憲法判例研究会 編
　編集代表 栗城壽夫・戸波江二・青柳幸一

人間・科学技術・環境　　ドイツ憲法判例研究会 編
　編集代表 栗城壽夫・戸波江二・青柳幸一

憲法裁判の国際的発展　　ドイツ憲法判例研究会 編
　編集代表 栗城壽夫・戸波江二・畑尻 剛

未来志向の憲法論　　ドイツ憲法判例研究会 編
　編集代表 栗城壽夫・戸波江二・青柳幸一

信 山 社

憲法学の創造的展開　上巻　戸波江二先生古稀記念
　工藤達朗・西原博史・鈴木秀美・小山剛・毛利透・三宅雄彦・斎藤一久 編

憲法学の創造的展開　下巻　戸波江二先生古稀記念
　工藤達朗・西原博史・鈴木秀美・小山剛・毛利透・三宅雄彦・斎藤一久 編

講座　憲法の規範力1　規範力の観念と条件
　ドイツ憲法判例研究会 編／古野豊秋・三宅雄彦 編集代表

講座　憲法の規範力2　憲法の規範力と憲法裁判
　ドイツ憲法判例研究会 編／戸波江二・畑尻剛 編集代表

講座　憲法の規範力3　憲法の規範力と市民法(近刊)
　ドイツ憲法判例研究会 編／小山剛 編集代表

講座　憲法の規範力4　憲法の規範力とメディア法
　ドイツ憲法判例研究会 編／鈴木秀美 編集代表

講座　憲法の規範力5　憲法の規範力と行政
　ドイツ憲法判例研究会 編／嶋崎健太郎 編集代表

憲法の発展I－憲法の解釈・変遷・改正
　鈴木秀美・M.イェシュテット・小山剛・R.ポッシャー 編

―――――――――― 信 山 社 ――――――――――

◆ドイツの憲法判例〔第2版〕
　ドイツ憲法判例研究会 編　栗城壽夫・戸波江二・根森健 編集代表
・ドイツ憲法判例研究会による、1990年頃までのドイツ憲法判例の研究成果94選を収録。
ドイツの主要憲法判例の分析・解説、現代ドイツ公法学者系譜図などの参考資料を付し、
ドイツ憲法を概観する。
◆ドイツの憲法判例Ⅱ〔第2版〕
　ドイツ憲法判例研究会 編　栗城壽夫・戸波江二・石村修 編集代表
・1985〜1995年の75にのぼるドイツ憲法重要判決の解説。好評を博した『ドイツの最新憲
法判例』を加筆補正し、新規判例を多数追加。
◆ドイツの憲法判例Ⅲ
　ドイツ憲法判例研究会 編　栗城壽夫・戸波江二・嶋崎健太郎 編集代表
・1996〜2005年の重要判例86判例を取り上げ、ドイツ憲法解釈と憲法実務を学ぶ。新たに、
基本用語集、連邦憲法裁判所関係文献、1〜3通巻目次を掲載。

◆フランスの憲法判例
　フランス憲法判例研究会 編　辻村みよ子編集代表
・フランス憲法院（1958〜2001年）の重要判例67件を、体系的に整理・配列して理論的に解説。
フランス憲法研究の基本文献として最適な一冊。
◆フランスの憲法判例Ⅱ
　フランス憲法判例研究会 編　辻村みよ子編集代表
・政治的機関から裁判的機関へと揺れ動くフランス憲法院の代表的な判例を体系的に分類して
収録。『フランスの憲法判例』刊行以降に出されたDC判決のみならず、2008年憲法改正によ
り導入されたQPC（合憲性優先問題）判決をもあわせて掲載。

◆ヨーロッパ人権裁判所の判例
　戸波江二・北村泰三・建石真公子・小畑郁・江島晶子 編集代表
・ボーダーレスな人権保障の理論と実際。解説判例80件に加え、概説・資料も充実。来たる
べき国際人権法学の最先端。
◆ヨーロッパ人権裁判所の判例Ⅱ〔近刊〕
　戸波江二・北村泰三・建石真公子・小畑郁・江島晶子 編集代表

待望の創刊　メディア法研究　鈴木秀美 責任編集

判例トレーニング憲法　棟居快行・工藤達朗・小山剛 編

〔執筆者〕赤坂幸一・新井誠・井上武史・大河内美紀・大林啓吾・片桐直人・佐々木弘通
佐々木雅寿・宍戸常寿・柴田憲司・鈴木秀美・土屋武・松本哲治・山本龍彦・横大道聡

【講座 政治・社会の変動と憲法―フランス憲法からの展望　第Ⅰ巻】
政治変動と立憲主義の展開
辻村みよ子 編集代表

【講座 政治・社会の変動と憲法―フランス憲法からの展望　第Ⅱ巻】
社会変動と人権の現代的保障
辻村みよ子 編集代表

判例プラクティス憲法〔増補版〕　憲法判例研究会 編

淺野博宣・尾形健・小島慎司・宍戸常寿・曽我部真裕・中林暁生・山本龍彦

信山社